# Perfectionnement anglais

Collection Perfectionnement

par Anthony Bulger

Illustrations de J.-L. Goussé

B.P. 25, 94431 Chennevières-sur-Marne FRANCE

« Toute représentation ou reproduction, intégrale ou partielle, faite sans le consentement de l'auteur, ou de ses ayants droit ou ayants cause, est illicite (art. L122-4 du Code de la propriété intellectuelle). Cette représentation, ou reproduction, par quelque procédé que ce soit, constituerait une contrefaçon sanctionnée par l'article L 3345-2 du Code de la propriété intellectuelle ».

© ASSIMIL 2009
ISBN 978-2-7005-0725-6

Nos méthodes

sont accompagnées d'enregistrements sur CD audio, CD mp3 ou clé USB, et existent désormais en version numérique*.

*e-méthode disponible sur le site www.assimil.com, Google Play et App Store

Sans Peine

L'allemand
L'anglais
L'anglais d'Amérique
L'arabe
Le bulgare
Le chinois
Le coréen
Le croate
L'égyptien hiéroglyphique
L'espagnol
Le finnois
Le grec
Le grec ancien
L'hébreu
Le hindi
Le hongrois
L'indonésien
L'italien
Le japonais
Le khmer
Le latin
Le malgache
Le néerlandais
Le norvégien
Le persan
Le polonais
Le portugais
Le portugais du Brésil
Le roumain
Le russe
Le sanskrit
Le suédois
Le swahili
Le thaï
Le turc
L'ukrainien
Le vietnamien

Perfectionnement

Allemand
Anglais
Espagnol
Italien
Russe

Affaires

L'anglais des affaires

Langues régionales

Le breton
Le catalan
Le corse
L'occitan

Objectif Langues

Apprendre l'allemand
Apprendre l'anglais
Apprendre l'arabe
Apprendre le catalan
Apprendre le chinois
Apprendre le créole guadeloupéen
Apprendre le danois
Apprendre l'espagnol
Apprendre l'indonésien
Apprendre l'islandais
Apprendre l'italien
Apprendre le japonais
Apprendre le néerlandais
Apprendre portugais
Apprendre russe
Apprendre serbe
Apprendre tchèque
Apprendre le wolof
Learn French

Sommaire

Introduction VII
Références des textes XI

Leçons 1 à 70

1	Welcome aboard!	1
2	I'll have finished next week	9
3	Sharing a flat	15
4	To let	21
5	Sales!	27
6	Visiting	33
7	Revision	39
8	Employment	45
9	Situations vacant	51
10	The right way and the wrong way	61
11	Tips for a successful interview	64
12	Do you speak Managerese?	75
13	Back at the flat	83
14	Revision	91
15	The United Kingdom in profile	97
16	This Sceptered Isle	105
17	A quiz	115
18	British humour	123
19	Get away from it all	131
20	The North-South divide	143
21	Revision	151
22	The city of the future	157
23	For or against?	167
24	A brief history of urban development	175
25	The tour guide	185
26	Our ancestors?	195
27	Getting away from the city	205
28	Revision	213

29	Look how far we have come!	219
30	Have you heard the one about…?	229
31	The celebrity chef	237
32	A side order of sarcasm	247
33	Don't over-egg the pudding	257
34	Cooking or cuisine?	263
35	Revision	273
36	Work	285
37	The big deal	291
38	Business news	299
39	What the papers say	307
40	Money matters	315
41	Out of the blue	321
42	Revision	327
43	True or false? Parliamentary facts and trivia	333
44	A prime minister remembers	343
45	The secret of politics	353
46	Cut and thrust	363
47	Oratory	371
48	On the hustings	381
49	Revision	389
50	Art versus sport	397
51	Hants v. Lancs	405
52	It's not cricket!	415
53	"Sports Round-Up"	423
54	The critics	431
55	"Frankly, I Don't Give a Damn"	441
56	Revision	451
57	The Upstart Crow	459
58	Famous opening lines	469
59	"Best Words in the Best Order"	479
60	The real thing?	487
61	A budding writer	495
62	The stakeout	503
63	Revision	511
64	"Day" or "Die"?	519
65	To err is human	527

66	I wouldn't use a cliché for all the tea in China	535
67	Learner vows to solve headline riddle!	543
68	The language of the law	551
69	Words fail me	559
70	Revision	567

Bibliographie 575
Lexique anglais-français 577

Remerciements

La langue anglaise a beaucoup évolué depuis la dernière mise à jour du *Perfectionnement anglais*, et Assimil, soucieux de suivre et prendre en compte ces mutations, a décidé de refaire entièrement la méthode. Il s'en est suivi un travail intense de recherche et de rédaction, pour lequel l'auteur tient à remercier tout particulièrement Martine Farina pour son soutien et ses conseils pendant ce long processus. Remerciements aussi à Viviane Matignon pour sa relecture rigoureuse et ses suggestions pertinentes, Francis Labrousse pour ses traductions souvent inspirées, et, bien sûr, Krystyna Horko pour sa patience. Je dédie ce livre à la mémoire de mon ami Bill Ford. *Docendo discitur*.

Introduction

À qui s'adresse ce livre ?

Le *Perfectionnement anglais* vous est destiné si vous avez de bonnes connaissances générales de cette langue (acquises, par exemple, après l'étude de *L'Anglais*, dans la collection *Sans Peine* d'Assimil), mais que vous éprouvez des difficultés à dépasser le stade d'une "compétence opérationnelle limitée". Autrement dit, malgré une certaine aisance dans des situations courantes, vous vous sentez déconcerté face à des registres (ou niveaux) de langue ou des contextes insolites – par exemple, un humoriste populaire faisant un sketch, un critique gastronomique ironisant sur un mauvais restaurant, ou encore un journaliste sportif interviewant un rugbyman à la radio.

Justement, l'une des difficultés que vous ressentez sans doute en tant qu'apprenant souhaitant passer de ce niveau de simple compétence à celui de perfectionnement est que, lors de vos études initiales, vous n'avez été confronté qu'à un ou deux registres. Or, rares sont les locuteurs natifs qui parlent leur langue de manière académique. (Ce constat est d'autant plus vrai qu'il y a pléthore de médias qui véhiculent la langue anglaise.) Ainsi avons-nous pris le parti :
– de vous exposer à une grande variété de styles et de registres, tant formels qu'informels, ainsi que de vous proposer des accents régionaux ;
– de vous présenter un vocabulaire contemporain puisé dans tous les médias (écrits, télédiffusés, électroniques, etc.) ;
– d'accroître vos connaissances socioculturelles afin d'ancrer la langue dans son contexte ;
– de vous préparer et vous encourager à maximiser vos contacts avec la langue anglaise, quelles que soient les circonstances.

Nous n'avons pas, bien sûr, négligé l'humour, une des caractéristiques à la fois des méthodes Assimil et des Britanniques eux-mêmes !

En conséquence, en prenant comme base le Cadre européen commun de référence pour les langues, le but est de vous emmener du niveau B2 au niveau C1.

Quel type d'anglais ?

Tout d'abord, nous avons fait nôtre le principe posé dans la politique linguistique du Conseil de l'Europe, selon lequel l'apprentissage des langues sert à *"mieux comprendre le mode de vie et la mentalité d'autres peuples et leur patrimoine culturel"*. À l'heure où l'anglais se banalise au point d'être devenu une sorte de sabir véhiculaire universel et déraciné – il en existe plusieurs variétés simplifiées, dont le "Globish" –, nous avons voulu replacer la langue dans le contexte de sa culture d'origine, celle de la Grande-Bretagne. Car, d'après notre expérience et les nombreuses réactions recueillies auprès de nos lecteurs, nous sommes convaincus que l'apprentissage d'une langue en dehors de son contexte culturel est un exercice superficiel, voire mécanique – un peu comme si vous appreniez des recettes de cuisine sans jamais les mettre en pratique !

Ainsi, nous avons rédigé ou sélectionné des textes et des dialogues qui rendent compte des réalités sociales et culturelles de la Grande-Bretagne d'aujourd'hui. Au niveau du vocabulaire, nous avons opéré un choix, privilégiant les mots nouveaux qui sont passés dans la pratique courante, au détriment d'autres, plus éphémères à priori –, avec le risque d'être démentis éventuellement par les faits ; qui peut dire en effet si un mot comme **a nerd** *(un accro à l'ordi)* s'emploiera encore dans dix ans ? Nous avons préféré sélectionner ce qui nous a semblé le plus pertinent, en utilisant comme support les médias cités plus haut. Il en va de même pour le choix des expressions idiomatiques.

Comment apprendre avec Assimil ?

Comment ce livre est-il organisé ?

Nous avons pris un certain nombre de thèmes (la géographie de la Grande-Bretagne, la politique, la cuisine, les loisirs, les affaires, la littérature…) répartis en groupes de sept leçons, chaque thème étant traité à travers un ensemble de textes rédigés dans des styles différents (conversationnel, académique, juridique, journalistique, mais aussi argotique, voire non standard).
Par exemple, pour aborder le monde de l'économie et des affaires, nous présentons un texte économique classique, suivi d'un reportage de la BBC sur une fusion-acquisition, elle-même commentée à la fois dans la presse financière et par les journaux populaires (les fameux "tabloïds", avec leur style à la fois enlevé et imagé). Nous concluons avec une conversation entre deux cadres qui cherchent à faire faire des économies à leur entreprise.
De plus, afin de présenter un langage à la fois pratique et courant, nous suivons, juste avant la fin de chaque série de leçons, le parcours d'un jeune provincial qui arrive à Londres pour y faire carrière – et qui trouve que la vie n'y est pas toujours facile.
Enfin, pour bien fixer en mémoire les points saillants de chaque série (grammaire, style, etc.), nous proposons une leçon de révision toutes les sept leçons.

Le Perfectionnement anglais : mode d'emploi

Comme avec toutes les méthodes Assimil, nous vous demandons de vous pencher sur celle-ci, et ne saurions trop vous recommander d'écouter attentivement les enregistrements, tous les jours. Néanmoins, soyez réaliste : si vous n'avez pas le temps d'étudier une leçon complète chaque jour, n'insistez pas ; prenez simplement celui de lire quelques lignes, de revoir une note ou d'écouter quelques phrases. Ceci est de la plus haute importance, car la pratique quotidienne est l'une des clés de la réussite, notamment dans le cas d'un perfectionnement.

Prenez l'habitude de lire aussi les textes à haute voix : le transfert des connaissances du domaine cérébral à l'oral est en effet extrêmement important dans l'apprentissage d'une langue, surtout à un niveau avancé.

Puisqu'il n'y a pas de progression grammaticale proprement dite dans cette méthode (nous considérons que vous possédez déjà les bases), vous pourriez en principe commencer n'importe où, en prenant une leçon au hasard. Néanmoins, dans un premier temps, nous vous recommandons vivement d'avancer à partir du début. En effet, nous nous tiendrons alors à vos côtés avec des explications, des traductions et les conseils nécessaires. Mais au fur et à mesure de votre étude, nous prendrons du champ, nous contentant de renvois vers des leçons précédentes pour expliquer un mot ou un point de grammaire. Ainsi, vous deviendrez de plus en plus indépendant au fil des semaines.

Pour consolider vos acquis, nous vous conseillons de pratiquer ce que nous appelons, dans le cadre de nos méthodes *Sans Peine*, "la deuxième vague" ou "phase d'activation". En quoi consiste-t-elle ? En pratique, lorsque vous arrivez à la moitié de la méthode, outre votre leçon quotidienne, vous êtes invité à reprendre une leçon précédente systématiquement pour en lire quelques lignes, une note culturelle, etc. Vous pouvez, par exemple, reprendre le corrigé du premier exercice de cette leçon (le thème) et le retraduire vers l'anglais. De cette manière, vous renforcez les fondations sur lesquelles vos progrès se sont construits.

Et quand j'aurai terminé la méthode ?

D'abord, félicitez-vous ! Vous aurez consacré ce qu'il y a de plus précieux – votre temps – à l'étude de certains aspects très pointus de la langue anglaise, et nous sommes sûrs que vous en récolterez les fruits.
Mais le travail ne s'arrête pas là pour autant. Les connaissances, surtout d'une langue étrangère, doivent être entretenues. Pour cela, il faut multiplier les contacts avec l'anglais. Heureusement, les avancées technologiques vous facilitent la vie : à travers les médias (non seulement la radio et le cinéma, mais aussi Internet, le livre électronique, voire votre téléphone portable), vous avez désormais accès à une vaste

"linguathèque" remplie de textes, de clips vidéos, de chansons, de journaux en ligne, de blogs, et ainsi de suite. Profitez-en, et consommez sans modération ! Et pensez à lire toujours à haute voix.

N'oubliez pas, non plus, de prendre *Le Perfectionnement anglais* régulièrement pour en relire une leçon, refaire un exercice ou encore enrichir vos connaissances grâce à une note culturelle.

Par ailleurs, procurez-vous un bon dictionnaire anglais-anglais – et non bilingue – car certaines nuances ne peuvent pas toujours se traduire, et seul un dictionnaire authentique peut livrer tous les secrets de tel ou tel mot ou expression.

Un dernier conseil : abordez ce travail de perfectionnement comme un loisir agréable. C'est dans ce sens que nous avons conçu l'ouvrage, et nous espérons que vous l'apprécierez dans le même esprit.
Et maintenant, **Let's go!**

Références des textes

Leçon 45 : *Parkinson's law* by C. Northcote Parkinson, reproduced by permission of John Murray (Publishers) Limited.

Leçon 58 : *Nineteen Eighty Four* by George Orwell (Copyright © George Orwell, 1949) by permission of Bill Hamilton as the Literary Executor of the Estate of the Late Sonia Brownell Orwell and Secker & Warburg Ltd.

Leçon 59 : *Comeclose and Sleepnow* by Roger McGough from *The Mersey Sound* (© Roger McGough, Brian Patten and Adrian Henri 1967), reproduced by permission of PFD (www.pfd.co.uk) on behalf of Roger McGough.

Leçon 60 : *England, England*, by Julian Barnes. Permission granted by United Agents on behalf of Julian Barnes.

Certaines informations contenues dans les leçons 8 et 15 sont adaptées de *UK 2005*, publié par Her Majesty's Stationery Office (HMSO). Ces textes sont exploités sous le Public Sector Information (PSI) Licence n° C2007001280.

Les autres publications citées en tête de certaines leçons sont fictives.

1

First lesson

Welcome aboard!

1. So you want to improve your English, do you? [1] Well, you've come to the right place.
2. But why bother [2] learning English at all?
3. Here are a few reasons: it's the language of business, commerce [3] and technology.
4. Politicians and diplomats from all over the world speak to each other in English.
5. It is the first or second language of more than one billion [4] people,
6. and another billion or so are learning it at this very [5] moment.
7. English is also the main language of the global IT [6] industry [7] and the media [8].
8. And it is also a major medium for publishing, advertising and science.
9. Last but not least [9], it has one of the world's richest and most varied bodies of literature.
10. Is this bad news for other major languages like Spanish, French, Arabic and Chinese?
11. Not really. First, English is pretty illogical – there is no ham in a hamburger and no pine (or apple) in a pineapple.
12. And pronunciation can be a nightmare – as you surely know!

Première leçon

Bienvenue à bord !

1 Alors comme ça vous voulez améliorer votre anglais ? Eh bien, vous avez frappé à la bonne porte.
2 Mais à quoi bon [décider d'] apprendre l'anglais ?
3 [Eh bien,] voici quelques raisons : c'est la langue des affaires, du commerce et de la technologie.
4 Les hommes politiques et les diplomates du monde entier se parlent en anglais.
5 C'est la première ou la seconde langue de plus d'un milliard de personnes,
6 et il y en a pratiquement un autre milliard qui l'étudie en ce moment même.
7 L'anglais est également la langue principale du secteur informatique mondial ainsi que des médias.
8 Et c'est en outre un moyen de communication majeur pour l'édition, la publicité et la science.
9 Et enfin, cette langue possède l'une des productions littéraires les plus riches et les plus variées au monde.
10 Serait-ce un mauvais signe pour d'autres langues majeures comme l'espagnol, le français, l'arabe et le chinois ?
11 Pas vraiment. Tout d'abord, l'anglais manque quelque peu de logique – il n'y a pas de "ham" *(jambon)* dans un hamburger, pas plus que de "pine" *(pin)* ou d'"apple" *(pomme)* dans un "pineapple" *(ananas)*.
12 Et la prononciation peut se révéler un réel cauchemar – comme vous le savez sans doute !

1 / First lesson

13 Sentences like "The soldier decided to desert his dessert in the desert" [10]

14 can drive even the hardiest learners to distraction.

15 But when all's said and done [11], English may be the victim of its own success.

16 So many people in so many places now speak their own variety of the language

17 that native [12] speakers can find themselves at a disadvantage.

18 English, like Latin before it, no longer belongs to its country of origin.

19 Welcome aboard for this trip through the highways and byways [13] of English. □

 Prononciation
*13 ... **sol**-djë di-**saï**-did tou di-**zeurt** hiz di-**zeurt** in DHe **dè**-zërt*

Notes

1 Ce type de **question-tag** (litt. "étiquette interrogative") s'emploie pour demander confirmation d'une affirmation ou d'une supposition, souvent en la répétant. La structure ne suit pas la règle habituelle car on utilise ici l'auxiliaire à la forme affirmative : **So you're going to look for a new job, are you?**, *Alors, comme ça, tu vas chercher un nouvel emploi ?* (Ce type de phrase commence souvent avec **So**..., *Alors*...)

2 to bother, *déranger, embêter* : **Don't bother your sister; she's reading**, *N'embête pas ta sœur ; elle est en train de lire*. Mais avec la tournure interrogative **Why bother...?**, on se pose la question de l'utilité d'une action : **Why bother spending money on an MP3 player?**, *À quoi bon dépenser de l'argent pour un lecteur MP3 ?* Le verbe qui suit **bother** est normalement à la forme continue (**spending**), mais on emploie aussi l'infinitif (**Why bother to spend**...). Enfin, on peut répondre à une suggestion avec **Why bother?** tout court. **Let's buy a lottery ticket! – Why bother?**, *Achetons un billet de loterie ! – À quoi bon ?*

Première leçon / 1

13 Des phrases du genre "Le soldat dans le désert décida de renoncer à son dessert *(Le soldat décida de déserter son dessert dans le désert)*"
14 peuvent rendre fous même les étudiants les plus déterminés.
15 Tout cela étant dit, il se pourrait bien que l'anglais soit victime de son propre succès.
16 Il y a tellement de gens dans un si grand nombre de régions qui parlent désormais leur propre variante de cette langue
17 que les Anglais dits de souche peuvent perdre l'avantage.
18 L'anglais, comme le latin précédemment, n'appartient plus à son pays d'origine.
19 Bienvenue à bord pour ce voyage dans les méandres de la langue anglaise.

3 L'anglais puise son vocabulaire autant dans ses racines saxonnes que latines. C'est pourquoi on trouve souvent plusieurs mots là où le français n'en possède qu'un (voir note culturelle en fin de leçon). Ici, **commerce** signifie le *commerce* au sens large (acheter, vendre). Mais on trouve aussi **trade** (commerce des biens et services), en tant que nom ou adjectif : **Britain's trade deficit is larger than expected**, *Le déficit commercial britannique est plus important que prévu*. (Le ministère du commerce britannique s'appelle **the Department of Trade and Industry**, alors que son homologue américain est **the Department of Commerce**.)

4 **a billion**, *un milliard* (mille millions). En principe, cet usage est américain, les Britanniques parlant de **a thousand million**. Mais, grâce à l'influence grandissante de l'anglais "étatsunien", **billion** signifie presque toujours la même chose de part et d'autre de l'Atlantique. Notez que **a trillion** équivaut à mille milliards.

5 On peut utiliser l'adverbe **very** pour intensifier un énoncé, comme on emploie *même* en français : **The very idea of eating meat makes her sick**, *L'idée même de manger de la viande la rend malade*.

1 / First lesson

Notes

6 La langue française crée facilement des termes pour désigner une catégorie entière (par ex. les sports de glisse), alors que l'anglais utilise une terminologie différente selon les circonstances. Ainsi, le mot *informatique* se traduit de différentes manières (**computer science** pour la théorie, **data processing** pour le *traitement de données*, etc.). Cependant, le terme **IT** – prononcé *[aï-ti-i]* –, pour **information technology**, devient de plus en plus répandu : **Our IT system is not secure**, *Notre système informatique n'est pas sécurisé*. En revanche, la traduction de *informaticien* est plus aléatoire. Par exemple : **She works in IT for a merchant bank**, *Elle est informaticienne dans une banque d'affaires*.

7 **industry**, *l'industrie*. Notez que le mot anglais a un sens plus étendu que son homologue français et peut se traduire par *secteur* ou *activité*. **The sandwich industry is booming**, *Le secteur du sandwich est en plein essor*.

8 Le mot **media** est toujours pluriel en anglais. Le singulier est **medium**, que vous trouvez dans la phrase suivante. **Radio is a powerful medium**, *La radio est un média puissant*.

9 Une excellente façon de perfectionner votre anglais est d'apprendre des locutions figées, souvent employées dans les médias. Beaucoup de ces expressions dépendent d'effets sonores comme l'allitération ou l'assonance (répétition de voyelles ou de consonnes). Par exemple **last but not least** (litt. "le dernier mais pas le moindre") joue sur la répétition de la lettre **l**. **We need a singer, a guitarist and, last but not least, a drummer**, *Nous avons besoin d'un chanteur, d'un guitariste, et, enfin et surtout, d'un batteur*.

***

Exercise 1 – Translate

❶ Why bother buying a lottery ticket? We'll never win.
❷ The very thought of leaving London makes me sad.
❸ The publishing industry is booming at the moment.
❹ Jack Kerouac travelled the highways and byways of America in the 1950s. ❺ Last but not least, the soldiers decided to desert their dessert in the desert.

Première leçon / 1

10 Effectivement, ces trois mots ont des prononciations irrégulières, qu'il est important d'apprendre une bonne fois pour toutes. Écoutez attentivement les enregistrements si vous les possédez ; par ailleurs, nous vous donnerons plus de détails à la fin de la semaine.

11 Encore une locution figée : **when all is said and done**, *tout compte fait* (litt. "quand tout est dit et fait"). Ici, en revanche, on ne joue pas sur les effets sonores, mais sur la répétition des deux participes passés (**said, done**). Et en règle générale, on emploie la forme contractée. **When all's said and done I'm sure that the United States will ratify the agreement**, *Au bout du compte, je suis convaincu que les États-Unis ratifieront l'accord*. Nous reviendrons souvent sur ce phénomène de répétition.

12 **native**, *natif*. Mais, comme avec **industry** (phrase 7), le sens est plus large qu'en français. Retenez ces deux exemples : **The new prime minister is a native of Scotland**, *Le nouveau Premier Ministre est originaire d'Écosse*. **She succeeded in publishing thanks to her native wit**, *Elle a réussi dans le monde de l'édition grâce à son bon sens inné*. Enfin, pour désigner les Amérindiens aux États-Unis, on ne parle surtout pas de **Indians**, mais de **Native Americans**.

13 Encore une locution figée, celle-ci jouant sur la rime. **A highway**, *une route principale*, alors que **a byway** est *un chemin de traverse*. Ce dernier est moins usité que **a highway** et s'emploie presque toujours dans le cadre de cette locution, qui peut être littérale – **We travelled the highways and byways of Canada**, *Nous avons sillonné toutes les routes du Canada* – ou figurative, comme dans la phrase 19 : tous les méandres de la langue anglaise.

***

Corrigé de l'exercice 1

❶ À quoi bon acheter un billet de loterie ? Nous ne gagnerons jamais. ❷ L'idée même de quitter Londres m'attriste. ❸ Le secteur de l'édition est en plein essor en ce moment. ❹ Jack Kerouac a sillonné toutes les routes de l'Amérique dans les années 50. ❺ Enfin et surtout, les soldats ont décidé d'abandonner leur dessert dans le désert.

1 / First lesson

Exercise 2 – Fill in the missing words
(Chaque point représente un caractère ; ce peut être une apostrophe ou un trait d'union.)

❶ Elle veut apprendre le français, n'est-ce pas ? Alors, elle a frappé à la bonne porte.
.. she wants to learn French, ...? ... .
come to the ....

❷ En fin de compte, la prononciation peut s'avérer cauchemardesque.
.... and ...., pronunciation .. .. a
....

❸ Les problèmes de maths peuvent rendre folles même les personnes les plus douées.
Maths problems can .... the .... competent
person .. ..

❹ Étant anglaise, Sophie s'est trouvée désavantagée.
Being English, Sophie .... at a ....

❺ Il a réussi dans l'informatique grâce à son bon sens inné.
He succeeded in IT ...... to ... . intelligence.

Un des problèmes que l'on rencontre lorsqu'on veut perfectionner son anglais est l'étendue du vocabulaire à maîtriser, ainsi que ses différents niveaux de sens. Ceci provient du fait que cette langue a une double origine – latino-normande d'un côté, germano-saxonne de l'autre – et, partant, une double dimension lexicale : on a souvent deux mots (ou plus) pour désigner la même chose. On pourrait penser que cela crée des redondances, mais il n'en est rien, car il y a des différences subtiles qu'il faut saisir.

Schématiquement, on peut dire que les mots d'origine latine parlent à l'intellect, alors que ceux qui viennent du saxon parlent au cœur. En effet, le français-normand était la langue de la cour et de la noblesse, alors que le saxon était celle des paysans. Un exemple frappant de cette distinction se trouve dans le langage de la cuisine et de la basse-cour : le paysan saxon, lui, élevait **an ox**, *bœuf ou* **a pig**, cochon *mais c'étaient les seigneurs normands qui mangeaient les viandes :* **beef** *et* **pork**.

Première leçon / 1

Corrigé de l'exercice 2 (Mots manquants)
❶ So – does she – Well she's – right place ❷ When all's said – done – can be – nightmare ❸ – drive even – most – to distraction ❹ – found herself – disadvantage ❺ – thanks – his native –

Cette distinction se retrouve à bien des niveaux dans la vie quotidienne. Par exemple, pour accueillir quelqu'un chaleureusement, on peut dire **to give someone a cordial reception** *ou* **to give someone a warm welcome.** *La première tournure, très formelle, conviendrait dans un milieu diplomatique, par exemple, alors que la seconde s'emploierait pour recevoir un ami. De même,* **regal** *et* **kingly** *traduisent notre mot royal, et* **celestial** *et* **heavenly** *signifient tous les deux céleste, mais le second mot est plus chaleureux que le premier. Ce "vocabulaire parallèle" est aussi très présent dans le domaine scientifique : un daltonien – une personne qui ne perçoit pas certaines couleurs – se dit* **daltonian** *dans un livre de médecine, mais* **colour blind** *(litt. "aveugle aux couleurs") dans la langue quotidienne (bien que John Dalton, le médecin qui donna son nom à cette infirmité, fût anglais !)*

Il est très important d'être sensible à cette dichotomie latino-saxonne, car elle est omniprésente dans la langue et la littérature anglaises. Ainsi, la publicité, par exemple, fera appel au vocabulaire germanique, donc "émotif", alors que la décision d'un tribunal de grande instance sera rédigée avec des mots "savants". Dans les semaines à venir, nous vous aiderons à vous repérer dans ce double univers, notamment à travers les verbes à particule.

eight • 8

2

Second lesson

I'll have finished next week

1 – By this time next week, I'll have finished [1] painting the master [2] bedroom.
2   Then I'll be able to start the guest bedrooms and the downstairs [3] bathroom.
3   After that, all I'll have to [4] do is fix [5] the plumbing, re-wire the kitchen,
4   do up [6] the dining room, mend the fence and put in [7] some double glazing.
5   This is a maintenance-free house: it hasn't been maintained for twenty years!
6 – So exactly how long have you been working [8] on it?
7 – It feels like [9] forever but in actual fact about six months, give or take a week.
8 – And what will you do when you've finished the whole thing?
9 – I'm going to put it on the market. I reckon [10] it will sell for a fortune.
10   You know the three most important secrets to selling a house, don't you?
11   Location, location and location.
12 – So you won't have heard [11] the news, then?
13 – News? What news? I told you, I haven't set foot outside the house for months.
14 – They're going to be building a new motorway at the bottom of your garden in about two weeks time.

Deuxième leçon

J'aurai terminé la semaine prochaine

1 – La semaine prochaine à cette heure-ci, j'aurai terminé de peindre la chambre principale.
2 Ensuite je pourrai commencer les chambres d'amis et la salle de bains du bas.
3 Après ça, tout ce qu'il me restera à faire sera de revoir la plomberie, refaire l'électricité de la cuisine,
4 rénover la salle à manger, réparer la clôture et poser le double vitrage.
5 C'est une maison qui ne nécessite aucun entretien : rien n'a été fait ces vingt dernières années !
6 – Alors en fait tu y travailles depuis combien de temps ?
7 – J'ai l'impression que ça fait une éternité, mais en réalité ça fait environ six mois, à une semaine près.
8 – Alors, qu'est-ce que tu vas faire lorsque tu auras tout terminé ?
9 – Je vais la mettre en vente. Je pense qu'elle se vendra une fortune.
10 J'imagine que tu connais les trois secrets capitaux pour vendre une maison ?
11 L'emplacement, l'emplacement et l'emplacement.
12 – Ah, alors je présume que tu n'es pas au courant *(n'auras pas entendu la nouvelle)* ?
13 – **Au courant** *(La nouvelle)* ? **Au courant de quoi** *(Quelle nouvelle)* ? Je te l'ai dit, je n'ai pas mis un pied dehors depuis des mois.
14 – Ils vont construire une nouvelle autoroute au bout de ton jardin d'ici une quinzaine de jours.

Prononciation
*3 ... **pleum**-in'g ...*

2 / Second lesson

15 – A motorway? You're kidding [12] me! All that work for nothing.

16 – You'd better [13] hurry up and finish. Otherwise, all that effort will have been wasted.

Notes

1 Voici le futur antérieur, le temps qu'on utilise pour décrire une action qui sera accomplie à un moment donné dans le futur. Il s'emploie de la même manière qu'en français et se forme avec l'auxiliaire du futur **will** suivi de **have** (invariable) et le participe passé du verbe : **They will have finished the project by Tuesday**, *Ils auront terminé le projet d'ici à mardi*.

2 Le nom **master**, *maître*, peut s'employer aussi comme adjectif, avec le sens de *principal*, dans les noms composés comme **master switch**, *interrupteur général*, ou **master key**, *passe-partout*. Le verbe **to master**, *maîtriser*, existe aussi, mais son emploi diffère légèrement de celui du français. Nous y reviendrons.

3 Le sens littéral de **downstairs** est *en bas de l'escalier*. On utilise le mot comme adverbe : **She went downstairs into the kitchen**, *Elle descendit l'escalier et entra dans la cuisine*, ou comme adjectif : **a downstairs toilet**, *les toilettes du bas* (toujours avec un **-s** final). Le contraire est **upstairs**.

4 Un petit rappel : voici le futur de l'auxiliaire modal **must**, *devoir*, dont l'infinitif est **to have to**. **We'll have to sell the house**, *Nous allons devoir vendre la maison*.

5 **fix** est un mot très utile, avec un sens plus étendu que son équivalent français *fixer*. Dans ce contexte, il signifie réparer : **I've fixed the leaking tap**, *J'ai réparé le robinet qui fuyait*. D'où le nom **a fix**, une solution de réparation : **Compusoft has released a fix for the security problem**, *Compusoft a sorti une solution pour résoudre le problème de sécurité*. **To mend** (voir phrase 4) est un synonyme.

6 Dans ce cadre, le verbe à particule **to do up** signifie *rénover* ou *remettre à neuf*. **Last year, we did up the upstairs bathroom**, *L'année dernière, nous avons refait la salle de bains du haut*. Il est très important d'apprendre chacun de ces verbes dans son contexte : nous y reviendrons.

7 Encore un verbe à particule : **to put in** (litt. "mettre dedans") signifie *installer* (dans ce contexte). **We've put in a new dishwasher**, *Nous avons installé un nouveau lave-vaisselle*.

Deuxième leçon / 2

15 – Une autoroute ? Tu me fais marcher ! Tout ce travail pour rien.
16 – Tu ferais bien de te dépêcher de finir. Sinon tous ces efforts auront été vains.

8 Un petit rappel : voici la forme continue du **present perfect**, qui décrit une action commencée dans le passé et qui continue aujourd'hui : **I've been using this method for two days**, *J'utilise cette méthode depuis deux jours*. Faites attention à ne pas utiliser le présent tout seul !

9 **to feel**, *sentir*. **I feel very tired**, *Je me sens très fatigué*. Le verbe **to feel like** signifie *avoir envie* : **I feel like a cup of coffee**, *J'ai envie d'une tasse de café*. Mais ici, avec le pronom impersonnel **it**, il s'agit d'une impression ressentie : **I stopped smoking a week ago but it feels like years!**, *J'ai arrêté de fumer il y a une semaine, mais j'ai l'impression que cela fait des années !*

10 Attention au faux-ami **to reckon**, qui ne signifie pas *reconnaître* mais *calculer* (le mot vient du vieil allemand). Cependant, dans le langage courant, il a plutôt le sens de *penser* ou *considérer* : **How much do you reckon this painting is worth?**, *À ton avis, combien vaut ce tableau ?*, **What do you reckon?**, *Quel est ton avis ?*

11 Vous avez reconnu ici le futur antérieur. Notez que les anglophones ont plus généralement recours au futur continu **will** + **not** + **be** + participe présent. **I have to work tomorrow so I won't be staying long**, *Je dois travailler demain, donc je ne resterai pas longtemps*. On peut aussi utiliser cette forme, comme ici, pour exprimer une supposition : **So you won't be spending the night there?**, *Je présume que vous ne passerez pas la nuit là-bas* (ou *sur place*) ?

12 **a kid**, *un chevreau*. Dans le langage courant, **a kid** signifie *un gosse*, *un gamin*. **She has eight kids**, *Elle a huit gamins*. Mais le verbe **to kid** n'a rien à voir : c'est une manière familière de dire **to joke**, *plaisanter* ou *faire marcher quelqu'un*. **Don't believe him, he's kidding**, *Ne le croyez pas, il vous fait marcher* (on peut ajouter le complément : **he's kidding you**). L'exclamation **You're kidding ! / No kidding !** signifie *Tu rigoles !*

13 Attention : il ne s'agit pas d'un conditionnel, mais d'une tournure invariable **had better** suivi de l'infinitif sans **to**, qui traduit la formulation conditionnelle française : *faire + mieux* : **We'd better leave now otherwise we'll be late**, *Nous ferions mieux de partir maintenant, sinon nous allons être en retard*. Rappelons que la contraction **'d** remplace **had**, et non **would**, dans cette locution.

2 / Second lesson

▶ Exercise 1 – Translate
❶ I heard a noise and went downstairs into the kitchen. ❷ Compusoft will be releasing a fix for the security problem next month. ❸ I stopped smoking a month ago but it feels like years! ❹ We have to work tomorrow so we won't be staying long. ❺ They'd better hurry up otherwise they'll be late.

***

Exercise 2 – Fill in the missing words
❶ Nous utilisons cette méthode depuis deux jours.
.... this method ... two days.

❷ Sally n'a pas mis un pied hors de son bureau depuis des jours.
Sally .... outside the office ... .

❸ Que feront-ils lorsqu'ils auront terminé leurs études ?
What .... they .. when .... finished ..... studies?

❹ Après cela, tout ce qu'il nous restera à faire, c'est de peindre la salle de bains du haut.
After that, all .... is paint the .... bathroom.

❺ À mon avis, il aura terminé de réparer la clôture demain.
I reckon .... finished ...... the fence tomorrow.

Deuxième leçon / 2

Corrigé de l'exercice 1

❶ J'ai entendu un bruit et je suis descendu dans la cuisine. ❷ Compusoft va sortir une solution pour résoudre le problème de sécurité le mois prochain. ❸ J'ai arrêté de fumer il y a un mois, mais j'ai l'impression que cela fait des années ! ❹ Nous devons travailler demain, alors nous ne resterons pas longtemps. ❺ Ils feraient mieux de se dépêcher, sinon ils vont être en retard.

***

Corrigé de l'exercice 2 (Mots manquants)

❶ We've been using – for – ❷ – hasn't set foot – for days ❸ – will – do – they've – their – ❹ – we'll have to do – upstairs – ❺ – he'll have – fixing –

Nous insistons – surtout dans les exercices – sur l'utilisation des contractions, car elles sont employées presque systématiquement dans la langue parlée et, dans un registre moins soutenu (publicités, chansons, etc.), dans la langue écrite. Il faut s'y habituer, d'autant plus qu'il peut y avoir un risque de confusion entre certaines formes (note 13). Écoutez attentivement les enregistrements.

3

Third lesson

Sharing a flat

1 The housing market has gone crazy [1] and house prices have gone through the roof!
2 They say that an Englishman's home is his castle [2],
3 but most of us can't afford [3] a bedsit [4] in the outer suburbs nowadays,
4 let alone [5] a two-bedroom [6] flat in the city centre.
5 The dream of the older generation was to pay off [7] their mortgage [8];
6 but the dream of today's youngsters is to get one [9] in the first place.
7 In fact, most young people have to rent their accommodation,
8 and many of them end up [10] sharing a house, a flat or even a room with other people.
9 A flatshare [11] can be a great way of meeting people and making new friends.
10 But it can also be a disaster if your new acquaintance turns out to be the flatmate from hell [12].
11 If you decide to take the plunge [13], here are a few golden rules to remember:
12 Always clean and wash up after you – cleanliness is next to godliness [14]!
13 Don't hog [15] the bathroom, especially in the morning, and don't use all the hot water.

Prononciation
5 ... **mor**-gidj 12 ... **klèn**-li-ness ...

15 • fifteen

Troisième leçon

La colocation

1 Le marché de l'immobilier s'est emballé et le prix des maisons a explosé !
2 On dit que pour un Anglais, la maison, c'est son château *(la maison d'un Anglais est son château)*,
3 mais de nos jours, la plupart d'entre nous ne peuvent se permettre une chambre meublée en grande banlieue ;
4 encore moins un trois-pièces en centre-ville.
5 Le rêve de la génération précédente était de rembourser son emprunt ;
6 mais le rêve des jeunes d'aujourd'hui est déjà *(d'abord)* d'en obtenir un.
7 En fait, la plupart des jeunes doivent louer leur logement,
8 et nombre d'entre eux finissent par partager une maison, un appartement, ou même une pièce à plusieurs.
9 La colocation peut être un excellent moyen de rencontrer des gens et de se faire de nouveaux amis.
10 Mais cela peut aussi être un désastre si votre nouvelle connaissance s'avère être un ou une colocataire infernal(e) *(tout droit venu(e) de l'enfer)*.
11 Si toutefois vous décidez de sauter le pas *(vous jeter à l'eau)*, voici quelques règles d'or à ne pas négliger :
12 Toujours nettoyer et faire la vaisselle après son passage – la propreté est mère *(proche)* de la sainteté !
13 Ne pas monopoliser la salle de bains, surtout le matin, et ne pas utiliser toute l'eau chaude.

3 / Third lesson

14 Don't borrow anything without permission: food, drink, clothes or boyfriends and girlfriends.
15 If you do end up having a fight [16] with your co-tenants, keep your cool:
16 Remember, it's far easier to share a flat than a prison cell! □

Notes

1 **crazy**, *fou*, *dingue* : **Her idea is crazy; it'll never work**, *Son idée est dingue ; ça ne marchera jamais*. **To go crazy**, *devenir fou*, au propre comme au figuré : **House prices have gone crazy**, *Les prix de l'immobilier sont devenus fous*.

2 **An Englishman's home is his castle** : ce vieux dicton (on dit aussi **A man's home is his castle**), qu'on peut traduire par *Charbonnier est maître chez lui*, remonte au XVIe siècle, où il signifiait que le domicile de quelqu'un était inviolable et qu'il ne pouvait y être ordonné de perquisition que par les autorités désignées par la loi. De nos jours, l'expression s'emploie plutôt de manière humoristique.

3 **to afford** n'a pas d'équivalent exact en français. L'idée de base à la forme négative est *ne pas avoir les moyens de faire quelque chose*, surtout dans un contexte financier. **We can't afford a new car**, *Nous n'avons pas les moyens d'acheter une voiture neuve*. (Remarquez qu'on peut se passer du verbe **to buy** dans cette tournure.) Au sens figuré, on peut le traduire par *se permettre* : **We can't afford to ignore global warming**, *Nous ne pouvons pas nous permettre d'ignorer le réchauffement climatique*. L'adjectif **affordable** se traduit par *abordable* : **Our aim is to provide access to affordable technologies**, *Notre but est de faciliter l'accès aux technologies abordables*.

4 **a bedsit**, *une chambre meublée*, est la contraction de **bedroom**, *chambre*, et **sitting room**, *salon*. **Bedsitter** en est une variante.

5 **alone**, *seul*. La locution **let alone** signifie *encore moins* : **She can't sing, let alone play the piano**, *Elle ne sait pas chanter, et encore moins jouer du piano*. Remarquez que nous n'avons pas besoin d'une conjonction en anglais entre les deux membres de la phrase.

6 **bedroom**, *chambre (à coucher)*, peut s'employer dans un adjectif composé avec un chiffre : **a three-bedroom house**, *une maison avec trois*

Troisième leçon / 3

14 Ne rien emprunter sans autorisation : nourriture, boissons, vêtements ou petit(e)s ami(e)s.
15 Si vous finissez par vous quereller avec vos colocataires, gardez votre sang-froid :
16 N'oubliez pas qu'il est plus facile de partager un appartement qu'une cellule de prison !

chambres. Et puisque les adjectifs ne s'accordent pas avec les noms qu'ils définissent en anglais, on ne met pas de **-s** à **bedroom**. Les appartements ou maisons en Grande-Bretagne se mesurent en nombre de chambres à coucher, et non en mètres carrés ou en pièces comme en France. Ainsi, un **two-bedroom flat** devient-il un *trois-pièces*.

7 **to pay**, *payer*, mais, en parlant d'une dette, **to pay off** signifie *rembourser l'intégralité de la somme*. **It took Raneesa ten years to pay off her student loan**, *Il a fallu dix ans à Raneesa pour rembourser son prêt étudiant*. (Retenez bien le contexte car **to pay off** a plusieurs sens.)

8 **mortgage**, *un prêt immobilier* (écoutez attentivement la prononciation : ***[mor-guidj]***). Au sens strict, il s'agit d'un prêt hypothécaire (on y reconnaît le mot français). D'ailleurs, le verbe **to mortage** signifie *hypothéquer* : **They mortgaged their flat to pay off Tom's debts**, *Ils ont hypothéqué leur appartement pour rembourser les dettes de Tom*. Mais on peut traduire le terme simplement par *prêt immobilier*.

9 Rappelons que, pour éviter la répétition d'un nom, on peut remplacer la seconde mention par **one**. **I need a pen. Have you got one?**, *J'ai besoin d'un stylo. Vous en avez un ?* Au pluriel, on ajoute un **s** : **I don't like these shoes, but I can't find any nicer ones**, *Je n'aime pas ces chaussures, mais je n'arrive pas à en trouver de plus jolies*.

10 **to end**, *terminer* ; **to end up**, *se terminer* ou *se retrouver*. **I ended up in Edinburgh after I left university**, *Je me suis retrouvé à Édimbourg après avoir quitté l'université*. Si on emploie un verbe avec cette expression, on utilise le gérondif : **We ended up fighting**, *On a fini par se disputer*.

11 **to share**, *partager*. Admirez la souplesse de la langue anglaise : **a flatshare** signifie à la fois un appartement partagé et le fait de partager un appartement avec quelqu'un. Par exemple, **I'm looking for a flatshare in Brighton**, *Je cherche à partager un appartement / un appartement à partager à Brighton*. (On peut aussi écrire le terme en deux mots avec un trait d'union : **flat-share**.)

eighteen • 18

3 / Third lesson

Notes

12 Voici une jolie expression familière pour décrire la pire personne qu'on puisse imaginer ! **the person from hell**, *la personne venue de l'enfer* : il suffit ensuite de remplacer le mot **person** par le nom adéquat : **He's the boss from hell**, *C'est le pire des patrons*.

13 On reconnaît le verbe français *plonger* dans **to plunge**. L'expression **to take the plunge** signifie *sauter le pas* (ou *se jeter à l'eau*). **After going out together for three years, they took the plunge and got married**, *Après être sortis ensemble pendant trois ans, ils ont sauté le pas et se sont mariés*.

***

Exercise 1 – Translate

① I will have paid off my debts by the end of next year. ② Prices have gone crazy. We can't even afford a holiday this year. ③ He turned out to be the neighbour from hell. ④ They mortgaged their flat to raise some more money. ⑤ Remember the old saying: cleanliness is next to godliness.

***

Exercise 2 – Fill in the missing words

① Nous cherchons une maison avec deux chambres ou bien un appartement avec trois chambres [un quatre-pièces].
We are .... a .... house or a .... flat.

② Je n'aime pas ces chaussures, mais je n'arrive pas à en trouver de plus jolies.
I ..... like these shoes, but I ..... find ... .

③ Au bout de cinq ans, ils ont sauté le pas et se sont mariés.
After five years, they .... and ... married.

④ Ne monopolise pas tout le chocolat. Donnes-en à ta sœur.
Don't ... ... the chocolate. Give .... sister .....

⑤ Ils ne peuvent pas se payer d'essence, encore moins une voiture.
They .... petrol, ... a car.

Troisième leçon / 3

14 Le suffixe **-iness** permet de former un nom à partir d'un adjectif. Par exemple, **clean**, *propre*, devient **cleanliness**, *propreté*. De même, **happy**, *heureux* → **happiness**, *bonheur*. Le proverbe **Cleanliness is next to god-liness** se traduit littéralement par "La propreté est proche de la sainteté" (**godly**, *pieux*, de **god**, *dieu*). Écoutez bien la prononciation : **clean** tout seul se prononce *[kli-in]*, mais dans ce mot composé, la voyelle se raccourcit : *[klèn]*.

15 **a hog** est un *cochon* mâle. Mais le verbe familier **to hog** signifie *s'accaparer* ou *monopoliser* : **Don't hog all the popcorn. Give me some!**, *Ne monopolise pas tout le popcorn. Donne-m'en !* (Est-ce parce que les cochons sont censés être égoïstes ?) On trouve **hog** aussi dans des noms composés comme **road hog**, *chauffard* (celui qui conduit comme un cochon…).

16 **a fight**, *une bagarre*. Souvent pris dans le sens physique, **a fight** peut signifier juste *une dispute*. Dans ce cas, on peut employer le verbe **to have a fight** plutôt que **to fight** : **We had a fight about my mother**, *Nous nous sommes disputés au sujet de ma mère*.

***

Corrigé de l'exercice 1
❶ J'aurai remboursé toutes mes dettes avant la fin de l'année prochaine.
❷ Les prix se sont emballés. Nous ne pouvons même pas nous payer de vacances cette année. ❸ Il s'est avéré être le pire des voisins. ❹ Ils ont hypothéqué leur appartement pour se procurer plus d'argent.
❺ Souvenez-vous du vieux dicton "La propreté est mère de la sainteté".

Corrigé de l'exercice 2
❶ – looking for – two-bedroom – three-bedroom – ❷ – don't – can't – any nicer ones ❸ – took the plunge – got – ❹ – hog all – your – some ❺ – can't afford – let alone –

Fourth lesson

To let [1]

1 – Dave moved [2] from Leicester to London in early January to look for work [3].
2 But first he had to find accommodation [4], preferably a furnished room.
3 He didn't have enough money for something larger or self-contained.
4 That evening, he got an evening paper and turned to the small ads [5].
5 – "Large double room in lovely friendly female houseshare [6]". I don't think so!
6 "Spacious studio flat. Available shortly". But I need something now.
7 "Completely refurbished [7] second-floor flat with ensuite bathroom". It's bound [8] to be expensive.
8 – Just as Dave was about to give up [9], he spotted [10] this ad at the bottom of the page:
9 – "Unfurnished room to let in a newly decorated Victorian house in a quiet residential area.
10 All mod cons. Close to all amenities. Walking distance to town centre.
11 Would suit single non-smoking professional with no pets. Reasonable rent."
12 That sounds perfect. I hope it's not already taken. I'll call first thing [11] tomorrow.
13 – The next day, Dave called the estate agent, who told him the flat [12] was still vacant.

Prononciation

Quatrième leçon

À louer

1 – Début janvier, Dave a quitté Leicester pour Londres afin de chercher du travail.
2 Mais d'abord il lui a fallu trouver à se loger, de préférence chez l'habitant *(une chambre meublée)*.
3 Il n'avait pas les moyens de prendre quelque chose de plus grand ni une chambre indépendante.
4 Le soir même, il s'est procuré un journal *(du soir)* et l'a ouvert à la page des petites annonces.
5 – "Grande chambre pour deux personnes dans belle colocation féminine sympa". Ça, non merci !
6 "Studio spacieux. Libre rapidement". Mais il me faut quelque chose immédiatement.
7 "Appartement entièrement rénové au second avec salle de bains attenante". Ça ne doit pas être donné *(À coup sûr ce sera cher)*.
8 – Au moment où il allait abandonner, Dave repéra cette annonce en bas de page :
9 – "Pièce non meublée à louer dans maison victorienne récemment ravalée, dans zone résidentielle calme.
10 Tout confort. Proche de tous les équipements locaux. À quelques minutes à pied du centre-ville.
11 Conviendrait à employé(e) célibataire non fumeur, sans animal de compagnie. Loyer raisonnable."
12 Ça m'a l'air parfait. J'espère qu'elle n'est pas déjà louée. J'appellerai demain à la première heure.
13 – Le jour suivant, Dave appela l'agent immobilier qui lui dit que l'appartement était toujours libre.

4 / Fourth lesson

14 Dave said he was in a hurry and would like to view it as quickly as possible.
15 So they made an appointment for that afternoon. But just as he hung up, Dave realised something:
16 – The room's got no furniture [13]! I'd better go and buy some straight away!
17 Oh, and I also need a job.

Notes

1 Nous connaissons le verbe **to let** dans le sens de *laisser* ou *permettre*, mais dans le domaine de l'immobilier, il signifie *donner en location*. En Grande-Bretagne, vous verrez des pancartes marquées **TO LET** *(À louer)* devant une maison ou un immeuble (que des petits plaisantins transforment en **TOILET** si l'occasion se présente…). En revanche, du point de vue du locataire, louer se dit **to rent** : **I rented a flat in Brixton for a short time**, *J'ai loué un appartement à Brixton pendant un court laps de temps* (**the rent**, *le loyer*).

2 **to move**, *bouger*, *se déplacer*, etc., signifie aussi *déménager*. **We moved to Leicester**, *Nous sommes allés vivre / Nous nous sommes installés à Leicester*. **A move**, *un déménagement*. **This is my second move in as many months**, *C'est mon deuxième déménagement en autant de mois*.

3 Petit rappel : il y a une dizaine de noms qui sont exclusivement indénombrables en anglais mais pas en français. En voici un : **work**, *le travail*. **I'm looking for work**, *Je cherche du travail*. Mais pour traduire *Je cherche un travail*, on doit dire **I'm looking for a job** (phrase 17).

4 Voici un autre nom indénombrable : **accommodation**, *le logement*. **Accommodation to let**, *Logement(s) à louer*. Dans ce cas, il peut s'agir d'un ou plusieurs appartements, chambres, etc. Si on veut utiliser un singulier, *un logement*, on doit tourner la phrase autrement : *Je cherche un logement*, **I'm looking for somewhere to live**. Ce sont ces petites différences qui participent au perfectionnement de vos connaissances !

5 **an ad** est la contraction de **an advertisement**, *une publicité* (comme *une pub* en français). **There are too many ads on that search engine**, *Il y a trop de pubs sur ce moteur de recherche*. On fait une différence en anglais

Quatrième leçon / 4

14 Dave dit qu'il était pressé et qu'il aimerait le visiter dès que possible.

15 Ils prirent donc rendez-vous pour l'après-midi même. Mais tout en raccrochant, Dave réalisa quelque chose :

16 – La chambre n'a pas de meubles. Je ferais bien d'aller en acheter tout de suite !

17 Oh, et puis il me faut aussi un boulot.

---

entre **advertising**, *la publicité par réclame*, et **publicity**, qui signifie la publicité en général (spots, brochures, etc.), et ne se met jamais au pluriel. Le terme familier **the small ads** nous rappelle notre expression, *les petites annonces*. Mais le terme officiel est **classified advertising**.

6 **houseshare**, *partage de maison* ou *maison à partager*, suit la même forme que **flatshare**, leçon 3, note 11.

7 **to refurbish**, *remettre à neuf*. À ne pas confondre avec **to refurnish**, *remeubler*. (Le verbe **to furbish** n'existe que dans un registre très littéraire.)

8 **bound** est le participe passé de **to bind**, *lier*. La locution **to be bound** suivie de l'infinitif indique une certitude : **I'll invite her but she's bound to refuse**, *Je l'inviterai, mais il est évident qu'elle va refuser*. Au passé, c'est l'auxiliaire **be** qui se met au prétérit : **He was bound to refuse**, *C'était clair qu'il allait dire non*.

9 Encore un verbe à particule : **to give up**, *abandonner*, *arrêter de faire quelque chose*. **Don't give up now. You've done so much!**, *N'abandonnez pas maintenant. Vous en avez tellement fait !* Si l'expression est suivie d'un verbe, on emploie le gérondif : **I gave up drinking two weeks, three days, four hours and two minutes ago**, *J'ai arrêté de boire il y a deux semaines, trois jours, quatre heures et deux minutes*.

10 **spot** est un mot très courant en anglais familier. Ici, on le découvre en tant que verbe (régulier), signifiant *repérer* ou *identifier*. **I spotted this ad in last night's paper**, *J'ai repéré cette annonce dans le journal d'hier soir*. On reviendra sur d'autres usages plus tard.

Notes

11 Avec un verbe, l'expression temporelle **first thing** signifie *très tôt, à la première heure*. **She called me first thing next day**, *Elle m'a appelé très tôt le lendemain*. Ne pas confondre avec l'expression **First things first**, *Les choses importantes d'abord*, où **things** est toujours au pluriel.

12 On omet souvent **that** qu'il soit employé comme pronom relatif ou comme conjonction (c'est le cas ici). Par exemple, lorsqu'il introduit une proposition subordonnée, on peut le supprimer : **I think that we should try again**, *Je pense que nous devrions réessayer* devient donc **I think we**

***

Exercise 1 – Translate

❶ The flat has got all mod cons. It will be available shortly.
❷ Advertising is expensive but publicity is free.
❸ She spotted the ad at the bottom of the page.
❹ I'll call you first thing in the morning.
❺ Alice moved from Wales to Cornwall to look for work.

***

Exercise 2 – Fill in the missing words

❶ Nous cherchons un logement et nous avons besoin de quelque chose tout de suite.
We're looking ... . and we need something ....

❷ Je les inviterai à la fête, mais ils refuseront à coup sûr.
I'll invite .... the party but .... refuse.

❸ Je pense que nous devons réessayer, d'accord ?
I ....[1], don't you?

❹ Ceci est mon troisième emploi en autant d'années.
This is my third job ... ...

❺ Si vous avez un meuble à réparer, je peux le faire pour vous.
If you have .... that ...., I can do it for you.

[1] *Nous avons supprimé le relatif* **that**, *mais la phrase* **I think that we should try again** *est tout à fait correcte.*

should try again. Ou, pour reprendre notre exemple, **He told Dan that the flat was vacant → He told Dan the flat was vacant**. Ce mécanisme est très fréquent dans la langue parlée (voir la phrase suivante). Gardez-le bien à l'esprit et nous vous donnerons la règle plus tard.

13 Encore un nom qui n'a pas de forme au singulier en anglais : **furniture**, *le mobilier*, *les meubles*. S'il faut absolument utiliser un singulier, on emploie **a piece of**. **If you have a piece of furniture that needs mending, I can do it for you**, *Si vous avez un meuble à réparer, je peux le faire pour vous*.

***

Corrigé de l'exercice 1

❶ L'appartement a tout le confort. Il sera disponible d'ici peu. ❷ Les messages publicitaires sont chers mais la publicité (sens large) est gratuite. ❸ Elle a repéré la petite annonce en bas de page. ❹ Je t'appellerai à la première heure demain matin. ❺ Alice a quitté le pays de Galles pour la Cornouailles afin de chercher du travail.

***

Corrigé de l'exercice 2

❶ – for somewhere to live – straight away ❷ – them to – they're bound to – ❸ – think we should try again – ❹ – in as many years ❺ – a piece of furniture – needs mending –

Si vous cherchez à louer ou acheter un logement en Grande-Bretagne, il faudra vous familiariser non seulement avec les spécificités du marché britannique, mais aussi avec le vocabulaire des petites annonces dans les journaux, les supports spécialisés ou sur Internet, rédigés généralement de manière très synthétique (faisant l'impasse sur les articles, les auxiliaires, etc.).
D'abord le loyer : il est indiqué parfois par mois calendaire : **£900 pcm (per calendar month)**, *mais très souvent par semaine :* **£142 pw (per week)**, *et dans la plupart des cas sans gaz, sans eau ni électricité :* **plus bills**, factures en sus. *Vous aurez parfois à payer les* impôts locaux *aussi :* **council tax** *(impôt levé par le conseil municipal). Nous vous ferons grâce des éloges emphatiques que l'on trouve dans les descriptifs, mais certaines expressions ou abréviations sont très utiles :* **all mod**

Fifth lesson

Sales!

1 If you want to shop cheaply, you can wait until the sales ¹ start.
2 Looking for a new dishwasher? Need a new microwave? Got an eye for a bargain ²?
3 Look no further! Make a beeline ³ for Cotton's super-saver ⁴ summer sale.
4 We're knocking ⁵ hundreds of pounds off manufacturers' list prices on a whole range of goods.
5 Check out our stunning range of electrical appliances at staggeringly low prices.
6 Save hundreds of pounds on a wide range of home appliances and furnishings.
7 Our prices are reduced by anywhere ⁶ up to eighty per cent.
8 So get your skates on ⁷ and get down to Cotton's ⁸ quickly – before we sell out ⁹!

cons (**modern conveniences**), *c'est-à-dire tout confort. L'habitation peut être* **close to all amenities**, *proche des équipements locaux, ou à quelques minutes de marche des magasins, d'une station de métro, etc. (***within walking distance of...***). Enfin, on peut être très exigeant au niveau du locataire ou colocataire (la colocation étant très répandue en Grande-Bretagne). En plus d'être* **non-smoker**, *non-fumeur,* **young professional**, *jeune actif, etc., etc., ce dernier devra parfois être également* **tidy**, *ordonné,* **easy-going**, *relax, ou avec* **GSOH (good sense of humour)**, *sens de l'humour. Enfin, si vous êtes acquéreur, sachez qu'on peut acheter* **freehold**, *c'est-à-dire qu'on devient propriétaire du sol où l'habitation est construite, ou simplement* **leasehold**, *auquel cas on possède les murs mais pas le sol, qu'on loue pour des périodes allant jusqu'à 99 ans... Avis aux amateurs !*

Cinquième leçon

Les soldes !

1. Si vous voulez acheter moins cher, vous pouvez attendre la période *(le début)* des soldes.
2. Vous cherchez un nouveau lave-vaisselle ? Besoin d'un nouveau micro-ondes ? Vous savez reconnaître une bonne affaire ?
3. Ne cherchez pas plus loin ! Foncez direct chez Cotton pour leurs super *(économiques)* soldes d'été.
4. Nous faisons des rabais monstres *(nous cassons les prix)* sur les prix d'usine d'une très grande gamme de produits.
5. Ne manquez pas notre fantastique gamme d'équipements électroniques à des prix défiant toute concurrence *(incroyablement bas)*.
6. Économisez des centaines de livres sur une large gamme d'appareils ménagers et d'ameublement.
7. Nos prix proposent des réductions qui peuvent aller jusqu'à quatre-vingts pour cent.
8. Alors remuez-vous et filez chez Cotton au plus vite – avant *(que nous ne soyons en)* rupture de stock.

9	Another way to make savings on high street [10] prices is to shop online.
10	With Webselect, you get huge discounts on a superb range of household goods.
11	All products are brand new [11] and come with a minimum one-year manufacturer's warranty.
12	Extended warranties are also available. All prices include free mainland [12] UK delivery.
13	Safety and security [13] when ordering and paying online are absolutely vital,
14	and a lack of confidence among consumers has held back the growth of this type of retailing.
15	But if you follow these simple tips [14], your home shopping experience will be safe and enjoyable:
16	always use a secure website; never give your credit card details by e-mail; but above all
17	think before you buy: if an offer sounds too good to be true, it probably is. □

Prononciation
11 ... bra'n-niou ...

Notes

1 Faites attention : **a sale** signifie *une vente*, mais aussi *un solde* (vente au rabais). Comme en français, on utilise souvent le pluriel : **I bought a new coat in the winter sales**, *J'ai acheté un nouveau manteau aux soldes d'hiver*. Du coup, il faut connaître le contexte pour traduire **This item is on sale** : soit *Cet article est à vendre*, soit *Cet article est soldé*.

2 **a bargain**, *une bonne affaire* : **I got a bargain in the sales**, *J'ai fait une bonne affaire dans les soldes*. **He's got a good eye for a bargain**, *Il sait reconnaître une bonne affaire*. Le verbe **to bargain** signifie *marchander* (du vieux français *bargaignier*).

Cinquième leçon / 5

9 Une autre manière de faire des économies sur les prix des grandes enseignes est de faire ses courses en ligne.

10 Avec Webselect, vous obtenez des réductions colossales sur une superbe gamme d'articles pour la maison.

11 Tous les produits sont flambant neufs et sont accompagnés d'une garantie fabricant d'un an minimum.

12 Vous pouvez aussi obtenir des garanties étendues. Tous les prix incluent la livraison gratuite sur le territoire du Royaume-Uni.

13 La sécurité sur les commandes et les paiements en ligne est des plus essentielles,

14 et un certain manque de confiance des consommateurs a jusqu'ici freiné l'expansion de ce type de commerce.

15 Mais si vous suivez ces quelques tuyaux, vous pourrez faire vos courses de chez vous en toute sécurité et en vous amusant :

16 allez toujours sur un site sécurisé ; ne donnez jamais les éléments de votre carte de crédit par courriel ; et par-dessus tout :

17 réfléchissez avant d'acheter. N'oubliez pas que si une offre semble trop belle pour être vraie, c'est qu'elle l'est probablement.

---

3 **a bee**, *une abeille*. En vol, il paraît que les abeilles suivent le chemin le plus direct entre deux points, d'où l'expression **to make a beeline for**, *foncer directement sur*. **As soon as he came in he made a beeline for the fridge**, *À peine entré, il fonça directement sur le frigo*.

4 **to save** signifie *sauver*, bien sûr, mais aussi *économiser*. Donc **a saver** est un *épargnant*. Mais l'expression **super-saver** s'emploie comme adjectif dans le langage publicitaire dans le sens de *"super-économique"*. **We are offering super-saver fares for flights to Sydney**, *Nous proposons des tarifs super-économiques sur les vols à destination de Sydney*.

5 / Fifth lesson

Notes

5 **to knock**, *frapper*. Le verbe à particule **to knock off** (litt. "faire tomber") signifie, dans un registre familier, *baisser le prix de quelque chose*. **I'll knock off ten pounds if you buy both books**, *Je vous fais une ristourne de dix livres si vous prenez les deux livres*. Apprenez toujours les verbes à particule dans leur contexte !

6 L'adverbe **anywhere**, *partout*, s'emploie souvent avec une autre préposition, pour exprimer l'idée d'incertitude en parlant d'une quantité : **A meal in a trendy restaurant can cost anywhere between a hundred and two hundred dollars**, *Un repas dans un restaurant branché (ou en vogue) peut coûter entre cent et deux cents dollars*.

7 **skates**, *les patins* (à glace, à roulettes, etc.). L'expression familière **to get one's skates on** signifie *se grouiller* : **I'd better get my skates on: I'm very late**, *J'ai intérêt à me magner ; je suis très en retard*. Notez la position du pronom.

8 Rappelons qu'on emploie souvent la forme possessive **-'s** dans une enseigne commerciale pour traduire la notion de *chez* (même en France, un célèbre établissement des Champs-Élysées à Paris a adopté cette formulation depuis très longtemps).

9 Nous connaissons le verbe **to sell**, *vendre*. Mais, comme souvent, c'est la postposition qui fait toute la différence : **to sell out of something**, *vendre l'intégralité de quelque chose*. **I'm afraid we've sold out of the new video game**, *Désolé, nous sommes en rupture de stock sur le nouveau jeu vidéo*. On peut aussi employer **to sell out** de manière pronominale : **The prime minister's autobiography sold out in a few hours**, *Tous les exemplaires de l'autobiographie du Premier ministre se sont vendus (ou ont été écoulés) en quelques heures*. Vous remarquerez qu'il n'y a pas de traduction systématique.

10 **the high street** est l'équivalent de notre *"grand-rue"*, mais on emploie le terme comme adjectif pour désigner un établissement qui fait partie d'une chaîne nationale **Britain's high street banks are too expen-**

***

Exercise 1 – Translate

❶ He made a beeline for the bar as soon as he arrived. ❷ Elaine's got a good eye for a bargain, hasn't she? ❸ You can make big savings by shopping online. ❹ If something sounds too good to be true, it probably is. ❺ The high street stores have sold out of the new video game.

Cinquième leçon / 5

sive, *Les grandes banques britanniques* (c'est-à-dire celles qui ont des agences dans toutes les grandes villes) *sont trop chères*. **High street prices**, *les prix pratiqués par les grandes enseignes*.

11 **brand new**, *flambant neuf*. Ces deux expressions (en anglais et en français) ont une même origine, car (**a brand** est *un fer rouge*) tout juste sorti du feu et prêt à l'emploi. Au niveau de la prononciation, on entend à peine le **d** de **brand**.

12 **mainland** (litt. "terre principale") est notre équivalent de *continental*, en parlant d'un pays comprenant une ou plusieurs îles ; par exemple, **mainland China**, *la Chine continentale* (sans Hong-Kong). Lorsque l'on vous parle du **mainland UK** (ou parfois **mainland Britain**), sachez qu'il s'agit de l'Angleterre, de l'Écosse et du pays de Galles, mais pas de l'Irlande du Nord.

13 L'anglais possède deux mots pour traduire *sécurité* : **safety** et **security**. En règle générale, le premier désigne la sécurité des personnes – par exemple, **a safety belt**, *une ceinture de sécurité* – et le second, la sécurité de l'équipement ou des installations : **computer security**, *la sécurité informatique*. Mais comme ces deux notions sont liées, on emploie souvent les mots ensemble : **For your safety and security, please do not leave luggage unattended**, *Pour votre sécurité, ne laissez pas vos bagages sans surveillance*.

14 Dans ce contexte, **tip** signifie un *"tuyau"* ou un *conseil*. **Let me give you a few tips about shopping online**, *Laissez-moi vous donner quelques tuyaux pour acheter en ligne*. Nous reviendrons sur ce mot fort utile plus tard.

Corrigé de l'exercice 1

❶ Il a filé droit sur le bar dès son arrivée. ❷ Elaine sait reconnaître une bonne affaire, n'est-ce pas ? ❸ On peut faire de grosses économies en faisant ses courses sur Internet. ❹ Si quelque chose semble trop beau pour être vrai, c'est probablement le cas. ❺ Les grandes enseignes ont épuisé leur stock du nouveau jeu vidéo.

Exercise 2 – Fill in the missing words

❶ Pour votre sécurité, nous vous prions de ne pas utiliser d'appareils électroniques.
For your ...... and ...., please do not use electronic ....

❷ Il m'a donné quelques tuyaux pour acheter des trucs en solde.
He gave me .... about ...... things in the ......

❸ Tu devrais filer ; tu es très en retard.
....; you're very late.

❹ On peut obtenir des rabais énormes sur toute une gamme d'articles pour la maison.
... can get .... on a whole ..... of .... goods.

❺ Les prix ont été réduits jusqu'à quatre-vingts pour cent.
Prices are reduced .. .. eighty per cent.

Sixth lesson

Visiting

1 – Hi there [1]. My name's Dave Barry. I called earlier about the room for rent.

2 – Oh, hello. Come on [2] in. Nice to meet you. I'm Brian and this is my flatmate Raja.

3 Let me show you around. Here's the kitchen and the living room, which we share.

4 But don't worry, we're not in very often. We both work nights.

5 Now let's go upstairs and take a peek [3] at the room. I think you'll like it.

6 As you can see, it's very light and airy, and it's got bags [4] of storage space.

Corrigé de l'exercice 2

❶ – safety – security – appliances ❷ – a few tips – buying – sales
❸ You'd better get your skates on – ❹ You – huge discounts – range –
household – ❺ – by anywhere up to –

Remarquez le style très télégraphique employé dans le langage publicitaire (surtout dans la deuxième phrase). On omet souvent les "petits mots" (auxiliaires, pronoms, etc.) afin d'imiter le langage parlé courant. Par exemple, au lieu de dire Have you got an eye for a bargain, *on dirait* Got an eye for a bargain? *Certes, ça peut dérouter au début, mais nous vous aiderons à vous y habituer !*

Lorsqu'une expression ou une tournure idiomatique anglaise a plusieurs traductions possibles, nous essayerons de vous les présenter sans trop alourdir les notes. Ainsi, l'expression française utilisée dans l'un des exercices, par exemple, peut être légèrement différente de celle employée dans une note. Rassurez-vous, le sens est strictement identique. Et votre vocabulaire s'enrichit petit à petit...

Sixième leçon

La visite

1 – Bonjour, je suis Dave Barry. Je vous ai appelé tout à l'heure pour la chambre à louer.
2 – Ah oui, bonjour. Entrez donc. Ravi de vous rencontrer. Moi, c'est Brian, et voici Raja avec qui je partage l'appartement.
3 Je vais vous faire visiter. Là, c'est la cuisine et le salon, que nous partageons.
4 Mais ne vous inquiétez pas, nous ne sommes pas souvent là. Nous travaillons de nuit tous les deux.
5 Maintenant, passons à l'étage et jetons un œil à la chambre. Je pense qu'elle va vous plaire.
6 Comme vous pouvez le constater, elle est très claire et bien aérée, et il y a des tonnes de rangement.

6 / Sixth lesson

7 The bathroom and the loo [5] are across the landing, next to our room.
8 – It's great. Just what I was looking for. When can I move in?
9 – I knew you'd [6] like it the minute I saw you. I've got a feeling for people.
10 All we need is a month's [7] rent in advance plus a deposit for gas and electricity.
11 – Where are you from, Brian? I can't quite place your accent.
12 – I'm originally from up north [8]. Born and bred [9] in York.
13 But I've been living here in London for donkey's years [10].
14 – York's a really cool city. Don't you miss it [11]?
15 – Actually, I miss it badly, but there are some situations that you can't control [12].
16 Now, let me get you something to drink. What do you feel like?
17 – I need my coffee fix [13]. I haven't had a cup all morning.
18 – No worries. One expresso coming up [14] – for our new flatmate. □

Notes

1 Le mot **there** après **Hi**, *Salut*, ou **Hello**, *Bonjour*, ajoute une petite touche d'empressement à la salutation. Utilisez cette tournure en fonction de votre interlocuteur (et de votre niveau d'enthousiasme…).

2 Tout comme le **there** après **Hi**, l'emploi de **on** avec l'impératif **Come in** confère une nuance d'enthousiasme : *Entrez donc !*

3 **to peek** ou **take a peek**, *jeter un coup d'œil*. Le verbe peut, selon le contexte, avoir une connotation de regard furtif : **No peeking!**, *On ne regarde pas !*

Sixième leçon / 6

7 La salle de bains et le petit coin sont de l'autre côté du palier, à côté de notre chambre.
8 – C'est génial. C'est exactement ce que je recherchais. Quand puis-je emménager ?
9 – J'ai su que ça vous plairait dès que je vous ai vu. J'ai vite fait de me faire une opinion *(sur les gens)*.
10 Il nous faut juste un mois de loyer d'avance et un acompte pour le gaz et l'électricité.
11 – D'où êtes-vous, Brian ? Je ne situe pas très bien votre accent.
12 – Je viens du Nord. Je suis né et j'ai grandi à York.
13 Mais ça fait une éternité que je vis ici à Londres.
14 – York est une ville super sympa. Ça ne vous manque pas ?
15 – En fait si, beaucoup, mais il y a des situations qu'on ne maîtrise pas.
16 Bon, allez, je vous sers quelque chose à boire. Qu'est-ce qui vous ferait plaisir ?
17 – Je suis en manque de café. Je n'en ai pas bu une tasse de la matinée.
18 – Pas de soucis. Et un express, un – pour notre nouveau colocataire.

---

4 *a bag*, un sac. Employé comme adjectif avec **of**, et toujours au pluriel, **bags** signifie *beaucoup de*, *énormément de* : **No need to hurry, we've got bags of time**, *Pas la peine de se presser, on a largement le temps*.

5 Il s'agit du "petit coin", des toilettes. **Where's the loo?**, *Où se trouve le petit coin ?* Comme le mot est familier (mais pas vulgaire), il vaut mieux savoir le reconnaître plutôt que l'utiliser soi-même. (**Loo** est une déformation du mot français *l'eau*. Au Moyen-Âge, lorsqu'on jetait le contenu des pots de chambre par la fenêtre, on prenait quand même le soin de prévenir les passants en criant **Gardez loo!**, *Faites attention à l'eau !*)

6 Rappelons que **-'d** est la contraction et de **had** et de **would** ; faites donc bien attention au contexte. Dans cette phrase, c'est un conditionnel : **I knew you would like it** (leçon 2, note 13).

6 / Sixth lesson

Notes

7 Le possessif **-'s** s'emploie non seulement avec les personnes et les enseignes commerciales (leçon 5, note 8), mais aussi avec les durées. On rend cette tournure en français avec le partitif : **They paid me two years' wages when they fired me**, *On m'a payé deux années de salaire quand on m'a licencié.*

8 **up north** (litt. "là-haut dans le nord") est le terme familier pour désigner le nord de l'Angleterre. Nous vous parlerons plus longuement du clivage nord-sud ; pour l'instant – si vous avez l'enregistrement – écoutez bien l'accent de Brian, qui prononce **up** comme *[oup]*.

9 **bred** est le participe passé de **to breed**, *élever* (un animal, une personne). L'expression **to be born and bred** signifie littéralement "être né et élevé", mais l'équivalent français serait plutôt *être de souche*. On peut aussi l'utiliser comme un adjectif : **He's a Londoner born and bred**, *C'est un Londonien pur jus* (notez le positionnement). Enfin, on trouve **bred** dans certains adjectifs composés, comme **well-bred**, *bien élevé*.

10 **for donkey's years** (litt. "pendant les années d'un âne") est une expression idiomatique signifiant *depuis très longtemps, une éternité* (les ânes seraient réputés pour leur longévité). On l'utilise normalement avec le **present perfect** : **I've known her for donkey's years**, *Ça fait un bail que je la connais.*

11 Le verbe **to miss** dans le sens de *regretter* recèle un piège, car la phrase se construit à l'envers par rapport au français : **I miss you**, *Tu me manques*. **Do you miss me?**, *Est-ce que je te manque ?* Pour s'en

***

Exercise 1 – Translate

❶ They paid her two years' wages when they fired her. **❷** Come on in. Let me get you something to drink. **❸** I feel like a coffee. – Coming up! **❹** We knew she'd like it the minute we saw her. **❺** Where are you from? – I'm from up north.

Sixième leçon / 6

souvenir, pensez que **to miss** est un verbe actif et que c'est le sujet qui ressent le manque. Nous y reviendrons.

12 Voici l'une des possibilités pour traduire notre mot *maîtriser* (leçon 2, note 2) : avec **control** (nom et verbe). **The fire fighters were unable to control the blaze**, *Les pompiers n'ont pu maîtriser l'incendie*. **Inflation in Germany is under control**, *L'inflation en Allemagne est maîtrisée*. Nous vous signalerons d'autres possibilités lorsque nous les rencontrerons.

13 Dérivé du verbe **to fix** (leçon 2, note 5), **a fix** est un mot d'argot un peu sulfureux car, à l'origine, il signifiait une dose d'héroïne. Mais dans le langage familier contemporain, on l'utilise avec des substances plus appétissantes, qui peuvent créer néanmoins une dépendance. **These brownies will give you a chocolate fix**, *Ces brownies satisferont votre besoin de chocolat*.

14 Empruntée à la restauration, la tournure **coming up** est la réponse du serveur (ou du cuisinier) à la commande du client **A beer, please. – Coming up!**, *Une bière, s'il vous plaît. – Ça marche !*

Corrigé de l'exercice 1

❶ On lui a donné deux ans de salaire quand elle été licenciée.
❷ Entrez donc. Permettez-moi de vous offrir quelque chose à boire.
❸ J'ai envie d'un café. – Ça marche ! ❹ Nous savions qu'elle l'aimerait dès que nous l'avons vue. ❺ D'où es-tu ? – Je suis du Nord.

Exercise 2 – Fill in the missing words

❶ York me manque beaucoup. Est-ce qu'il vous manque aussi ?
. . . . . York badly. Do . . . . too?

❷ Je sais que je manque à Helen. Elle m'envoie des courriels tout le temps.
I know Helen . . . . She keeps . . . . me e-mails.

❸ Pas la peine de te dépêcher, tu as largement le temps.
No . . . . to hurry, you've . . . .

❹ Charlie Parkinson a ses racines dans le Yorkshire.
Charlie Parkinson . . . . in Yorkshire.

❺ Ils connaissent mes parents depuis une éternité.
. . . . my parents . . . .

7

Seventh lesson

Revision – Révision

1 Le futur antérieur

Ce temps, qui fonctionne de la même manière qu'en français, décrit une action qui aura été achevée à un moment donné dans l'avenir. Comme pour la plupart des verbes anglais, il en existe deux formes : simple et continue.

Forme simple : **will** + **have** (invariable) + participe passé
The painter will have finished the work next week, *Le peintre aura terminé le travail / les travaux la semaine prochaine*.
Si le complément est un verbe, on emploie le gérondif :
He will have finished painting the house by Friday, *Il aura fini de peindre la maison d'ici (à) vendredi*.
Forme continue : **will** + **have** (invariable) + **been** + participe présent
Next month, I will have been travelling for two whole years, *Le*

Corrigé de l'exercice 2

❶ I miss – you miss it – ❷ – misses me – sending – ❸ – need – got bags of time ❹ – was born and bred – ❺ They've known – for donkey's years

*Fondée par les Romains en 71 après J.-C., la ville de York, dans le nord-ouest de l'Angleterre, a toujours joué un rôle important dans l'histoire de la Grande-Bretagne (elle fut même la capitale avant Londres). Riche en monuments historiques, églises romanes et gothiques, rues médiévales – le tout ceint par des murs cinq fois centenaires –, York est l'une des plus belles villes du pays. C'est également le **county town**, chef-lieu du comté de Yorkshire.*

Vous avez appris beaucoup de choses pendant cette première semaine, n'est-ce pas ? De plus, nous avons passé en revue certains points de syntaxe ou de grammaire (le possessif, par exemple) pour nous assurer qu'ils sont bien maîtrisés. Peut-être avez-vous l'impression que vous n'allez pas tout assimiler ? Ne vous inquiétez pas : c'est par un effort régulier et un contact quotidien avec la langue que vous vous imprégnerez de ses subtilités. Laissez-nous vous guider.

Septième leçon

mois prochain, cela fera deux années entières que je voyage.
Plus rare que la forme simple, la forme progressive s'emploie souvent avec **for** ou **since**, car elle sert à mesurer la durée d'une action. Enfin, on peut utiliser le futur antérieur pour exprimer une supposition :
So you won't have heard the news?, *Vous n'avez donc pas eu vent de la nouvelle ?*

2 *Question-tags*

Passons en revue les **question-tags**, ces "étiquettes interrogatives" que l'on emploie habituellement pour poser une question ou demander confirmation. En français, ce type de tournure est moins fréquent qu'en anglais, mais on le retrouve dans l'expression ...*n'est-ce pas ?* ou des formes plus familières comme *hein ?*, ou encore *non ?*

Vous vous souviendrez sans doute que, lorsque la phrase est affirmative, le question-tag est négatif, et vice versa :
You speak Chinese, don't you?, *Vous parlez le chinois, n'est-ce pas ?*
Gill doesn't speak Japanese, does she?, *Gill ne parle pas le japonais, n'est-ce pas ?*
et avec l'auxiliaire **to be** :
He's a banker, isn't he?, *Il est banquier, n'est-ce pas ?*
They are working for you, aren't they?, *Ils travaillent pour vous, n'est-ce pas ?*

Cette règle s'applique à tous les temps (formes simple et continue) :
<u>Passé simple</u> :
The team didn't win, did it?, *L'équipe n'a pas gagné, n'est-ce pas ?*
<u>Present perfect</u> :
You've saved the file, haven't you?, *Vous avez sauvegardé le fichier, n'est-ce pas ?*
<u>Futur</u> :
She won't have time to call her office, will she?, *Elle n'aura pas le temps d'appeler son bureau, n'est-ce pas ?*

On emploie les question-tags avec les verbes modaux également :
They can't hear us, can they?, *Ils ne nous entendent pas, n'est-ce pas ?*
Par exception à la règle "phrase affirmative = tag négatif, et vice versa", on utilise la structure suivante en réponse à une supposition ou pour réagir à une situation :
So you want to join the army, do you?, *Alors, comme ça, vous voulez vous engager dans l'armée ?*
You're leaving without me, are you?, *Comme ça, tu pars sans moi ?*

3 Déplacement de l'accent tonique

La prononciation anglaise peut poser un certain nombre de problèmes, qu'il faut aborder au cas par cas. Voici un exemple très particulier – dont on a eu un aperçu à la première leçon – d'une série de mots bisyllabiques dont l'accent tonique se déplace en fonction de leur catégorie grammaticale (nom ou verbe) :
My dream is to con*duct* an orchestra, MAIS **His *con*duct was unsatisfactory**, *Je rêve de diriger un orchestre symphonique / Sa conduite laissait à désirer*.

Septième leçon / 7

Britain imports Chinese goods, MAIS **Britain's imports are declining**, *La Grande-Bretagne importe des produits chinois / Les importations britanniques sont en baisse.*
The band will record a CD MAIS **Their record sold well**, *Le groupe va enregistrer un CD / Son/Leur disque s'est bien vendu.*

Vous remarquerez que l'accent tonique tombe sur la première syllabe si le mot est un nom et sur la seconde s'il s'agit d'un verbe. En voici quelques autres exemples :
a contract, *un contrat* ; **to contract**, *rétrécir*
a conflict, *un conflit* ; **to conflict**, *être en conflit avec quelque chose*
an object, *un objet* ; **to object**, *faire une objection*.

Dans la plupart des cas, le nom et le verbe ont le même sens, mais le cas présenté à la première leçon montre à quel point la prononciation peut être capricieuse :
a dessert *[di-zeurt]*, *un dessert*
a desert *[dèz-ët]*, *un désert*
to desert *[di-zeurt]*, *déserter.*
D'abord, **a dessert**, *un dessert*, se prononce *[di-zeurt]* avec l'accent tonique sur la deuxième syllabe et les deux **-s** prononcés comme un z. C'est exactement la même prononciation que le verbe **to desert**, *déserter*, alors que le nom **a desert**, *un désert*, se prononce *[dèz-ët]* (avec l'accent tonique sur la première syllabe). Désolé, si la grammaire anglaise est plutôt simple, la prononciation est assez capricieuse !
Le phénomène de l'accent tonique – beaucoup plus marqué qu'en français – est très important, car si l'accentuation est mal placée, votre phrase peut être mal comprise. C'est pourquoi nous vous encourageons à lire le texte des leçons à haute voix et à ne pas hésiter à "jouer la comédie" ! (Avez-vous remarqué comme il est facile d'imiter un accent étranger lorsqu'on raconte une histoire drôle ?)

4 Les verbes à particules

Voici l'un des points les plus caractéristiques de l'anglais courant : les **phrasal verbs** – ces verbes suivis d'une préposition ou d'une particule adverbiale qui peut en changer le sens, parfois radicalement. Ce phénomène correspond en partie à cette double évolution de la langue dont on a parlé à la première leçon, où l'on remplace un mot d'origine latine par un équivalent anglo-saxon.

On trouve les verbes à particule surtout dans un registre de langage courant. Par exemple, au lieu de dire **We installed a new dishwasher**, *Nous avons installé un nouveau lave-vaiselle*, on dirait **We put in a new dishwasher**. En revanche, la documentation accompagnant cette machine – rédigée dans un registre plus soutenu – emploiera les termes **to install** ou **installation**.

Voici deux autres exemples, en reprenant des éléments vus cette semaine :

The cyclist abandoned after twenty laps / The cyclist gave up after twenty laps, *Le cycliste abandonna après vingt tours de piste*.

We refurbished the bedroom last year / We did up the bedroom last year, *Nous avons refait la chambre à coucher l'année dernière*.

Dans les deux cas, le sens est identique ; tout ce qui change, c'est le registre, le verbe à particule étant plus familier que son équivalent "latin". Cependant, il n'y a pas de règle formelle : tout est une question d'instinct. Voilà pourquoi, dans les semaines à venir, nous vous sensibiliserons à ce phénomène, tout en vous encourageant à apprendre chaque **phrasal verb** dans son contexte plutôt que de mémoriser des listes rébarbatives. Nous vous parlerons aussi de l'ordre des mots dans une phrase contenant un de ces verbes.

Septième leçon / 7

Revision dialogue – Dialogue de révision *(Traduisez)*

1 – Why bother doing up the house? The very thought of it makes me tired.
2 When all's said and done, it's not really necessary.
3 – Don't worry. We'll have finished by this time next month.
4 – Then we'd better get our skates on, hadn't we?
5 – I can't afford a new dishwasher, let alone double glazing.
6 Let's wait for the sales. I've got a good eye for a bargain.
7 And don't forget you can get huge discounts by shopping online.
8 – I miss Raneesa and Tom. I wish they were here to help us.
9 They're old friends. I've known them for donkey's years.
10 – So you won't have heard the news? They're divorced.

Traduction

1 À quoi bon décorer la maison ? L'idée même me fatigue. **2** En fin de compte, ce n'est pas vraiment nécessaire. **3** Ne t'en fais pas. On aura terminé d'ici le mois prochain. **4** Alors on devrait se magner, non ? **5** Je n'ai pas les moyens de me payer un nouveau lave-vaisselle, encore moins le double vitrage. **6** Attendons les soldes. Je sais flairer une bonne affaire. **7** Et n'oublie pas qu'on peut obtenir des rabais énormes en faisant ses courses sur Internet. **8** Raneesa et Tom me manquent. J'aimerais qu'il soient là pour nous aider. **9** Ce sont de vieux amis. Je les connais depuis des lustres. **10** Alors, tu n'es pas au courant ? Ils sont divorcés.

Eighth lesson

Employment

(Extract from a UK government report on the labour market)

1. Employment, both [1] full-time and part-time, has been increasing steadily for several decades [2].
2. The latest [3] official data [4] show that, on a seasonally adjusted basis,
3. thirty million people aged sixteen and over [5] were economically active, up some [6] 2.5 per cent from a year ago.
4. The number of people working flexible time has risen by more than one million.
5. Last year, for example, it rose by seven hundred thousand [7],
6. but as a proportion of all those in employment, it has remained stable for three years.
7. More importantly, the redundancy rate [8] has been falling for the last three years.
8. The ratio [9] of the number of redundancies to the number of employees is at an all-time [10] low.
9. The number of workless [11] households was around three million, a hundred thousand fewer [12] than last year.
10. One of the most striking trends is the higher participation rate for women in the workforce.
11. Among the reasons for this is that more women delay [13] having children until their thirties,

Huitième leçon

L'emploi

(Extrait d'un rapport gouvernemental sur le marché du travail)

1 L'emploi, à la fois à plein temps et à temps partiel, est en progression régulière depuis plusieurs décennies.
2 Les données officielles les plus récentes montrent que, après correction des variations saisonnières,
3 trente millions de personnes âgées de seize ans et plus étaient économiquement actives, en augmentation de quelque 2,5 pour cent par rapport à l'an dernier.
4 Le nombre de personnes travaillant avec des horaires flexibles a augmenté de plus d'un million.
5 L'an dernier, par exemple, il avait progressé de sept cent mille,
6 mais, proportionnellement à l'ensemble des personnes actives, le nombre reste stable depuis trois ans.
7 On remarquera surtout que le taux de chômage est en baisse depuis trois ans.
8 Le nombre de licenciements rapporté au nombre de personnes ayant un emploi n'a jamais été aussi bas.
9 Le nombre de ménages sans emploi a été d'environ trois millions, soit cent mille de moins que l'an dernier.
10 L'une des tendances les plus marquantes réside dans l'augmentation du taux de participation des femmes dans la population active.
11 Parmi les raisons de ce phénomène *(de ceci)*, on trouve le fait que de plus en plus de femmes retardent leur décision d'avoir des enfants, attendant d'avoir passé trente ans,

Prononciation
1 ... **stèd**-*ili ...* **8** *...* **ré**-*chi-o ...*

12 and, compared with the previous generation, are more likely to return to work afterwards.

13 In terms of working patterns [14], the majority of those in employment are full-time workers,

14 although there has also been a slight increase in the number of self-employed and home-based workers.

15 It should be noted that fixed-term employees have equal rights in terms of pay, pensions, holidays and sick pay.

16 Gross weekly earnings have remained stable, despite last year's hike in the statutory minimum wage [15].

17 However, there has also been a rise in fringe benefits [16], including company cars, subsidised meals and childcare centres.

18 More importantly [17], leisure time has also increased in relation to working hours.

19 In all, it would appear that the government's efforts to achieve a healthy work-life balance [18] have paid dividends [19]. □

Notes

1 **both** signifie *les deux* ou, comme ici, *à la fois*. Le mot peut être un pronom : **Both of us work part-time**, *Nous travaillons tous les deux à mi-temps*, mais aussi un adverbe et même une conjonction.

2 Faux-ami : **a decade**, *une décennie*. Le mot français *une décade* se traduit simplement par **ten days**.

3 Rappelons que l'adjectif **latest** signifie *dernier* dans le sens de *plus récent* : **Have you seen his latest movie?**, *Avez-vous vu son dernier film ?* (la personne est toujours en vie), alors que **last** traduit la notion de *ultime* : **"Rebel Without a Cause" was James Dean's last movie**, *"La Fureur de vivre" a été le denier film de James Dean*.

Huitième leçon / 8

12 et, par rapport à la génération précédente, ont davantage tendance à reprendre le travail par la suite.

13 En termes d'habitudes de travail, la majorité des personnes employées le sont à plein temps,

14 bien que l'on note également une légère augmentation du nombre des personnes travaillant à leur compte et chez elles.

15 Il convient de noter que les personnes employées en contrat à durée déterminée bénéficient des mêmes droits en termes de rémunération, de retraite, de congés et d'arrêts maladie.

16 Le revenu hebdomadaire brut est resté stable, en dépit de la hausse du salaire minimum garanti intervenue l'an dernier.

17 Cependant, on relève également une augmentation des avantages en nature, sous forme, notamment, de voitures de fonction, de repas subventionnés ou de crèches.

18 On notera, ce qui est plus important, que le temps libre a également augmenté par rapport au temps de travail.

19 Globalement, il semblerait que les efforts du gouvernement pour parvenir à un équilibre salutaire entre travail et vie personnelle s'avèrent aujourd'hui payants.

---

4 À proprement parler, le nom **data**, *les données*, est pluriel (le singulier, rarement utilisé, est **datum**). Mais dans le langage courant, on a tendance à l'assimiler au mot **information** – qui, comme nous le savons, est indénombrable –, et ainsi à mettre le verbe au singulier. En revanche, on n'emploie jamais un verbe pluriel avec **information**.

5 Utilisé en tant qu'adjectif, **over** signifie *au-dessus*. Mais en tant qu'adverbe, il a le sens de *plus* : **If you are sixty or over, you can travel free**, *Si vous avez soixante ans ou plus, vous pouvez voyager gratuitement*. (Rappelons qu'on ne traduit pas *ans* en parlant de l'âge.) On peut aussi employer **more than** (phrase 4).

forty-eight • 48

8 / Eighth lesson

Notes

6 **some**, *quelque(s)*, est invariable. Il peut être utilisé comme en français pour traduire la notion d'approximation. **Some two hundred people attended the meeting**, *Quelque deux cents personnes ont assisté à la réunion*.

7 Rappelons que l'on ne met pas de **-s** final à des expressions de quantité (**hundred**, **thousand**, **million**) s'il s'agit d'un nombre précis, mais seulement si elles sont suivies de **of** : **Thousands of people are homeless**, *Des milliers de personnes sont sans abri*.

8 Le sens premier de l'adjectif **redundant** et du nom **redundancy** est le même qu'en français : *redondant*, *superflu*. Mais en anglais britannique, on utilise ces mots pour parler de licenciement et de chômage : **to be made redundant**, *être licencié* (parfois pour des raisons économiques) : **Hundreds of people were made redundant when the factory closed**, *Des centaines de personnes ont été licenciées quand l'usine a fermé ses portes*. **The redundancy rate**, *le taux de chômage*, est synonyme de **the unemployment rate**, le terme technique utilisé en statistique (et en anglais américain).

9 Cette leçon nous permet d'apprendre à manier certaines expressions concernant les quantités et les proportions. Ici, avec le mot **ratio**, nous traduisons la notion de *rapporter à* en français : *le nombre de licenciements rapporté au nombre d'actifs*.

10 **all-time low**, *bas historique*. Mais grâce au double vocabulaire de l'anglais dont nous avons parlé à la leçon 1 (voir note culturelle), nous avons une autre façon d'exprimer cette notion : **a historical low**.

11 **less**, *moins*, peut s'employer comme suffixe. Ainsi, **a child**, *un enfant* → **childless**, *sans enfant*. Dans ce contexte, **workless** – ou encore **jobless** – signifient tous les deux *sans travail*.

12 Il y a deux manières de traduire *moins (que)*, **less** et **fewer**, selon que le nom qui le suit est indénombrable (**less**) ou dénombrable (**fewer**). Retenez ce petit pense-bête : **There are fewer cars and less traffic than last year**, *Il y a moins de voitures et moins de circulation que l'année dernière*. Bien que cette distinction ait tendance à disparaître dans le langage courant au profit de **less** tout seul, nous vous conseillons de la maintenir.

13 Encore un faux-ami : **to delay / a delay**, *retarder / un retard*. La traduction du mot français *délai* dépend du contexte, mais souvent on peut l'omettre : **You have to enrol within one week**, *Vous devez vous inscrire dans un délai d'une semaine* (litt. "à l'intérieur d'une semaine"). Nous vous indiquerons d'autres possibilités au fur et à mesure de votre progression.

Huitième leçon / 8

14 **a pattern** a plusieurs sens, dont un *patron* ou *modèle* pour la couture. Par extension, notamment dans les sciences sociales, il signifie *un mode* ou *une habitude* : **Some youngsters lack the support they need to change their behaviour patterns**, *Certains jeunes ne disposent pas du soutien nécessaire pour modifier leur mode de comportement.*

15 **wage**, *salaire*. Généralement on réserve ce mot pour une rémunération hebdomadaire, utilisant **salary** pour désigner le traitement mensuel. Il y a cependant des nuances, que nous verrons demain.

16 **fringe** vient du mot français *une frange* ; il a d'ailleurs la même signification. Mais au figuré, il a plutôt le sens de *marginal*. **A fringe group**, *un groupe marginal*. (Le célèbre festival artistique qui se tient chaque année à Édimbourg en Écosse est composé de la partie principale, **the main festival**, et d'une partie expérimentale, **the Fringe**.) Dans le contexte de la rémunération, **fringe benefits** sont les avantages annexes ou en nature.

17 Dans ce type d'interjection en début de phrase, notez que l'anglais emploie un adverbe là où le français utilise un adjectif : **Interestingly, he was in the neighbourhood when the house caught fire**, *Chose intéressante, il était dans le voisinage lorsque la maison a pris feu.*

18 Voici un bel exemple de la concision de la langue anglaise : *un équilibre entre le travail et la vie* peut se traduire, bien sûr, par **a balance between work and life**, mais on peut aussi raccourcir la locution en **a work-life balance**. Autre exemple, on parle souvent de la "fracture" sociale entre le nord et le sud de la Grande-Bretagne – **the divide between the north and the south**. Avec cette construction concise, nous avons **the north-south divide**.

19 **a dividend**, *un dividende*. **The company did not pay a dividend last year**, *La société n'a pas versé de dividende l'année dernière*. L'expression **to pay dividends** s'emploie au sens figuré pour dire *s'avérer payant* : **The new marketing strategy has paid dividends**, *La nouvelle stratégie commerciale s'est avérée payante.*

fifty • 50

9 / Ninth lesson

Exercise 1 – Translate

❶ On a seasonally adjusted basis, unemployment has been falling steadily for a decade. ❷ Hundreds of people were made redundant when the factory closed. ❸ Some youngsters lack the support they need to change their behaviour patterns. ❹ Interestingly, you can travel free if you're over sixty. ❺ The new employment strategy has paid dividends.

***

Exercise 2 – Fill in the missing words

❶ Il y a moins de voitures et moins de circulation que l'année dernière.
There are ..... cars and .... traffic .... last year.

❷ Il y avait quelque huit mille personnes à la réunion.
The meeting ... . by .... thousand people.

❸ Nous travaillons à mi-temps tous les deux depuis une décennie.
.... have been working part-time ... .

❹ Des centaines de personnes ont été licenciées quand l'usine a fermé ses portes.
.... of people .... when the factory closed.

Ninth lesson

Situations vacant

1 – All sorts of jobs are available in today's [1] buoyant [2] economy, regardless of your age or skill [3] level.
2   From fishmongers [4] to flight attendants, researchers to receptionists, PAs to PR [5] managers and solicitors [6] to salespeople,
3   you can take your pick.

Prononciation
*1 ... **boï-ënt** ...*

Corrigé de l'exercice 1

❶ Corrigé des variations saisonnières, le chômage diminue régulièrement depuis une décennie. ❷ Des centaines de personnes ont été licenciées quand l'usine a fermé ses portes. ❸ Certains jeunes ne disposent pas du soutien nécessaire pour modifier leurs modes de comportement. ❹ Chose intéressante, vous pouvez voyager gratuitement si vous avez plus de soixante ans. ❺ La nouvelle stratégie pour l'emploi s'est avérée payante.

***

❺ Le gouvernement parle de l'équilibre entre le travail et la vie personnelle, mais pas de la fracture sociale entre le nord et le sud.
The government talks about the .... but not about the ....

Corrigé de l'exercice 2

❶ – fewer – less – than – ❷ – was attended – some eight – ❸ Both of us – for a decade ❹ Hundreds – were made redundant – ❺ – work-life balance – north-south divide

Neuvième leçon

Offres d'emploi

1 – L'économie étant très porteuse actuellement, toutes sortes d'emplois sont disponibles, quel que soit votre âge ou votre niveau de qualification.
2 Du poissonnier à l'hôtesse de l'air/steward, du chercheur à la standardiste, de la secrétaire de direction au directeur des relations publiques, en passant par l'avocat ou le vendeur,
3 vous n'avez que l'embarras du choix.

9 / Ninth lesson

4 – We are looking for a sales executive [7] for our fast-expanding Bradford-based business [8].

5 We are the UK leader in the design and delivery of supply chain solutions for a wide range of clients.

6 You will be [9] articulate [10], outgoing and sales-driven [11] with excellent interpersonal skills.

7 – Looking for a job? Bored with sitting around? Want to get back to work right away?

8 Call us today to find out about this exciting opportunity in a busy downtown [12] office.

9 Competitive basic wage plus overtime, commission and a company car.

10 – We have an opening [13] for a website designer to start work at once in our London branch.

11 If you have artistic flair and are numerate and computer-literate, we want to hear from you.

12 Excellent remuneration package, together with a bonus scheme [14] and a London weighting.

13 – An exciting opportunity has arisen to join the finance department of a top-flight engineering firm.

14 The successful applicant must have a proven track record [15] in financial management and be a team player.

12 ... ski-im ...

Neuvième leçon / 9

4 – Nous sommes à la recherche d'un responsable des ventes pour notre entreprise de Bradford qui est en pleine expansion.

5 Nous sommes le numéro un britannique de la conception et de la mise en place *(livraison)* de solutions logistiques *(chaîne d'approvisionnement)*, au service d'un large éventail de clients.

6 Vous vous exprimez avec aisance, vous êtes extraverti et motivé par la vente, doté d'un excellent sens du contact humain.

7 – À la recherche d'un emploi ? Lassé d'attendre sans rien faire ? Désireux de reprendre le travail sans attendre ?

8 Appelez-nous [dès] aujourd'hui pour en savoir plus sur cette offre d'emploi à saisir, dans un bureau très actif [situé] en centre-ville.

9 Salaire de base intéressant *(compétitif)*, plus heures supplémentaires, prime d'intéressement et véhicule d'entreprise.

10 – Nous avons un poste vacant pour un concepteur de site Internet, prêt à démarrer immédiatement dans notre bureau de Londres.

11 Si vous avez un sens artistique, et des connaissances en mathématiques et en informatique, nous aimerions vous rencontrer *(avoir de vos nouvelles)*.

12 Excellente rémunération globale, avec système de prime et indemnité *(pondération)* de vie chère à Londres.

13 – Un poste très motivant est à pourvoir au sein des services financiers d'une entreprise d'ingénierie de haut vol.

14 Le postulant qui sera retenu devra avoir une expérience attestée en matière de gestion financière et savoir travailler en équipe.

fifty-four • 54

15 Salary will depend on qualifications and experience and will be accompanied by a generous benefits package [16].

16 As an equal opportunities employer, we welcome applications from all candidates,

17 irrespective of age, ethnic origin, religion, belief, gender or sexual orientation.

18 – Because it is illegal to discriminate when advertising for a job, some advertisements [17] can be a little strange.

19 "Wanted. Person to model our new range of maternity clothes. Man or woman. Must be six months' pregnant [18]."

18 … *ad*-vë-taïzing … ad-**veu**-tiss-mënt …

Notes

1 Nous savons que la forme possessive (**-'s**) s'emploie avec les personnes et autres êtres animés, mais aussi avec les expressions de temps. **This week's show is about new computer tools**, *L'émission de cette semaine traite des nouveaux outils informatiques*. Nous ferons le point sur ce sujet en fin de semaine.

2 **a buoy**, *une bouée*. Au sens propre, le verbe **to buoy** signifie *maintenir à flot*, mais on l'utilise surtout (ainsi que l'adjectif **buoyant**) au figuré pour exprimer l'idée de *soutenir* (ou *dynamique*) : **Oil exports were buoyed by the high price of crude**, *Les exportations pétrolières ont été soutenues par le prix élevé du brut*, ou encore **The labour market is buoyant**, *Le marché de l'emploi est dynamique*. Attention à la prononciation irrégulière : *[boï]* (exactement comme **boy**) et *[boï-ënt]*.

3 **skill**, *habileté*. Dans le contexte de l'emploi, **skills** (souvent au pluriel) a plutôt le sens de *compétences* et l'adjectif **skilled**, de *qualifié* : **Anna's a highly skilled engineer**, *Anna est un ingénieur hautement qualifié*. Le mot figure dans bon nombre de néologismes créés par les pouvoirs publics pour des programmes de formation : **Jobskills** ("compétences pour accéder à l'emploi"), **Futureskills** ("compétences pour demain"), etc.

15 Le salaire dépendra des qualifications et de l'expérience et sera complété par un ensemble d'avantages très conséquents.

16 En tant qu'employeur appliquant le principe de l'égalité des chances, nous encourageons les candidatures de tous les postulants,

17 sans distinction d'âge, d'origine ethnique, de religion, de convictions, de sexe ou de préférence sexuelle.

18 – Du fait qu'il est illégal de faire de la discrimination lorsque l'on publie une offre d'emploi, certaines petites annonces peuvent être un peu étranges.

19 "Recherche : personne pour présenter notre nouvelle collection de prêt-à-porter pour futures mamans. Homme ou femme. Doit être enceinte d'au moins six mois."

---

4 **fishmonger**, *poissonnier*. Le vieux suffixe **-monger**, qui date du XIIe siècle, désigne un marchand. Mais beaucoup de ces métiers ayant disparu, les seuls mots courants qui restent aujourd'hui sont **fishmonger** et **ironmonger**. En revanche, on emploie cette terminaison de manière figurée dans les néologismes tels **a warmonger**, *un va-t-en-guerre* ou encore **gossipmonger**, *une commère* (litt. "une personne qui fait commerce des ragots").

5 Comme toutes les langues, l'anglais emploie beaucoup d'acronymes, de sigles et autres abréviations. Nous vous ferons connaître les plus courants pendant les semaines à venir, en commençant par **PR**, **public relations**, *relations publiques* (qui peut aussi traduire la notion de *communication*) et **PA**, **personal assistant**, terme "politiquement correct" pour une *secrétaire de direction*.

6 **a solicitor** est *un juriste* qui, en plus, exerce certaines des fonctions d'un notaire français. Le **solicitor** est ainsi nommé car il "sollicite" les services d'un **barrister** (membre du **bar**, *barreau*), seul habilité à plaider devant une cour de justice en Grande-Bretagne. Bien sûr, étant donné les différences entre les systèmes juridiques des deux pays, une traduction littérale est impossible.

9 / Ninth lesson

 Notes

7 Dans le domaine politique, l'adjectif épithète **executive** a le même sens qu'en français (par exemple **the executive body**, *l'organe exécutif*). En tant que substantif, **an executive** désigne une personne qui occupe une fonction de direction au sein d'une entreprise (par ex. **un cadre**, bien que la notion ne soit pas exactement équivalente). Cependant, compte tenu de l'engouement actuel pour les titres "ronflants", **a sales executive** peut tout simplement être un vendeur (ou *cadre commercial*).

8 L'un des atouts de la langue anglaise est sa concision. Nous en avons un premier aperçu cette semaine avec la formation des noms et adjectifs composés. Par exemple, **a business based in Bradford**, *une activité basée à Bradford*, devient **a Bradford-based business**. De même, **a company that is growing quickly → a fast-growing company**. Retenez ces exemples : nous vous donnerons quelques règles plus tard.

9 Dans les offres d'emploi, on utilise souvent le temps futur dans le descriptif du candidat alors qu'en français on emploie le présent : **You will have three years' experience**, *Vous justifiez de trois années d'expérience*.

10 Faux-ami : appliqué à une personne, l'adjectif **articulate** décrit quelqu'un qui sait bien s'exprimer : **He's an articulate spokesperson**, *C'est un porte-parole qui s'exprime aisément*.

11 Le verbe irrégulier **to drive** (passé simple : **drove** ; participe passé : **driven**) signifie *conduire*. On emploie ce participe (**-driven**) comme suffixe à certains objets pour décrire le mode de fonctionnement de ceux-ci : **a propeller-driven plane**, *un avion à hélice*. Au sens abstrait, cette terminaison décrit l'élément <u>déterminant</u> du nom : **a demand-driven project**, *un projet axé sur la demande*. Utilisé fréquemment dans les offres d'emploi, **-driven** peut se traduire par *motivé* : **sales-driven**, *motivé par les ventes*.

12 L'adjectif **downtown** signifie *(en) centre-ville*. Bien que plutôt américain (on le trouve partout sur les panneaux de signalisation), le mot s'emploie de plus en plus en anglais, tant en adjectif qu'en adverbe **We drove downtown**, *Nous sommes descendus en ville en voiture*.

13 **an opening** signifie littéralement *une ouverture*. Dans le contexte des offres d'emploi, il est synonyme de *poste vacant*, qui pourrait être aussi **a vacancy**. Le titre de cette leçon, **Situations Vacant**, correspond à la rubrique *Offres d'emploi* d'un site Internet, d'un journal, etc.

14 **scheme** *[ski-im]* est un mot polyvalent. On le trouve dans plusieurs contextes techniques (gestion, retraite, etc.), où il signifie un plan ou projet, ou encore un régime. Par exemple, **a savings scheme**, *un plan d'épargne* ou **a tax scheme**, *un régime fiscal*. (Attention : le verbe **to scheme** signifie *comploter*, donc, dans un autre contexte, **a scheme** peut signifier *une machination* !)

15 **a track**, *une piste* ; **a record**, *un enregistrement*. En athlétisme, **a track record** est le dossier contenant l'historique des performances d'un sportif. Mais l'expression est employée plutôt au sens figuré pour décrire le parcours d'une personne, d'une société, etc., qui peut être positif ou négatif : **The manager has a good track record for meeting his forecasts**, *Le directeur a prouvé sa capacité à atteindre ses prévisions*. **The airline has a poor track record for safety**, *La compagnie aérienne a enregistré de mauvaises performances en matière de sécurité*.

16 **a package**, *un paquet*. Au sens figuré, on emploie le mot pour désigner une série de produits, services, etc., qui sont proposés comme un ensemble. **The government has put a package of measures before Parliament**, *Le gouvernement a soumis un train de mesures au Parlement*. Dans le domaine de l'emploi, **a benefits package** ou **a compensation package** désigne tous les éléments de la rémunération dont bénéficie un salarié (salaire, prime, avantages en nature, etc.).

17 Nous avons fait connaissance à la leçon 7 des mots bisyllabiques où l'accent tonique se déplace selon qu'ils sont nom ou verbe. Voici le même phénomène, mais avec des mots plus longs : **to advertise**, *faire de la publicité*, et **advertisement**, *une publicité*. L'accent tombe sur la première syllabe du verbe ***[ad-vë-taïz]*** et du participe/gérondif **advertising** ***[ad-veu-taïzing]*** mais sur la deuxième du nom *[ad-**veu**-tiss-mënt]*.

18 Encore un faux-ami, auquel il faut faire très attention : **pregnant** signifie *enceinte*, alors que l'adjectif français *prégnant* se traduit par **significant** ou **vivid**.

9 / Ninth lesson

Exercise 1 – Translate
① This week's show is about the buoyant labour market. ② The airline has an excellent track record for safety. ③ Oil exports were buoyed by the high price of crude. ④ I'm bored with sitting around. I want to get back to work right away. ⑤ All sorts of jobs are available, regardless of your age or skills.

***

Exercise 2 – Fill in the missing words

① Tim a des connaissances en mathématiques et en informatique. C'est aussi un ingénieur qualifié.
Tim is .... and .... He's also .
.... engineer.

② Venez travailler pour une entreprise en pleine croissance basée à Bradford.
Come and work for .... business.

③ C'est un projet axé sur la demande, dans un bureau très actif en centre-ville.
This is a .... project in a .... office.

④ Un poste très motivant est à pourvoir au sein d'une entreprise d'ingénierie de haut vol.
An exciting opportunity .... to .... a .... engineering firm.

⑤ À vous de choisir : vous pouvez être agent de bord, secrétaire de direction, cadre en communication ou juriste.
....: you can be a flight attendant, a .., a .. manager or a ....

Il faut savoir décrypter les petites annonces qui paraissent sous la rubrique **Situations Vacant**, *Offres d'emploi. Regardons d'abord la rémunération. Il y a une différence entre* **wage** *et* **salary** *: en principe* **wages** *(normalement au pluriel) désigne le salaire hebdomadaire ou horaire que gagne un ouvrier, un employé ou autre travailleur manuel. Le mot s'emploie, toujours au singulier, pour traduire des notions économiques telles que le salaire minimum,* **minimum**

Neuvième leçon / 9

Corrigé de l'exercice 1

❶ L'émission de cette semaine traite du dynamisme du marché de l'emploi. ❷ La compagnie aérienne a enregistré de très bonnes performances en matière de sécurité. ❸ Les exportations pétrolières ont été soutenues par le prix élevé du brut. ❹ J'en ai marre d'attendre sans rien faire. Je veux reprendre le travail tout de suite. ❺ Toutes sortes d'emplois sont disponibles, quel que soit votre âge ou votre niveau de qualification.

***

Corrigé de l'exercice 2

❶ – numerate – computer-literate – a skilled – ❷ – a fast-growing Bradford-based – ❸ – demand-driven – busy downtown – ❹ – has arisen – join – top-flight – ❺ Take your pick – PA – PR – solicitor

wage, *ou le* salaire horaire, **hourly wage**. *En revanche,* **a salary** *est la* rémunération *d'un professionnel, cadre, etc. (On trouve aussi des expressions, moins courantes, comme* **remuneration** *ou* **compensation** *pour des postes de direction ou de cadre supérieur.) Cette même distinction s'applique pour la traduction de salarié, qui se dit* **a wage earner** *ou* **a salary earner**, *selon le cas. Enfin, le terme générique* **earnings** *signifie* rémunération totale *: les gains.*
*De même, le montant chiffré de la rémunération, tel qu'il apparaît dans l'annonce, est exprimé en termes hebdomadaires (***£856 p.w.**, *ou* **per week***) ou annuel (***£289,800 p.a.**, *ou* per annum*). Notez que les Britanniques et les Américains raisonnent rarement en salaire mensuel. Parmi d'autres abréviations courantes, citons* **k** *(ou* **K***) pour "*milliers*" (***£289K p.a***) et* **c** *pour le mot latin* **cent** *(***8c p.w.***). Un autre un mot latin,* **circa**, *signifie* environ *(***circa £8c p.w.***). Parfois, on ne s'embarrasse pas de détails :* **£neg** *signifie que le salaire est* **negotiable** *(négociable : remarquez la différence d'orthographe) alors que* **£excellent** *se passe de traduction ! Pour les fonctions commerciales,* **OTE** *signifie* **on-target earnings** *(litt. "gains sur cible") : la rémunération payée si la cible commerciale est atteinte.*
Comme en France, la législation britannique interdit la discrimination à l'embauche, quel que soit le motif (sexe, origine ethnique, handicap, etc.). Beaucoup d'employeurs – surtout dans le secteur public – précisent cette non-discrimination dans leurs annonces avec la mention générale **We welcome applications from all sections of the community**, Nous serons heureux de recevoir des candidatures provenant de tous les secteurs de la communauté, *ou de manière plus explicite (phrases 16 et 17 du dialogue).*

10

Tenth lesson

The right way and the wrong way

1 – Dear Sir or Madam [1],
2   I am writing in response to your recent advertisement for a customer relationship officer [2].
3   After graduating [3] in business from the University of Western England five years ago,
4   I worked as a sales negotiator for a chain of estate agents [4] headquartered [5] in Bristol.
5   I then relocated [6] to Birmingham for personal reasons and was unemployed for a short spell [7].
6   Not only did [8] I quickly find a new job; I was also promoted to manager within [9] a fortnight [10].
7   I am a self-starter with a can-do attitude and an ability to multi-task [11].
8   I get on [12] well with people and I have first-class presentation and teamwork skills.
9   Your company cannot afford [13] to overlook this opportunity to hire such an exceptionally talented person.
   Yours truly.
10 – Dear Sir,
   Thank you for your application, which we reviewed with great attention.
11   Unfortunately, the position [14] has already been filled and we have no further vacancies.

Dixième leçon

La bonne et la mauvaise façon

1 – Madame, Monsieur,
2   Je vous écris en réponse à l'annonce que vous avez récemment fait paraître concernant un chargé de relations avec la clientèle.
3   Après avoir obtenu un diplôme de commerce de l'Université de l'ouest de l'Angleterre, il y a cinq ans,
4   j'ai travaillé comme négociateur des ventes pour une chaîne d'agences immobilières dont le siège est à Bristol.
5   Je me suis ensuite installé à Birmingham pour raisons personnelles et je me suis retrouvé au chômage pendant une courte durée.
6   Non seulement j'ai rapidement retrouvé du travail, mais j'ai également été promu responsable de service au bout d'un mois.
7   Je suis une personne motivée *(capable de démarrer tout seul)*, dynamique et capable de faire plusieurs choses à la fois.
8   Je m'entends bien avec les gens, et j'ai des compétences exceptionnelles en matière de présentation et de travail d'équipe.
9   Votre entreprise ne peut pas se permettre de laisser passer la chance d'embaucher une personne aussi talentueuse que moi.
10 – Monsieur,
    Nous vous remercions de votre lettre de candidature, que nous avons étudiée avec le plus grand soin.
11 Malheureusement, le poste a déjà été attribué et nous n'avons pas d'autres postes à pourvoir.

10 / Tenth lesson

12 We wish you every success in your search for employment,
Yours sincerely,
J. Turner, HRM [15].

13 – Realising that he might have appeared big-headed [16], Craig rewrote the letter:

14 – Dear Sir, Please find enclosed a copy of my CV [17], listing my qualifications and my relevant work experience.

15 I am available to come for an interview at any time that may be convenient to you.

16 You will find my contact details [18] below.
Yours truly,
Craig Brown.

17 – Within a week, he received a positive reply and was called for an interview the following month.

18 – The moral of the story? You should never blow your own trumpet [19].

Notes

1 Les Britanniques, d'ordinaire si galants, commencent une lettre formelle en mettant les messieurs avant les dames ! Mais une fois n'est pas coutume. Par exemple, lors d'un discours en public, on commence par **Ladies and gentlemen** *(Mesdames, Messieurs)*. Voir aussi la note culturelle en fin de leçon.

2 Dans un contexte militaire, le terme **officer** signifie *officier*. Dans le domaine civil, *an officer* est une personne investie de pouvoirs – par exemple, dans une société commerciale, **the officers** sont les mandataires sociaux. **Directors and officers must avoid conflicts of interest**, *Les administrateurs et les dirigeants doivent éviter les conflits d'intérêt.* (Voir aussi la note 15.)

3 Dans le domaine de l'éducation, le verbe **to graduate** signifie *obtenir un diplôme universitaire*. Remarquez comment on peut préciser aussi bien le nom de l'établissement que la matière étudiée, avec seulement un changement de particule : **Sheila graduated in chemistry from Liverpool University**, *Sheila a obtenu un diplôme de chimie de l'université de Liverpool.* Cependant, le verbe n'indique pas le niveau de

Dixième leçon / 10

12 Nous vous souhaitons tout le succès possible dans votre recherche d'emploi.
Je vous prie d'agréer, Monsieur, l'expression de mes sentiments les plus sincères,
J.Turner,
directrice des ressources humaines.

13 – Se rendant compte qu'il a peut-être donné l'impression de manquer de modestie, Craig a refait sa lettre :

14 – Monsieur, Veuillez trouver ci-joint un exemplaire de mon C.V. avec mes qualifications et les éléments opportuns de mon expérience professionnelle.

15 Je me tiens à votre disposition pour venir passer un entretien au moment qui vous conviendra le mieux.

16 Vous trouverez mes coordonnées ci-dessous.
Je vous prie d'agréer, Monsieur, l'expression de mes sentiments respectueux,
Craig Brown.

17 – Moins d'une semaine plus tard, il a reçu une réponse positive et a été convoqué pour un entretien le mois suivant.

18 – La morale de l'histoire ? On ne doit jamais chanter ses propres louanges.

---

qualification (licence, etc.) ; **a graduate**, *un diplômé*. Avant d'obtenir son diplôme, un étudiant universitaire qui prépare sa licence s'appelle **an undergraduate**.

4 **estate** (du français *état*) a de multiples significations. Dans le cas présent, il s'agit de la notion de propriété immobilière. *L'immobilier* se dit **property** en anglais britannique et **real estate** en américain. **Property prices in London are very inflated**, *Les prix de l'immobilier à Londres sont excessifs*. Néanmoins, *un agent immobilier* en Grande-Bretagne s'appelle **an estate agent**, et son homologue américain, **a real estate agent**.

5 Encore un exemple de la souplesse de l'anglais, qui permet aux différentes parties du discours d'être facilement interchangeables. Ici, le nom **headquarters** (toujours pluriel) peut s'employer comme verbe : **Our company has its headquarters in Wales** → **Our company is headquartered in Wales**, *Le siège de notre société est au pays de Galles*.

10 / Tenth lesson

Notes

6 **to locate**, *localiser*, *trouver*. Le verbe **to relocate** traduit la notion d'installer quelque chose (ou de s'installer) ailleurs. Il peut être aussi bien transitif : **We relocated production to a cheaper region**, *Nous avons délocalisé la production vers une région moins chère*, qu'intransitif : **We relocated from the cold north to the sunny south**, *Nous avons quitté le froid du nord pour le soleil du Sud*.

7 **a spell**, *une période de temps*. Le mot est utilisé fréquemment dans les bulletins météorologiques : **The depression will bring another spell of wet weather**, *La dépression amènera une nouvelle période de temps pluvieux*. Notez que **a spell** signifie aussi *un sortilège* ; c'est bien sûr le contexte qui vous aidera à ne pas confondre les deux sens !

8 Dans la tournure **Not only... (but) also**, *Non seulement... (mais) aussi*, les auxiliaires **do**, **have** et **be** nous permettent de mettre en valeur les deux éléments de la phrase : **Not only is she intelligent; she's also beautiful**, *Elle est non seulement intelligente, mais aussi très belle*. Nous vous donnerons plus d'informations à la fin de la semaine.

9 La préposition **within** signifie littéralement "à l'intérieur de" : **You can't smoke within the building**, *Vous n'avez pas le droit de fumer à l'intérieur du bâtiment*. On l'emploie aussi dans les expressions de distance ou de temps, pour traduire *moins de* : **We live within ten miles of the sea**, *Nous habitons à moins de dix miles (16 km) de la mer*; **We received an answer within a week**, *Nous avons reçu une réponse en moins d'une semaine*.

10 **a fortnight**, *deux semaines*. Il s'agit d'une contraction de **fourteen nights**, *quatorze nuits*. Bien sûr, on peut aussi employer **two weeks** : d'ailleurs, c'est ce que disent les Américains, qui ignorent ce mot.

11 Ces trois mots de jargon, très courants dans le domaine des relations humaines et de l'emploi, montrent à nouveau la possibilité qu'a l'anglais de créer de nouvelles expressions par juxtaposition : **a self-starter** (litt. "démarreur automatique") vient du domaine de l'automobile, bien sûr, mais désigne aussi une personne qui a beaucoup d'initiative et peut donc se motiver elle-même ; **can-do** (litt. "peut-faire") décrit une personne à l'attitude énergique, qui répond toujours présent ("je sais faire") ; et enfin le terme informatique **multi-task**, *mode multitâche*, signifie aussi une personne capable de mener plusieurs tâches de front : **Women are apparently better than men at multi-tasking**, *Il semble que les femmes aient plus de facilité que les hommes à faire plusieurs choses à la fois*.

Dixième leçon / 10

12 Le verbe **to get**, sous des formes diverses, a plus de 70 significations. Aussi faut-il l'aborder de manière systématique. Commençons par le verbe à particule **to get on with**. Lorsque le complément est un verbe ou un nom concret, le verbe signifie *continuer* ou *se mettre au travail* : **I'd better get on with my work if I want to finish before midnight**, *Il vaut mieux que je continue à bosser si je veux terminer avant minuit*. Dans ce cas, les différents éléments du verbe sont inséparables (on ne peut pas dire **get on my work with**, par exemple). En revanche, si le complément est une personne, **to get on with** signifie *s'entendre avec*. Dans ce cas, on peut mettre un adverbe entre les deux particules : **I get on well with my father-in-law**, *Je m'entends bien avec mon beau-père*.

13 **to afford**, voir leçon 3, note 3.

14 **position** est un synonyme de **opening** et de **vacancy**, vus tous les deux en leçon 9. Notez que le verbe *pourvoir un poste* se traduit par **to fill** (litt. "remplir") dans les trois cas.

15 **HRM**, **Human Resources Manager**, *directeur des ressources humaines* ou *DRH*. Dans certaines sociétés, on emploie un titre plus modeste : **personnel manager**, *directeur du personnel*.

16 Faites attention, car **a big-head** n'est pas *une grosse tête*, mais *un crâneur* ! **Big-headed** en est l'adjectif. Pour traduire le sens français, il faut dire : **he/she is brainy** (litt. "qui a du cerveau"). Ce sont ces petits détails qui font le perfectionnement…

17 **CV** *[si-i vi-i]* : Les Britanniques emploient le même terme que les Français, mais les Américains, eux, ont deux mots : **a résumé** *[ré-zou-méé]*, qui tient d'habitude sur une page, et **a CV**, qui est à la fois plus long et plus détaillé. Le pluriel de **CV** est **CVs** *[si-i vi-iz]*.

18 L'anglais n'a pas d'expression générale pour *les coordonnées*. Nous employons une périphrase comme **name and address** ou **contact details**. Le mot **coordinates** est un terme mathématique, comme en français.

19 L'expression idiomatique **to blow one's own trumpet** (litt. "souffler dans sa propre trompette") peut se traduire par *se faire mousser*. **Stop blowing your own trumpet**, *Arrête de te faire mousser*. Dans un registre plus formel, on dit **to sing one's own praises**, qui se traduit presque mot à mot en français : *chanter ses propres louanges*.

10 / Tenth lesson

▶ Exercise 1 – Translate
❶ We relocated production to a cheaper region. ❷ Women are apparently better than men at multi-tasking. ❸ You'd better get on with your work if you want to finish before midnight. ❹ They really can't afford to overlook this exciting opportunity. ❺ Please send us a letter with a CV and your contact details.

***

Exercise 2 – Fill in the missing words
❶ Non seulement j'ai trouvé du travail, mais j'ai aussi été promu rapidement.

 . . . . find a new job; . . . . promoted quickly.

❷ Nous avons reçu une réponse de leur part en moins de deux semaines.

 We received an answer from them . . . .

❸ Tu devrais arrêter de te faire mousser. Ça manque de modestie.

 You should stop . . . . It's . . . .

❹ Sheila a obtenu un diplôme de chimie à Liverpool et Tom prépare sa licence.

 Sheila . . . . chemistry . . . . Liverpool and Tom's an . . . .

❺ Il a une attitude dynamique et il s'entend bien avec les gens.

 He has a . . . . . . attitude and . . . . with people.

PLEASE SEND US A LETTER WITH A CV AND YOUR CONTACTS DETAILS.

Dixième leçon / 10

Corrigé de l'exercice 1
❶ Nous avons délocalisé la production vers une région moins chère. ❷ Il semble que les femmes ont plus de facilité que les hommes à faire plusieurs choses à la fois. ❸ Tu devrais te mettre à bosser si tu veux terminer avant minuit. ❹ Ils ne peuvent vraiment pas laisser passer cette occasion formidable. ❺ Veuillez nous adresser une lettre avec votre C.V. et vos coordonnées.

***

Corrigé de l'exercice 2
❶ Not only did I – I was also – ❷ – within a fortnight ❸ – blowing your own trumpet – big-headed ❹ – graduated in – from – undergraduate ❺ – can-do – gets on very well –

Comment s'adresser à un homme ou une femme en anglais, surtout dans des domaines où la discrimination est taboue ? En effet, cela peut devenir un peu compliqué…
*Par écrit, on fait bien sûr la distinction entre, d'une part, **Sir** et **Mr** (**mister**) pour monsieur, et, d'autre part, **Madam** et **Mrs**, (**missus** ou **missis**), pour madame. **Mr** et **Mrs** ne sont jamais utilisés seuls en tête de correspondance : **Dear Mr Carlin** ou **Dear Sir** (jamais "**Dear Mister**") ; **Dear Mrs Carlin** ou **Dear Madam**. On peut aussi s'adresser à une demoiselle si l'on est sûr qu'elle n'est pas mariée : **Miss** (ce n'est pas une abréviation : **Dear Miss Carlin** ou **Dear Miss**).*
*Mais faire la différence entre une femme mariée et une célibataire peut être considéré comme une forme de discrimination, alors dans le domaine public (administration, courriers officiels, etc.), on remplace **Mrs** et **Miss** par **Ms**, titre honorifique qui ne se décline pas et se prononce [mëz]. Cependant, **Ms** ne peut s'employer qu'avec le nom de famille…*
*En tout état de cause, **sir**, **madam** et **miss** sont très formels, et les anglophones ont tendance à les laisser tomber dans leurs relations quotidiennes. Un vendeur dans un magasin dira plus volontiers **Good morning** que **Good morning, sir** (ou **madam**).*
Enfin, cette absence de formalité se retrouve dans une tendance – que certains trouvent déroutante – à employer les prénoms, même avec les étrangers ou dans le cadre d'une entreprise. Il ne s'agit pas d'un tutoiement (l'anglais n'en possède pas, nous le savons) ni de familiarité, mais d'un mode d'expression informel et très répandu.

sixty-eight • 68

Eleventh lesson

Tips [1] for a successful interview

1. Don't get there [2] on time: be early. Punctuality is key [3] to making a good first impression.
2. If the worst comes to the worst [4] and you know you're going to be late, be sure to phone and warn someone.
3. Dress conservatively: better safe than sorry [5]. And look smart: sloppy clothes are a no-no [6].
4. Make sure you are properly prepared. Bone up on [7] the company's history, achievements and products.
5. Read their literature [8], check their website and get hold of [9] their annual report.
6. You could also write down some sample questions and practice them with someone beforehand [10].
7. Pay attention to the interviewer and listen carefully to what he or she is saying.
8. That way, you'll be able to phrase your answers carefully and stick to the point [11].
9. Be brief and thorough when responding. Stay focused and avoid long-winded [12] explanations.
10. Smile, nod and show that you're enthusiastic. Your body language [13] will say a lot about you.
11. Identify your weaknesses – the interviewer is bound to [14] ask about them – and be ready to discuss them frankly.
12. Don't say something like: "I have no shortcomings at all, except for my modesty."

Onzième leçon

Conseils pour un entretien réussi

1 N'arrivez pas *(là-bas)* à l'heure : arrivez en avance. La ponctualité est essentielle pour faire une bonne première impression.
2 Dans le pire des cas, si vous savez que vous allez être en retard, veillez à téléphoner pour prévenir.
3 Habillez-vous de façon classique : mieux vaut mettre tous les atouts de son côté *(Mieux vaut prévenir que guérir)*. Et soyez élégant : les tenues *(vêtements)* négligées sont à proscrire.
4 Veillez à être bien préparé. Potassez l'historique de l'entreprise, ses réalisations et ses produits.
5 Lisez sa documentation, allez voir son site Internet et procurez-vous son rapport annuel.
6 Vous pouvez également mettre par écrit quelques questions types et vous entraîner avec quelqu'un au préalable.
7 Prêtez attention à la personne qui fait passer l'entretien et écoutez bien ce qu'elle vous dit.
8 De cette manière, vous pourrez soigneusement formuler vos réponses, sans vous écarter du sujet *(en restant proche du sujet)*.
9 Soyez concis et complet dans vos réponses. Restez concentré et évitez les explications interminables.
10 Souriez, hochez la tête et faites preuve d'enthousiasme. Vos expressions corporelles en diront long sur vous.
11 Repérez vos points faibles – votre interlocuteur ne manquera pas de vous les demander – et soyez prêt à en parler franchement.
12 Ne dites pas, par exemple : "Je n'ai aucun défaut, à part ma modestie."

11 / Eleventh lesson

13 If the interview takes place over a meal, there are a few pitfalls to avoid:
14 Don't order messy food: dishes with lots of sauce or awkward bones should be avoided [15].
15 Don't drink alcohol. If you are offered [16] wine or beer, just say that you're watching your weight and prefer not to drink.
16 Don't offer to pay: it's the prospective employer who will pick up the bill and leave a tip.
17 In any case, you should always send the interviewer a thank-you letter afterwards [17] and express your interest in the job.
18 Last but not least, don't be over-ambitious or you'll end up being promoted to a job that you can't do! □

Prononciation
14 … soors …

Notes

1 Le sens premier de **tip** est le *bout* ou la *pointe* de quelque chose. Le mot a aussi plusieurs sens idiomatiques, dont celui d'un conseil, un "tuyau" ou un "truc" : **Let me give you a few tips**, *Laissez-moi vous donner quelques tuyaux* (leçon 5, note 14). Dans ce contexte, il figure souvent dans le titre des manuels de conseils : **Ten Tips for Healthier Eating**, *Dix trucs pour manger plus sainement*.

2 Encore **to get** ! On emploie souvent le verbe avec une particule pour indiquer un mouvement. Suivi d'un nom de lieu (ou de l'adverbe **there**), il signifie *arriver* : **We get to Brighton at seven**, *Nous arrivons à Brighton à 7 h 00 / 19 h 00*.

3 **a key**, *une clé*. Comme en français, on peut employer ce mot comme adjectif (**a key person**, *une personne-clé*), mais aussi dans l'expression **to be key to**, *être crucial, avoir une importance capitale* : **Experience is key to success**, *L'expérience est fondamentale pour réussir*. Il s'agit de l'un des facteurs-clés : avec l'article défini, c'est *la clé de la réussite* : **Experience is the key to success**.

Onzième leçon / 11

13 Si l'entretien a lieu dans le cadre d'un repas, il y a un certain nombre d'écueils à éviter :

14 Ne commandez pas de plat compliqué *(salissant)* à manger : les plats en sauce ou les os difficiles à manier sont à éviter.

15 Ne buvez pas d'alcool. Si on vous propose du vin ou de la bière, dites simplement que vous surveillez votre ligne *(poids)* et que vous préférez ne pas boire.

16 Ne proposez pas de payer : c'est l'employeur potentiel qui règlera la note et laissera un pourboire.

17 Dans tous les cas, vous devez toujours envoyer, après l'entretien, une lettre de remerciement à la personne qui l'a mené et exprimer votre intérêt pour le poste.

18 Un dernier conseil, non des moindres : ne soyez pas exagérément ambitieux, ou vous vous retrouverez promu à un poste que vous ne pourrez pas assumer !

4 Nous connaissons le superlatif **the worst**, *le pire* (ainsi que le comparatif **worse**, *pire*). L'expression **if the worst comes to the worst**, que l'on trouve normalement en début de phrase, signifie *si le pire arrive*. Si on est moins pessimiste, on peut dire **If bad comes to worse** (et non **the worst**) : **If bad comes to worse, you can always borrow some money**, *Au pire, tu peux toujours emprunter de l'argent*. (Sachez que les Américains disent **if worst comes to worst**.)

5 Encore une expression figée, une forme tronquée de **It's better to be safe than to be sorry** (litt. "Il vaut mieux être sûr que d'avoir des regrets"), que l'on peut traduire par *Mieux vaut prévenir que guérir*. Remarquons un phénomène assez courant dans ce type d'expressions : l'anglais emploie des noms ou des adjectifs (**safe**, **sorry**) alors que le français préfère les verbes. De même, beaucoup de locutions anglaises jouent sur la répétition de la lettre initiale (ici, le **s**) alors que le français insiste sur la fin de mots (*-ir*). Vous aurez l'occasion de voir ces mécanismes à plusieurs reprises dans les semaines à venir.

seventy-two

11 / Eleventh lesson

Notes

6 **a no-no** (litt. "un non-non") est une expression familière qui exprime une chose ou une action inappropriée ou interdite. On l'utilise normalement avec le verbe *être* suivi d'un nom ou d'un gérondif. **Jeans are a no-no**, *Ça ne se fait pas de porter un jean*. **Telephoning while driving is a no-no**, *On ne doit pas téléphoner en conduisant*.

7 L'expression idiomatique **to bone up on** signifie *potasser*. **You'd better bone up on your Spanish before going on holiday**, *Tu devrais potasser ton espagnol avant de partir en vacances*. L'expression n'a rien à voir avec **a bone**, *un os* : elle viendrait du nom des guides pédagogiques produits par la maison d'édition Bohn au XIXe siècle, qui devinrent la référence en la matière pour des générations d'étudiants. (Le verbe est inséparable.)

8 Nous avons vu l'utilisation de **literate** dans le contexte des connaissances fondamentales. Dans le monde des affaires, **literature** (un seul **t**) signifie *documentation* (souvent commerciale) : **Please give us your e-mail address so that we can send you our literature**, *Veuillez nous fournir votre adresse électronique afin que nous puissions vous adresser notre documentation commerciale*. (Eh oui, on met une simple brochure sur le même plan que les œuvres de Shakespeare et de Molière…)

9 **to get hold of**, *obtenir*, *se procurer* : **We must get hold of a road map before leaving**, *Il faut que nous nous procurions une carte routière avant de partir*. Si le complément de ce verbe inséparable est une personne, le sens en est *contacter*, **I'm trying to get hold of Amy. Do you know where she is?**, *J'essaie de contacter Amy. Savez-vous où elle est ?*

10 Il ne faut pas confondre **before**, *avant*, et **beforehand**, *à l'avance*. Regardez cet exemple : **If you require home delivery, tell us beforehand, and before 12 noon**, *Si vous avez besoin d'une livraison à domicile, dites-le-nous à l'avance, et avant midi*. En règle générale, **beforehand** suit un verbe et se trouve en fin de proposition.

11 **the point**, *la pointe*. Mais tout comme **tip** (dont il est synonyme dans ce contexte de "extrémité"), **point** a plusieurs significations, dont celle du but ou de l'objet de quelque chose : **The point of our trip to India is to visit the Taj Mahal**, *Le but de notre voyage en Inde est de visiter le Taj Mahal*. Ainsi, l'expression **to stick to the point** signifie *ne pas s'éloigner du sujet* (d'un argumentaire, etc.).

Onzième leçon / 11

12 Le nom **wind**, *le vent*, peut aussi être synonyme de *haleine* ou *souffle*. **I'll get my second wind in a minute**, *Je retrouverai un second souffle dans une minute*. Dans le même ordre d'idée, quelqu'un qui est **long-winded** brasse beaucoup d'air ; il est donc prolixe ou trop bavard. (On peut d'ailleurs l'appeler **a windbag** (litt. "un sac à vent") ou *moulin à paroles*.)

13 **body language** (litt. "langage du corps") est le langage gestuel, ces codes qui s'expriment à travers des mimiques du visage, et des gestes des mains et d'autres parties du corps. **People sometimes lie, but their body language tells the truth**, *Les gens mentent parfois, mais leur gestes traduisent la vérité*.

14 **bound** est le participe passé de **to bind**, *lier*. Mais le verbe **to be bound to** s'emploie pour indiquer une certitude : **He's bound to be late. He always is**, *Il sera certainement en retard. Il l'est toujours*. Notez qu'il s'agit toutefois d'une supposition et non d'une obligation.

15 Une manière de traduire le verbe français *falloir* dans le sens d'une obligation est d'employer le passif, surtout lorsqu'il n'y pas de complément direct : **You should avoid alcohol**, *Il faudrait que vous évitiez l'alcool*, MAIS **Alcohol should be avoided**, *Il faudrait éviter l'alcool*. Ces tournures avec la forme passive sont fort utiles.

16 Nous employons le passif aussi pour traduire la forme impersonnelle en français : **If he offers you a drink, say no**, *S'il vous propose à boire, dites non*, MAIS **If you are offered a drink, say no**, *Si on vous offre à boire, dites non*. Nous y reviendrons.

17 **after** s'emploie rarement comme adverbe en anglais. À la place, on utilise **afterwards**. Comparez **I'll do the dishes after dinner**, *Je ferai la vaisselle après le dîner*, avec **I'll do the dishes afterwards**, *Je ferai la vaisselle plus tard* (voir aussi **before** et **beforehand**, note 10).

Exercise 1 – Translate

❶ Bone up on the company's history, get hold of their annual report and check their website. **❷** Stick to the point. You're too long-winded. **❸** Let me give you a few tips about healthier eating. **❹** You must look your best for tomorrow's interview. Jeans are a no-no. **❺** He's bound to be late for the meeting. He always is.

***

Exercise 2 – Fill in the missing words

❶ La ponctualité est essentielle pour faire une bonne première impression.
Punctuality is .... a good first impression.

❷ Si vous avez besoin d'une livraison à domicile, dites-le-nous à l'avance, et avant midi.
If you require home delivery, ..., and ...... 12 .....

❸ Il faudrait éviter l'alcool. Si on vous offre un verre, dites non.
Alcohol .... If ...., say no.

Twelfth lesson

Do you speak Managerese?

(From "Plain English for Business")

1. Once upon a time [1], managers used to [2] talk in simple language about their jobs and their firm.
2. They used [3] plain English and they would [4] be understood by everyone around them.
3. But today's managers speak [5] a totally different language crammed with buzzwords [6] and catch-phrases [7],
4. that are hard to understand if you are not an insider.

Corrigé de l'exercice 1

❶ Potassez l'histoire de la société, procurez-vous son rapport annuel et allez voir son site Internet. ❷ Ne vous éloignez pas du sujet. Vous êtes trop bavard. ❸ Permettez-moi de vous donner quelques tuyaux pour une alimentation plus saine. ❹ Vous devez bien présenter pour l'entretien de demain. Surtout pas de jean ! ❺ Il sera certainement en retard pour la réunion. Il l'est toujours.

***

❹ Prenons un café maintenant. Je ferai la vaisselle après.
   Let's have a coffee now. I'll .. . .

❺ Dernier conseil mais pas le moindre, soyez élégant. Mieux vaut prévenir que guérir.
   . . . . but . . . . , look smart. . . . . than . . . . . .

Corrigé de l'exercice 2

❶ – key to making – ❷ – tell us beforehand – before – noon ❸ – should be avoided – you are offered a drink – ❹ – do the dishes afterwards ❺ Last – not least – Better safe – sorry

Douzième leçon

Parlez-vous "managerais" ?

(Extrait de "L'anglais clair pour les affaires")

1 Autrefois, les cadres parlaient en termes simples de leur travail et de leur entreprise.
2 Ils employaient un anglais clair et pouvaient être compris de tous ceux qui les entouraient.
3 Mais les cadres d'aujourd'hui parlent une langue totalement différente, bourrée de mots à la mode et d'expressions accrocheuses,
4 qui sont difficiles à comprendre si vous ne faites pas partie du sérail *(n'êtes pas initié)*.

12 / Twelfth lesson

5 For example, an executive will say "Our company is downsizing [8]" instead of "We are dismissing [9] lots of workers".

6 Rather than having a boring old plan, every company has to have a vision statement [10].

7 Nor does [11] it just serve its customers. It is client-focused and needs-centred.

8 To get ahead in business, it's no use just being original:

9 you have to think out of the box [12] or even push the envelope [13].

10 And if you need to learn more about the job, you will be upskilled [14], not trained.

11 We no longer work from nine to five because we live in a 24/7 [15] digital world.

12 Here are some common examples of Managerese – and their English translations.

13 "We need to be lean and mean [16] in order to boost the bottom line" [17] means:

14 Our company has to be small and aggressive in order to increase profits.

15 "We empower our people so that they will be proactive and go the extra mile [18]", means:

16 Our employees have greater responsibilities so that they will work harder.

17 But at the end of the day and when all is said and done,

18 you will find yourself between positions. In other words, on the dole [19]!

19 So please: get used to [20] using plain English. □

5 Par exemple, un cadre dira "Notre entreprise est en pleine restructuration", au lieu de "Nous licencions de nombreux travailleurs."

6 Plutôt que d'avoir un bon vieux plan bien ennuyeux, chaque entreprise doit exprimer sa vision et sa mission.

7 Elle n'est pas non plus juste au service de ses clients. Elle est "axée sur le client" et "concentrée sur les besoins".

8 Pour avancer dans les affaires, il ne sert à rien d'être simplement original :

9 il faut sortir des sentiers battus, voire aller au-delà des limites.

10 Et si vous avez besoin d'en savoir plus sur un travail, vous suivrez un programme de renforcement des compétences, et non une formation.

11 Nous ne travaillons plus de neuf heures à dix-sept heures, car nous vivons dans un monde numérique 24 heures par jour, 7 jours par semaine.

12 Voici quelques exemples courants de "managerais" – avec leur traduction en anglais.

13 "Nous avons besoin d'être "minces et méchants", afin de donner un coup de fouet à nos résultats financiers" signifie :

14 Notre entreprise doit être de taille réduite et agressive, afin d'accroître ses bénéfices.

15 "Nous responsabilisons nos collaborateurs *(gens)*, pour qu'il soient réactifs et sachent se dépasser", c'est-à-dire :

16 Nos employés ont davantage de responsabilités pour travailler plus dur.

17 Mais au bout du compte et tout bien considéré,

18 vous vous retrouverez "entre deux postes". Autrement dit, au chômage !

19 Alors, de grâce, habituez-vous à utiliser [un] anglais simple et clair.

12 / Twelfth lesson

 **Notes**

1 **Once upon a time** est l'équivalent anglais de *Il était une fois*, locution par laquelle débutent certains contes et histoires. On s'en sert aussi dans le sens de *autrefois* lorsqu'on parle d'un temps révolu.

2 Rappelons que la tournure **used to** indique une action habituelle dans le passé, que l'on ne fait plus. **We used to live in Devon**, *Autrefois, nous habitions dans le Devon*. Écoutez-bien la prononciation : *[ious-stou]* avec un **s**.

3 Ici nous avons le passé simple du verbe **to use**, *employer*, *utiliser*. Il se prononce *[iouz'd]* avec un **z**.

4 Il ne s'agit pas d'un conditionnel mais d'une autre tournure, comme **used to**, qui décrit une action habituelle dans le passé, mais terminée aujourd'hui. Nous ferons un point sur les deux tournures à la leçon 14.

5 **to speak**, comme **to talk** (phrase 1) signifie *parler*. Pour simplifier, disons que **speak** est le plus formel des deux verbes et s'emploie souvent lorsqu'il n'y a qu'une seule personne qui parle à d'autres, alors que **talk** désigne une communication informelle, une "causerie". Enfin, c'est **speak** qu'on emploie pour traduire *parler une langue*. Voici un pense-bête pour vous aider à retenir cette différence : **While the professor was speaking to the group, two students were talking at the back of the lecture hall**, *Alors que le professeur s'adressait à la classe, deux étudiants discutaient au fond de la salle*.

6 L'onomatopée **buzz** décrit le bourdonnement d'un insecte, mais aussi le brouhaha d'une foule. Par extension, **the buzz** décrit l'intérêt médiatique autour d'un événement "tendance". **The buzz surrounding the movie is spreading quickly**, *Le battage autour du film s'étend rapidement*. Donc **a buzz word** est *un mot à la mode* (**a buzz phrase**, *un terme à la mode*).

7 **a catch phrase** est une expression qui "capte" (**catch**) l'attention, comme un slogan. Rappelons que **phrase** est un faux-ami, car il signifie un membre de phrase, une expression ou une locution, alors que le mot français *phrase* se traduit par **sentence**.

8 **to downsize** est un euphémisme pour *licencier*. Nous vous en parlerons dans quelques semaines.

9 Nous connaissons déjà l'expression **to make someone redundant** (leçon 8, note 8). Voici le verbe **to dismiss**, du français *démettre*, le terme formel pour *licencier*. **Three employees were dismissed for improper conduct**, *Trois employés ont été licenciés pour mauvaise conduite*. Ne confondez pas ce verbe avec *démissionner*, qui se dit **to resign**.

Douzième leçon / 12

10 **to state**, *déclarer* ou *affirmer*. Le nom **a statement** signifie *une déclaration* ou *un communiqué officiel*. **The Federal Reserve issues a statement after each monetary policy meeting**, *La Réserve fédérale publie un communiqué après chaque réunion de politique monétaire*. Certaines grandes sociétés publient **a vision statement** ou **a mission statement** décrivant leur projet d'entreprise et leur "vision entrepreneuriale".

11 Voici encore un exemple (leçon 10, note 8) de l'auxiliaire **do** utilisé pour accentuer un élément de la phrase.

12 Cette expression, et celle qui la suit, font partie des ces locutions qui se sont malheureusement installées durablement dans le langage de la gestion. **To think out of** (ou **outside**) **the box** signifie *penser d'une manière originale, au-delà des repères traditionnels*. L'origine est obscure, mais l'expression décrit peut-être une manière originale de solutionner des tests psychométriques basés sur des carrés et autres formes géométriques. Il y a une forme nominale : **out-of-the-box thinking**.

13 Le sens de **to push the envelope** est similaire à celui de l'expression précédente : *aller au-delà des limites habituelles*. Le terme vient de l'aviation, lorsqu'un pilote d'essai tente de pousser son avion au maximum pour en tester les performances.

14 Ce barbarisme se traduit littéralement par "élever les compétences" ! Le verbe **to train** signifie *entraîner*, mais aussi *former* au sens pédagogique. **I've signed up for a training course**, *Je me suis inscrit à un programme de formation*.

15 Autrefois, on disait **twenty-four hours a day, seven days a week**. Maintenant, nous n'avons plus de temps à perdre, alors l'expression est devenue **24/7** (**twenty-four seven**) : **The store's open 24/7**, *Le magasin ne ferme jamais… (est ouvert 24/24-7/7)*.

16 Nous savons que **to mean** veut dire *signifier*. L'adjectif **mean** en anglais britannique signifie *radin, avare* : **He'll never lend you any money, he's too mean**, *Il ne te prêtera jamais d'argent ; il est trop radin*. Mais en anglais américain, **mean** signifie carrément *méchant* ! C'est dans ce sens qu'on l'emploie dans l'expression **lean** (*mince, sans graisse*) **and mean**, qui vient de la boxe et décrit un pugiliste agressif et sans une once de graisse. Au figuré, cela se veut un compliment : **We're a lean and mean company**, *Nous sommes une société dynamique, sans bagages excédentaires*. (Remarquez aussi la rime interne, un aspect important des locutions idiomatiques en anglais.)

eighty • 80

17 **the bottom line**, *la ligne du bas*. La ligne en question se trouve sur un bilan, où elle indique le résultat de l'exercice. **The acquistion will hurt the bottom line**, *L'acquisition pénalisera les bénéfices*. L'expression peut s'employer de manière plus large, toujours avec le sens de *résultat* ou de *fond* : **The bottom line is that people no longer trust this government**, *Au fond, les gens ne font plus confiance à ce gouvernement*.

18 **to go the extra mile**, *faire un effort supplémentaire*. Pourquoi l'article défini *the* ? Parce que l'expression vient d'une citation biblique (une fois n'est pas coutume dans le milieu des affaires !) tirée du Sermon sur

***

Exercise 1 – Translate

❶ Managers used to talk simply about their job and they used plain English. ❷ The company doesn't have a plan, nor does it dismiss people. ❸ We no longer work from nine to five; we're open 24/7. ❹ She's not used to using spreadsheets. ❺ The bottom line is that he's too mean to lend me any money.

***

Exercise 2 – Fill in the missing words

❶ Alors que je m'adressais au groupe, deux étudiants discutaient au fond de la pièce.
While I . . . . the group, two students . . . . the . . . . of the room.

❷ Au bout du compte, on ne peut compter que sur soi-même.
. . . . and . . . . , you have to . . . . yourself.

❸ Le gouvernement a réduit le chômage de plusieurs centaines de milliers de personnes.
The government has reduced . . . . by . . . . of people.

❹ Appelle-moi la semaine prochaine et on ira voir ce film.
. . . . next week, and we'll . . . . that movie.

❺ Autrefois, ils pouvaient être compris de tous ceux qui les entouraient.
. . . . a time, they . . . . by everyone around them.

la Montagne : **Whoever shall compel thee to go a mile, go with him two**, *"Quelqu'un te requiert-il pour une course d'un mille, fais-en deux avec lui"*. Il s'agit donc du deuxième mile que l'on doit faire. **We go the extra mile to satisfy your needs**, *Nous allons au-delà de vos attentes*.

19 **the dole** est un terme idiomatique pour *le chômage*. Le verbe **to dole out** signifie *distribuer*, s'appliquant souvent aux dons charitables. Dans les années 1920, les allocations sociales étaient souvent assimilées à des aumônes, et le terme **to be on the dole** est entré pour toujours dans l'anglais britannique. **I've been on the dole for three years now**, *Cela fait trois ans maintenant que je suis au chômage*. Le terme **the dole queue** – la queue qui se forme devant Pôle emploi – est souvent utilisé dans la presse comme synonyme de chômage. **The government has reduced the dole queue by half a million people**, *Le gouvernement a réduit le nombre de demandeurs d'emploi d'un demi-million*.

20 Ne confondez pas **used to** (note 2) avec **to be/get used to**, *être/s'habituer à*, bien que la prononciation soit la même. Un "truc" pour reconnaître ce deuxième verbe est qu'il est toujours suivi d'un nom ou d'un gérondif : **I'm used to interviewing people**, *J'ai l'habitude d'interviewer les gens*. **She's not used to spreadsheets**, *Elle n'a pas l'habitude des tableurs*.

***

Corrigé de l'exercice 1

❶ Autrefois les cadres parlaient simplement de leur travail et ils utilisaient un anglais clair. ❷ La société n'a pas de plan, et elle ne licencie pas non plus. ❸ Nous ne travaillons plus de 9 h 00 à 17 h 00 ; nous sommes ouverts 24 heures sur 24, 7 jours par semaine. ❹ Elle n'a pas l'habitude d'utiliser des tableurs. ❺ Le fin mot de l'histoire est qu'il est trop radin pour me prêter de l'argent.

***

Corrigé de l'exercice 2

❶ – was speaking to – were talking at – back – ❷ When all is said – done – depend on – ❸ – the dole queue – hundreds of thousands – ❹ Give me a buzz – go and see – ❺ Once upon – would be understood –

Plain English, *l'anglais simple, sans fioritures, est le nom donné à plusieurs organisations ou campagnes, tant en Grande-Bretagne qu'aux États-Unis, qui visent à éliminer le jargon et à instaurer de la clarté dans la communication publique, notamment celle des administrations. On revient encore une fois à la double structure de la langue anglaise. Les longues phrases complexes, truffées de mots d'origine latine, qui sont monnaie courante dans les textes officiels, peuvent être difficilement compréhensibles pour le citoyen lambda, tout en étant grammaticalement corrects. Ainsi des organismes comme* **The Plain English Campaign** *ou* **Plain Language** *conseillent les administrations publiques, mais aussi les grandes entreprises, les juristes, etc.*

Thirteenth lesson

Back at the flat

1 – You had a job interview today, didn't you Dave? So how did it go? [1]

2 – Terrible [2]! Every time I opened my mouth, I put my foot in it [3].

3 – It can't have been that bad, surely? What went wrong?

4 – Everything, Raja. I made a complete and utter [4] fool of myself [5].

5 First, the interviewer asked me how I'd deal with certain problems.

6 "I'll describe [6] a situation to you", he said, "and you suggest solutions to me.

7 You catch [7] an employee sleeping at his or her [8] desk. What would you do?"

8 "I'd ask them if the coffee machine was broken, of course", I replied.

9 He said: "You will be given [9] lots of responsibilities. Can you cope? [10]"

afin qu'ils communiquent de manière claire et directe avec le public. La notion de **Plain English** *n'est pas neuve : de grands écrivains tels Mark Twain (1835-1910) ou George Orwell (1903-1950) en ont jeté les bases il y a longtemps. Mais le courant a pris de l'ampleur à partir des années 1970. Et il y a encore des progrès à faire, comme en témoigne cet exemple, tiré d'une administration :* **If there are any points on which you require explanation or further particulars we shall be glad to furnish such additional details as may be required by telephone.** *Traduit en Plain English,* **If you have any questions, please ring**.

Treizième leçon

De retour à l'appartement

1 – Tu as eu un entretien d'embauche aujourd'hui, n'est-ce pas, Dave ? Alors, comment ça s'est passé ?
2 – L'horreur ! À chaque fois que j'ouvrais la bouche, c'était pour dire une bêtise.
3 – Ça n'a pas pu se passer si mal que ça, voyons ! Qu'est-ce qui n'a pas marché ?
4 – Tout, Raja. Je me suis complètement ridiculisé.
5 Tout d'abord, celui qui menait l'entretien m'a demandé comment je traiterais certains problèmes.
6 "Je vais vous décrire une situation", m'a-t-il dit. "Vous allez me suggérer des solutions.
7 Vous surprenez un employé en train de dormir à son bureau. Que faites-vous ?"
8 "Je lui demande si la machine à café est cassée, bien sûr", ai-je répondu.
9 Il m'a dit : "On va vous donner beaucoup de responsabilités. Êtes-vous capable de faire face ?"

13 / Thirteenth lesson

10 I told him that in my last job, I was always held responsible if there was a cock-up [11].

11 Then he goes [12]: "Do you think you could handle [13] a variety of work?"

12 And I go: "I should be able to. I've had ten jobs in the past eight months".

13 After that, he asked me where I expected to be in ten years' time.

14 And I said, since it was Monday, that I'd probably be on the golf course.

15 But I think the last straw [14] was when he asked me if I had any questions.

16 I asked him to explain [15] the benefit [16] package to me and to tell me whether I could have a year's salary in advance.

17 – He can't have been very pleased. What did he say?

18 – Nothing. For five minutes! Then he told me to get out.

Notes

1 L'emploi de **So...** en début de phrase peut, bien sûr, se comparer à *Et alors...* en français. Mais ce tic est de plus en plus répandu dans la conversation courante, notamment lorsqu'on veut prendre la parole. Il correspond alors à *Dis-moi, ...***So David, how's work?**, *Alors David, comment ça se passe au boulot ?*

2 Rappelons que **terrible** a toujours une connotation négative en anglais. Si on vous dit **The job's going terribly**, ça veut dire que *tout va mal au boulot*. Pour traduire une proposition comme *Ce site Internet n'est pas terrible*, il faut donc employer un autre adjectif : **This website isn't brilliant**.

3 to put one's foot in it a exactement le même sens que *mettre les pieds dans le plat* en français. **You really put your foot it in when you asked about his wife. He's divorced!**, *Tu as vraiment mis les pieds dans le plat*

10 Je lui ai dit que, dans mon dernier emploi, j'étais toujours tenu pour responsable quand quelque chose foirait.
11 Ensuite, il me fait : "Pensez-vous pouvoir assumer des tâches variées ?"
12 Et moi, je lui sors : "Je devrais pouvoir. J'ai eu dix boulots [différents] au cours des huit derniers mois."
13 Après ça, il m'a demandé où je pensais être dans dix ans.
14 Et j'ai dit, comme c'était lundi, que je serais probablement sur un terrain de golf.
15 Mais je crois que la goutte d'eau, ça a été quand il m'a demandé si j'avais des questions.
16 Je lui ai demandé de me décrire les différents avantages en nature et de me dire si je pouvais avoir une année de salaire d'avance.
17 – Ça n'a certainement pas dû lui faire plaisir. Qu'a-t-il dit ?
18 – Rien. Pendant cinq minutes ! Et puis il m'a dit de déguerpir.

---

quand tu lui as demandé des nouvelles de sa femme. Il est divorcé ! C'est la forme tronquée de l'expression **to put one's foot in one's mouth**, devenue moins courante (car plus longue). Cependant, on reformule cette dernière de manière humoristique. Par exemple : **He only opens his mouth to change feet**, *Il n'ouvre la bouche que pour dire encore des bêtises* (litt. "pour changer de pied").

4 L'adjectif **utter** a le sens de *complet, total*. Il se met toujours devant le nom, souvent pour en accentuer le sens : **He's an utter idiot**, *C'est un idiot parfait*. Les expressions anglaises contiennent souvent un couple de synonymes – l'un saxon, l'autre latin – pour appuyer le sens : **a complete and utter fool** est donc un pléonasme, mais qui ne choque personne (et qui a le mérite d'être clair !). À ne pas confondre avec le verbe **to utter**, *prononcer*, qui n'a rien à voir.

13 / Thirteenth lesson

Notes

5 **a fool**, *un imbécile*. L'expression **to make a fool of someone** signifie *ridiculiser quelqu'un*. **She made a fool of me in front of the boss**, *Elle s'est payé ma tête devant le patron*. Donc **to make a fool of oneself**, *se rendre ridicule*. Dans ce contexte, **to feel a fool** traduit plutôt l'idée de *se sentir bête* : **I felt such a fool when he told me the truth**, *Je me suis senti tout bête quand il m'a dit la vérité*. L'adjectif est **foolish** : **I felt foolish when he told me the truth**.

6 Certains verbes qui peuvent prendre deux compléments posent des problèmes car la structure de la phrase est différente de celle du français. Ces verbes, dont **to describe**, *décrire*, ainsi que **to suggest**, *suggérer* (plus loin dans cette phrase), et **to explain**, *expliquer*, (phrase 16) ne peuvent être suivis d'un complément indirect : **He described the job to me**, *Il m'a décrit le travail*.

7 Le verbe irrégulier **to catch** (passé simple et participe passé : **caught**) signifie *attraper* ou *accrocher* (rappelons l'expression **a catch phrase** à la leçon 12). En anglais courant, il signifie aussi *surprendre* : **I caught him playing games on my computer**, *Je l'ai surpris en train de jouer sur mon ordinateur*. Pour renforcer la notion d'étonnement, comme *au dépourvu* en français, on ajoute **by surprise** : **The question caught me by surprise**, *La question m'a pris au dépourvu*.

8 Nous savons que l'adjectif possessif s'accorde avec le genre du possesseur. Par défaut, on emploie le masculin **his**, mais cela peut poser problème dans certains contextes, notamment des offres d'emploi, comme nous vous l'avons expliqué à la leçon 10. Dans ce cas, on emploie **his or her**. **The candidate must send his or her CV to the personnel department**, *Le candidat doit envoyer son C.V. au service du personnel*.

9 Voici un autre exemple de l'emploi du passif à la forme impersonnelle : **You will be given instructions later**, *On vous donnera des instructions plus tard*.

10 **to cope**, *s'en sortir*. **Will you be able to cope while I'm away?**, *Est-ce tu vas t'en sortir pendant mon absence ?* Avec la particule **with**, le sens est plutôt *s'occuper de, faire face à* : **I'll cope with those e-mails later**, *Je m'occuperai de ces courriels plus tard*.

11 **a cock**, *un coq*. Mais l'expression familière **to cock up** signifie *foirer, se planter*. **The travel agent cocked up our holiday dates**, *Le voyagiste s'est planté dans nos dates de vacances*. Le nom est **a cock-up** : **The**

87 • **eighty-seven**

Treizième leçon / 13

party was a complete cock-up, *La soirée a complètement foiré*. Comme toute expression argotique, nous vous recommandons de ne pas l'employer dans un contexte dont vous n'êtes pas absolument certain, car elle peut offusquer.

12 Dans le langage courant, **to go** remplace souvent le verbe **to say** lorsqu'on raconte une conversation à quelqu'un (un peu comme le verbe *faire* en français). **I went 'Hello' and he went 'Hi'**, *Je lui fais "Bonjour" et lui me fait "Salut"*. Bien entendu, il s'agit d'un registre très familier qui ne doit pas être imité (ce qui n'empêchera pas certains de vos interlocuteurs de vous abreuver de **go** et autre **went** !). Il y a une tendance actuelle parmi les jeunes Britanniques et Américains à dire **to be like** dans le même contexte : **I'm like 'Hello' and he's like 'Hi'**. Il est à espérer que ce solécisme disparaisse bientôt. En attendant, cela vous aidera à comprendre les feuilletons télévisés en VO…

13 to handle est synonyme de **to cope with** dans ce contexte.

14 Lorsqu'ils emploient des expressions familières, Britanniques et Américains ont tendance à ne prononcer qu'une partie de la phrase, voire quelques mots, sachant que leurs interlocuteurs la compléteront *in petto*. Ici par exemple, la phrase complète est **it is the last straw that breaks the camel's back** (litt. "c'est le dernier morceau de paille qui brise le dos du chameau"), expression d'origine biblique qui correspond à notre *C'est la goutte d'eau qui fait déborder le vase*. En règle générale, cependant, on n'en emploie que la première partie, notamment dans l'interjection : **That's the last straw!**, *Ça c'est le bouquet !* Le perfectionnement consiste, entre autres, à reconnaître ces locutions incomplètes. Nous y travaillons !

15 Voir note 6. **Please explain the benefit package to him**, *Veuillez lui expliquer les avantages en nature*.

16 Nous avons déjà rencontré le mot **benefit**, qui vient du français, *bienfait*, et signifie *avantage* ou *intérêt*. **I'm doing this for your benefit**, *Je le fais dans votre intérêt*. Dans le domaine social, **benefit** signifie plutôt *prestation* ou *allocation*, comme dans **fringe benefits** (leçon 8, note 16) et **benefit package**. Retenez l'expression **to be on benefit**, *recevoir des allocations sociales* (chômage, etc.). **If you are on benefit, you can apply for a grant**, *Si vous êtes allocataire social, vous pouvez demander une bourse*.

eighty-eight • 88

13 / Thirteenth lesson

Exercise 1 – Translate

❶ We made complete and utter fools of ourselves on the golf course. ❷ So how did the job interview go today? – Terribly. ❸ Every time Sally opens her mouth, she puts her foot in it. ❹ Can you cope with the pressure? – I should be able to. ❺ That's the last straw. I resign. – Get out of my office!

Exercise 2 – Fill in the missing words

❶ Il était en train de m'expliquer le travail, donc sa question m'a pris au dépourvu.
He .... the job .. ..., so his question ....

❷ Ne vous inquiétez pas. On vous donnera des instructions plus tard.
Don't worry. ... . instructions ......

❸ Elle s'est payé ma tête devant le patron.
She .... in front of the boss.

❹ Je vais vous décrire une situation, et vous allez me suggérer des solutions.
I'll .... a situation .. ..., and you .... solutions .. ...

❺ Je fais ceci dans votre intérêt, car vous recevez des allocations sociales.
I'm doing this ... . because ....

Corrigé de l'exercice 1

❶ Nous nous sommes rendus complètement ridicules sur le terrain de golf. ❷ Alors comment s'est passé l'entretien d'embauche aujourd'hui ? – L'horreur ! ❸ Chaque fois que Sally ouvre la bouche, elle met les pieds dans le plat. ❹ Êtes-vous capable de faire face aux pressions ? – Je devrais pouvoir. ❺ C'est le comble ! Je démissionne. – Sortez de mon bureau !

Corrigé de l'exercice 2

❶ – was explaining – to me – caught me by surprise ❷ – You will be given – later ❸ – made a fool of me – ❹ – describe – to you – suggest – to me ❺ – for your benefit – you're on benefit

Peut-être avez-vous l'impression d'être assailli de détails et d'explications ? Sachez que certaines de nos notes visent simplement à consolider vos acquis, d'autres à affiner des éléments dont vous connaissez déjà les rudiments. N'oubliez pas que nous comptons sur votre capacité d'assimilation intuitive, renforcée par un contact quotidien avec la langue sous toutes ses formes – "perfectionnement" oblige !

Fourteenth lesson

Revision – Révision

1 Le possessif

Passons en revue quelques subtilités du cas possessif.
Nous savons qu'il se forme avec une apostrophe et un **s** ajoutés aux noms singuliers et aux quelques pluriels irréguliers (c'est-à-dire, qui ne se terminent pas en **s**).
Steve's CV, *Le C.V. de Steve*.
The women's maiden names, *Les noms de jeune fille des femmes*.

On emploie **-'s** aussi avec un nom singulier – commun ou propre – se terminant en **s** :
It was my boss's idea, *C'était l'idée de mon patron*.
I like Dave Jones's novels, *J'aime les romans de Dave Jones*.
Sur un pluriel régulier, on ajoute simplement l'apostrophe :
The twins' birthday, *L'anniversaire des jumeaux/jumelles*.

Vous avez sans doute appris que le possessif ne s'emploie qu'avec les personnes, les animaux, et autres noms qui peuvent être assimilés à des êtres vivants (institutions, personnes morales, etc.). C'est une bonne règle de base, mais sachez que, de plus en plus, les auteurs, journalistes et autres rédacteurs utilisent ce cas avec des noms plus ou moins abstraits. Par exemple, des phrases comme :
The economic cost of unemployment is high, *Le coût économique du chômage est élevé*, ou
We will examine the impact of poverty on health, *Nous examinerons l'impact de la pauvreté sur la santé*.
peuvent s'écrire :
Unemployment's economic cost is high.
We will examine poverty's impact on health.
Il s'agit d'effets de style qui rendent la rédaction plus dynamique. Cependant, nous vous déconseillons d'employer vous-même ces tournures car elles ne sont pas "grammaticalement correctes", mais sachez les reconnaître : elles sont assez courantes.

Quatorzième leçon

On peut aussi employer le cas possessif avec un nom composé :
The economic research department's publications, *Les publications du service de la recherche économique*.
ou encore plus complexe :
The financial and economic research department's publications, *Les publications du service de la recherche économique et financière*.
Mais il faut faire attention à la longueur : comme l'apostrophe se place à la fin du groupe nominal, votre interlocuteur ou lecteur risque de perdre le fil avant d'y arriver ! Ainsi :
The publications of the financial and economic research department est plus facile à lire ou à entendre.

Enfin, le cas possessif s'emploie avec des expressions de temps, que ce soit une date :
Today's special is Beef Wellington, *Le plat du jour est du bœuf en croûte*.
Last Tuesday's depression caused bad weather, *La dépression de mardi dernier a entraîné du mauvais temps*.
…ou une durée :
I'm taking two weeks' holiday, *Je prends deux semaines de vacances*.
Comme la langue évolue constamment, la frontière entre correct et incorrect est parfois floue. Mais vous voilà armé pour utiliser le cas possessif correctement et reconnaître les tournures stylistiques.

2 Les composés

Comme nous l'avons vu cette semaine, une autre manière de rendre un texte plus dynamique est de former des mots composés en accolant un participe passé à un nom, un adjectif ou un adverbe. Par exemple :
Our company is based in Bristol and manufactures solar panels, *Notre société est basée à Bristol et fabrique des panneaux solaires*.
devient
Our Bristol-based company manufactures solar panels.
On peut aller encore plus loin :
I work for a Bristol-based solar panel manufacturer, *Je travaille pour un fabricant de panneaux solaires basé à Bristol*.

Ce type de construction condensée est très courant dans un style journalistique, où l'on doit aller vite à l'essentiel.

Le domaine des composés est assez complexe car ces ensembles se forment de plusieurs manières. Par exemple :

deux ou plusieurs noms :
a science fiction writer, *un auteur de science-fiction*
nom + verbe :
a hair cut, *une coupe de cheveux*
verbe + nom :
a swimming pool, *une piscine*

Les règles qui gouvernent de telles formations sont difficiles à établir, et de nouveaux mots composés sont formés tous les jours. Pour l'instant, sachez les reconnaître – nous y reviendrons dans plusieurs semaines – et retenez cette règle simple : pour comprendre un énoncé complexe, il faut commencer par le dernier mot et remonter jusqu'au premier :

a hard-drinking fast-living technology-oriented American science fiction writer, *un écrivain Américain de science fiction à forte composante technologique, qui mène une vie dissolue et qui boit sec*.

3 Le passé révolu : *used to* et *would*

Revenons sur ces deux tournures, qui peuvent poser problème, même pour les personnes ayant de bonnes connaissances en grammaire.

Used to est employé pour décrire des faits ou des habitudes qui étaient permanents dans le passé, mais qui ne se produisent plus. Pour traduire cette notion en français, il faut généralement utiliser *autrefois* ou *avant* :

We used to work with a PR agency, but we stopped a fortnight ago, *Autrefois, nous travaillions avec une agence de communication, mais nous avons arrêté il y a quinze jours*.

Invariable, **used to** est toujours suivi de l'infinitif sans **to**. L'interrogatif et le négatif (assez rare) se forment en supprimant le **d** :

Did you use to work in Scotland? *Avant, est-ce que vous travailliez en Écosse ?*

When I was young, we didn't use to wear jeans to work, *Quand j'étais jeune, nous n'avions pas l'habitude d'aller travailler en jean*.

Remarquez que **used to** ne peut pas s'employer lorsque la durée de l'action est mentionnée dans la phrase :
J'ai habité Londres pendant trois ans doit se traduire **I lived in London for three years**.
Mais on peut l'utiliser si le moment où cette action a eu lieu est précisé, avec **ago** :
I used to live here a long time ago, *J'y habitais il y a longtemps*.
On peut utiliser **would** à la place de **used to** lorsque l'action en question se faisait régulièrement dans une période déterminée, souvent identifié avec **when** :
When we started the company, we would (ou **we'd**) **work fifteen hours a day**,
Lorsque nous avons créé la société, nous travaillions 15 heures par jour.
Mais on ne peut pas remplacer **used to** par **would** dans le cas d'un état permanent :
I used to live in London ne peut se dire "**I would live in London**".
Enfin, faites bien la distinction entre **used to** et les verbe **to use** *[iouz]*, *utiliser*, et **to be** (ou **get**) **used to** *[iouss-tou]*, *être habitué / s'habituer à*.

4 La correspondance

Le style employé dans la correspondance en anglais, qu'elle soit professionnelle ou personnelle, est plus direct qu'en français, avec moins de formules alambiquées comme *Je sollicite votre bienveillante attention* et autres *Je vous prie de bien vouloir agréer...* Voici d'abord quelques règles de base, suivies de conseils de rédaction pour le courrier professionnel (nous parlerons du courrier électronique ultérieurement).

4.1 La disposition de la lettre

• L'adresse de l'expéditeur se place en haut à droite, suivie de la date ;
• L'adresse du destinataire s'écrit en dessous de celle de l'expéditeur, sur la gauche ;
• La formule de politesse et la signature se trouvent à gauche, suivies le cas échéant d'une mention des pièces jointes.

4.2 La date

• Les Britanniques, comme les Français, emploient le format jour-mois-année, alors que les Américains utilisent mois-jour-année.

Pour cette raison, il est préférable d'écrire la date en entier ;
• On peut utiliser un nombre cardinal (7, 23, etc.) ou ordinal (7th, 23rd) ;
• Les mois s'écrivent <u>toujours</u> avec une capitale initiale : **March**, **June**.

4.3 Les salutations et formules de clôture pour la correspondance professionnelle

• Commencez par **Dear Sir**, **Dear Madam** ou par **Dear Mr X**, **Dear Mrs Y** ou encore **Dear Ms Z** (note culturelle, leçon 10).
• Si vous commencez par **Dear Sir/Madam**, terminez avec **Yours faithfully** ; si vous commencez par **Dear Mr/Mrs/Ms XX**, la terminaison est **Yours sincerely**. Dans les deux cas, vous pouvez clore avec **Yours truly**.
• Si vous connaissez la personne, vous pouvez commencer par le prénom et terminer avec une formule comme **Best wishes** ou **Best regards**, sans que cela soit trop familier.
• Si la lettre contient une ou plusieurs pièces jointes, on l'indique avec l'abréviation **Encl.** (pour **Enclosures**), suivie d'un bref descriptif ou simplement du nombre de pièces, par exemple : **Encl. 2**.

4.4 Les en-têtes et formules de politesse pour la correspondance personnelle

Il y a peu de règles : on commence habituellement avec **Dear** plus le prénom et on termine avec une formule telle **Love**, **Lots of love** (*Bises*, *Grosses bises*), **Your friend**, etc.
En règle générale, on n'emploie pas les formes contractées des verbes dans la correspondance professionnelle.

4.5 Quelques conseils de rédaction

Time is money ("Le temps, c'est de l'argent"), dit le dicton. On a de moins en moins de temps pour parcourir une correspondance de plus en plus volumineuse. Alors, pour retenir l'attention de votre lecteur, voici quelques **tips**, *tuyaux* (voir leçon 11, note 1) :
• Soyez direct. Utilisez **you** et **we** (ou **I**) plutôt que des formulations impersonnelles. De même, préférez la forme active des verbes plutôt que le passif.
• Allez droit au but. Ne vous embarquez pas sur une longue narration, mais expliquez la raison de la lettre tout au début.
• Soyez concis. La longueur de phrase optimale en anglais est de 15 mots.

Quatorzième leçon / 14

- Optez pour les mots "anglo-saxons" plutôt que ceux d'origine latine.

Ainsi, au lieu d'écrire…

It should be noted that it is important that the notes, advice and information detailed opposite should be read and the form overleaf be completed prior to its immediate return to the sender by way of the envelope provided with this letter.

…écrivez plutôt :

Please read the notes opposite before filling in the form. Then send it back to us as soon as possible in the envelope provided.

Contrairement à ce que peuvent penser les Français, habitués à une rédaction plus formelle et élaborée, ce style direct n'est ni brusque ni impoli : c'est tout simplement clair et efficace. **Plain English is good English.**

Revision dialogue

1 – The bottom line is that I'm not used to using a spreadsheet.
2 – I thought you said you were numerate and computer-literate?
3 – I'm sorry. I was blowing my own trumpet.
4   I used to work for a Bradford-based company that made solar panels,
5   and I would follow training courses at the university every single week.
6   But while the professor was speaking to the group, we used to talk at the back of the classroom.
7   Not only did he get angry; he also told me to get out.
8 – Let me explain the program to you and you'll see how easy it is.
9   Knowing how to use this new software will certainly pay dividends.
10 – OK, but use plain English. Long words are a no-no.

Traduction

1 Pour tout dire, je ne sais pas utiliser un tableur. **2** Mais ne m'aviez-vous pas dit que vous aviez des connaissances en mathématiques et en informatique ? **3** Désolé, mais je me faisais mousser. **4** Autrefois je travaillais pour une société basée à Bradford qui fabriquait des panneaux solaires, **5** et je suivais des cours de formation à l'université chaque semaine. **6** Mais alors que

Fifteenth lesson

Le texte de notre leçon d'aujourd'hui est écrit dans un style formel, que vous retrouverez dans des documents officiels, administratifs, etc.

The United Kingdom in profile [1]

(From "An Introduction to the UK")

1 The United Kingdom of Great Britain and Northern Ireland, otherwise known as the UK,
2 constitutes the greater part of the group of islands known as the British Isles [2],
3 the largest of which [3] is Great Britain, made up [4] of England, Wales and Scotland.
4 The six counties in the northern part of the island of Ireland are also part of the UK.
5 There are several other islands, including the Isle of Wight and the Scilly Isles.
6 England is the largest of the three countries, covering two-thirds of the total land-mass.
7 It goes from the tip of Cornwall, up through the Cotswolds and the Midlands [5],
8 to the Peak District, the Yorkshire Dales and the Lake District,
9 across the Pennines – the so-called Backbone [6] of England – and right [7] up to the Cheviot Hills.

le professeur s'adressait au groupe, nous bavardions au fond de la classe. **7** Non seulement il s'est énervé ; il m'a aussi demandé de sortir. **8** Laissez-moi vous expliquer le programme et vous verrez à quel point c'est facile. **9** Savoir manier ce nouveau logiciel portera ses fruits. **10** D'accord, mais utilisez un anglais clair. Les mots longs sont rédhibitoires.

Quinzième leçon

Un portrait du Royaume-Uni

(Extrait de "Une présentation du Royaume-Uni")

1. Le Royaume-Uni de Grande-Bretagne et d'Irlande du Nord, également connu sous le nom de Royaume-Uni,
2. occupe la plus grande partie du groupe d'îles connu sous le nom d'îles britanniques,
3. dont la plus grande est la Grande-Bretagne, qui regroupe l'Angleterre, le pays de Galles et l'Écosse.
4. Les six comtés de la partie septentrionale de l'île d'Irlande font également partie du Royaume-Uni.
5. Il y a plusieurs autres îles, dont l'île de Wight et les îles Scilly *(les Sorlingues)*.
6. L'Angleterre est le plus grand des trois pays ; elle couvre les deux tiers de l'ensemble du territoire.
7. Elle va du bout de la Cornouailles, en passant par les Cotswolds et les Midlands,
8. jusqu'au Peak District, au Yorkshire Dales et au Lake District *(région des lacs)*,
9. à travers la chaîne Pennine – surnommée l'épine dorsale de l'Angleterre – et jusqu'aux monts Cheviot.

Prononciation
*… iou-kéé **1** … aï-eu-lend …*

10 This, and the remains of Hadrian's Wall, mark the ninety-six-mile [8] Anglo-Scottish border.

11 Scotland is composed of the Lowlands in the south and the Highlands in the north.

12 It also has around eight hundred islands, of which [9] some [10] one hundred and fifty are inhabited [11].

13 To the south-west of England lies Wales, made up of the mountainous north and the valleys and coastal plain of the south.

14 It should be noted that neither the Isle of Man nor the Channel Islands [12] are part of the UK.

15 For administrative purposes, England is divided into regions and counties, many of which end in "shire [13]" (Hampshire, for example).

16 Scotland and Wales both have their own parliaments [14], but neither country is fully independent.

17 In terms of population, there are five times more people in England than there are in the rest of the nation.

18 The climate is generally mild and temperate, with frequent changes of weather but no extreme temperatures.

19 The mean [15] duration of sunshine varies from five hours a day in the far north to eight hours in the south.

20 Despite the UK's reputation for wet weather, average rainfall is fairly low and heavy rain is comparatively rare.

*15 chaï-eu... **Hamp**-chë ...*

Quinzième leçon / 15

10 Ces derniers, ainsi que les vestiges du mur d'Hadrien, marquent la frontière anglo-écossaise, longue de 96 miles *(155 kilomètres)*.

11 L'Écosse se compose des Lowlands *(Basses-Terres)* dans le sud et des Highlands *(Hautes-Terres)* dans le nord.

12 Elle compte également quelque huit cents îles, dont environ cent cinquante sont habitées.

13 Au sud-ouest de l'Angleterre se trouve le pays de Galles, au nord montagneux et au sud constitué de vallées et d'une plaine côtière.

14 Il convient de noter que ni l'île de Man ni les îles Anglo-Normandes ne font partie du Royaume-Uni.

15 À des fins administratives, l'Angleterre est divisée en régions et en comtés, dont le nom finit souvent par le mot "shire" (Hampshire, par exemple).

16 L'Écosse et le pays de Galles ont tous deux leur propre parlement, mais aucun de ces deux pays n'est totalement indépendant.

17 Pour ce qui est de la population, il y a cinq fois plus d'habitants en Angleterre qu'il n'y en a dans le reste de la nation.

18 Le climat est généralement doux et tempéré, avec de fréquents changements de temps, mais sans températures extrêmes.

19 La durée moyenne d'ensoleillement varie de cinq heures par jour dans l'extrême nord à huit heures dans le sud.

20 Bien que le Royaume-Uni ait la réputation d'avoir un climat humide, les précipitations moyennes sont assez faibles et les grosses pluies relativement rares.

15 / Fifteenth lesson

Notes

1 **a profile**, *un profil*. Ce mot s'emploie au figuré dans le sens d'un portrait journalistique : **The Times published a profile of the new defence secretary last week**, *Le journal* The Times *a publié un portrait du nouveau ministre de la défense la semaine dernière*. En revanche, l'expression **in profile** (litt. "en profil"), s'emploie après le nom qu'il décrit.

2 Nous avons deux mots pour dire *une île* en anglais : **an island *[aï-lend]***, le plus courant, et **an isle *[aï-el]***. Ce dernier est plutôt littéraire, mais s'emploie aussi dans un registre commercial (**"Visit the paradise isle of Capri"**, *"Visitez l'île paradisiaque de Capri"*) et, surtout, dans le nom de certaines îles ou archipels. Notez que **isle** se met avant le nom lorsqu'il est au singulier (**the Isle of Wight**) et généralement – mais pas toujours – après quand il s'agit d'un pluriel : **The British Isles**. (Notez que **the Scilly Isles** s'appellent aussi **the Isles of Scilly** !)

3 Délicate, la traduction du pronom relatif français *dont* dépend du contexte. Par exemple, avec un adjectif comparatif ou superlatif, on emploie **...of which** (pour un objet) ou **...of whom** (pour un être vivant) après cet adjectif : **She has three sons, the eldest of whom is eighteen**, *Elle a trois fils, dont l'aîné* (litt. "le plus vieux") *a 18 ans*. Nous vous indiquerons d'autres structures avec "dont" au fil des leçons jusqu'à ce que vous les assimiliez naturellement.

4 Les verbes à particule formés à partir de mots courants (**make, do, have**, etc.) sont si nombreux qu'il faut bien les apprendre dans le contexte. Ici, le sens de **to make up** est *constituer* ou *composer* : **Canadians make up the largest group of foreign residents in our state**, *Les Canadiens constituent le plus grand groupe de résidents étrangers dans notre État*. Faites attention à la forme passive : **Our country is made up of three main ethnic groups**, *Notre pays est composé de trois groupes ethniques principaux*. **To make up** traduit aussi *représenter* : **Women make up forty per cent of the workforce**, *Les femmes représentent 40 % de la population active*.

5 Le préfixe **mid-** signifie *milieu* ou *mi-* : **We went to the Isle of Wight in mid June**, *Nous sommes allés à l'île de Wight à la mi-juin*. **The Midlands** (litt. "terres du milieu") est la région d'Angleterre qui s'étend de la rivière Humber jusqu'à l'estuaire de la Severn, regroupant les grandes agglomérations de Birmingham, Nottingham, et Coventry. Berceau de la révolution industrielle, cette région très variée reste un grand pôle manufacturier.

Quinzième leçon / 15

6 Encore un exemple de notre double vocabulaire : le terme médical *épine dorsale* se traduit par le mot **spine**, d'origine française. Mais lorsqu'on emploie le mot au sens figuré – l'élément central d'un dispositif – on préfère le mot **backbone** (litt. "l'os du dos") : **The props and the scrum half are the backbone of the team**, *Les piliers et le demi de mêlée forment l'ossature de l'équipe.*

7 Rappelons que **right** n'est pas seulement un adjectif (*droit*, *juste*, etc.) mais aussi un adverbe. Employé avec une préposition (**up**, **back**, **round**, etc.), il exprime la notion de complétude : **We went right up to the top of the hill**, *Nous sommes montés tout en haut de la colline.* **I watched the movie right through to the end**, *J'ai regardé le film jusqu'au bout.*

8 On ne met pas de **-s** à **mile** car il s'agit d'un adjectif : **The border is ninety-six miles long**, *La frontière fait 96 miles de long*, MAIS **the ninety-six mile border**, *la frontière longue de 96 miles.*

9 Ici, *dont* se réfère à un élément d'un ensemble. Dans ce cas aussi, on emploie la tournure **...of which / ...of whom** (note 3). **The firm employs six hundred people, fifty of whom work part-time**, *La société emploie six cents personnes, dont cinquante travaillent à mi-temps.*

10 Le suffixe français *-aine* ajouté à un chiffre (*dizaine*, etc.) n'a pas d'équivalent en anglais. Pour rendre cette tournure, on emploie tantôt **some** avant le chiffre, tantôt **...or so** après (notre phrase serait donc : **...of which one hundred and fifty or so are inhabited**). Il y a une exception : **a dozen**, *une douzaine.*

11 **inhabited** est un faux-ami car il signifie *habité*. Notre mot *inhabité* se traduit par **uninhabited**. Dans les deux cas, l'accent tonique se place sur la syllabe *[-hab-]*.

12 À proprement parler, lorsque **neither... nor**, *ni... ni*, s'emploie avec deux noms singuliers, le verbe aussi doit être au singulier : **Neither Gaelic nor Scots is spoken in England**, *En Angleterre, on ne parle ni le gaélique ni la langue écossaise.* Mais dans le langage courant, on admet un verbe pluriel (car il y a tout de même deux noms) : **neither Gaelic nor Scots are spoken**. Cependant, privilégiez l'usage du singulier, au moins lorsque vous rédigez un texte formel.

13 **a shire**, du vieil anglais *scir*, est l'ancien mot pour désigner une région administrative ; il a été éclipsé à partir du XIVᵉ siècle par **county**, du français *comté*. De nos jours, on retrouve **shire** dans l'expression poli-

tico-démographique – et tautologique – **shire county** (un **county** qui ne dépend pas d'une grande métropole), ainsi que comme suffixe dans les noms de certains de ceux-ci (**Yorkshire**, **Hampshire**, etc.). Faites très attention à la prononciation : **shire** se prononce en diphtongue, accen-

***

Exercise 1 – Translate

❶ Women make up forty per cent of the workforce in the UK. ❷ We watched the movie right through to the end. ❸ A profile of the new defence secretary was published in yesterday's *Times*. ❹ Services are the backbone of Britain's economy. ❺ There are about a thousand more people in the north of the county than in the south.

***

Exercise 2 – Fill in the missing words

❶ Le mur d'Hadrien marque la frontière anglo-écossaise, longue de 96 miles.
   Hadrian's Walls marks the .... border.

❷ La région est composée de cinq comtés, dont le plus grand est le Yorkshire.
   The region .... five counties, ... is Yorkshire.

❸ Il faut noter que l'Île de Wight et l'Île de Man font partie des Îles Britanniques.
   .. .. that the ...... Wight and the .... Man are part of the ....

❹ On ne parle ni le gaélique ni la langue écossaise sur l'île : elle est inhabitée.
   .... Gaelic ... Scots ..[1] spoken on the island: .. is ....

❺ L'Angleterre est composée d'une cinquantaine de comtés, dont beaucoup se terminent en "-shire".
   England .... fifty .... counties, ... end in "-shire".

[1] *Ici, vous avez la possibilité de mettre* **is** *ou* **are**

Quinzième leçon / 15

tuée sur la première syllabe *[chaï-eu]*, lorsqu'il s'agit d'un nom, mais comme *[chë]* quand il est utilisé comme suffixe (car jamais accentué). Écoutez attentivement l'enregistrement.

14 Curieusement, l'Angleterre est le seul des trois pays à ne pas avoir son propre parlement, car le parlement de Westminster, à Londres, représente l'ensemble de la Grande-Bretagne ! Les nationalistes anglais – il y en a ! – réclament régulièrement une représentation constitutionnelle spécifique.

15 Nous connaissons déjà le verbe **to mean** ainsi que l'adjectif **mean** (leçon 12, note 16). Maintenant, voici le nom. Mais, malgré son air de famille, il n'a rien à voir, car il signifie *la moyenne*. Il s'emploie surtout dans le domaine des mathématiques, notamment dans le terme **arithmetic mean**, *moyenne arithmétique*. Il existe un synonyme courant, qui est **average**. La différence entre les deux mots est un sujet de polémique entre experts. Aussi, nous vous conseillons d'employer **average** partout, sauf en parlant de la moyenne arithmétique.

***

Corrigé de l'exercice 1

❶ Les femmes représentent 40 % de la population active au Royaume-Uni. ❷ Nous avons regardé le film d'un bout à l'autre. ❸ Un portrait du nouveau ministre de la Défense a été publié dans le *Times* d'hier. ❹ Le secteur tertiaire *(les services)* est la colonne vertébrale de l'économie britannique. ❺ Il y a environ un millier de personnes de plus dans le nord du comté que dans le sud.

***

Corrigé de l'exercice 2

❶ – ninety-six mile Anglo-Scottish – ❷ – is made up of – the largest of which – ❸ It should be noted – Isle of – Isle of – British Isles ❹ Neither – nor – is – it – uninhabited ❺ – is composed of – or so – many of which –

one hundred and four • 104

16 / Sixteenth lesson

Les Français ont parfois la fâcheuse habitude d'appeler leurs voisins d'outre-Manche "les Anglais", sans distinction aucune, ce qui est à la fois faux et susceptible de faire vibrer la fibre nationaliste des autres habitants de ces îles. Faisons donc un point : le nom officiel du pays est **the United Kingdom of Great Britain and Northern Ireland** *(le Royaume-Uni de la Grande-Bretagne et de l'Irlande du Nord). Dans le langage courant, on l'appelle* **Britain** *ou* **the United Kingdom**, *abrégé en* **UK**. *Il est composé, comme nous l'avons appris, de l'Angleterre, du pays de Galles, de l'Écosse et des six comtés de l'Irlande du Nord.* **Great Britain** *n'inclut pas l'Irlande du Nord, alors que le terme* **the British Isles** *désigne l'archipel composé de la Grande-Bretagne, de l'Irlande et des îles voisines. Pour résumer, on peut dire que* **United Kingdom** *et ses dérivés sont des termes politiques, alors que les autres sont plutôt géographiques.*

Sixteenth lesson

This Sceptered Isle [1]

(From "The Welcome to Britain Guide")

1 Welcome to one of the most enchanting, varied and dynamic countries in the world,
2 a land [2] of scenic splendour and a magnet for tourists from every continent.
3 Go surfing off the craggy coast of the West Country, meander [3] through the timeless thatched [4] villages of Devon.
4 Don't forget to stop for a yummy [5] Devonshire cream tea on your way,
5 or enjoy the rolling hills and rural beauties of Somerset, which boasts [6] endless sandy beaches and the smallest city in England.

Prononciation
*3 … mi-i-**an**-dë …*

105 • **one hundred and five**

Mais comment, alors, appeler les habitants ? Chacun de ces quatre pays possède une forte identité, mais celle de l'ensemble est parfois plus floue – sans parler de la situation de l'Irlande du Nord. Le terme officiel, **Briton***, appartient au langage administratif, alors que le petit nom,* **Brit***, est plutôt argotique, voire humoristique. Tandis que la plupart des habitants eux-mêmes se définissent comme "Écossais", "Gallois" ou "Anglais", la question de l'identité britannique –* **Britishness** *– et la terminologie à employer deviennent de plus en plus un problème politique. D'autant plus que, entre* **UK**, **Great Britain** *et autre* **British Isles***, cette identité n'est pas toujours évidente ! Par conséquent, mieux vaut être prudent lorsqu'on rencontre un autochtone, et poser la question :* **Are you British?** *ou* **Which part of Britain are you from?**

Seizième leçon

Cette île couronnée

(Extrait du guide "Bienvenue en Grande-Bretagne")

1. Bienvenue dans l'un des pays les plus enchanteurs, variés et dynamiques du monde,
2. une contrée aux paysages somptueux, qui attire tel un aimant les touristes de tous les continents.
3. Allez surfer le long de la côte escarpée de l'ouest de l'Angleterre, flâner à travers les villages intemporels à toits de chaume du Devon.
4. N'oubliez pas de vous arrêter pour un délicieux "goûter à la crème",
5. ou savourez les paysages vallonnés et la beauté de la campagne du Somerset, dotée de plages de sable qui n'en finissent pas et de la plus petite ville d'Angleterre.

16 / Sixteenth lesson

6 If it's picture-postcard scenery you're after [7], the Cotswolds is a must-see region.

7 This is classic countryside, with unspoilt [8] limestone villages, sturdy dry-stone walls and handsome market towns.

8 Head further north, where you will find shimmering lakes, fairy-tale castles and mysterious moors.

9 The Peak District, for instance, renowned for its wild scenery and criss-crossed [9] with walking trails, is a heaven for nature-lovers.

10 Or cross over into Wales, famed for its rugged landscape and snow-capped peaks but also its magnificent seashore.

11 Travel north of the border [10] and discover the breathtakingly spectacular landscapes of Scotland,

12 with its heather-covered hills, fast-flowing rivers and majestic mountains.

13 Marvel at the raw beauty of the mist-shrouded lochs [11] and awe-inspiring glens [12].

14 You could even camp on the banks of Loch Ness to catch a glimpse of Nessie!

15 But there's much more to Britain than natural beauty – as if that weren't enough.

16 From stately homes [13] and towering cathedrals to village greens and half-timbered [14] cottages,

17 not to mention bustling cities, world-class museums and galleries [15], a thriving music scene and a vibrant youth culture.

18 So whether [16] it's punting [17] on the Isis, rambling through a national park or just downing [18] a pint [19] in a friendly pub,

Seizième leçon / 16

6 Si vous êtes à la recherche de paysages de carte postale, vous devez absolument voir les Cotswolds.

7 C'est la campagne telle qu'on se l'imagine, avec ses villages aux maisons de pierre blanche parfaitement préservés, ses robustes murets de pierres sèches et ses bourgs attrayants.

8 Dirigez-vous plus au nord, où vous trouverez des lacs aux eaux miroitantes, des châteaux de contes de fées et des landes mystérieuses.

9 Le Peak District, par exemple, célèbre pour ses paysages sauvages et sillonné de sentiers pédestres, est un paradis pour les amoureux de la nature.

10 Ou passez au pays de Galles, renommé pour ses paysages farouches et ses sommets enneigés, mais aussi pour ses côtes magnifiques.

11 Allez au nord de la frontière et découvrez les paysages spectaculaires et époustouflants de l'Écosse,

12 avec ses collines couvertes de bruyère, ses torrents rapides et ses montagnes majestueuses.

13 Émerveillez-vous devant la beauté sauvage des lacs enveloppés de brume et des imposantes vallées.

14 Vous pourriez même camper sur les bords du Loch Ness, pour tenter d'apercevoir Nessie !

15 Mais la Grande-Bretagne, c'est bien plus que la beauté de la nature – comme si cela ne suffisait pas.

16 [C'est aussi] les manoirs et les hautes cathédrales, le pré communal des villages et les maisons à colombages,

17 sans parler des villes bourdonnantes d'activité, des musées et des galeries de niveau mondial, d'une scène musicale florissante et d'une culture jeune très dynamique.

18 Donc, qu'il s'agisse de canoter sur l'Isis[1], de faire de la randonnée dans un parc national ou simplement de descendre une bière dans un pub accueillant,

16 / Sixteenth lesson

19 you're sure to find something to suit your pocket and to keep you occupied, amused and interested.
20 If Britain didn't exist, someone would surely have to invent it.

Notes

1 **a sceptre**, *un sceptre*. Le titre de cette leçon, qui peut aussi se traduire "cette île porte-sceptre" est tiré d'un célèbre monologue prononcé par John of Gaunt dans *Richard II* de Shakespeare, un vrai panégyrique des vertus de l'Angleterre (*"cette terre sacrée, cet autre Eden, ce presque Paradis"*). Cette citation est souvent reprise dans les textes littéraires traitant de la Grande-Bretagne.

2 Notez bien l'article indéfini. Le nom indénombrable **land** signifie *terre* ou *terrain* : **We bought a farmhouse with three acres of land**, *Nous avons acheté une ferme avec 1,2 hectares de terrain*. En revanche, **a land** est un terme poétique ou littéraire pour parler *d'un pays* ou *d'une contrée* : **America is a land of opportunity**, *L'Amérique est un pays plein de possibilités*. (Bien sûr, on trouve **-land** comme suffixe dans le nom de beaucoup de pays, en commençant par **England**, le pays des Angles.)

3 Vous reconnaissez sans doute le nom français *méandre*, mais le mot anglais est utilisé plutôt comme un verbe, au sens propre (l'origine du mot est le fleuve grec Maiandros) – **The River Ouse meanders through peaceful countryside**, *La rivière Ouse serpente à travers un paysage tranquille* – comme au figuré : **The band's style meanders between jazz and rock**, *Le style du groupe oscille entre le jazz et le rock*. Faites attention à la prononciation : il y a trois syllabes *[mi-i-an-dë]*.

4 Le nom indénombrable **thatch** signifie *chaume*. **A thatched cottage** est donc une chaumière. Ici, l'auteur fait une extrapolation : **a thatched village**, *un village composé de chaumières*. (L'un des ancêtres du célèbre premier ministre britannique, Margaret Thatcher, était sans doute couvreur…)

5 Tout comme le français, l'anglais regorge d'onomatopées et autres interjections – parfois les mêmes (ou presque) : L'exclamation **Yummy!**

Seizième leçon / 16

19 vous êtes sûr de trouver une activité qui soit adaptée à votre budget, quelque chose pour vous occuper, vous distraire et vous intéresser.
20 Si la Grande-Bretagne n'existait pas, il faudrait certainement l'inventer.

[1] *La Tamise à la hauteur d'Oxford.*

nous rappelle notre *Miam !* Comme adjectif, **yummy** signifie *délicieux* : **We sell ice creams and other yummy deserts**, *Nous vendons des glaces et d'autres desserts délicieux*.

6 Le verbe **to boast**, avec la préposition **about**, signifie littéralement "se vanter" : **He's always boasting about how clever his son is**, *Il se vante toujours de l'intelligence de son fils*. Au sens figuré, et sans **about**, le verbe est très utile pour rendre la notion française de *être doté de* : **The city boasts three universities**, *La ville est dotée de trois universités*. Certes, la notion de fierté est présente – on pourrait presque dire "se targue de posséder trois universités" –, mais on peut traduire **to boast** simplement par *être doté de* ou même *posséder* dans ce contexte.

7 **to be after something** est une expression familière pour *(re)chercher*. Elle est synonyme de **to look for** : **I'm after** (ou **I'm looking for**) **a new digital camera. Can you advise me?**, *Je suis à la recherche d'un nouvel appareil photo numérique. Pouvez-vous me conseiller ?*

8 Une dizaine de verbes peuvent être réguliers ou irréguliers en anglais britannique. Ainsi, le temps passé et le participe passé de **to spoil**, *gâcher*, peuvent s'écrire **spoiled** ou **spoilt**. L'adjectif **unspoilt** (ou **unspoiled**) signifie *préservé*. Notez que ces formes irrégulières n'existent pas en anglais américain (voir leçon 21 pour plus de détails).

9 **to criss-cross**, *s'entrecroiser*. **The area around Stratford is criss-crossed with canals**, *La région autour de Stratford est sillonnée de canaux*. Le préfixe **criss-** n'a pas de sens propre ; **criss-cross** est un exemple d'un phénomène très développé en anglais qui s'appelle la réduplication, où l'on prend un mot court – une ou deux syllabes – auquel on ajoute un phonème similaire, tout en changeant la voyelle (nous retrouvons un mécanisme similaire en français, avec "cahin-caha", "de bric et de broc", etc.). Le vocabulaire anglais regorge de ces réduplications, et nous vous les signalerons au fur et à mesure.

16 / Sixteenth lesson

 Notes

10 Pour un Britannique, **north of the border** signifie l'Écosse, alors que pour un Américain, il s'agit du Canada.

11 **a loch** est le mot gaélique pour *un lac* (cf. ***lagen*** en langue bretonne). En Irlande, le mot s'écrit **lough**. Un des plus célèbres de ces lacs est le Loch Ness, connu à travers le monde en raison de son habitant le plus ancien, **the Loch Ness Monster**, que l'on appelle familièrement **Nessie**. (Écoutez bien la prononciation du **-ch** final, qui doit ressembler à *[kh]*, aspiré très fortement, comme la "jota" espagnole. Ceci dit, la plupart des anglophones prononcent **loch** comme **lock**.)

12 Autre mot écossais (que l'on retrouve aussi en breton, écrit ***glenn***), **a glen** signifie *une vallée*. Au fond de ces vallées se trouvent des **burns**, ou *ruisseaux*, dont on tire une eau excellente, utilisée dans la fabrication du whisky pur malt. C'est pourquoi beaucoup de noms de whiskies commencent par **Glen**.

13 L'adjectif **stately** signifie *majestueux*, *raffiné* : **The village has an air of stately elegance**, *De ce village se dégage une élégance raffinée*. Le terme **stately home** désigne un grand manoir ou château, souvent construit entre les XVIIe et XIXe siècles, et appartenant depuis lors à une famille de la haute bourgeoisie. De nos jours, beaucoup de ces demeures sont ouvertes au public ou en partie transformées en parcs d'attraction afin d'amortir les charges d'entretien.

14 Le nom indénombrable **timber** signifie *le bois en grume*, mais aussi *le bois d'œuvre*. **A half-timbered house** est *une maison à colombages*.

15 Le mot français *musée* se traduit de deux manières en anglais. Un musée réunissant une collection d'objets historiques se dit **a museum**,

***

Exercise 1 – Translate

❶ They finished lunch and headed back to the office. ❷ The village has a timeless air of stately elegance. ❸ Whether you're upgrading the software or installing it for the first time, follow the same instructions. ❹ Can you imagine! He downed twenty pints before the match. ❺ The area around Stratford is criss-crossed with canals and is famed for breathtakingly spectacular landscapes.

alors qu'un musée d'art s'appelle **a gallery** (ou **art gallery**) – par exemple, **the National Gallery** à Londres, ou encore **the Manchester Art Gallery**. (Précisons qu'une **art gallery** peut être aussi bien privée que publique.)

16 La conjonction **whether** (qui se prononce exactement comme **weather**, *le temps*) s'emploie de plusieurs façons. Ici, il s'agit d'un choix : **Whether you're upgrading the software or installing it for the first time, follow the same instructions**, *Que vous mettiez à jour le logiciel ou que vous l'installiez pour la première fois, suivez le même mode d'emploi.* Remarquez qu'on utilise le subjonctif en français, mais l'indicatif en anglais.

17 **a punt** est une barque à fond plat, utilisée sur des rivières peu profondes. Tel est le cas de la rivière Isis qui traverse la ville d'Oxford ou encore la Cam à Cambridge.

18 La langue anglaise est tellement souple qu'on peut employer une préposition comme verbe ! Dans le contexte de cette phrase, **to down** signifie *avaler* ou *descendre* : **He downed ten beers before the match**, *Il a descendu dix bières avant le match.* Nous verrons d'autres exemples de cette polyvalence grammaticale dans les semaines à venir.

19 En anglais britannique familier, **a pint**, l'équivalent de 0,56 litres, est souvent synonyme de bière (même si on boit autre chose !) : **Let's go for a pint**, *Allons boire un verre.* Rappelons qu'en 2007, l'Union européenne a enfin reconnu le droit de la Grande-Bretagne à conserver son système de mesures, donc on a peu de chances d'entendre **Let's go for a litre**…

***

Corrigé de l'exercice 1

❶ Le déjeuner terminé, ils se sont redirigés vers le bureau. ❷ Du village émane une élégance intemporelle et raffinée. ❸ Que vous mettiez à jour le logiciel ou que vous l'installiez pour la première fois, utilisez le même mode d'emploi. ❹ Imagine un peu ! Il a descendu 20 pintes de bière avant le match ! ❺ La région autour de Stratford est parcourue d'un réseau de canaux et elle est réputée pour ses paysages spectaculaires à vous couper le souffle.

Sixteenth lesson

Exercise 2 – Fill in the missing words

❶ Si vous êtes à la recherche de paysages de carte postale, vous devez absolument voir les Cotswolds.

. . . . . . picture-postcard scenery . . . . , the Cotswolds is a . . . . region.

❷ Mais la Grande-Bretagne, c'est bien plus que la beauté de la nature – comme si cela ne suffisait pas.

But there's . . . . Britain than natural beauty – . . . . that . . . . enough.

❸ Si le Loch Ness n'existait pas, il faudrait l'inventer.

If Loch Ness . . . . . . exist, someone . . . . invent it.

❹ Ce bourg parfaitement préservé est doté d'un musée d'art spectaculaire.

This . . . . a spectacular . . . .

❺ Vous êtes sûr de trouver quelque chose qui vous plaît, que ce soit la randonnée ou le canotage.

You're . . . . something to enjoy, ... rambling or punting.

Pour citer encore un exemple de son double vocabulaire, notez que l'anglais possède deux mots pour traduire une ville *:* **town** *et* **city***. En règle générale, tant en Grande-Bretagne qu'aux États-Unis, la première est plus petite que la seconde. Cependant, à proprement parler, une agglomération britannique est considérée comme* **a city** *si elle possède une cathédrale ; c'est ce qui explique que la plus petite ville du pays, Wells, dans le Somerset, soit classée comme* **city** *– alors qu'elle ne compte qu'une dizaine de milliers d'habitants – à cause de sa (magnifique) cathédrale du xe siècle. (Cette distinction n'existe pas en Amérique.)*

Toujours en Grande-Bretagne, et d'un point de vue historique, le terme **market town** *désigne une ville qui, autrefois, avait le droit d'organiser un marché de produits frais pour fournir les habitants des villages environnants. Cette activité fut tellement importante que certaines de ces villes employaient – et emploient encore – le mot* **market** *dans leur nom (***Market Weighton, Market Drayton***, etc.). L'équivalent français le plus proche serait le "bourg".*

Seizième leçon / 16

Corrigé de l'exercice 2

❶ If it's – you're after – must see – ❷ – much more to – as if – weren't – ❸ – didn't – would have to – ❹ – unspoilt market town boasts – art gallery ❺ – sure to find – whether it's –

*Nous savons que, dans bien des cas, les noms des comtés se terminent en **-shire**. Suite à des réformes administratives, certaines de ces régions ont été renommées, mais l'ancienne appellation persiste, surtout dans les noms des spécialités gastronomiques locales. Ainsi, par exemple, le comté du Devon dans l'ouest de l'Angleterre est connu pour ses **Devonshire** (l'ancien nom) **cream teas** – un goûter composé de petits pains, de confiture et, en guise de beurre, d'une crème fraîche épaisse, la **clotted cream**. Tout ce qu'il y a de plus **yummy** ! Enfin, depuis toujours, les Britanniques ont tendance à s'expatrier et à s'installer en communautés dans d'autres régions plus australes, d'où les appellations humoristiques comme le **Chiantishire** (la Toscane) ou, en France, le **Dordogneshire**.*

Vous avez sans doute remarqué la différence de style avec la leçon d'hier : ce texte est beaucoup plus lyrique, avec son lot d'adjectifs, dont certains, comme shimmering, miroitant, relèvent d'un vocabulaire presque poétique. N'essayez pas de mémoriser chaque mot, mais lisez le texte dans son ensemble et retenez des expressions comme shimmering lake ou breathtakingly spectacular, qui reviennent souvent dans ce type de prose.

17

Seventeenth lesson

A quiz [1]

1 – Hello and welcome to tonight's nail-biting [2] final of the "Brain of Britain Quiz".
2 Our two delightful contestants have their fingers ready on the buzzer [3],
3 so let's get cracking [4] with our first round: place names.
4 The first question's for you, Deborah. Which cities do the following people come from [5]: a Geordie, a Brummie and a Cockney?
5 – I really ought to [6] know that one, oughtn't I? Let me see: a Geordie's from Newcastle and a Cockney's from London,
6 but as for a Brummie, I haven't the foggiest [7]. I'll take a wild guess [8]. Manchester?
7 – You're warm [9], but not quite there. No, a Brummie hails from [10] the fair city of Birmingham.
8 Amy, your turn. A host [11] of place names in England end in **-by** or **-ham**: what do these endings mean?
9 – That's easy: **-by** comes from Norse and means "village" and **-ham** is an old English word for a farm.
10 – Well done! You score ten points and take the lead. Deborah – may I call you Debbie?

Prononciation
5 ... **or**-tou ... **or**tënt-aï ...

Dix-septième leçon

Un jeu télévisé

1 – Bonjour et bienvenue à la palpitante demi-finale du jeu "Brain of Britain" *(Cerveau de la Grande-Bretagne)* qui va se dérouler ce soir.
2 Nos deux charmantes candidates ont le doigt sur le bouton.
3 Allons-y, commençons tout de suite avec notre première série de questions : les noms de lieux.
4 La première question est pour vous, Deborah. De quelles villes sont originaires les personnes suivantes : un "Geordie", un "Brummie" et un "Cockney" ?
5 – Je devrais forcément savoir ça, non ? Voyons voir : un "Geordie" est un habitant de Newcastle et un "Cockney" est un habitant de Londres,
6 mais quant à un "Brummie", je n'en ai pas la moindre idée. Au hasard : Manchester ?
7 – Vous brûlez, mais ce n'est pas tout à fait ça. Non, un "Brummie" est quelqu'un qui vient de la bonne ville de Birmingham.
8 Amy, c'est à vous. Une foule de noms de lieux en Angleterre se terminent par **-by** ou **-ham**. Que signifient ces suffixes ?
9 – C'est facile : **-by** vient du vieux scandinave et signifie "village" et **-ham** est un vieux mot anglais qui désignait une ferme.
10 – Bravo ! Vous marquez dix points et vous prenez la tête. Deborah – puis-je vous appeler Debbie ?

17 / Seventeenth lesson

11 – I'd rather you didn't. I'd prefer it if you'd use my proper first name, if it's all the same to you.
12 – Sure, no problem. Well, Deborah, can you tell me where the Garden of England is?
13 – Oh dear, I haven't got a clue. I reckon [12] it must be somewhere down south. Is it in Kent?
14 – Actually, it IS [13] Kent; it's the nickname of that beautiful county. I'll give you two points.
15 How about trying for a bonus question to catch up [14] with Amy? Did you hear me?
16 – You asked me whether [15] I wanted to try for a bonus question. Yes, I do.
17 – Very well, listen very carefully to the wording: what is the longest river in England?
18 – I wish [16] I'd paid attention to my geography lessons in school. Is it the River Severn?
19 – What a pity! It's actually the Thames. The Severn is the longest river in Britain.
20 Let's hear it [17] for our winner and our new Brain of Britain: Amy. Congratulations! □

Notes

1 **a quiz** est une série de questions, souvent sous forme d'un jeu télévisé. Le verbe **to quiz** signifie *interroger*, souvent en posant beaucoup de questions : **Reporters quizzed the couple about their marriage plans**, *Les journalistes ont interrogé le couple sur leurs projets de mariage*. (Quant à l'étymologie, qui remonte au XIXe siècle, un entrepreneur irlandais aurait parié qu'il pût inventer un mot, qui serait sur les lèvres de tout le monde du jour au lendemain. Un soir, il employa une ribambelle de gamins pour peindre le mot **quiz** – du latin, ***qui es***, *qui es-tu ?* – sur les murs de Dublin. Le lendemain, les Dublinois se posaient la question **What's a quiz?** L'entrepreneur avait gagné son pari – et le mot passa dans la langue !)

Dix-septième leçon / 17

11 – J'aimerais mieux pas *(J'aimerais mieux que vous vous en absteniez)*. Je préférerais que vous utilisiez la forme correcte de mon prénom, si cela ne vous fait rien.
12 – Bien sûr, pas de problème. Eh bien, Deborah, pouvez-vous me dire où se trouve le "jardin de l'Angleterre" ?
13 – Oh là là, je n'en sais rien du tout. Je suppose que cela doit être quelque part dans le sud. C'est dans le Kent ?
14 – En effet, c'est le Kent lui-même. Il s'agit du surnom de ce magnifique comté. Je vous donne deux points.
15   Que diriez-vous de tenter une question spéciale pour rattraper Amy ? Vous m'avez entendu ?
16 – Vous m'avez demandé si je voulais tenter une question spéciale. Oui, je tente.
17 – Très bien, écoutez très attentivement la formulation : Quel est le plus long cours d'eau d'Angleterre ?
18 – Si seulement j'avais été plus attentive aux cours de géographie à l'école ! C'est la Severn ?
19 – Quel dommage ! En fait, c'est la Tamise. La Severn est le plus long fleuve de Grande-Bretagne.
20   Applaudissez bien fort notre gagnante, notre nouvelle Grosse-Tête *(Cerveau)* de Grande-Bretagne : Amy. Félicitations !

---

2 a nail, *un clou*, signifie aussi *un ongle*. Si besoin est, on peut distinguer les **fingernails** (ongles des doigts de la main) des **toenails** (ceux des orteils). Le verbe **to bite one's nails** signifie *se ronger les ongles*. Au sens figuré, l'adjectif **nail-biting** décrit quelque chose de palpitant ou à suspense : **The championship came to a nail-biting climax**, *Le championnat s'est achevé dans un suspense incroyable*.

3 Nous connaissons le mot **buzz** (leçon 12, note 6). Voici une forme dérivée : **a buzzer**, *une sonnerie*. Dans un immeuble, **the buzzer** est le mot courant pour l'interphone (le terme technique est **the intercom**). Et, avec la souplesse qu'on commence à connaître, nous pouvons en faire un verbe en y ajoutant une préposition : **I found her building and she buzzed me in**, *J'ai trouvé son immeuble et elle m'a fait entrer en appuyant sur l'interphone*. Quelle économie de mots !

one hundred and eighteen • 118

17 / Seventeenth lesson

Notes

4 **a crack**, *une fissure*. Mais **crack** est aussi une onomatopée qui imite le claquement d'un fouet, d'où l'expression familière – le cri du cocher – **to get cracking**, *se mettre en route* ou *au travail*. **We're a week late with the report. We'd better get cracking**, *On a une semaine de retard pour le rapport. On a intérêt à se mettre au boulot !*

5 Une des différences entre les registres formels et informels en anglais est le positionnement de la préposition, surtout à la forme interrogative. Dans le premier cas, on accole l'adverbe ou le pronom interrogatif (**where**, **who**, etc.) à la préposition : **From which city do these people come?**, *De quelle ville viennent ces personnes ?* Mais dans la langue courante – aussi bien écrite que parlée – on rejette cette préposition à la fin de la question : **Which city do these people come from?** Il est important d'assimiler ce mécanisme car il s'emploie couramment avec les verbes à particule. Nous y reviendrons.

6 L'auxiliaire modal **ought** s'emploie pour exprimer la notion d'obligation ou pour donner un conseil. **You really ought to get a job**, *Tu devrais vraiment trouver un emploi*. Dans ce type de contexte, il est synonyme de **should** (**You really should get a job**), qui est beaucoup plus courant. Au niveau de la construction, il y a une différence fondamentale entre ces deux auxiliaires : **ought** est suivi de l'infinitif complet (les deux "t" se confondent en un seul son : *[ort-ou]*, alors que **should** est suivi de l'infinitif incomplet (ou sans **to**). Regardez attentivement les deux exemples donnés dans cette note.

7 **fog**, *le brouillard* : **foggy**, *brumeux*. Au sens figuré, l'adjectif a le sens de *confus* ou *vague*. **I have only a foggy memory of my home town**, *Je n'ai qu'un vague souvenir de ma ville natale*. L'expression idiomatique, toujours employée à la forme négative, **not to have the foggiest idea** signifie *ne pas avoir la moindre idée*. Souvent, comme ici, on supprime le mot **idea**.

8 **to guess**, *deviner*. **Guess how old I am**, *Devinez mon âge*. Le nom **a guess** s'emploie dans des expressions comme **Have a guess**, *Essayez de deviner*, ou encore **I'll give you a guess**, *Je te laisse deviner*. L'adjectif **wild** signifie *sauvage*, mais l'expression **to make** (ou **take**) **a wild guess** veut dire *donner une réponse au hasard*. **Go on, take a wild guess**, *Vas-y, donne-moi une réponse au hasard*.

9 Comme en français, si on s'approche de la bonne réponse dans un jeu de devinettes, on dit qu'on "chauffe". **You're getting warm but you're**

not hot yet, *Tu chauffes, mais tu ne brûles pas encore*. Rappelons que **warm** signifie *assez chaud* ou *tout juste chaud* : la différence entre **warm weather** et **hot weather** est plutôt une question de confort, alors qu'on peut traduire par *un temps chaud* dans les deux cas.

10 **to hail** a deux sens : *grêler* et *héler* (qui vient du mot anglais). **You can hail a cab in the street**, *On peut héler un taxi dans la rue*. Mais, avec la préposition, **from**, **to hail** est une expression formelle signifiant *être originaire de* : **They hail from Plymouth**, *Ils sont originaires de Plymouth*. De même, l'adjectif **fair** peut signifier *joli* dans le même registre. Sachez que les animateurs d'émissions populaires à la radio ou à la télévision emploient souvent ce type de tournures pour se donner un genre.

11 Le nom **a host** vient du français *hôte*, dont il partage le sens (c'est aussi le terme pour un animateur d'émissions – celui qui "reçoit" le public). Mais, dans un registre soutenu, on peut aussi employer **a host** comme expression de quantité, telle que *une multitude de* ou *plein de* : **The committee met to discuss a host of issues**, *Le comité s'est réuni pour discuter d'un grand nombre de questions*.

12 Nous savons que **reckon** peut signifier *penser* ou *considérer* (leçon 2, note 10). C'est ainsi qu'on l'utilise ici : **I reckon it's in Kent**, *D'après moi, c'est dans le Kent*.

13 Dans la langue parlée, les anglophones utilisent l'intonation et l'accentuation pour insister sur un élément, ainsi que pour le confirmer ou l'infirmer. Par exemple, pour contredire l'affirmation **Leeds isn't in Yorkshire**, il suffit de dire **It is** en appuyant fortement sur le verbe **is** (écoutez bien nos exercices si vous disposez des enregistrements) ; alors qu'en français, nous somme obligés d'employer une tournure emphatique : *Mais si, c'est bien dans le Yorkshire*. Pour traduire ce phénomène verbal dans la langue écrite, on peut souligner le(s) mot(s) accentué(s) ou bien employer des majuscules ou encore l'italique – **Leeds isn't in Yorkshire – It is**.

14 **to catch**, *attraper* ; **to catch up**, *rattraper*. **He's behind schedule, but he'll catch up as soon as he can**, *Il a du retard sur les délais, mais il le rattrapera dès qu'il pourra*. Avec un complément d'objet direct, on emploie la préposition **with** : **Schoolteachers' salaries have not caught up with those of university professors**, *Les salaires des professeurs des écoles n'ont toujours pas rattrapé ceux des enseignants universitaires*.

17 / Seventeenth lesson

Notes

15 Dans une question indirecte, **whether** (leçon 16, note 16) est synonyme de **if** : **He asked me whether I was angry**, *Il m'a demandé si j'étais en colère* (qui peut donc se dire **He asked me if I was angry**). Parfois, on ajoute **or not** après **whether** (jamais après **if**) : **He asked me whether or not I was angry**, mais il s'agit là d'une redondance.

16 Nous avons déjà vu le verbe **to wish** dans le sens de *souhaiter* (leçon 10, phrase 12). Ici, il est utilisé pour exprimer un regret – un souhait qu'on ne peut pas réaliser : **I wish you could have been at the concert**,

***

Exercise 1 – Translate

❶ The championship came to a nail-biting climax last week. ❷ Reporters quizzed the star about her marriage plans. ❸ I'm sure that Blackpool isn't in Lancashire – It is! ❹ We found her building and she buzzed us in. ❺ Can I hail a cab in the street? – I haven't the foggiest idea.

***

Exercise 2 – Fill in the missing words

❶ De quelle ville sont originaires les Geordies ? Devinez au hasard.
. . . .[1] do Geordies . . . . ? Take a . . . .

❷ Je préfère ne pas sortir, si cela t'est égal.
. . d . . . . go out, if . . . . you.

❸ Les salaires des professeurs des écoles n'ont toujours pas rattrapé ceux des enseignants universitaires.
Schoolteachers'salaries . . . . university professors.

❹ Il m'a demandé si j'étais en colère.
He . . . . I . . . angry.

❺ Tu devrais vraiment te dépêcher de trouver un emploi.
You really . . . . and . . . a job.

[1] *Vous avez la possibilité de mettre* **city** *ou* **town**.

Dix-septième leçon / 17

J'aurais tellement aimé que puissiez assister au concert. Dans ce contexte, on peut remplacer **wish** par la tournure **if only...**, *si seulement...* : If only you could have been at the concert!

17 Encore une expression médiatique : **Let's hear it for**, suivi d'un complément d'objet direct, signifie *Applaudissons bien fort...* Le pronom **it** remplace le nom indénombrable **applause**, *les applaudissements*, qui est sous-entendu. (Si un public anglophone veut "bisser" un artiste, il applaudit en criant... **Encore!** en français dans le texte !)

***

Corrigé de l'exercice 1

❶ Le championnat s'est achevé de façon palpitante la semaine dernière. ❷ Les journalistes ont interrogé la star sur ses projets de mariage. ❸ Je suis sûr que Blackpool n'est pas dans le Lancashire. – Mais si ! ❹ Nous avons trouvé son immeuble et elle nous a fait entrer en appuyant sur le bouton de l'interphone. ❺ Puis-je héler un taxi dans la rue ? – Aucune idée.

***

Corrigé de l'exercice 2

❶ Which city – come from – wild guess ❷ I' – rather not – it's all the same to – ❸ – have not caught up with those of – ❹ – asked me whether – was – ❺ – ought to get cracking – get –

*La toponymie (l'étude linguistique des noms de lieux) peut fournir de précieux indices sur l'origine (celtique, romaine, saxonne, viking, etc.) ou l'histoire des villages, villes et autres localités en Grande-Bretagne. Ces indications se trouvent surtout dans les suffixes et les préfixes. Par exemple, les villes dont le nom se termine en **-caster**, **-cester** ou **-chester** (ainsi que la ville de **Chester** elle-même) étaient des campements romains (du latin **castra**, un camp). Celles qui commencent ou se terminent en **kirk** (**Kirkwall**, **Ormskirk**) furent établies par les Vikings autour d'une église, ou **kirk** (ce mot existe encore dans la langue écossaise à la place de **church**). Et, comme nous a dit la candidate gagnante dans notre leçon d'aujourd'hui, **-by** et **-ham** viennent du vieil anglais pour village et ferme, respectivement (**Grimsby**, **Oldham**). On sait donc que la ville de **Kirkby** près de Liverpool était un village avec une église.*

*Les noms d'habitants dérivés des noms propres de lieux sont moins usités en anglais qu'en français : on dirait plutôt **I'm from Plymouth** que **I'm a Plymothian**, par exemple. Il y a, bien sûr, des excep-*

Eighteenth lesson

British humour

1 A typical Brit [1] works for a Chinese-owned company, drives a Japanese car, hangs out [2] in Irish pubs,

2 wears Italian-made clothes, eats Indian curry and drinks German beer, uses a Finnish phone,

3 watches American shows on a Korean-made television – and is suspicious of everything foreign.

4 The British are known for many things but arguably [3] their most endearing trait is their sense of humour.

5 It has been argued [4] that English weather is so bad that humour is needed just to make life bearable.

tions, notamment pour les grandes villes comme **Manchester** *(a* **Mancunian***) ou* **Liverpool** *(a* **Liverpudlian***). En revanche, les petits noms sont nombreux ; certains sont péjoratifs, alors que d'autres sont passés dans la langue courante. Tel est le cas pour* **Geordies** *(les habitants de* **Newcastle on Tyne** *qui, au XVIIIe siècle, prirent parti pour le roi George Ier contre une rébellion écossaise),* **Brummies** *(de Brummagem, déformation du nom de la ville de* **Birmingham***) ou encore des* **Cockneys***. Au sens strict, ce dernier mot ne désigne que les habitants de l'Est de Londres qui sont nés à portée d'oreille des cloches de l'église de St-Mary-le-Bow ; donc tous les* **Londoners***, Londoniens, ne sont pas des* **Cockneys***. À vrai dire, à cause des tendances démographiques et du prix de l'immobilier, les vrais* **Cockneys** *– tout comme leurs homologues, les titis parisiens – sont une espèce en voie de disparition. (Il est intéressant de noter que le mot* **cockney** *viendrait du français normand "pais de cocagne", qui s'appliquait de manière mi-humoristique, mi-envieuse à la ville de Londres.)*

Dix-huitième leçon

L'humour britannique

1 Le Britannique-type travaille pour une société appartenant à des Chinois, conduit une voiture japonaise, fréquente des pubs irlandais,
2 porte des vêtements faits en Italie, mange du curry indien et boit de la bière allemande, se sert d'un téléphone finlandais,
3 regarde des émissions américaines sur un téléviseur fabriqué en Corée – et se méfie de tout ce qui vient de l'étranger.
4 Les Britanniques sont connus à plus d'un titre *(pour de nombreuses choses)*, mais leur trait de caractère le plus attachant est sans doute leur sens de l'humour.
5 On a dit que le climat anglais est tellement mauvais que l'humour est indispensable, ne serait-ce que pour rendre la vie supportable.

18 / Eighteenth lesson

6 Be that as it may [5], its key ingredients are self-deprecation, irony, nonsense and – above all – understatement.

7 For example, a swarm of bees was sucked into the engines of a passenger plane en route for South Africa.

8 The pilot announced over the PA system – Ladies and gentleman, both engines have stopped and we're losing altitude;

9 we're trying our utmost to get them going again. Meanwhile, I trust that you are not too upset.

10 Or take this conversation between two foodies [6] discussing the latest trendy restaurant to hit [7] the High Street.

11 The food was dire [8], the portions were tiny, the service was snooty and the prices were eye-popping [9].

12 Oh, said her friend dryly [10]. So you wouldn't recommend it, then?

13 Another rich vein of humour in Britain is the rivalry between the three nations, which love to loathe [11] each other.

14 Many jokes begin with the words: – There was an Englishman, a Scotsman and a Welshman (or an Irishman).

15 Each country delights in poking fun [12] at the others' perceived failings or foibles [13].

16 For example, an Englishman says: I was born English and by God, I hope to die English.

17 To which the Scotsman replies: – Aye [14], I know; but don't you have any ambition at all?

Dix-huitième leçon / 18

6 Quoi qu'il en soit, ses principaux ingrédients sont l'autodérision, l'ironie, l'absurde et – surtout – le goût de la litote.

7 Par exemple, un essaim d'abeilles a été aspiré par les moteurs d'un avion de ligne en route pour l'Afrique du Sud.

8 Le pilote a annoncé au micro : "Mesdames et messieurs, les deux moteurs se sont arrêtés et nous perdons de l'altitude ;

9 nous faisons tout notre possible pour les redémarrer. En attendant, j'espère que vous ne vous inquiétez pas trop."

10 Ou encore cette conversation entre deux passionnées de cuisine, discutant du dernier restaurant tendance qui vient d'ouvrir en centre-ville :

11 "La nourriture était infecte, les portions étaient minuscules, les serveurs étaient snobs et les prix étaient exhorbitants *(yeux exorbités)*."

12 "Oh", répondit son amie d'un ton pince-sans-rire. "Donc, tu ne le recommanderais pas ?"

13 Il y a un autre riche filon d'humour en Grande-Bretagne ; c'est celui de la rivalité entre les trois nations, qui adorent se détester mutuellement.

14 De nombreuses blagues commencent par les mots : C'est l'histoire d'un Anglais, d'un Écossais et d'un Gallois (ou d'un Irlandais).

15 Chaque pays prend plaisir à se moquer des travers ou des petits défauts supposés des autres.

16 Par exemple, un Anglais dit "Je suis né anglais et, nom de Dieu, j'espère mourir anglais !"

17 Ce à quoi un Écossais répond "Oui, je sais. Mais n'avez-vous donc aucune ambition ?"

Prononciation
13 … lo-oDH … *15* … **foï**-bëlz *17* … aï …

18 / Eighteenth lesson

18 But one thing the English are very good at is laughing at themselves, often saying outrageous things tongue in cheek [15].

19 Such as – The English are moral, the English are good. And clever and modest and misunderstood.

20 But whether it's irony, dry wit or a pithy putdown [16], humour is an essential part of British life.

21 So remember: don't fret [17] if your parrot looks dead, it's probably only resting [18].

Notes

1 Voir la note de culturelle à la leçon 15.

2 **to hang**, *pendre*. Le verbe à particule **to hang out** signifie littéralement "suspendre/étendre dehors" : **Hang out the washing on the line, please**, *S'il te plaît, étends le linge sur le fil*. Mais en langage familier, **to hang out** signifie *fréquenter un endroit ou une personne* ou *traîner dans un endroit / avec une personne*. **He hangs out with Joe. They hang out in bars together**, *Il fréquente Joe. Ils traînent ensemble dans les bars*.

3 **to argue** *[aa-guiou]*, *se disputer*. L'adverbe **arguably** est très utile lorsqu'on veut donner une opinion. Il peut se traduire par *sans doute* ou *probablement* : **The Rolling Stones are arguably the best rock band ever**, *Les Rolling Stones sont sans doute le meilleur groupe de rock de tous les temps*.

4 **to argue** signifie aussi *soutenir une opinion* ou *affirmer quelque chose* : **Some economists argue that monetary policy is an inefficient tool**, *Certains économistes affirment que la politique monétaire est un outil inefficace*. La forme impersonnelle, **it is argued that**, peut se traduire par *on affirme que* : **It is argued that global warming is leading to food shortages**, *On affirme que le réchauffement climatique aboutit à une pénurie alimentaire*.

5 **Be that as it may** est une locution formelle, utilisée au début d'un membre de phrase, qui signifie *Quoi qu'il en soit* ou *N'empêche* : **I know he was angry. Be that as it may, he should have been polite**, *Je sais qu'il était en colère. N'empêche, il aurait dû rester poli*. Ici, le verbe **be** est un subjonctif. Nous reviendrons plus largement sur cette forme plus tard.

Dix-huitième leçon / 18

18 Toutefois, s'il est un domaine dans lequel les Anglais excellent, c'est l'autodérision. Ils disent souvent les choses les plus outrancières sur le ton de l'ironie.

19 Par exemple : Les Anglais sont pleins de moralité, les Anglais sont bons. Et intelligents et modestes et incompris.

20 Mais qu'il s'agisse d'ironie, d'esprit pince-sans-rire ou d'une remarque cinglante et concise, l'humour est une composante essentielle du quotidien britannique.

21 Donc, souvenez-vous : ne vous inquiétez pas si votre perroquet a l'air mort ; il est probablement juste en train de se reposer.

---

6 Traditionnellement, les anglophones emploient des termes français pour tout ce qui touche à la gastronomie ou à la cuisine. Par exemple, nous parlons de *gourmet*, de *chef*, de *soufflé* et autre *apéritif*. Mais depuis les années 1980, l'anglais possède son propre mot, **a foodie** (notez la terminaison nominale **-ie**), qui désigne un passionné de cuisine, de nourriture et autres plaisirs de la table. Alors que le mot **gourmet** a toujours un côté "grande classe" en anglais, **foodie** est plus populaire.

7 Le verbe **to hit**, *frapper*, est utilisé très largement en anglais idiomatique, souvent dans le sens d'arriver ou de rencontrer rapidement : **The new operating system will hit the shops in June**, *Le nouveau système d'exploitation arrivera dans les magasins en juin*, ou encore : **Everything was going well, but then we hit a problem**, *Tout allait bien ; mais c'est alors nous avons rencontré un problème*. Rappelons aussi que, en informatique, **hit** s'emploie comme nom pour désigner une connexion à un site Internet : **Our website has over a million hits a month**, *Notre site enregistre plus d'un million de connexions par mois*.

8 Dans un registre formel, l'adjectif **dire** signifie *désastreux* ou *très grave* : **Military action would have dire consequences**, *Une action militaire aurait des conséquences extrêmement graves*. Retenez aussi l'expression **to be in dire straits**, *être dans une situation (souvent financière) très délicate*. **The refugees are living in dire straits**, *Les réfugiés vivent dans des conditions extrêmement dures*. Mais dans un registre informel, **dire** s'emploie comme *nul* en français, **The book was great but the film was dire**, *Autant le livre était bien, autant le film était nul*.

18 / Eighteenth lesson

Notes

9 L'anglais informel regorge d'adjectifs pittoresques, souvent dignes des dessins animés. L'adjectif **eye-popping** (litt. "qui fait sortir les yeux de la tête") n'est pas sans rappeler le loup cher à Tex Avery. Mais ici, il est question de surprise ou d'étonnement : **The action scenes in the movie are eye-popping!**, *Les scènes d'action dans le film sont époustouflantes !*

10 L'adjectif **dry**, *sec*, s'applique non seulement au temps, mais aussi au sens de l'humour. **Dry wit** ou **dry humour** est à la fois subtil et ironique, provoquant un sourire plutôt qu'un éclat de rire. Bref, il qualifie un humour typiquement britannique. On peut le traduire par *pince-sans-rire*. Bien sûr, **drily** en est l'adverbe. À ne pas confondre avec notre adjectif *sec* (*une réponse sèche*, par exemple), qui se traduit par **curt** (du français *court*) : **No!, was her curt reply**, *Non !, répondit-elle sèchement*.

11 to loathe signifie *détester quelqu'un*. D'origine anglo-saxonne, ce verbe est plus "viscéral" que son équivalent latin **to detest**. **I loathe my ex-husband**, *Je déteste mon ex-mari*. Attention : on peut utiliser **to loathe**, suivi d'un nom inanimé – souvent un gérondif – dans le sens de *avoir horreur de* : **Sammy loathes spending money on clothes**, *Sammy a horreur de dépenser de l'argent pour s'habiller*. (Si vous disposez des enregistrements, écoutez bien la prononciation du verbe et de son complément dans le premier exercice.)

12 Nous savons que **fun** signifie *amusement* ou *plaisir*. Mais, à l'origine, le mot signifiait *duper* ou *faire une farce*, et ce sens persiste avec le verbe transitif **to poke fun at** ou **to make fun of**, *se moquer de quelque chose* ou *de quelqu'un*. **Students must not tell racist jokes or make fun of / poke fun at other cultures**, *Les étudiants ne doivent pas raconter de blagues racistes ni se moquer d'autres cultures*.

13 a foible vient du français *faible*. D'un registre soutenu, le mot signifie une petite faiblesse ou un défaut de caractère : **She loved him despite his foibles**, *Elle l'aimait malgré ses petits défauts*. (Rappelons que *une faiblesse* se traduit par **a weakness**.)

14 Aye (qui rime avec **I** ou encore **eye** : *[aï]*) est un vieux mot pour **yes**, que l'on retrouve dans la littérature des xve et xvie siècles. Mais en Écosse et dans certaines régions du nord de l'Angleterre, cette forme existe encore dans la langue parlée courante. On l'entend aussi lorsque les députés britanniques votent pour ou contre une proposition de loi ;

ils se dirigent vers le **Aye Chamber** ("chambre des oui") ou le **Nay Chamber** ("chambre des non"), où leurs voix sont comptabilisées.

15 Voici une expression typiquement britannique : **tongue in cheek** (litt. "la langue dans la joue") dénote un humour ironique ou sarcastique, où l'on dit les choses d'une manière moqueuse ou avec des sous-entendus. Comme l'expression décrit une mimique – on met la langue à l'intérieur de la joue en parlant – on peut le traduire dans certains contextes par *pince-sans-rire* (note 10). Il s'agit à la fois d'un adverbe : **I'm so rich, he said, tongue in cheek**, *Je suis tellement riche, dit-il ironiquement*, et d'un adjectif : **I love his tongue-in-cheek humour**, *J'adore son humour à froid*.

16 **to put down**, *poser (par terre)*. L'expression idiomatique **to put someone down** signifie *critiquer* ou *dénigrer quelqu'un*. **Her husband is so rude: he's always putting her down**, *Son mari est vraiment mal élevé : il ne cesse de la critiquer*. Ainsi, le substantif **a putdown** (ou **put-down**) signifie *une remarque cinglante* ou *humiliante*.

17 **to fret** est synonyme de **to worry**, *s'inquiéter*, *se tracasser*, mais plus littéraire. On le trouve surtout dans l'expression **Don't fret**, *Ne vous tracassez pas*.

18 Il s'agit d'une référence à l'un des sketches les plus célèbres des Monty Python, un groupe d'humoristes qui incarna et révolutionna l'humour britannique dans les années 1970, avec un mélange de non-sens, de loufoquerie et d'(auto)dérision. L'influence des Python est telle que certaines de leurs phrases fétiches sont passées dans la langue courante. Surtout, on leur doit l'emploi du mot **spam** pour désigner les "pourriels". (Dans le sketch en question, un homme ramène un perroquet décédé à l'animalerie où il l'avait acheté la veille. Le patron maintient que le volatile n'est pas mort, mais simplement en train de dormir.)

Exercise 1 – Translate

❶ Sammy loathes spending money on new clothes. ❷ It is argued that global warming will lead to food shortages. ❸ I know he was angry. Be that as it may, he should have been polite. ❹ We're doing our utmost, but the situation is very difficult. ❺ The refugees are living in dire straits.

***

Exercise 2 – Fill in the missing words

❶ Un domaine dans lequel les Anglais excellent est celui de l'auto-dérision.
 One thing the English … … … … .. is … … ..
 … … .. .

❷ Tout allait bien, mais alors nous avons rencontré un problème.
 Everything … … … …, but … … … a problem.

❸ Il prend un grand plaisir à voyager dans tout le pays pour son travail.
 He … … .. … … … the country for his job.

Nineteenth lesson

Get away from it all

(Extract from the "Weekend Breaks" travel brochure)

1 Stuck [1] for something to do this weekend? Want to get off the beaten track and away from the crowds?

2 We offer an unrivalled service for the discerning traveller, with everything from package tours to tailor-made [2] breaks.

3 Meanwhile, here are a few suggestions to get you in a holiday mood.

4 For a touch of self-indulgence, try *The Lanes* – a truly tranquil [3] hideaway [4] with superb facilities [5].

Corrigé de l'exercice 1

❶ Sammy a horreur de dépenser de l'argent pour s'habiller. ❷ On affirme que le réchauffement climatique aboutira à une pénurie alimentaire. ❸ Je sais qu'il était en colère. N'empêche, il aurait dû rester poli. ❹ Nous faisons le maximum, mais la situation est très difficile. ❺ Les réfugiées vivent dans des conditions extrêmement dures.

***

❹ La satisfaction du client est de la plus haute importance.
Customer satisfaction . . . . importance.

❺ La nourriture était épouvantable, les portions étaient minuscules, les serveurs étaient snobs et les prix étaient exorbitants.
The food was . . . . , the portions were . . . . , the service was . . . . . . and the prices were . . . .

Corrigé de l'exercice 2

❶ – are very good at – laughing at themselves ❷ – was going well – then we hit – ❸ – delights in travelling around – ❹ – is of the utmost – ❺ – dire – tiny – snooty – eye-popping

Dix-neuvième leçon

Partez loin de tout

(Extrait de la brochure "Le Temps d'un week-end")

1 Vous ne savez pas quoi faire ce week-end ? Vous voulez sortir des sentiers battus et partir loin de la foule ?

2 Nous proposons des services incomparables au voyageur exigeant, depuis le voyage organisé jusqu'à l'escapade sur mesure.

3 Voici déjà quelques suggestions pour vous mettre dans l'ambiance *(l'humeur)* des vacances.

4 Succombez à un peu de luxe : découvrez *The Lanes (Les Chemins)*, une cachette vraiment paisible, avec des prestations exceptionnelles.

19 / Nineteenth lesson

5 Set in some of the loveliest scenery in the county, this boutique [6] hotel is a true gem.

6 Unwind and recharge your batteries at the spa and let their expert staff pamper you.

7 Chill out [7] by the pool and order a refreshing drink from the fully licensed [8] bar.

8 If you're hungry, try *Jasper's*, where you can savour award-winning cuisine [9] made with locally sourced [10] products.

9 For something a little less chic (and pricey), the nearby *Grill* serves up mouthwatering cooking in cosy [11] surroundings.

10 If you don't fancy [12] staying put, why not rent a car (or better still a bike) and tour the Yorkshire Dales?

11 If pubs are your thing [13], then check out our latest finds. You won't be disappointed.

12 The *Red Lion serves* great grub [14], washed down with one of their twenty or so real ales.

13 The *Royal Oak* is a Tudor [15] coaching inn turned gastro-pub that just oozes [16] old-world charm.

14 A favourite spot for visitors and locals alike, it also attracts a sizeable crowd at weekends.

15 For a taste of Olde [17] England, head for the delightful village of Malton, which is almost too cute to be true.

16 If it wasn't for the cars, you'd swear you had gone back in time.

17 Culture vultures [18] will head straight for the first-rate museum near the church.

Dix-neuvième leçon / 19

5 Situé dans l'un des cadres les plus enchanteurs du comté, ce petit hôtel de charme est un vrai bijou.

6 Décompressez et rechargez vos batteries au spa et laissez-vous dorloter par le personnel spécialisé.

7 Relaxez-vous au bord de la piscine et commandez un rafraîchissement au bar, autorisé à servir les boissons alcoolisées.

8 Si vous avez faim, essayez *Jasper's*, où vous pouvez savourer une cuisine primée, élaborée à base de produits locaux.

9 Si vous désirez quelque chose d'un peu moins chic (et moins cher), le *Grill* voisin sert une cuisine succulente dans un cadre intime.

10 Si vous n'aimez pas rester toujours au même endroit, pourquoi ne pas louer une voiture (ou mieux encore, un vélo) et aller découvrir les Yorkshire Dales *(paysage vallonné du Yorkshire)* ?

11 Si les pubs sont votre truc, allez voir nos dernières trouvailles. Vous ne serez pas déçus.

12 Le *Red Lion* sert une bonne petite bouffe, à arroser d'une bière traditionnelle, choisie parmi la vingtaine de variétés proposées.

13 Le *Royal Oak* est un ancien relais de poste de l'époque Tudor, devenu un pub gastronomique qui exhale un exceptionnel charme d'antan.

14 Endroit très apprécié des visiteurs comme des gens du cru, il attire également une foule considérable le week-end.

15 Pour retrouver le parfum de la vieille Angleterre, mettez le cap sur le charmant village de Malton, qui est presque trop mignon pour être vrai.

16 S'il n'y avait pas les voitures, on jurerait avoir remonté le temps.

17 Les fanas de culture se dirigeront directement vers l'excellent musée situé près de l'église.

one hundred and thirty-four • 134

19 / Nineteenth lesson

18 But most people are quite content to wander through the cobbled streets and gaze admiringly at the genteel [19] houses.

19 There are plenty of quaint tearooms and a couple of upmarket bistros [20], but nothing at the budget end of the price range.

20 Seen anything that takes your fancy? Call us now for a booking or a quote, or simply make your reservation online. □

: Notes

1 **stuck** est le participe passé to verbe **to stick**, *coller*. La locution **to be stuck** signifie *être coincé* : **The door is stuck. Push harder**, *La porte est coincée. Poussez plus fort*. Elle peut être employée au sens figuré : **I'm stuck and I can't find any information in the manual**, *Je suis bloqué et je ne trouve aucune information dans le mode d'emploi*. Dans le même ordre d'idées, utilisée avec **for**, la locution signifie *être à court de* : **I'm stuck for ideas for a birthday present for my boyfriend**, *Je suis à court d'idées pour le cadeau d'anniversaire de mon copain*. Nous insistons encore une fois sur l'importance du contexte quand vous êtes confronté à une locution nouvelle.

2 **a tailor**, *un tailleur* (comme le savent les Assimilistes fidèles). **Tailor-made** (litt: "fait par un tailleur") signifie *sur mesure*. On trouve très fréquemment cet adjectif dans les contextes commerciaux : **Our tailor-made products are aimed at an upscale clientele**, *Nos produits sur mesure sont destinés à une clientèle haut de gamme*. Ici, on marque une opposition avec **a package tour**, *un voyage organisé "tout compris"*.

3 Encore un exemple – il y en a au moins quatre autres dans cette leçon – de l'apport du français normand au vocabulaire anglais : **tranquil** signifie *paisible*. Nous avons aussi le mot **peaceful**, mais l'origine latine de **tranquil** élève le registre de l'énoncé : **The refined decor and fresh-cut flowers add to the tranquil atmosphere of the hotel**, *Le décor raffiné et les fleurs fraîchement coupées ajoutent à l'ambiance paisible de l'hôtel*. Le substantif est **tranquility**.

4 **to hide**, *(se) cacher*. L'ajout de **away** donne une notion de *se cacher au loin* ou de *cacher quelque chose avec soin*. **The thieves hid the stolen car away in the woods**, *Les voleurs cachèrent la voiture volée soigneusement dans la*

Dix-neuvième leçon / 19

18 Mais la plupart des gens préfèrent tout simplement se promener le long des rues pavées, en admirant les maisons bourgeoises et raffinées.

19 Il y a de nombreux salons de thé au charme désuet et deux ou trois tables assez sélectes, mais rien qui soit dans le bas de la fourchette des prix.

20 Vous avez vu quelque chose qui vous tente ? Appelez-nous dès maintenant pour réserver ou pour obtenir un devis, ou faites tout simplement votre réservation en ligne.

---

forêt. Le nom **a hideaway** signifie *une cachette*, mais, au sens figuré – surtout dans le tourisme – il s'agit d'un endroit discret et bien isolé.

5 **facilities** est un mot très utile car il s'applique – sans donner trop de précision – à un ensemble de choses qui permettent ou "facilitent" une activité. Il peut se traduire par *équipement(s)*, *installations*, *prestations*, etc. **The city's sporting and recreational facilities are superb**, *La ville possède de superbes équipements sportifs et de loisirs*. Ou encore par une périphrase : **We have no facilities for children**, *Nous n'avons pas les moyens d'accueillir les enfants*. Dans ces contextes, le mot est toujours au pluriel, mais **a facility** désigne aussi *une usine* ou *une unité de production* : **Our Coventry facility starts production next week**, *La production démarre la semaine prochaine sur notre site de Coventry*. Encore une fois, c'est le contexte qui déterminera la traduction.

6 Comme vous le savez, le mot habituel pour traduire *magasin* ou *boutique* est **a shop** (du français *eschoppe*). Mais dans les années 1950, l'anglais a aussi adopté **a boutique** pour désigner un magasin assez branché qui vendait des vêtements ou accessoires de mode. Depuis, le champ sémantique du mot s'est étendu à d'autres domaines, mais toujours avec une connotation de chic ou de spécialisation. Par exemple, **a boutique hotel** est *un petit hôtel de charme* ; **a boutique investment bank** est une banque d'investissement avec une clientèle réduite haut de gamme, tandis que **a boutique wine** est un vin produit en petite quantité (par **a boutique winery**) et destiné à une clientèle spécifique.

7 **to chill**, *rafraîchir*, *réfrigérer*. **Champagne should be chilled before serving**, *Le champagne doit être frappé avant d'être servi*. Le verbe

19 / Nineteenth lesson

intransitif **to chill out** est une expression familière qui est entrée par la petite porte dans le langage courant. Il signifie *se détendre*, *se relaxer*. **I didn't go surfing. I just sat on the beach and chilled out**, *Je n'ai pas fait de surf. Je me suis juste relaxé sur la plage*. On peut en faire un adjectif : **The bar was full of chilled-out clubbers**, *Le bar était bondé de fêtards en train de décompresser*. Comme avec toute expression familière, nous vous conseillons d'utiliser celle-ci avec discrétion en fonction du milieu dans lequel vous évoluez. (Et faites attention : **I have a chill** signifie *J'ai pris froid*…)

8 Dans le domaine de l'hôtellerie et la restauration, **a licence** est une licence de débit de boissons alcoolisées. **We have a fully licensed bar**, *Notre bar détient une licence complète* (l'équivalent de la licence IV en France). Rappelons que, en anglais britannique, on fait une distinction entre **licence**, le nom, et **to license**, le verbe, alors que la prononciation est identique (les Américains, eux, n'emploient que **license**).

9 Nous vous expliquions (leçon 18, note 6) que la langue française domine les arts culinaires, et en voici l'exemple même : l'anglais emploie le mot français **cuisine**, avec sa connotation de sophistication : **The cuisine of India is as varied as the country itself**, *La cuisine de l'Inde est aussi variée que le pays lui-même*. Dans un registre plus quotidien (regardez la phrase 9), on emploie le mot **cooking** pour désigner une cuisine "maison", moins élaborée : **I love your mother's cooking**, *J'adore la cuisine de ta mère*.

10 **a source**, *une source*. Le verbe **to source** est un néologisme (très laid) qui signifie tout simplement *acheter* ou *se procurer des produits*, mais le terme est censé indiquer que l'on a fait attention à la provenance de ceux-ci. Un restaurant qui annonce fièrement : **We source our vegetables from local farmers** aurait pu tout aussi bien dire **We buy** (ou encore **get**) **our vegetables from local farmers**, *Nous nous fournissons en légumes auprès des paysans locaux*. Nous vous recommandons d'éviter ce verbe prétentieux.

11 L'adjectif **cosy** n'a pas de véritable équivalent en français (d'ailleurs, nous l'avons adopté tel quel !). En parlant d'un endroit ou d'une ambiance, il signifie à la fois *douillet*, *confortable*, *chaleureux* ou même *intime*. **The four friends used to meet in a cosy coffee shop near the park**, *Les quatre amis se retrouvaient dans un café sympathique et confortable près du parc*. N'essayez pas de traduire de manière descriptive : cherchez à rendre la notion de confort allié au sens de bien-être.

Dix-neuvième leçon / 19

(Rappelons que le nec plus ultra de l'équipement culinaire est **a teacosy**, *un couvre-théière*…)

⑫ **fancy** est un mot vraiment polyvalent. Ici, nous le retrouvons en tant que verbe dans une expression familière qui signifie *avoir envie de* : **Do you fancy going for a drink?**, *Ça te dirait d'aller boire un verre ?* Ou encore **I don't fancy going swimming in this weather**, *Je n'ai pas envie de me baigner par ce temps*. Retenez bien ces constructions et ce contexte, car nous aurons l'occasion de revoir **fancy** assez souvent, à commencer par la dernière phrase de cette leçon.

⑬ **thing**, *chose*, est l'un des mots les plus usités en anglais. L'expression familière formée avec **to be** et l'adjectif possessif (**my**, **her**, etc.) signifie qu'on aime ou n'aime pas quelque chose : **Cars aren't my thing**, *Je ne suis pas branché voitures*. On peut aussi l'employer sans complément d'objet : **Keith's very happy now that he's doing his thing**, *Keith est très heureux maintenant qu'il fait ce qu'il aime.* (Bien entendu, on ne sait pas ce qu'est cette "chose" !)

⑭ Le nom indénombrable **grub** est un mot argotique pour la nourriture, comme *bouffe* en français. Bien que familier (et un peu vieillot), il est employé couramment par les pubs qui font de la restauration, et ceci à cause de la rime : vous verrez très souvent des panneaux marqués **Pub Grub** devant ces établissements. C'est aussi une manière de signaler qu'on y propose des mets simples et sans chichis, plutôt que de la **haute cuisine** (en anglais dans le texte !).

⑮ En architecture, **Tudor** désigne le style médiéval typique de la période éponyme (1484-1603), du nom de Henry Tudor, le futur roi Henry VII. Ce fut une époque décisive dans l'histoire de la Grande-Bretagne, avec, entre autres grands tournants, la **Reformation**, c'est-à-dire la rupture avec l'Église catholique et la création de la **Church of England**.

⑯ De par le son et le sens, le nom **ooze**, *la vase*, et le verbe **to ooze**, *suinter*, ne sont pas des mots plaisants : **A dark liquid oozed from the fridge**, *Un liquide noirâtre s'écoulait du frigo*. Cependant, au sens figuré et avec le pronom **with**, **to ooze** se réhabilite quelque peu : **The singer oozes with talent**, *Le chanteur déborde de talent* (comme si le talent sortait par ses pores).

⑰ Quelques vestiges du vieil anglais existent encore dans le langage moderne, surtout dans le domaine commercial (marques, noms de restaurants, etc.). Par exemple, **ye** est l'ancienne orthographe de l'article défini **the**, de même que **olde** est l'ancêtre de **old**, *vieux*. **Olde** se prononce

19 / Nineteenth lesson

comme **old**, ou, parfois de manière humoristique, *[old-ii]*. L'expression **Ye Olde England**, *la vieille Angleterre*, est souvent utilisée de manière ironique – ou parfois admirative, comme ici – pour désigner tout ce qui est "trop vieux pour être vrai".

18 Voici un exemple assez drôle de ce phénomène de réduplication dont nous avons déjà parlé (leçon 16, note 9) : **a vulture**, *un vautour*, mais l'expression **a culture vulture** désigne un "mordu" de la culture ! Cependant elle a parfois une connotation légèrement péjorative.

***

Exercise 1 – Translate
❶ It's an old coaching inn with excellent facilities for children.
❷ We're stuck and we can't find any information in the manual.
❸ Our tailor-made products are aimed at an upscale clientele.
❹ They didn't go surfing. They just sat on the beach and chilled out.
❺ I really don't fancy going swimming in this weather.

***

Exercise 2 – Fill in the missing words
❶ Les amis se retrouvaient dans un café sympathique et confortable près du parc.
The friends . . . . in a . . . . coffee shop near the park.
❷ Elle a fait les soldes, mais rien ne lui a tapé dans l'œil.
She went to the sales but . . . . that . . . .
❸ Situé dans l'un des cadres les plus enchanteurs du comté, cet hôtel de charme est un vrai bijou.
. . . . the . . . . in the county, this . . . . is a true . . . .
❹ S'il n'y avait pas les voitures, on jurerait être retourné dans le passé.
. . . . the cars, ... in time.
❺ Si vous aimez les pubs, le *Red Lion* sert une bonne petite bouffe.
If pubs . . . . , the *Red Lion* serves . . . .

Dix-neuvième leçon / 19

19 Encore un mot dont le sens à glissé par rapport à ses origines françaises, l'adjectif **genteel** *[djèn-**ti**-il]* signifie *raffiné* ou *distingué* : **Faulkner had the genteel manners of a southern gentleman**, *Faulkner avait les manières raffinées d'un "gentleman" sudiste*. Mais appliqué à un endroit, un bâtiment, etc., **genteel** a aussi la connotation d'un lieu traditionnel, voire vieillot.

20 Remarquez l'orthographe : **a bistro**. Le mot désigne un petit restaurant servant une cuisine de type "continental" (souvent français, d'ailleurs !) ; il n'a donc pas le même sens étendu qu'en français.

***

Corrigé de l'exercice 1

❶ C'est un ancien relais de poste doté de moyens excellents pour accueillir les enfants. ❷ Nous sommes bloqués et ne trouvons pas d'informations dans le mode d'emploi. ❸ Nos produits sur mesure sont destinés à une clientèle haut de gamme. ❹ Ils ne sont pas allés surfer. Ils se sont simplement relaxés sur la plage. ❺ Je n'ai franchement pas envie de me baigner par ce temps.

***

Corrigé de l'exercice 2

❶ – used to meet – cosy – ❷ – didn't see anything – took her fancy ❸ Set in some of – loveliest scenery – boutique hotel – gem ❹ If it wasn't for – you'd swear you'd gone back – ❺ – are your thing – great grub

19 / Nineteenth lesson

*Le **pub** (contraction de **public house**) est un élément incontournable du patrimoine britannique. À la fois lieu de rencontre, espace ludique et, presque accessoirement, débit de boissons, un bon pub est un endroit qui incarne la convivialité, où les gens se rendent régulièrement pour se retrouver entre amis. On dit alors que ce sont des **regulars** et que l'établissement est leur **local**. Pour ces raisons, le pub est très différent de ses homologues – café, bodega et autre bierkeller, etc. – en Europe continentale. Voici quelques repères pour compléter votre culture "pub-esque" – à consommer avec modération, bien sûr.*

*D'abord les noms. Beaucoup de pubs partagent le même nom, par exemple, **The King's Head**, mais il ne s'agit nullement de marque ni de chaîne : ces appellations font référence à une activité sportive, un métier, un monument, etc. Beaucoup d'entre eux rappellent des moments ou des personnages importants de l'histoire du pays. Le nom le plus courant, **The Red Lion**, représente le symbole du roi James VI d'Écosse qui, lorsqu'il devint roi d'Angleterre sous le nom de James I, ordonna que son blason – un lion rouge – fût affiché dans tout le pays. Autre nom plébiscité, **The Royal Oak**, ou chêne royal, fait référence à l'arbre dans lequel s'est caché le roi Charles II pour échapper aux soldats d'Oliver Cromwell en 1561. En revanche, d'autres noms sont plus obscurs (par exemple, **Dirty Dick's** ou "Richard le Sale", à Londres) et il peut être très intéressant d'en demander les origines ; ce serait en outre un bon exercice de conversation anglaise.*

Essayons de mettre fin à certaines idées reçues. La boisson qui caractérise le pub est la bière (d'ailleurs, l'un des vieux mots pour ces éta-

***

Vous avez certainement remarqué que nous effectuons ensemble un travail intensif au niveau du vocabulaire depuis trois semaines. En effet, le vaste réservoir lexical de la langue anglaise est l'un des écueils sur lesquels butent beaucoup d'apprenants lorsqu'ils cherchent à se perfectionner. Évidemment nous ne pouvons – ni ne voulons – expliquer chaque nouveau mot ; c'est pour cela, d'ailleurs, que nous vous avons conseillé dans l'introduction de vous procurer un bon dictionnaire. Nous savons très

blissements est **alehouse**, *ou "établissement à bière", dénomination qui revient à la mode dans un mouvement de rétro-chic). Peu gazeuse, la bière britannique traditionnelle est servie chambrée – mais surtout pas tiède. Pendant les années 70 et 80, les bières blondes dites "continentales", ou* **lagers**, *sont devenues très à la mode. Du coup, un mouvement populaire,* **the Campaign for Real Ale** *(Campagne pour la bière authentique) s'est élevé contre ces intrus. Aujourd'hui, la plupart des pubs servent les deux sortes,* **lager** *et* **ale**, *dans une entente parfaitement cordiale. Par ailleurs, la consommation de vin est montée en flèche depuis une dizaine d'années.*
La nourriture, autrefois limitée aux sempiternels sandwiches, salades et quiches, devient de plus en plus variée et même sophistiquée – beaucoup d'établissements servent des plats thaïs ou indiens, par exemple. Certains pubs proposent une cuisine raffinée et recherchée, arrosée de vins provenant de l'Ancien et du Nouveau mondes. Ce sont les fameux **gastropubs**.
Enfin les horaires d'ouverture – autrefois draconiens –, relique de la première guerre mondiale, pour empêcher la consommation d'alcool par des personnes travaillant dans les usines de munitions – se sont beaucoup libéralisés dans les années 2000. D'ailleurs, depuis 2006, les pubs peuvent théoriquement ouvrir 24 heures sur 24.
Même si vous ne consommez pas d'alcool, une visite d'un vrai pub, qu'il soit **inn**, *auberge,* **tavern**, *taverne, ou encore* **alehouse**, *s'impose pour apprécier ce fleuron de la culture populaire.*

***

bien que l'on peut comprendre l'ensemble d'un texte sans forcément en connaître chaque mot individuellement (cela vous arrive parfois dans votre langue maternelle, n'est-ce pas ?). Nous cherchons simplement à vous sensibiliser à certaines nuances, ou encore à vous aider à assimiler un mot avec beaucoup de définitions, comme fancy, en vous les présentant dans leur contexte – comme aujourd'hui dans le style direct et quasi-dialogue d'une brochure touristique. Faites-nous confiance.

Twentieth lesson

The North-South divide

1 – So how do you find living down south, Brian? You must really like it.
2 – Don't be daft [1]. If it weren't [2] for my [3] job, I'd be back up north like a shot.
3 – Oh come on, surely you don't mean that you'd rather move back to Yorkshire?
4 – Too right I would [4]! Folk [5] here are far too snooty [6] and unfriendly.
5   I get really brassed off [7] with people who think that the north country is all flat caps and *Coronation Street*.
6   I only wish they'd go and see what things are really like. They'd soon be laughing on the other side of their face [8].
7 – But surely, the north is not so affluent, people are less well-off and there's higher joblessness?
8 – That may once have been the case, but things have changed radically over the past few decades.
9   We've had urban regeneration; companies are relocating to northern towns and cities;
10 the standard of living has improved; and the way of life is much more laid back [9].
11 Anyway, this isn't exactly a paradise, is it? You can't find accommodation for love nor money [10];
12 the cost of living is astronomical; public transport's a joke;
13 and the pollution is so bad you can hear the birds coughing in the morning.

Vingtième leçon

Le clivage Nord-Sud

1 – Alors, comment ça se passe, ta vie dans le sud, Brian ? Ça doit sûrement te plaire.
2 – Dis pas de bêtises. Si ce n'était pas pour mon boulot, je repartirais illico dans le nord.
3 – Oh, arrête ! Ne me dis pas que tu préférerais repartir dans le Yorkshire ?
4 – Un peu, que je préférerais ! Les gens d'ici sont bien trop snobs et peu aimables.
5   J'en ai vraiment ras le bol de ceux qui pensent que le nord est peuplé de gens en casquette sortis de la série *Coronation Street*.
6   Si seulement ils allaient voir sur place comment c'est vraiment. Avant peu, ils riraient jaune.
7 – Mais quand même : le nord n'est pas aussi riche, les gens sont moins aisés et il y a davantage de chômage ?
8 – C'était peut-être comme ça avant, mais les choses ont radicalement changé au cours des dernières décennies.
9   Nous avons eu un mouvement de renaissance des villes ; les entreprises viennent s'installer dans les villes du nord, grandes et petites.
10   Le niveau de vie a progressé ; et la manière de vivre est beaucoup plus décontractée.
11   Enfin, ici ce n'est quand même pas tout à fait le paradis, non ? Il n'y a pas moyen de trouver un logement.
12   Le coût de la vie est astronomique ; les transports publics, je n'en parle même pas *(c'est la risée)* ;
13   et c'est tellement pollué qu'on entend les oiseaux tousser le matin.

20 / Twentieth lesson

14 – But you can't seriously be suggesting that you're better-off [11] than we are?
15 Could it be that you're looking at things through rose-coloured glasses [12]?
16 – No way! And let me tell you another thing, you toffee-nosed southerner:
17 up north, we're down-to-earth, straight-talking, no-nonsense [13] people.
18 – Keep your shirt on! [14] I was just winding you up [15]. I know you're right.
19 – You'd better watch yourself, lad [16], unless you want a kick in the teeth.
20 Where I come from, "He were [17] a bloody [18] southerner" is a legal defence.

Notes

1 **daft** est un adjectif familier – sans être vulgaire – qui équivaut à *dingue* en français. Il peut aussi désigner quelque chose (ou quelqu'un) d'étrange, voire stupide (son sens étymologique) : **That was a daft thing to do**, *C'est idiot, ce que tu viens de faire*. Si vous diposez des enregistrements, écoutez bien l'accent du nord avec son **a** court et plat, au lieu du son long et traînant qui caractérise l'accent standard *[daft]* et non *[da-ft]* : comparez avec la deuxième phrase de l'exercice 1).

2 Voici, à nouveau, un exemple du subjonctif, utilisé cette fois comme conditionnel. Nous avons vu dans la leçon 19, phrase 16 la tournure : **if it was not for**, qui peut se traduire par *si ce n'était pour* (c'est-à-dire "s'il n'y avait pas"). **If it wasn't for the slow service, the new gastropub would be perfect**, *Si ce n'était pour la lenteur du service, le nouveau gastropub serait parfait*. Dans un registre soutenu, on peut remplacer **was** par le subjonctif **were** sans changer le sens de la phrase : **If it weren't for the slow service**, *N'était-ce le service lent*, etc. (Notez que ces deux tournures sont plus usitées que leurs équivalents français que nous donnons ici : dans le langage courant, on traduirait plutôt par *Si le service n'était pas si lent*, etc.) Voir aussi leçon 16, phrase 15.

Vingtième leçon / 20

14 – Ne me dis pas sérieusement que vos conditions de vie sont meilleures que les nôtres ?
15 Est-ce que tu n'aurais pas une vision un peu trop optimiste *(rose)* de la réalité ?
16 – Pas du tout ! Et je vais te dire autre chose, espèce de Méridional, avec tes grands airs :
17 dans le nord, nous sommes des gens terre-à-terre, francs et sans ambages.
18 – Ne t'emballe pas ! Je te faisais seulement marcher. Je sais que tu as raison.
19 Tu ferais mieux de faire attention, mon petit vieux, si tu ne veux pas recevoir un coup de pied dans les gencives *(dents)*.
20 Là d'où je viens, on peut, pour sa défense, alléguer "C'était un foutu Méridional".

3 Écoutez bien l'enregistrement si vous l'avez : vous entendez *[mi-i]* à la place de *[maï]* pour la prononciation de **my**. Cette déformation est typique de l'accent du nord de l'Angleterre (ainsi que de certaines régions du sud) : il s'agit d'un registre de langage populaire. Lorsqu'un dialoguiste ou un auteur cherche à rendre cet accent par écrit, il écrit **me** : *"If it weren't for me job"*. (Bien entendu, cela constitue une faute de grammaire.) Vous entendrez plus loin (phrase 16) une autre "déformation" : **you** devient *[ieuë]*.

4 Encore une manière d'employer **right** (leçon 15, note 7) : pour affirmer de manière appuyée ce que vient de dire votre interlocuteur – un peu comme en français nous disons *Et comment !* ou *Tu l'as dit !* **What a beautiful spot! – Too right!**, *Quel endroit magnifique ! – Tu l'as dit !* Pour donner plus d'intensité, on utilise le jeu des "tags" avec l'auxiliaire : **Do you think she'll get the promotion? – Too right she will!**, *Penses-tu qu'elle aura son avancement ? – Et comment !* Si on n'est pas d'accord, on joue sur l'auxiliaire (négatif si la question est affirmative, et vice-versa). **You can't ride a motorbike! – Too right I can**, *Tu ne sais pas conduire une moto ! – Mais si, je sais.* Bien sûr, comme leurs équivalents français, ces tournures sont familières.

20 / Twentieth lesson

Notes

5 **folk** peut être un adjectif – **folk music**, *la musique folklorique* – ou un nom pluriel irrégulier signifiant *les gens*. **City folk are always in a hurry**, *Les citadins* ("gens de la ville") *sont toujours pressés*. On peut aussi ajouter un **-s** sans changer le sens : **These are the folks I was telling you about**, *Voici les gens dont je vous ai parlé*. Le nom **folk** ne s'emploie jamais avec un verbe au singulier.

6 Nous avons déjà entendu l'adjectif familier **snooty** (leçon 18, phrase 11), qui signifie *hautain* ou *snob*. Il vient du mot argotique **snoot**, *nez*, car les gens suffisants sont réputés prendre un air hautain, le nez en l'air ! On retrouve cette notion plus bas (phrase 16) avec **toffee-nosed** (litt. "nez de caramel"), qui a presque le même sens. L'origine de cette expression pittoresque viendrait du fait que, après avoir ingurgité du tabac à priser – habitude courante chez les grands bourgeois anglais autrefois –, de petites gouttes brunâtres, couleur caramel, se formaient au bout de leur nez…

7 **brass**, *cuivre* ou *laiton*. L'expression idiomatique **to be brassed off**, typique du nord de l'Angleterre, signifie *être fâché*. (L'une des punitions infligées dans la Marine royale était de faire astiquer les cuivres pendant toute une journée, tâche ingrate qui mettait de mauvaise humeur…) Écoutez bien l'accent du nord : **brassed** se prononce avec un *[a]* court *[brass]* au lieu de *[bra-ass]* dans la prononciation standard (exercice 1).

8 **to laugh on the other side of one's face** (litt. "rire de l'autre côté du visage") signifie que quelqu'un qui est content à un certain moment peut ne plus l'être quelques instants plus tard. Cela peut se traduire, entre autres, par *rire jaune*. **People who mocked Bell's invention were soon laughing on the other side of their face**, *Ceux qui se sont moqués de l'invention de Bell n'ont pas tardé à rire jaune*.

9 L'adjectif **laid back** (ou **laid-back**) est un mot familier avec le sens de *décontracté*. Le sens littéral est "penché en arrière" – imaginez-vous quelqu'un qui, face à un problème, penche sa chaise en arrière, met les mains derrière la nuque et ferme les yeux ! **Shan never worries. I admire her laid-back approach to life**, *Shan ne s'inquiète jamais. J'admire son attitude relax face à la vie*.

10 L'expression **for love (n)or money** (litt. "ni pour l'amour ni pour l'argent") s'emploie dans une phrase négative dans le sens de *à aucun prix*. **You can't get tickets to the Staxx concert for love nor money**, *Il n'y a pas moyen de trouver des places pour le concert des Staxx*. Elle a aussi le sens de *pour rien au monde* : **I wouldn't live up north for love or money**, *Pour rien au monde je ne vivrais dans le nord*.

11 L'adverbe **well**, *bien*, s'emploie dans la formation de nombreux adjectifs composés, comme ici **well-off**, *aisé*. Pour former le comparatif et le superlatif de ces adjectifs, il y a le choix entre ajouter un qualificatif à **well** + adjectif ou modifier **well**. Dans la phrase 7, par exemple, Brian dit **less well-off**, *moins aisé*. Il aurait pu dire **worse-off**. De même, **more well-off** pourrait remplacer **better-off**. Bien qu'il n'y ait pas de différence de sens entre les deux formes, la modification de l'adverbe est plus élégante et concise.

12 **to see something through rose-coloured glasses** nous rappelle *voir la vie en rose*, mais le sens n'est pas tout à fait le même, car l'expression anglaise signifie *voir quelque chose d'une manière trop ou faussement optimiste* : **The labour ministry is looking at the unemployment figures through rose-coloured glasses**, *Le ministère du travail adopte une vision trop optimiste des statistiques du chômage*. Rappelons que l'adjectif *rose* se traduit normalement par **pink**, ce qui suggère que l'anglais a emprunté l'expression française tout en la modifiant légèrement.

13 Littéralement **nonsense** veut dire "un non-sens" ou "une absence de signification", mais le mot anglais a beaucoup plus d'acceptions, toutes connotées d'absurdité. Par exemple, pour réfuter un argument, on peut dire **That's absurd!** ou, plus parlant, **That's nonsense!**, *C'est n'importe quoi !* Au contraire, quelque chose ou quelqu'un qui est **no-nonsense** est carré ou sans ambages. Vous trouverez en librairie pléthore de guides et autres vade-mecum avec des titres comme **The No-Nonsense Guide to Computer Programming**, *Guide clair et précis de programmation informatique*. On dit que les natifs du nord de l'Angleterre sont, typiquement, *francs du collier*, **no-nonsense**, et *terre à terre*, **down-to-earth**.

14 Cette expression idiomatique et familière, toujours employée à la forme impérative, se traduit par *Restez calme !* ou *Ne vous énervez pas !* Elle renvoie à l'image de quelqu'un qui ôte sa chemise pour se battre. Une variante, qui a le même sens, est **Keep your hair on!** (litt. "gardez vos cheveux"). Quant à l'étymologie…

15 À la forme transitive, **to wind up** signifie *remonter* ou *rembobiner* : **The advantage of a digital watch is that you don't have to wind it up**, *L'avantage d'une montre numérique est qu'on n'a pas besoin de la remonter*. Le sens de l'expression idiomatique **to wind someone up**, tou-

20 / Twentieth lesson

jours à la forme personnelle, est *faire marcher* ou *embêter quelqu'un* : **If you don't stop winding him up, he's going to get angry**, *Si tu n'arrêtes pas de l'asticoter, il va s'énerver*.

16 À l'origine, **a lad** était un jeune serviteur (c'est de là, d'ailleurs, que le mot est passé au français). De nos jours, le sens propre est un jeune homme ou un gamin, **When I was a lad, we didn't have all these electronic games to play with**, *Quand j'étais gamin, nous n'avions pas tous ces jeux électroniques pour jouer*. Dans certaines régions d'Angleterre, dont le Nord, on emploie le mot comme l'expression *mon petit* ou *mon gars* en français. Au pluriel, **the lads** signifie *les copains* ou *les potes* : **He goes to the pub every night with the lads**, *Tous les soirs, lui et ses copains vont au pub*.

17 Nous savons bien que la troisième personne du passé du verbe **to be** est **was**, mais dans certains dialectes ou variantes régionales de l'anglais, on peut entendre **were** (**when I were a lad** au lieu de **when I was a lad**, par exemple). Sachez donc reconnaître cet usage, mais ne l'imitez surtout pas.

***

Exercise 1 – Translate

❶ When I asked them for a loan, they laughed in my face.
❷ Are you from London? – Don't be daft, I'm from up north.
❸ He can't seriously be suggesting that DelRoy's a good artist.
❹ If he asked me to help him, I'd do it like a shot.
❺ Half the households in the US will be unable to maintain their living standards in ten years' time.

***

Exercise 2 – Fill in the missing words

❶ Si ce n'était la lenteur du service, le nouveau gastropub serait parfait.
. . . . the slow service, the new gastropub . . . . perfect.

❷ Ceux qui se sont moqués de son invention n'ont pas tardé à rire jaune.
. . . . . who mocked his invention . . . . the . . . . of . . . .

❸ Il est absolument impossible de trouver des places pour le concert.
You can't get tickets to the concert . . . .

Vingtième leçon / 20

18 **bloody** (de **blood**, *sang*) signifie *ensanglanté*. Mais en anglais familier, le mot (adjectif et adverbe) est un intensif, que l'on met devant un nom pour exprimer de la colère, du mécontentement, de la surprise, etc. On peut le traduire par *sacré* ou *foutu*, ou par une autre tournure selon le contexte. Par exemple, **The bloody Internet connection is down**, *Cette foutue connexion Internet ne marche pas* ; ou encore, **What the bloody hell are you doing?**, *Bon Dieu de bon Dieu, qu'est-ce que tu fais ?* Attention, bien que très courant, **bloody** est considéré comme choquant car, tout comme *bon sang* en français, il s'agissait à l'origine du sang du Christ. Alors, sachez le reconnaître, car il vous indique l'état d'esprit de votre interlocuteur, mais surtout ne l'employez pas vous-même, à moins que vous ne soyez totalement à l'aise avec la langue.

***

Corrigé de l'exercice 1

❶ Lorsque je leur ai demandé un prêt, ils m'ont ri au nez. ❷ Vous êtes de Londres ? – Ne soyez pas bête, je suis du Nord. ❸ Il n'est pas sérieux quand il dit que DelRoy est un bon artiste. ❹ S'il me demandait de l'aider, je le ferais tout de suite. ❺ La moitié des ménages aux États-Unis seront incapables de maintenir leur niveau de vie d'ici à dix ans.

***

❹ Le ministère adopte une vision trop optimiste des statistiques.
 The ministry is .... the ....
 ....

❺ Quand j'étais gamin, nous n'avions pas tous ces jeux électroniques pour jouer.
 ... ... a ..., ... all these electronic games .. ..

Corrigé de l'exercice 2

❶ If it weren't for – would be – ❷ Those – were soon laughing on – other side – their face ❸ – for love nor money ❹ – looking at – figures through rose-coloured glasses ❺ When I was – lad, we didn't have – to play with

one hundred and fifty • 150

Traditionnellement, le Nord de la Grande-Bretagne est considéré comme étant désavantagé – plus pauvre, plus désœuvré, moins développé économiquement et culturellement – par rapport au Sud. Il s'agit du fameux **North-South divide**, *la fracture nord/sud, qui fait couler tant d'encre dans les journaux, les études sociologiques, etc. Bien sûr, les gouvernements successifs, au nom de l'égalité des chances, nient son existence, mais qu'en est-il réellement ? Il est vrai que le Nord fut le berceau de la révolution industrielle et des industries lourdes, et que la période de déclin industriel qui a suivi la deuxième guerre mondiale a vu un déplacement de richesses et de populations du nord vers le sud. Ce fossé entre les grandes régions a perduré jusqu'aux années 1980. Depuis lors, le Nord est en train de rattraper ce "retard" : les inconvénients d'autrefois (prix immobiliers bas, grands espaces non construits, etc.) se sont révélés être des avantages. Bien sûr, cette différence de richesse se fait encore sentir, mais les stéréotypes sont en train de bouger. Malgré tout, la perception que les "nordistes" sont plus ouverts et chaleureux, alors que les "sudistes" sont plus distants et réservés, persiste et persistera encore longtemps. En conclusion, si la fracture économique nord-sud est en voie de résorption, le fossé psychologique, lui, est toujours en place !*

Twenty-first lesson

Revision – Révision

1 Le subjonctif

Voici une bonne nouvelle : le subjonctif s'emploie rarement en anglais. Et comme il est identique à l'impératif (c'est-à-dire l'infinitif sans **to**) à toutes les personnes, beaucoup d'anglophones l'utilisent sans même s'en apercevoir – par exemple dans la locution **be that as it may** (leçon 18, note 5). Rappelons que le nombre maximal de terminaisons verbales en anglais, y compris les passés irréguliers, est de cinq (par rapport à une cinquantaine en français !). Alors comment fait-on ? Après les tournures impersonnelles avec, **need, important, vital**, etc., qui exigent le subjonctif en français *(il faut que…)*, on peut employer son équivalent anglais :
It is important that he finish writing the memo before the close

Les références culturelles, surtout dans le domaine populaire, constituent un élément important dans le perfectionnement, car, vues de l'extérieur, elles peuvent être assez hermétiques et difficiles à capter. Les émissions de télévision "cultes" en sont un bon exemple : si certaines d'entre elles sont exportées, la plupart ne le sont pas. Et, de par leur nature, elles ont une durée de vie souvent limitée. Mais la presse populaire y faisant référence quotidiennement, et certains personnages étant devenus des vedettes nationales (mais rarement internationales), il est utile de s'y intéresser un peu.

*Deux séries devenues de véritables institutions nationales sont **EastEnders**, qui débuta en 1985 et raconte la vie et les amours d'une vingtaine de personnages vivant dans le quartier populaire de l'Est de Londres, et surtout **Coronation Street**, qui fit ses débuts… en 1960 ! Cette émission culte, qui caracole toujours en tête des meilleures audiences, suit la vie quotidienne des habitants d'une petite rue dans une ville industrielle (fictive) du nord. Elle est parfois critiquée comme étant un peu caricaturale – puisque les "habitants" masculins de la rue aujourd'hui ne portent plus la casquette plate (**flat cap**) qui fut l'accessoire vestimentaire typique de cette région –, mais son succès ne faiblit pas.*

Vingt et unième leçon

of business, *Il est important qu'il finisse de rédiger la note avant la fin de la journée*.

It is vital that the machine be switched off before opening the case, *Il est impératif que la machine soit éteinte avant d'en ouvrir le boîtier*.

Ces tournures sont grammaticalement correctes – d'ailleurs elles indiquent un registre soutenu – mais elles "sonnent" de façon étrange à l'oreille. Dans le langage courant, on ajoute l'auxiliaire du conditionnel **should** sans aucune différence de sens :

It is important that he should finish writing the memo before the close of business.

It is vital that the machine should be switched off before opening the case.

En fait, dans bien des cas, le conditionnel remplace le subjonctif en anglais. Il y a un autre type de tournures, que nous verrons la semaine prochaine.

Le verbe **to be** a deux formes subjonctives, **be** et **were**. Ce dernier s'emploie assez couramment dans deux tournures qui expriment un souhait non exaucé ou une situation irréalisable :

If I were ten years younger, I would take up squash, *Si j'avais dix ans de moins, je me mettrais au squash*.

I wish I were back home in bed, *Si seulement j'étais encore au lit chez moi !*

La construction est la même quelle que soit la personne du verbe (**If she were ten years younger, He wishes that he were back in bed**, etc.), mais on peut aussi utiliser la forme classique avec **was** – **If I was ten years younger, He wishes he was back in bed** – sans changer le sens.

2 La place des prépositions

Traditionnellement, dans un registre formel, il est mal vu de terminer une phrase – même une question – par une préposition. Mais dans le cas des ensembles verbe + préposition (par exemple, **to wait for**, *attendre*, ou **to live in**, *habiter*), cette règle de bienséance peut poser problème, parce que l'on se retrouve avec des tournures assez lourdes :

Here is the fax for which we have been waiting, *Voici la télécopie que nous attendions*.

I do not like the flat in which he lives, *Je n'aime pas l'appartement qu'il habite*.

De plus, il est beaucoup plus naturel de garder le verbe et la préposition ensemble. Ainsi, en anglais courant, nous rejetons la préposition, avec son verbe, à la fin de l'énoncé :

Here's the fax which we have been waiting for.

I don't like the flat which he lives in.

Cette tendance est encore plus nette avec les formes interrogatives :

Where are you going to?, *Où allez-vous ?* est plus naturel que **To where are you going?**

De même, **What are you thinking about?**, *À quoi penses-tu ?* coule mieux que **About what are you thinking?**

Enfin, si l'on vous dit que cette manière de tourner vos phrases n'est pas correcte, vous pouvez appeler en renfort une personnalité de choc : Winston Churchill lui-même ! Un jour, l'un de ses conseillers a relu et modifié le projet d'un discours que Churchill devait prononcer le lendemain, en "corrigeant" toutes les phrases se terminant par une préposition. Le grand homme – Prix Nobel de littérature en 1953 tout de même – devint furieux car son texte avait perdu sa spontanéité de style. Il vilipenda le malheureux gratte-papier, martelant, non sans humour : **This is the type of pendantry up with which I will not put** (au lieu de **This is the type of pendantry I will not put up with**, tournure beaucoup plus naturelle).

3 *who* ou *whom* ?

Un autre point de grammaire sur lequel l'anglais courant a évolué, notamment à cause du phénomène ci-dessus, concerne le pronom relatif et interrogatif **whom**, qui s'emploie comme complément. Par exemple, la phrase suivante est parfaitement correcte d'un point de vue grammatical :
The film celebrates the life of a woman whom everybody adored, *Le film rend hommage à la vie d'une femme que tout le monde adorait*.
Cependant, ce **whom** paraît très formel et on le remplace volontiers par **who**, bien que ce soit une "faute" de grammaire :
The film celebrates the life of a woman who everybody adored.
Cette pratique est encore plus répandue avec la forme interrogative :
Whom did you see?, *Qui avez-vous vu ?* ou encore **Whom is she marrying?**, *Qui épouse-t-elle ?* sont remplacés sans complexe dans le langage courant : **Who did you see?**; **Who is she marrying?**
En ce qui concerne les ensembles verbe + préposition, la dérive est encore plus flagrante. Des formules interrogatives comme :
To whom did you give the package, *À qui avez-vous donné le paquet ?*, et
With whom are you having dinner?, *Avec qui allez-vous dîner ?*
deviennent
Who did you give the package to? et **Who are you having dinner with?**
La seule construction dans laquelle on retrouve **whom** plus couramment est la traduction de *dont*, lorsque ce possessif concerne un être vivant (leçon 15) :
She has three sons, the eldest of whom is eighteen, *Elle a trois fils, dont l'aîné a 18 ans*.
Ceci est plutôt une bonne nouvelle en termes de simplification, non ? Bien que techniquement faux, le remplacement de **whom**

par **who** est maintenant entériné en anglais contemporain. Vous pouvez même employer ces tournures à l'écrit. Et si l'on vous accuse d'imprécision grammaticale, pensez au bon vieux Winston ! (Nous verrons bientôt comment résoudre le problème de **who** ou **whom** – qui pose aussi des problèmes pour les anglophones eux-mêmes – tout simplement en supprimant le pronom relatif !)

4 *rather* et *prefer*

Ces deux mots nous permettent, avec l'auxiliaire conditionnel **would**, d'exprimer de manière polie une préférence ou de demander à quelqu'un de renoncer à ou de cesser une action. La différence entre les deux tient simplement à la construction. D'abord **rather** :

I would rather that you didn't tell anyone about our meeting, *J'aimerais mieux que vous ne disiez rien à personne à propos de notre rencontre.*

He would rather that you postpone the conference, *Il préférerait que vous remettiez la conférence à plus tard.*

Et dans l'anglais parlé, nous avons tendance à laisser tomber le pronom relatif :

I'd rather you didn't tell anyone about our meeting.
He'd rather you postpone the conference.

Si l'on met un verbe après **rather**, on utilise l'infinitif sans **to** :

We'd rather leave early so as to avoid the traffic, *Nous préférerions partir de bonne heure pour éviter la circulation.*

Si quelqu'un vous demande la permission de faire quelque chose et que vous voulez refuser de manière élégante, employez **rather** avec un auxiliaire :

Do you mind if I open the window? – I'd rather you didn't, *Cela vous dérange si j'ouvre la fenêtre ? – J'aimerais mieux pas.*

Vous pouvez aussi refuser une invitation :

Do you want to come to the office party? – I'd rather not, *Veux-tu venir à la fête du bureau ? – Merci, j'aime mieux pas.*

L'utilisation du verbe **to prefer** ressemble plus au français, mais trois constructions sont possibles. Pour traduire *Je préférerais que vous utilisiez mon nom de jeune fille*, on peut dire :

I'd prefer that you use my maiden name.
I'd prefer you to use my maiden name.

I'd prefer it if you would use my maiden name.
La troisième forme est peut-être plus polie à cause des deux conditionnels, mais les deux premières sont plus concises. En tout cas, il n'y a aucune différence de sens.

5 Régulier et irrégulier à la fois

Le lexicologue américain Noah Webster (1758-1843) était un réformateur. Puisque la jeune république des États-Unis avait adopté l'anglais (plutôt que l'allemand, le grec ou une langue indienne) comme langue officielle, il voulait le simplifier et le rendre plus clair et logique. Webster entreprit alors une vaste réforme orthographique, dont les conséquences se font encore sentir aujourd'hui. "Pourquoi les Britanniques écrivent-ils **centre** alors qu'ils le prononcent **center** ?", s'est demandé Webster. Et il s'est mis à simplifier l'orthographe et la prononciation afin d'en éliminer les irrégularités.

Beaucoup des réformes websteriennes n'ont pas résisté au temps – nous verrons cela plus en détail dans quelques semaines –, mais d'autres perdurent. En particulier, certains verbes ont été "régularisés" en américain mais existent sous deux formes en anglais britannique, à cause de l'influence du premier sur le second. Voici les plus courants :
– **to burn**, *brûler* :

We burnt the pancakes, *Nous avons brûlé les crêpes.* (GB)
We burned the pancakes (EU et GB).
– **to dream**, *rêver* :

I dreamt I was flying, *J'ai rêvé que j'étais en train de voler.* (GB)
I dreamed I was flying (EU et GB)
– **to learn**, *apprendre* :

She learnt French at school, *Elle a appris le français à l'école.* (GB)
She learned French at school (EU et GB)
– **to smell**, *sentir*, *renifler* :

He smelt the milk, *Il renifla le lait.* (GB)
He smelled the milk (EU et GB)
– **to spoil**, *gâcher* :

You've spoilt the surprise, *Tu as gâché la surprise.* (GB)
You've spoiled the surprise. (EU et GB)
Notre conseil est d'employer toujours la forme <u>régulière</u>, mais sachez que vos interlocuteurs britanniques pourront utiliser l'une ou l'autre.

Revision exercise

Remplacez les expressions en vert par des locutions idiomatiques que nous avons vues cette semaine.

We're late. We had better leave very quickly.
Where do you want to go? – I have no preference. Give me an idea.
I want to go where not many other people go.
I'm trying very hard to find a suggestion.
If you tell me we're going to Scotland, I'll leave immediately.
But if you are trying to make me angry, you will soon regret it.

Corrigé de l'exercice

We're late. We had better get cracking.
Where do you want to go? – It's all the same to me. Give me an idea.
I want to get off the beaten track.
I'm doing my utmost to find a suggestion.
If you tell me we're going to Scotland, I'll be off like a shot.
But if you are trying to wind me up, you will soon be laughing on the other side of your face.

Twenty-second lesson

The city of the future

1 With UK cities expanding at an alarming rate and gobbling up [1] smaller towns and villages,
2 much thought has been given to urban living and to the future shape of built-up environments.
3 Key stakeholders [2] are addressing issues [3] such as sustainability, eco-conscious design and energy efficiency
4 alongside more bread-and-butter matters [4] such as crime and the safety, security and wellbeing of city dwellers [5].
5 But existing cities also have to compete with each other for ever [6] dwindling resources, be [7] they financial, human or intangible.

Notre but, au niveau de ce perfectionnement, n'est pas de vous faire utiliser tous les mots ou toutes les tournures que vous apprenez (ou révisez) au fil des jours, mais de vous sensibiliser à certaines règles ou usages que vous retrouverez dans une variété de situations et que vous comprendrez ou saurez reproduire sans vous attarder sur le sens de chaque mot.

Pour ne pas alourdir votre tâche, nous allons dorénavant limiter nos explications à ces éléments "souche", en vous laissant le soin d'utiliser un dictionnaire pour les mots qui vous gênent vraiment. Rappelons, toutefois, que même dans votre langue maternelle, vous ne comprenez pas (ou ne saisissez pas) forcément tout ce qui est dit dans une phrase. **Ready? Let's go on!**, Prêts ? Continuons !

Vingt-deuxième leçon

La ville du futur

1 Devant le rythme alarmant de l'expansion des villes britanniques, qui engloutissent bourgades et villages,
2 on réfléchit beaucoup à la vie en milieu urbain et à la future forme des environnements construits.
3 Les principales parties prenantes se penchent sur des questions telles que la durabilité, la conception dans le respect de l'environnement et le rendement énergétique,
4 à côté de sujets plus prosaïques, comme la criminalité et la sécurité, la tranquillité et le bien-être des citadins.
5 Mais les villes existantes doivent également lutter entre elles pour [obtenir] des ressources, tant financières qu'humaines ou incorporelles, qui ne cessent de s'amenuiser.

6 Not all cities [8] have the means to prosper, whether [9] for geographical, historical or financial reasons.
7 Others have such economic or political clout [10] that when they sneeze, the rest of Britain catches cold.
8 Planners and city managers are for ever [11] on the lookout for ways to "brand" [12] their product
9 and to develop their Unique Selling Proposition [13] that will draw in businesses, talent or even simply tourism.
10 For example, a major retail or cultural facility or a historical monument can swiftly put a city on the map [14].
11 Other places make their mark by being a transport hub or a gateway to other areas of the country.
12 So cities with fewer jobs and less [15] opportunity will have to come to terms with the fact that,
13 in order to survive they will have to pool their resources and forge links with neighbours, possibly merging with them.
14 One way of laying the groundwork for the city of the future is to leverage [16] trendsetting technologies.
15 Tools such as e-government [17] and innovative consumer-focused solutions are already commonplace
16 and a whole new breed of electronically delivered services are waiting in the wings.
17 But a forward-looking approach to harnessing these innovations is needed if they are to live up to their promise.

Vingt-deuxième leçon / 22

6 Toutes les villes n'ont pas les moyens de prospérer, que ce soit pour des raisons géographiques, historiques ou financières.

7 D'autres ont un tel pouvoir économique et politique que lorsqu'elles éternuent, c'est toute la Grande-Bretagne qui s'enrhume.

8 Les urbanistes et les responsables des villes sont en permanence à la recherche de manières [leur permettant] de faire reconnaître leur marque de fabrique

9 et d'élaborer l'argument commercial unique qui attirera les entreprises, les talents, voire, tout simplement, les touristes.

10 Par exemple, un commerce ou un lieu culturel important, ou encore un monument historique, peuvent assurer rapidement la notoriété d'une ville.

11 D'autres localités se distinguent car ce sont des nœuds de communication ou des passages obligés vers d'autres régions.

12 Par conséquent, les villes où les perspectives d'emploi et les débouchés sont moindres devront admettre que,

13 pour survivre, elles devront mettre leurs ressources en commun et tisser des liens avec leurs voisines, éventuellement en s'agglomérant avec elles.

14 Une façon de préparer le terrain pour la ville du futur consiste à mobiliser des technologies innovantes.

15 Des outils comme la cyberadministration et certaines solutions innovantes destinées à satisfaire le consommateur sont d'ores et déjà monnaie courante

16 et toute une nouvelle génération de services électroniques est prête à entrer en scène *(attend en coulisses)*.

17 Mais une approche tournée vers l'avenir, visant à tirer parti de ces innovations, est nécessaire, si l'on veut qu'elles soient à la hauteur de ce qu'elles promettent.

18 A case in point is the smart [18] home, which interacts with its occupants and keeps them safe and well.

19 We are all going to be able to live longer and healthier lives thanks to the awesome power of technology.

20 However, as an eminent scientist said recently when presenting a paper at an international gathering of designers:

21 "For the time being, my smart home feels remarkably thick [19]. All the elements have to be pulled together if they are to work seamlessly."

22 Sometimes, the future seems a long way off! □

Notes

1 Le verbe **to gobble** est une "rétroformation" à partir de l'onomatopée **gobble**, *glouglou* (le son que fait une dinde). Avec la postposition **down**, il signifie – sans doute à cause du bruit – *engloutir de la nourriture* ; mais avec **up**, il s'emploie au sens figuré : **The private equity firm Venture gobbled up three more companies last week**, *La société de capital investissement Venture a englouti trois nouvelles sociétés la semaine dernière.*

2 **stake** est un mot polyvalent. Il signifie, entre autres, *un enjeu*, tant au sens propre d'un pari qu'au sens figuré de ce que l'on peut perdre ou gagner (auquel cas il est au pluriel) : **The project is vital and the stakes are very high**, *Le projet est vital et l'enjeu est très grand.* Le nom **a stakeholder** fait partie du vocabulaire socio-économique et signifie *une partie prenante* (litt. "un porteur d'enjeux", terme qui commence à faire son chemin en français) : **The minister invited all the stakeholders to the summit meeting**, *Le ministre invita toutes les parties prenantes à la réunion au sommet.*

3 Encore un mot à multiples facettes : **issue** (nom et verbe) vient du français et signifie littéralement "sortir" – on trouve cet usage lorsqu'on parle d'une publication : **This week's issue of** *Time Magazine* **has a great article on global warming**, *Le numéro de* Time Magazine *cette*

Vingt-deuxième leçon / 22

18 L'exemple typique est celui de la maison intelligente, qui interagit avec ses occupants et assure leur sécurité et leur bien-être.

19 Nous allons tous pouvoir vivre plus longtemps et en meilleure santé, grâce au pouvoir stupéfiant de la technologie.

20 Toutefois, comme l'a récemment dit un éminent scientifique, lors d'une communication délivrée à l'occasion d'une réunion internationale de designers :

21 "Pour l'instant, ma maison intelligente me paraît très bête. Tous les éléments doivent être assemblés, si l'on veut qu'ils fonctionnent sans à-coups."

22 Parfois, l'avenir semble bien loin !

---

semaine contient un article génial sur le réchauffement climatique. Mais c'est dans le sens d'un problème ou d'une question que le mot est le plus usité. L'expression **to address an issue**, très courante dans un registre soutenu, signifie *aborder un problème* : **We urgently need to address the issue of sustainable development**, *Il devient urgent que nous abordions la question du développement durable.*

4 Quoi de plus quotidien que le pain et le beurre ? L'expression **bread and butter** s'emploie comme un adjectif (généralement avec des traits d'union) ou un nom dans le sens de quelque chose de quotidien ou basique. On peut trouver la même idée en français **I write books but teaching is my bread and butter**, *J'écris des livres, mais mon gagne-pain, c'est l'enseignement.* Attention : si on vous propose de manger un **bread and butter pudding**, sachez qu'il ne s'agit pas d'un dessert banal, mais d'une sorte de pain perdu avec des raisins secs…

5 Au sens propre, **to dwell**, *demeurer, habiter*, s'emploie dans un registre formel – **The programme looks at the strange creatures that dwell in the ocean's depths**, *L'émission s'intéresse aux créatures étranges qui peuplent les profondeurs de l'océan* –, voire poétique : **"God appears & God is light / To those poor souls who dwell in Night"**, *"Dieu apparaît, et Dieu est lumière / À ces pauvres âmes demeurant dans la Nuit"*. En revanche, on trouve le substantif **dweller**, *habitant*, couramment dans des noms composés comme **country dweller**, *campagnard*, ou **city dweller**, *citadin*.

6 L'adverbe **ever** peut s'employer comme un intensif, soit avec un adjectif comparatif : **Industry is becoming ever more aware of its environmental responsibilities**, *Le secteur industriel devient de plus en plus conscient de ses responsabilités environnementales*, soit avec un gérondif : **Our university is attracting ever increasing numbers of foreign students**, *Notre université attire un nombre sans cesse croissant d'étudiants étrangers.* Dans un registre moins soutenu, **ever** peut être remplacé par **constantly** ou **continually**.

7 Voici le subjonctif du verbe **to be** (leçon 21, § 1), que l'on utilise – comme en français – lorsqu'on présente une liste de possibilités : **Take care when freezing food, be it cooked, processed or raw**, *Faites attention lorsque vous congelez de la nourriture, qu'elle soit cuite, traitée ou crue.* La même tournure s'emploie pour présenter des choix : **This government's policies, be they domestic or foreign, are misguided**, *La politique de ce gouvernement, tant interne qu'étrangère, est erronée.* Il s'agit, une fois encore, d'un registre soutenu.

8 Remarquez cette inversion par rapport à la tournure française : **Not all cities have a manager**, *Toutes les villes n'ont pas de gestionnaire.* Si l'on traduit littéralement la phrase française **"All cities do not have managers"**, cela voudrait dire (en mauvais anglais !) qu'aucune ville n'a de gestionnaire. La même règle s'applique avec **every** et ses composés (**everybody, everywhere**, etc.). **Not every computer can run the new software**, *Tous les ordinateurs ne peuvent pas exécuter ce nouveau logiciel.* C'est par la maîtrise de ces subtilités que l'on arrive au perfectionnement !

9 Revenons un instant à la note 7 : **be it…** est une variante de **whether it be**, *qu'il soit* (**whether it be cooked, processed or raw**). Par souci d'économie d'expression, nous supprimons **whether** et inversons **it** et **be**. Mais dans la phrase 6, nous supprimons carrément le verbe : **whether [it be] for geographical, historical or financial reasons. Travel to this region, whether for business or pleasure, is not advised**, *Il est déconseillé de voyager dans cette région, que ce soit pour des raisons professionnelles ou personnelles.* Dans les deux cas, bien entendu, la forme complète est tout à fait correcte, mais moins concise.

10 Le nom **clout** est un mot familier pour *un coup de poing*, mais on l'emploie le plus souvent au sens figuré de *influence* ou *pouvoir* : **The new committees have considerable clout in terms of appointments**, *Les nouveaux comités ont beaucoup d'influence en ce qui concerne les nominations.*

Vingt-deuxième leçon / 22

11 Voici une autre tournure un peu particulière avec **ever** (voir note 6 précédemment). Nous connaissons **for ever** dans le sens de *pour toujours* : **She said she would remember him for ever**, *Elle a dit qu'elle se souviendrait de lui pour toujours*. Mais **for ever** peut aussi être synonyme de **always**, *toujours*. Dans ce cas, il est souvent – mais pas nécessairement – écrit en un seul mot : **He's always complaining about his boss**, *Il se plaint sans cesse de son patron* → **He's forever complaining about his boss.**

12 **a brand**, *une marque (de fabrique)*. À l'origine, on distinguait les marques de biens de consommation, pour lesquelles on employait **brand**, et les produits durables (voitures, machines à laver, etc.), désignés par **a make** (**What make of car does she drive?**, *Quelle marque de voiture conduit-elle ?*). Mais cette distinction s'estompe petit à petit au profit de **brand** seul. Le verbe **to brand** signifie *créer* ou *apposer une marque* : **MicroWave is trying to brand its technologies with catchy names**, *La société MicroWave tente de créer des marques pour ses nouvelles technologies en utilisant des noms accrocheurs.* Un nombre grandissant d'agglomérations tentent de se forger une identité propre (ville d'histoire, d'ingénierie, etc.).

13 **Unique Selling Proposition** est un terme de marketing, qui se traduit par *argument unique commercial*, entre autres. Il s'agit de la caractéristique principale d'un produit que lui seul possède et dont il fait bénéficier le consommateur. Appelé aussi **Unique Selling Point**, il s'abrège en **USP** *[iou-ess-pi-i]* : **What's the product's USP?**, *Quel est l'argument unique de vente de ce produit ?*

14 L'expression **to put xxx on the map** (litt. "mettre xxx sur la carte") signifie *faire connaître un endroit*, normalement à cause d'un monument, un événement historique ou médiatique, etc. : **The Lowry museum put Salford on the map**, *Le musée Lowry a permis de faire connaître la ville de Salford.* On peut aussi employer l'expression au sens figuré : **The band's latest album has put them firmly on the map**, *Le dernier album du groupe les a vraiment fait connaître.*

15 Rappelons que *moins* se traduit par **less** avec un nom indénombrable et **fewer** si le nom est dénombrable (voir leçon 8, note 12).

16 **a lever**, *un levier*. Le nom **leverage** se traduit par *effet de levier* ou, par extension, un pouvoir ou un moyen de pression : **Winning the election has given him greater leverage on his party**, *Le fait d'avoir gagné l'élection lui donne plus d'emprise sur son parti.* En anglais moderne, le verbe **to leverage** traduit la notion d'utiliser quelque chose afin de faire avancer ou produire un résultat, comme si on employait un levier : **We must leverage our resources to win market share**, *Nous devons mobiliser nos moyens afin de gagner des parts de marché.* (Notez qu'en finance, cet effet de levier s'obtient par l'emprunt. Ainsi, **a leveraged buyout**, ou **LBO**, est un rachat d'entreprise financé par l'endettement.)

***

Exercise 1 – Translate

❶ Our university is attracting a continually increasing number of foreign students. ❷ She's always on the lookout for ways to save money. ❸ He writes plays but teaching is his bread and butter. ❹ The government is becoming ever more aware of its environmental responsibilities. ❺ We need to leverage our resources to win market share.

***

Exercise 2 – Fill in the missing words

❶ On a beaucoup réfléchi à la conception des villes du futur.
    .... consideration ... . the design of
    future cities.

❷ Toutes les sociétés ne survivront pas, mais elle ont toutes besoin d'un argument commercial unique.
    ... ... will survive, but .... a
    .... proposition.

❸ Toutes les parties prenantes furent invitées à une réunion au sommet pour discuter de la question de la pauvreté.
    All the .... a summit meeting
    .. .. the ..... of poverty.

❹ Il est déconseillé de voyager dans cette région, que ce soit pour des raisons professionnelles ou personnelles.
    Travel to this region, ...,
    is not advised.

❺ Il nous faut une approche tournée vers l'avenir qui produise des solutions axées sur le consommateur.
    We need a .... to ....
    .... solutions.

Vingt-deuxième leçon / 22

17 Le préfixe **e-** est une apocope de **electronic**, *électronique*. De manière générale, il indique que le nom qu'il précède existe sous forme informatisée ou sur Internet. Le français, lui, préfère souvent le suffixe *-ique*. Par exemple, **e-money** se traduit par *la monétique*. Le terme **e-government** désigne les services administratifs disponibles sur la Toile – la "cyberadministration".

18 L'adjectif **smart** signifie, en anglais américain, *intelligent*. Dans le domaine technique, il désigne quelque chose à fort contenu informatique ou technologique. Ainsi, **a smart house** est une maison "intelligente", où l'équipement et le mobilier sont informatisés pour interagir avec l'habitant (le domaine de la "domotique" – encore un *-ique*).

19 **thick**, *épais*. En argot britannique, l'adjectif signifie *bête* ou *stupide* : **He was so thick, he thought the London Underground was a terrorist movement**, *Il était tellement bête qu'il pensait que le métro [le "souterrain"] londonien était un mouvement terroriste*. Comme toujours avec l'argot, il faut vraiment maîtriser les nuances et le contexte avant de l'employer. (Notez que, dans ce contexte figuré, **thick** n'est pas tout à fait l'équivalent de notre mot *épais*, quelque chose qui manque de délicatesse ou de finesse. Ici, c'est l'adjectif **heavy** ou **vulgar**).

***

Corrigé de l'exercice 1
❶ Notre université attire un nombre sans cesse croissant d'étudiants étrangers. ❷ Elle est toujours à l'affût d'économies à faire. ❸ Il écrit des pièces de théâtre, mais son gagne-pain est l'enseignement. ❹ Le gouvernement devient de plus en plus conscient de ses responsabilités en matière d'environnement. ❺ Nous devons mobiliser nos moyens afin de gagner des parts de marché.

***

Corrigé de l'exercice 2
❶ Much – has been given to – ❷ Not all companies – they all need – Unique Selling – ❸ – stakeholders were invited to – to address – issue – ❹ – whether for business or pleasure – ❺ – forward-looking approach – delivering consumer-focused –

23

Twenty-third lesson

For or against?

1 – Welcome to another edition of VoxPop, the phone-in [1] programme that lets you, the listener, have your say on the key issues of the day.
2 Today's topic is city life: are you for it or against it? Would you rather be a townie [2] or a countryman?
3 Let's hear from our first caller, Wayne from Glasgow. Hi Wayne, what's your take on [3] this?
4 – Thanks. Love the show. I've got to say that I just adore living in a big city.
5 Not only do [4] I get to meet all kinds of interesting people, I can also get around easily by public transport,
6 eat out every night in a different place and never get tired of exploring. Cities are cool.
7 – Alright, let's go to Trudy in Gloucestershire. What have you got to say to Wayne, Trudy?
8 – Never have [5] I heard such a dumb [6] reason for living in a concrete jungle! I wouldn't be caught dead [7] in a city.
9 I live in a small village in a remote part of the country, and I still have a really busy social life.
10 So busy am I that I never have time to get bored. But I'll bet that Wayne does [8], whatever he says.

Prononciation
*7 … **glo**-stë-chë …*

Vingt-troisième leçon

Pour ou contre ?

1 – Bienvenue pour une nouvelle édition de VoxPop, l'émission dans laquelle vous pouvez intervenir par téléphone et qui vous permet à vous, chers auditeurs, de dire ce que vous pensez des grandes questions du moment.
2 Le sujet d'aujourd'hui est la vie en ville : êtes-vous pour ou contre ? Seriez-vous plutôt rat des villes ou rat des champs *(un homme de la campagne)* ?
3 Prenons un premier appel, celui de Wayne, de Glasgow. Salut Wayne, qu'est-ce que vous en pensez ?
4 – Merci. Super, votre émission. Je voudrais dire que j'adore vivre dans une grande ville.
5 Non seulement ça me permet de rencontrer toutes sortes de gens intéressants, mais je peux aussi me déplacer facilement avec les transports publics,
6 aller manger tous les soirs dans un resto différent, sans jamais être au bout de mes surprises. La ville, c'est cool.
7 – Très bien, passons à Trudy [qui nous appelle] du Gloucestershire. Qu'avez-vous à dire à Wayne, Trudy ?
8 – C'est l'argument le plus nul que j'aie jamais entendu pour justifier qu'on habite dans une jungle de béton ! Plutôt mourir que de vivre en ville.
9 J'habite un petit village, dans un coin perdu du Gloucestershire, ce qui ne m'empêche pas d'avoir une vie sociale très active.
10 Tellement active, en fait, que je n'ai jamais le temps de m'ennuyer. Alors que je parie que ça arrive à Wayne, quoi qu'il en dise.

23 / Twenty-third lesson

11 – Over to Rita in the exciting city of Bristol. You're on the air [9], Rita. Got any ideas on country life?

12 – I most certainly have [10]. I couldn't bear the silence. I've got to have noise, bustle and excitement.

13 Never did I think I'd become a city girl: I was born on a farm in the wilds of Wales, you see.

14 But try as I might [11], I could never settle down and enjoy it. I had a thing [12] about cities.

15 So when I was fifteen, I upped [13] sticks and headed for the bright lights of Bristol.

16 – Who are you trying to kid [14] ? What about [15] the crime, poverty and urban decay?

17 – Come off it! [16] Surely you don't think that cities are dangerous places?

18 – Hey, no arguing, guys [17]! We've only got a few minutes left. Time for one last caller.

19 – Hiya, it's Maggie from Glasgow. All I can say is that Wayne and I can't [18] be living in the same city.

20 Glasgow, safe? What with [19] reckless drivers, gangs – even the muggers [20] go around in pairs!

21 The only way to be safe on the streets is to drive a tank. But that would only add to the pollution.

22 – That's all we've got time for tonight. Thanks to all our callers. Tune in next week for another action-packed show.

SUE CAN'T TAKE A PLANE: SHE'S GOT A THING ABOUT HEIGHTS.

Vingt-troisième leçon / 23

11 – Passons à Rita, de la ville passionnante de Bristol. Vous êtes à l'antenne, Rita. Vous avez des commentaires sur la vie à la campagne ?
12 – Et comment ! Je ne pourrais pas supporter le silence. J'ai besoin de bruit, d'agitation et d'excitation.
13   Jamais je n'aurais pensé devenir un jour une fille de la ville : je suis née dans une ferme, au fin fond du pays de Galles, figurez-vous.
14   Mais j'ai eu beau essayer, je n'ai jamais pu m'habituer et apprécier [la campagne]. J'étais obsédée par la ville.
15   Ainsi, à l'âge de quinze ans, j'ai plié bagage et j'ai mis le cap sur les lumières *(vives)* de Bristol.
16 – Vous rigolez ? Et la criminalité, la pauvreté et la dégradation urbaine ?
17 – N'importe quoi ! Vous ne croyez pas sérieusement que les villes sont des endroits dangereux ?
18 – Hé, on ne se dispute pas, les gars ! Il ne nous reste que quelques minutes. Le temps de prendre un dernier appel *(correspondant)*.
19 – Salut, c'est Maggie, de Glasgow. Tout ce que je peux dire, c'est que Wayne et moi, on ne doit pas vivre dans la même ville.
20   Glasgow, [une ville] sûre ? Que fait-il des chauffards, des bandes – même les types qui vous agressent n'osent pas sortir seuls *(ne sortent que par deux)* !
21   La seule façon d'être en sécurité dans la rue, c'est de se promener en char d'assaut. Mais ça ne ferait qu'aggraver la pollution.
22 – Nous allons devoir nous arrêter là pour ce soir. Merci à tous ceux qui nous ont appelés. Rendez-vous la semaine prochaine, pour une autre émission tout aussi animée.

23 / Twenty-third lesson

Notes

1 **to phone**, *téléphoner*. Avec la préposition **in**, le verbe exprime la notion de passer un coup de téléphone pour une raison spécifique : **Where's Jimmy? – He phoned in sick this morning**, *Où est Jimmy ? – Il a téléphoné ce matin pour dire qu'il était malade*. Le nom **a phone-in** (notez le trait d'union) désigne une émission télévisée ou radiophonique où le public est invité à donner son opinion par téléphone sur un sujet spécifique.

2 Le mot formel pour un citadin, nous le savons, est **city dweller** (leçon 22, note 5), mais dans un registre familier, on dit **a townie** (même s'il s'agit de **a city**) ; notez toutefois que le terme est légèrement péjoratif.

3 En anglais courant, **take** peut s'employer avec un adjectif possessif dans le sens d'une opinion : **What's your take on the issue of immigration?**, *Quelle est votre opinion sur la question de l'immigration ?*

4 Pour traduire la construction emphatique *non seulement... mais aussi*, nous employons une construction similaire à celle utilisée en français, avec **not only... but also**. Mais pour accentuer encore plus l'énoncé, on emploie l'auxiliaire : **I have a cold and a fever → Not only do I have a cold, I also have a fever**, *Non seulement j'ai un rhume, mais aussi de la fièvre*. Dans cette leçon, vous verrez comment on peut jouer avec la construction d'une phrase pour en renforcer le sens.

5 Voici une autre inversion qui accentue l'énoncé : **I have never heard such a reason**, *Je n'ai jamais entendu une telle raison*, devient **Never have I heard such a reason**. Quant à la prononciation, on appuie sur **never** et **heard**. Comme ce type de construction (inversion) est moins fréquent en anglais qu'en français, l'accentuation revêt une importance majeure.

6 L'adjectif **dumb** signifie littéralement "muet", mais dans le langage familier (surtout en anglais américain), il veut dire *stupide* ou *idiot*. **That's the dumbest thing I ever heard**, *C'est le truc le plus bête que j'aie jamais entendu*. On aurait pu utiliser l'adjectif **daft**, vu à la leçon 20, phrase 2.

7 Si on dit **wouldn't be caught dead**, suivi d'un gérondif, on précise que, pour rien au monde, la personne n'accomplirait l'action en question (litt. "on ne l'attraperait pas, même morte") : **My brother wouldn't be caught dead eating in a fast food restaurant**, *Pour rien au monde mon frère ne mangerait dans un fast-food*.

Vingt-troisième leçon / 23

8 Remarquez comment l'auxiliaire nous permet d'éviter de rallonger la phrase. **I don't have time to get bored, but I bet you have time to get bored → I don't have time to get bored, but I bet you do**, *Je n'ai pas le temps de m'ennuyer, mais je parie que vous, si*. Bien sûr, cette construction fonctionne avec d'autres auxiliaires que **do** : **He won't listen to me, but I'm sure you will**, *Il ne m'écoutera pas, mais je suis sûr que vous, vous le ferez*.

9 Les ondes radiophoniques se déplacent dans l'air, et la langue anglaise rend hommage à la découverte de Marconi ! **To be** ou **to go on the air** est synonyme de **to broadcast**, *diffuser* (radio ou télévision). **The programme is on the air at nine**, *L'émission est diffusée à 9 heures / 21 heures*. Plus simplement, on peut dire **The programme airs nine**.

10 Voici un autre exemple de l'emploi de l'auxiliaire pour raccourcir une phrase (voir note 8 précédemment), mais cette fois-ci la structure est moins évidente, car le premier interlocuteur ne prononce pas une phrase complète. Dans un registre plus soutenu, il aurait dit **Have you got any ideas on the subject?**, *Avez-vous des idées sur la question ?* À quoi on répond : **I certainly have!**, *Et comment !* Donc, même si la première phrase est tronquée, on reprend l'auxiliaire qui aurait dû être là ! (Voir le premier exercice pour un autre exemple.)

11 Cette inversion est un peu particulière parce qu'elle s'emploie uniquement avec le verbe **to try**, *essayer*. Au présent, on emploie le verbe modal **may** : **Try as he may, he just cannot keep a job**, *Il a beau essayer, il n'arrive pas à garder un emploi*. Au passé – ou pour appuyer sur la notion d'impossibilité – on utilise **might**.

12 Voici une nouvelle tournure idiomatique avec **thing** (leçon 19, note 13). Puisque le sens de **thing**, *chose*, est imprécis, l'expression l'est aussi, et son sens dépend du contexte : **I can't take the lift: I've got a thing about heights**, *Je ne peux pas prendre l'ascenseur : j'ai le vertige* (**heights**, *les hauteurs*). En revanche, **Mark's gone to Scotland again: he's got a thing about castles**, *Mark est retourné en Écosse : il est obsédé par les châteaux*. Bref, que la "chose" soit bonne ou mauvaise, on en est obsédé de toute façon !

13 Nous avons vu l'adverbe **down** employé comme verbe (leçon 16, note 18). Voici maintenant le contraire, **to up** : **The company has upped its prices by ten per cent**, *La société a augmenté ses prix de 10 %*. Il s'agit <u>toujours</u> d'un verbe transitif. L'expression **to up sticks** (litt. "lever

23 / Twenty-third lesson

les bâtons") vient de la vie nomade, lorsqu'on plie la tente et enlève les montants avant de décamper. Mais le sens de l'expression est plutôt définitif : **He upped sticks and relocated to Edinburgh**, *Il a plié bagage, direction Édimbourg*.

14 Nous savons que le verbe familier **to kid** veut dire *plaisanter* (leçon 2, note 12). Mais il signifie aussi *faire marcher*, surtout à la forme progressive : **You haven't really lost the plane tickets? – No, I was just kidding**, *Dis-moi que tu n'as pas vraiment perdu les billets d'avion ! – Mais non, je te faisais marcher*. L'interjection **Who are you trying to kid?** peut se traduire par *Tu essaies de me faire marcher ?* Un panneau routier célèbre à New-York informe les automobilistes : **No stopping. No parking. No kidding**, *Interdiction de s'arrêter ou de se garer – et nous ne plaisantons pas !*

15 **What about…?** en début de locution est une tournure idiomatique qui sert à demander de l'information ou une opinion sur un sujet. L'équivalent en français consisterait à commencer la phrase par *Et…* tout en élevant la voix à la fin : **What about The Sopranos, surely the best series ever made?**, *Et les Sopranos, alors, certainement la meilleure série de tous les temps ?* On peut aussi employer cette tournure au début d'une proposition après **but** : **The new e-mail technology is fine, but what about privacy?**, *La nouvelle technologie du courrier électronique est très bien, mais quid de la vie privée ?* Nous verrons en fin de semaine une autre utilisation de cette tournure si utile.

16 Cette interjection s'adresse à quelqu'un qui tient des propos auxquels vous ne croyez pas : **Julie's single. – Come off it! She's married with three kids**, *Julie est célibataire. – N'importe quoi ! Elle est mariée et elle a trois gosses*. L'expression est invariable.

***

Exercise 1 – Translate

❶ Not only does she get to meet interesting people; she also gets paid. ❷ Jimmy called in sick this morning. – Who's he trying to kid? ❸ They live in the wilds of Gloucestershire, far from the noise and bustle of the city. ❹ Any thoughts on this topic, Maggie? – I certainly have! ❺ Sue can't take a plane: she's got a thing about heights.

Vingt-troisième leçon / 23

17 **a guy**, *un type, un mec*. **Who's the guy over there talking to Sue?**, *Qui est le mec là-bas qui parle à Sue ?* Au singulier, le mot s'applique toujours à un homme. Mais au pluriel, on l'utilise de plus en plus fréquemment en parlant d'hommes et/ou de femmes. **OK guys, let's go**, *Et bien, allons-y, jeunes gens*. Soulignons que cet emploi est assez familier.

18 Cette utilisation de **can** est un peu déroutante. On emploie ce verbe modal à la forme négative pour indiquer que quelque chose est sûrement impossible ou faux : **You want me to resign? You can't be serious!**, *Vous voulez que je démissionne ? Vous n'êtes pas sérieux ?* Il y a toujours une notion d'étonnement : **We can't be working for the same firm because you find the work interesting and I don't**, *Il est impossible que l'on travaille dans la même entreprise parce que vous, vous aimez votre travail, et moi pas*.

19 La tournure **What with...** n'est pas interrogative : elle introduit une série de facteurs qui expliquent une situation : **What with the mortgage, the overdraft and the credit card bills, no wonder we're broke**, *Entre le prêt immobilier, le découvert et les dépenses avec la carte de crédit, pas étonnant qu'on soit fauchés*.

20 Voici une importation américaine qui a fait souche. En argot, **a mug** est une personne que l'on peut duper facilement, une "bonne poire" qui, par extension, est facile à détrousser. Le verbe **to mug** signifie agresser quelqu'un afin de le dépouiller : **Steve got mugged in Hyde Park**, *Steve s'est fait agresser/détrousser à Hyde Park*. La personne qui commet cette agression est **a mugger**. (Le sens "propre" de **mug** est *une chope*, et on dit bien *choper quelqu'un* en français, mais il ne semble pas y avoir de lien.)

***

Corrigé de l'exercice 1

❶ Non seulement elle rencontre des gens intéressants, mais en plus elle est payée. ❷ Jimmy a téléphoné ce matin pour dire qu'il était malade. – Il se fiche de qui ? ❸ Ils habitent au fin fond du Gloucestershire, loin du bruit et du tumulte de la ville. ❹ Avez-vous un avis sur cette question, Maggie ? – Et comment ! ❺ Sue ne peut pas prendre l'avion, elle a le vertige.

Exercise 2 – Fill in the missing words

❶ Jamais je n'ai entendu une raison aussi stupide pour acheter une voiture.
.... I ..... such a .... reason for ...... a car.

❷ Moi, je n'ai pas le temps de sortir dîner, mais je parie que Claire ira.
I don't have time .... tonight, but .... Claire .....

❸ Il a eu beau essayer, il ne pouvait pas s'installer, alors il a plié bagage, direction Londres.
...., he could not settle down so he .... and .... to London.

❹ Avec leur prêt immobilier et leur découvert, pas étonnant qu'ils soient fauchés.
.... their .... and their ...., ... they're broke.

Twenty-fourth lesson

A brief history of urban development

1 One [1] tends to take it for granted that the bulk [2] of the British population are city dwellers.
2 Historically, however, this is a recent development, and many Britons still have close ties to the countryside.
3 Only with the rise of manufacturing did [3] people start flocking from rural to urban areas,
4 in search of jobs, higher wages – in short, a better life.
5 But many of them ended up doing back-breaking work in the "dark satanic mills [4]" of the industrial era.

Prononciation
5 ... i-i-rë

❺ Quel est votre point de vue sur la question de la pollution ? – Je n'ai rien à dire.
. . . . the issue of pollution? – I . . . .

Corrigé de l'exercice 2

❶ Never have – heard – daft – buying – ❷ – to eat out – I'll bet – does ❸ Try as he might – upped sticks – relocated – ❹ What with – mortgage – overdraft, no wonder – ❺ What's your take on – have nothing to say

Vingt-quatrième leçon

Brève histoire du développement urbain

1 On a tendance à considérer comme une vérité immuable le fait que la majeure partie de la population britannique soit citadine.
2 Historiquement, il s'agit cependant d'une évolution récente, et de nombreux Britanniques gardent des liens étroits avec la campagne.
3 Ce n'est qu'à l'avènement de l'ère industrielle que les gens ont commencé à migrer en masse des zones rurales vers les zones urbaines,
4 en quête de travail, de salaires plus élevés – en bref, d'une vie meilleure.
5 Mais nombre d'entre eux se sont retrouvés à faire un travail éreintant, dans l'enfer des ateliers *(moulins/ filatures)* de l'ère industrielle.

6 Back in those dark days, living conditions were appalling, especially for the poor and needy [5].

7 People were crowded together without proper shelter, basic amenities [6] or sanitation.

8 Infectious diseases were rife [7] and spread like wildfire [8] through the teeming slums that blighted Britain's cities.

9 But gradually, as the general level of affluence [9] increased, those cities became safer and cleaner, acting as magnets for migrants.

10 The emphasis shifted gradually away from industry to services, defined famously as "things you can't drop on your foot" [10].

11 In the twentieth century, and particularly during the post-war period, cities mushroomed [11] and started to grow skywards [12]:

12 Skyscrapers reached unprecedented heights and the cityscape [13] was gradually transformed.

13 Meanwhile the process of urban sprawl [14], which was later to engulf most of the country, began to take root.

14 But as expansion ran out of control, people began to flee to the suburbs, leaving many inner city areas derelict.

15 We are now in a situation where the majority of the UK population lives in cities.

16 What of [15] the future? It was industry and cheap energy that spurred urban growth

17 but what will happen now that fuel is getting dearer by the day?

Vingt-quatrième leçon / 24

6 À cette sombre époque, les conditions de vie étaient épouvantables, en particulier pour les pauvres et les indigents.
7 Les gens vivaient entassés, sans toit digne de ce nom, sans le moindre confort ni la moindre hygiène.
8 Les maladies infectieuses étaient légion et se propageaient comme une traînée de poudre à travers les taudis surpeuplés qui rongeaient les villes de Grande-Bretagne.
9 Mais progressivement, à mesure que le niveau général de prospérité augmentait, ces villes sont devenues plus sûres et plus propres, agissant comme des aimants sur les migrants.
10 L'importance de l'industrie a progressivement décru au profit des services, dont une définition célèbre dit que ce sont "les choses qu'on ne peut pas se laisser tomber sur le pied".
11 Au vingtième siècle, et en particulier après la guerre, les villes ont poussé comme des champignons et se sont mises à grandir à la verticale.
12 Les gratte-ciel ont atteint des hauteurs sans précédent et le paysage urbain s'est progressivement transformé.
13 Dans le même temps, le phénomène de l'étalement horizontal des villes, qui devait par la suite engloutir la majeure partie du pays, commençait à prendre racine.
14 Mais tandis que l'expansion devenait incontrôlable, les gens se sont mis à fuir vers la banlieue, laissant à l'abandon nombre de centres-villes.
15 Nous sommes aujourd'hui dans une situation où la majorité de la population du Royaume-Uni vit en ville.
16 Qu'en est-il de l'avenir ? Ce sont l'industrie et l'énergie bon marché qui ont encouragé la croissance urbaine,
17 mais que se passera-t-il maintenant que le carburant renchérit de jour en jour ?

one hundred and seventy-eight • 178

18 Will megalopolises like London simply collapse; will we return to the rural communities whence [16] we came?
19 Some say we need [17] not worry, because if man was ingenious enough to invent the city,
20 he will surely be resourceful enough to ensure that it survives.
21 Yet, as the old saying goes, an optimist is simply someone who is ill-informed [18].

Notes

1 Nous avons déjà vu plusieurs façons de traduire la forme impersonnelle française *on* (leçon 11, note 16). Voici le pronom formel **one**, utilisé dans un registre soutenu. Par exemple : **One never knows when one will need a helping hand**, *On ne sait jamais quand on aura besoin d'un coup de main*. Dans un registre courant, on dirait **You never know when you'll need a helping hand**.

2 Le nom indénombrable **bulk** signifie *masse* ou *grosseur*. Dans le commerce, le terme **in bulk** signifie *en vrac* : **We buy in bulk to keep prices low**, *On achète en vrac afin de maintenir des prix bas*. L'expression **the bulk of…** veut dire *la majeure partie de…* Normalement on emploie un verbe singulier avec **bulk** (car indénombrable), mais si le nom qui le suit est au pluriel, on utilise un verbe pluriel aussi : **The bulk of our employees are engineers**, *La plus grosse partie de nos effectifs est composée d'ingénieurs*.

3 Voici encore une inversion, qui sert à accentuer la notion de *seulement* dans un style élégant. Remarquez comment on utilise l'auxiliaire comme "point d'appui" : **It was only with the rise of manufacturing that people moved to big cities → Only with the rise of manufacturing did people move to big cities**. Rappelons que toutes les inversions que nous avons vues depuis deux jours servent a souligner ou accentuer le verbe principal de la phrase.

4 **a mill**, *un moulin*. Mais on utilise le même mot pour désigner une minoterie et une filature. (Voir la note culturelle pour une explication de l'expression **dark satanic mills**.)

Vingt-quatrième leçon / 24

18 Les mégalopoles comme Londres s'effondreront-elles, purement et simplement ? Retournerons-nous aux communautés rurales d'où nous sommes venus ?
19 Certains disent qu'il ne faut pas s'inquiéter, car, si l'homme a été assez astucieux pour inventer la ville,
20 il sera sûrement capable de faire en sorte qu'elle survive.
21 Un vieux dicton dit cependant qu'un optimiste est simplement quelqu'un qui est mal informé.

*18 ... **mègë**-lop-**ë-liss**-iz ... ouènss ...*

5 Nous savons qu'il ne faut pas utiliser l'article défini **the** lorsqu'on emploie un nom au sens général (**I love coffee** signifie *j'adore le café – en général*). Mais lorsqu'on parle d'un groupe de personnes, toutes avec la même caractéristique distinctive (les pauvres, les malades, etc.), l'article est obligatoire. **There is no room in this society for the sick and the disabled**, *Cette société n'a de place ni pour les malades ni pour les handicapés*.

6 Voir leçon 4, phrase 10 et note culturelle de cette même leçon. Tout comme **facilities** (leçon 19, note 5), *amenities* (on l'emploie, lui aussi, presque toujours au pluriel) est un de ces mots passe-partout qui désignent les équipements collectifs.

7 En vieil anglais, **rife** signifiait *abondant*. Mais de nos jours, le mot a presque toujours une connotation péjorative. On l'utilise généralement dans deux constructions : soit après le verbe **to be** → **Drugs are rife in the poorer parts of the city**, *La drogue sévit dans les quartiers pauvres de la ville*, soit avec un complément d'objet → **The city was rife with greed and corruption**, *La ville était en proie à la cupidité et à la corruption*.

8 Même si on ne connaît pas une expression, on peut souvent la décrypter à partir de ses éléments constitutifs : **wild**, *sauvage* ; **fire**, *feu* ou *incendie*. Donc **a wildfire** est un incendie dans un lieu sauvage, généralement une forêt. L'expression **to spread like wildfire** signifie donc *se répandre très rapidement* : **Rumours of the president's death spread like wildfire**, *Les rumeurs concernant la mort du président se sont répandues comme une traînée de poudre*.

Notes

9 Nous connaissons l'adjectif **affluent**, *aisé*, *riche* (leçon 20, phrase 7) ; voici le substantif : **Growing affluence in India is causing an increase in consumer demand**, *La richesse grandissante en Inde provoque une augmentation de la demande des consommateurs*.

10 L'anglais a le don de créer des expressions très imagées pour décrire les choses les plus ordinaires. Ici, l'auteur, pour expliquer la différence entre les services – qui sont immatériels – et les biens manufacturés, qualifie ces derniers de choses que l'on "peut faire tomber sur le pied" : l'image est très parlante, n'est-ce pas ? Ce type d'expression est assez courante, surtout dans le journalisme.

11 Souplesse, encore et toujours : **a mushroom**, *un champignon* ; **to mushroom**, *pousser comme lesdits végétaux cryptogames…* **Dating websites have mushroomed in recent years**, *Les sites de rencontre en ligne ont connu une croissance très rapide ces dernières années*. Malheureusement, il n'est pas possible de convertir systématiquement un nom en verbe (ou vice-versa), mais il est facile de reconnaître ce type de construction, même si l'on ne l'a pas déjà rencontrée. (Sachez, enfin, que **mushroom** vient du français *mousseron*.)

12 Le suffixe **-wards** (parfois **-ward**) indique une direction : **backwards**, *en arrière* ; **upwards**, *vers le haut*, etc. Outre ces adverbes courants, on peut rajouter **-wards** à certains noms : **The heat shield caught fire as the rocket descended earthwards**, *L'écran anti-chaleur a pris feu pendant la descente de la fusée vers la Terre*. Il n'y a pas de liste exhaustive, et certains de ces mots sont des néologismes, mais sachez quand même les reconnaître.

13 **-scape** est un autre suffixe assez courant. En fait, il s'agit probablement d'une rétroformation à partir du mot **landscape**, *paysage*, qui nous a donné **seascape**, *paysage marin*, ou encore **cityscape**, *paysage urbain*. Comme pour **-wards** à la note précédente, certaines de ces formations sont des néologismes, mais vous les comprendrez tout de suite.

14 **to sprawl** signifie *s'étaler* ou *s'affaler* de manière inélégante : **When I came in, he was sprawled in the armchair playing a computer game**, *Lorsque je suis entré, il était vautré dans un fauteuil en train de jouer à un jeu électronique*. Le terme **urban sprawl** est entré dans la langue dans les années 1950, lorsque les villes se sont agrandies de manière quasi-incontrôlée. On peut le traduire par *étalement urbain*.

Vingt-quatrième leçon / 24

15 Nous avons vu en leçon 23, note 15) la formule courante **What about…?** Dans un registre plus soutenu, on dit **What of…?** C'est l'équivalent de *Qu'en est-il…?* en français : **What of the Conservatives and their education policy?**, *Qu'en est-il du parti conservateur et de sa politique éducative ?* Le sens des deux tournures est identique. (Attention, l'interrogation **What of it?** signifie *Et alors ?* → **You're late! – What of it?**, *Tu es en retard ! – Et alors ?*)

16 L'adverbe **whence** s'emploie dans un style littéraire au lieu de **from where**, *d'où*. "**Each blade of grass has its spot on earth whence it draws its life, its strength**" (Joseph Conrad), *"Chaque brin d'herbe possède son coin de terre d'où il puise sa vie et ses forces"*. On utilise **whence** parfois de manière humoristique ou par souci de concision. **J.K. Galbraith wrote a great book titled "Money, Whence it Came, Where it Went"**, *J.K. Galbraith a écrit un livre superbe qui s'intitule "l'Argent (litt.) d'où il est venu, où il s'en est allé"*.

17 **to need**, *avoir besoin*, peut aussi signifier *devoir, être obligé de* : **You need to fill in this form in triplicate**, *Vous devez remplir ce formulaire en trois exemplaires*. Dans ce cas, la négation peut prendre deux formes : régulière (**You do not need to fill in this form**) et irrégulière (**You need not fill in this form**). Le sens est identique, mais la seconde tournure est plus élégante (remarquez que, dans ce cas, le verbe qui suit **need** est un infinitif "nu"). Nous y reviendrons plus tard.

18 Nous savons que **ill** signifie *malade*. Mais on peut aussi l'utiliser dans certains adjectifs composés – généralement avec un participe passé, relié par un trait d'union – pour traduire la notion de *mal* : **The invasion was ill-prepared and ill-timed**, *L'invasion était mal préparée et inopportune*. Dans tous les cas, on peut employer le même participe avec un adverbe comme **badly** ou **poorly** : **The invasion was badly prepared and poorly timed**. Dans ce cas, il n'y a pas besoin de trait d'union.

24 / Twenty-fourth lesson

Exercise 1 – Translate

❶ People tend to take basic amenities such as sanitation for granted. ❷ It's a hard job, but I think we've broken the back of it. ❸ You're smoking! – What of it? ❹ She was sprawled in an armchair reading the paper when I came in. ❺ Rumours of the president's death spread like wildfire.

***

Exercise 2 – Fill in the missing words

❶ L'invasion était mal préparée et inopportune, et la désertion allait bon train.
The invasion was .... and .... and desertion ... .

❷ Le phénomène d'étalement urbain a englouti la plupart du pays.
The process of .... has .... the country.

❸ En tant que citoyen britannique, vous n'avez pas besoin de remplir ce formulaire.
You are a British citizen so ... . this form.

❹ C'est seulement avec la montée en puissance de l'industrie manufacturière que les gens ont commencé à migrer vers les grandes villes.
.... of manufacturing ... . start to move to big cities.

❺ Cette société n'a de place ni pour les handicapés ni pour les malades.
.... in this society for ... . and ... .

Vingt-quatrième leçon / 24

Corrigé de l'exercice 1

❶ On a tendance à considérer comme acquis le confort élémentaire comme les installations sanitaires. ❷ C'est un travail très difficile, mais je pense que nous avons fait le plus dur. ❸ Mais tu fumes ! – Et alors ? ❹ Elle était vautrée dans un fauteuil en train de lire le journal lorsque je suis entré. ❺ Les rumeurs concernant la mort du président se sont répandues comme une traînée de poudre.

***

Corrigé de l'exercice 2

❶ – ill-prepared – ill-timed – was rife ❷ – urban sprawl – engulfed most of – ❸ – you need not fill in – ❹ Only with the rise – did people – ❺ There is no room – the disabled – the sick

L'un des défis d'un travail de perfectionnement est de reconnaître les références culturelles courantes que l'on retrouve dans le langage quotidien, qui ne sont presque jamais expliquées mais que tout le monde comprend d'emblée. Par exemple, un Français reconnaît immédiatement une référence à M. Jourdain et à sa prose (même s'il ne connaît pas nécessairement l'auteur...). Bien entendu, dans un livre comme celui-ci, nous ne pouvons prétendre à l'exhaustivité, mais nous essayons de vous mettre sur la bonne voie.

Par exemple, l'expression **dark satanic mills** *est tirée d'un poème –* **The New Jerusalem** *– du grand écrivain et peintre visionnaire William Blake (1757-1827). Dans cet écrit, Blake fustigeait la cruauté de la société industrielle victorienne, qui, d'après lui, broyait les masses laborieuses par sa mécanique infernale (les* **mills** *en question sont certes les filatures,* **cotton mills***, qui firent la fortune du nord de l'Angleterre à cette époque, mais aussi les trépigneuses,* **treadmills***, sur lesquels trimaient de jeunes enfants). De nos jours,* **dark satanic mills** *est devenu synonyme des pires excès de la révolution industrielle.*

Le poème **Jerusalem** *a été mis en musique, et, chaque année, fait partie du programme musical du* **Last Night of the Proms***. Organisés chaque été,* **The Proms** *sont une série de concerts de musique classique. Lors du dernier de ces concerts, le public est invité à chanter en chœur plusieurs chants patriotiques, dont le texte de Blake (bien que certains auteurs irrévérencieux fassent remarquer l'incongruité d'un hymne patriotique britannique qui porte le nom de la ville trois fois sainte !).*

one hundred and eighty-four • 184

Twenty-fifth lesson

The tour guide

1 – Afternoon ladies and gents [1]. I'm Doug and I'll be your guide for this afternoon's London tour.
2 Our theme is "More than Meets the Eye" [2], so be ready to find out a few of the best kept secrets of this fascinating city.
3 To coin a phrase [3]: when a man is tired of London, he's tired of looking for a parking place.
4 Coming up [4] on your right is the Palace of Westminster, better known as the Houses of Parliament.
5 It's made up of the Lords, for the posh [5] people, and the Commons, for the likes of [6] you and me.
6 Did you know that the monarch isn't allowed to enter the House of Commons without permission?
7 Mind you [7], why would she want to go there in the first place [8]? You know what they say about politicians, don't you?
8 They're like nappies. They need to be changed regularly – and for the same reasons.
9 Now, that famous landmark over there is called Big Ben, am I right? Wrong! It's actually Saint Stephen's Tower.
10 Big Ben's the name of the bell inside. It chimes about one hundred and fifty times a day and never goes on strike…

Vingt-cinquième leçon

Le guide touristique

1 – B'jour m'sieu dames. Je m'appelle Doug et je serai votre guide cet après-midi pour cette visite de Londres.
2 Le thème [de cette visite] est "le dessous des cartes"; attendez-vous donc à découvrir quelques-uns des secrets les mieux gardés de cette ville fascinante.
3 Comme dirait le poète : "Quand on en a assez de Londres, c'est qu'on en a assez de chercher une place pour se garer."
4 Vous allez bientôt voir sur votre droite le palais de Westminster, plus connu sous le nom de Chambres du Parlement,
5 composé de la Chambre des Lords, pour les gens de la haute, et de la Chambre des Communes, pour les gens comme vous et moi.
6 Saviez-vous que la reine n'est pas autorisée à pénétrer dans la Chambre des Communes sans permission ?
7 Remarquez, qu'est-ce qu'elle irait bien y faire ? Vous savez ce qu'on dit des hommes politiques, n'est-ce pas ?
8 C'est comme les couches pour bébés. Il faut les changer souvent – et pour les mêmes raisons.
9 Bon, ce célèbre monument, là-bas, s'appelle Big Ben, si je ne m'abuse ? Faux ! C'est en fait la tour Saint-Stephen.
10 Big Ben, c'est le nom de la cloche qui est à l'intérieur. Elle sonne environ cent cinquante fois par jour et ne se met jamais en grève…

11 Now take a look over there on your left and you'll see Downing Street, home of the prime minister and the Chancellor of the Exchequer [9].
12 I bet you didn't know that the front door to number ten, where the PM lives, opens from the inside only.
13 You can't trust no one [10] nowadays, can you? Try not to stare, if you please [11], it's rude [12].
14 We're now arriving at Trafalgar Square. There's old Nelson, trying to catch a glimpse [13] of his fleet.
15 In the distance you can see Buckingham Palace, which was actually built on the site of a former house of ill repute [14], as the saying goes.
16 If you keep your eyes peeled [15], you might just spot a real live royal. You never know your luck.
17 If you'd care to glance [16] over to your right, you can just about make out [17] another famous monument: Charing Cross.
18 London's always been a bit of a cosmopolitan place, to say the least: Charing Cross, the Elephant and Castle,
19 Marylebone, Rotten Row in Hyde Park – all those names were originally French or Spanish!
20 Later on, we'll take the Tube over to the Tower of London and take a peek [18] at the Crown Jewels.
21 Keep a lookout for the Beefeaters and especially for the ravens that live in the tower.
22 They say that if the birds flew away, the tower would collapse and the monarchy would fall.
23 So no one's taking any chances: the poor things have had [19] their wings clipped, just in case they're republicans. □

Prononciation
19 ma-rëlë-bo-on … 22 … monn-ar-ki …

Vingt-cinquième leçon / 25

11 Maintenant, si vous regardez par ici, sur votre gauche, vous verrez Downing Street, où habitent le Premier ministre et le ministre de l'Économie et des Finances.

12 Je parie que vous ne saviez pas que la porte d'entrée du numéro dix, où vit le Premier ministre, ne s'ouvre que de l'intérieur.

13 On peut *(sic)* se fier à personne, de nos jours, n'est-ce pas ? Tâchez de ne pas dévisager les gens, s'il vous plaît, c'est impoli.

14 Nous arrivons maintenant à Trafalgar Square. Voici ce bon vieux Nelson, qui cherche à apercevoir sa flotte.

15 Au loin, vous pouvez voir le palais de Buckingham, qui a en fait été construit à l'emplacement d'une ancienne maison malfamée – comme on dit.

16 Si vous regardez bien, vous apercevrez peut-être un membre de la famille royale en chair et en os. Avec un peu de chance, on ne sait jamais.

17 Si vous voulez bien regarder sur votre droite, vous pourrez distinguer un autre monument célèbre : Charing Cross.

18 Londres a toujours été un endroit assez cosmopolite, c'est le moins qu'on puisse dire : Charing Cross, Elephant and Castle,

19 Marylebone, Rotten Row dans Hyde Park – tous ces noms étaient à l'origine français ou espagnols !

20 Un peu plus tard, nous prendrons le métro pour nous rendre à la tour de Londres et jeter un coup d'œil aux joyaux de la Couronne.

21 Regardez bien : vous verrez peut-être les Beefeaters et, surtout, les corbeaux qui vivent dans la tour.

22 On dit que, si les oiseaux s'envolaient, la tour s'effondrerait et la monarchie tomberait.

23 Alors, personne ne veut prendre de risques : on leur a coupé le bout des ailes, les pauvres, des fois qu'ils seraient républicains.

25 / Twenty-fifth lesson

Notes

1. **gents**, abréviation de **gentlemen**, ornait autrefois (et parfois encore aujourd'hui) la porte des toilettes publiques (**ladies et gents**). D'ailleurs, une manière euphémique de demander les toilettes est **Where's the gents?** (ou **ladies?**). La salutation **ladies and gents** est soit populaire, soit humoristique (et parfois les deux).

2. Le verbe **to meet** s'emploie dans plusieurs expressions avec **eye** ou **eyes**. Par exemple, dans un registre plutôt littéraire, on trouve : **When he opened the door, the sight that met his eye was terrifying**, *Lorsqu'il ouvrit la porte, un spectacle terrifiant s'offrit à ses yeux* (on peut employer le pluriel, mais **eye** est plus courant). L'expression **there's more to xxx than meets the eye** (toujours singulier) signifie qu'on ne voit que la surface de la chose : **The case seems simple, but there's more to it than meets the eye**, *L'affaire semble simple, mais elle est plus complexe qu'elle n'en a l'air*.

3. **a coin**, *une pièce de monnaie*. Le verbe **to coin** signifie *frapper monnaie*. Dans la langue courante, on le retrouve dans l'expression familière **to be coining money** (ou souvent simplement **it**) : **He works as a stock broker and he's coining it**, *Il travaille comme courtier et il gagne une fortune*. La locution **to coin a phrase** signifie littéralement "créer" ("frapper") *une nouvelle expression*, mais on l'emploie plutôt de manière humoristique ou ironique lorsqu'on vient de faire un jeu de mots ou de prononcer une banalité : **When the 2B bus came along, I had to decide whether 2B or not 2B, to coin a phrase** (pour comprendre, il faut prononcer **2B** à haute voix : *[tou bi-i]*, c'est à dire **to be or not to be**…). Dans notre phrase, Doug emploie la locution, car il a modifié une citation célèbre de Samuel Johnson, écrivain du XVIIIe : **When a man is tired of London, he is tired of life**, *Lorsqu'un homme est fatigué de Londres, il est las de la vie*.

4. Nous avons déjà vu l'expression idiomatique **coming up**, qui indique que quelque chose arrive incessamment (leçon 6, note 14). On la rencontre fréquemment dans les médias : **Coming up on the BBC is the "Six O'Clock News"**, *Les infos de 18 h à suivre tout de suite sur la BBC*. De même, un guide touristique emploie l'expression pour prévenir ses clients qu'ils arrivent devant tel ou tel monument.

5. **posh** est un mot argotique pour *chic* ou *huppé*. Le mot, typiquement anglais, vient de la période faste de l'empire britannique, lorsque les colons se rendaient aux Indes par bateau. Les plus fortunés choisis-

saient les cabines sur le côté ombragé du vaisseau, qui se trouvaient à bâbord à l'aller et à tribord au retour. Leurs titres de transport furent donc marqués **POSH** (**Port Outward, Starboard Home**).

6 **likes** peut s'employer, toujours au pluriel, à la place de **preferences** : **Our computer system monitors our customers' likes and dislikes**, *Notre système informatique suit de près ce que nos clients aiment ou n'aiment pas* (litt. "les préférences et aversions de nos clients"). Mais la tournure, plutôt idiomatique, **the likes of** suivie d'un nom propre ou d'un pronom personnel, signifie *les gens comme…* **A great guitarist, he has played with the likes of Keith Richards and Richard Thompson**, *C'est un grand guitariste qui a joué avec des gens comme Keith Richards et Richard Thompson*.

7 **mind**, *l'esprit* ; **to mind**, *faire attention à*. Quiconque a pris le métro londonien, **the Tube**, connaît l'avertissement : **Mind the gap!** (litt. "l'espace entre le train et le bord du quai"), *Faites attention à la marche !* Mais **Mind you** est une interjection, placée en début ou en fin de phrase dans une conversation, comme *Remarquez…* ou *Ceci dit…* en français. **He's very generous. Mind you, he's also a millionaire**, *Il est très généreux. Cela étant, il est aussi millionnaire*. L'expression est invariable.

8 Placée au début d'une phrase, la locution invariable **in the first place** s'emploie, comme *tout d'abord*, pour indiquer la principale raison d'une situation : **In the first place, you should have read the user's manual**, *Tout d'abord, tu aurais dû consulter le mode d'emploi*. Mais lorsqu'on l'emploie à la fin de la phrase, l'expression est plus difficile à cerner. Elle sert à évoquer une situation telle qu'elle était avant les événements dont on parle. **I've fixed the machine but I want to know why it broke down in the first place**, *J'ai réparé la machine, mais j'aimerais d'abord savoir pourquoi elle est tombée en panne*. Rappelons que, à ce niveau de maîtrise de la langue, il n'est pas nécessaire de traduire systématiquement une expression ni de chercher une équivalence : il suffit de "ressentir" la nuance qu'elle exprime.

9 **the Chancellor of the Exchequer** (litt. "le chancelier de l'échiquier"), est le *ministre de l'Économie et des Finances* britannique. Son ministère s'appelle **the Treasury**. Les médias parlent le plus souvent de **the chancellor**, mais il est important de ne pas confondre ce titre avec celui du **Lord Chancellor** (ou, de son vrai nom, **Lord High Chancellor of Great Britain**), l'un des plus hauts fonctionnaires de l'État et Président de la Chambre des Lords.

25 / Twenty-fifth lesson

10 Ce n'est point dans nos habitudes de vous apprendre des fautes de langue, mais il est quand même de notre devoir de vous les signaler lorsqu'elles sont fréquentes ! En effet, nous savons qu'une des règles fondamentales de la grammaire anglaise est de ne jamais mettre deux négations dans un même énoncé. Ceci dit, on entend fréquemment ce qu'on appelle la double négation, surtout dans un registre populaire. Ainsi, on doit dire soit **You can't trust anyone** soit **You can trust no one**, mais notre guide touristique fait la faute : **You can't trust "no one"**. Ce type d'erreur – qui doit être évitée à tout prix – se retrouve dans la langue parlée plutôt qu'à l'écrit.

11 Encore une trace des liens étroits entre l'anglais et le français ! **If you please** est la forme complète – et mot à mot – de l'expression *s'il vous plaît*, dont l'usage a évolué depuis des siècles pour ne laisser que le simple **please** en anglais contemporain. Cependant, **if you please** s'emploie encore, parfois dans un registre très formel, mais surtout de manière ironique ou comme une sorte d'impératif "adouci" : **Come this way, if you please**, *Si vous voulez vous donner la peine de venir par ici.*

12 **rude** est un faux ami. Le sens de base est l'incorrection, allant de l'impolitesse – **Don't point, it's rude**, *Ne montre pas du doigt : c'est mal élevé* – jusqu'à la vulgarité, voire la grossièreté, selon le contexte : **He's always telling rude jokes, which I find very embarrassing**, *Il raconte toujours des plaisanteries salaces, ce que je trouve très gênant.*

13 **a glimpse**, *un aperçu*. Le verbe **to glimpse** signifie *apercevoir brièvement* ou *entrevoir*. Pour accentuer cette notion de brièveté, on préfère l'expression **to catch a glimpse of** (litt. "attraper un bref regard"). **I caught a glimpse of the fugitive before he disappeared into the crowd**, *J'ai aperçu le fugitif avant qu'il ne disparaisse dans la foule.* Le sens de ces deux verbes, toujours <u>utilisés avec un complément d'objet</u>, est identique.

14 Nous avons vu en leçon 24, note 18 comment se servir du préfixe **ill-** avec un adjectif. Mais l'expression **a house of ill repute** (litt. "une maison de mauvaise réputation") est un euphémisme pour… une maison close (le terme habituel est **a brothel**, *un bordel*). En effet, le palais de Buckingham, résidence officielle du monarque britannique depuis les années 1830, fut construit par le duc de Buckingham au début du XVIIe à l'emplacement d'un ancien lupanar !

Vingt-cinquième leçon / 25

15 peel, *l'écorce d'un fruit* ; to peel, *éplucher, peler*. L'expression – très imagée – **to keep one's eyes peeled** (litt. "garder les yeux pelés") signifie *ouvrir l'œil*, comme si on s'épluchait les yeux pour mieux voir. On peut l'employer avec un complément d'objet : **Keep your eyes peeled for a service station: we're nearly out of petrol**, *Ouvrez grand les yeux : il nous faut absolument une station-service car nous sommes presque en panne sèche.*

16 **to glance**, *jeter un coup d'œil*. À la différence de **to glimpse/catch a glimpse** (note 13), **to glance** n'exige pas un complément d'objet : **Murphy glanced behind him and realised that he was being followed**, *Murphy jeta un coup d'œil derrière lui et se rendit compte qu'il était suivi.* (Le substantif, **a glance**, signifie *un coup d'œil* ou *un bref regard*.)

17 Le verbe à particule **to make out** a plusieurs sens, selon le contexte. La forme inséparable signifie généralement *discerner, distinguer*. Il peut s'agir de la perception tant visuelle, comme dans notre exemple, qu'auditive : **I can't make out what he's saying**, *Je n'arrive pas à entendre/comprendre ce qu'il dit.* Retenez bien ce contexte de discernement.

18 Leçon 6, note 3.

19 Le causatif (*faire faire quelque chose*) est un peu plus complexe en anglais qu'en français, car on distingue la forme active de la forme passive. Pour cette dernière, la construction de base est **to have something** + participe passé : **I had my hair cut yesterday**, *Je me suis fait couper les cheveux hier.* Mais on peut aussi employer la construction à la place de la forme impersonnelle française : **They have had their car stolen**, *On leur a volé leur voiture.* Nous y reviendrons plus tard.

one hundred and ninety-two • 192

Exercise 1 – Translate

❶ Being a tour guide is a difficult job. Mind you, it's well paid. ❷ We asked him for help but he just stared blankly. ❸ Investors had a rude awakening when the bank announced its results. ❹ He works as a stock broker in the City and he's coining it. ❺ I glanced behind me and realised that I was being followed.

***

Exercise 2 – Fill in the missing words

❶ L'affaire semble simple, mais elle est plus complexe qu'elle n'en a l'air.
The case seems simple, but .... it .... the ....

❷ Soyez aux aguets pour le moindre signe d'orage.
.... any signs of a storm.

❸ Je me suis fait couper les cheveux hier – et puis on m'a volé ma voiture !
I ... ... yesterday – and then I ... .!

❹ Regardez bien cette photo de lui et dites-moi à qui il vous fait penser.
.... this photo of him and tell me ....

❺ Si les corbeaux s'envolaient, la tour s'effondrerait et la monarchie tomberait.
If the ravens ... ., the tower .... and the monarchy ....

***

Le grand dramaturge irlandais George Bernard Shaw remarqua que dès qu'un Anglais se mettait à parler, aussitôt d'autres Anglais le détestaient. Shaw faisait référence au système de classe qui figea la société anglaise (plutôt que britannique) pendant des siècles, et dont les effets se font sentir encore aujourd'hui, même si on parle beaucoup de la **classless society***, société sans classes. Et l'une des manifestations les plus courantes de ce système est la manière de parler, aussi bien l'accent que le choix de vocabulaire. Ce clivage fut*

Vingt-cinquième leçon / 25

Corrigé de l'exercice 1

❶ Être guide touristique est un boulot difficile. Ceci dit, c'est bien rémunéré. ❷ Nous lui avons demandé de l'aide, mais il s'est contenté de nous jeter un regard vide. ❸ Les investisseurs ont eu un réveil brutal quand la banque a annoncé ses résultats. ❹ Il travaille comme courtier à la City de Londres et il s'en met plein les poches. ❺ En jetant un regard derrière moi, je me suis rendu compte que l'on me suivait.

***

Corrigé de l'exercice 2

❶ – there's more to – than meets – eye ❷ Keep your eyes peeled for – ❸ – had my hair cut – had my car stolen ❹ Take a look at – who it reminds you of ❺ – flew away – would collapse – would fall

***

immortalisé au début des années 1950 par l'auteur Nancy Mitford dans un essai acerbe où elle fit la distinction entre le vocabulaire **"U"** *(comprenez* **upper class**, *la haute société) et* **"non-U"**. *Par exemple, la "haute" parle de* **a drawing room** *pour un salon – alors que le* vulgum pecus *utilise* **a lounge** *–, ou* **a napkin** *au lieu de* **a serviette**, *pour une serviette de table. Et, surtout, il ne faut jamais employer le mot* **toilet**, *mais* **lavatory** *(dans les années 2000, un jeune membre de la famille royale aurait rompu avec sa fiancée à cause de ses maladresses langagières, notamment à propos des cabinets d'aisance). Plus important, on ne doit pas faire de fautes de grammaire, comme notre malheureux guide touristique et sa double négation. L'accent, aussi, trahit les origines sociales : écoutez la différence entre Doug et le narrateur de la leçon 24. Bien que vous ne soyez pas né sur le sol britannique, vous entendrez sûrement une différence de prononciation. Mais méfiez-vous, car aujourd'hui il est de bon ton pour la haute bourgeoisie de parler "populaire", avec un vague accent et patois londoniens dit* **Estuary English** *(d'après l'estuaire de la Tamise). Naturellement, un étranger passe habituellement à travers tous ces pièges car, de facto, il ne fait pas partie de la société d'accueil, mais il est nécessaire de comprendre l'importance de ces différences, ne serait-ce que parce qu'elles sous-tendent une bonne partie de l'humour britannique !*

*Certains noms de lieux à Londres révèlent le passé cosmopolite de cette grande ville, multiculturelle depuis toujours. Et le français, langue de la cour pendant des siècles, est bien représenté ! Par exemple, **Charing Cross** est l'endroit où le roi Édouard Ier fit ériger une croix monumentale à la mémoire de sa femme défunte au XIIIe siècle : "la croix de la chère reine". Cette même reine, Eleanor de Castille, donna son nom au quartier de **Elephant and Castle**, qui n'a rien à voir ni avec les éléphants ni avec les châteaux mais porte le nom de cette "enfant (infanta) de Castille", prononcé "à l'anglaise". De même, le quartier de **Marylebone** dans le centre de Londres tire son nom d'une église, Marie la Bonne. Ou encore **Rotten Row**, une longue piste, très fréquentée par les cavaliers, et qui traverse le sud de*

Twenty-sixth lesson

Our ancestors?

1 One of the major problems facing our modern cities is the congestion [1] and pollution,
2 caused by what one great English politician once called "the infernal combustion engine" [2].
3 But don't go thinking that the problem is recent: alas, it was ever thus [3]...
4 An anthropologist studying an ancient [4] American people discovered that they [5] had a strange ritual:
5 they worshipped an animal called the Rac, a peculiar and dangerous creature that was a vital part of their everyday life.
6 – This highly advanced society devoted an inordinate amount of time to the feeding and care of the Rac,

Prononciation
*4 ... ann-Thrë-**pol**-ëgist ... **é-én**-chënt ...*

Hyde Park, n'est pas du tout une "tracée pourrie" (sa traduction littérale), mais l'ancienne "route du roi", empruntée par les nobles au XIXe. Enfin, et peut-être le plus surprenant de tout, le fameux **beefeater** *("mangeur de bœuf"), qui monte toujours la garde à la tour de Londres, n'est pas ainsi nommé pour ses habitudes carnivores, mais parce que, à l'origine, ces soldats protégeaient les victuailles du roi pour empêcher toute tentative d'empoisonnement. Ils prirent alors le nom de buffetiers ! Plus français que ça…*

Vingt-sixième leçon

Nos ancêtres ?

1 Les embouteillages et la pollution constituent l'un des grands problèmes auxquels sont confrontées nos villes modernes.
2 Ils sont la conséquence de ce qu'un grand homme politique anglais a appelé le "moteur à combustion infernale".
3 Mais n'allez pas croire que le problème soit récent : hélas, il en a toujours été ainsi…
4 Un anthropologue qui étudiait un peuple de l'Amérique précolombienne a découvert chez celui-ci un étrange rituel :
5 ils vénéraient un animal appelé l'Erutiov, une créature singulière et dangereuse, qui faisait partie intégrante de la vie de tous les jours.
6 – Cette société très avancée passait un temps fou à nourrir et à soigner l'Erutiov,

7 a large beast not unlike [6] a fully grown bull in size, strength and temperament – but less intelligent.

8 Although the Rac could be used for practical purposes [7], it was chiefly a status symbol [8].

9 Most families owned at least one Rac, spending vast sums of money on its upkeep,

10 while some better-off members of the tribe kept whole herds in order to show off [9] to their neighbours.

11 Sadly, the Rac was not a sturdy animal: its average lifespan was just ten years or so.

12 It had to be fed frequently, and it often fell ill and had to be taken [10] to a specialised – and highly expensive – medicine man.

13 Furthermore, the Rac had some unusual habits that other advanced cultures would have considered harmful.

14 For one thing [11], they bred [12] very quickly, and no real efforts were ever made to curb this problem.

15 As a result, more and more special paths had to be built so that the Racs could travel along them,

16 for they would race against each other at high speed, requiring that special areas be [13] set aside just for them.

17 So high was the cost of building the facilities that a special levy had to be paid annually to the community.

18 Unlike cows and other beasts of burden, the excrement of the Rac could not be used as a fertiliser or fuel [14].

Vingt-sixième leçon / 26

7 une grosse bête qui n'était pas sans rappeler un taureau adulte de par sa taille, sa force et son tempérament – mais en moins intelligent.

8 Bien que l'Erutiov pût être utilisé à diverses fins pratiques, c'était surtout un symbole de prestige.

9 La plupart des familles possédaient au moins un Erutiov, auquel elles consacraient énormément d'argent,

10 tandis que les membres les plus aisés de la tribu en entretenaient des troupeaux entiers, pour frimer devant leurs voisins.

11 Malheureusement, l'Erutiov n'était pas un animal robuste : il vivait en moyenne à peine plus de dix ans.

12 Il fallait le nourrir fréquemment et il tombait souvent malade ; il fallait alors l'emmener chez un guérisseur spécialisé – et extrêmement cher.

13 De plus, l'Erutiov avait un certain nombre de manies singulières, que d'autres cultures avancées auraient considérées préjudiciables.

14 D'une part, il se reproduisait très rapidement, et rien n'était vraiment fait pour tenter de réduire l'ampleur du problème.

15 Par conséquent, il fallut construire de plus en plus de chemins spéciaux, pour permettre aux Erutiovs de se déplacer,

16 car ils faisaient la course entre eux, à toute vitesse, ce qui obligeait les gens à leur réserver des zones spéciales pour leur usage exclusif.

17 Le coût de la construction de ces installations était si élevé qu'il fallait payer tous les ans un droit spécial à la collectivité.

18 Contrairement aux vaches et autres bêtes de somme, les excréments de l'Erutiov ne pouvaient pas servir d'engrais ni de combustible.

19 Worst of all, they would often run amok [15], killing any members of the tribe who happened to be nearby [16].

20 Though [17] we have no proof, the Rac could well have been responsible for the disappearance of the entire society.

21 – Far-fetched [18] as this may sound [19], just try reading the word Rac backwards…

*19 … a-**meuk** …*

Notes

1 Le terme médical *congestion* existe aussi en anglais, mais on l'applique par métaphore (comme maintenant en français) à l'encombrement généralisé provoqué par le trafic routier urbain. Au début de ce siècle, pour pallier les embouteillages dans les rues du centre-ville, la municipalité de Londres introduisit un système de péage nommé **congestion charging** (litt. "frais d'encombrement"). Les rues dans la zone concernée sont indiquées par la lettre "C" peinte à même la chaussée.

2 Encore une référence culturelle (voir note culturelle, leçon 24) : le moteur à explosion (ou "à combustion interne") se dit **internal combustion engine**. Dans un discours célèbre, Winston Churchill, en pestant contre les ravages causés par la voiture, fit le calembour **infernal combustion engine**. Puisque les noms anglais n'ont pas de genre, rendant impossible l'accord des adjectifs, ce "lapsus" peut se comprendre comme *moteur à combustion (qui est) infernal*.

3 **thus**, *ainsi*. Le mot anglais est plus formel ou littéraire que son équivalent français, que l'on traduit plutôt par **this way** ou encore **like this** : **You have to do it this way/like this**, *Il faut le faire comme ça*. L'expression **it was ever thus**, *c'était toujours ainsi*, est ancienne (autrefois, **ever** signifiait *toujours*), mais certains écrivains ou journalistes l'utilisent de manière humoristique pour souligner l'antériorité de la chose décrite. Dans un registre courant, on dirait : **It has always been this way** ou **like this**.

4 L'adjectif **ancient** s'applique à tout ce qui est antique ou ancien, **Ancient Rome**, *la Rome antique*, mais aussi historique : **This thirteenth**

Vingt-sixième leçon / 26

19 Pire, ils étaient sujets à de fréquents coups de folie, tuant tous les membres de la tribu qui avaient le malheur de se trouver à proximité.

20 Bien que nous n'ayons aucune preuve, l'Erutiov pourrait être responsable de la disparition de cette civilisation.

21 – Cela peut vous sembler tiré par les cheveux mais, essayez de lire Erutiov à l'envers…

---

century bridge has been listed as an ancient monument, *Ce pont du XIIIe siècle a été classé monument historique.*

5 Nous savons que **people** est le pluriel de **person** mais, au singulier, le mot signifie *un peuple* : **The Spartans were a warlike people**, *Les Spartiates étaient un peuple guerrier.* Bien que le nom soit singulier, nous avons tendance à l'employer avec un verbe pluriel, surtout si on le fait précéder (comme dans cet exemple) d'un nom pluriel.

6 **unlike** est formé du suffixe négatif **un-** (*non-*) et **like** (*comme*). En tant qu'adjectif, il signifie *dissemblable* ou *différent*, mais on l'utilise le plus souvent comme préposition, et sa traduction dépend du contexte. Par exemple, **This is unlike anything I've ever tasted**, *Je n'ai jamais rien mangé de tel*, ou encore : **London is unlike any other major European city**, *Londres ne ressemble à aucune autre grande ville européenne.* La tournure **not unlike** (pour une fois, deux négations sont permises !) s'emploie lorsque deux choses se ressemblent plus ou moins, mais ne sont pas identiques.

7 Nous avons déjà rencontré le mot **purpose** (leçon 15, phrase 15), *le but* ou *l'objet* : **What is the purpose of your visit?**, *Quel est l'objet de votre visite ?* Au pluriel, avec la préposition **for**, il signifie *à des fins…* **These documents must be kept for five years for administrative purposes**, *Il faut conserver ces documents pendant 5 ans à des fins administratives.* Notez que, dans cette configuration, (a) **purposes** est toujours au pluriel et (b) l'adjectif se place entre la préposition et le nom.

8 Bien que **status** partage la même origine que *statut* en français, le sens est plus large. Notamment, il traduit le mot franglais *standing*, surtout avec l'adjectif **social** : **Despite their shared social status, their voting behaviour in congress was highly partisan**, *Malgré leur standing com-*

mun, leur comportement au Congrès lors des votes était extrêmement partisan. Par conséquent, **a status symbol** est un signe extérieur de réussite, *un symbole de prestige* : **A big office is no longer the status symbol it once was,** *Le fait d'occuper un grand bureau n'est plus considéré comme un symbole de prestige.*

9 Attention au verbe à particule **to show off** : il ne s'agit pas de *montrer* mais de *frimer* ou *fanfaronner* : **Don't encourage him, he's showing off,** *Ne l'encouragez pas, il frime.* Le verbe est inséparable.

10 La tournure passive [**had to be** + participe passé] est la forme impersonnelle du verbe **to have to**, *falloir*. Par exemple, si le sujet de la phrase est un pronom personnel, on dit **We had to stop the match because it was raining**, *Nous avons dû interrompre le match car il pleuvait*, mais, à l'impersonnel, **The match had to be stopped because it was raining.** Nous y reviendrons.

11 Encore une tournure avec **thing** ! On emploie **for one thing** en début ou en fin de phrase lorsqu'on commence à énumérer des motifs ou des raisons. **I love Normal Mailer. For one thing, he was a great writer,** *J'adore Normal Mailer. D'abord, c'était un grand écrivain.* Mais si on poursuit l'énumération, on ne dit pas "**for two things**", mais **for another** tout court (ou bien **what's more**) : **For another, he was an interesting man**, *Par ailleurs, c'était un homme intéressant.*

12 Voir leçon 6, note 9. Rappelons que plusieurs verbes qui se forment avec le phonème /**eed**/ sont irréguliers. C'est las cas notamment de **to feed**, *nourrir* (phrase 12).

13 Voici à nouveau le subjonctif (leçon 21, § 1), avec verbe d'obligation, **to require**, *exiger*. **The Commission requires that corrective action be taken immediately,** *La commission exige qu'une action corrective soit prise tout de suite.* Mais comme nous avons vu, on peut éviter ce temps un peu formel en employant **should** : **The Commission requires that corrective action should be taken immediately.** Mieux encore, on peut supprimer **that** et employer simplement un infinitif. **The Commission requires corrective action to be taken immediately.**

14 Rappelons que **fuel** (leçon 24, phrase 17) est un faux-ami car il signifie *combustible* ou *carburant*. **Rising fuel prices will have a negative impact on the economy,** *La hausse des prix des carburants aura un impact négatif sur l'économie.* Ce que nous appelons en français le *fioul* se traduit par **fuel oil**, *carburant*, ou **heating oil**, *fioul domestique.*

Vingt-sixième leçon / 26

15 L'anglais incorpore et fait siens très facilement des mots venus des langues non-européennes. Ainsi **amok** *[a-meuk]* vient du malais et décrivait un accès de folie meurtrière particulier, paraît-il, à ce peuple (c'est ainsi que le mot est entré aussi dans la langue française, mais *stricto sensu*). De nos jours, l'expression **to run amok** s'emploie au sens d'origine – **The gunman ran amok in a post office**, *L'homme armé a été pris de folie meurtrière dans un bureau de poste –*, mais aussi dans le sens plus figuratif de *se déchaîner* : **The children ran amok while their parents were out**, *Les enfants se sont déchaînés alors que leurs parents étaient sortis.* (Il est intéressant de noter que le mot **amok** est entré dans la langue malaise par… le portugais !)

16 On reconnaît ici l'adverbe **near**, *proche*. **Nearby** peut s'employer soit comme adverbe, dans le sens de *tout près* : **They live nearby**, *Ils habitent juste à côté*, ou comme adjectif pour traduire *proche* ou *voisin* : **The ceremony was held in a nearby park**, *La cérémonie s'est déroulée dans un parc voisin*. C'est l'un des rares adjectifs qui peut se placer après le nom : **The ceremony was held in a park nearby**. (Attention, **nearby** ne peut pas prendre un complément d'objet : **He lives near the park**, et non ~~nearby~~ **the park**.)

17 **though** et **although**, signifiant *bien que*, sont synonymes et peuvent s'employer indifféremment (**Though we have no proof / Although we have no proof**). En revanche, on peut employer l'intensif **even** avec **though** <u>mais pas avec</u> **although** : **Even though the wifi connection is working, I can't pick up my e-mails**, *Bien que la connexion wi-fi marche bien, je n'arrive pas à récupérer mes courriels*. La seule petite nuance est qu'on a tendance à employer **though** plutôt que **although** dans la langue parlée. (Dans les deux cas, prononcez bien le /**th**/ dur *[Dho-o]*, *[orl-**Dho-o**]*.)

18 **to fetch**, *aller chercher, amener*. **Fetch me a cup of tea, will you?**, *Amenez-moi une tasse de thé, voulez-vous ?* Mais si l'on dit qu'une idée, une explication, etc., est **far-fetched**, on veut dire qu'elle est farfelue ou tirée par les cheveux (on est allé très loin pour la chercher et la ramener !). **I found the end of the movie totally far-fetched**, *J'ai trouvé la fin du film vraiment tirée par les cheveux*.

19 Remarquez, encore une fois, comment l'inversion permet d'accentuer le ou les mots les plus importants de la phrase, en les mettant au début : **Although this may sound far-fetched, it's true → Far-fetched as this may sound**, etc.

Exercise 1 – Translate

❶ Don't go thinking that this is a new trend; it has always been this way. ❷ The damage had to be seen to be believed. ❸ For one thing, she was a great writer. For another, she was also a brilliant economist. ❹ You'll only throw fuel on the flames if you answer his e-mail. ❺ Although his excuse may sound far-fetched, it's absolutely true.

***

Exercise 2 – Fill in the missing words

❶ La commission exige qu'une action corrective soit prise tout de suite.
The Commission . . . . corrective action . . . . immediately.

❷ Nous avons dû interrompre le match car il pleuvait.
The match . . . . because it was raining.

❸ Posséder une voiture chère n'est plus symbole de prestige.
An expensive car . . . . the . . . . it . . . .

❹ Essayez ce fruit. Je n'ai jamais rien mangé de tel.
Try this fruit. It's . . . . tasted.

❺ Il fallait le nourrir fréquemment, il tombait souvent malade, et il fallait l'emmener à l'hôpital.
It . . . . frequently, it often . . . . and . . . . to hospital.

Vingt-sixième leçon / 26

Corrigé de l'exercice 1

❶ N'allez pas croire qu'il s'agit d'une nouvelle tendance ; il en a toujours été ainsi. ❷ Il fallait voir les dégâts pour y croire. ❸ D'abord, c'était une grande écrivaine. Par ailleurs, c'était aussi une brillante économiste. ❹ En répondant à son courriel, tu ne feras que jeter de l'huile sur le feu. ❺ Bien que son excuse puisse paraître tirée par les cheveux, elle est absolument véridique.

***

Corrigé de l'exercice 2

❶ – requires – to be taken – ❷ – had to be stopped – ❸ – is no longer – status symbol – once was ❹ – unlike anything I've ever – ❺ – had to be fed – fell ill – had to be taken –

Avez-vous remarqué que nous passons régulièrement en revue des éléments abordés dans les leçons précédentes afin d'approfondir ou de consolider vos connaissances sur tel ou tel point ? Pour l'instant, nous commentons la plupart de ces reprises, mais au fur et à mesure que vous avancez, nous vous les signalerons simplement par une référence à la leçon et à la phrase ou note en question, laissant ainsi jouer à plein votre capacité d'assimilation naturelle.

27

Twenty-seventh lesson

Getting away from the city

1 – I love the city, I honestly do [1], but I also need to get out of it every now and then. Fancy a day trip on Saturday?

2 – I really ought to work this weekend, I've got a lot on my plate [2] at the office and I'm already way behind [3].

3 It'd probably do me good, though [4]: a change is as good as a rest [5], as they say. Where shall we go?

4 – What about [6] Hampton Court? There's a fabulous maze and we can picnic in Bushy Park afterwards if it's fine.

5 – You and your picnics! Give me a decent pub or a restaurant any day [7]. Any better ideas?

6 – How about Oxford? It's only a couple of hours away by car and there's loads to see and do.

7 The dreaming spires and whatnot [8]. I do believe they might even have an upmarket eatery or two.

8 I haven't been there for donkey's years. How about it?

9 – You want to drive? You're out of your mind [9]. We'll be stuck in a tailback [10] on the A40 for hours.

10 – You're such a wet blanket [11]! Why don't you come up with [12] a better idea, then?

11 Why not stay closer to home? Greenwich is easy to get to by boat and we can take the train back.

12 It's really quaint. We can potter around [13] the second-hand bookshops, go to the flea market…

Vingt-septième leçon

Échapper à la ville

1 – J'adore la ville, honnêtement, mais j'ai aussi besoin d'en sortir de temps en temps. Ça te dirait d'aller faire un tour, samedi ?
2 – Il faudrait vraiment que je travaille, ce week-end. J'ai du pain sur la planche au bureau et je suis déjà très en retard.
3 Quoique ça me ferait probablement du bien : un peu de changement, ça vaut une sieste, comme on dit. Où allons-nous ?
4 – Que dirais-tu de Hampton Court ? Il y a un labyrinthe extraordinaire et nous pouvons pique-niquer à Bushy Park après, s'il fait beau.
5 – Toi et tes pique-niques ! Parle-moi plutôt d'un bon pub ou d'un restaurant ; là, c'est quand tu veux. Tu n'as pas de meilleure idée ?
6 – Et Oxford ? C'est seulement à deux heures de voiture et il y a plein de choses à voir et à faire [là-bas].
7 Les "flèches rêveuses", tout ça… Je pense qu'il doit même y avoir un ou deux restos de première classe.
8 Je n'y suis pas allé depuis des lustres. Qu'est-ce que tu en dis ?
9 – Tu veux faire de la voiture ? Tu perds la tête. On va se retrouver coincés pendant des heures dans les bouchons sur l'A40.
10 – Quel rabat-joie ! Tu n'as qu'à trouver une meilleure idée, dans ce cas.
11 Pourquoi aller si loin ? On peut facilement aller à Greenwich en bateau et revenir en train.
12 C'est vraiment pittoresque. Nous pouvons flâner chez les bouquinistes, aller au marché aux puces…

27 / Twenty-seventh lesson

13 – No way [14]. I have no intention of spending the day with a shopaholic [15]. Anyway, the place will be crawling with tourists.

14 – You needn't [16] be so rude. I daren't [17] open my mouth! Every time I do, you jump down my throat.

15 Can't you see that I'm racking my brains [18] to find something that will suit us both?

16 – I dare say you are, but we're getting nowhere fast. I suggest we ask Dave if he has any bright ideas.

17 Hey, Dave! What do you reckon? Should we go to Hampton Court, Greenwich or what?

18 – If you want my honest opinion, guys, you'd be much better off going to the movies.

19 Then I'd call the local takeaway, order a curry and get them to deliver it [19].

20 Then just come home and hang out. Bob's your uncle [20]. The perfect weekend!

21 – Now there's a man after my own heart.

Prononciation

*13 … chop-ë-**Ho**-lik …*

Notes

1 L'auxiliaire **do** peut s'employer pour insister sur ce que l'on vient de dire : **She does like to cook but she's too busy**, *Elle aime vraiment faire la cuisine, mais elle n'a pas le temps.* Pour appuyer davantage, on place l'adverbe **really** avant **do** : **She really does like to cook.** Mais on peut aussi changer la structure de la phrase, en répétant le pronom et en plaçant l'auxiliaire à la fin de la phrase ou de la proposition, **She likes to cook, she really does.**

2 **a plate**, *une assiette*. L'expression **to have a lot on one's plate** signifie *avoir beaucoup à faire*. Elle ressemble à l'expression française *avoir du pain sur la planche.* Rappelons que, dans la langue parlée, lorsqu'on fait la contraction de **have**, on rajoute souvent **got**, avec son *[g]* guttural, comme si on avait peur que son interlocuteur n'entende pas bien : **She**

Vingt-septième leçon / 27

13 – Pas question. Je n'ai absolument pas l'intention de passer la journée avec un accro du shopping. De toute manière, ce sera bourré de touristes.
14 – Tu n'es pas obligé d'être grossier. Je n'ose plus ouvrir la bouche ! À chaque fois, tu me tombes dessus.
15 Tu ne vois pas que je me creuse la cervelle pour trouver quelque chose qui nous conviendra à tous les deux ?
16 – Je le vois bien, effectivement, mais nous ne sommes pas plus avancés. Je suggère qu'on demande à Dave s'il a une idée de génie.
17 Hé, Dave ! Qu'est-ce que tu en penses ? Devrions-nous aller à Hampton Court, Greenwich ou quoi ?
18 – Si vous voulez mon avis, honnêtement, les gars, vous feriez bien mieux d'aller au cinéma.
19 Après, j'appellerais le resto du coin qui fait des plats à emporter, je commanderais un curry, en leur demandant de le livrer.
20 Ensuite, je rentrerais me vautrer chez moi. Le tour est joué. Le week-end idéal !
21 – Ça, c'est un homme qui a les mêmes idées que moi !

---

has a lot on her plate right now, *Elle a du pain sur la planche en ce moment* → **She's got a lot on her plate**, etc. Il s'agit d'un phénomène strictement auditif ; il n'y a aucune différence de sens.

3 Nous avons déjà vu que, en tant qu'adverbe, **behind**, *derrière*, signifie aussi *en retard*. Précisons qu'il ne s'agit pas d'un retard vis-à-vis d'un horaire (on utilise **late** dans ce cas) mais dans un travail, etc. On peut employer **behind** soit avec un complément d'objet : **That new customer is behind with his payments**, *Ce nouveau client est en retard dans ses règlements*, soit tout seul : **I'm afraid I'm behind**, *J'ai bien peur d'avoir pris du retard*.

4 En leçon 26, nous avons vu que **though** est synonyme de **although**, *bien que*. Mais, placé seul à la fin d'un énoncé, **though** a aussi le sens de *pourtant* ou *cependant* : **I've got to leave now. I'll be back tomorrow, though**, *Là, je dois partir. Mais je reviens demain*. On ne peut pas employer **although** dans cette construction.

27 / Twenty-seventh lesson

5 **to rest**, *se reposer*. Nous trouvons le substantif **a rest** dans des locutions avec d'autres verbes comme **to need a rest**, *avoir besoin de repos*. Le dicton **"a change is as good as a rest"** (litt. "un changement est aussi bon que du repos") signifie que le fait de changer d'endroit, d'habitudes, etc. est délassant.

6 Nous avons vu la tournure **What about…?** employée pour demander l'opinion de quelqu'un (leçon 23, note 15). Ici, nous l'utilisons pour suggérer ou proposer quelque chose à quelqu'un. Il est suivi ou d'un nom ou d'un gérondif (si l'on propose une action : **What about trying that new delicatessen on Smith Street?**, *Et si nous essayions la nouvelle épicerie fine de la rue Smith ?* On peut aussi remplacer **what** par **how** avec exactement le même sens et la même construction (nom, gérondif) : voir la phrase 6 dans cette leçon.

7 La locution **any day** (souvent avec **now**) signifie *d'un jour à l'autre* : **The twenty-gigabyte version of the machine is being launched any day**, *La version 20 Go de la machine sera lancée d'un jour à l'autre*. Mais la tournure idiomatique **any day** (ou parfois **any day of the week**), que l'on trouve dans la langue parlée, équivaut à **in any case**, *en tout cas*. Mais alors que la tournure française se place plutôt en début de phrase, **any day** vient à la fin : **I'd rather act in films than direct them any day**, *En tout cas, je préfère jouer dans les films plutôt que de les mettre en scène*.

8 Comme dans toutes les langues, on ne connaît pas nécessairement le mot juste pour tout ! Il existe donc tout un arsenal de mots (comme "truc", "bidule", "machin") qui nous permet de contourner ce problème. En anglais, nous trouvons, parmi tant d'autres, **a whatnot**. À l'origine, ce mot désignait une sorte d'étagère polyvalente sur laquelle on pouvait poser n'importe quoi (**what not**). De nos jours, il fait partie de cet arsenal d'imprécisions : **Pass me that whatnot over there, please**, *Passe-moi ce truc là-bas, s'il te plaît*. L'expression **…and whatnot**, placée après un ou plusieurs noms, est équivalente à notre *et tout et tout* : **He loves online games, quizzes and whatnot**, *Il adore les jeux, devinettes et autres trucs en ligne*. Inélégant, peut être, mais très utile, à tel point que nous y consacrerons une leçon entière plus tard.

9 Jadis, l'expression **to be out of one's mind** (litt. "être hors de son esprit") décrivait quelqu'un qui avait perdu la raison, un aliéné. Cet usage existe encore, mais l'expression est employée plutôt de manière imagée, accompagnée d'un qualificatif avec **with** : **Maggie had not heard from her daugher and was out of her mind with worry**, *N'ayant pas eu de nouvelles de sa fille, Maggie était folle d'inquiétude*.

10 Vous connaissez sûrement le terme **a traffic jam**, *un embouteillage*, qui signifie que les voitures sont coincées (**jammed**). De nous jours, ces

209 • **two hundred and nine**

bouchons deviennent de plus en plus longs, comme une queue (**tail**) qui remonte très loin en arrière (**back**) : **There's a five-mile tailback on the M3**, *Il y un bouchon de 5 milles* (= 8 km) *sur l'autoroute M3*.

11 **a blanket**, *une couverture*. L'expression idiomatique **a wet blanket** désigne une personne qui tue l'enthousiasme, un rabat-joie (comme une couverture humide que l'on jette sur un feu pour l'éteindre). **Don't be a wet blanket. Come out for a drink with us**, *Ne joue pas les trouble-fête. Viens boire un verre avec nous.*

12 Le sens fondamental du verbe à particule inséparable **to come up with** est *trouver*. Selon le contexte, cela peut signifier *fournir* : **The government refused to fund the project so the bank came up with the money**, *Puisque le gouvernement a refusé de financer le projet, c'est la banque qui a fourni l'argent* ; ou encore proposer : **The staff came up with several interesting ideas for improving the product**, *Le personnel a proposé plusieurs pistes intéressantes pour améliorer le produit*. Retenez bien la signification sous-jacente (ainsi que les deux prépositions) et vous pourrez trouver facilement le sens précis.

13 Le verbe familier **to potter around** (ou **about**) n'a pas de traduction exacte : il décrit le fait de faire des choses agréables mais sans importance, tout en prenant son temps : **Now that Tom's retired, he just potters around the house**, *Maintenant que Tom est à la retraite, il s'amuse en bricolant à la maison...* (Le nom **a potter** signifie *un potier*, mais l'étymologie du verbe est obscure.)

14 L'expression familière **no way** (litt. "pas de chemin") est très utile lorsqu'on veut opposer un refus catégorique. On peut l'employer tout seul comme interjection : **Let's drive there. – No way!**, *Allons-y en voiture. – Pas question !* Dans ce cas, les deux mots sont accentués avec la même force (écoutez l'enregistrement si vous le possédez). Il est aussi possible de former une phrase complète avec **no way** : **There's no way I'm driving to Oxford**, *Il n'est pas question que j'aille à Oxford en voiture*. Ou bien, comme nous avons vu cette semaine, l'inversion permet d'appuyer encore davantage : **No way am I driving to Oxford**.

15 La souplesse de la langue anglaise se prête facilement aux néologismes. Par exemple, à partir du nom **an alcoholic**, *un alcoolique*, on utilise le suffixe pour décrire une personne qui est "accro" à quelque chose : **Tom never takes holidays; he's a workaholic**, *Tom ne prend jamais de vacances ; c'est un travailleur acharné*. Ou encore quelqu'un qui ne peut se passer de chocolat est **a chocoholic**. Et l'on en fait de

nouveaux mots tous les jours (**foodaholic** et même **sexaholic**). Enfin, même si un nouveau mot basé sur **-aholic** n'existe pas encore dans les dictionnaires, il sera compréhensible !

16 Nous savons que, dans certains cas, il est possible de former le négatif de **to need** simplement avec **not** (leçon 24, note 17). Dans la langue parlée, la forme **needn't** (toujours avec la contraction) signifie *ce n'est pas la peine* : **You needn't be so angry. I didn't break the vase on purpose**, *Pas la peine de se mettre en colère à ce point. Je n'ai pas cassé le vase exprès.* Pour la forme passée, on emploie l'auxiliaire **have** et le participe passé : **You didn't do anything wrong so you needn't have apologised**, *Vous n'aviez rien fait de mal, donc ce n'était pas la peine de vous excuser.*

17 Comme avec **to need**, la négation de **to dare**, *oser*, peut se former simplement avec **not** après le verbe au présent. En fait, en anglais moderne, c'est presque la seule forme que l'on trouve couramment : **After what I said about him, I daren't go to his party**, *Après ce que j'ai dit de lui, je n'ose pas aller à sa fête.* Cette forme est invariable (**we daren't go**, etc.). En revanche, au passé, le verbe redevient régulier : **I didn't dare go to his party.**

18 a rack est un objet de rangement, comme un casier ou un bac. Plus sinistre, c'était aussi le chevalet, ancien instrument de torture. Avec l'expression **to rack one's brains** (toujours au pluriel), c'est comme si l'on suppliciait sa cervelle ! **I racked my brains to find a good answer**, *Je me suis creusé la tête pour trouver une bonne réponse.*

19 Voici une autre manière de construire le causatif (leçon 25, note 19). Dans la langue parlée, on peut remplacer la forme [**to have** + complément d'objet + participe passé] par [**to get** + objet direct + infinitif]. Donc **I'll have the curry delivered** devient **I'll get them to deliver the**

***

Exercise 1 – Translate

❶ Plug in the machine, press the switch, and Bob's your uncle! ❷ Now that he's retired, he just potters around the house. ❸ The government refused to fund the project so the bank came up with the money. ❹ He said he would rather act in films than direct them any day. ❺ I'm afraid I'm behind with my repayments.

Vingt-septième leçon / 27

curry. Il y a souvent, avec cette tournure, la notion de convaincre la personne en question (objet direct) : **We can't get them to realise the gravity of the situation,** *Nous n'arrivons pas à leur faire comprendre la gravité de la situation.* Au niveau de la construction, la différence entre les deux tournures est la nécessité d'employer un objet direct avec **get**.

20 L'interjection **Bob's your uncle!** (toujours avec la contraction) signifie que quelque chose s'est bien terminé ou se résoudra. On la place à la fin de l'énoncé, comme *Et voilà !* ou *Le tour est joué.* **Plug in the machine, press the switch, and Bob's your uncle!**, *Branchez la machine, appuyez sur le bouton, et voilà !* Quant à l'origine de l'expression, il semblerait que le Bob (diminutif de Robert) en question était le Premier ministre britannique, Robert Cecil, qui avait nommé son neveu Arthur Balfour à un poste important. La presse fit ses choux gras de l'affaire, insinuant qu'avec un oncle comme "le bon vieux Bob", tout était possible.

***

Corrigé de l'exercice 1

❶ Branchez la machine, appuyez sur le bouton, et voilà ! ❷ Maintenant qu'il est à la retraite, il s'amuse en bricolant à la maison. ❸ Puisque le gouvernement a refusé de financer le projet, c'est la banque qui a fourni l'argent. ❹ Il a dit que, dans tous les cas, il préférerait jouer dans les films plutôt que de les mettre en scène. ❺ J'ai bien peur d'être en retard dans mes remboursements.

Exercise 2 – Fill in the missing words

❶ Pas la peine de se mettre en colère à ce point. Je ne l'ai pas fait exprès.
.. .. so angry. I didn't do it .. ..

❷ Elle aime faire la cuisine, vraiment, mais elle est n'a pas le temps.
She .. .., ..., but she's too busy.

❸ "Penny a du pain sur la planche en ce moment", a dit Bob.
"Penny's .. .. right now," Bob said.

❹ Tu es fou, Jim. Il n'est pas question que j'aille à Oxford en voiture.
You're .. .., Jim. .. .. driving to Oxford.

❺ Et si nous essayions quelque chose de différent ? Comme on dit, ça nous changera les idées.
.. .. something different? A .. .. .. is .. .. a .. .., as they say.

Tout comme en France, certaines villes britanniques sont connues surtout pour une activité, un monument ou un événement historiques, ou encore une spécialité culinaire. Par exemple, des villes comme Canterbury et Coventry possèdent des cathédrales de très grand intérêt architectural (la première datant du VIe siècle, la seconde du XXe). De plus, Canterbury est le siège de l'Église anglicane. Dans le Nord, berceau de la révolution industrielle, plusieurs villes sont synonymes d'une activité industrielle historique, telles Sheffield

Twenty-eighth lesson

Revision – Révision

1 L'inversion

Cette semaine nous avons vu comment, en inversant l'ordre normal des mots dans une phrase, nous pouvons en accentuer ou en renforcer l'élément-clé. Dans la plupart des cas, on fait appel aux auxiliaires **do** et **have**. Par exemple, des phrases comme :

Vingt-huitième leçon / 28

Corrigé de l'exercice 2

❶ You need not be – on purpose ❷ – likes to cook, she really does – ❸ – got a lot on her plate – ❹ – out of your mind – No way am I – ❺ What about trying – change – as good as – rest –

(l'acier), Durham (la houille) ou encore Bradford (le textile), même si nous sommes entrés dans l'ère post-industrielle. Pour une nation maritime comme la Grande-Bretagne, les ports ont joué un rôle crucial (Dover, Portsmouth, Liverpool…). Enfin, Oxford et Cambridge sont mondialement réputées pour leurs universités, connues de manière collective sous le vocable Oxbridge. Par ailleurs, certaines de ces villes portent un petit nom : Birmingham est **the city of a thousand trades** (la ville aux mille métiers), Edinburgh est **the Athens of the North** (à cause de son rôle dans le siècle des Lumières), alors que Londres se glorifie du sobriquet **the Smoke** (la fumée) à cause de sa pollution. Enfin, Oxford porte le titre poétique de **city of the dreaming spires** (la ville des flèches rêveuses), nom donné par un poète du XIXe siècle, Matthew Arnold, à cause de l'architecture harmonieuse des bâtiments ecclésiastiques dans cette ville. Enfin, the City (avec un C majuscule) signifie la place financière de Londres.
Notons que les surnoms des villes sont beaucoup moins usités dans la langue courante ou dans les médias que leurs équivalents français ("ville phocéenne" ou autre "ville rose"). Enfin, quatre villes britanniques portent des noms francisés : Canterbury (Cantorbéry), Dover (Douvres), Edinburgh (Édimbourg) et Londres.

Vingt-huitième leçon

She not only speaks Chinese, she also has a degree in chemical engineering, *Non seulement elle parle le chinois, mais elle a aussi une licence en ingénierie chimique*.

ou

I have never been so insulted in my life, *Je n'ai jamais été aussi insulté de ma vie*.

peuvent être remaniées pour donner plus de force :

Not only does she speak Chinese, she also has a degree in chemical engineering.

Never in my life have I been so insulted.

Ce type de construction est fréquent après des expressions temporelles (**never**, **rarely**, **scarcely**, etc.), et ce à tous les temps. De plus, l'inversion peut se faire au milieu de la phrase :
He had been in prison but he rarely mentioned it.
Il avait fait de la prison, mais il en parlait rarement.
→ **He had been in prison but rarely did he mention it.**
(Rappelons que, si la phrase originale ne comporte pas d'auxiliaire, on emploie **do** à la bonne forme.)

Une autre inversion courante se forme avec **so**. Notez que si le verbe principal est **to be**, il n'y a pas besoin d'auxiliaire :
The fire was so fierce that it destroyed five hundred acres of forest.
L'incendie a été tellement intense qu'il a détruit 200 ha de forêt.
→ **So fierce was the fire that it destroyed five hundred acres of forest.**
Bien qu'employée dans la langue parlée (voir leçon 23, phrase 10), l'inversion avec **so** est plutôt une tournure écrite.
Enfin, l'inversion avec **only** nous permet de raccourcir une phrase. Remarquez, encore une fois, le rôle de l'auxiliaire :
It was only after I had left university that I became really interested in politics.
Ce n'est qu'après avoir quitté l'université que je me suis vraiment intéressé à la politique.
→ **Only after I had left university did I really become interested in politics.**
Cette tournure nous permet d'éliminer la forme faible **It is/was**, etc., en début de phrase :
It was only with the rise of manufacturing that people started flocking to cities.
C'est seulement avec l'essor de l'industrie manufacturière que les gens ont commencé à rallier les villes.
→ **Only with the rise of manufacturing did people start flocking to cities.**
Dans ce cas, le but de l'inversion n'est pas seulement l'insistance, mais aussi la concision.

Vingt-huitième leçon / 28

2 Le causatif *(faire faire)*

Nous nous sommes intéressés cette semaine à la forme passive de la construction française *faire faire* (lorsque la personne qui parle n'est pas celle qui a accompli l'action principale). Dans la plupart des cas, on emploie l'auxiliaire **to have** + complément d'objet + participe passé :
I had my hair cut last Tuesday, *Je me suis fait couper les cheveux mardi dernier*.

Dans la langue parlée, **had** n'est pas contracté car la construction serait à peine audible. En revanche, on le remplace volontiers par **get**, sans en changer le sens :
I got my hair cut.

Prenons une phrase un peu plus complexe :
Did you make the birthday cake yourself or did you have it made?
As-tu fait le gâteau d'anniversaire toi-même, ou l'as-tu fait faire ?

On peut, bien sûr, remplacer **have** par **get** :
Did you make it yourself or did you get it made?

Si un agent est mentionné dans la phrase (*faire faire quelque chose à quelqu'un*), on emploie la même construction avec **have** (mais, à la place du participe passé, on utilise l'infinitif nu) :
We had them call the police, *Nous leur avons fait appeler la police*.

Cependant, si l'on remplace **have** par **get** dans cette construction, le deuxième verbe est l'infinitif normal :
We got them to call the police, *Nous les avons fait téléphoner à la police*.

Enfin, il est très important d'employer l'auxiliaire **have** (ou **get**), et non le verbe **to make**, pour traduire *faire* dans la première partie de la construction ; sinon le sens est très différent :
We made them call the police = *Nous les avons <u>obligés</u> à téléphoner à la police*.

3 *need* et *dare*

• **to need**, *avoir besoin de*, se comporte à la fois comme verbe régulier normal ainsi que comme verbe modal, presque toujours à la forme négative. Il y a une nuance subtile – mais importante – entre les deux formes **do not need** et **need not** (contracté presque systématiquement en **needn't**).

Lorsqu'il n'y a pas une nécessité <u>immédiate</u>, on emploie plutôt la forme modale :
You needn't turn off the computer; it will switch to standby automatically, *Ce n'est pas la peine d'éteindre l'ordinateur ; il se mettra en mode veille automatiquement*.

Bien sûr, un modal n'est jamais suivi d'un infinitif. En revanche, si on parle d'une nécessité ou d'une obligation <u>habituelle</u>, la forme régulière s'impose :
You don't need to do military service in Great Britain, *Vous n'êtes pas obligé de faire le service militaire en Grande-Bretagne*.
La forme modale serait une erreur dans ce contexte.
La même règle s'impose à la forme interrogative. Mais rappelons que les verbes modaux sont suivis de l'infinitif nu :
Need I turn off the computer?
Do you need to do military service?

• Le verbe **to dare**, *oser*, peut aussi être à la fois régulier et modal. On le trouve surtout à la forme négative, mais la différence entre les deux formes (**do not dare** et **daren't**) est moins tranchée qu'avec **to need**. Disons que, en pratique, ils sont interchangeables :
I daren't tell him that I've lost the money.
I don't dare to tell him that I've lost the money.
Je n'ose pas lui dire que j'ai perdu l'argent.
Notez que, avec la forme **don't dare**, on peut aussi supprimer l'infinitif : **I don't dare tell him.**
Il y a une tournure courante dans laquelle on trouve **dare** à l'affirmatif : dans l'expression invariable **I dare say**. Il ne s'agit pas de la traduction de l'expression française *j'ose dire*, mais d'une présomption :
I dare say you want a shower after your long flight, *Je suppose que vous aimeriez prendre une douche après ce long vol ?*
Bien que l'on ne mette pas un point d'interrogation, ce type de locution est quand même une forme de question.

4 *ever*

Faisons un point sur ce mot très polyvalent, car nous l'avons vu dans plusieurs contextes différents cette semaine.

Vingt-huitième leçon / 28

4.1 *ever* = de manière croissante

An ever growing number of refugees are applying for political asylum, *Un nombre sans cesse croissant de réfugiés demandent l'asile politique ?*

4.2 *ever* = toujours

Fear is ever present in the region, *La peur est toujours présente dans la région.*
ou encore, comme nous avons vu à la leçon 26 :
It was ever thus, *Il en a toujours été ainsi.*
Dans les deux cas, le registre est soutenu.
Dans ce contexte, **for ever** = *pour toujours*.
"I will love you for ever," she shouted as they drove her away.
"Je t'aimerai pour toujours", cria-t-elle lorsqu'on l'emmena.
Placé devant le verbe, **for ever** (ou **forever**) traduit la notion de *sans cesse*, *tout le temps* :
They are forever complaining about the weather, *Ils se plaignent toujours du temps.*
Notons que, dans le langage familier, **for ever** (généralement accompagné du verbe **to take**), signifie *une éternité* :
We ordered two steaks, but it took forever to get served, *Nous avons commandé deux steaks, mais ils ont mis une éternité à nous servir.*

4.3 Autres traductions possible de *ever*

Enfin voici deux tournures idiomatiques avec **ever**, pour lesquelles il n'y a pas de traduction exacte en français :

- ***ever since* = depuis**
Ever since he was young, Andrew has wanted to be an astronaut, *Andrew veut être astronaute depuis qu'il est tout petit.*
ever rajoute une notion de durée ou de constance à **since** ("depuis le moment même").

- ***ever so* = très, vraiment**
Cette tournure idiomatique est assez inélégante, mais très courante dans la langue parlée.
It's ever so cold, *Il fait vraiment froid.*
À éviter (mais à reconnaître !), s'il vous plaît.

Revision exercise

Remplacez les verbes en vert par les verbes à particules vus cette semaine.

Big cities attract millions of people and engulf the countryside around them. It's hard to escape from a city. City dwellers often finish by travelling for three hours a day just to reach work. And when the smog is bad they can't even identify the buildings around them. Scientists and city managers try to find ideas to improve urban life. The best idea, they say, is to build cities in the country.

Big cities d. . . . . millions of people and g. . . . . . . the countryside around them. It's hard to g. . . . . a city. City dwellers often e. . . . travelling for three hours a day just to g. . . . work. And when the smog is bad they can't even m. . . . . the buildings around them. Scientists and city managers try to c. . . . . ideas to improve urban life. The best idea, they say, is to build cities in the country.

Twenty-ninth lesson

Look how far we have come!

1 Here are two pieces about food and cookery in Britain, one written in the 1860s and the other last year.

2 – It has been asserted [1] that English cookery is, nationally speaking, far from being the best in the world.

3 More than this, we have frequently been told [2] by brilliant foreign writers, half philosophers, half chefs, that we are the worst cooks on the face of the earth,

4 and that the proverb which alludes to the divine origins of food and the precisely opposite origin of its preparers is peculiarly applicable to us islanders.

Corrigé de l'exercice
attract = draw in
engulf = gobble up
escape from = get out of
finish by = end up
reach = get to
identify = make out
find = come up with

Nous commençons à voir qu'il n'est pas toujours nécessaire de comprendre chaque mot ou tournure d'un texte pour en apprécier non seulement le sens, mais aussi le registre. Nos traductions vont s'éloigner de plus en plus de la structure de la phrase anglaise pour que vous ne soyez pas tentés de trouver un équivalent français exact à chaque fois : ceci est l'un des problèmes que l'apprenant rencontre quand il veut passer du stade de la bonne maîtrise de la langue au perfectionnement. Enfin, nous continuerons de vous sensibiliser aux références culturelles.

Vingt-neuvième leçon

Voyez le chemin que nous avons parcouru !

1 Voici deux textes sur la nourriture *(gastronomie)* et la cuisine en Grande-Bretagne, l'un écrit dans les années 1860, l'autre l'an dernier.
2 – On dit que la cuisine anglaise est, nationalement parlant, loin d'être la meilleure du monde.
3 Pire, de brillants écrivains étrangers, mi-philosophes, mi-cuisiniers, nous disent fréquemment que nous sommes les plus mauvais cuisiniers de toute la terre,
4 et que le proverbe qui fait allusion aux origines divines de la nourriture et aux origines exactement inverses de ceux qui la préparent s'applique particulièrement bien à nous autres, insulaires.

Prononciation
3 … fi-**lo**-së-fë …

29 / Twenty-ninth lesson

5 Man, it has been said, is a dining animal. [...]
6 Creatures of the inferior [3] races eat and drink; only man dines.
7 The rank which a people [4] occupy in the grand scale [5] may be measured by their way of taking their meals,
8 as well as [6] by their way of treating their women.
9 The nation which knows how to dine has learned the leading lesson of progress.
10 It implies both the will and the skill to reduce to order and surround with idealisms [7] and graces
11 the more material conditions of human existence;
12 and wherever that will and skill exist, life cannot be wholly ignoble [8].
13 – Forgive the pun [9], but we English have had a chip on our shoulder [10] about our food for far too long.
14 People used to say: "I cook for fun, but for food, I go out to a restaurant".
15 It's time to celebrate the rekindling of our interest in our culinary identity.
16 The big problem with our national dishes is not what they are; it's what they're called.
17 Let's face it [11], who in their right mind [12] would want to eat something called "black pudding" or "spotted dick"?
18 Does your mouth water at the thought of [13] "toad in the hole" or "bubble and squeak" [14]? [...]

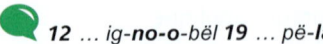

*12 ... ig-**no**-o-bël 19 ... pë-**lah**-vë ...*

Vingt-neuvième leçon / 29

5 On a dit que l'homme était un animal qui dîne *(dînant)* [...]
6 Les créatures des races inférieures mangent et boivent ; seul l'homme dîne.
7 La place qu'un peuple occupe dans l'ordre des choses peut se mesurer à la manière dont il prend ses repas,
8 ainsi que par la façon dont il traite ses femmes.
9 Une nation qui sait comment dîner a appris la leçon majeure du progrès.
10 Elle suppose à la fois la volonté et la capacité d'accommoder à la demande et d'entourer d'idéaux et de grâces
11 les aspects les plus matériels de la condition humaine ;
12 et partout où cette volonté et cette capacité existent, la vie ne peut être totalement abjecte.
13 – Excusez le jeu de mots, mais cela fait bien trop longtemps que, en Angleterre, nous nous laissons bouffer par un complexe dès qu'il s'agit de nourriture *(nous avons une frite sur l'épaule en matière de nourriture)*.
14 Avant, les gens disaient : "Je fais la cuisine pour m'amuser ; pour manger, je vais au restaurant."
15 Il est temps de se réjouir du regain d'intérêt que nous manifestons pour notre identité culinaire.
16 Le gros problème avec nos plats nationaux, ce n'est pas tant ce qu'ils sont que les noms qu'on leur donne.
17 Franchement, quel individu sain d'esprit aurait envie de manger un truc baptisé "pudding noir" ou "Richard-le-tacheté" ?
18 L'eau vous vient-elle à la bouche en pensant à un "crapaud dans son trou" ou à une spécialité répondant au doux nom de "bouillonner et couiner"? [...]

29 / Twenty-ninth lesson

19 Because of this inferiority complex, we tend to make a big palaver [15] about a subject that's [16] really straightforward:
20 cooking great ingredients simply and well, and not bothering about keeping up with the Joneses [17].
21 So if it's bangers and mash that rings your bell [18], then go for it. But if you want to nuke [19] a ready meal, that's fine too.
22 Just remember: follow your gut [20] instinct – literally – and cook whatever makes you feel good.

*20 … **djo-on**-ziz 21 … niouk …*

Notes

1 Rappelons que l'on emploie souvent le passif là où le français utilise le pronom impersonnel *on* (leçon 18, note 4).

2 Il est possible d'employer le passif, même si l'agent est présent dans la phrase, alors qu'en français on utiliserait la forme active : **I have often been told by my children that I don't understand anything about music**, *Mes enfants m'ont souvent dit que je n'y connaissais rien en musique*.

3 L'adjectif **inferior** a presque toujours un sens péjoratif en anglais : **The imported goods were cheaper but of inferior quality**, *Les marchandises importées était moins chères mais de moindre qualité.* Le sens spatial du mot français se traduit par **lower** ou **bottom**, selon le sens : **You'll find canned foods on the lower shelves**, *Vous trouverez la nourriture en boîte sur les étagères inférieures* ; **He bit his bottom lip**, *Il s'est mordu la lèvre inférieure*. (Voir aussi le §3 de la leçon 35.)

4 Précisons que, au singulier, **a people** signifie *un peuple* (voir leçon 26, phrase 4). Ainsi, **the people**, *le peuple* : **The People's Republic of China**, *La république populaire de Chine*.

5 Cette utilisation de **scale** est ancienne. De nos jours, le mot signifie *échelle* (son origine étymologique) : **The emergency plan is being implemented on a national scale**, *Le plan d'urgence est mis en œuvre à l'échelle nationale.* L'auteur de ce texte parle de l'ordre des choses, qui, de nos jours, se traduit par **grand** (ou **great**) **scheme of things**.

Vingt-neuvième leçon / 29

19 Du fait de ce complexe d'infériorité, nous avons tendance à faire tout un plat de quelque chose qui est finalement très simple :

20 cuisiner d'excellents produits *(ingrédients)* simplement et bien, sans se préoccuper d'égaler le voisin.

21 Donc, si vous avez envie de saucisses-purée, allez-y ! Mais si vous voulez passer un repas tout prêt au micro-onde, pas de problème non plus.

22 Souvenez-vous juste d'une chose : suivez vos envies *(écoutez ce que vous disent vos tripes)* – littéralement – préparez-vous ce qui vous fait du bien.

---

6 **as well as**, *ainsi que*. Remarquez bien l'emploi de cette locution, car il y a un risque de confusion. Ici, on l'utilise comme conjonction pour mettre en parallèle deux éléments d'une même importance : **Kora's interested in politics and maths as well as fun things such as video games**, *Kora s'intéresse à la politique et aux mathématiques ainsi qu'à des choses plus sympas comme les jeux vidéos*. Cela permet d'éviter une série de **and** : **politics and maths and fun things**.

7 Acception ancienne. Aujourd'hui, **idealism** (ainsi que la plupart des noms abstraits) n'a pas de forme plurielle. Notez la construction de la phrase, plus proche du français, avec le complément d'objet en fin de proposition. En anglais moderne, on aura tendance à le rapprocher du verbe : **...to reduce to order and surround the more material conditions of human existence with idealisms and graces**.

8 L'adjectif **ignoble** a le même sens propre qu'en français, mais relève d'un registre plus soutenu et ne s'emploie pas couramment de nos jours. Notre mot *ignoble* se traduit en anglais contemporain par des adjectifs comme **disgusting**, **horrible** ou encore **awful** : **His behaviour at the office party was awful**, *Son comportement à la fête du bureau a été ignoble*.

9 **a pun**, *un jeu de mots*. Le mot, qui vient probablement de l'italien, peut aussi s'employer comme verbe : **Shakespeare loved punning**, *Shakespeare adorait faire des calembours*. Mais dans la langue courante, on dit plutôt **to make puns**. Faites attention, **a word game** est un jeu de lettres ! (Tout le monde n'apprécie pas les calembours : en les entendant, certains grincheux répondent **That's not punny** – un jeu de mot sur **That's not funny**, *Ce n'est pas drôle*.)

10 Voilà le jeu de mots en question. Le verbe transitif **to chip** signifie, entre autres, *ébrécher* ou *écorner* : **Don't chip the plates when you put them**

in the dishwasher, *N'ébréchez pas les assiettes en les mettant dans le lave-vaisselle*. Ainsi, **a chip** est *un éclat* ou *un copeau*. L'expression **to have a chip on one's shoulder** signifie *avoir un complexe d'infériorité* ou *être désabusé* (l'origine est obscure) : **He has a chip on his shoulder about not going to university**, *Il est complexé parce qu'il n'est pas allé à l'université.* Mais ce fameux copeau peut aussi provenir… d'une pomme de terre. En anglais britannique, **a chip** signifie *une frite*. (En revanche, en anglais américain, c'est *une chips*, et *une frite* se dit **a french fry**.)

11 Le **it** se réfère à la vérité. L'expression invariable **let's face it** signifie *regardons les choses en face* ou *soyons réalistes*. **Let's face it: you're a terrible cook**, *Soyons réalistes : tu cuisines très mal !* Le registre est familier mais pas vulgaire.

12 Dans cette tournure avec **mind**, *esprit*, **right** a le sens de *sain*. On l'emploie plutôt dans les tournures négatives : **The patient was not in his right mind when he stole the car**, *Le patient n'avait pas toute sa raison lorsqu'il a volé la voiture.* La formulation interrogative [**Who in their** (ou **his**) **mind would** + verbe] n'est pas une question, mais une affirmation : **Who in his right mind would want to be a central banker in today's high-inflation environment**, *Une personne saine d'esprit ne voudrait en aucun cas être banquier central dans le contexte actuel de forte inflation.*

13 Remarquez la légère différence avec la tournure française (nom à la place du verbe) : **The thought of bungee jumping scares me**, *À la seule pensée du saut à l'élastique, j'ai peur.* D'ailleurs, le mot **thought**, *pensée*, remplace *idée* dans la traduction de plusieurs expressions en français. Par exemple : **Podcasting the meeting. Now there's a thought**, *Baladodiffuser (ou podcaster) la réunion : voilà une idée intéressante.* (Écoutez attentivement la phrase 2 de l'exercice 1 : l'accent tonique de la phrase tombe sur **there's**.) Maîtriser ces petites différences de tournure, c'est ça le perfectionnement !

14 Ces délices seront expliqués dans quelques jours quand vous vous serez familiarisé à la cuisine anglaise…

15 À la base, **palaver** vient du français *palabre* (via l'espagnol), mais, en anglais courant, le sens a "glissé" pour signifier *agitation inutile* : **He made such a palaver about a simple medical examination**, *Il a fait tellement d'histoires pour une simple visite médicale.*

16 Comparez la proposition de la phrase 4 (**the proverb which alludes to the divine origins**) avec celle-ci : **a subject that's really straightforward**. On voit donc que le pronom relatif peut se traduire indifféremment par **which** ou **that**, sans changer de sens (**the proverb that**

alludes ; a subject which is straightforward). Cependant, nous vous conseillons d'employer **that** dans les deux cas, pour des raisons que nous vous expliquerons plus tard. (Regardez la phrase 21.)

17 **Jones** (qui signifie *fils de John*) est l'un des deux noms de famille les plus courants en Grande-Bretagne, et notamment au pays de Galles. (L'autre est **Smith**, *forgeron*.) Rappelons aussi que tous les noms de famille ont une forme plurielle : **There are hundreds of Smiths in the phone book**, *Il y a des centaines de Smith dans l'annuaire*.
Le verbe à particule **to keep up with** signifie *suivre* dans le sens de *maintenir le même rythme* : **He was running so fast that I couldn't keep up with him**, *Il courait tellement vite que je ne pouvais pas le suivre*. Au sens figuré, **to keep up with the Joneses** veut dire *faire aussi bien que son voisin* (souvent avec la notion de "faire riche") ou *sauver les apparences*. **He bought a new car just to keep up with the Joneses**, *Il a acheté une voiture neuve simplement pour frimer*.

18 **to ring a bell**, (litt. "sonner une cloche") peut s'employer de deux manières en anglais idiomatique. Le sens traditionnel est *rappeler quelque chose* : **Her face rang a bell but I couldn't place it**, *Son visage me disait quelque chose, mais je n'arrivais pas à le situer*. L'acception plus récente, et plus argotique, est *plaire* : **Her latest album really rings my bell**, *Son dernier album me plaît vachement*. Comme toujours avec l'argot, il vaut mieux reconnaître l'expression plutôt que de l'employer soi-même si on ne connaît pas bien ses interlocuteurs.

19 Encore une expression familière américaine qui a fait souche en anglais britannique, **to nuke** est une déformation du mot **nuclear**, *nucléaire* **[niouk-li-ë]** et signifiait à l'origine *lâcher une bombe nucléaire sur* ou, tout simplement, *anéantir* : **The candidate's slogan was "Nuke the Terrorists"**, *Le slogan du candidat était : "Exterminons les terroristes"*. L'acception courante est moins apocalyptique : il s'agit de *faire cuire quelque chose au four à micro-ondes* ! (Cet appareil s'appelle **a microwave oven**, et, avec la concision qu'on lui connaît, l'anglais a fabriqué le verbe **to microwave**.)

20 Voici un autre jeu de mots : **gut** est le boyau ou l'intestin (pensez au mot français *catgut*, le fil en boyau de chat). Dans certaines constructions idiomatiques, il s'emploie comme adjectif au sens de *instinctif* : **My gut reaction is to refuse his offer**, *Ma réaction instinctive est de refuser sa proposition*. Le calembour est donc basé sur la notion de suivre son instinct et son ventre. (Notez que le pluriel, **guts**, signifie plutôt *cran* ou *courage* : **It takes guts to refuse his offer**, *Il faut du courage pour refuser sa proposition*.)

29 / Twenty-ninth lesson

Exercise 1 – Translate
❶ Does money really matter in the scheme of things? ❷ Podcasting the meeting. Now there's a thought. ❸ Nobody in their right mind would upgrade to the new operating system right now. ❹ Her name definitely rings a bell but I can't place it. ❺ The emergency plan is being implemented on a national scale.

Exercise 2 – Fill in the missing words
❶ Il est fasciné par la politique et les maths, ainsi que par des choses moins sérieuses comme le rap.
He is fascinated by .... and .... by less serious things, like rap.

❷ Elle est vraiment complexée car elle n'est jamais allée à l'université.
She ... a real .... because she .... university.

❸ Soyons réalistes : la seule idée de sauter à l'élastique te fait peur.
............: .... bungee jumping scares you.

❹ Il essaie toujours de faire aussi bien que le voisin.
He's always trying ....

❺ Vous devriez étudier une matière qui ne soit pas compliquée et qui vous intéresserait.
You should study a subject ....[1] is .... and ....[1] will interest you.

[1] *Vous avez la possibilité de mettre* **that** *ou* **which**.

Corrigé de l'exercice 1

❶ Est-ce que l'argent est vraiment important dans l'ordre des choses ?
❷ Baladodiffuser (podcaster) la réunion : voilà une idée intéressante.
❸ Pas une personne saine d'esprit n'évoluerait vers le nouveau système d'exploitation actuellement. ❹ Son nom me dit vraiment quelque chose, mais je n'arrive pas à le situer. ❺ Le plan d'urgence est mis en œuvre à l'échelle nationale.

Corrigé de l'exercice 2

❶ – politics – maths as well as – ❷ – has – chip on her shoulder – never went to – ❸ Let's face it – the thought of – ❹ – to keep up with the Joneses ❺ – that – straightforward – that –

*La première partie de notre leçon est extraite de l'un des livres phare de la cuisine anglaise et de l'époque victorienne – **The Book of Household Management** de Mme Isabella Beeton (connue aujourd'hui simplement sous le nom de Mrs Beeton's). L'un des premiers vade-mecum qui firent florès à l'époque, cette œuvre revêt aujourd'hui un grand intérêt sociologique – une sorte de photographie de la vie quotidienne de la bourgeoisie à la fin du XIXe siècle.*
L'un des problèmes des textes anciens est l'évolution de la langue, et notamment le vocabulaire. C'est pourquoi un bon dictionnaire anglais-anglais est une aide précieuse.

Thirtieth lesson

Have you heard the one about...?

1 – Evening. I'm right [1] proud to be here at the world-famous Comedy Store.
2 Tonight I want to talk about a really depressing subject. No, not the government. Diets.
3 Actually I don't need to shed [2] any pounds. No, seriously, folks:
4 my doctor said [3] my weight was just fine – for a man who's eighteen foot [4] tall.
5 Anyway, so I agree to go on a diet, but to play my own rules, if you get my meaning.
6 First, if no one sees you eating something, it has no calories, right?
7 Second, foods eaten for medical purposes are okay. That includes chips and lager.
8 Third, if you eat from someone else's plate, you don't consume any calories; they do [5].
9 My wife told me the best way to get rid of half a stone [6] of ugly fat was to cut my head off.
10 But she was just pulling my leg [7]. Wasn't she? Of course she was!
11 In the end, though, I found that I could slim [8] by avoiding the four main food groups.
12 You all know what they are, don't you? Fast, frozen, instant and chocolate.
13 In fact the reason I got this "comfortably plump" is that my wife's a rotten [9] cook.

Trentième leçon

Tu connais celle du... ?

1 – Bonsoir. Je suis très fier d'être ici, dans le club mondialement connu du "Comedy Store".
2 Je veux ce soir vous parler d'un sujet vraiment déprimant. Non, pas le gouvernement. Les régimes.
3 En fait, je n'ai pas de kilos à perdre. Non, c'est vrai *(m'sieurs-dames)* :
4 mon médecin m'a dit que mon poids était parfait – pour un homme de 5,50 mètres.
5 Enfin, j'ai accepté de me mettre au régime, mais j'ai posé mes conditions, si vous voyez ce que je veux dire.
6 Un : si personne ne vous voit manger un truc, ça compte pour zéro calorie, pas vrai ?
7 Deux : les aliments avalés pour raisons médicales sont acceptés. Ça comprend les frites et la bière.
8 Trois : si vous mangez dans l'assiette d'un autre, les calories ne sont pas pour vous, mais pour l'autre.
9 Ma femme m'a dit que la meilleure façon pour moi de perdre trois kilos de vilaine graisse, ce serait de me couper la tête.
10 Mais elle disait ça pour me faire marcher. N'est-ce pas ? Bien sûr !
11 Finalement, j'ai compris que je pouvais mincir en évitant les quatre principaux groupes d'aliments.
12 Vous les connaissez, n'est-ce pas ? Le prêt-à-manger, les surgelés, les instantanés et le chocolat.
13 En fait, si je suis devenu si *(joliment)* potelé, c'est parce que ma femme est nulle en cuisine.

Prononciation
*2 ... **daï**-ëts*

30 / Thirtieth lesson

14 Whatever she makes, the gravy's [10] black and I have to use the smoke alarm as an oven timer.
15 For ten years she served me nothing but leftovers [11]. I never found the original meal.
16 So I became a junk [12] food junkie, not because I wanted to but because I had to – and because it was cheap.
17 I used to stand in line and read the sign: No notes [13] larger than ten pounds accepted.
18 And I'm like [14], if I had ten quid [15], I wouldn't be eating here, would I, you dimwit [16]?
19 Then I discovered ethnic foods: some people curry favour [17] but I favour curry.
20 Here's a thought for you: "Give a man a fish and he'll eat for a day.
21 Teach him how to fish, and he'll lounge around [18] in a boat all week and drink beer."
22 Thank you and good night. You've been a wonderful audience.

13 ... **keumf**-të-bli-i ... *14* ... **gré-é**-vi-z ... *21* ... laoundj ...

Notes

1 Dans certaines régions de Grande-Bretagne, on emploie **right** dans le sens de **very**, son ancienne acception. De nos jours, il s'agit d'un usage familier, à ne pas imiter. Mais il est un endroit où cet usage garde son sens premier : la Chambre des communes. Là, les députés emploient les termes **the right honorable gentleman** (ou **lady**) en s'adressant à un membre de l'opposition et **my right honourable friend** pour parler d'un membre de son propre parti.

2 Le verbe irrégulier **to shed** (passé, **shed** ; participe passé **shed**) signifie *perdre* ou *se débarrasser de quelque chose*, souvent en parlant du corps. **Last year, his alsatian shed hairs by the handful**, *L'année dernière, son*

Trentième leçon / 30

14 Quoi qu'elle prépare, la sauce est noire et le détecteur de fumée remplace la minuterie du four.

15 Pendant dix ans, elle ne m'a servi que des restes. Je n'ai jamais su de quel repas ils provenaient à la base.

16 Alors je suis devenu un accro de la malbouffe, pas parce que je le voulais, mais parce que j'y étais obligé – et parce que ce n'était pas cher.

17 Je me rappelle, quand je faisais la queue, il y avait un panneau *(qui disait)* : "Nous n'acceptons pas les billets de plus de dix livres."

18 Et là, je me dis: "Si j'avais dix livres, je ne viendrais pas manger ici, crétin !"

19 Puis j'ai découvert la bouffe exotique : certains cherchent à se faire aimer, moi, je préfère aimer le curry.

20 J'ai une petite pensée à vous soumettre : "Donnez à un homme un poisson et il aura à manger pour une journée.

21 Apprenez-lui à pêcher, et il passera la semaine sur un bateau à glander et à boire de la bière."

22 Merci et bonsoir. Vous êtes un public merveilleux.

---

berger allemand a perdu des poils par poignées. L'expression **to shed weight**, *perdre du poids*, est synonyme de **to lose weight**.

3   Lorsque le relatif **that** introduit une proposition subordonnée, on peut l'omettre. Ceci se fait surtout dans la langue parlée. Ainsi, une phrase comme **Her doctor told her that she had to lose weight**, *Son médecin lui a dit qu'il fallait qu'elle perde du poids*, peut aussi se dire **Her doctor told her she had to lose weight**. Notez que d'une part cette omission ne change pas le sens et que d'autre part, elle n'est pas obligatoire. Nous y reviendrons.

4   Rappelons que les Anglo-Saxons emploient la mesure **a foot** (une unité de 30,48 cm, censée représenter la longueur d'un pied humain, divisée en douze *pouces*, ou **inches**) pour mesurer la distance, la profondeur et la hauteur. Si la Grande-Bretagne utilise de plus en plus le système métrique au niveau officiel, l'ancien système de poids et mesures s'emploie couramment dans la vie quotidienne (leçon 16, note 19).

30 / Thirtieth lesson

Le pluriel de **foot**, bien sûr, est **feet**, mais dans la langue courante, on utilise presque toujours le singulier : **I'm six foot three**, *Je mesure 6 pieds et 3 pouces* (1,92 m).

5 Voici un exemple de l'emploi de l'auxiliaire pour éviter la répétition : **You don't consume calories, they consume calories → You don't consume calories, they do**. Et, pour faire ressortir le contraste, on met l'accent tonique sur les deux pronoms : **You don't consume calories, they do** (écoutez attentivement l'enregistrement). Voir aussi la phrase 10.

6 Encore une façon particulière de mesurer les quantités, cette fois-ci le poids. Les Britanniques (mais pas les Américains) emploient **a stone**, une unité composée de 14 **pounds**, ou *livres* (soit 14 x 450 g = 6,3 kilos). Au Moyen Âge, on se servait d'une pierre (**stone**) pour peser les produits agricoles. Aujourd'hui, on utilise cette mesure surtout pour parler du poids d'une personne : **He weighs eight stone ten**, *Il pèse environ 55 kilos*. Remarquez que (1) **stone** est à la fois singulier et pluriel, et (2) on ne précise pas **pounds** dans l'énoncé. (En revanche, pour le même poids, un Américain dirait **He weighs a hundred and twenty-two pounds**.)

7 L'expression idiomatique **to pull someone's leg** (litt. "tirer la jambe de quelqu'un") signifie *taquiner* ou *faire marcher quelqu'un*. L'origine de l'expression serait la (très mauvaise) plaisanterie coutumière au XVIIIe siècle qui consistait à faire tomber à terre des passants afin de les détrousser (cette pratique nous rappelle le mot français *coupe-jarret*). Il n'y a plus de connotation de violence dans l'expression contemporaine, qui, d'ailleurs, se décline en substantif : **That comedian is a specialist in false interviews and other types of leg-pulling**, *Cet humoriste est le roi des fausses interviews et autres formes de taquineries*.

8 Vous connaissez sans doute l'adjectif **slim**, *mince*. Regardons comment on peut fabriquer d'autres catégories grammaticales à partir de cette racine : **I need to slim a bit more before I can fit into my bikini**, *Je dois mincir encore un peu avant de pouvoir rentrer dans mon bikini*. Ou encore **Sales of slimming aids soar after Christmas**, *Les ventes de produits amincissants montent en flèche après Noël*.

9 L'adjectif **rotten**, *pourri*, peut s'employer de manière figurée au sens de *corrompu* ou *véreux* : **Our criminal justice system is rotten to the core**, *Notre système de justice pénale est pourri jusqu'à l'os*. Mais dans un registre familier, **rotten** désigne tout ce qui est désagréable ou déplaisant : **Humiliating his manager in public was a rotten thing to do**, *C'était moche d'humilier son directeur en public*. Et, comme dans notre exemple,

233 • **two hundred and thirty-three**

Trentième leçon / 30

il décrit l'incapacité d'une personne (ou de soi-même) à faire quelque chose correctement : **What's the square root of four? I'm rotten at maths**, *Quelle est la racine carrée de quatre ? Je suis nul en maths*.

10 Le nom **gravy** signifie *jus de viande*. On le mélange souvent avec de la farine pour l'épaissir. C'est pourquoi, dans les milieux gastronomiques, on utilise le mot français *jus [zh-ou]* pour les sucs naturels. Bien que "typiquement" anglo-saxon, le mot **gravy** est une altération de *grané* ou *gremet (ragoût)* en vieux français.

11 Le verbe à particule **to be left over** signifie *rester* (c'est-à-dire ce que l'on "laisse" après avoir consommé quelque chose). **Don't be late for dinner or there'll be nothing left over**, *Ne sois pas en retard pour dîner ; sinon il ne restera rien*. À partir de là, on crée un adjectif, **leftover** : **How can I use the leftover turkey from the Christmas dinner?**, *Comment puis-je utiliser les restes de dinde du repas de Noël ?* Le nom **leftovers** est toujours au pluriel.

12 En anglais familier, le nom **junk** signifie *bric-à-brac* et, par extension, de la camelote, des choses sans valeur. Au début du xxe siècle, le mot fut employé de manière figurée pour la drogue (de la même manière que *camelote* est devenu *la came* en français) : nous employons toujours le mot **junkie** pour *un drogué*. Vers la fin du siècle, **junk** commence à être utilisé comme adjectif au sens de *mauvaise qualité*. Peut-être l'expression la plus connue est-elle **junk food**, la "malbouffe" : **There is an obvious link between junk food and obesity**, *Il y a un lien évident entre la malbouffe et l'obésité*. Mais nous trouvons aussi des **junk bonds** (les obligations "pourries" ou à risque) ou encore **junk mail** (la publicité envoyée par voie postale). Il se crée de nouveaux néologismes presque tous les jours.

13 Rappelons que, dans ce contexte, **note** est une abréviation de **banknote**, *billet de banque*.

14 Nous vous avons déjà expliqué (leçon 13, note 12) que beaucoup de jeunes anglophones emploient **to be like** à la place de **to say** lorsqu'ils rendent compte d'une conversation. Ici, l'humoriste raconte au public ce qu'il se disait à lui-même en lisant l'affiche. En "bon" anglais, nous dirions **...and I said to myself**.

15 Le nom invariable **quid** est un terme argotique pour *livre(s) sterling*. L'origine de ce mot ancien est contestée, mais il s'agit très probablement d'une déformation de l'expression latine ***quid pro quo*** ("quelque

two hundred and thirty-four • 234

30 / Thirtieth lesson

chose pour quelque chose") qui s'emploie encore aujourd'hui en anglais. Il n'y a pas de forme plurielle (**one quid**, **ten quid**).

16 L'adjectif signifie **dim**, *faible* (lumière, etc.). Tout comme **slim** (note 8), il peut aussi s'employer comme verbe : **When everyone was seated, the theatre lights dimmed and the show began**, *Lorsque tout le monde fut assis, les lumières du théâtre baissèrent et le spectacle commença*. Le nom **dimwit** est un néologisme (assez ancien) qui pourrait se traduire littéralement par "faible d'esprit". De nos jours, il signifie plutôt *crétin* ou *idiot*.

***

Exercise 1 – Translate
❶ New research has shed light on eating disorders. ❷ Even if you don't believe the story, they do. ❸ Stop pulling my leg and tell me the truth. ❹ I mustn't be late for dinner or there'll be nothing left over. ❺ He tried to curry favour with voters by promising tax cuts.

***

Exercise 2 – Fill in the missing words

❶ Il a pris l'emploi non pas parce qu'il le voulait, mais parce qu'il y était obligé.
He took the job . . . . he . . . . but because he . . . . . .

❷ Mon médecin m'a dit qu'il me fallait mincir si je voulais rentrer dans mon bikini.
My doctor . . . . to . . . . if I wanted to . . . . my bikini.

❸ C'était moche d'humilier sa femme en public.
. . . . his wife in public was a . . . .

❹ J'en ai marre de traîner à ne rien faire. Je vais au cinéma.
I'm . . . . the house. I'm going to the movies.

❺ Elle plaisantait, n'est-ce pas ? – Bien sûr que oui.
She was joking, ... ? – . . . .

Trentième leçon / 30

17 Voilà encore un jeu de mots : **to curry favour** signifie *chercher à gagner le soutien* ou *la faveur de quelqu'un*. **The candidate was criticised for using his wife's illness to curry favour with voters**, *Le candidat fut critiqué pour s'être servi de la maladie de sa femme afin de gagner la faveur des électeurs*. (En fait, l'expression est 100 % française : **to curry** vient de **conraier**, qui signifiait *préparer* ou *soigner quelque chose*, et **favour** est une altération de « Fauvel », l'âne vaniteux décrit dans *Le Roman de Fauvel*, un poème du XIVe siècle.) Plus prosaïquement, le **curry** (du tamoul **kari**, ou *sauce*) est ce ragoût épicé, typique de l'Asie du sud, qui est devenu le plat national britannique (leçon 32). Ainsi, notre humoriste dit que, plutôt que de chercher les faveurs de quelqu'un, il exprime sa préférence (**to favour**, *préférer*) pour le curry... C'est bien sûr un jeu de mots intraduisible en tant que tel en français.

18 Le sens le plus courant de **a lounge** est *un salon* (du français *s'allonger*). Le verbe **to lounge** signifie *se prélasser*. On l'emploie le plus souvent avec une préposition, surtout **around** ou **about** : **I'm fed up lounging about the house. I'm going for a walk**, *J'en ai marre de traîner à ne rien faire. Je vais me promener*.

***

Corrigé de l'exercice 1

❶ De nouvelles études ont éclairci les troubles du comportement alimentaire. ❷ Même si toi, tu ne crois pas à cette histoire, eux, ils y croient. ❸ Arrêtez de me faire marcher et dites-moi la vérité. ❹ Je ne dois pas être en retard pour le dîner, sinon il ne restera plus rien. ❺ Il a tenté de gagner la faveur des électeurs en promettant des baisses d'impôts.

***

Corrigé de l'exercice 2

❶ – not because – wanted to – had to ❷ – told me I had – slim – fit into – ❸ Humiliating – rotten thing to do ❹ – fed up lounging about – ❺ – wasn't she – Of course she was

Plus vous vous immergez dans une langue étrangère, plus vous vous rendez compte que les autochtones n'obéissent pas toujours – surtout lorsqu'ils parlent – aux règles de grammaire et d'usage auxquelles doit se plier l'apprenant diligent ! C'est le cas classique de "Faites ce que je dis, ne faites pas ce que je fais". Pour vous habituer à plusieurs registres de l'anglais, nous vous présentons dans ce livre tantôt des mots d'argot, tantôt des "fautes" de grammaire que vous rencontrerez couramment, surtout au cinéma et à la télévision en Grande-Bretagne. (Il ne faut pas mésestimer l'influence du petit écran, ni le fait que, par son biais, les Britanniques sont exposés à la langue vernaculaire d'autres pays anglophones. Par exemple, certains linguistes sont convaincus que les feuilletons australiens qui ont

Thirty-first lesson

The celebrity chef

(From "Epicure Magazine")

1. James Rhodes, a leading light in the hospitality industry [1], has been hailed as the most exciting chef of his generation.
2. He is the man who is credited with putting British cooking back on the map almost single-handedly.
3. Jimmy was brought up in Worcester, surrounded by people with a love of good food and drink [2].
4. He fell into the catering profession by accident after waiting [3] tables to pay his way through [4] university.
5. He trained under several well known chefs, working his way up the ranks to become sous-chef, coincidentally, at the Worcestershire Hotel.

fait un tabac en Grande-Bretagne dans les années 1980-90 ont influencé la façon de parler de toute une génération de jeunes !) Toujours est-il que, si nous nous sommes permis d'inclure des exemples de ces registres non-conventionnels, c'est uniquement pour vous sensibiliser à ce phénomène. Nous vous conseillons vivement de ne pas les imiter vous-même, surtout en ce qui concerne l'argot. En effet, l'argot est un moyen de marquer son appartenance à une certaine communauté (classe d'âge, habitants d'une région, membres d'une corporation, etc.) de laquelle l'étranger est, par définition, exclu. C'est uniquement après une longue expérience, de préférence acquise en vivant dans le pays de la langue apprise, que l'on peut se permettre de manier ces tournures et expressions idiomatiques. So do as we say, not as we do!

Trente et unième leçon

Le chef vedette

(Extrait du "Magazine Épicure")

1 James Rhodes, étoile brillant au firmament de l'hôtellerie et de la restauration, est salué comme le chef cuisinier le plus intéressant de sa génération.
2 On lui attribue le mérite d'avoir, à lui seul ou presque, relancé la cuisine britannique.
3 Jimmy a grandi à Worcester, au milieu de gens unis par l'amour de la bonne chère.
4 Il est entré dans la restauration par hasard, après avoir exercé le métier de serveur pour payer ses études à l'université.
5 Il s'est formé sous la houlette de plusieurs chefs connus, progressant dans la hiérarchie, jusqu'à devenir, par un concours de circonstances, second de cuisine à l'hôtel Worcestershire.

Prononciation
3 … ***ou-ous**-të* … 5 … ***ou-ous**-të-chë* …

31 / Thirty-first lesson

6 His big break came when he was asked to take over the reins at Canon's, then London's top fine-dining venue.

7 It was there that he developed his trademark style and several of the signature dishes that have made him famous [5].

8 He is now the executive chef at two top-notch restaurants and a food consultant to several airlines.

9 *Epicure* caught up with him between two services at his latest venture, "Jimmy on the Strand".

10 – Q: How did you get into this business in the first place, Jimmy?

11 – A: Pure fluke, really. I was basically a meat and two veg [6] man until I got to know Rick David, who took me on as a pot-washer.

12 He was a self-taught [7] chef and a brilliant teacher – but a tough taskmaster and a hard man to get on with.

13 One time, I was sitting in the back of the kitchen on my day off, sipping a nice cuppa [8],

14 when a huge crash [9] followed by a tinkling [10] of broken glass announced David's arrival.

15 He had thrown an empty tray straight through a window!

16 His eyes were popping out [11] of his head and a few wisps of grey hair were peeping out [12] from under his toque.

17 – Why the hell has no one peeled the spuds [13], he yelled at me. And why aren't the stoves on?

11 ... vèdj ...

Trente et unième leçon / 31

6 Le grand tournant s'est produit pour lui lorsqu'on lui a demandé de prendre les rênes du Canon's, qui était à l'époque le nec plus ultra de la gastronomie londonienne.

7 C'est là qu'il a développé le style qui est [devenu] sa marque de fabrique et plusieurs des plats originaux *(portant sa signature)* qui l'ont rendu célèbre.

8 Il est désormais chef, en charge des cuisines de deux grands restaurants, et consultant gastronomique auprès de plusieurs compagnies aériennes.

9 *Épicure* l'a rencontré entre deux services dans le dernier né de ses établissements, "Jimmy on the Strand".

10 – Comment avez-vous commencé dans ce métier, Jimmy ?

11 – Tout à fait par hasard. J'étais plutôt du style steak-frites, jusqu'au jour où j'ai rencontré Rick David, qui m'a embauché comme plongeur.

12 C'était un chef autodidacte et un excellent pédagogue, mais c'était un patron autoritaire et un type pas facile à vivre.

13 Je me rappelle une fois... Je ne travaillais pas ce jour-là et j'étais assis au fond de la cuisine, en train de siroter une bonne tasse de thé,

14 quand un grand fracas, suivi d'un bruit de verre cassé, a annoncé l'arrivée de David.

15 Il avait balancé un plateau vide à travers une fenêtre !

16 Les yeux lui sortaient de la tête et quelques mèches de cheveux gris apparaissaient de dessous sa toque.

17 – "Pourquoi ces fichues patates ne sont-elles pas épluchées", a-t-il hurlé, en s'adressant à moi. "Et pourquoi les fourneaux ne sont-ils pas allumés ?"

31 / Thirty-first lesson

18 Then he grabbed a carving knife and hurled [14] it across the kitchen, but it clattered [15] harmlessly to the ground.

19 I darted [16] from behind the counter and headed quickly for the exit.

20 The door inched open [17] and one of the cleaners sidled into the kitchen.

21 He gaped [18] at the scene, then his mouth twitched [19] into a smile: – But chef, today's Sunday and we're closed today, he chuckled.

22 Like I say, brilliant but a bit of a nutter [20]. ☐

20 … saï-dëld …

: Notes

1 Rappelons que le mot **industry** est utilisé de façon beaucoup plus large que son équivalent français. Le nom indénombrable **hospitality** signifie *l'hospitalité*, mais le terme **hospitality industry** est l'équivalent du secteur CHR (cafés-hôtels-restaurants) en français.

2 Remarquez comment l'anglais préfère les mots anglo-saxons à leurs équivalents latins dans la langue courante. Au lieu de dire, par exemple, que quelqu'un est **a gastronome** (l'anglais a importé le mot français), on dirait plutôt **he** (ou **she**) **loves food and drink**. Il faut toujours avoir ce réflexe lorsqu'on traduit un texte (leçon 35, § 3).

3 Vous savez sans doute que **a waiter** signifie *un serveur* (litt. "celui qui attend le client"). On peut aussi employer le verbe **to wait** pour traduire la notion de *travailler comme serveur*, mais pour éviter toute confusion avec **to wait for**, on rajoute presque toujours **tables** ou **on tables**. D'où l'importance d'apprendre chaque verbe avec sa préposition.

4 Le verbe à particule inséparable **to pay one's way** signifie *payer sa part* : **I'll pay my way, even if I have to borrow money**, *Je paierai ma part, même si je dois emprunter de l'argent*. Suivi de **through** plus un complément d'objet, il a plutôt le sens de *se financer* : **She paid her way through law school by teaching handicapped children**, *Elle a financé ses études de droit en enseignant aux enfants handicapés*.

Trente et unième leçon / 31

18 Puis il a attrapé un couteau à découper et l'a jeté à travers la cuisine, mais celui-ci est tombé par terre avec un bruit sec, sans faire de dégâts.
19 Je suis sorti à toute vitesse de derrière le comptoir et je me suis rapidement dirigé vers la sortie.
20 La porte s'est entrouverte et l'un des hommes de ménage est furtivement entré dans la cuisine.
21 Il a regardé la scène, les yeux écarquillés, puis sa bouche a esquissé un sourire : "Mais, chef, aujourd'hui, c'est dimanche et nous sommes fermés", s'est-il esclaffé.
22 Comme je vous le disais : un type brillant, mais un peu caractériel.

---

5 Notez la juxtaposition du passé simple et du composé dans une même phrase : **he learned the dishes that have made him famous**. Pourquoi ? Parce qu'il a appris à cuisiner ces plats dans le passé (l'apprentissage est donc terminé) mais qu'il est devenu célèbre depuis, et l'est toujours : c'est l'aspect présent d'une action passée, rendu par le **present perfect**.

6 **veg** est la contraction familière et invariable de **vegetable** ou **vegetables**, *légume(s)*. (On trouve aussi **veggie** qui, lui, peut se mettre au pluriel : **veggies**.) L'expression **meat and two veg** décrit littéralement un plat composé d'un morceau de viande servi avec deux portions de légumes : autrement dit un repas "traditionnel", donc ordinaire et terne. **I have very conservative tastes because of my meat-and-two veg upbringing**, *J'ai des goûts très conservateurs car j'ai été élevé avec une cuisine archi-traditionnelle*. On peut employer l'expression au figuré : **He's a meat-and-two-veg kind of guy**, *C'est un type aux goûts plutôt simples*.

7 Voici un autre exemple de la préférence instinctive pour un vocabulaire anglo-saxon (note 2). Le nom français *un autodidacte* peut se traduire par **an autodidact** – le mot existe bel et bien dans tous les dictionnaires, mais il appartient à un registre soutenu et ne serait pas nécessairement compris par tout le monde. Son équivalent anglo-saxon est une "explication" du mot latin → "quelqu'un qui a appris tout seul" : **self-taught**. Il peut s'employer avec ou sans complément : **He's a self-taught chef** ou **He's completely self-taught**.

31 / Thirty-first lesson

8 Mot très important en Grande-Bretagne, **a cuppa** est une altération (assez humoristique) de **cup of tea**. On n'a même pas besoin de préciser de quelle boisson il s'agit : c'est évidemment le thé, breuvage national s'il en est. Bien que la consommation de café ne cesse de grimper en Grande-Bretagne, le thé – que George Orwell a qualifié de **one of the mainstays of civilisation**, *l'un des piliers de la civilisation* – y fait toujours partie intégrante de la vie quotidienne.

9 L'anglais possède tout un arsenal de verbes, de noms et d'adjectifs qui décrivent très précisément les bruits et les mouvements, que le français est souvent obligé de traduire avec deux, voire trois mots. Nous en verrons certains dans cette leçon et en ferons une révision à la fin de la semaine. Ici, **crash** décrit un son retentissant, un fracas. Par exemple, **a car crash**, *un accident de voiture*, décrit non seulement la collision, mais aussi son bruit. On peut se servir de **crash** comme verbe : **The bowl crashed to the floor**, *Le bol s'est fracassé par terre*, et même comme adverbe : **The ship went crash into an iceberg**, *Le bateau s'est écrasé contre un iceberg*. Dans tous les cas, l'accent est mis sur le fracas provoqué par l'action.

10 **tinkling** vient du verbe **to tinkle**, *tinter*. Notez comment, en français, on emploie plutôt un nom commun avec un adjectif ou un participe passé : **I heard the tinkling of broken glass**, *J'ai entendu un bruit de verre cassé*.

11 Le nom **pop** décrit très bien un bruit sec, un *pan* ! Par extension, le verbe **to pop** signifie *faire* ou *provoquer un bruit sec* : **I popped the balloon with a pin**, *J'ai crevé le ballon avec une épingle*. Comme avec **crash**, on décrit à la fois l'action et le bruit. Par extension, **pop** est aussi un mouvement rapide. **His eyes popped out of his head when he saw the bill**, *Les yeux lui sont sortis de la tête lorsqu'il a vu l'addition* (leçon 18, note 9).

12 Le sens premier de **to peep** est *jeter un regard furtif*. À partir de cette notion, on peut employer ce verbe au sens figuré, souvent avec une préposition, pour décrire un bref mouvement, souvent fugitif : **The moon peeped out from behind the dark clouds**, *La lune est sortie brièvement de derrière les nuages sombres*. Nous pouvons aussi employer **peep** comme nom : **I had a peep at your blog and I was impressed**, *J'ai regardé brièvement votre blog et j'ai été impressionné*.

13 **a spud** est un mot familier pour *une patate*.

14 Si **to throw** signifie *lancer* ou *jeter*, **to hurl** y ajoute une notion de violence. **He hurled the book across the room**, *Il jeta le livre violemment à l'autre* *bout de la pièce*. On peut employer le verbe au sens figuré : **The incident hurled relations between the two countries into disarray**, *L'incident a plongé les relations entre les deux pays en plein désarroi*. (Ne confondez pas **to hurl** avec notre verbe *hurler*, qui se traduit par **to scream**.)

15 **a clatter** est le son produit lorsque les choses s'entrechoquent. Il est moins fort que **crash** et peut se traduire par *cliquetis*. Comme verbe, il décrit un mouvement bruyant : **The horse's hooves clattered across the cobbles**, *Les sabots du cheval résonnèrent sur les pavés*. Comme toujours avec ce type de verbe, la traduction exacte dépend du contexte : ce qui est important, c'est de trouver le ou les mots qui décrivent et le son et le mouvement.

16 Voici un exemple de la souplesse grammaticale de la langue anglaise : **a dart**, *une flèche*. On en fait un verbe, **to dart**, pour rendre compte de la rapidité de mouvement, suivi d'une préposition pour indiquer la direction. Ce verbe peut être intransitif : **He darted into the kitchen**, *Il a fait irruption dans la cuisine*, mais aussi transitif : **He darted his head around the door**, *Il a rapidement montré sa tête à la porte*.

17 Le nom **an inch**, *un pouce* (2,5 cm), peut aussi être transformé en verbe pour décrire une progression graduelle. Le sens du mouvement est donné par la post-position : **Commodity prices have been inching up for the past three months**, *Les prix des matières premières augmentent petit à petit depuis trois mois*. Ou encore : **We inched our way across the snow-covered road**, *Nous avons traversé la rue enneigée à tout petits pas*.

18 **to gape**, *bâiller* ou *ouvrir grand*. En parlant d'une personne, **to gape** décrit les yeux ou la bouche qui s'ouvrent d'étonnement, de peur, etc. **She gaped at the sight of the huge crowd waiting in front of the bank**, *Elle regardait bouche bée / les yeux écarquillés la foule qui attendait devant la banque*. Encore une fois, le verbe "peint" l'image pour nous, sans nécessairement donner beaucoup de précisions.

19 Encore un verbe de mouvement : **to twitch** décrit un geste rapide ou convulsif (**a twitch**, *un tic*). **He twitched the steering wheel to avoid the bump in the road**, *Il donna un brusque coup de volant rapide pour éviter la bosse sur la route*. Fort de cette information, vous pouvez ensuite deviner le sens précis : **His eyes twitched open**, *Ses yeux se sont ouverts brusquement*. Ou encore : **Steve twitched his head around to see who was following him**, *Steve tourna rapidement la tête pour voir qui le suivait*. Comme vous pouvez le constater, il n'y a pas de traduction simple pour ce type de verbe : il faut comprendre le mouvement décrit afin de choisir le ou les mots qui conviennent le mieux.

31 / Thirty-first lesson

20 a nut, *une noix*. Depuis très longtemps, les mots **nuts** (toujours au pluriel) et **nutty** sont des termes familiers pour *fou, dingue*, etc. Et comme en français, on peut être "dingue" de quelqu'un : **She's nuts about him**, *Elle est dingue de lui*. Ces deux mots sont plutôt gentils et on peut les utiliser sans crainte. En revanche, **a nutter** est quelqu'un de fêlé, *un fou furieux*. Selon le contexte, ce terme peut offenser ; vous devrez donc le manier avec précaution.

***

Exercise 1 – Translate

❶ She's credited with putting British cooking back on the map all by herself. ❷ My dad worked his way up through the ranks to become an officer. ❸ Steve was born in Worcester and, by pure fluke, ended up working at the Worcestershire Hotel. ❹ I waited tables to pay my way through university. ❺ He got his big break when he was asked to compose the music for John Ford's first film.

***

Exercise 2 – Fill in the missing words

❶ Il était aux petits soins pour sa sœur quand elle était malade.
He .... sister .... she was sick.

❷ Les prix du pétrole baissent petit à petit depuis six mois.
Oil prices .... the ....[1] six months.

❸ Il a passé sa tête rapidement à la porte et est restée bouche bée devant la vitre cassée.
He ...... his head ...... the door and ..... at the broken window.

❹ La lune fit une brève apparition entre les nuages, alors je jetai un rapide coup d'œil à ma cellule de prison.
The moon .... the clouds, so I .... at my prison cell.

❺ Le chef jeta le couteau avec force à travers la pièce et je hurlai de douleur lorsqu'il me heurta le pied.
The chef ...... the knife ...... the room and I .... in .... as it hit my foot.

[1] *Vous avez la possibilité de mettre* **past** *ou* **last**.

Trente et unième leçon / 31

THE CELEBRITY CHEF

Corrigé de l'exercice 1

❶ On lui reconnaît d'avoir redoré à elle seule le blason de la cuisine britannique. ❷ Mon papa a gravi tous les échelons pour devenir officier. ❸ Steve est né à Worcester et, par pur hasard, il s'est trouvé un travail à l'hôtel Worcestershire. ❹ J'ai travaillé comme serveur pour payer mes études universitaires. ❺ Il a vraiment percé lorsqu'on lui a demandé de composer la musique du premier film de John Ford.

***

Corrigé de l'exercice 2

❶ – waited on his – hand and foot while – ❷ – have been inching down for – past – ❸ – darted – around – gaped – ❹ – peeped out from behind – had a peek – ❺ – hurled – across – screamed – pain –

*Les noms des comtés britanniques posent souvent des problèmes de prononciation aux étrangers (y compris certains Américains…). Nous avons déjà abordé la prononciation de **-shire** (leçon 15, note 13), en précisant que ce vocable n'est jamais accentué quand il est employé comme suffixe et se prononce donc comme [chë]. Mais si certaines prononciations sont intuitives (c'est-à-dire que toutes les syllabes sont prononcées), d'autres dépendent de la position de l'accent tonique. Par exemple, dans **Worcestershire**, l'accent se place sur la première syllabe, "escamotant" ainsi les suivantes [**ou-ous**-të-chë]. Deux autres noms suivent le même modèle :* **Gloucestershire**   *[**gloss**-të-chë] et* **Leicestershire** *[**lèss-***

Thirty-second lesson

A side order [1] of sarcasm

1 The High Court left a bad taste in the mouth of one food critic last month by finding him guilty of libel [2].

2 Jay Craddock had written a damning [3] review of a local eating place, so the owner sued [4] him for loss of earnings.

3 Should a reviewer be free to say what he or she [5] pleases, or should there be limits so that they don't go too far?

4 Imagine you were on the jury. Read Craddock's article and decide for yourself.

5 – The restaurant, which goes by the unbearably twee [6] name of Sir Loin's [7], prides itself on serving the traditional cookery of England.

6 If you eat there – and I can't think why you would – you will understand why our nation's favourite dish is chicken tikka masala.

Prononciation
*1 … **laï**-bël 2 … sou-oud …*

të-chë]. Parmi les plus "récalcitrants", on trouve aussi **Herefordshire** (**here-** *est prononcé* [**He-re**] : [**He**-*re-fëd-chë*]), **Hertfordshire** (**hert-** *se prononce comme* **heart** [ha-at] : [**ha-at**-*fëd-chë*]), **Lincolnshire** (*le deuxième "l" est muet :* [**lin**-*kën-chë*]) *ou encore* **Warwickshire** (*le "a" se prononce comme un "o" et le deuxième "w" est muet :* [**ouor**-*rik-chë*]). Y a-t-il des règles ? Pas vraiment, mais on peut dire avant tout que **-shire** n'est jamais accentué et que, de manière générale, l'accent tonique se place sur la première syllabe. Sauf exception, bien sûr !
(Vous pourrez écouter ces prononciations à la fin de la semaine dans la leçon de révision.)

Trente-deuxième leçon

Sarcasme en garniture

1 La Haute Cour a, le mois dernier, laissé un goût amer dans la bouche d'un critique gastronomique, qu'elle a déclaré coupable de diffamation.
2 Jay Craddock avait écrit un article accablant sur un restaurant local, ce qui avait poussé le propriétaire à le poursuivre en justice pour manque à gagner.
3 Un critique doit-il être libre de dire ce qui lui plaît ou doit-il y avoir des limites, pour éviter qu'il n'aille trop loin ?
4 Imaginez que vous fassiez partie du jury. Lisez l'article de Craddock et jugez-en par vous-même.
5 – "Le restaurant, qui répond au nom insupportablement cucul de "Sir Loin's", se targue de servir des plats traditionnels anglais.
6 Si vous y mangez – et je ne vois pas pourquoi vous voudriez faire une chose pareille –, vous comprendrez pourquoi notre plat national favori est le poulet tikka masala.

two hundred and forty-eight • 248

32 / Thirty-second lesson

7 It's not that the food is bad. It's truly, ridiculously, mind-bogglingly, gut-churningly [8] awful.

8 And, as a famous humorist might have added, the portions are so small!

9 The room has been decorated in mock Tudor [9] by someone with a serious good-taste bypass [10].

10 But while the décor was off-putting [11], we had not the faintest inkling [12] of what was in store.

11 I kicked off [13] with brown Windsor soup, "made to a time-honoured secret recipe," and my partner plumped [14] for prawn cocktail.

12 My soup turned out to be a bowl of lukewarm dishwater, clearly the "secret" in question,

13 while the cocktail had only a nodding acquaintance [15] with the crustacean family.

14 Having barely survived the starters, we braced ourselves for the mains.

15 Our waiter, a graduate of Rude Service Catering School, plonked [16] the plates on the table and stamped off.

16 I had ordered the "Trad Special", faggots and mushy peas, which was as awful as it sounds.

17 It was not even up to school dinner standard [17], while my partner's "classic shepherd's pie,"

18 which is such a tasty dish when cooked properly, made her feel sorry for the poor shepherd.

19 For pudding [18], we had the aptly named gooseberry fool and a so-so sherry trifle.

12 ... louk-ouarm ...

Trente-deuxième leçon / 32

7 Ce n'est pas que la cuisine soit mauvaise. Elle est tout simplement et viscéralement, à un niveau qui dépasse l'entendement et les capacités digestives d'un estomac normal.

8 Et de plus, comme aurait pu ajouter un célèbre humoriste, les portions sont tellement petites !

9 La salle a été décorée selon un style pseudo-Tudor par quelqu'un qui a manifestement décidé de faire l'impasse sur tout ce qui est de bon goût.

10 Mais, bien que refroidis par le décor, nous n'avions pas la moindre idée de ce qui nous attendait.

11 J'ai commencé par une soupe brune à la Windsor, "préparée selon une ancienne recette secrète", et ma compagne a choisi un cocktail de crevettes.

12 Ma soupe s'est avérée être un bol d'eau de vaisselle tiédasse – c'était manifestement là le "secret" annoncé –

13 tandis que le cocktail n'avait qu'un très lointain rapport avec la famille des crustacés.

14 Ayant survécu de justesse aux entrées, nous nous sommes mis en condition pour les plats principaux.

15 Notre serveur, diplômé de l'École hôtelière du service désagréable, a balancé les assiettes sur la table, avant de s'éloigner en battant des semelles.

16 J'avais commandé un "Spécial Tradition", des crépinettes à la bouillie de petits pois, aussi infect au goût que l'intitulé pouvait le laisser deviner.

17 Ce n'était même pas du niveau d'une cantine scolaire, tandis que le "pâté du berger classique" de ma compagne,

18 qui est un plat délicieux lorsqu'il est préparé correctement, a failli la faire pleurer sur le sort du malheureux berger.

19 Au dessert, nous avons pris la bien nommée mousse *("idiotie")* de groseilles à maquereau et un gâteau de semoule au sherry assez moyen.

20 The bill, with a bottle of the house wine and a cheeky "discretionary" service charge,
21 was slightly less than the down-payment on a new sports car. Or a bulldozer –
22 the only vehicle which I would ever dream of returning to Sir Loin's in.
23 – So, guilty or not guilty? ☐

Notes

1 Le nom **a side**, *un côté*, peut s'employer comme adjectif dans le sens de *secondaire* ou *auxiliaire* (c'est-à-dire à côté de la chose principale). Par exemple : **Let's take this side street to avoid the traffic on the main road**, *Prenons cette petite rue pour éviter la circulation sur la rue principale.* Ou encore : **Church-state separation is not a side issue: it's vitally important**, *La séparation entre l'Église et l'État n'est pas une question secondaire : elle est extrêmement importante.* Au restaurant, **a side order** (litt. "commande à côté") est une garniture ou un amuse-bouche que l'on mange en accompagnement du plat principal.

2 En droit anglo-saxon, on distingue la diffamation écrite (**libel**) de la diffamation verbale (**slander**). Les deux mots viennent du français, **slander** de *esclandre* et **libel** de *libelle* (un petit livre, donc un écrit). Et les deux peuvent s'employer comme verbe : **He libelled his former employer**, *Il a calomnié son ancien employeur par écrit*, **The president slandered his opponents**, *Le président a prononcé des paroles diffamatoires à l'adresse de ses opposants.*

3 **to damn**, *damner*. Mais l'adjectif **damning** n'est pas empreint des flammes de l'enfer : il signifie *accablant* ou *affligeant* : **The report is a damning condemnation of the National Health Service**, *Le rapport est une condamnation accablante du système de santé publique* (en Grande-Bretagne).

4 **to sue** *[sou-ou]*, *poursuivre quelqu'un en justice*. **The company sued the journalist for slander and demanded one million pounds in compensation**, *La société a poursuivi le journaliste pour diffamation verbale, en demandant un million de livres de dommages et intérêts.* Le substantif, *une action en justice*, se dit **a suit**. (Comme une grande partie du vocabulaire juridique anglo-saxon, **to sue** vient du vieux français *sivre*, ou *suivre*.)

Trente-deuxième leçon / 32

20 L'addition, qui comprenait une bouteille de vin de la maison et un pourcentage "discrétionnaire" pour le service relevant de l'insolence,
21 était légèrement inférieure au versement comptant exigé pour l'achat d'une voiture de sport neuve… ou d'un bulldozer –
22 seul véhicule à bord duquel je pourrais envisager de retourner un jour chez "Sir Loin's".
23 – Alors : coupable ou non coupable ?

5 Rappelons que les noms communs en anglais n'ayant pas de genre, des mots comme **teacher**, *professeur*, **engineer**, *ingénieur*, etc., peuvent s'appliquer tant à un homme qu'à une femme. Cependant, il faut faire attention au choix du pronom. Si on dit, par exemple, **A good engineer relies on his common sense**, *Un bon ingénieur se fie à son bon sens*, on implique que les ingénieurs sont tous des hommes, ce qui n'est évidemment pas le cas. Dans certains contextes, ce type de jugement a priori doit être évité en employant les deux pronoms, masculin et féminin : **A good engineer relies on his or her common sense**. Nous reviendrons ultérieurement sur ce phénomène.

6 **twee** est un adjectif péjoratif qui s'applique à tout ce qui est trop gentillet, sentimental, voire niais. On peut le traduire par *mièvre* ou même *cucul*. L'origine du mot est la prononciation enfantine de **sweet**, *gentil*.

7 Comme beaucoup de noms de restaurants en Grande-Bretagne, celui-ci est un jeu de mots : **sirloin** signifie *aloyau* (pièce de bœuf), mais joue sur la notion du titre de noblesse **sir**. Le **'s** est un possessif (sous-entendu, *l'endroit qui appartient à…*), l'équivalent de *chez* en français. **Jean's** : *Chez Jeanne*.

8 Voici deux exemples de la fameuse souplesse de l'anglais poussée jusqu'à l'extrême. L'expression **to boggle the mind** signifie *époustoufler*, dont on tire l'adjectif **mind-boggling**, *ahurissant*. **The prices they charge are mind-boggling**, *Ils pratiquent des prix ahurissants*. Nous avons vu le mot **gut** en début de semaine (leçon 29, note 20) et **to churn** signifie *remuer* ou *bouillonner*, donc **gut-churning** décrit quelque chose qui secoue les tripes : **The new movie has some gut-churning murder scenes**, *Le nouveau film contient des scènes de meurtre à vous retourner l'estomac*. Le fait que ces deux adjectifs, déjà assez imagés, soient employés comme adverbes pour accentuer encore plus un adjectif final simple, confère une note d'humour.

9 Dérivé du verbe **to mock**, *se moquer de*, l'adjectif **mock**, employé dans des formes composées, signifie *imitation* ou *simili* : **I bought a mock leather wallet in Thailand**, *J'ai acheté un portefeuille en simili cuir en Thaïlande*. Attention : **mock** ne signifie pas *faux* dans le sens de *falsifié*, qui se dit **fake**.

10 Un bon exemple de l'ironie mentionnée dans le titre. Dans le domaine médical, **a bypass** signifie *un pontage* (c'est-à-dire une intervention chirurgicale permettant de contourner ou de "passer à côté" d'une partie du cœur). Au figuré, dans une expression comme **He's had a sense of humour bypass**, on suggère que la personne est totalement dépourvue d'humour – comme s'il en avait subi l'ablation ! (Si vous voyez un panneau routier en Grande-Bretagne indiquant **bypass**, sachez qu'il ne s'agit pas d'une clinique spécialisée dans les pontages, mais d'une déviation…)

11 Voici un bon exemple d'un adjectif fabriqué à partir d'un verbe à particule. Le sens de **to put someone off** est *dégoûter* ou *dissuader*. **These new slimming pills really put you off food**, *Ces nouvelles pilules pour maigrir vous dégoûtent vraiment de la nourriture*. Donc **off-putting** signifie *répugnant*, *peu ragoûtant*.

12 **inkling** est un très vieux mot qui peut se traduire par *vague idée* ou *soupçon*. On l'emploie le plus souvent dans des phrases négatives : **When opening the letter, I had no inkling that my life was about to be transformed**, *En ouvrant la lettre, je n'avais pas la moindre idée que ma vie était sur le point de changer du tout au tout*. On le fait souvent précéder d'un adjectif comme **slightest** ou **faintest**.

13 **to kick off** signifie littéralement "donner le coup d'envoi". En langage familier, on utilise le verbe comme synonyme de **to start** (à la forme transitive ou intransitive) : **The meeting kicked off with a presentation from the marketing manager**, *La réunion a débuté par un exposé du directeur commercial*. **The marketing manager kicked off with a presentation**.

14 Nous avons déjà vu l'adjectif **plump** dans le sens de *dodu* ou *grassouillet* (leçon 30, phrase 13). Mais le verbe **to plump for** n'a rien à voir : c'est un terme familier pour *choisir* ou *se décider pour quelque chose* : **Surprisingly, lots of Conservative voters plumped for the Labour candidate in the end**, *Chose étonnante, beaucoup d'électeurs conservateurs ont finalement fixé leur choix sur le candidat travailliste*.

Trente-deuxième leçon / 32

15 **to nod**, *hocher* ou *saluer de la tête*. Si on dit **I'm on nodding terms with my new neighbour**, on indique qu'on ne connaît pas très bien son nouveau voisin, mais qu'on lui dit bonjour ("en hochant la tête"). De même, au figuré, **to have a nodding acquaintance with** signifie *avoir une vague connaissance de quelque chose* : **A nodding acquaintance with philosophy is very useful to impress people**, *Quelques vagues notions de philosophie sont très utiles pour impressionner les gens*. Dans le contexte de cette leçon, notre journaliste emploie l'expression de manière sarcastique en disant que les crevettes étaient plutôt des succédanés : elles ignoraient presque tout de leurs vraies origines.

16 Tout comme les verbes que nous avons vus hier, **to plonk**, suivi généralement de **down**, décrit à la fois un mouvement et un son : *poser quelque chose bruyamment et brusquement* : on peut presque entendre le bruit : "bing !". De même, **to plonk oneself down** signifie *s'affaler* ou *se poser lourdement* : **He plonked himself down on the sofa and turned on the TV**, *Il s'est affalé sur le canapé et a allumé la télé*.

17 **to be up to standard**, *être au niveau de qualité requis* : **Your work is not up to standard**, *Votre travail n'est pas à la hauteur*. Il faut savoir que, dans certains milieux en Grande-Bretagne, on emploie encore le mot **dinner** pour le déjeuner (au lieu de **lunch**) : il s'agissait autrefois surtout des classes populaires, pour qui le repas principal se prenait le midi. Aujourd'hui, bien que cette habitude se perde, elle persiste dans plusieurs expressions figées dont **Christmas dinner**, *le déjeuner de Noël*, et **school dinner**, *le repas à la cantine scolaire*. Notre journaliste railleur dit que son plat n'était même pas digne d'une cantine scolaire.

18 Encore un exemple de notre double vocabulaire : certains Britanniques préfèrent le mot germanique **pudding** à son cousin latin **dessert**. Dans ce contexte, **pudding** est pris dans le sens indénombrable (les desserts) : **I want ice cream for pudding**, *Je veux de la glace comme dessert*. Ceci dit, **dessert** est considéré comme plus sophistiqué…

two hundred and fifty-four • 254

32 / Thirty-second lesson

Exercise 1 – Translate
❶ The sales manager kicked off with a 20-minute slide presentation. **❷** What's in store for us next week? – I haven't the faintest inkling. **❸** The food was so-so, but it was the decor that really put me off. **❹** Poverty is not just a side issue: it's vitally important. **❺** We don't really know one another. We're just on nodding terms.

***

Exercise 2 – Fill in the missing words

❶ Un vrai ingénieur, un bon, doit se fier à son bon sens.
A really good engineer ... ... common sense.

❷ Je pense qu'il faudrait des limites pour que les journalistes n'aillent pas trop loin et ne versent dans la diffamation [écrite].
I think there .... limits .. journalists don't go too far and commit ......

❸ Son travail n'est vraiment pas à la hauteur, mais je le plains.
His work is certainly not ... . but I .... him.

❹ Le restaurant était-il aussi mauvais qu'il en a l'air ou est-ce que tu es simplement impertinent ?
... the restaurant .. .. or are you just being ......?

❺ J'ai choisi la soupe, mais elle s'est avérée tiède et fadasse.
I .... the soup but it .... and tasteless.

On a beaucoup plaisanté à propos de la cuisine britannique, et il est vrai qu'il y a eu une certaine déperdition des traditions culinaires, notamment dans les décennies qui ont suivi la fin de la deuxième guerre mondiale. Il est vrai aussi que, culturellement, la nourriture était considérée comme un besoin plutôt qu'une source de plaisir. Mais depuis les années 1980, il y a une sorte de révolution en Grande-Bretagne, une renaissance des cuisines régionales, et un essor – tant

Trente-deuxième leçon / 32

Corrigé de l'exercice 1

❶ Le directeur des ventes à débuté la réunion par un diaporama de 20 minutes. ❷ Qu'est ce qui nous attend la semaine prochaine ? – Je n'en ai pas la moindre idée. ❸ La nourriture était comme ci comme ça, mais c'est le décor qui m'a vraiment rebuté. ❹ La pauvreté n'est pas uniquement une question secondaire, c'est d'une importance cruciale. ❺ Nous ne nous connaissons pas vraiment. Nous nous disons simplement bonjour.

***

Corrigé de l'exercice 2

❶ – has to rely on his or her – ❷ – should be – so – libel ❸ – up to standard – feel sorry for – ❹ Was – as awful as it sounds – cheeky ❺ – plumped for – turned out to be lukewarm –

au niveau de la production que de la demande – des produits artisanaux. Aujourd'hui les journaux et magazines sont remplis d'articles sur la gastronomie, et certains chefs sont devenus de véritables vedettes du petit écran. Et le phénomène perdure.
Pendant les années de déclin, des cuisines étrangères, surtout indienne et chinoise, sont montées en puissance, de sorte que le plat le plus populaire en Grande-Bretagne, d'après des sondages réguliers, est le **chicken tikka masala** *(ou* **massala** *: du poulet aux épices et au yaourt) ! Quid, donc, des spécialités régionales, des plats typiquement britanniques ? On les retrouve à nouveau, bien sûr, souvent revisités et allégés. En voici quelques-uns, dont nous avons parlé cette semaine. Il faut reconnaître – comme a dit notre commentateur à la leçon 29 – que ce ne sont pas les plats eux-mêmes qui inspirent parfois la méfiance, mais leur appellation. Par exemple,* **toad in the hole**, *une saucisse fraîche enrobée d'une pâte lisse et cuite au four, se traduit par "crapaud dans le trou" ! Ou encore* **bubble and squeak**, *qui veut dire "bouillonner et couiner", qui est tout simplement un plat confectionné à partir de restes de choux et de viande. Par ailleurs, il y a une kyrielle de* **pies** *(***shepherd's pie**, *la tourte du berger, par exemple, est l'équivalent de notre hachis Parmentier) et surtout de* **puddings**, *qui peuvent être sucrés ou salés (dans les deux cas, on les confectionne avec de la graisse de rognon). Pour éviter toute surprise, il vaut mieux s'enquérir des ingrédients avant de commander un pudding au restaurant. Par exemple,* **spotted dick** *("Richard le tacheté") est un dessert sucré contenant des raisins secs (d'où les "taches") alors que le* **black pudding** *("pudding noir") est une sorte de boudin ! Au rayon salé,* **brown**

two hundred and fifty-six

Windsor soup *est un potage très nourrissant à base de légumes et de viande (***soup** *traduit à la fois* soupe *et* potage*),* **mushy peas** *("petit pois en bouillie") sont une purée de petits pois, tandis que* **a faggot** *est une* crépinette *(ou boulette) composée de viande et d'abats (attention : ce mot est à éviter aux États-Unis, car, en argot, c'est un mot péjoratif pour un homosexuel).*
En dessert, citons le **trifle** *(couches successives de génoise, de crème anglaise et de fruits confits, souvent arrosé de xérès : le* **sherry trifle***)*

Thirty-third lesson

Don't over-egg the pudding

1 So ¹ common are food-related idioms in English that an inexperienced writer can give the reader indigestion.
2 Many journalists think it is as easy as pie to use food-related idioms indiscriminately,
3 but they end up eating humble pie when their editor gives them a dressing down ²!
4 Take the cautionary tale of a government official, humiliated by a corruption scandal,
5 who finally confessed everything in an autobiography that made him rich and famous.
6 – Health Minister Peter Hay was a bad apple ³, living on the gravy train and keeping a finger in many pies.
7 With a huge salary and an expense account, he didn't have to bring home the bacon.

Prononciation
*1 … indi-**djest**-chën*

*ou encore le **gooseberry fool**, des groseilles à maquereau réduites en purée et mélangées avec de la crème fraîche (le nom **fool** ne signifie pas que celui qui mange ce dessert est un idiot ! Il vient du verbe "fouler" en français).*
Il y a beaucoup d'autres spécialités anglaises, sans parler de celles du pays de Galles ou de l'Écosse. Nous vous laissons le soin de les découvrir vous-même lors de votre prochain voyage !

Trente-troisième leçon

Point trop n'en faut
(Doucement avec les œufs dans le dessert)

1 Les expressions concernant la nourriture sont tellement fréquentes en anglais qu'un rédacteur inexpérimenté peut provoquer une indigestion chez son lecteur.
2 De nombreux journalistes pensent que l'utilisation intempestive des expressions concernant la nourriture, c'est du gâteau,
3 mais ils finissent par s'en mordre les doigts, quand leur rédacteur en chef leur passe un savon !
4 Prenez par exemple le récit édifiant de ce responsable gouvernemental, éclaboussé par une affaire de corruption,
5 qui a fini par tout avouer dans une autobiographie qui l'a rendu riche et célèbre.
6 – Le ministre de la Santé, Peter Hay, était une brebis galeuse, qui avait trouvé une vache à lait et mangeait à tous les râteliers.
7 Disposant d'un très gros salaire et de frais de représentation, il n'avait nul besoin de mettre du beurre dans ses épinards.

33 / Thirty-third lesson

8 His wife, who was a big cheese in the foreign office, egged him on to salt away [4] more and more money.

9 Even though she was as nutty as a fruit cake, she was the apple of his eye so he did not dare say no.

10 They were like chalk and cheese [5] but she had him eating out of her hand.

11 She looked like butter wouldn't melt in her mouth but she was a tough cookie.

12 Smelling something fishy [6], a reporter started sniffing around but could not find anything.

13 Finally, everything went pear-shaped when a junior clerk spilled the beans to the media.

14 Hay jumped out of the frying pan into the fire and ended up with egg on his face.

15 He should have kept as cool as a cucumber but he had a half-baked [7] idea that the storm would blow over [8].

16 For a while he hit the sauce but eventually realised that there was no use crying over spilt milk.

17 The prime minister urged him to keep his mouth shut, but Hay upset [9] the apple cart.

18 He published a frank and revealing memoir, which sold like hot cakes and made him a fortune.

19 So in the end, he had his cake and ate it. With icing on!

20 – Our advice to budding writers is not to put all their eggs in one basket – or all their expressions in one article.

21 In a nutshell, don't over-egg the pudding.

*11 … teuf … 13 … **pair**-chéépt … 18 … **mèm**-ouaah …*

Trente-troisième leçon / 33

8 Sa femme, qui était une grosse légume au ministère des Affaires étrangères, le poussait à engranger toujours plus d'argent.

9 Elle avait beau être complètement siphonnée *(folle comme un gâteau aux fruit secs)*, il tenait à elle comme à la prunelle de ses yeux et n'osait pas lui dire non.

10 Ils étaient comme le jour et la nuit, mais elle le menait par le bout du nez.

11 On lui aurait donné le bon Dieu sans confession, mais c'était une dure à cuire.

12 Sentant qu'il y avait anguille sous roche, un journaliste est allé fouiner un peu partout, mais il n'a rien trouvé.

13 Finalement, tout a tourné au vinaigre quand un fonctionnaire subalterne a vendu la mèche à la presse.

14 Hay est tombé de Charybde en Scylla et, en fin de compte, il s'est couvert de ridicule.

15 Il aurait dû garder son sang-froid, mais il se disait, contre toute vraisemblance, que la tempête finirait par passer.

16 Pendant un certain temps, il s'est réfugié dans l'alcool, mais il a fini par réaliser que ce qui était fait était fait et qu'il ne servait à rien de se lamenter.

17 Le Premier ministre lui a instamment demandé de se taire, mais Hay a rué dans les brancards.

18 Il a publié un essai bibliographique franc et révélateur, qui s'est vendu comme des petits pains et lui a rapporté une fortune.

19 Ainsi, au bout du compte, il a eu le beurre et l'argent du beurre. Et la crémière en prime !

20 – Le conseil que nous pouvons donner aux écrivains en herbe est de ne pas mettre tous leurs œufs dans le même panier – ni toutes leurs expressions dans le même article.

21 Pour résumer : n'en faites pas trop.

Notes

Nous avons regroupé dans cette leçon un nombre important d'expressions idiomatiques ayant trait à la nourriture, afin d'en faciliter l'assimilation. Pour ne pas alourdir le nombre de notes, nous vous donnons les explications dans la prochaine leçon de révision (35).

1 L'un des usages les plus courants de l'adverbe **so** est l'intensif (*tellement*, *si*, etc.). Dans cette phrase, nous revoyons comment, en inversant l'ordre normal des mots, nous pouvons accentuer les éléments les plus importants. Par exemple : **The road was so dangerous that most drivers avoided it**, *La route était si dangereuse que la plupart des automobilistes l'évitaient*, devient **So dangerous was the road that most drivers avoided it** (leçon 28, § 1).

2 to dress, *(s')habiller*. Mais, dans un contexte culinaire, le verbe signifie *préparer* ou *assaisonner* : **Will you dress the salad please?**, *Tu veux assaisonner la salade, s'il te plaît ?* En boucherie, **to dress down** signifie *parer la viande*. Le fait de trancher dans le vif est devenu, par extension, synonyme de *passer un savon à quelqu'un*. Plutôt que le verbe, on emploie le substantif **dressing down** : **The ambassador was given a dressing down by the Foreign Secretary for his remarks**, *Le ministre des Affaires étrangères a passé un savon à l'ambassadeur pour ses commentaires*.

3 bad est souvent employé comme synonyme de *pourri*, *avarié*, etc. **The milk has gone bad**, *Le lait a tourné*. Par extension, cet adjectif dénote tout ce qui est mauvais, incorrect, etc. **The bank was weighed down by bad debts**, *La banque était plombée par des finances douteuses*.

4 Le verbe **to salt** signifie bien sûr *saler*, mais avec la préposition **away**, il prend un tout autre sens : *mettre de l'argent de côté*. Il y a tout de

***

Exercise 1 – Translate

❶ Even though they're brother and sister, they're as different as chalk and cheese. ❷ He was the apple of her eye. – Yes, a bad apple! ❸ Jim's got the new supervisor eating out of the palm of his hand. ❹ When the bank refused to give us a loan, everything went pear-shaped. ❺ Don't panic. I'm sure the storm will eventually blow over.

même un lien : autrefois, on salait la viande pour la conserver et la manger ultérieurement. L'expression n'implique pas nécessairement quelque chose d'illégal : **Unless your parents have been salting away money for years, you'll have to pay your own way through university**, *À moins que vos parents n'aient mis de l'argent de côté pendant des années, vous devrez financer vous-même vos études universitaires.*

5 L'anglais affectionne les expressions composées de paires de mots reliés par **and**. Nous les examinerons plus en détail d'ici quelques semaines.

6 **fishy**, *qui a une odeur ou un goût de poisson.* Au figuré, cela signifie que quelque chose à l'air louche, comme s'il en émanait une odeur bizarre. **The whole kipnapping story seems a bit fishy**, *Cette histoire d'enlèvement me paraît un peu louche.*

7 **to bake**, *faire cuire au four.* L'adjectif **half-baked** (litt. "mi-cuit") s'emploie le plus souvent dans le sens de quelque chose qui est raté (comme un gâteau mal cuit) ou qui ne tient pas debout : **An opposition spokesperson criticised the government's half-baked plan for higher education funding**, *Un porte-parole de l'opposition a critiqué le plan bâclé du gouvernement pour le financement de l'enseignement supérieur.*

8 **to blow**, *souffler.* Le sens littéral de **to blow over** est de renverser quelque chose par un souffle : **The storm blew over all the trees in our garden**, *La tempête a renversé tous les arbres dans notre jardin.* Mais au figuré le verbe signifie *se calmer, s'atténuer.* **The scandal will blow over after a couple of weeks**, *Le scandale s'apaisera au bout de quelques semaines.*

9 Bien qu'on emploie le verbe **to upset** plutôt au sens figuré de *déranger quelqu'un* ou de *bouleverser ses émotions*, le sens propre est *renverser* ou *faire chavirer.* **The wake from the ferry upset three small boats**, *Trois petits bateaux furent renversés par le sillage du ferry.*

***

Corrigé de l'exercice 1

❶ Bien qu'ils soient frère et sœur, ils sont très différents. ❷ Elle tenait à lui comme à la prunelle de ses yeux. – Oui, mais c'était une brebis galeuse ! ❸ Le nouveau responsable fait exactement ce que Jim lui dit de faire. ❹ Quand la banque nous a refusé un prêt, tout est tombé à l'eau. ❺ Pas de panique, je suis sûr que les choses vont se calmer.

34 / Thirty-fourth lesson

Exercise 2 – Fill in the missing words

 La morale de l'histoire, c'est qu'on ne peut pas avoir le beurre et l'argent du beurre.
The moral of the story is that ... ...
and ... ...

 Elle aurait dû garder la tête froide, mais elle a vendu la mèche.
She should have kept .. .. a .... but she
....

 Si tu veux un conseil, ne mets pas tous tes œufs dans le même panier.
If you want my advice, ... the
....

Thirty-fourth lesson

Cooking or cuisine?

1 – I just met Tom and I gather [1] he's coming round for dinner tomorrow night. Is that right?

2 – Yes, I said I'd invite him one day, so I did [2]. What's wrong with that?

3 – He's such a bore! Listening to his stories is like watching paint dry [3], only not so much fun.

4 – I grant you [4] he's not the world's greatest conversationalist, but he's a nice enough guy.

5   Anyway, what's done is done. Now I've got to think up [5] a menu.

6 – Also, he's a damn [6] food snob. Everything has to be line-caught, pan-fried [7] and drizzled [8] with olive oil.

Prononciation
*6 ... **damm** ...*

263 • two hundred and sixty-three

❹ Il pensait être une huile, mais il a dû reconnaître ses erreurs lorsque son équipe a perdu.
   He thought he was a ... . but he ended up
   .... when his team lost.
❺ Je suis tombé de Charybde en Scylla car je n'ai pas prêté attention au problème.
   I .... the .... the .... because I ignored the problem.

Corrigé de l'exercice 2
❶ – you can't have your cake – eat it too ❷ – as cool as – cucumber – spilled the beans ❸ – don't put all your eggs in – same basket ❹ – big cheese – eating humble pie – ❺ – jumped out of – frying pan into – fire –

Trente-quatrième leçon

Cuisine ou "grande" cuisine ?

1 – Je viens de rencontrer Tom et, si j'ai bien compris, il vient dîner demain soir. C'est ça ?
2 – Oui, j'avais dit que l'inviterais un jour et c'est ce que j'ai fait. Où est le problème ?
3 – C'est un casse-pieds de première ! L'écouter raconter ses histoires, c'est comme regarder de la peinture sécher, mais en moins drôle.
4 – Je t'accorde qu'en matière de conversation, il y a mieux *(ce n'est pas le plus beau parleur du monde)*, mais il est plutôt sympa.
5   De toute façon, ce qui est fait est fait. Maintenant, il faut que je réfléchisse à un menu.
6 – En plus, il est hyper snob au niveau de la bouffe. Tout doit être pêché à la ligne, poêlé et assaisonné d'un filet d'huile d'olive.

7 I can just hear him now: – That chocolate cake is to die for [9]. – Your apple crumble is so moreish [10].
8 I can't stand that kind of talk. It's one of my pet peeves [11].
9 – Don't be so crabby [12]. He's coming for dinner, and that's that [13].
10 – In that case, I'll give you the bill of fare [14]. Let's start with something wholesome, shall we?
11 A hearty winter soup followed by oven-baked sea bass with sun-ripened vegetables.
12 For pudding, sorry, dessert, we'll have toothsome organic ice-cream made with free-range eggs.
13 And, to top it off, cellar-ripened cheese and bakery-fresh bread.
14 For crying out loud [15], why can't we just have food rather than cuisine?
15 – Okay. I give up. You win. I'll just make baked beans on toast followed by jelly and custard.
16 – I'm serious. You can't beat plain, unfussy food like beef or pork, none of your fancy sauces, and a bottle of plonk [16].
17 – You have a point [17], I must admit. But I'd really like to serve something special.
18 – How about herb-infused loin of grass-reared Angus with a savoury jus and crispy Northern waffle?
19 – What's that, for heaven's sake ?
20 – Roast beef, gravy and Yorkshire pudding [18]. It's just so moreish!

*7 ... **mor**-ich ...*

Trente-quatrième leçon / 34

7 Je l'entends déjà : "Ce gâteau au chocolat est hyper bon *(à mourir)* ! Ton crumble aux pommes a un petit goût de revenez-y !"

8 J'supporte pas cette façon de parler. Il n'y a rien que je déteste plus.

9 – Ne sois pas si grincheux. Il vient dîner, un point, c'est tout.

10 – Dans ce cas, c'est moi qui fais le menu. Si on commençait par quelque chose de sain ?

11 Une bonne soupe d'hiver, qui réchauffe, suivie d'un bar rôti au four, accompagné de légumes mûris au soleil.

12 En dessert – pardon, à titre de "gourmandise du chef" : une savoureuse glace bio faite avec des œufs de poules élevées en plein air.

13 Et pour couronner le tout : un fromage affiné en cave et du pain juste sorti du four.

14 Par pitié, pourquoi ne pouvons-nous pas manger une nourriture normale, plutôt que de la grande cuisine ?

15 – D'accord. Je me rends. Tu as gagné. Je ferai juste des haricots blancs sauce tomate sur toasts, suivis de gelée de fruits et de crème anglaise.

16 – Je suis sérieux. Il n'y a rien de meilleur qu'un repas sans prétention, avec du bœuf ou du porc, par exemple, sans toutes tes sauces sophistiquées, et une bouteille de pinard.

17 – Tu n'as pas tort, je dois l'admettre. Mais j'aimerais vraiment servir quelque chose qui sorte de l'ordinaire.

18 – Que dirais-tu d'un filet [de bœuf] Angus nourri à l'herbe, mariné dans les plantes aromatiques, servi dans son fumet savoureux, avec une gaufrette nordique croustillante ?

19 – Mon Dieu ! Qu'est-ce que c'est que ça ?

20 – Du rosbif au jus, accompagné de Yorkshire pudding. Ça a un goût de revenez-y !

34 / Thirty-fourth lesson

 Notes

1. **to gather**, *rassembler*, *réunir*. Mais dans ce contexte, le verbe signifie *déduire* ou *conclure* – comme si on rassemblait des éléments pour arriver à une conclusion. On peut aussi le traduire par *comprendre* : **We gather from your previous employer that you have experience in personnel management**, *D'après votre ancien employeur, nous comprenons que vous avez de l'expérience dans la gestion du personnel*. En somme, **to gather** peut s'employer chaque fois qu'on arrive à une conclusion ou une supposition à partir d'éléments externes.

2. Vous avez sûrement compris que l'emploi de l'auxiliaire permet d'éviter la répétition du verbe principal. N'oublions pas que ce mécanisme fonctionne aussi à la forme négative : **He said he'd help me but he didn't**, *Il m'a dit qu'il allait m'aider mais il ne l'a pas fait*.

3. **to watch paint dry**, *regarder sécher la peinture* – activité ennuyeuse s'il en est ! Bien entendu, l'expression **It's like watching paint dry** est une locution familière et humoristique pour décrire une action longue et rébarbative. **The documentary was so boring that it was like watching paint dry**, *Ce documentaire n'en finissait pas*.

4. **to grant**, *concéder* ou *octroyer* : **The bank has granted me a thirty-year mortgage**, *La banque m'a octroyé un prêt immobilier sur 30 ans*. Ainsi, on peut deviner que l'expression figée **I grant you**, utilisée lorsqu'on dialogue avec quelqu'un, signifie : *Je vous/te l'accorde*.

5. Le verbe à particule séparable **to think up** va plus loin que la simple idée de penser : il signifie *inventer* ou *concevoir* : **The plan was so complicated that he couldn't have thought it up by himself**, *Le plan était si complexe qu'il n'aurait pas pu l'inventer tout seul*. Nous ne pouvons trop insister sur l'importance de retenir les prépositions qui accompagnent normalement les verbes courants, afin de pouvoir reconnaître les formes idiomatiques.

6. Nous vous avions expliqué que l'adjectif **damning** (leçon 32, note 3) n'avait pas la signification de *damnation*. Ce qui n'est pas le cas de **damn** (ne prononcez pas le **-n** final). On peut s'en servir comme explétif : **Damn, I forgot to save the file!**, *Bon sang, j'ai oublié de sauvegarder le fichier*, ou comme adjectif : **I forgot to save the damn file**, *J'ai oublié de sauvegarder ce maudit fichier*. Dans ce deuxième cas, il s'agit d'une abréviation de **damned** *[dammd]*, que l'on peut utiliser aussi. Certes, l'adjectif est moins fort que **bloody** (leçon 20, note 18), et l'explétif bien moins vulgaire que d'autres jurons, mais il est déconseillé d'utiliser l'un

Trente-quatrième leçon / 34

comme l'autre à cause de l'origine religieuse des deux mots (**God be damned**, *Que Dieu soit damné*).

7   Les adjectifs employés en anglais, surtout dans la restauration, pour décrire les plats, sont souvent alambiqués et parfois tautologiques. Par exemple, **to fry** signifie *poêler*, et **a pan** est *une poêle*, **pan-fried** signifie *poêlé à la poêle*. Un autre descriptif très courant est **oven-baked** ("cuit au four au four" !). Vous en trouverez d'autres plus bas dans le texte. Heureusement, le ridicule ne provoque pas d'intoxication alimentaire…

8   Au sens propre, **to drizzle** veut dire *bruiner* ou *crachiner* (**drizzle** est aussi le nom indénombrable pour *la bruine*). **Take an umbrella, it's starting to drizzle**, *Prends un parapluie, il tombe des gouttes*. Mais dans le contexte culinaire, **to drizzle** s'emploie dans le sens de *verser un filet d'huile*. D'olive, naturellement !

9   Littéralement, **to die for** signifie "mourir pour quelque chose" (idées, patrie, etc.). Nous savons aussi que, dans un registre familier, on peut employer le verbe dans le sens "d'avoir une grande envie de quelque chose" (comme "mourir d'envie" en français) : **I was dying for a cigarette but I was surrounded by non-smokers**, *Je mourais d'envie de fumer une cigarette, mais j'étais entouré de non-fumeurs*. On peut forcer encore le trait avec le conditionnel : **I know he would die for one of those new smart phones**, *Je sais qu'il ferait n'importe quoi pour avoir un de ces nouveaux téléphones intelligents*. Enfin, l'interjection **It's to die for!** s'emploie dans un registre très familier pour dire que quelque chose est irrésistible ou craquant. On peut même en faire un adjectif : **She makes a to-die-for chocolate cake!**, *Elle fait un gâteau au chocolat trop génial !* Encore une expression à manier avec précaution !

10   L'adjectif familier **moreish** vient, bien sûr de **more**, *plus*. Il décrit quelque chose – généralement une gourmandise – qui vous donne envie d'en redemander : **I can't help it, these cookies are so moreish**, *Ces biscuits sont une vraie gourmandise, je n'y résiste pas*.

11   L'adjectif **peevish** signifie *grincheux*. **The webmaster gets peevish if you ask him to change the site content too often**, *Le webmestre devient grincheux si on lui demande de changer le contenu du site trop souvent*. On en fait un nom, **a peeve**, qui se trouve presque toujours accolé à **pet**. On peut traduire par *bête noire*. Au sens strict, **a pet** est un animal domestique, mais on l'utilise souvent comme adjectif au

sens de *favori* : **Naval history is one of his pet topics**, *L'histoire maritime est l'un de ses sujets favoris*. Dans ces contextes, on peut traduire l'ensemble [adjectif + nom] par *dada*. *L'histoire maritime, c'est son dada*.

12 L'anglais fabrique souvent des adjectifs à partir des noms d'animaux. Dans la leçon précédente, nous avons vu **fishy**, *douteux* (leçon 33, note 6). Aujourd'hui, c'est **crabby**, de **crab**, *le crabe*. Il paraît que ce crustacé peut se montrer grincheux, car c'est le sens de cet adjectif : **Our seven-year-old always gets crabby when he's tired**, *Notre fils de sept ans devient toujours grincheux quand il est fatigué*. Ces petits mots courts et parlants sont souvent utilisés dans les titres des journaux car ils attirent le lecteur.

13 **that's that** (presque toujours avec la contraction et placé à la fin de la phrase) est un impératif qui souligne une finalité : **You agreed to the terms of the contract, and that's that**, *Vous avez accepté les conditions du contrat, un point c'est tout*. Au niveau de l'accent tonique, les deux mots sont accentués avec la même force.

14 En anglais courant, **the fare** est le prix que l'on paie pour un trajet en transports en commun ou une course en taxi, etc. Mais son deuxième sens est celui de la nourriture fournie par une auberge, etc. Dans ce contexte, il ne s'emploie guère que dans l'expression **standard fare** (c'est-à-dire "la nourriture communément servie"), tant au sens propre – **Chips are standard fare in most restaurants nowadays**, *De nos jours, la plupart des restaurants servent toujours des frites* – qu'au figuré : **Complex decisions are standard fare at senior management level**, *Les décisions complexes sont monnaie courante pour les cadres supérieurs*. Dans notre phrase, **the bill of fare** est l'ancien terme pour

***

Exercise 1 – Translate

❶ They're coming round for dinner tonight and that's that. ❷ I gather from your CV that you have experience in marketing. ❸ She knows I would die for one of those new smart phones. ❹ Complex decisions are standard fare at senior management level. ❺ I get your point. I admit I hadn't thought of that aspect.

Trente-quatrième leçon / 34

le menu (litt. "la liste des mets servis") d'un restaurant. On le retrouve parfois aujourd'hui, soit dans un contexte humoristique, soit pour "faire traditionnel".

15 **For crying out loud!** (litt. "pour crier à haute voix") est une interjection comme *Pour l'amour de Dieu !* en français. Voir la note culturelle à la fin de la leçon.

16 Nous avons vu le verbe **to plonk** à la leçon 32, note 16. Mais le nom argotique **plonk** n'a rien à voir. Il signifie *pinard* et vient de l'argot des Londoniens, les **Cockneys**, dont nous avons parlé à la leçon 17. Pour l'instant, sachez qu'il s'agit d'une déformation du français *vin blanc*. Nous vous en parlerons davantage en leçon de révision.

17 Dans le contexte d'un argument, **a point** s'emploie comme en français : **I'd like to come back to that point later**, *J'aimerais revenir sur ce point tout à l'heure*. Mais **point** peut aussi signifier l'argument lui-même, la "substantifique moelle" : **This book will teach you how to get your point across convincingly**, *Ce livre vous apprendra comment formuler votre argument de manière convaincante*. Ainsi, les expressions comme **You have a point** (ou **I get** ou **take your point**) signifient *Je vois ce que vous voulez dire*.

18 Une des gloires de la cuisine anglaise, à ne pas confondre avec un dessert sucré. Le pudding du Yorkshire (son comté d'origine, dans le nord de l'Angleterre) est une sorte de galette confectionnée avec de la farine, des œufs et du lait, qui accompagne traditionnellement le rosbif.

***

Corrigé de l'exercice 1

❶ Ils viennent dîner ce soir, un point c'est tout ! ❷ D'après votre CV, je vois que vous avez de l'expérience dans le marketing. ❸ Elle sait que je ferais n'importe quoi pour avoir un de ces nouveaux smartphones *(téléphones-intelligents)*. ❹ Les décisions complexes sont monnaie courante pour les cadres supérieurs. ❺ Je vois ce que vous voulez dire. J'avoue que je n'avais pas pensé à cet aspect-là.

34 / Thirty-fourth lesson

Exercise 2 – Fill in the missing words

❶ C'est un homme très occupé, je vous l'accorde, mais il m'a dit qu'il m'aiderait et il ne l'a pas fait.

. . . . he's a busy man, but he . . . . me and . . . .

❷ Ce qui est fait est fait. Maintenant, tu n'as plus qu'à trouver une bonne excuse.

. . . . Now you'd better . . . . a good excuse.

❸ Pour l'amour de Dieu ! Je ne supporte pas ce type de discours.

. . . . ! I . . . . that kind of . . . . .

❹ Nous avons vraiment essayé mais, à la fin, nous avons dû abandonner.

We tried very hard but in the end . . . .

❺ Où est le problème ? – Il est snob. Il n'y a rien que je déteste plus.

. . . . ? – He's a snob. It's one of my . . . .

Les Britanniques ont la réputation de ne pas parler ouvertement des "choses qui fâchent", notamment de sexe et de religion, mais plutôt d'y faire allusion par des euphémismes. C'est d'autant plus vrai pour les jurons et autres blasphèmes. Il y a une catégorie de ce qu'on peut appeler des "pseudo-blasphèmes", dans lesquels les mots-clés sont remplacés par des vocables qui sont similaires au mot remplacé ou qui, tout simplement, commencent par la même lettre. (Bien sûr ce phénomène existe aussi en français – citons "sacrebleu" au lieu de "sang de Dieu", ou encore "mince !" au lieu de "merde !" – mais peut-être à un moindre degré.)

Nous avons déjà rencontré **bloody** *(leçon 20, note 18). De plus, il y a toute une liste d'interjections qui, prises au sens propre, ne veulent rien dire mais qui sont en fait des pseudo-blasphèmes, remplaçant une expression plus sulfureuse. Par exemple* **For crying out loud!** *remplace* **For Christ's sake!** *("Pour l'amour du Christ"), le* "**c-**" *de* **crying** *signalant le mot remplacé. Il y a d'autres expressions courantes telles que* **My goodness!** *(litt. "ma bonté") pour* **My God!** *ou encore* **Blimey!***, une déformation de* **God blind me!***, Que*

Trente-quatrième leçon / 34

Corrigé de l'exercice 2

❶ I grant you – said he'd help – he didn't ❷ What's done is done – think up – ❸ For crying out loud – can't stand – talk ❹ – we had to give up ❺ What's wrong with that – pet peeves

Dieu me rende aveugle ! dont l'équivalent serait Merde alors ! Il s'invente de nouvelles expressions similaires tous les jours ; alors si quelqu'un émet une interjection fracassante mais incompréhensible au premier degré, il y a de fortes chances pour qu'il s'agisse d'un pseudo-blasphème !

Un autre phénomène de plus en plus courant, surtout dans la presse, permet de parler d'un mot tabou sans l'utiliser. Par exemple : **The US president used the "s" word on live television**, Le président américain a employé le mot "merde" en direct à la télévision. Ici, le mot en question est **shit**, qui, bien qu'il se traduise par "merde", est plus fort en anglais qu'en français. Ce type de tournures est souvent "dévoyée" et employée de manière humoristique : **Despite the economic crisis, the president refuses to use the "r" word** (ou **the R word**). Le journaliste (car c'est souvent dans les médias que l'on retrouve cette pratique) fait comprendre à ses lecteurs que le mot **recession**, récession, est tabou. Bien entendu, il faut connaître le contexte, mais très souvent, si tout le monde connaît le mot proscrit, personne ne veut le prononcer !

two hundred and seventy-two • 272

Thirty-fifth lesson

Revision – Révision

1 *which* et *that*

Ces deux mots sont des pronoms relatifs qui traduisent *que* ou *qui*. Dans la plupart des cas, on peut employer l'un ou l'autre sans changer le sens de la phrase :

Here is the report which I promised you, *Voici le rapport que je vous ai promis*.
Here is the report that I promised you.

Dans un registre informel, **that** (mais pas **which**) peut même remplacer **who** :

She is the woman who I spoke to you about, *C'est la femme dont je vous ai parlé*.
She is the woman that I spoke to you about.

(Rappelons que, dans un registre très formel, on dirait **She is the woman about whom I spoke to you**.)

Enfin, il faut savoir que lorsque **which** ou **that** (ainsi que **who**) sont employés comme pronoms relatifs compléments, comme ci-dessus, ils sont souvent omis. Reprenons nos exemples :

Here is the report which (complément) **I promised you** → **Here's the report I promised you.**
Here is the report that (complément) **I promised you** → **Here's the report I promised you.**
She's the woman who (complément) **I spoke to you about** → **She's the woman I spoke to you about.**

Cette omission n'est pas obligatoire, mais elle est très courante, notamment dans la langue parlée.

Par ailleurs, bien que **which** et **that** soient interchangeables dans ces contextes, on emploie toujours **that** après les expressions de quantificateurs comme **everything**, **something** et **all** :

He'll tell you everything that he knows, *Il vous dira tout ce qu'il sait*.
All that I can do is to try, *Tout ce que je peux faire, c'est essayer*.

Trente-cinquième leçon

Dans ces tournures, **which** serait faux (mais, comme **that** est un complément, on peut toujours le supprimer : **He'll tell you everything he knows** ; **all I can do is to try**).

De plus, **that** s'emploie toujours après les superlatifs :
This is one of the most encouraging initiatives that we have seen for the last decade, *C'est l'une des initiatives les plus encourageantes que nous ayons vues depuis une décennie*.

En revanche, lorsque le pronom relatif s'applique à l'ensemble de la proposition qui précède, c'est **which** qui s'impose :
He hasn't phoned yet, which is quite worrying, *Il n'a pas encore téléphoné, ce qui est assez inquiétant*.
(**which** s'applique à la proposition **He hasn't phoned yet**).

Cette règle s'applique, quelle que soit la longueur de la phrase :
I urge the parties to the peace agreement to establish a constructive dialogue in order to reach a negotiated solution, which is the only way to overcome the current crisis.
J'en appelle aux parties signataires de l'accord de paix pour établir un dialogue constructif afin d'arriver à une solution négociée, ce qui est le seul moyen de surmonter la crise actuelle.

En résumé, sauf dans les deux cas spécifiques cités ci-dessus, on peut employer **which** ou **that** comme pronom relatif. Cependant, nous vous conseillons d'utiliser **that** à chaque fois, car il y a moins de risque de faire une erreur (après un superlatif, par exemple). Il y a une autre raison, que nous verrons ultérieurement.

2 L'emploi des auxiliaires

Les auxiliaires (**do**, **have**, **will**, ainsi que les verbes modaux **can**, **could**, etc.) jouent un rôle très important en anglais, car ils nous permettent d'accentuer ou d'intensifier un énoncé sans ajouter de mots, ou encore d'éviter la répétition. Résumons.

2.1 Accentuer

On utilise **do** pour renforcer le verbe qui suit.

I do like your suit. Where did you buy it?, *J'aime vraiment votre costume. Où l'avez-vous acheté ?*
He does look like his father, *Il ressemble vraiment à son père.*
Dans ces cas, on accentue l'auxiliaire lorsqu'on prononce la phrase.

Avec d'autres auxiliaires, il suffit simplement de mettre l'accent tonique dessus en parlant :
I will leave tomorrow. You can't stop me, *Demain, je pars. Vous ne pourrez pas m'en empêcher.*

Cette accentuation ne ressort pas dans la langue écrite. C'est la raison pour laquelle il est parfois permis de mettre l'auxiliaire en italique ou de le souligner – par exemple, dans les dialogues d'un roman – pour imiter l'intensification obtenue par la voix : **"He *does* look like his father", she said. "I will leave tomorrow", he shouted.**

2.2 Éviter la répétition

On utilise les auxiliaires aussi pour éviter de répéter un verbe dans une même phrase ou dans une conversation :
I promised my doctor to stop smoking, and I will, *J'ai promis à mon médecin d'arrêter de fumer, et je le ferai.*
L'auxiliaire remplace **I will stop smoking**.
You don't consume any calories; they do, *Ce n'est pas vous qui consommez les calories, c'est eux.*
L'auxiliaire remplace **they consume calories**.

Ce mécanisme est différent de celui des "question-tags", où l'on répète l'auxiliaire employé dans la première partie de la question (**You are not listening, are you?**). Il nous permet de construire une phrase avec plusieurs temps :
He said he would help me and I'm sure he will, *Il m'a dit qu'il m'aiderait et il le fera, j'en suis sûr* (c'est-à-dire *I'm sure he will help me*).

De même, dans une conversation, l'auxiliaire évite la répétition du verbe employé par son interlocuteur :
I haven't been paid yet. – Neither have I, *Je n'ai pas encore été payé. – Moi non plus.*
It's late. Shouldn't we be leaving? – We should, *Il est tard. Ne devrions-nous pas partir ? – Si.*

2.3 Accentuer tout en évitant la répétition

Enfin, dans certains cas, l'auxiliaire nous permet d'accentuer notre énoncé tout en évitant de nous répéter !

I'm not going to apologise. – Oh yes you are!, *Je ne vais pas m'excuser. – Oh, que si !*

Will you let me drive your car? – I most certainly won't!, *Tu me laisseras conduire ta voiture ? – Il n'en est pas question !*

Dans ce cas de figure, l'accent tonique de la phrase tombe toujours sur l'auxiliaire.

Bien entendu, ces auxiliaires s'emploient très souvent dans les titres de la presse car ils sont courts et percutants. Par exemple, le titre **Will He Or Won't He?** est suffisant pour indiquer au lecteur que l'article qui suit concerne une décision qui n'est pas encore prise et l'incite à lire le texte en entier pour connaître la suite. (En l'occurrence, il était question d'un ancien Premier ministre qui n'avait pas encore décidé s'il allait se représenter aux élections : **Will he stand or won't he?**)

3 L'anglo-saxon *versus* le latin (suite)

Nous vous avons parlé dans la première leçon du phénomène du double vocabulaire de l'anglais. L'un de ses avantages est que nous avons souvent plusieurs mots pour une même chose, chacun correspondant à un registre ou contexte spécifiques. L'art du perfectionnement est de savoir comment choisir le mot adéquat. Voici quelques exemples de mots courants (à gauche) avec leurs équivalents latins (à droite) :

childish	infantile	*infantile*
colour-blind	daltonian	*daltonien*
devilish	diabolical	*diabolique*
foe	enemy	*ennemi*
friendly	amicable	*amical*
freeze-dried	lyophilised	*lyophilisé*
happiness	felicity	*félicité, bonheur*
heaven	paradise	*paradis*
inner	internal	*interne*
kingly	regal	*royal*

35 / Thirty-fifth lesson

long-sighted	hypermetropic	*hypermétrope*
lower	inferior	*plus bas / inférieur*
lying	mendacious	*mensonger*
motherly/fatherly	maternal/paternal	*maternel/paternel*
self-taught person, a	autodidact, an	*un autodidacte*
short-sighted	myopic	*myope*

Certains contextes sont plus évidents que d'autres. Par exemple, dans le domaine scientifique ou médical, on emploie le mot anglo-saxon dans la conversation courante, mais son équivalent latin dans une publication savante : la paire **short-sighted** (ou le substantif **short-sightedness**) au lieu de **myopic** (ou **myopia**). Le chimiste parlera à son collègue de **lyophilisation**, mais achètera du **freeze-dried instant coffee** au supermarché (alors que le mot "lyophilisé" n'effraie personne en français). En somme, on peut dire que l'anglais est plus explicatif, plus "terre à terre", alors que le latin est plutôt conceptuel, abstrait.

D'autres paires sont plus délicates. En règle générale, le mot anglo-saxon est plus "chaleureux" que son équivalent latin, qui sera réservé, lui, à un contexte plus formel. Par exemple, on dira **a motherly hug**, *une étreinte maternelle*, mais **a maternal grandmother**, *une grande-mère maternelle* – le terme de l'état-civil. De même, **a friendly chat**, *une conversation amicale*, est plus affable que **an amicable agreement**, *un accord à l'amiable*, expression juridique.

En poésie ou en rhétorique, on optera aussi pour le mot qui parle le plus aux émotions : **a foe** résonne bien plus dans l'imagination qu'un simple **enemy**, et **kingly** est plus "royal" que **royal**.

Ce phénomène ne se limite pas au passé : la tendance à l'explication qui est propre au vocabulaire anglo-saxon se retrouve même dans de nouvelles technologies : *un stimulateur cardiaque* est peut-être **a cardiac stimulator** pour un médecin, mais pour son patient, c'est **a pacemaker**.

Il faut donc toujours tenir compte de ces deux univers lexicaux lorsqu'on parle anglais, et surtout quand on écrit ou qu'on traduit. Car même quand l'anglais et le français ont la même approche, le vocabulaire ne sera pas forcément le même. Par exemple, pour allumer son lecteur DVD, un français emploie une télécommande, mais un Britannique utilisera **a remote control** !

4 *Rhyming slang*

Dans la leçon 34, nous avons appris le mot **plonk**, qui signifie *pinard* ou un vin de qualité ordinaire, et nous vous avions dit qu'il s'agissait d'une déformation du mot français *vin blanc*. La vérité est un peu plus complexe…

L'un des mécanismes par lesquels l'anglais fabrique de l'argot est le **rhyming slang** ("argot qui rime"), autrefois associé aux Cockneys, mais aujourd'hui employé un peu partout en Angleterre (moins en Écosse et au pays de Galles). En soi, l'idée est simple : prenez le mot que vous voulez modifier et trouvez-lui une rime : **stairs**, *escalier* = **pears**, *les poires*. Ensuite rajoutez un mot qui s'associe naturellement avec cette rime, par exemple **apples**, *les pommes*, puis mettez-le avant. Et le tour est joué : **apples and pears** = **stairs**. C'est maintenant que les choses se compliquent car, très souvent, au lieu d'employer les deux mots ensemble, on n'utilise que le premier – qui ne rime pas avec le mot d'origine. Donc **apples** = **stairs** ! Et à partir de là, on peut aussi modifier le premier mot (voir **pork pies** plus loin). Naturellement, l'argot est éphémère, et les mots choisis pour la rime sont souvent tirés de la culture populaire du moment ; donc il n'est pas possible de donner une liste d'expressions dont on sait qu'ils perdureront. Et n'oublions pas non plus que l'un des buts de l'argot est d'exclure les personnes qui n'appartiennent pas à un certain milieu (comme le *louchebem*, l'argot des bouchers en France). Mais, pour votre propre culture linguistique, voici quelques mots de **rhyming slang** qui s'emploient couramment :

Rhyming slang	English	Variante	Traduction
pork pies	lies	porkies	*mensonges*
plates of meat	feet	plates	*pieds*
bread and honey	money	bread	*argent*
loaf of bread	head	loaf	*tête, intelligence*
china plate	mate	china	*copain*
adam and eve	believe		*croire*
sausage and mash	cash	sausage	*argent liquide*

35 / Thirty-fifth lesson

Par exemple, imaginez la conversation suivante :
– **You know that china of mine, Bill?**
– **The one with the big plates?**
– **Yeah. Well he's got loads of bread.**
– **Use your loaf. You can't adam and eve him. He's always telling porkies.**
– **You mean...?**
– **He hasn't got a sausage.**

... que l'on peut "traduire" ainsi :
– **Do you know my friend Bill?**
– **The person with the large feet?**
– **Yes. He has a lot of money.**
– **Use your intelligence. You can't believe him because he is always lying.**
– **Do you mean...?**
– **He does not have a penny.**

Traduction
– *Tu connais mon pote Bill ?*
– *Celui avec les grands panards ?*
– *Ouais. Il est bourré de thune.*
– *Réfléchis un peu. Tu peux pas le croire. Il raconte que des craques.*
– *Tu veux dire...?*
– *Il est complètement raide.*

Exagéré ? Sans doute, mais tous ces mots émaillent le parler populaire, ainsi que certains feuilletons télévisés. Qui plus est, Londres et d'autres grandes villes devenant de plus en plus cosmopolites, les jeunes d'origine indienne, pakistanaise ou jamaïcaine emploient ce même mécanisme de "l'argot qui rime" en incorporant des mots de bengali, d'ourdou, etc. Donc vous n'échapperez pas au **rhyming slang** d'une manière ou d'une autre. Par ailleurs, certaines de ces expressions sont passées dans la langue courante, sans que les personnes qui les emploient en connaissent les origines. Lorsqu'un Premier ministre dit, lors d'un débat à la Chambre des communes : **Let's get down to brass tacks**, *Venons-en au fait*, sait-il que **brass tacks** est la rime de **facts** ?
(Quant à notre **plonk**, les soldats britanniques qui ont combattu en France pendant la première guerre mondiale ont découvert le vin

blanc, qu'ils prononçaient *[vinn blonk]*. Ainsi **blonk = plink plonk** [l'onomatopée pour le son d'un piano] → **plonk**. Et le mot existe encore aujourd'hui !)

5 Les expressions "gourmandes"

Si nous nous sommes permis de nous étendre si longuement sur les expressions ayant trait à la nourriture (leçon 33), c'est qu'elles sont très nombreuses en anglais.

Comme il se doit, les **pies**, *tourtes*, sont à l'honneur ; on ignore si elles sont si faciles que ça à confectionner, mais l'expression **as easy as pie** est passée dans la langue courante pour décrire quelque chose qui est *simple comme bonjour*. De même, **to have a finger in many** ou **several pies** rappelle la locution française *manger à tous les râteliers*, c'est-à-dire *se mêler de tout*. Quant à **to eat humble pie**, l'expression signifie *accepter* ou *reconnaître ses fautes*, souvent contraint et forcé. À l'origine, il y avait une tourte faite à partir d'*abats* (le vieux mot **numble** ou **umble**), mangée par les serviteurs et les roturiers – gens humbles et modestes. D'où une confusion avec le mot français *humble*, souvent prononcé *[umble]* par les Anglais.

De l'humilité innée à l'humilité forcée, il n'y avait qu'un petit pas ! Le compagnon de la "**pie**", bien sûr, c'est le **pudding**. L'expression-titre de la leçon 33, **to over-egg the pudding**, est assez humoristique : si vous utilisez trop d'œufs dans la préparation de votre mets, il risque d'être (plus) indigeste. De même, si vous racontez une histoire, il ne faut pas trop en rajouter, sinon elle serait trop lourde. (Bien que le verbe **to over-egg** soit un néologisme – qui ne s'emploie guère que dans ce contexte –, il est immédiatement compréhensible.)

Pour accompagner nos tourtes et puddings, il faut de la *sauce*, **sauce**, ou du *jus*, **gravy**. Nous avons vu ce dernier mot en leçon 30, note 10. L'expression **to be on** ou **to get on the gravy train** signifie *trouver le bon filon*. Elle viendrait des États-Unis où, lors de la Grande Dépression des années 1930, les vagabonds sillonnaient le pays en empruntant clandestinement les trains. Celui qui menait à une ville où on pouvait trouver facilement du travail était qualifié de **gravy train**.

En revanche, dans l'expression argotique **to hit the sauce**, la "sauce" en question est l'alcool, et le sens est *se mettre à picoler*.

Un autre plat anglais typique est le **bacon and eggs**. **To bring home the bacon** signifie *nourrir la famille* ou, plus simplement, pourvoir aux besoins financiers de celle-ci. Cette expression idiomatique remonte au Moyen Âge, lorsqu'on fréquentait les foires pour essayer de gagner un cochon engraissé.

Si vous mangez trop vite des œufs au plat, vous vous laisserez sans doute des traces de jaune tout autour de la bouche et on se moquera de vous. C'est de ce constat édifiant que vient l'expression **to have or get egg on one's face** (litt. "avoir de l'œuf sur le visage"), qui signifie *avoir l'air* ou *être couvert de ridicule*. Enfin, le verbe **to egg on** cache bien son jeu, car il n'a rien à voir avec les œufs : il vient du vieux norrois ***eggja***, *inciter*, et signifie *encourager* ou *pousser quelqu'un à faire quelque chose*.

Prenons maintenant quelques produits laitiers, en commençant par le lait. **To cry over spilt milk** (litt. "pleurer pour du lait renversé") veut dire *regretter ce qui est fait*. On utilise l'expression plutôt dans le contexte d'une admonition. (Notez que **to spill** est un de ces verbes qui peuvent être réguliers ou irréguliers (leçon 21, § 5).)

Ensuite, le fromage. Au sens figuré, **a big cheese** n'est pas une mimolette gigantesque, mais une personne très importante, *un gros bonnet*, ou, pour rester dans le domaine alimentaire, *une grosse légume*. En fait, **cheese** serait une déformation du mot hindi ***chiz***, mais, comme pour beaucoup d'expressions, la vraie étymologie est inconnue. Quant à l'expression **to be alike as chalk and cheese**, il est évident que le fromage n'a rien à voir avec la *craie*, **chalk**, d'où le sens de l'expression ironique *être très différent* (on peut aussi dire **to be as different as chalk and cheese**). Comme beaucoup de locutions anglaises, celle-ci vaut plus par l'allitération (**ch-**) que par le sens propre.

Pour ce qui est du beurre, nous trouvons **he/she looks like butter wouldn't melt in his/her mouth**, c'est-à-dire que la personne en question paraît si douce que le beurre ne fondrait pas dans sa bouche – autrement dit, *on lui donnerait le bon Dieu sans confession*.

Côté gâteaux, nous sommes gâtés ! Citons **to sell like hot cakes**, qui ressemble beaucoup à la locution française, *se vendre comme des petits pains*, et en partage le sens. Plus abscons, **to have one's**

cake and eat it (litt. "avoir son gâteau et le manger") peut sembler bizarre, car le but d'avoir un gâteau entre les mains est sûrement de le manger. Sachez donc que le sens du verbe **to have** dans ce contexte est *garder* ou *conserver* : la signification est maintenant plus claire. D'ailleurs, on peut rajouter **too** à la fin pour insister sur l'incompatibilité des deux actions. L'équivalent français relève, lui aussi, du registre culinaire : **He wants to have his cake and eat it, too**, *Il veut le beurre et l'argent du beurre*.

To be as nutty as a fruitcake (litt. "aussi plein de noix qu'un gâteau aux fruits"), *être complètement barjo*, est une expression plutôt gentillette, voire drôle. L'humour vient du fait qu'on prend le sens argotique de **nutty** (leçon 31, note 20) pour lui redonner sa signification littérale, **a fruitcake** étant un gâteau confectionné avec des fruits secs et des noix. Faites attention : l'expression **to put something in a nutshell** n'a rien à voir avec la folie : elle signifie *résumer quelque chose en un mot* (**a nutshell**, *une coquille de noix*).

Enfin, sachez que **a cookie** est le mot étasunien pour **a biscuit**. Certains cuisiniers ont du mal à réussir cette préparation, pourtant simple, et leurs biscuits sont parfois durs (**tough**) comme des cailloux. Appliquée à une personne, l'expression **a tough cookie** désigne *un dur à cuire*.

Passons aux fruits : avec l'expression **to be the apple of someone's eye**, nous retrouvons encore un lien entre l'anglais et le français car, à l'origine, l'**apple** en question n'était pas une pomme, mais la pupille de l'œil – la prunelle : *tenir à quelqu'un comme à la prunelle de ses yeux* (notez que **eye** est singulier dans l'expression anglaise). Si vous renversez une charrette ou un tombereau (**cart**) rempli de pommes, vous créez une sacrée pagaille, n'est-ce-pas ? Donc **to upset the apple cart** (ou **applecart**) signifie *chambouler tout*, ou, par extension, *bouleverser les projets de quelqu'un*.

Ou préférez-vous des poires ? L'expression très imagée et assez familière **to go pear-shaped** (litt. "devenir piriforme") signifie *tourner mal*. L'étymologie la plus probable est l'image d'une montgolfière en difficulté : quand tout va bien, le ballon est rond, mais s'il commence à se dégonfler, il prend la forme d'une poire.

Nous avons déjà vu deux expressions qui ressemblent à des locutions françaises. En voici une autre, mais le lien n'est pas évident de prime abord : **to jump out of the frying pan into the fire** est moins "intello" que son équivalent français, mais peut-être plus visuelle ! Au lieu de tomber de Charybde en Scylla, on "saute de la poêle à frire pour atterrir dans le feu". Toujours dans l'Antiquité, **to spill the beans** (litt. "renverser les haricots"), *vendre la mèche*, nous vient de la Grèce antique, où les adeptes des sociétés secrètes votaient pour ou contre de nouveaux membres en mettant chacun un haricot – blanc pour "oui", noir pour "non" – dans un petit sac. Si par mégarde on renversait le sac avant le décompte officiel, le résultat était connu d'avance.

Voilà : nous espérons que ce petit résumé vous aidera à vous souvenir de ces expressions, que les Britanniques mettent… à toutes les sauces !

▶ Revision exercise

Remplacez les mots en vert par un verbe ou un nom plus descriptifs dans les phrases 1 à 7.

1 – I was drinking a beer very slowly (1) when a strong wind shook the house.
2 – The roof tiles fell noisily (2) to the floor.
3 – The beer glass slipped from my hand. There was a <u>loud noise</u> (3) followed by a sound (4) of broken glass.
4 – I quickly seized (5) a sponge and wiped the floor.
5 – The door opened slightly and my wife looked quickly (6) round the door.
6 – She looked at the broken glass with astonishment (7).
7 – Then her mouth made a sudden movement and became (8) a smile.

Dans un second temps, comme une référence à la note culturelle de la leçon 31, écoutez très attentivement ces trois phrases.

Trente-cinquième leçon / 35

- "What a strong wind. Must be a hurricane!"
- I said "In Hertfordshire, Herefordshire and Hampshire hurricanes hardly ever happen.
- Although Worcestershire, Leicestershire, Lincolnshire and Warwickshire are riskier".

Corrigé de l'exercice
1 – I was sipping (1) a beer when a strong wind shook the house.
2 – The roof tiles clattered (2) to the floor.
3 – The beer glass slipped from hand. There was a crash (3) followed by a tinkle (4) of broken glass.
4 – I grabbed (5) a sponge and wiped the floor.
5 – The door opened slightly and my wife peeked (6) round the door.
6 – She gaped (7) at the broken glass.
7 – Then her mouth twitched (8) into a smile.

Cela fait maintenant cinq semaines au moins que vous perfectionnez votre anglais. Jusqu'ici, nous avons expliqué, ligne par ligne, énormément de choses. Nos notes, comme des béquilles, vous ont aidé à avancer pas à pas. Cependant, il n'est pas réaliste de tout expliciter – d'ailleurs, même dans votre langue maternelle, vous ne connaissez pas forcément chaque mot que vous rencontrez. Mais grâce à votre culture et vos connaissances profondes, vous comprenez tout quand même.

Désormais, pour ne pas que vous soyez entièrement dépendant des "béquilles", nous allons réduire un petit peu le nombre de notes afin de faire jouer à fond votre capacité d'assimilation naturelle. Toutefois, n'ayez crainte, nous serons toujours là quand il le faudra !

Thirty-sixth lesson

Work

1. The UK [1] economy has changed radically in the past thirty years or so [2].
2. State-owned [3] corporations [4] have been privatised and many public services have been placed in the private sector.
3. Manufacturing industry, once the backbone of the nation's wealth [5], has shrunk and output [6] has declined.
4. The service sector has expanded and now employs a large part of the workforce [7], particularly in business services.
5. Wholesale and retail trade [8] are still important and account for a sizable percentage of gross domestic product, or GDP.
6. Small firms play a vitally important economic role. Some are sole proprietorships [9] and others have only a handful of employees,
7. but they provide employment for nearly half the active population.
8. Every year, new companies are set up, while others either close or go bankrupt [10].
9. Fortunately, large corporate failures are rare, but it is increasingly hard to survive in today's globalised economy.

Prononciation
*2 ... **praï**-vë-taëzd ... 3 ... ouèITH ...*

Trente-sixième leçon

Le travail

1. L'économie du Royaume-Uni a radicalement changé ces trente dernières années.
2. Les sociétés nationalisées *(propriétés de l'État)* ont été privatisées et beaucoup de services publics ont été placés dans le secteur privé.
3. L'industrie manufacturière, jadis fondement de la richesse nationale, a diminué et la production a baissé.
4. Le secteur des services a augmenté et crée maintenant des emplois pour une grande partie de la population active, notamment dans les services aux entreprises.
5. Les commerces de gros et de détail sont toujours importants et représentent un pourcentage considérable du produit intérieur brut, ou PIB.
6. Les petites entreprises jouent un rôle économique extrêmement important. Certaines sont des entreprises individuelles, alors que d'autres n'ont qu'une poignée d'employés,
7. mais elles créent de l'emploi pour presque la moitié de la population active.
8. Chaque année, de nouvelles entreprises sont créées, alors que d'autres ferment [leurs portes] ou font faillite.
9. Heureusement, les faillites majeures sont rares, mais il est de plus en plus difficile de survivre dans l'économie mondialisée d'aujourd'hui.

36 / Thirty-sixth lesson

10 New activities, especially hi-tech [11] industries, are thriving in some areas of the country, creating exciting, cutting-edge [12] products that are often world class.

11 Of course, some people prefer to opt out of the corporate rat race [13]: they work for themselves or for not-for-profit organisations.

12 There are also those who are unable to find work: the jobless [14].

13 Unemployment is a major challenge for all economies, and governments try to tackle it in various ways,

14 with a combination of benefits, training and job incentive schemes.

15 Some unemployed people prefer to rely on their wits to get work.

16 The personnel manager of a large catering [15] firm called a new employee into her office:

17 – "What's the meaning of this?" she demanded. "On your CV, you said you had ten years' experience,

18 but I've just found out that this is the first job you've ever had. Explain yourself."

19 – "It's true," he replied, "but in your ad, you said you were looking for someone with lots of imagination."

Notes

1 Rappelons que le nom propre **UK** *[iou-kée]* (**the United Kingdom**, *le Royaume-Uni*) peut aussi être employé comme adjectif : **The firm is based in the UK**, *La société est basée au Royaume-Uni* ou bien : **the UK national debt**, *la dette publique du Royaume-Uni*.

Trente-sixième leçon / 36

10 De nouvelles activités, en particulier les industries de haute technologie, fleurissent dans certaines régions du pays, tout en créant des produits de pointe *(bord tranchant)* attrayants qui sont souvent de niveau international *(mondial)*.

11 Bien entendu, certaines personnes préfèrent quitter cette vie mouvementée et agressive *(course aux rats)* : elles travaillent en indépendant ou pour des associations à but non lucratif.

12 Il y a aussi ceux qui n'arrivent pas à trouver du travail : les sans-emploi.

13 Le chômage est un enjeu majeur pour toutes les économies, et les gouvernements essaient d'y faire face de différentes manières,

14 en combinant allocations, formation et programmes d'incitation au travail.

15 Certains chômeurs choisissent de faire confiance à leur intelligence pour trouver du travail.

16 La responsable du personnel d'une grande société de restauration collective fit venir un nouvel employé dans son bureau :

17 – "Qu'est que cela veut dire ?" demanda-t-elle. "Sur votre CV, vous indiquiez avoir dix années d'expérience,

18 mais je viens de découvrir que ceci est votre premier emploi. Expliquez-vous."

19 – "C'est vrai", répondit-il, "mais dans votre annonce, vous disiez que vous cherchiez quelqu'un avec beaucoup d'imagination."

---

2 ...or so, *plus ou moins, environ*. I've been waiting twenty minutes or so, *J'attends depuis environ 20 minutes*. Contrairement au français, l'expression se place après le nom.

36 / Thirty-sixth lesson

Notes

3 Voir les leçons 9, phrase 4, et 14, § 2. Rappelons que le trait d'union est obligatoire : **a programme run by the government → a government-run programme**, *un programme géré par l'État*.

4 **a corporation** est *une société commerciale*, généralement une grande entreprise (et, aux États-Unis, *une société à responsabilité limitée*). Cependant, en anglais britannique, on lui préfère le terme **company**, car **corporation** signifie aussi *conseil municipal* : **the mayor and corporation**, *la municipalité* (le maire et le conseil). En revanche, l'adjectif **corporate**, très courant des deux côtés de l'Atlantique, désigne tout ce qui a trait aux sociétés ou au monde des affaires (note 10).

5 **the wealth of the nation**, *la richesse de la nation*, peut aussi se dire **the nation's wealth**. Nous verrons tout au long de cette semaine comment ce cas possessif (**...'s**) – dont l'utilisation est en principe réservée aux personnes physiques – s'emploie en fait de manière beaucoup plus souple.

6 **output** est synonyme de *production*. Dans le langage économique, où on le trouve souvent accolé à **manufacturing**, il signifie aussi *rendement*. **The output of this mine is two million tonnes a year**, *Le rendement de cette mine est d'environ deux millions de tonnes par an*.

7 Ce mot-valise, déjà vu dans les leçons 8 et 15, est composé de **work**, *travail* et **force** (litt. "un ensemble de personnes"). En économie, il est l'un des deux termes désignant la *population active* (l'autre apparaît en phrase 7). On l'emploie aussi pour les *effectifs* d'une société, etc. **The company has a workforce of three hundred**, *La société a un effectif total de trois cents personnes*.

8 **trade**, *le commerce* ; **the trade deficit**, *le déficit commercial*. **Wholesale**, composé de **whole**, *entier*, et **sale**, *vente*, signifie donc *la vente en gros*. Son contraire est **retail**, *le commerce de détail* (qui vient du français *retailler*, *recouper quelque chose en plusieurs morceaux*).

9 On reconnaît le mot français *propriétaire*, que l'on traduit par **owner** dans le langage courant. Dans le domaine des affaires, **a proprietor** est le *propriétaire d'une entreprise*. **A sole proprietor** est *un propriétaire unique*, et **a sole proprietorship** est *une entreprise individuelle*.

10 **to go bankrupt**, *faire faillite* (on reconnaît notre mot *banqueroute*) ; **a bankruptcy**, *une faillite*. Il existe un synonyme : **a corporate failure**

Trente-sixième leçon / 36

(phrase 9). Attention : **a bankrupt** signifie *une personne en situation de faillite personnelle*.

11 L'adjectif **high** est abrégé en **hi** (la prononciation est identique) dans certains mots composés, notamment **hi-tech**, *de pointe*. **Tech** lui-même est une forme tronquée de **technology**, mot jugé trop long pour le langage courant.

12 Cet adjectif composé est souvent utilisé dans les textes promotionnels pour vanter les avancées techniques d'un produit, d'un service, etc. Littéralement, **the cutting edge** est le "tranchant" ou le "bord d'attaque d'une lame" (**edge**, *bord*), ce qui donne l'impression de quelque chose qui tranche avec le passé. **Admire the cutting-edge design of the new theatre**, *Admirez la conception avant-gardiste du nouveau théâtre*.

13 **the rat race** (litt. "la course de rats") est une expression idiomatique qui ressemble à notre *foire d'empoigne* ; elle désigne un emploi ou un mode de vie marqué par l'agressivité et la tension, etc. **To relieve stress, many people are opting out of the rat race**, *Afin de réduire leur stress, beaucoup de gens choisissent de quitter la vie quotidienne mouvementée et agressive*.

14 Le mot **jobless**, rencontré pour la première fois à la leçon 8, est encore une illustration de ce double vocabulaire latin/saxon qui fait la richesse lexicale de l'anglais. Nous avons le mot "technique" **unemployment**, et, à côté, le mot plus courant **jobless** (**job** + **less**, litt. "privé d'emploi"). Mais malgré cette richesse, il n'y a pas un mot unique pour *un chômeur* : on dit **a jobless person**, ou **an unemployed person**.

15 **to cater**, *préparer la nourriture*. Plus courant, le terme **catering** (ou **the catering industry**) s'emploie dans le langage économique ou des affaires. **A catering firm** ou **company**, *une société de restauration collective* ; **a caterer**, *un traiteur*.

EVERY YEAR, NEW COMPANIES ARE SET UP, WHILE OTHERS EITHER CLOSE OR GO BANKRUPT.

37 / Thirty-seventh lesson

▶ Exercise 1 – Translate
❶ She opted out of the rat race by going to work for a not-for-profit organisation. ❷ The government is trying to tackle unemployment through incentive schemes. ❸ She works for a large State-owned catering firm. ❹ New companies are set up every year, but some quickly go bankrupt. ❺ She's just found out that this is my first job.

***

Exercise 2 – Fill in the missing words
❶ Il a dix années d'expérience dans le commerce de gros.
He ... ... experience in the wholesale trade.

❷ L'industrie manufacturière a diminué et la production a baissé.
Manufacturing industry ... . and output ... .

❸ Sarah a compté sur son intelligence pour trouver du travail.
Sarah .... to find work.

❹ Les services aux entreprises représentent un pourcentage non négligeable de la richesse nationale.
Business services .... a .... percentage of
... .

❺ La responsable du personnel m'a fait venir dans son bureau.
The personnel manager .... office.

Thirty-seventh lesson

The big deal

(From "Newsnight" on the BBC)

1 – Bangers [1] to Beijing? Here's our business correspondent, Katie Hall, to explain.
2 – The Yorkshire-based firm Nosh [2] plc was in the news recently when it was the target of a takeover bid by a Chinese group, Chow Foods.

Corrigé de l'exercice 1

❶ Elle a choisi de quitter la vie quotidienne mouvementée et agressive en allant travailler pour une association à but non lucratif. ❷ Le gouvernement essaye de juguler le chômage à l'aide de programmes d'incitation au travail. ❸ Elle travaille pour une importante société nationalisée de restauration collective. ❹ De nouvelles sociétés sont créées chaque année, mais certaines d'entre elles font rapidement faillite. ❺ Elle vient de découvrir que c'est mon premier emploi.

***

Corrigé de l'exercice 2

❶ – has ten years' – ❷ – has shrunk – has declined ❸ – relied on her wits – ❹ – account for – sizeable – the nation's wealth ❺ – called me into her –

Trente-septième leçon

Une affaire juteuse

(Extrait de l'émission "Newsnight" à la BBC)

1 – Des saucisses [envoyées] à Pékin ? Voici notre spécialiste en économie, Katie Hall, qui va nous éclairer.
2 – Basée dans le Yorkshire, la société Nosh SA a récemment défrayé la chronique lorsqu'elle a fait l'objet d'une offre publique d'achat de la part du groupe chinois Chow Foods.

37 / Thirty-seventh lesson

3 Nosh makes traditional British foods such as sausages, pork pies, pasties, jellies and other delicacies.

4 It is listed on [3] the London stock exchange and is highly profitable.

5 Yesterday, in a surprise move [4], the company announced that [5] it was turning the tables [6] and bidding for its Chinese rival.

6 Although Nosh is half as big as Chow, its management is confident it can close the deal [7].

7 When I spoke to Nosh's chief executive, Sir David Henson, earlier this morning, he was in a cheerful mood [8]:

8 Sir David, if you'll pardon the expression, don't you think you're biting off more than you can chew [9]?

9 – Not at all. China's a fast-growing country with loads of [10] people to feed.

10 It's [11] got a growing middle class who are taking an interest in travel and foreign foods.

11 I reckon [12] we'll be able to sell our products with no problem at all. People will think they're exotic.

12 – But Sir David, Chow is twice as big [13] as Nosh. How will you finance the takeover? And what will your shareholders say?

13 – It won't be easy, and we'll have to raise the money from investors. But we northerners love a challenge.

14 You mark my words, people in Beijing will be eating bangers and mash before the end of next year.

15 – Thank you, Sir David, I wish you the best of British luck [14]!

Trente-septième leçon / 37

3 Nosh fabrique des plats traditionnels britanniques comme des saucisses, des tourtes au porc, des "pâtés en croûte", des gelées et d'autres spécialités.
4 Cotée à la Bourse de Londres, elle est très rentable.
5 Hier, de manière inattendue, la société a annoncé qu'elle allait retourner la situation et lancer une offre sur son rival chinois.
6 Bien que Nosh soit moitié moins grande que Chow, sa direction est persuadée qu'elle pourra remporter le marché.
7 Lorsque j'ai parlé avec le directeur général de Nosh, Sir David Henson, plus tôt ce matin, il était de bonne humeur :
8 Sir David, si vous me permettez l'expression, ne pensez-vous pas que vous avez visé trop haut ?
9 – Pas du tout. La Chine est un pays en pleine expansion, avec des tas de gens à nourrir.
10 Elle a une classe moyenne grandissante, qui s'intéresse aux voyages et aux plats étrangers.
11 D'après moi, on pourra vendre nos produits sans aucun problème. Les gens les trouveront exotiques.
12 – Mais Sir David, Chow est deux fois plus grande que Nosh. Comment allez-vous financer l'offre ? Et que vont dire vos actionnaires ?
13 – Ça ne sera pas facile, et nous devrons collecter des fonds auprès des investisseurs. Mais nous, les gens du Nord, nous adorons les défis.
14 Vous allez voir, les Pékinois mangeront de la saucisse-purée d'ici la fin de l'année.
15 – Merci, Sir David, tous mes vœux vous accompagnent !

two hundred and ninety-four • 294

Notes

1 **a banger** (litt. "quelque chose qui fait boum") est *un pétard*. En langage familier, il signifie *saucisse* – à cause du bruit que font des saucisses en rissolant. Il existe un plat typique, **bangers and mash**, composée de *saucisses grillées* et de *purée de pommes de terre*, **mashed potato** (ou **potatoes**). Pourquoi ce titre surprenant : **Bangers to Beijing**, *Saucisses (envoyées) à Pékin* ? Les médias raffolent de ces petits jeux de langage (allitérations, rimes, etc.). Vous en rencontrerez tous les jours dans la presse, à la télévision, etc.

2 **nosh** est l'un des nombreux mots argotiques pour désigner la nourriture. Il peut aussi être un verbe : **Stop noshing on those snacks. It's almost dinner time**, *Arrête de bouffer ces amuse-gueule : il est presque l'heure de dîner*. Le mot est arrivé en anglais britannique via l'américain, mais vient à l'origine du yiddish.

3 **to be listed on the stock exchange** (ou, simplement, **to be listed**), *être coté en Bourse* : en effet, il suffit d'ajouter le nom de la société à **the list**, *la cote*. On dit aussi **a quoted company** (l'emprunt au français est évident). Bien qu'il y ait une différence technique entre les deux termes, ils sont synonymes dans le langage courant.

4 **a move**, *un mouvement*, s'emploie aussi dans le sens d'*une initiative*, *une action*, etc. **The government's first move will be to raise taxes**, *La première chose que fera le gouvernement sera d'augmenter les impôts*.

5 Rappelons que lorsque le pronom relatif **that** relie directement le sujet et le verbe dans une phrase, on peut l'omettre : **the company that we bought**, *la société que nous avons achetée* = **the company we bought**. Cette omission est facultative.

6 **to turn the tables** (litt. "retourner les tables"), *inverser les rôles*, *retourner une situation à son avantage*. **The Conservatives turned the tables on Labour and won the by-election**, *Le parti Conservateur a renversé la situation à son avantage et a battu les Travaillistes à l'élection partielle*.

7 **a deal**, *une affaire*, *un marché*. Nous rencontrerons souvent ce petit mot, fort utile, dans les semaines à venir. Sachez pour l'instant que **to close a deal** signifie *conclure une affaire*.

8 **mood**, *humeur*. **To be in a good/bad mood**, *être de bonne/mauvaise humeur*. Attention : l'adjectif **moody** a toujours une connotation négative : **He's a moody person**, *C'est une personne d'humeur changeante*.

9 **to bite off more than you/I, etc. can chew**, *avoir les yeux plus gros que le ventre* (litt. "arracher d'un coup de dents plus qu'on ne peut mâcher"). **We've bitten off more than we can chew with this project**, *On a visé trop haut avec ce projet*. Le fait d'ajouter **off** après un verbe d'action en renforce le sens : **to bite**, *mordre*, mais **to bite off**, *arracher d'un coup de dents*. Nous reviendrons plus tard sur cet usage de **off**. **To chew**, *mâcher* (nous connaissons tous le **chewing gum**, *gomme à mâcher*).

10 **a load**, *un chargement*. L'expression quantitative **loads of** (toujours au pluriel) est une tournure assez familière, équivalente à notre *des tas de*, *des masses de*. **I've got loads of things to do before lunchtime**, *J'ai des tas de choses à faire avant l'heure du déjeuner*.

11 Rappelons que la contraction **-'s** peut représenter **is** ou **has**, selon la structure de la phrase. Ici, il s'agit bien sûr de **has** : **It has got a growing middle class**.

12 Le sens littéral du verbe **to reckon** est "calculer" ou "compter". Mais dans le langage courant, il est synonyme de *penser*, *être d'avis que* : **He reckons it'll cost twenty thousand pounds**, *D'après lui, ça va coûter vingt mille livres*.

13 Nous avons vu dans cette leçon deux manières de comparer la taille relative : **Nosh is half as big as Chow**, *Nosh est moitié moins grande que Chow* ; ou bien **Chow is twice as big as Nosh**, *Chow est deux fois plus grande que Nosh*.

14 L'expression **the best of British luck** (ou simplement **best of British**) vaut plus par l'euphonie des deux "b" que par un sentiment de patriotisme. Il peut d'ailleurs avoir un sens légèrement ironique (en sous-entendant que les Britanniques ne sont pas chanceux …).

37 / Thirty-seventh lesson

Exercise 1 – Translate
❶ The Leeds-based firm is listed in New York and is highly profitable. ❷ I reckon it'll cost three thousand pounds, maybe more. ❸ You mark my words, they'll be able to sell their products easily. ❹ When I talked to her, she was in a cheerful mood. ❺ You're biting off more than you can chew.

***

Exercise 2 – Fill in the missing words

❶ On a un tas de choses à faire dans la maison qu'on a achetée.
..... got .... to do in the house .. ..

❷ Le gouvernement a retourné la situation vis-à-vis de l'opposition hier soir.
The government .... the opposition last night.

❸ Londres est deux fois plus grande que Paris, mais moitié moins grande que Los Angeles.
London is .... Paris but .... Los Angeles.

❹ La Chine a une classe moyenne grandissante qui s'intéresse à la nourriture étrangère.
.... got a .... middle class ... . an .... in foreign food.

❺ La direction est persuadée qu'elle pourra remporter le marché rapidement.
.... confident that it can .... quickly.

La Grande-Bretagne maintient son **honours system**, *une série de distinctions honorifiques, attribuées par le monarque deux fois par an, pour récompenser des personnes méritantes ayant contribué soit à l'intérêt public (fonctionnaires, professeurs, médecins, policiers…) soit à la vie intellectuelle, artistique et sportive de la nation (musiciens, écrivains, sportifs, etc.). Il y a une hiérarchie très stricte, avec une dizaine de catégories, telles le* **Distinguished Service**

Trente-septième leçon / 37

Corrigé de l'exercice 1

❶ La société, basée à Leeds, est cotée à New York, et elle est très rentable. ❷ D'après moi, cela coûtera trois mille livres, peut-être plus. ❸ Vous allez voir, ils vendront leurs produits sans problèmes. ❹ Quand je lui ai parlé, elle était de bonne humeur. ❺ Vous visez trop haut.

***

Corrigé de l'exercice 2

❶ We've – loads of things – we bought ❷ – turned the tables on – ❸ – twice as big as – half as big as – ❹ China's – growing – who are taking – interest – ❺ Management is – close the deal –

Order (DSO) *ou le* **Order of the British Empire (OBE)**, *les plus connues étant le* **peerage**, *la pairie, et le* **knighthood**, *titre de chevalier. Les heureux récompensés ont le droit de faire figurer cette distinction après leur nom (exemple : Margaret Carter DSO). Pour les pairs et les chevaliers, la règle est un peu différente : le pair prend le titre de* **Lord** *(pour un homme) ou de* **Lady** *(pour une femme), qu'il met devant son nom de famille, par ex. Lord Mountbatten. Le chevalier, lui, s'arroge le titre de* **Sir**, *qu'il décline toujours avec son prénom et son nom de famille : ex. Sir Richard Branson. S'adressant à un pair, on l'appelle toujours par son titre et son nom de famille, mais, pour un chevalier, on emploie le titre et le prénom (jamais le nom de famille : ainsi Sir Richard, jamais Sir Branson). Le titre de* **knight** *n'est attribué qu'aux hommes ; l'équivalent pour une femme est* **Dame of the British Empire (DBE)**. *(L'épouse d'un* **peer** *ou d'un* **knight** *reçoit automatiquement le titre de* **Lady**.*)*

Cela vous paraît compliqué ? De fait, chaque année, des réformateurs exigent la refonte, voire l'élimination du **honours system**, *qu'ils jugent élitiste ou suranné. Mais il semblerait que le système soit trop bien enraciné – il remonte quand même au XIVe siècle ! – pour permettre autre chose qu'un simple "toilettage" de temps en temps.*

two hundred and ninety-eight

Thirty-eighth lesson

Business news

1 The value of shares in London ended higher [1] after heavy trading just before the close.
2 The FTSE [2] index closed up sixty points at 5,980, the highest level for a fortnight [3].
3 The rise was triggered [4] by hopes that the Bank of England would cut interest rates again.
4 But a recent announcement by the Chancellor of the Exchequer [5] suggests that the authorities fear a slowdown.
5 With exports dropping and employment stagnating, politicians' promises that economic growth will not be affected
6 can hardly [6] be heard amid [7] the warnings by prominent economists and business leaders.
7 But the markets yesterday shrugged off [8] the bearish [9] news and posted very strong rises throughout the day.
8 Blue-chips [10] saw the biggest gains, especially banks and building societies [11].
9 Boyd rose on the back of [12] rumours of a merger with a German bank and ScotBank's shares soared thanks to strong mid-year earnings.

Prononciation
6 … ë-**mid** … 7 … **béér**-ich …

Trente-huitième leçon

Les actualités économiques

1 La valeur des actions à Londres a terminé en hausse dans des volumes de négociation importants juste avant la clôture.
2 L'indice FTSE a clôturé en hausse de soixante points à 5 980, son plus haut niveau depuis quinze jours.
3 Cette augmentation a été déclenchée par l'espoir que la Banque d'Angleterre pourrait baisser à nouveau les taux d'intérêt.
4 Cependant, une annonce récente du ministre des Finances laisse entendre que les autorités craignent un ralentissement.
5 Avec les exportations en baisse et l'emploi en train de stagner, les promesses faites par des hommes politiques que la croissance économique ne sera pas touchée
6 peuvent à peine être entendues à cause des avertissements émis par d'éminents économistes et industriels.
7 Mais hier les marchés ont fait fi des nouvelles maussades et affiché de fortes hausses tout au long de la journée.
8 Les grandes valeurs ont engrangé les plus fortes hausses, surtout des banques et des sociétés de crédit immobilier.
9 [La société] Boyd a été portée par des rumeurs d'une fusion avec une banque allemande, et les actions de la ScotBank se sont envolées grâce à des résultats semestriels excellents.

38 / Thirty-eighth lesson

10 Among the declines, shares in Nosh plc tumbled [13] ten per cent on news of its takeover bid for the Chinese food conglomerate Chow Foods.

11 The market was not convinced by Nosh's plans to finance the acquisition.

12 The company is expected to announce a rights issue [14] and an issue of convertible bonds shortly.

13 The stockbroker Pearson lowered its recommendation on Nosh from 'buy' to 'hold' [15].

14 When asked about the downgrade [16], Nosh's chief financial officer, Bob Worth, said that he was not surprised:

15 "A broker is a person you turn to for help with important investment decisions," he said,

16 "but have you noticed that the first five letters spell 'broke [17]'?"

17 Across the Atlantic, Wall Street [18] finished lower as the Fed announced that it was hiking [19] interest rates by another twenty-five basis points.

18 That's all the business news we have for you tonight. Join us again at the same time tomorrow for another edition. □

Notes

1 **to end**, *(se) terminer*. Dans la presse financière, **to end higher** (ou **lower**) signifie qu'une action ou un marché a clôturé en hausse (ou en baisse).

2 L'indice phare de la Bourse de Londres est le **FTSE 100** (**Financial Times/Stock Exchange**). On le prononce *[**fout**si-i]* ; d'ailleurs, on l'écrit souvent phonétiquement **Footsie**.

3 Voir leçon 10, note 10.

4 **a trigger**, *une gâchette*. Le verbe **to trigger** signifie *déclencher*. **The prime minister's remarks triggered an angry reaction from the leader**

Trente-huitième leçon / 38

10 En ce qui concerne les baisses, les actions de Nosh plc ont chuté de dix pour cent à cause de la nouvelle de son OPA pour la holding agroalimentaire chinoise Chow Foods.

11 Les projets de Nosh pour financer l'acquisition n'ont pas convaincu le marché.

12 La société devrait annoncer prochainement une augmentation de capital et une émission d'obligations convertibles.

13 Le courtier Pearson a abaissé son opinion sur Nosh de "acheter" à "conserver".

14 Interrogé sur cette révision à la baisse, le directeur financier de Nosh, Bob Worth, a dit ne pas être surpris :

15 "Un courtier est une personne vers qui on se tourne quand on a besoin d'aide avec des décisions d'investissement importantes", a t-il dit,

16 "mais avez-vos remarqué que les cinq premières lettres forment le mot "broke" *(fauché)* ?"

17 De l'autre côté de l'Atlantique, Wall Street a terminé en baisse alors que la banque centrale américaine a annoncé une nouvelle augmentation de vingt-cinq points de base des taux d'intérêt.

18 C'est la fin de nos actualités économiques de ce soir. Rendez-vous demain à la même heure pour un nouveau bulletin.

---

of the opposition, *Les commentaires du Premier ministre ont déclenché une vive réaction du chef de l'opposition*.

5 Voir leçon 25, note 9.

6 Vous savez sans doute que **hard**, *dur*, est à la fois adjectif et adverbe. Il y a un autre adverbe, **hardly**, qui peut se traduire par *à peine* ou *presque pas* : **It's so hot that I can hardly breathe**, *Il fait tellement chaud que je peux à peine respirer*. Dans certains cas, il a le sens de presque : **She hardly ever eats meat**, *Elle ne mange presque jamais de viande*. Ne confondez donc pas **hard** et **hardly** !

7 **mid** vient de **middle**, *le milieu*, comme *mi-* en français. **Mid-year**, *au milieu de l'année* (ou, comme adjectif, *semestriel*, voir phrase 9). La préposition **amid** signifie *au milieu de* mais s'emploie au sens figuré : **The negotiations collapsed amid strong objections from union leaders**, *Les négociations ont échoué suite aux fortes protestations des leaders syndicaux* (les pourparlers étaient en quelque sorte "entourés" de protestations). Le mot est souvent utilisé par les journalistes car il permet une économie d'expression.

8 **to shrug**, *hausser les épaules*. Le verbe s'emploie avec **off** pour traduire la notion d'*ignorer* ou *ne pas tenir compte* de quelque chose (comme lorsqu'on hausse les épaules avec mépris) : **The minister shrugged off concerns for her safety and attended a rally in Hyde Park**, *Faisant fi des inquiétudes pour sa sécurité, la ministre a participé à une manifestation à Hyde Park*.

9 Deux animaux dominent les marchés financiers : **the bull**, *le taureau*, et **the bear**, *l'ours*. Ils symbolisent respectivement les sentiments haussiers et baissiers. On utilise les mots comme noms – **a bull** est un investisseur optimiste – mais aussi comme adjectifs : **a bear market**, *un marché baissier*. Peut-être pour éviter une confusion entre les deux formes grammaticales, il existe deux autres adjectifs, **bullish** et **bearish**. L'étymologie est obscure, mais on prétend que l'ours attaque ses ennemis en les maîtrisant avec ses pattes alors que le taureau envoie valdinguer son adversaire avec ses cornes. Peut-être, mais dans les deux cas, alors, on se fait agresser !

10 **a blue-chip share** ou simplement **a blue-chip** est *une action "de père de famille"*, c'est-à-dire un investissement sans (trop de) risque dans une grande entreprise prestigieuse. Dans ce sens, **a chip** est *un jeton*, et, au jeu de poker, les jetons les plus chers, donc les plus précieux, sont de couleur bleue.

11 Contrairement aux apparences, **a building society** n'est pas une entreprise de construction ; c'est *une société de crédit immobilier* (c'est-à-dire une banque qui vous aide à "construire" votre logement). À l'origine, toutes ces institutions étaient mutualisées (c'est pourquoi on les appelle **societies** et non **companies**), mais, de nos jours, beaucoup d'entre elles sont des sociétés de capitaux cotées ou des filiales de grands groupes bancaires.

12 **to rise on the back off**, *monter grâce à*. Cette expression, spécifique au langage économique et financier, signifie littéralement monter "sur le dos de", mais il n'y a aucune connotation péjorative comme il pourrait

Trente-huitième leçon / 38

y en avoir en français. On pourrait dire également **because of** : **the shares rose because of rumours**.

13 Le langage financier est souvent très imagé ! Ici, et à la phrase 9, nous avons deux bons exemples : **to soar**, *s'envoler* et **to tumble**, *plonger*. Si on ajoute une précision, par exemple "de 10 %", on n'a pas besoin de l'adverbe **by** : **The shares tumbled eight per cent**, *Les actions ont plongé de 8 %*.

14 **a rights issue** est littéralement une "émission de droits de souscription" (**a right**, *un droit*). Selon la nature de l'opération, il peut s'agir d'une *augmentation de capital*.

15 Les trois recommandations les plus courantes émises par des analystes financiers sont **Buy**, *Acheter* ; **Hold**, *Conserver* et **Sell**, *Vendre*.

16 **a grade**, *un grade* ; **to downgrade**, *rétrograder* ou *déclasser*. Dans l'ensemble, on utilise ce verbe, ainsi que le nom **a downgrade**, dans le contexte financier. Mais le contraire, **to upgrade** (et **an upgrade**) s'emploie plus largement. **You need to upgrade your computer system**, *Vous devez mettre à niveau votre système informatique*. **The software upgrade is free**, *La mise à jour du logiciel est gratuite*.

17 Bien sûr, **a broker** n'a rien à voir avec **to be broke**, *être fauché* (quoi que…). Le mot, à la fois nom et verbe, signifie *(servir de) intermédiaire* et vient du… français (broquier, un marchand de vin qui entamait – ou "brochait" – des fûts, servant d'intermédiaire entre le vigneron et le consommateur). Dans le domaine de la finance, **a stockbroker** (ou, tout simplement **broker**, voir la phrase 15) est un courtier en actions ou, plus largement, une entreprise d'investissement.
En dehors du monde de la finance, le verbe s'emploie dans le contexte politique de la négociation : **The European Union brokered a peace deal between the two nations**, *L'Union européenne a négocié un accord de paix entre les deux nations*.

18 La **New York Stock Exchange (NYSE)**, *la Bourse de New-York*, se situe à l'angle de Wall Street et de Broad Street à Manhattan. **Wall Street** est synonyme du marché des actions américain, bien qu'il y ait plusieurs Bourses aux États-Unis.

19 **a hike**, *une randonnée* ; **to hike**, *faire de la randonnée*. Mais aux États-Unis, **to hike** peut aussi signifier *augmenter* (prix, taux d'intérêt, etc.), et le nom **a hike**, *une augmentation*. Cet usage a été importé – comme beaucoup de mots américains – en anglais britannique par le biais des médias.

three hundred and four • 304

Thirty-eighth lesson

Exercise 1 – Translate

❶ Don't worry, he'll be back in a fortnight. ❷ The value of shares ended lower after heavy trading on Wall Street. ❸ The Chancellor of the Exchequer is responsible for the Treasury and presents the budget to Parliament. ❹ My computer is broken but I can't replace it because I'm broke. ❺ The Bank of England has announced another interest rate hike.

***

Exercise 2 – Fill in the missing words

❶ Nous avons mis à niveau notre système informatique, mais ils ont néanmoins baissé leur recommandation.
We .... our .. system but they .... their ....

❷ Les actions ont augmenté sur fond de rumeurs d'une prise de contrôle.
The shares .... the ..... rumours of a ....

❸ Lorsqu'on lui a posé des questions à propos de la nouvelle, le directeur général a dit qu'il n'était pas surpris.
.... the ...., the CEO .... he ...... surprised.

❹ Ses remarques ont déclenché une réaction hostile de la part des actionnaires.
His remarks .... an ..... reaction ....

❺ On s'attend à ce que la société annonce une émission d'obligations convertibles.
The company .. .. an ..... of convertible bonds.

Trente-huitième leçon / 38

Corrigé de l'exercice 1

❶ Ne t'inquiète pas, il sera de retour d'ici quinze jours. ❷ La valeur des actions a terminé en baisse suite à des volumes importants de négociations à Wall Street. ❸ Le chancelier de l'échiquier (ministre des Finances britannique) est le responsable du Trésor et présente le budget (projet de loi des finances) au Parlement. ❹ Mon ordinateur est cassé, mais je ne peux pas le remplacer car je suis fauché. ❺ La Banque d'Angleterre a annoncé une nouvelle augmentation des taux d'intérêt.

***

Corrigé de l'exercice 2

❶ – upgraded – IT – downgraded – recommendation ❷ – rose on – back of – takeover ❸ When asked about – news – said – wasn't – ❹ – triggered – angry – from shareholders ❺ – is expected to announce – issue –

The Bank of England *est la banque centrale de la Grande-Bretagne (ni l'Écosse ni le pays de Galles n'ont un institut d'émission spécifique, alors que les banques écossaises ont le droit d'émettre des billets de banque, qui ont pouvoir libératoire partout au Royaume-Uni. Fondée en 1694 et nationalisée en 1946, la banque est devenue indépendante en 1997. Depuis le XVIIIe siècle, elle se situe au cœur de la City sur la Threadneedle Street: on l'appelle d'ailleurs affectueusement* **the Old Lady of Threadneedle Street.** *Son* **Monetary Policy Committee** *se réunit tous les mois pour gérer la politique monétaire du pays.*

Son homologue américain est le **US Federal Reserve system**, *connu sous le nom de* **Fed**. *Il s'agit en fait d'un véritable système (le vrai nom en est le* **Federal Reserve system**) *composé d'un conseil de gouverneurs et de 12 banques régionales.*

three hundred and six • 306

Thirty-ninth lesson

What the papers say

1. Let's look at the press coverage of the Nosh deal. This story [1] appeared in the business section of a quality newspaper.
2. – Nosh plc [2] yesterday unveiled [3] plans to make a tender offer for China's Chow Foods.
3. The company, based in Keighley [4], Yorkshire, had been looking for an opportunity to expand overseas [5] for some time.
4. Said CEO [6] Sir David Henson: "We feel this is a great chance for us to raise the international profile [7] of British food".
5. "What's more, I'm sure the deal will create value for our shareholders."
6. Nosh's share price rose sharply in early trading [8], though City analysts expressed doubt about the industrial logic of the takeover.
7. A spokesperson [9] from Chow said the company had no comment.
8. – The same story appeared as a front-page story in a popular paper under the headline CHINESE TAKEAWAY.
9. Plucky [10] Yorkshire food company Nosh set the cat among the pigeons [11] yesterday when it announced it was going to gobble up [12] its Chinese rival.

Prononciation
3 … ki-iTHli-i … 4 … sii-ii-oh …

Trente-neuvième leçon

Les retombées dans la presse

1 Regardons la couverture de presse de l'affaire Nosh. Ce reportage a paru dans la partie "affaires" d'un journal de qualité.
2 – Nosh SA a dévoilé hier son projet de lancer une OPA sur la société chinoise Chow Foods.
3 Basée à Keighley dans le Yorkshire, la société cherchait depuis quelques temps une occasion de se développer à l'étranger.
4 Selon son directeur général, sir David Henson, "Nous pensons que nous avons toutes les chances de mieux faire connaître la nourriture britannique sur le plan international".
5 "De plus, je suis certain que cette affaire créera de la valeur pour nos actionnaires."
6 La valeur des actions de Nosh a fortement augmenté en début de séance, même si les analystes financiers londoniens ont émis des doutes sur la logique industrielle de cette prise de contrôle.
7 Un(e) porte-parole de Chow a refusé de commenter.
8 – Le même article a fait la une d'un journal à grand tirage sous le titre "CHINESE TAKEAWAY" *(vente à emporter chinoise)*.
9 Nosh, société agroalimentaire basée dans le Yorkshire, a du cran : hier, elle a jeté un pavé dans la mare en annonçant qu'elle allait gober tout cru sa rivale chinoise.

39 / Thirty-ninth lesson

10 Nosh, which makes an array of lip-smacking [13] delicacies, wants to introduce the Middle Kingdom to pasties and brown sauce [14].

11 Although the prey is much bigger than the hunter, Nosh's boss is unafraid.

12 "Chinese food's not bad, but I know British grub [15] is better", he says, with typical Yorkshire bluntness [16].

13 For now, the firm has yet to raise the funding for its purchase, but Sir David is confident.

14 "Once the market sees our business plan, they'll be falling over each other to lend us the money," he declares.

15 The banks could still scupper the deal, but for the time being, there's a feeling of confidence in the boardroom.

16 Everyone hopes that Nosh's eyes are not bigger than its belly [17].

11 … préé …

Notes

1 **a story**, *une histoire*. Mais dans le contexte de la presse, le mot est synonyme de *article*, tout simplement.

2 **plc** ou **PLC**, **public limited company**, similaire à la *société anonyme* française. Une **plc** a le droit de faire appel public à l'épargne. Le sigle suit la raison sociale : **Henderson plc**. L'autre type de *société à responsabilité* s'appelle **a private limited company**, qui s'abrège en **Ltd** après la raison sociale. Ces dernières n'ont pas le droit de proposer leurs actions au public, comme la SARL en France.

3 **to unveil**, *dévoiler*, vient du mot **veil**, *voile* (vêtement). Contrairement au français, **to unveil** ne contient pas la notion de divulguer une information confidentielle.

4 La prononciation des noms propres qui s'orthographient avec **-gh-** pose souvent des problèmes aux Britanniques eux-mêmes ! Nous vous don-

10 Nosh, qui fabrique toute une sélection de spécialités délicieuses *(à se lécher les babines)*, veut faire connaître les "pasties" et la sauce brune à l'Empire *(royaume)* du milieu.

11 Bien que la proie soit plus grosse que le chasseur, le patron de Nosh est sans crainte.

12 "La nourriture chinoise n'est pas mauvaise, mais je sais que la bouffe britannique est meilleure", dit-il, avec le franc-parler qui caractérise les gens du Yorkshire.

13 Pour l'instant, la société doit encore trouver le financement pour son achat, mais sir David est confiant.

14 "Quand le marché prendra connaissance de notre plan d'affaires, ils se mettront en quatre pour nous prêter de l'argent", déclare-t-il.

15 Les banques pourront toujours faire capoter le projet, mais pour l'instant un sentiment de confiance règne sur le conseil d'administration.

16 Tout le monde espère que Nosh n'a pas les yeux plus gros que le ventre.

---

nerons quelques indications à la leçon 42, mais, pour la plupart, vous devrez simplement les retenir, peut-être par un moyen mnémotechnique. Retenez pour l'instant que la ville de **Keighley** se prononce *[ki-iTHli-i]*.

5 **overseas**, *outre-mer*, mais puisque le Royaume-Uni est une île, on est obligé de traverser la mer pour exporter ; **overseas** signifie donc d'emblée *à l'étranger* !

6 **CEO**, **chief executive officer**, ou *directeur général*. On trouve deux autres titres courants, sur la même base : **CFO**, **chief financial officer**, *directeur financier*, et **CIO**, **chief information officer**, *directeur informatique*. Naturellement, il peut s'agir d'un homme ou d'une femme.

7 **to raise the profile** (litt. "élever le profil") signifie *faire mieux connaître un projet, un produit*, etc. Une fois cette connaissance acquise, on peut utiliser l'expression **to have a high profile** : *The company has a high profile in the food industry*, *La société est bien connue dans le secteur alimentaire*.

39 / Thirty-ninth lesson

8 Le nom **trading**, que nous avons vu en leçon 38, phrase 1, vient de **to trade**, *faire du commerce*. Dans un contexte boursier, **trading** signifie *activité* ou *négociations*. **Trading on the stock exchange was slow yesterday**, *L'activité boursière a été faible hier*.

9 Nous reviendrons plus longuement sur le langage "non sexiste" dans le monde professionnel (c'est-à-dire un vocabulaire qui évite de marginaliser les femmes en mettant les hommes en avant par défaut). Notez ici que le terme courant pour un porte-parole est **a spokesman**. Si la personne est une femme, on peut dire **a spokeswoman**. Mais pour éviter toute controverse, on emploie le terme **spokesperson**, qui convient aux deux sexes.

10 Le nom **pluck** signifie *courage* et l'adjectif **plucky** désigne quelqu'un qui a du cran. La presse populaire raffole de ces adjectifs anglo-saxons courts et évocateurs, souvent utilisés, comme ici, pour débuter une phrase et "planter le décor".

11 **to set** (ou **put**) **the cat among the pigeons** (litt. "mettre le chat parmi les pigeons") peut se traduire par *jeter un pavé dans la mare*. **The CFO set the cat among the pigeons when he said the company would have to cut jobs**, *Le directeur financier a jeté un pavé dans la mare quand il a annoncé que la société allait devoir réduire les effectifs*.

12 Voir leçon 22, note 1. La presse populaire emploie des jeux de mots, expressions imagées, etc., pour renforcer l'impact de chaque article (ici, la nourriture).

13 On trouve dans la presse populaire un autre trait distinctif, qui est l'emploi des adjectifs extravagants. Ici, **a lip**, *une lèvre* + **to smack**, *faire un claquement*, donne **lip-smacking**, qui peut se traduire par "tellement bon que l'on se lèche les babines quand on le mange", autrement dit *délicieux*. Enfin, vous l'avez compris, c'est l'ambiance plutôt que le sens propre qui prime !

***

Exercise 1 – Translate

① Northerners are plucky, blunt and unafraid. **②** The firm is famous for its lip-smacking array of British delicacies. **③** The prime minister unveiled her plans to tackle the crime problem. **④** Despite confidence in the boardroom, the bank scuppered the deal. **⑤** The three key people are the CEO, the CFO and the CIO.

Trente-neuvième leçon / 39

14 **brown sauce** : c'est un condiment à base de vinaigre, de fruits secs et d'épices, servi avec des viandes. Sur la table d'un café "populaire", vous trouverez toujours, avec le sel et le poivre, une bouteille de cette sauce brune, ainsi qu'une bouteille de ketchup. Avis aux amateurs…

15 Nous avons déjà appris trois mots d'argot pour la nourriture : **nosh**, **chow** (du mot chinois pour *frire*), et maintenant **grub**. Pour l'instant, il vous suffit simplement de reconnaître et de comprendre ce langage populaire, sans pour autant l'utiliser vous-même.

16 **blunt**, *émoussé*. Appliqué à une personne, cet adjectif désigne quelqu'un qui ne mâche pas ses mots. Le substantif est **bluntness**. Nous savons déjà que les gens du Nord de l'Angleterre sont réputés pour leur franc-parler.

17 **belly**, *le ventre*. Le mot est informel lorsqu'il s'applique à une personne (on lui préfère **stomach** ou **abdomen**), et on peut le traduire par *panse* – ou encore *ventre* comme dans l'expression **to have eyes bigger than one's belly**, *avoir les yeux plus gros que le ventre*.

***

Corrigé de l'exercice 1

❶ Les gens du Nord sont courageux, francs et sans peur. ❷ La société est célèbre pour sa panoplie de délicieuses spécialités britanniques. ❸ Le Premier ministre a annoncé son plan pour faire face au problème de la criminalité. ❹ Malgré la confiance des administrateurs, la banque a sabordé l'affaire. ❺ Les trois personnes-clés sont le directeur général, le directeur financier et le directeur informatique.

39 / Thirty-ninth lesson

Exercise 2 – Fill in the missing words

❶ Nosh cherchait l'occasion de se développer à l'étranger depuis quelque temps.
Nosh ... ... for an opportunity to ...... for ... .

❷ Pour l'instant, la société n'a pas encore trouvé le financement pour le marché.
... ..., the firm ... ... to raise the financing for the deal.

❸ L'annonce a jeté un pavé dans la mare.
The announcement has ... the ... ...

❹ Nous voulons nous faire mieux connaître, alors nous avons lancé une OPA.
We want to ... ... so we have launched a tender offer.

❺ Ils se mettront en quatre pour vous prêter de l'argent.
... ... be ... ... to lend you money.

***

Malgré la montée en flèche des nouveaux médias, la presse joue toujours un rôle très important en Grande-Bretagne : en effet, plus de 50 % de la population lit un journal chaque jour. D'abord, les journaux à diffusion nationale attirent des centaines de milliers de lecteurs (ou, dans certains cas, plusieurs millions) quotidiennement. Ensuite, la presse régionale est florissante, avec plus de 1 500 titres. Enfin, il y a de très nombreux journaux gratuits, revues spécialisées et publications destinées à des minorités ethniques – sans parler des journaux en ligne !

En ce qui concerne la presse nationale, on fait une distinction entre les **quality newspapers**, *journaux sérieux, et les* **popular newspapers**, *journaux populaires. Autrefois, cette distinction se faisait sur la base de la taille du journal : les* **broadsheets**, *journaux de grand format, étant synonymes de qualité, alors que les* **tabloids** *(format*

Trente-neuvième leçon / 39

Corrigé de l'exercice 2

❶ – had been looking – expand – some time ❷ For now – has yet – ❸ – set – cat among the pigeons ❹ – raise our profile overseas – ❺ They'll – falling over each other –

***

tabloïd) étaient plutôt populaires. Mais à partir des années 2000, plusieurs journaux de qualité ont réduit leur format dans un souci d'économie ; cette distinction est donc en passe de disparaître. (Ceci dit, du fait que la plupart des journaux populaires ont une manchette rouge vif, on les appelle les **redtops**.*)*

Il faut un certain temps pour s'habituer au style journalistique britannique, surtout celui des **redtops**. *Dans les semaines à venir, nous vous aiderons à vous familiariser avec ce langage plein de verve, mais parfois abscons !*

Commençons aujourd'hui – en plus des adjectifs insolites – par les jeux de mots dont les journaux d'outre-Manche sont si friands : dans notre leçon, un journal a titré son papier **"Chinese takeaway"**, *une locution courante pour la nourriture asiatique à emporter (*to take away*). Le lecteur comprendra le sens général de l'article (une histoire de nourriture chinoise) et lira plus loin pour avoir plus de détails. Le but des ces calembours est donc d'une part de faire sourire le lectorat, et d'autre part de lui donner envie d'en savoir davantage. On s'y habitue…*

The City of London, *ou simplement* **the City** *(toujours avec "c" majuscule) est le quartier financier de Londres. Situé sur l'emplacement de l'ancienne ville fortifiée, il mesure un mile carré – d'où la métonymie* **the Square Mile** *– et jouit d'un statut bien particulier, avec son propre maire et son conseil municipal (par tradition, le maire de la City doit demander la permission à son homologue du Grand Londres avant de quitter son fief).*

Dans le langage courant, **the City** *désigne tout simplement le secteur financier britannique dans son ensemble (un peu comme on dit "la Place" en français). On parlera par exemple de* **a City analyst**, *un analyste financier basé à Londres ; quant au* **City correspondent** *d'un journal, c'est le journaliste spécialisé dans la finance. Enfin, le temps du* **City gent** *– le gentleman avec son chapeau melon et son parapluie – est bien révolu, le monde de la finance étant devenu moins formel depuis belle lurette.*

three hundred and fourteen • 314

Fortieth lesson

Money matters

1 – I've just been over [1] last quarter's figures with the accountants and they tell me we'll have to tighten our belts next year [2].
2 Our turnover's [3] up three and a half per cent and our return on equity [4] is stable but our overheads [5] have also increased.
3 They've risen four and a quarter per cent.
4 The interest on our borrowings is also higher because of the latest rate hike [6] and investment in R&D is steep [7], but we can't cut back [8] on that, can we?
5 – So where can we cut expenditure? Obviously, we're not going to take a cut in salary, are we?
6 – No way! [9] Let's take a look at some of the staff bonuses, instead.
7 Look at this: twenty thousand to Khan. That's a hell [10] of a lot of money!
8 – Yeah, we're overpaying him but he's worth it.
9 Anyway, he's the project manager on the RX 214, and look how successful that's been.
10 – You think so? Have a look at the figures: a nought point [11] four per cent (0.4%) increase in sales.
11 Not exactly what you'd call record-breaking, is it? And what about this? Nine hundred to Wilson.
12 – I agree. Money's tight [12] so we'll just have to be less generous.

Quarantième leçon

Les histoires d'argent

1 – Je viens de passer en revue les chiffres du dernier trimestre avec les comptables, et ils me disent qu'il va falloir se serrer la ceinture l'année prochaine.
2 Notre chiffre d'affaires a augmenté de trois et demi pour cent et notre retour sur fonds propres est stable, mais nos frais généraux eux aussi ont augmenté.
3 Ils ont progressé de quatre virgule vingt-cinq pour cent.
4 Les intérêts sur nos emprunts sont également plus élevés à cause de la dernière augmentation des taux, et l'investissement en recherche et développement est important, mais nous ne pouvons pas réduire là-dessus, n'est-ce pas ?
5 – Alors où pouvons-nous restreindre les dépenses ? Il est clair que nous n'allons pas accepter une réduction de salaire, n'est-ce pas ?
6 – Pas question ! Jetons plutôt un coup d'œil sur certaines des primes payées aux salariés.
7 Regardez-moi ça : vingt mille pour Khan. C'est une sacrée somme !
8 – Ouais, il est surpayé, mais il le vaut bien.
9 De toute façon, il est gestionnaire de projet pour le RX 214, et regardez à quel point c'est réussi.
10 – Vous croyez ? Regardez les chiffres : une augmentation des ventes de zéro virgule quatre pour cent.
11 On ne peut pas dire que ce soit renversant, hein ? Et là ? Neuf cents à Wilson.
12 – Je suis d'accord. L'argent se fait rare, donc il faudrait tout simplement qu'on soit moins généreux.

40 / Fortieth lesson

13 This used to [13] be a family business, but now we're in a multi-billion dollar industry and every penny counts.
14 When I started the firm, I was broke. I went to the bank to ask for a loan and they turned me down [14].
15 When I left the building, I found a quid [15] lying on the ground, and I used it to buy an apple.
16 I sold that apple at a profit and bought two more, which I then sold for twice the price I'd paid for them.
17 I could have gone into the apple business, but then my uncle died shortly after and he left me ten million.
18 – Yeah, you were born with a silver spoon in your mouth [16].

Notes

1 **to go over**, *passer en revue*. **I went over the information you gave me last week**, *J'ai passé en revue les informations que vous m'avez données la semaine dernière*.

2 **tight**, *serré* ; **to tighten**, *serrer*. **To tighten one's belt** : c'est l'équivalent de notre expression *se serrer la ceinture*.

3 **turnover**, *chiffre d'affaires*. C'est en quelque sorte l'argent que l'on gagne en faisant "tourner" l'entreprise. On pourrait utiliser le synonyme **sales** (litt. "les ventes"). **Sales are up ten per cent**, *Le chiffre d'affaires est en hausse de 10 %*.

4 **equity** (ou **shareholders' equity**) est le *capital social* d'une entreprise (il y a là une notion d'équité : tous les actionnaires possèdent en effet une partie de ce capital). Dans le langage financier, **return** est le *rendement* d'un investissement. Donc **return on equity** (ou **ROE**) signifie *rentabilité des fonds propres*.

5 **overheads** (parfois au singulier), *frais généraux*. Bien que le sens propre soit "par-dessus la tête" (!), les **overheads** sont en fait des frais qui viennent en sus d'autres frais plus spécifiques.

Quarantième leçon / 40

13 Autrefois, nous n'étions qu'une affaire familiale, et maintenant on évolue dans une industrie qui brasse plusieurs milliards de dollars, et chaque sou compte.

14 Lorsque j'ai monté la société, j'étais fauché. Je suis allé à la banque pour [demander] un prêt, mais ils me l'ont refusé.

15 En sortant de l'immeuble, j'ai trouvé une livre par terre, et je m'en suis servi pour acheter une pomme.

16 J'ai vendu cette pomme en faisant un bénéfice et j'en ai acheté deux autres, que j'ai ensuite revendues pour deux fois le prix que je les avais payées.

17 J'aurais pu faire dans la pomme, mais mon oncle est mort peu après en me laissant dix millions.

18 – Ouais, vous êtes né coiffé.

---

6 Voir leçon 38, note 19.

7 L'adjectif **steep** signifie *escarpé* ou *abrupt*. **That hill is very steep**, *Cette colline est très escarpée*. Appliqué à des dépenses, **steep** signifie *élevé*, voire *excessif*. **It costs eighty pounds – That's steep!**, *Cela coûte quatre-vingts livres – C'est cher !*

8 Le verbe **to cut** signifie, on le sait, *couper*. Le verbe à particule **to cut back** s'emploie dans un contexte horticole pour traduire *élaguer* ou *tailler* une plante. Dans un contexte plus général, **to cut back on** signifie *diminuer une dépense* (ou la consommation de quelque chose) : **You should cut back on sugar**, *Tu devrais manger moins de sucre.* Cependant, on ne peut pas utiliser ce verbe pour parler d'une réduction de prix, de salaire, etc. (voir le verbe **to cut** et son substantif à la phrase suivante).

9 Voir leçon 27, note 14.

10 Nous avons déjà rencontré **hell**, *l'enfer*, à plusieurs reprises. Ce mot sulfureux s'emploie pour intensifier un énoncé, avec l'article défini **the**. **What the hell are you doing?**, *Que diable faites-vous ?* **It's a hell of a lot of money!**, *C'est une sacrée somme d'argent !* (Par souci des convenances – après tout, il y a des relents de blasphème avec le mot "enfer" – on peut remplacer **hell** par l'interjection **heck** : **It's a heck of a lot of money!** – Voir aussi leçon 31, phrase 17.)

11 Le chiffre *zéro* se dit **nought** en anglais britannique, mais **zero**, *[zi-iro-o]*, en anglais américain. Et la virgule décimale est remplacée par un point dans les deux langues (à l'écrit et à l'oral). Ainsi, 0,4 % s'écrit 0.4% et se dit **nought point four per cent**.

***

Exercise 1 – Translate

❶ Look how successful the project has been. ❷ It costs £300. – That's a hell of a lot of money! ❸ You'll have to tighten your belts next year. Every penny counts. ❹ We went over the figures carefully, but we didn't find any mistakes. ❺ Inflation rose by 0.4 per cent in the first quarter and 1.6 per cent in the second.

***

Exercise 2 – Fill in the missing words

❶ La fille du millionnaire est née coiffée.
The millionaire's daughter was .... a .... in ....

❷ Regardez les chiffres : nous devrons réduire le poste recherche et développement.
.... the figures: we will have to .... R&D.

❸ J'ai demandé un emprunt à mon père mais il me l'a refusé.
I asked my dad for a .... but he ....

❹ Il est hors de question que j'accepte une réduction de salaire. Réduisons plutôt les primes des salariés.
.... I'm taking a .... Let's reduce staff bonuses ....

❺ Autrefois nous achetions nos matières premières à une société familiale, mais c'est maintenant une affaire qui brasse des millions de dollars.
We .... our ... . from a .... firm, but now it's a .... dollar ....

Quarantième leçon / 40

12 En parlant d'argent, **tight** (voir note 2) a deux sens, tous les deux avec l'idée d'une pénurie. **Money's tight**, *L'argent se fait rare*. Mais appliqué à une personne, **tight** signifie *radin*. **He's very tight: he never pays for anything**, *Il est radin, il ne paie jamais rien*.

13 **used to** : vous vous rappelez sans doute cette tournure, formée avec l'infinitif sans **to**, qui exprime la répétition fréquente d'une action dans le passé : **We used to buy our raw materials from Japan**, *Nous avions l'habitude d'acheter nos matières premières au Japon*.

14 **to turn down**, *retourner, rabattre*. **You can turn down the corner of the page or mark it with a pen**, *Vous pouvez corner la page ou la marquer avec un stylo*. Mais le sens figuratif de **to turn down** est *refuser, éconduire*. **The personnel department turned down his application**, *Le service du personnel a refusé sa candidature*.

15 Rappelons que **quid**, le mot argotique pour *une livre sterling*, n'a pas de forme plurielle : **a quid**, **ten quid**, etc. (leçon 30, note 15).

16 **to be born with a silver spoon in one's mouth**, litt. "être né avec une cuiller d'argent dans la bouche", signifie *naître fortuné* (ou *coiffé*).

***

Corrigé de l'exercice 1

❶ Voyez à quel point le projet a réussi. ❷ Ça coûte 300 livres. – C'est une sacrée somme ! ❸ Vous devrez vous serrer la ceinture l'année prochaine. Chaque centime compte. ❹ Nous avons examiné les chiffres dans le détail, mais nous n'avons pas trouvé d'erreurs. ❺ L'inflation a augmenté de 0,4 pour cent au premier trimestre et de 1,6 pour cent au second.

***

Corrigé de l'exercice 2

❶ – born with – silver spoon – her mouth ❷ Take a look at – cut back on – ❸ – loan – turned me down ❹ There's no way – salary cut – instead ❺ – used to buy – raw materials – family-run – multi-million – business

Forty-first lesson

Out of the blue

1 – Hey Dave. What's up? You look down in the dumps [1]. Someone died or something? [2]
2 – No, worse than that. I've got fired [3] this morning. Right out of the blue [4].
3 – Oh you poor thing. Tell me what happened. You weren't rude to the boss, were you?
4 – No, nothing like that. I got called into the head [5] of personnel's office just after nine. I didn't know what to expect.
5 She said the company had had a bad year and that they [6] needed to downsize.
6 So even though I was brilliant and they loved me and so forth [7], they were letting me go [8].
7 She told me to clear my desk and be out of the building by noon. They don't beat about the bush [9], do they?
8 They're axing [10] two hundred jobs in London and another fifty-five in Leicester.
9 – Don't worry. Someone with your skills will have no problem finding another job. You can take your pick [11]!
10 – But I don't want a McJob [12]. I want a proper job with a decent salary, a good pension and a company car.
11 – Yeah but beggars can't be choosers [13]. Anyway, too much ambition results in promotion to a job you can't do.

Quarante et unième leçon

Sans prévenir

1 – Salut Dave. Qu'y a-t-il ? Tu as l'air déprimé. Quelqu'un est mort ou quoi ?
2 – Non, pire que ça. Je me suis fait virer ce matin. Comme ça, sans prévenir.
3 – Mon pauvre ! Dis-moi ce qui s'est passé. Tu n'as pas insulté le patron, j'espère ?
4 – Non, pas du tout. On m'a convoqué dans le bureau de la responsable du personnel juste après neuf heures. Je ne savais pas à quoi m'attendre.
5 Elle m'a dit que la société avait eu un exercice difficile et qu'elle devait donc réduire les effectifs.
6 Et bien que je sois brillant et qu'ils m'adorent, etcetera, ils allaient me remercier.
7 Elle m'a dit de débarrasser mon bureau et de quitter les lieux avant midi. Ils ne prennent pas de gants, hein ?
8 Ils vont supprimer deux cents emplois à Londres et cinquante-cinq autres à Leicester.
9 – Ne t'en fais pas. Quelqu'un avec tes compétences n'aura aucun problème pour retrouver un emploi. Tu n'auras que l'embarras du choix !
10 – Mais je ne veux pas un petit boulot. Je veux un véritable emploi avec un salaire décent, une bonne retraite et une voiture de fonction.
11 – Ouais, mais nécessité fait loi. De toute façon, si tu as trop d'ambition, tu sera promu à un poste auquel tu ne peux pas faire face.

Prononciation
8 ... lès-të

41 / Forty-first lesson

12 – I don't know the first thing [14] about looking for work. I've been with that bloody firm ever since I left uni [15].

13 – Well don't just [16] sit there complaining. Get off your bum [17] and do something!

14 Go down to the job centre and check the vacancies. Get up on the web and start looking.

15 And don't forget to network [18]. You've got so many contacts in the business that someone is bound to know about an opening somewhere.

16 – Hi there. What's up with Dave? He seems to be in a black mood [19].

17 – He got fired this morning, so be nice to him, okay?

18 – Oh is that all? I thought it was something serious, like getting dumped [20] by his latest girlfriend.

Notes

1 a dump, *un amas d'ordures, un dépotoir*. **To be down in the dumps**, *avoir le cafard*. Comme souvent avec les expressions idiomatiques anglaises, c'est l'effet de l'allitération plutôt que le sens littéral qui est important. Il existe une expression synonyme qui est **to be down in the mouth** (les lèvres tirent vers le bas quand on est triste). Voir aussi note 20.

2 Rappelons que, dans la langue parlée, on a tendance à "avaler" les auxiliaires, surtout dans les phrases interrogatives. Bien sûr, la bonne construction grammaticale est **Has someone died?**

3 **to fire**, *tirer un coup de feu*. L'expression – très imagée – **to fire someone** signifie *licencier quelqu'un*. Ici nous trouvons la forme passive avec **get** : **I got fired**, *j'ai été viré*. Pour plus de détails, rendez-vous à la leçon 42, § 3.

4 Imaginez une belle journée avec un beau ciel bleu, quand, soudain, retentit un coup de tonnerre ! C'est ça, quand quelque chose se passe **out of the blue** : We were talking quietly, when, out of the blue, she

Quarante et unième leçon / 41

12 – Je n'y connais strictement rien en recherche d'emploi. Je travaille pour cette fichue société depuis que j'ai quitté la fac.
13 – Ne reste donc pas là à te plaindre. Magne-toi le train et fais quelque chose !
14   Va à l'agence pour l'emploi pour regarder les offres d'emploi. Connecte-toi sur la Toile et commence à chercher.
15   Et n'oublie pas de faire jouer ton réseau de connaissances. Tu as tellement de contacts dans le métier que quelqu'un connaîtra certainement un poste à pourvoir quelque part.
16 – Salut. Qu'est-ce qu'il a, Dave? On dirait qu'il a le cafard.
17 – Il s'est fait virer ce matin, alors sois gentil avec lui, tu veux ?
18 – C'est tout ? Je pensais que c'était quelque chose de grave, qu'il s'était fait plaquer par sa dernière petite amie.

---

started crying, *Nous parlions tranquillement lorsque, tout à coup, elle s'est mise à pleurer.*

5   Attention, à quelques exceptions près, les titres de fonction, tels **director**, *administrateur*, **manager**, *directeur*, **head**, *responsable*, n'indiquent pas le sexe de la personne : **human resources manager**, *le directeur* ou *la directrice des ressources humaines*. Voir aussi leçon 39, note 6.

6   Grammaticalement, puisque **a company** est un nom singulier, on devrait employer un pronom singulier, ici **it**. Cependant, dans la langue parlée, on utilise souvent le pluriel **they** pour une entreprise, une organisation, etc., car ce sont des collectivités de personnes.

7   À ne pas confondre avec **fourth**, *quatrième* (les deux mots se prononcent pareil) ; **forth** est un adverbe, assez littéraire, qui signifie *dorénavant*. On le trouve le plus souvent dans l'expression **and so forth**, *et ainsi de suite*. Il existe une autre expression, plus longue mais synonyme, qui est **and so on and so forth**.

41 / Forty-first lesson

8 Voici un bel exemple d'euphémisme ! **to let someone go**, *relâcher / laisser partir quelqu'un*. **The kidnappers let the hostage go after twenty-four hours**, *Les kidnappeurs ont relâché l'otage au bout de 24 heures*. Mais dans le monde des affaires, si on vous laisse partir, vous êtes licencié – pensez à notre *remercier* ! **I'm afraid we'll have to let you go**, *Je regrette, mais nous devrons vous remercier de vos bons et loyaux services*. Ingénieux, non ? (Voir aussi leçon 42, § 3.)

9 **a bush**, *un buisson* ; **to beat about the bush**, *tourner autour du pot* : **Don't beat about the bush: tell me the truth**, *Ne tournez pas autour du pot : dites-moi la vérité*. Voici encore un exemple de l'importance de l'allitération dans les expressions idiomatiques anglaises (note 1).

10 **an axe**, *une hache*. Mais le verbe **to axe**, souvent utilisé dans les titres de la presse à cause de sa concision, signifie *supprimer* (emplois, dépenses, etc.) : **The company is axing two thousand jobs in Wales**, *La société va supprimer 2 000 emplois au pays de Galles*. (La traduction de *débiter avec une hache* est **to chop**.)

11 **to pick** (litt. "picorer"), signifie aussi *choisir*. **The manager picked ten people to interview for the job**, *Le directeur a sélectionné dix personnes pour un entretien d'embauche*. **To take one's pick**, *faire son choix*. **We've got beer, wine and fruit juice: take your pick**, *Nous avons de la bière, du vin et des jus de fruits : faites votre choix*.

12 Ce mot, qui fut ajouté aux dictionnaires au début des années 2000, désigne un "petit boulot", un emploi peu qualifié et mal payé, comme on en trouve souvent dans la restauration rapide, la vente au détail, etc. Notez que ce terme est péjoratif.

13 **a beggar**, *un mendiant*. Le dicton **Beggars can't be choosers** signifie que ceux qui sont dans le besoin ne peuvent pas se payer le luxe de choisir, ou *nécessité fait loi*. Notez qu'on emploie toujours la contraction **can't** (au lieu de **cannot**).

14 Précédée d'un nom ou d'un pronom et suivie d'un complément d'objet, l'expression invariable **do/does not know the first thing about** signifie *ne rien connaître à quelque chose* : **Alistair doesn't know the first thing about economics**, *Alistair ne connaît strictement rien à l'économie*. L'expression s'emploie toujours à la forme négative (on ne peut pas dire **he knows the first thing about**).

15 **uni** *[iou-ni-i]*, contraction de **university**, est l'équivalent de notre *la fac*, mais il appartient au "parler jeune".

Quarante et unième leçon / 41

16 **Don't just...** est une tournure emphatique que l'on utilise pour pousser quelqu'un à faire quelque chose, une action souvent décrite dans la deuxième partie de l'énoncé. **Don't just stand there. Call the police!**, *Ne reste pas là à ne rien faire. Appelle la police !*

17 **bum** est un mot familier pour le postérieur, que l'on peut traduire par *arrière-train*. Le mot n'est pas vulgaire, mais comme toute expression argotique, il peut choquer s'il n'est pas employé dans le bon contexte. **Get off your bum**, *Magne-toi le train*. Un synonyme moins controversé est **backside**, *le derrière*. Utilisé pour décrire une personne, **a bum** signifie *un clodo* ou *un bon à rien*, en faisant le parallèle entre quelqu'un qui reste assis sur son derrière et la fainéantise.

18 Nous savons que **a network** est *un réseau*. Mais avec la souplesse qu'on lui connaît, l'anglais en fait aussi un verbe. En informatique, cela signifie *connecter en réseau* : **We'll have to network our computers and printers**, *Nous devrons connecter nos ordinateurs et nos imprimantes en réseau.* Par extension, **to network**, c'est se constituer ou faire jouer un réseau de connaissances ou d'amis. **You need to network with as many people as possible in order to find a job**, *Vous devez contacter et rencontrer le plus de monde possible afin de trouver un emploi.*

19 **to be in a black mood**, *être d'humeur noire* (voir leçon 37, note 8).

20 **to dump** est un verbe familier qui signifie *larguer* ou *poser n'importe comment*. **Dump your bags on the bed and come into the kitchen**, *Jette tes valises sur le lit et viens dans la cuisine.* Dans le contexte des relations entre hommes et femmes, **to dump** signifie *plaquer* : **She dumped him two weeks after the wedding**, *Elle l'a plaqué deux semaines après le mariage.* (Dans notre phrase 18, on retrouve les passif avec **get**.)

Exercise 1 – Translate

❶ He certainly doesn't beat about the bush, does he?
❷ You need to network with as many people as possible.
❸ I don't know the first thing about printers. ❹ He said they had had a bad year and needed to downsize. ❺ We've got beer, wine and fruit juice. Take your pick.

***

Exercise 2 – Fill in the missing words

❶ Quelle journée affreuse ! D'abord je me suis fait virer, et ensuite je me suis fait plaquer par mon petit ami.
What a terrible day! First I . . . ., then I . . . . by my boyfriend.

❷ Nécessité fait loi.
. . . . be . . . .

❸ Qu'y a-t-il ? On dirait que tu as le cafard.
What's up? You . . . . the . . . . .[1].

❹ La société supprime deux mille postes au pays de Galles.
The company . . . . in Wales.

Forty-second lesson

Revision – Révision

1 La forme continue exprimant un futur proche ou certain

Nous savons que le présent continu exprime une action qui se déroule au moment même :
I'm learning English, *J'apprends l'anglais* (c'est-à-dire en ce moment).

Mais n'oublions pas qu'on utilise cette construction pour parler d'une action qui va se dérouler dans un avenir proche ou qui a été décidée de manière ferme :

Corrigé de l'exercice 1

❶ Ce qui est sûr, c'est qu'il ne tourne pas autour du pot, n'est-ce pas ? ❷ Tu dois nouer des contacts avec le plus possible de gens. ❸ Je ne m'y connais absolument pas en imprimantes. ❹ Il a dit qu'ils avaient eu une mauvaise année et qu'il leur fallait réduire les effectifs. ❺ Nous avons de la bière, du vin et des jus de fruits. Faites votre choix.

***

❻ Nous parlions tranquillement quand, tout d'un coup, elle s'est mise à pleurer.
We were talking quietly when, ..., she . . . .

[1] *Vous avez la possibilité de mettre* **dumps** *ou* **mouth**.

Corrigé de l'exercice 2

❶ – got fired – got dumped – ❷ Beggars can't – choosers ❸ – look down in – dumps ❹ – is axing two thousand jobs – ❺ – out of the blue – started crying

Quarante-deuxième leçon

The company's[1] axing fifty jobs in Leicester, *La société va supprimer cinquante emplois à Leicester*.

C'est-à-dire que la décision a été prise et que l'action se déroulera prochainement. On n'est pas tenu de préciser le moment exact, mais on peut dire :

Sue and Barry are getting married in April, *Sue et Barry se marient en avril*.

[1] Bien sûr, vous vous êtes rendu compte qu'il s'agit d'une contraction (**company is**), et non pas du génitif. Et, au fait, vous rappelez-vous comment on prononce **Leicester** ?

On le trouve aussi à la forme interrogative, toujours avec cette notion de proximité dans le temps :

Are you doing anything after the match?, *As-tu quelque chose de prévu après le match ?*
... ainsi qu'à la forme interro-négative :
You're not doing anything after the match, are you?, *Tu n'as rien de prévu après le match, dis-moi ?*
Si maintenant on transpose le narratif au passé, le présent continu devient le passé continu :
The company said it was axing fifty jobs in Leicester, *La société a affirmé qu'elle allait supprimer cinquante emplois à Leicester.*
ou encore :
Sue and Barry announced that they were getting married in April, *Sue et Barry ont annoncé qu'ils allaient se marier en avril.*
Gardez donc à l'esprit que la forme continue d'un verbe (**to be + -ing**) peut exprimer une action qui aura lieu dans un futur proche ou qui a été décidée de manière ferme.

2 Le passif avec *get*

La voix passive à la forme passée se forme avec le verbe **to be** et le participe passé du verbe :
Adam Osborne invented the laptop computer → The laptop computer was invented by Adam Osborne (*Adam Osborne inventa l'ordinateur portable*, ou *L'ordinateur portable fut inventé par Adam Osborne*).

Dans cette construction classique, le sujet et l'agent – **Osborne** et **laptop computer** – ont une importance égale. Mais il y a une autre forme du passif, moins fréquente, où **to be** est remplacé par **to get**. Dans ce cas, on se soucie moins de l'agent et plus de l'état dans lequel se trouve le sujet :
I got fired this morning, *J'ai été viré ce matin.*
He got stopped for speeding, *Il a été arrêté pour excès de vitesse.*
Dans ces deux exemples, la personne qui a licencié l'employé est moins importante que l'action elle-même. C'est pourquoi l'agent est souvent omis dans cette construction avec **get**.

Lorsqu'on inclut l'agent – **He got stopped by the police for speeding / I got fired by my boss** –, on insiste sur le fait qu'on a subi l'action sans avoir le choix (on appelle cela une construction "adversative") :

He got dumped by his girlfriend, *Il s'est fait plaquer par sa petite amie*.

En résumé, la forme passive avec **get** est moins usitée que la construction classique avec **to be** : on la trouve plutôt dans la langue parlée, et elle met l'accent sur l'action subie plutôt que sur celui qui l'a perpétrée.

En reprenant la leçon 41, vous remarquerez que **get** s'emploie de différentes manières, tantôt comme impératif (phrases 13 et 14), tantôt comme un synonyme d'un autre verbe de mouvement (phrases 2, 4 et 15) ou encore, ainsi que nous venons de voir, comme l'auxiliaire du passif. Nous reviendrons dans quelques semaines sur ce verbe polyvalent, qui a fait dire à un linguiste éberlué que la langue anglaise possède un million de mots, dont la moitié avec **get** !

3 Évitons les mots qui fâchent

L'euphémisme et la périphrase gagnent du terrain dans tous les domaines, mais surtout dans le monde de l'entreprise et de l'emploi (pensez à notre *technicien(ne) de surface* plutôt que *homme/femme de ménage*). L'anglais nous réserve de beaux exemples de cette tendance, comme nous l'avons vu à la leçon 41.

Ainsi, le verbe **to fire**, *licencier*, est beaucoup plus cru que le néologisme **to let someone go** (litt. "laisser partir quelqu'un"). Et si l'entreprise est trop grande, une action s'impose : **to downsize** (litt. "réduire en taille") ou, plus sournois, **to rightsize** ("atteindre la bonne taille").

Lorsqu'on a trop de **layers**, *couches*, *strates*, d'encadrement, on en supprime, d'où le verbe **to de-layer**. Le préfixe **de-** s'avère très utile : on trouve ainsi **to de-job** (supprimer des emplois) ou même **to de-cruit** (le contraire de **to recruit**, *recruter*). Naturellement, vous devez éviter ces néologismes à tout prix, mais, par les temps qui courent, il peut être utile de les reconnaître…

4 Le vocabulaire des initiés

Les journalistes, qu'ils soient anglais, américains ou français, ont un style bien particulier où l'on remplace un terme courant par un autre, lequel est lié au premier par un rapport logique : on appelle cela la "métonymie" (en français, par exemple, on emploie *Matignon* pour parler de la fonction du Premier ministre). Lorsque vous saurez reconnaître ces expressions en anglais, vous aurez vraiment une excellente maîtrise de cette langue. Mais vous en connaissez déjà pas mal : quels sont les "vrais" mots pour les expressions suivantes, vues à la leçon 38 :

a) **The Fed** _____
b) **The Chancellor** _____
c) **Wall Street** _____
d) **The Old Lady of Threadneedle Street** _____
e) **The Footsie** _____

• Réponses

(a) **The US Federal Reserve** (*la banque centrale américaine*) ; (b) **The Chancellor of the Exchequer** (*ministre des Finances* britannique) ; (c) métonymie pour la Bourse de New York ; (d) métonymie pour la **Bank of England**, l'institut d'émission britannique ; (e) l'indice phare de la Bourse de Londres, le FTSE 100 (**Financial Times/Stock Exchange**).

5 La prononciation de *gh*

Si le phonème **gh** pose un problème de prononciation pour ceux qui apprennent l'anglais, il peut aussi dérouter les autochtones ! En fait, il n'y a pas de vraies règles, et l'orthographe des mots n'aide pas non plus ; il faut donc apprendre des groupes de mots qui se prononcent de la même manière. Mais ne désespérez pas : considérez ce petit exercice comme un défi. Après tout, vous avez atteint un niveau de perfectionnement, n'est-ce pas ?
Cette semaine, nous nous intéresserons aux mots se terminant en **-ough**, et nous allons les diviser en quatre groupes :

1) -ough prononcé *[o-o]* (**-gh** muet)
though/although *[DHo-o]/[(orl)DHo-o]* bien que
dough *[do-o]* pâte à pain.

2) -ough prononcé *[aou-ou]* (**-gh** muet)
bough *[baou-ou] branche* (d'un arbre)
plough *[plaou-ou] charrue.*

3) -ough prononcé *[euf]*
rough *[reuf] rude, rêche*
tough *[teuf] dur, difficile*
enough *[i-**neuf**] assez.*

4) -ough prononcé *[off]*
cough *[koff] toux*
trough *[troff] abreuvoir.*

Ça suffit pour aujourd'hui ! Dans 15 jours, nous allons vous présenter d'autres cas de figure. Mais pour l'instant, étudiez ce petit vers qui, bien qu'un peu tiré par les cheveux, devrait vous aider à mémoriser ce fameux **-ough** :

> **I take it you already know**
> **Of rough and bough and cough and dough.**
> **And though you'll never use a plough or trough**
> **You'll find that English can be quite tough.**
> **So that's enough... for now!**

Revision exercise

Remplacez les verbes en vert par les verbes à particules vus cette semaine.

1 – I'm feeling miserable.
2 – I have no money at all and I really will have to reduce my expenditure this year.
3 – The problem is I spend too much and I can't borrow any money. And I was not born into a wealthy family.
4 – My friends aren't exactly making an enthusiastic effort to lend to me.
5 – But I have been too gluttonous and this time, I'm afraid I've taken on too much.
6 – So I'll have to borrow from a bank: people with no alternative cannot be selective.
7 – Actually, I've got a better idea. I'll leave this competitive society.

Corrigé de l'exercice
1 – I'm feeling down in the dumps.
2 – I'm totally broke and I really will have to tighten my belt this year.
3 – The problem is I spend too much and I can't borrow any money. And I wasn't born with a silver spoon in my mouth.

Forty-third lesson

True or false?
Parliamentary facts and trivia

1 – The only time you were wrong is when you thought you were wrong. Right [1]?
2   OK, clever clogs [2], put on your thinking cap [3] and answer the following questions:
3   MPs aren't allowed to die on the job [4]. True or false?
4 – True. Westminster is a royal palace and mere [5] commoners [6] aren't entitled to die there!
5 – MPs are permitted to give up their seats during a Parliament [7].
6 – False. They can't resign. Instead they have to apply for the stewardship [8] of the Chiltern Hundreds.
7 – MPs are not allowed to address each other directly during a debate.
8 – True, they have to go through the chair [9] and catch the Speaker's eye.
9 – The door of the House of Commons is slammed [10] in the monarch's face on the first day of a Parliament.
10 – True and false. It is true that the king or queen [11] is not allowed to enter the Commons chamber.

4 – My friends aren't exactly falling over themselves to lend to me.
5 – But my eyes are bigger than my belly and this time, I'm afraid I've bitten off more than I can chew.
6 – So I'll have to borrow from a bank: beggars can't be choosers.
7 – Actually, I've got a better idea. I'll opt out of the rat race.

Quarante-troisième leçon

Vrai ou faux ?
Réalités et futilités parlementaires

1 – La seule fois où vous vous êtes trompé, c'est quand vous avez pensé que vous aviez tort. Pas vrai ?
2 Allez, monsieur je-sais-tout, creusez-vous un peu les méninges et répondez aux questions suivantes :
3 Les parlementaires n'ont pas le droit de mourir au boulot. Vrai ou faux ?
4 – Vrai. Westminster est un palais royal et les simples roturiers ne sont pas habilités à y mourir !
5 – Les parlementaires peuvent renoncer à leur siège en cours de session parlementaire.
6 – Faux. Ils ne peuvent pas démissionner. Ils doivent, au lieu de cela, demander à accéder à un poste d'intendant des Chiltern Hundreds.
7 – Les parlementaires ne sont pas autorisés à s'adresser directement à leurs pairs pendant un débat.
8 – Vrai. Ils doivent s'adresser au président et demander la parole.
9 – La porte de la Chambre des Communes est claquée à la figure du souverain le premier jour de chaque session parlementaire.
10 – Vrai et faux. Il est exact que le roi ou la reine n'est pas autorisé(e) à pénétrer dans la Chambre des Communes.

Prononciation
*3 emm-pi-iz … 4 … **mii**-ë …*

43 / Forty-third lesson

11 But the door is actually slammed on a senior official of the House of Lords called Black Rod.
12 He then hammers on the door with a staff and invites the MPs to come to "the other place".
13 – The reigning sovereign has the power to refuse to sign a bill into law [12].
14 – Technically true, but the Royal Assent is actually a formal stage of the lawmaking process.
15 – The leader of the House of Lords sits on a solid silver throne.
16 – False. The Lord Speaker sits on a big wool-stuffed cushion called the Woolsack.
17 – If MPs do not obey their party's instructions, they are whipped.
18 – False. A whip is a member of parliament whose [13] job is to maintain party discipline. But they generally use less brutal methods.
19 – The British Parliament is the oldest representative assembly in the world.
20 – False. That honour goes to the Isle of Man, but Westminster <u>is</u> [14] known as the Mother of Parliaments. □

13 … réé-ning sov-rën …

Notes

1 Dans la langue parlée ou familière, **right** est souvent employé en fin de phrase pour demander confirmation de ce qui vient d'être dit – un peu comme *D'accord ?* en français. **You're a hairdresser, right?**, *Vous êtes coiffeur, c'est bien ça ?* (Écoutez bien l'intonation montante dans la phrase enregistrée.) De la même manière, à la forme affirmative, on peut répondre avec **Right** au lieu de **Yes**. Dans ce cas, l'intonation est descendante.

11 Mais la porte est en fait claquée devant un haut dignitaire de la Chambre des Lords appelé "Black Rod" *(canne noire)*.

12 Celui-ci frappe ensuite à la porte avec une canne et invite les parlementaires à venir à "l'autre endroit".

13 – Le souverain en exercice a le pouvoir de refuser de promulguer une loi.

14 – Vrai en théorie, mais le consentement royal est en réalité une pure formalité dans la procédure législative.

15 – Le chef de la Chambre des Lords est assis sur un trône en argent massif.

16 – Faux. Le président de la Chambre des Lords est assis sur un gros coussin rembourré de laine, appelé le "**Woolsack**" *(sac à laine)*.

17 – Si les parlementaires n'obéissent pas aux instructions de leur parti, ils sont fouettés.

18 – Faux. Un "**whip**" *(fouet)* est un parlementaire dont la tâche consiste à faire respecter la discipline du parti. Mais il a généralement recours à des méthodes moins brutales.

19 – Le Parlement britannique est la plus vieille assemblée représentative du monde.

20 – Faux. Cet honneur revient à l'île de Man, mais Westminster est effectivement connue comme la "Mère de tous les Parlements".

2 L'une des caractéristiques les plus marquantes de la langue anglaise est la tendance à coupler un nom ou un adjectif avec un deuxième mot, soit un synonyme (souvent l'équivalent anglo-saxon d'un mot latin, ou vice-versa), soit un mot qui commence par la même lettre. Dans ce deuxième cas, l'effet est plutôt euphonique, comme dans cet exemple : **a clog**, *un sabot de bois* ; **clever**, *intelligent*, *astucieux*. La juxtaposition des deux mots n'ajoute rien au sens ("sabots intelligents" ?!), mais l'effet est plutôt harmonieux. Le terme **clever clogs** est péjoratif : *un monsieur je-sais-tout*.

Nous reviendrons plus longuement sur ce phénomène de redoublement dans les prochaines leçons.

3 L'expression **to put on one's thinking cap** signifie *se creuser les méninges*. On peut placer la préposition **on** après **cap** : **I'll put my thinking cap on and see if I can come up with any suggestions for a present**, *Je vais gamberger pour trouver une idée de cadeau*. Certes, la casquette en question est un élément figuratif, mais on imagine bien un Sherlock Holmes, coiffé d'un couvre-chef, en train de "gamberger"…

4 Littéralement, **on the job** signifie "dans le/ce poste" : **The first couple of weeks on the job are the hardest**, *Les deux ou trois premières semaines dans un boulot sont les plus difficiles*. Par extension, l'expression signifie *sur le tas*. On peut en faire un adjectif : **On-the-job training focuses on the acquisition of skills within the work environment**, *La formation sur le tas porte essentiellement sur l'acquisition de compétences dans l'environnement du travail*.

5 L'adjectif **mere** (qui se prononce comme **here**) signifie *simple*, tant dans le sens de *seul* – **The mere idea of visiting the dentist sends chills down my spine**, *J'ai froid dans le dos rien qu'à l'idée d'aller chez le dentiste* – que dans celui de *commun* ou *ordinaire* : **If Doctor Phelps can't understand the problem, what hope do we mere mortals have?**, *Si le docteur Phelps ne comprend rien au problème, quel espoir avons-nous, nous, simples mortels ?* Par ailleurs, **mere** a le sens de *petit* ou *insignifiant* : **A new plug costs a mere two pounds**, *Une nouvelle prise ne coûte que 2 £*. Notons qu'il n'y a pas de forme comparative, et que le superlatif **merest** *[mii-rëst]* accentue la notion d'insignifiance : **A bloody dictator, he had his friends executed on the merest suspicion of disloyalty**, *Dictateur sanguinaire, il fit exécuter ses amis à cause d'une simple suspicion d'infidélité*. (**Mere** vient du vieux français *mier*, qui veut dire *pur* ou *entier*.)

6 Au pluriel, **commons** est le vieux mot pour *le peuple* (les "gens du commun", en français), d'où le nom **House of Commons**, *Chambre des communes*. Le nom **a commoner** signifie *un roturier*.

7 Dans le jargon politique anglais, **a Parliament** signifie non seulement l'assemblée représentative elle-même, mais aussi une *session parlementaire*. **I trust that this House will have time to debate the issue at some stage during this Parliament**, *J'espère que cette Chambre aura le temps de débattre de la question lors de cette session du parlement*.

8 Le nom abstrait **stewardship**, *intendance*, se retrouve aujourd'hui dans le vocabulaire de la réglementation ou de la gouvernance d'entreprise, dans le sens d'une gestion saine ou responsable : **The new manager is responsible for product stewardship and ensuring regulatory compliance**, *Le nouveau directeur est chargé de la gestion responsable des produits et de la mise en conformité réglementaire.*

9 Nous savons que **the chairman** signifie *le président* (d'un organisme). Ainsi, **the chair** est *la présidence* : **I am delighted to see that someone experienced in nano-technology has taken the chair of the Technical Committe**, *Je suis ravi de voir que quelqu'un ayant une expérience de la nanotechnologie a pris la présidence du Comité technique.* Lors d'un débat, **to go through the chair** signifie *s'adresser au/à la président(e).* Plus généralement, pour éviter toute forme de discrimination qui pourrait être imputée à l'emploi des mots se terminant en **-man**, **the chair** peut aussi désigner le/la président(e) lui(elle)-même.

10 Voici encore un verbe qui associe son et mouvement (voir leçon 31, note 9) : **to slam** communique l'idée d'un mouvement brusque ou violent, généralement accompagné d'un bruit fort. On peut le traduire, bien sûr, par *claquer* : **He slammed the door**, *Il claqua la porte.* Mais on peut s'en servir aussi dans d'autres contextes. Prenons la phrase 15 de la leçon 32, par exemple : **The waiter plonked the plates on the table.** Si le serveur avait été plus brutal, on aurait dit **The waiter slammed the plates on the table.**

11 Capitale initiale ou pas ? La règle est simple et elle s'applique aux titres en général : si l'on parle de la fonction, on l'écrit en minuscules : **The king/queen always opens the new Parliament**, *Le roi / La reine ouvre toujours la nouvelle session parlementaire.* En revanche, si le nom de la personne est cité, on met une capitale : **In 1629, King Charles dissolved Parliament**, *Le roi Charles a dissous le Parlement en 1629.* Il en va de même pour **prime minister**, **president**, etc. Vous trouverez des usages différents, bien sûr, mais cette règle a le mérite d'être claire !

12 Dans le contexte juridique, **a bill** est *un projet de loi* : **The bill passed its first reading in the Commons**, *Le projet de loi a été adopté par les Communes en première lecture.* Lorsque celui-ci est adopté par le parlement, il devient **an Act of Parliament**, ou, plus simplement **an act**. On dit également **the bill is signed into law**. Il ne faut pas confondre **an act** avec le mot juridique français "un acte", qui se traduit de plusieurs manières selon le contexte (**deed** pour un titre de propriété, **certificate** pour un acte de naissance, etc.).

13 Rappelons que **whose** est un possessif, *dont*, qui s'emploie toujours lorsque le possesseur est un être animé. **The MP whose phone was**

43 / Forty-third lesson

tapped has filed a complaint, *Le député dont le téléphone a été mis sur écoute a porté plainte*. Mais en anglais contemporain, on l'utilise plus largement aussi avec les choses inanimées : **This is a new bill whose provisions are set out in the accompanying memo**, *Il s'agit d'un nouveau projet de loi*

***

Exercise 1 – Translate

❶ You're an MP, right? – Right. ❷ The first couple of weeks on the job are always a nightmare. ❸ The new logo is really eye-catching, and it cost a mere two thousand. ❹ When a bill is signed into law, it becomes an Act of Parliament. ❺ All I said was "hello" and she slammed the door in my face.– You are divorced, remember!

***

Exercise 2 – Fill in the missing words

❶ Il va réfléchir pour trouver une idée de cadeau.
He'll … … ………… … .. and see if he … …… ..
…. any suggestions for a present.

❷ Dans mon nouveau poste, je suis chargé de la gestion responsable des produits et de la mise en conformité réglementaire.
In my new job I'm responsible … product …………
and ……… ………… …………. .

❸ Il suffit de mentionner le mot "dentiste" pour qu'elle ait froid dans le dos.
The …… mention of the word "dentist" is enough to
…. ……. …. … …….

❹ Il s'agit d'une nouvelle note dont les dispositions se réfèrent au projet de loi sur les écoutes téléphoniques.
This is a new …. ………. ………… refer to the bill on phone-tapping.

❺ Le roi ne peut épouser une roturière, donc le roi Édouard a dû renoncer au trône.
The …. can't marry a commoner, so …. ………… ..
.. …… .. the throne.

dont les dispositions sont explicitées dans la note en annexe. Certains puristes condamnent cet usage, mais il est aujourd'hui largement accepté.

14 Il s'agit dans cette phrase de deux énoncés opposés : "ce n'est pas l'assemblée la plus ancienne mais, en revanche, elle s'appelle La Mère des parlements". Au lieu d'employer une locution adverbiale comme en français ("en revanche"), on peut faire ressortir ce contraste uniquement avec la voix, en mettant l'accent tonique sur **is** (voir aussi la leçon 35, § 2.3).

***

Corrigé de l'exercice 1
❶ Vous êtes député, n'est-ce pas ?– Absolument. ❷ Les deux ou trois premières semaines dans un boulot sont toujours un cauchemar. ❸ Le nouveau logo est vraiment accrocheur, et il n'a coûté que 2 000. ❹ Lorsque qu'une proposition de loi est adoptée, elle devient loi. ❺ J'ai dit simplement "salut" et elle m'a claqué la porte au nez. – Mais n'oublie pas que vous êtes divorcés !

***

Corrigé de l'exercice 2
❶ – put his thinking cap on – can come up with – ❷ – for – stewardship – ensuring regulatory compliance ❸ – merest – send chills down her spine ❹ – memo whose provisions – ❺ – king – King Edward had to give up –

43 / Forty-third lesson

Rappelons tout d'abord que le palais de Westminster abrite le parlement britannique – **the Parliament of the United Kingdom of Great Britain and Northern Ireland** *– et que, contrairement aux Écossais et aux Gallois, les Anglais n'ont pas leur propre assemblée (voir leçon 15, note 14). Composé de deux Chambres –* **the House of Lords** *et* **the House of Commons**, *cette assemblée presque millénaire – l'actuel édifice néogothique fut construit au milieu du XIXe après un incendie dévastateur, mais la partie la plus ancienne du bâtiment remonte à 1097 – est un lieu haut en tradition. Dans cette leçon, nous essayons de vous donner un petit aperçu de certains de ces us et coutumes. Tout d'abord,* **the Palace of Westminster** *est bel et bien un palais royal et, de ce fait, un roturier n'a pas le droit d'y mourir ! Les rares députés qui trépassent dans son enceinte sont transportés à l'hôpital le plus proche,* **St Thomas's**, *où le décès est constaté officiellement. Par ailleurs, pendant que le parlement est en session, un député n'a pas le droit, en principe, de démissionner. S'il veut se retirer de la vie publique, il doit postuler à certains emplois honorifiques qui entraînent la démission, dont le plus courant est l'intendance de trois bailliages royaux dans les collines de Chilterns :* **the Chiltern Hundreds**.

Autre interdiction : lors des débats aux Communes, les députés n'ont pas le droit de s'adresser directement la parole – ils doivent diriger leurs remarques au/à la président(e) de la Chambre, **the Speaker**, *et employer certaines formules de politesse. (Chaque gouvernement depuis les années 1990 promet de moderniser cette tradition, mais aucun n'a osé le faire car elle permet d'éviter – plus ou moins – les attaques personnelles – voir leçon 46.)*

Pour assurer l'organisation et la participation aux débats, et surtout pour garantir que les députés suivent les consignes officielles lors des votes, chaque parti désigne plusieurs responsables, nommé **whips**, *qui supervisent les affaires courantes et servent de relais entre la base et les caciques. (Le sens littéral de* **whip** *est un fouet/fouetter, mais aucune violence n'est exercée par les* **whips** *: le mot vient de* **whipper-in**, *un chasseur dont la tâche est de contrôler la meute lors d'une chasse au renard.) Le* **Whip** *(avec une majuscule) est aussi le nom du bulletin hebdomadaire adressé par les* **whips** *à chaque membre du parti indiquant les projets de loi qui seront discutés et votés dans la semaine à venir. Selon les enjeux, chaque projet est souligné une, deux ou trois fois pour indiquer l'importance de la présence du député lors du scrutin.*

Le monarque a interdiction d'entrer aux Communes depuis 1642, lorsque le roi Charles Ier fit irruption dans la Chambre avec ses soldats pour arrêter certains députés. Cette tradition donne lieu tous les ans à un spectacle

Quarante-troisième leçon / 43

assez cocasse lors de l'ouverture de la session parlementaire par le souverain : **the State Opening of Parliament***. Tout d'abord, un représentant de la Couronne emmène un député au palais de Buckingham pour servir d'otage et ainsi assurer le sauf-conduit du monarque (!). Lorsque celui-ci arrive au palais de Westminster, il s'installe dans la Chambre des Lords et ordonne à un huissier de convoquer les élus du peuple. Mais quand cet officier,* **Black Rod***, arrive sur le seuil de la Chambre des Communes, on lui ferme les portes au nez – geste qui rappelle le droit des députés de siéger sans qu'un représentant de la Couronne soit présent.* **Black Rod** *frappe alors trois fois avec une canne noire (d'où son titre) ; les portes s'ouvrent et les députés se rendent – sans vraiment se presser – à* **the other place** *("l'autre endroit"), surnom par lequel chacune des Chambres désigne l'autre – et le monarque lit un discours.*

*Par ailleurs, le monarque joue un rôle assez cérémonial dans le processus législatif. Après avoir été débattu et voté dans les deux Chambres, un projet de loi est adressé au souverain pour son approbation (***Royal Assent***). Cette étape est, en fait, une formalité, car aucun texte n'a été refusé depuis des siècles. (Curieusement, l'assentiment royal est prononcé… en vieux français : "Le Roy (ou La Reyne) le veult" !)*

Si la Chambre des Communes est présidée par le **Speaker***, celle des Lords est dirigée, assez logiquement, par le* **Lord Speaker***. Les membres de cette assemblée ne sont pas élus mais, pour la plupart, nommés directement par le Premier ministre (il y a aussi un certain nombre de pairs héréditaires, mais une loi votée en 1999 a mis fin à ce droit de succession). Un certain nombre de ces pairs sont des religieux (archevêques et évêques), qui portent le nom collectif de* **Lords Spiritual***, par opposition aux* **Lords Temporal** *(en vieil anglais, certains adjectifs se placent après le nom qu'ils qualifient). Le* **Lord Speaker** *préside les débats, assis sur une sorte de coussin épais rempli de laine :* **the Woolsack** *("sac à laine"). Introduit par le roi Édouard III au XIVe siècle, ce siège fut rempli à l'origine de laine anglaise, emblématique de la première source de richesse de la nation. Mais de nos jours, la laine provient de plusieurs pays du Commonwealth pour symboliser l'unité de cette confédération.*

On aurait tort de croire que ces traditions, qui peuvent pour certaines sembler surannées, figent la vie parlementaire britannique dans une sorte de spectacle pittoresque mais stérile. De par la vivacité des débats et la représentativité des élus (dont un bon nombre de femmes et de membres des différentes ethnies qui composent la population de la Grande-Bretagne), cette institution porte bien son surnom de **Mother of Parliaments** *("mère des parlements").*

Forty-fourth lesson

A prime minister remembers

(An extract from "The Wilderness Years, the Memoirs of a former PM")

1. After Prime Minister Mary Wilmot stepped down [1], the party leadership was up for grabs, and I intended to grab [2] it.
2. I had long been in a political wilderness because I had stood as a stalking horse against Wilmot in the previous elections.
3. It was the old story about giving a dog a bad name [3]. But I didn't care.
4. I really wanted to make my mark on the party, so I did a little fence-mending – and some arm-twisting [4], too.
5. Of course, the whips tried to warn me off, but their threats cut no ice [5] with me.
6. I pulled a few strings [6] here and there and persuaded a couple of the party's rising stars to back me.
7. I knew I was not the front-runner – Steve May was the golden boy – and the pundits had already written me off [7].
8. But my hopes lay in winning the swing vote, the Great Undecided.
9. You see, I wanted root-and-branch reform, which was something we badly needed at the time.
10. Corruption was the elephant in the living room [8].

Prononciation
*2 ... **stor**-king ...*

Quarante-quatrième leçon

Un Premier ministre se souvient

(Extrait de "La Traversée du désert : mémoires d'un ancien Premier ministre")

1 Après la démission du Premier ministre, Mᵐᵉ Mary Wilmot, la direction du parti était à prendre, et j'avais bien l'intention de m'en emparer.
2 Je me trouvais depuis longtemps dans un désert politique, pour avoir servi d'opposant factice *(cheval de traque)* à Wilmot, lors des élections précédentes.
3 C'était toujours la même histoire : ce genre de choses vous colle à la peau. Mais cela m'était égal.
4 Je voulais vraiment imprimer ma marque sur le parti ; j'ai donc renoué quelques liens – et aussi exercé quelques pressions.
5 Bien sûr, les "whips" ont tenté de me dissuader, mais leurs menaces ne m'ont fait ni chaud ni froid.
6 J'ai joué de mon influence ici et là et j'ai persuadé deux ou trois étoiles montantes du parti de me soutenir.
7 Je savais que je ne faisais pas la course en tête – Steve May était le favori – et les politologues avertis avaient déjà fait une croix sur moi.
8 Mais j'avais placé tous mes espoirs dans les voix qui pouvaient faire pencher la balance, le vote des indécis.
9 Vous comprenez, je voulais une réforme radicale, ce dont nous avions terriblement besoin à l'époque.
10 La corruption était partout, sans que personne ne veuille le reconnaître.

44 / Forty-fourth lesson

11 The whole party was engulfed in sleaze [9] and the long-awaited changes were proceeding at a glacial pace, if at all.

12 True, Wilmot had once appointed a "reform czar", but her initiatives soon fell by the wayside.

13 So I ran a grass-roots campaign that targeted rank-and-file activists who were sick to the back teeth [10] with spin doctors.

14 No more smoke-filled rooms, I promised, no more gerrymandering, filibusters or underhand tricks.

15 No more baby-kissing, blarney [11] or pie in the sky [12]: I will fight a fair fight.

16 I must admit, I had the gift of the gab [13] in those days. Quite [14] the orator I was.

17 Should [15] I win, I shall make you proud and you can hold your heads high once again.

18 But if I should lose, I will accept my responsibilities and return to the wilderness whence I came.

19 Heady stuff. As you can imagine, I won by a landslide and the party gave me a blank cheque. □

Notes

[1] **a step**, *un pas*, *une marche*. Mais le verbe **to step** tout seul n'a pas de sens propre : il indique un mouvement des pieds, dont la direction, la rapidité, etc. sont indiquées par une ou plusieurs prépositions : **He stepped onto the bus**, *Il est monté dans le bus*, ou encore **You'll have to step over the fence if you want to cross the field**, *Vous devrez enjamber la clôture si vous voulez traverser le champ*. On peut aussi ajouter un adverbe : **He stepped quickly onto the bus**, *Il est monté rapidement dans le bus*. Ainsi, **to step down** signifie littéralement "descendre". Le sens figuré est *se retirer* ou *démissionner* : **Khan stepped down as party chairman**, *Khan a démissionné de la présidence du parti*.

Quarante-quatrième leçon / 44

11 Le parti tout entier avait sombré dans l'immoralité et les changements tant attendus avançaient, dans le meilleur des cas, avec une lenteur d'escargot *(d'un glacier)*.

12 C'est vrai, Wilmot avait, à un moment donné, nommé une personnalité chargée des réformes, mais ses initiatives avaient fait long feu.

13 J'ai donc mené une campagne de terrain, en m'adressant aux militants de la base, qui en avaient ras le bol des gourous de la communication.

14 Fini les réunions secrètes, ai-je promis, fini le charcutage électoral, l'obstruction parlementaire et les coups fourrés.

15 Fini les baisers aux bébés, les boniments et les belles promesses : je livrerai un combat loyal.

16 J'avoue que j'avais un certain bagout, à l'époque. J'étais un sacré orateur.

17 Si je gagne, je vous rendrai votre fierté et vous pourrez de nouveau marcher la tête haute.

18 Mais si je perds, je prendrai mes responsabilités et je retournerai dans le désert d'où je suis venu.

19 Grisant. Comme vous l'imaginez, j'ai gagné haut la main et le parti m'a signé un chèque en blanc.

---

2 **to grab**, *saisir, empoigner rapidement*. **I grabbed Nigel's wrist before he could press the alarm button**, *J'ai saisi Nigel par le poignet avant qu'il ne puisse appuyer sur la sonnette d'alarme*. On emploie très souvent ce verbe de manière figurée, toujours avec la notion d'empressement : **Do you want to grab a bite to eat?**, *Veux-tu grignoter quelque chose vite fait ?* L'expression **to be up for grabs** (toujours avec un **-s**) signifie *être disponible* ou *à prendre* : **Four new mobile phone licences are up for grabs this year**, *Quatre nouvelles licences de téléphonie mobile sont disponibles cette année*.

3 **Give a dog a bad name** est une forme écourtée d'un vieux dicton **Give a dog a bad name and hang him**, *Qui veut noyer son chien l'accuse de la rage*. Sachez que **name** est synonyme de **reputation** : **The product was so badly made that it gave the company a bad name**, *Le produit était tellement mal fabriqué qu'il a nui à la réputation de la société*. La traduction littérale est donc : "donnez à votre chien une mauvaise réputation et pendez-le". Dans la langue courante, on se contente d'employer l'expression (la version longue ou courte) toute seule comme une exclamation, ou d'en faire une phrase commençant par **It's a case of…** ou **It's a question of…**

4 **to twist someone's arm**, *tordre le bras à quelqu'un*. Au sens figuré, l'expression signifie *contraindre quelqu'un*. **I didn't want to go out for a drink, but Simon twisted my arm**, *Je ne voulais pas aller boire un pot, mais Simon m'a forcé la main*. Sur le mode humoristique, si quelqu'un vous fait une proposition que vous avez bien envie d'accepter, vous pouvez lui dire **Twist my arm!**, *Puisque tu insistes…* Le substantif est **arm-twisting**, *coercition*.

5 L'expression **to cut no ice** (litt. "ne pas couper de la glace") s'emploie généralement avec un nom ou un pronom et signifie *cela n'impressionne pas…* **Wilson's programme cut no ice with the men of power in his party**, *Le programme de Wilson n'a guère impressionné les hommes de pouvoir dans son parti*. Ne confondez pas cette expression avec **to break the ice**, *rompre la glace*, qui s'emploie comme en français, tant au propre qu'au figuré.

6 L'expression **to pull the strings** traduit bien la notion de *tirer les ficelles* en français : **He has appointed his brother as president but he is still pulling the strings**, *Il a nommé son frère comme président, mais c'est lui qui continue à tirer les ficelles*. Attention, sans l'article défini, il y a une subtile différence : l'expression **to pull strings** signifie plutôt *utiliser son influence*, *son "piston"*. **The film star Brit Padd is pulling strings to save a historic monument near his home**, *La vedette de cinéma Brit Padd utilise son influence pour la sauvegarde d'un monument historique près de chez lui*. Dans ce contexte, on peut ajouter des qualificatifs comme **some**, **a few**, etc. **He had to pull a few strings, but he got the part in the movie**, *Il a été obligé de faire jouer le piston, mais il a obtenu le rôle dans le film*. Ce n'est pas le cas avec la première version de l'expression.

7 Au sens propre, **to write off** signifie "écrire pour demander quelque chose" : **After reading the advert, I wrote off for a brochure**, *Après avoir vu la publicité, j'ai écrit pour demander une brochure*. Dans le contexte de la comptabilité, le verbe a le sens de *annuler une dette* ou *déprécier un actif* : **Banks have written off billions of dollars on subprime mortgages**, *Les banques ont déprécié des milliards de dollars d'actifs à cause des prêts immobiliers à risque*. Ainsi, au figuré, **to write off** signifie *faire une croix sur* ou *considérer quelque chose comme perdu* : **I've written off all hope of getting my money back**, *Je n'ai plus aucun espoir de récupérer mon argent*. Le substantif est **a write-off** : **It rained so much that the whole summer was a write-off**, *Il a tellement plu que l'été a été fichu de bout en bout*.

8 Cette expression très imagée – "l'éléphant dans le salon" – s'emploie au-delà des contextes purement politiques. Elle décrit un problème énorme et évident, mais que personne ne veut reconnaître. Son origine est incertaine, mais elle est probablement née dans le milieu médical pour décrire un problème courant chez les alcooliques, où on se focalise sur des petits détails tout en passant sous silence le vrai problème, bien qu'il crève les yeux. **The elephant in the living room is the country's demand for independence**, *Le vrai problème, que personne ne veut admettre, est que le pays réclame son indépendance*. (On trouve aussi une version plus courte : **the elephant in the room**.)

9 L'adjectif **sleazy**, *louche* ou *sordide*, est assez ancien : **He lives in a really sleazy part of town**, *Il habite un quartier vraiment sordide de la ville*. Mais depuis quelques années, surtout en politique, la rétro-formation **sleaze** signifie *la corruption*, souvent avec une connotation sexuelle : **The Tory government was brought down by allegations of sleaze**, *Le gouvernement conservateur est tombé à cause d'accusations de corruption*. Notez que cette acception est purement britannique : pour les Américains, le mot a toujours une connotation sexuelle. Mais au-delà de son sens propre, avec son "s" sifflant, sa longue voyelle traînante et son "z" susurrant, **sleaze** est aussi une superbe onomatopée !

10 **to be sick to the back teeth** pourrait faire penser à l'expression familière française *avoir les dents du fond qui baignent*, et il y a d'ailleurs sans doute une origine commune. Mais l'expression anglaise, bien que familière, n'est pas aussi vulgaire : elle signifie simplement *en avoir ras le bol*. Il existe une variante, qui garde la même image ; **to be fed up to the back teeth: I'm fed up to the back teeth with the political system in this country: it's so corrupt**, *J'en ai vraiment marre du système politique dans ce pays : il est complètement corrompu*.

11 D'après une vieille légende, toute personne qui embrasse une grosse pierre noire au pied des remparts du château de Blarney en Irlande aura toujours la langue pendue. L'origine de cette croyance remonte à l'époque de la reine Élizabeth Ire, lorsqu'un chef de clan irlandais fut contraint de céder son château à la reine en signe de servitude. Mais chaque fois qu'il devait passer à l'acte, cet homme ingénieux et bonimenteur trouva toujours une excuse – de plus en plus tirée par les cheveux – pour ne pas obtempérer. Du coup, la reine ne prit jamais possession de Blarney ! De nos jours, pour décrire un beau parleur, on dit **He** (ou **she**) **has kissed the Blarney Stone** – même si la personne a le don de l'éloquence sans s'acquitter du rituel de l'embrassade. On en a fabriqué un nom (sans majuscule) : **That's a load of blarney!**, *C'est du pipeau !* et même un verbe (plus rare).

12 Si, en français, nous faisons des promesses en l'air, les Anglophones, eux, ont le même type d'expression, mais avec une tourte (**pie**) ! L'expression **pie in the sky** signifie *les belles promesses*. Il s'agit en fait d'une ligne extraite d'un texte écrit par un chanteur engagé au début du XXe siècle, critiquant les curés qui, au lieu d'aider les pauvres matériellement, leur promettaient des nourritures célestes dans l'au-delà. Aujourd'hui, on emploie l'expression comme une interjection – **That's just pie in the sky**, *Ce ne sont que des paroles en l'air* – ou encore comme adjectif, dans le sens de quelque chose d'irréaliste. **That's a pie-in-the-sky concept**, *C'est un concept totalement utopique*.

13 Tout comme dans la note 11, encore une expression qui nous vient d'Irlande (le mot **gab** signifie *bouche* en gaélique) : **to have the gift of the gab**, *avoir du bagout*. Le verbe **to gab** est moins flatteur : il signifie *papoter* : **My teenage daughter is always gabbing on the phone with**

***

Exercise 1 – Translate

❶ Want to grab a drink? – Twist my arm! **❷** I'm fed up to the back teeth with the entire party leadership. **❸** The bank has written off billions of dollars on bad loans. **❹** I hardly see my children any more, if at all. **❺** Once the ice had been broken, the party went very well.

Quarante-quatrième leçon / 44

her mates, *Mon adolescente de fille est toujours en train de papoter au téléphone avec ses copines*.

14 **quite** signifie *assez* ou *tout à fait* (nous y reviendrons en leçon 49). Mais la tournure **quite the**, suivie d'un nom propre, est idiomatique et se traduit par *un vrai* + nom. **She's quite the sophisticated Londoner**, *C'est une vraie Londonienne, bien sophistiquée*. Ce type de remarque peut être admiratif (elle est <u>vraiment</u> sophistiquée) ou sarcastique (elle se prend pour une élégante). C'est le contexte – et le ton de la voix – qui vous le diront. La construction de notre phrase, avec le verbe à la fin, est assez littéraire et permet une accentuation.

15 L'auxiliaire conditionnel **should** peut s'employer avec **if**, *si*, pour indiquer une éventualité plus incertaine : **If I should get lost, send out a search party**, *Si jamais je me perdais, envoyez une équipe de secours*. Dans un registre plus soigné, on peut intervertir le sujet et l'auxiliaire, tout en supprimant **if** : **Should I get lost**…

***

Corrigé de l'exercice 1

❶ Tu veux aller t'en jeter un ? – Puisque tu insistes… ! ❷ J'en ai vraiment marre de la direction du parti tout entière. ❸ La banque a déprécié des milliards de dollars de prêts douteux. ❹ Je ne vois plus guère mes enfants, et même pas du tout. ❺ Une fois la glace rompue, la soirée fut un grand succès.

Exercise 2 – Fill in the missing words

❶ Je m'attends à ce que le gouvernement tombe à cause de toutes ces accusations de corruption.
I expect the government .... by all those .... of ....

❷ Elle a été obligée de faire jouer le piston pour obtenir le rôle, et elle a aussi fait un peu de forcing.
She had to .... to get the part, and she also did some ....

❸ Si jamais ils se perdent, nous enverrons une équipe de secours.
...... they ... ., ... a search party.

❹ C'est un véritable orateur – à moins que ce ne soit un bonimenteur.
He's .... orator – or maybe he's just full of ....

❺ Il veut une réforme radicale, ce dont le parti a terriblement besoin.
He wants .... reform, ... the party ....

Mis à part des termes spécifiques ayant trait aux institutions, au suffrage ou encore à l'administration, dont on trouvera les explications dans un ouvrage spécialisé ou un bon dictionnaire, le langage politique anglais est souvent très imagé, voire poétique ! De plus, l'anglais américain a contribué à un certain nombre d'expressions hautes en couleur. (D'ailleurs, la langue américaine est si dynamique qu'elle emploie le verbe **to run**, *courir, pour traduire "se présenter aux suffrages", alors que les Britanniques, eux, disent* **to stand**, *rester debout !)*
En lisant un journal ou en écoutant les nouvelles, vous pouvez être sûr d'en entendre quotidiennement. Dans cette leçon, nous avons sélectionné un certain nombre d'expressions parmi les plus courantes, que nous nous permettons de regrouper ici par commodité.
Lorsque la direction d'un parti ou d'un mouvement est en jeu, il est courant qu'un "faux candidat" se présente pour tester l'état de l'opposition du leader en exercice, avant de s'éclipser pour laisser place au vrai prétendant. Pour décrire le mécanisme par lequel cette personne avance de façon masquée, on emploie une expression tirée de la vénerie : **a stalking horse**, *cheval de traque, du verbe régulier* **to stalk**, *traquer.*

Quarante-quatrième leçon / 44

Corrigé de l'exercice 2

❶ – will be brought down – allegations – sleaze ❷ – pull a few strings – arm-twisting ❸ Should – get lost, we'll send out – ❹ – quite the – blarney ❺ – root-and-branch – which is something – badly needs

*Dans tout type de scrutin, il y a une masse plus ou moins importante d'indécis, et leur vote peut basculer (***to swing***) d'un candidat à un autre : ce sont des* **swing voters***, et leurs voix collectives se nomment* **the swing vote***. Si l'on réussit à convaincre ces* **Great Undecided** *("grande masse des indécis"),* **on risque de remporter une victoire écrasante :** **a landslide victory** *(ou encore* **to win by a landslide***). Il s'agit d'un terme géologique dont le sens a été détourné :* **land***, terrain, et* **to slide***, glisser : un glissement de terrain.*
Il y a deux autres mots dont le sens a été légèrement détourné ; ce sont **a pundit***, un expert (déformation d'un mot hindi signifiant "homme instruit") et le mot russe* **csar** *(ou* **czar***), un responsable politique chargé de régler un problème de société particulier (par exemple,* **a drug czar***, responsable de la lutte anti-drogue).*
Si en français nous employons le terme "la base" pour désigner les militants, l'anglais parle de "racines" : **grass-roots** *(***a grass-roots movement***, un mouvement populaire) ou encore* **root-and-branch reform***, une réforme radicale, commençant avec la base et remontant vers le haut. Pour parler de la base d'un parti, on peut dire aussi* **rank and file** *(litt. "le rang et la file").*
En plus pittoresque, lorsqu'un homme ou une femme politique prend un bain de foule, on dit qu'il **press the flesh***, presse la chair, ou* **kiss babies***, embrasse les bébés pour gagner l'affection du peuple. S'il y a des différends au sein de son parti, entre deux tendances, par exemple, il est important de les résoudre : on dit alors que l'on* **mend fences***, répare les clôtures. Avec la souplesse qu'on lui connaît, l'anglais fabrique des substantifs* **baby-kissing***,* **fence-mending** *ou encore* **flesh-pressing***.*
Pour influencer – ou manipuler – l'opinion populaire ou pour rehausser l'image d'un parti, d'un élu, etc., les politiques emploient des **spin doctors***, des experts en communication chargés d'adapter un message en fonction des attentes – présumées – du public. (L'expression est d'origine sportive :* **to spin a ball***, donner de l'effet à une balle.) Mais malgré tous ces efforts de séduction, il arrive parfois que des décisions politiques importantes soient prises non pas par la voie démocratique mais par les caciques ou des factions qui se réunissent en*

secret pour négocier. Autrefois, avant l'interdiction quasi-générale de fumer, ces personnages influents s'adonnaient librement au vice du tabac. De ce fait, l'expression **a smoke-filled room**, *pièce enfumée – employée aussi au pluriel – désigne une réunion secrète ou, plus généralement, le fait de prendre des décisions politiques en catimini. Enfin, faisons la connaissance de deux termes très particuliers, d'origine américaine. Le nom* **gerrymandering** *– et le verbe* **to gerrymander** *– décrivent le fait de modifier des circonscriptions électorales afin d'avantager un parti ou un homme politique – le "charcutage électoral". (Au XIXᵉ siècle, un certain Elbridge Gerry redécoupa les circonscriptions de l'État du Massachusetts, dont une prit la forme*

Forty-fifth lesson

The secret of politics

(From "Parkinson's Law")

1 We are all familiar with the basic difference between English and continental [1] parliamentary institutions.

2 We all realise that this main difference has nothing to do with national temperament, but stems [2] from their seating plans.

3 The British, being brought up on team games, enter their House of Commons in the spirit of those who would rather [3] be doing something else.

4 If they cannot be playing golf or tennis, they can at least pretend [4] that politics [5] is a game with very similar rules.

5 But for this, Parliament would arouse even less interest than it does.

6 So the British instinct is to form two opposing teams, with referee and linesmen, and let them debate until they exhaust themselves.

d'une salamandre (**salamander**). *Un journaliste satirisa cette pratique en fabriquant le mot* **gerry** + **mander**). *Enfin,* **a filibuster** *est une forme d'obstruction parlementaire, par laquelle un parlementaire "détourne" le débat sur un projet de loi en prononçant un discours-fleuve afin de retarder ou empêcher le vote. Le mot vient du français* flibustier – *un pirate qui détournait non pas le processus démocratique, mais des navires remplis de trésors !*
Bien entendu, cette sélection d'expressions est très loin d'être exhaustive, mais nous espérons qu'elle vous donne déjà un aperçu de la créativité lexicale de la langue anglaise en matière de politique.

Quarante-cinquième leçon

Le secret de la politique

(Extrait de "La Loi de Parkinson")

1. Nous connaissons tous la différence essentielle entre les institutions parlementaires anglaises et continentales.
2. Nous comprenons bien tous que cette différence principale n'a rien à voir avec le tempérament national, mais qu'elle découle de la manière de placer les parlementaires.
3. Les Britanniques, qui sont élevés dans la pratique des sports d'équipe, arrivent à la Chambre des Communes dans l'esprit de quelqu'un qui préférerait faire autre chose.
4. S'ils ne peuvent pas jouer au golf ou au tennis, ils peuvent au moins faire comme si la politique était un jeu, doté de règles analogues.
5. Sans ce subterfuge, le Parlement susciterait encore moins d'intérêt qu'il ne le fait.
6. L'instinct britannique est donc de former deux équipes opposées, avec arbitre et juges de touche, et de les laisser débattre jusqu'à épuisement.

7 The House of Commons is so [6] arranged that the individual Member is practically compelled to take one side or the other

8 before he knows what the arguments are, or even (in some cases) before he knows the subject of the dispute.

9 His training from birth has been to play for his side [7], and this saves him from any undue mental effort.

10 Sliding into a seat toward the end of a speech, he knows exactly how to take up the argument from the point it has reached.

11 If the speaker [8] is on his own side of the House, he will say "Hear, hear!" [9].

12 If he is on the opposite side, he can safely say "Shame!" or merely "Oh!".

13 At some later stage he may have time to ask his neighbour what the debate is supposed to be about.

14 Strictly speaking, however, there is no need for him to do this: he knows enough in any case not to kick into his own goal [10].

15 The men who sit opposite are entirely wrong and all their arguments are so much drivel [11].

16 The men on his own side are statesmanlike [12], by contrast, and their speeches a singular blend of wisdom, eloquence, and moderation.

17 Nor does it make the slightest difference whether he learned his politics at Harrow or in following the fortunes of Aston Villa [13].

18 In either school he will have learned when to cheer and when to groan.

Quarante-quatrième leçon / 45

7 La Chambre des Communes est agencée de telle manière que chacun de ses membres est obligé, en pratique, de choisir l'un des deux camps

8 avant de savoir quels sont les arguments [des uns et des autres], voire (dans certains cas) de connaître le sujet du différend.

9 Il est habitué depuis la naissance à jouer pour son camp, ce qui lui évite tout effort intellectuel superflu.

10 Lorsqu'il se glisse sur son siège, vers la fin d'une intervention, il sait exactement comment prendre la discussion en marche, là où elle en est.

11 Si l'orateur appartient à sa partie de la Chambre, il dira : "Tout à fait d'accord *(Écoutez ! Écoutez !)*."

12 S'il appartient au camp opposé, il peut, sans grand risque de se tromper, s'exclamer : "Quelle honte !" ou simplement "Oh !".

13 Il trouvera peut-être le temps, un peu plus tard, de demander à son voisin le sujet sur lequel est censé porter le débat.

14 Concrètement, cependant, il n'est pas obligé de le faire : il en sait suffisamment, de toute manière, pour ne pas marquer contre son camp.

15 Les hommes qui sont assis en face ont entièrement tort et tous leurs arguments ne sont que des âneries.

16 Les hommes de son propre camp sont en revanche de fins politiques et leurs discours sont un mélange remarquable de sagesse, d'éloquence et de modération.

17 Qu'il ait acquis ses connaissances en politique sur les bancs de Harrow ou en s'intéressant à la destinée d'Aston Villa, cela ne fait pas la moindre différence.

18 Dans une école comme dans l'autre, il aura appris à applaudir et à grogner au bon moment.

19 But the British system depends entirely on its seating plan.

20 If the benches [14] did not face each other, no one could tell truth from falsehood [15] – wisdom from folly – unless indeed by listening to it all.

21 But to listen to it all would be ridiculous, for [16] half the speeches must of necessity be nonsense.

Notes

1 Ce texte a été écrit en 1958, mais son auteur, Cyril Northcote Parkinson, était un visionnaire ! Il parlait du système parlementaire anglais (et non britannique – leçon 15, note 14), mais surtout il mettait en opposition la Grande-Bretagne et l'Europe continentale, distinction qui persiste aujourd'hui malgré l'Union européenne !

2 **a stem**, *une tige* (de fleur, etc.). Le verbe à particule **to stem from** signifie *découler de*. **Social problems stem from high unemployment**, *Les problèmes sociaux proviennent du taux de chômage élevé*. Comme toujours avec ce type de verbe, la postposition est importante car **to stem** tout court veut dire *endiguer* ou *juguler*. **The goverment is unable to stem sharply rising joblessness**, *Le gouvernement ne parvient pas à juguler un taux de chômage qui monte en flèche*.

3 Voir leçon 21, § 4.

4 Dans le langage courant, le verbe **to pretend** est un faux-ami. Il signifie *faire semblant de* : **Pretend to be working: here comes the supervisor**, *Faites semblant de travailler : voici le chef*. Notre verbe *prétendre* se traduit par **to claim** : **He claims to have invented the notebook**, *Il prétend avoir inventé l'ordinateur bloc-notes*. Cependant, le sens franco-latin (*affirmer*, etc.) perdure dans certaines tournures soutenues, notamment : **I don't pretend to be an expert**, *Je n'ai pas la prétention d'être un expert*.

5 Certains noms, à commencer par ceux qui désignent des sujets "intellectuels" (la politique, les sciences économiques, les mathématiques, etc.) prennent un **-s** final tout en étant singuliers : **Politics is my business**, *La politique, c'est mon métier* ; **Economics is boring**, *Les sciences économiques sont ennuyeuses* ; **Mathematics is very elegant**, *Les mathématiques sont très élégantes*.

Quarante-quatrième leçon / 45

19 Mais le système britannique dépend entièrement de son agencement.
20 Si les bancs ne se faisaient pas face, personne ne pourrait distinguer le vrai du faux – la sagesse de la bêtise –, à moins, bien sûr, de tout écouter.
21 Mais tout écouter serait ridicule, puisque les discours prononcés ne peuvent forcément être, pour la moitié d'entre eux, qu'un tissu d'absurdités.

---

6 Vous vous êtes sans doute rendu compte que ce texte est écrit dans un style châtié et soutenu. Voici un exemple : le positionnement de **so that** dans le sens de *ainsi*. Dans le langage courant, nous gardons les deux mots ensemble : **I arranged the seating so that we had a good view of the stage**, *J'ai disposé les chaises de telle sorte que nous puissions bien voir la scène*. Dans ce registre littéraire, nous pouvons séparer les éléments : **I so arranged the seating that**, etc. Naturellement, ce n'est pas une tournure de la langue courante.

7 **the side**, *le côté*. Mais on emploie le mot aussi dans le sens d'une équipe, ou encore d'un camp, d'une mouvance, etc. **Which side do you support?**, *Quelle équipe soutenez-vous ?* **Are you on my side?**, *Êtes-vous avec moi ?* Dans notre texte, bien sûr, cette acception renforce l'argument de Parkinson selon lequel le parlement se divise en deux camps, de part et d'autre de la Chambre.

8 Nous savons que **the Speaker** (avec un "s" majuscule) est le ou la président(e) de la Chambre (leçon 43, note culturelle). Ici, le mot est employé au sens propre : celui qui parle.

9 **Hear, hear!** est une exclamation d'approbation, entendue le plus souvent dans les débats parlementaires à Westminster depuis deux siècles (et encore de nos jours). Elle signifie *Absolument !* ou *Il/Elle a raison !*, etc. C'est une altération de **Hear him, hear him!**, *Qu'il soit entendu !* En dehors de ce contexte, l'expression est employée – parfois de manière ironique – dans un registre soutenu.

10 **to score an own goal** (dont **to kick into one's own goal** est une variante plus ancienne) s'emploie en sport lorsqu'un joueur marque (**to score**) accidentellement *un but*, **a goal** contre sa propre équipe. Au

45 / Forty-fifth lesson

figuré, l'expression s'emploie lorsqu'on se fait tort à soi-même, toujours involontairement : **He scored an own goal by making a joke about the health minister**, *Sa plaisanterie sur le ministre de la Santé s'est retournée contre lui*. Il y a une expression équivalente, (également en français), qui est **to shoot oneself in the foot**, *se tirer une balle dans le pied*.

11 **to dribble**, *couler goutte à goutte* ou, pour un nourrisson, *baver*. Le verbe est employé au sens figuré dans le domaine du football (et repris en français : *dribbler*). On trouve une variante – utilisée uniquement au figuré – sous la forme de **drivel**, nom collectif signifiant *des bêtises* (comme si des âneries coulaient lentement et inexorablement de la bouche !). Le verbe **to drivel** est rarement utilisé.

12 Employé comme suffixe, **-like** permet de convertir un nom en adjectif pour faire une comparaison : **The centre-forward moved with cat-like grace**, *L'avant-centre s'est déplacé avec toute la grâce d'un chat*. Faut-il un trait d'union ? Les grammairiens ne sont pas tous d'accord, mais notre conseil est d'en mettre un : vous n'aurez jamais tort et, de surcroît, votre mot sera plus facilement compréhensible.

13 Fondée en 1572, Harrow est une école secondaire privée de la région de Londres qui, traditionnellement, forme l'élite de la Grande-Bretagne (voir la note culturelle en fin de leçon). Aston Villa est une équipe de football originaire d'Aston, une banlieue de Birmingham. L'auteur, poursuivant sa comparaison avec la vie sportive, est d'avis qu'on peut apprendre les tenants et aboutissants de la politique aussi bien dans une grande école que sur les gradins d'un stade.

***

Exercise 1 – Translate

❶ Economics is known as the "dismal science" but politics is even more dismal! ❷ The government was unable to stem sharply rising unemployment. ❸ You really scored an own goal when you pretended not to understand him. ❹ His speech was just drivel. – Hear, hear! ❺ There's no need for you to do this exercise. Wouldn't you rather be doing something else?

Quarante-quatrième leçon / 45

14 **a bench**, *un banc*. Dans la Chambre des Communes, les députés sont assis sur des bancs, ceux du gouvernement à droite du **Speaker**, ceux de l'opposition en face. Dans ce contexte, **bench** permet de créer d'autres mots, que nous verrons demain.

15 Normalement, la suffixe **-hood** permet de créer un nom abstrait à partir de certains noms concrets : **a brother**, *un frère* → **brotherhood**, *la fraternité*. Mais elle peut être utilisée aussi, beaucoup plus marginalement, avec un adjectif. Ainsi, **false**, *faux* ; **falsehood**, *le faux, l'état de fausseté*. Malheureusement, les règles ne sont pas toujours systématiques. Nous y reviendrons en fin de semaine.

16 Dans un style formel, la préposition **for** peut s'employer comme une conjonction dans le sens de *car, puisque* : **He stood with his mouth open, for he had never seen anything so awesome**, *Il est resté bouche bée car jamais il n'avait vu quelque chose d'aussi impressionnant*. Dans un registre plus courant, **for** peut être remplacé par **because**.

***

Corrigé de l'exercice 1

❶ L'économie est connue comme "la science funeste", mais la politique est encore plus funeste ! ❷ Le gouvernement n'est pas parvenu à juguler un chômage qui montait en flèche. ❸ En faisant semblant de ne pas le comprendre, ta plaisanterie s'est vraiment retournée contre toi. ❹ Son discours n'était qu'un tas d'âneries. – Entièrement d'accord ! ❺ Vous n'êtes pas obligés de faire cet exercice. Ne préféreriez-vous pas faire autre chose ?

Exercise 2 – Fill in the missing words

❶ L'intervenant a pris la discussion en marche, au point où elle en était arrivée.
The speaker .... the argument .... it ... .

❷ Il ne dit rien car il n'avait jamais vu quelque chose d'aussi impressionnant.
He said nothing, ... anything .. ..

❸ Ils ont agencé les sièges de telle manière qu'ils ont pu très bien voir.
They .. .. the seating plan .... a great view.

❹ Ayant été élevé dans la pratique des sports d'équipe, il a pu éviter tout effort intellectuel superflu.
.... team games, ...
undue mental effort.

❺ Que vous soyez anglais ou gallois, cela ne fait pas la moindre différence : vous êtes toujours britannique.
... . the .... you
are English or Welsh: you're still British.

***

Malgré l'évolution de la société britannique depuis la fin de la deuxième guerre mondiale, qui desserra l'étreinte du système de classes, un certain élitisme perdure, notamment en ce qui concerne l'éducation. Typiquement, la formation d'un membre de l'establishment commence sur les bancs d'une de ces écoles privées que les Anglais, par esprit de contradiction, appellent **public schools**. *Des établissements comme Harrow (note 13), Eton (fondée en 1440), Winchester (1387) ou encore le "jeune" Rugby (1567, le berceau du jeu éponyme) sont*

Corrigé de l'exercice 2

❶ – took up – from the point – had reached ❷ – for he had never seen – so awesome ❸ – so arranged – that they had – ❹ Being brought up on – he was saved from any – ❺ Nor does it make – slightest difference whether –

***

très sélectifs et recrutent leurs élèves parmi la grande bourgeoisie ou les familles très aisées. (Dans cette acception, **public school** est spécifique à l'Angleterre et, à l'origine, désignait une école qui ne dépendait pas de l'Église, et était donc publique. Aux États-Unis et dans d'autres pays anglophones, **a public school** est une école d'État. Pour faire la distinction entre les établissements privés et publics, les Anglais emploient le terme **state school** pour ces derniers.)

Une fois diplômé, l'écolier poursuit ses études soit à Oxford, l'université la plus ancienne du monde anglophone, soit à Cambridge, sa cadette (fondée en 1209…). Certes, la Grande-Bretagne possède d'autres universités et écoles de haut niveau, mais l'élite du pays est toujours formée à **Oxbridge** (leçon 27, note culturelle). Des études récentes montrent que les trois-quarts de la magistrature, presque la moitié des journalistes influents et près d'un tiers des députés sont des "anciens" d'Oxford ou de Cambridge. Les établissements eux-mêmes ont fait des efforts pour s'ouvrir à un plus grand nombre de citoyens "ordinaires", avec plus ou moins de succès. Tant que les mentions latines **Oxon** (Oxford) ou **Cantab**. (Cambridge) après le diplôme auront un poids décisif dans les hautes sphères, cet élitisme perdurera sans doute.

Forty-sixth lesson

Cut and thrust [1]

1 Politicians rarely wear kid [2] gloves in the debating chamber: they prefer boxing gloves.
2 Here's a selection of choice political barbs culled [3] from the pages of Hansard – before the era of photo-ops and soundbites [4]...
3 – The honourable member for Leeds Central would make a drum out of the skin of his mother in order to sing his own praises.
4 He's a modest little man with much to be modest about, and there's less to him than meets the eye [5].
5 – I would remind the right honourable gentleman that, while it is a fine thing to be honest,
6 it's also important to be right, a fact he tends to overlook in favour of snide remarks.
7 In actual fact, being criticised by him is like being savaged by a dead sheep.
8 If I may pursue the animal metaphor, he's a sheep in wolf's clothing [6].
9 In a debate, he's forever [7] poised between a cliché and an indiscretion.
10 And in Cabinet, he's worth his weight in brass [8], as my honourable friends on this side of the House can confirm.
11 He has sat on the fence [9] so long that the iron has entered his soul.

Prononciation
*9 ... **klii**-chée ...*

Quarante-sixième leçon

D'estoc et de taille

1 Les responsables politiques mettent rarement des gants *(de chevreau)* lorsqu'ils débattent à la Chambre, ou alors, ce sont des gants de boxe.
2 Voici une sélection de petites piques politiques glanées au fil des pages du Hansard – avant l'ère des photos formatées et des petites phrases concoctées pour les médias.
3 – L'honorable représentant de la circonscription de Leeds-Centre vendrait père et mère *(ferait un tambour de la peau de sa mère)* pour chanter ses propres louanges.
4 C'est un petit homme modeste, qui a vraiment de quoi l'être et qui l'est encore plus qu'il n'en a l'air.
5 – J'aimerais rappeler à ce très honorable gentleman que, s'il est bon d'être honnête,
6 il est également important de ne pas se tromper, un fait qu'il a tendance à ignorer, préférant manier l'humour narquois.
7 En vérité, être critiqué par lui, c'est comme être agressé par un mouton mort.
8 Si je peux persister dans la métaphore animalière, c'est un mouton qui veut se faire passer pour un loup.
9 Dans un débat, il oscille en permanence entre le cliché et l'indiscrétion.
10 Et au sein du gouvernement, il vaut son pesant d'or *(de laiton)*, comme peuvent le confirmer mes honorables amis de ce côté-ci de la Chambre.
11 À force de ne jamais prendre position, l'indécision est devenue chez lui une seconde nature.

46 / Forty-sixth lesson

12 They say he'll be prime minister one day – and one day will certainly be enough.

13 – Order, order. We'll have a little less back-biting please.

14 – If you were to ask his colleagues on the back bench, they would tell you that he prefers stabbing to biting [10].

15 But let's get down to brass tacks [11] and discuss the basic issues, shall we?

16 As usual, my opponent is toeing the party line [12] and offering a mixture of sound and original ideas.

17 Unfortunately none of [13] the sound ideas is original and none of the original ideas is sound.

18 There are of course two sides to every issue – and his party takes both.

19 They have a problem; they won't get elected until things get worse.

20 But things won't get worse unless they're elected.

21 – Madam Speaker, I beg [14] to move [15] that this House adjourn to next Wednesday. □

21 ... ë-djeunn ...

Notes

1 L'anglais affectionne particulièrement non seulement les dédoublements (leçon 43, note 2), mais aussi les "binômes" – ces paires de noms ou d'adjectifs, liées par **and** ou **or** – qui forment des expressions idiomatiques. Dans cette expression, qui vient de l'escrime, le sens littéral (**cut**, *un coup tranchant*, "de taille", **thrust**, *un coup d'estoc*) est moins important que la signification générale : le jeu d'attaques et de ripostes (dans un débat, une discussion, etc.). **The PM used to love the cut and thrust of parliamentary debate**, *Autrefois, le Premier ministre ado-*

Quarante-sixième leçon / 46

12   On dit qu'il sera un jour Premier ministre – et un jour suffira certainement.
13 – Du calme, du calme ! Essayons de lui casser un peu moins de sucre sur le dos *(limiter un peu les petits coups de dents dans le dos)*, je vous prie.
14 – Si vous interrogiez ses collègues députés de la base, ils vous diraient qu'il préfère poignarder plutôt que mordre.
15   Mais venons-en aux choses sérieuses : si nous discutions des questions essentielles ?
16   Comme d'habitude, mon adversaire suit scrupuleusement la ligne de son parti et propose un mélange d'idées sensées et originales.
17   Malheureusement, aucune des idées sensées n'est originale et aucune des idées originales n'est sensée.
18   Il est certain que toute question a deux aspects – et son parti choisit de retenir les deux.
19   Ils ont un problème ; ils ne parviendront pas à se faire élire tant que la situation n'aura pas empiré.
20   Mais la situation n'empirera pas, à moins qu'ils ne soient élus.
21 – Madame la Présidente, je suggère de proposer que la Chambre suspende la séance jusqu'à mercredi prochain.

---

rait les estocades du débat parlementaire. À cause de son importance, nous reviendrons plus longuement sur le phénomène des binômes la semaine prochaine.

2 Rappelons que le sens propre de **a kid** est *un chevreau* ; **kid gloves** signifie donc littéralement "des gants en chevreau". Dans une expression idiomatique avec un verbe comme **to treat** ou **to handle**, cependant, le sens est *ménager quelqu'un* ou *traiter quelque chose avec précaution*. D'ailleurs nous avons une expression similaire en français : **When you apply for extra funding, you'd better handle the minister with kid gloves**, *Il vaudrait mieux prendre des gants lorsque vous demanderez une rallonge budgétaire au ministre*.

3 **to cull**, qui partage la même racine que le verbe français *cueillir*, signifie *sélectionner*. Il faut être attentif au contexte, car lorsqu'il est employé avec un nom d'animal, il signifie plutôt *abattre* : **Millions of chickens were culled in China in an attempt to prevent bird flu**, *Des millions de poulets furent abattus en Chine pour tenter de prévenir la grippe aviaire.*

4 Le vocabulaire politico-médiatique anglais est riche et imagé. Ainsi **a sound-bite** ou **soundbite** (litt. "morsure de son") est une petite phrase (ou une remarque incisive) extraite d'un discours plus conséquent et destinée à être citée dans les médias. **Most politicians tend to package their ideas in soundbites**, *La plupart des hommes politiques ont tendance à emballer leurs idées dans des petites phrases.* De même, **a photo op**, (abréviation de "**photo opportunity**") est une séance de photos organisée – ou souvent concoctée – pour la presse.

5 Pour comprendre ce jeu de mots, rappelons l'expression **there's more to it than meets the eye** (leçon 25, note 2). Tout au long de cette leçon, nous verrons d'autres expressions "détournées", ce type de jeu de mots étant très courant en anglais.

6 Voici une autre expression modifiée : **a wolf in sheep's clothing**, *un loup déguisé en agneau.* De la même manière que dans la phrase 4, cette inversion de l'expression consacrée permet de suggérer de manière humoristique que la personne dont on parle est moins imposante qu'elle ne veut le faire croire.

7 **forever**, *toujours*. Mais, placé devant un gérondif ou un participe passé, cet adverbe a aussi le sens de *être constamment en train de* : **My wife was forever telling me that I should change jobs**, *Ma femme me répétait sans cesse que je devais changer d'emploi.*

8 L'expression habituelle est (presque) la même qu'en français : **to be worth one's weight in gold**, *valoir son pesant d'or.* Nous verrons plus tard qu'il y a un certain nombre d'expressions anglaises qui sont identiques – à un détail près – à leurs équivalents français.

9 **a fence**, *une clôture.* L'expression **to sit on the fence** n'a rien à voir avec **to mend fences** (leçon 44, note culturelle). Elle signifie *s'abstenir de prendre une position*, *"de se mouiller"* : **Wilson is sitting on the fence: he refuses to endorse either candidate**, *Wilson essaie de ménager la chèvre et le chou : il refuse d'appuyer l'un ou l'autre des candidats.* Dans notre exemple (phrase attribuée au Premier ministre David Lloyd-George), le locuteur associe cette expression avec une autre, très

Quarante-sixième leçon / 46

littéraire : **the iron (has) entered one's soul**, "devenir dur ou insensible", pour signifier que son interlocuteur, à force de tergiverser, est devenu impossible (le fer en question étant le matériau employé pour la clôture).

10 **to backbite** (litt. "mordre dans le dos") signifie *dénigrer quelqu'un* ou *(le) critiquer par derrière*. On peut même aller plus loin : **to backstab** (contraction de **to stab someone in the back**) a le même sens qu'en français : *poignarder quelqu'un dans le dos*. Les deux verbes ont des substantifs : **backbiting**, *la médisance*, et **backstabbing**, *des coups bas*.

11 Voir leçon 35, § 4.

12 **a toe**, *un orteil*. On utilise le verbe **to toe** presque exclusivement dans l'expression **to toe the line**, c'est-à-dire mettre les pieds sur la ligne de départ dans une course, ou, dans un registre idiomatique, *se mettre au pas*. **He's the black sheep of the family who refuses to toe the line**, *Il est la brebis galeuse de la famille, qui refuse de se mettre au pas*. En politique, **a line** peut être *une position* ou *une doctrine*, comme en français ; **to toe the party line** signifie donc *suivre la position du parti*. Voir aussi notre note culturelle à la fin de la leçon.

13 Le pronom **none**, utilisé avec **of**, se traduit par *aucun(e) de*. S'il est suivi d'un nom pluriel, le verbe doit être au singulier, comme en français : **None of the company's employees is represented by a trade union**, *Aucun des employés de la société n'est représenté par un syndicat*. Cependant, en anglais courant, on accepte un pluriel (**None of the company's employees are represented**, etc.), car la juxtaposition d'un verbe singulier et d'un nom pluriel peut paraître maladroite. Nous reviendrons sur ces "fautes acceptables" dans quelques jours.

14 Cette formulation, employée par tout député proposant un ajournement de séance, est très élaborée. Regardons notamment l'utilisation de **to beg**, habituellement traduit par *mendier*. Dans un registre extrêmement poli, ce verbe est employé dans le sens de *Permettez-moi* (ou, dans un registre plus ou moins équivalent, *Souffrez que…*) : **I beg to point out that you are mistaken**, *Je me permets de signaler que vous faites erreur* ; ou encore **I beg to inform you that I have forwarded your letter to my lawyer**, *J'ai l'honneur de vous informer que j'ai fait suivre votre lettre à mon avocat*. Enfin, plus couramment, vous pouvez dire **I beg your pardon**, soit pour vous excuser (*Je vous demande pardon*), soit pour demander à quelqu'un de répéter ce qu'il vient de dire.

15 Dans le contexte d'un débat, notamment au parlement, **to move** (suivi de that) signifie *proposer* : **She moved that the committee adopt the minutes of the last meeting**, *Elle a proposé au comité d'approuver le procès-verbal de la dernière réunion.* Remarquez que l'on emploie le

***

Exercise 1 – Translate

❶ Good business analysts are worth their weight in gold. ❷ I trusted you and you stabbed me in the back. ❸ I beg your pardon? Could you say that again? ❹ Unfortunately, we're living in an era of soundbites and photo-ops. ❺ This is a delicate affair that needs to be handled with kid gloves.

***

Exercise 2 – Fill in the missing words

❶ Il a essayé de ménager la chèvre et le chou en refusant d'appuyer l'un ou l'autre des candidats.
He . . . . and refused to endorse . . . . . . candidate.

❷ Aucun de leurs employés n'est représenté par un syndicat, fait que vous avez tendance à oublier.
. . . . employees . . represented by a trade union, a fact . . . .

❸ Sa femme lui répète sans cesse qu'il devrait changer d'emploi.
. . . . that he . . . . jobs.

❹ Ils en sont enfin venus à l'essentiel en discutant des questions primordiales.
They . . . . to . . . . and discussed the . . . .

❺ Le député a proposé au comité d'approuver le procès-verbal de la dernière réunion.
The MP . . . . the . . . . of the last meeting.

Quarante-sixième leçon / 46

subjonctif. Comme nous l'avons déjà expliqué (leçon 21, § 1), il est possible, dans un registre moins soutenu, d'ajouter l'auxiliaire conditionnel **should** : **She moved that the committee should adopt**, etc. (Logiquement, *une proposition* se dit **a motion** dans ce contexte) : **The board rejected the motion**, *Le conseil a rejeté la proposition*.)

***

Corrigé de l'exercice 1
❶ Les bons analystes d'affaires valent leur pesant d'or. ❷ Je t'ai fait confiance et tu m'as poignardé dans le dos. ❸ Je vous demande pardon ? Pourriez-vous répéter, s'il vous plaît ? ❹ Malheureusement nous vivons dans l'ère des petites phrases médiatiques et des photos formatées. ❺ C'est une affaire délicate qui doit être traitée avec précaution.

***

Corrigé de l'exercice 2
❶ – sat on the fence – either – ❷ None of their – is – you tend to overlook ❸ His wife is forever telling him – should change – ❹ – finally got down – brass tacks – basic issues ❺ – moved that the committee should adopt – minutes –

Voici encore quelques précisions concernant le vocabulaire politique. Les débats dans les deux Chambres, **Commons** *et* **Lords**, *sont retranscrits dans leur intégralité et publiés sous le nom de Hansard (du nom de l'imprimeur qui éditait les premières transcriptions au XVIIIe siècle). Le même dispositif (disponible aujourd'hui sous forme électronique) est utilisé dans d'autres pays qui ont adopté le système parlementaire britannique (le Canada, l'Australie, etc.).*

Nous savons que les députés sont assis les uns en face des autres sur les bancs *(***benches***). Les ministres (et leurs homologues du* **shadow cabinet***, ou* cabinet fantôme*, de l'opposition) occupent les premiers rangs : ce sont donc des* **front benchers** *; les autres députés sont donc des* **back benchers***, terme qu'on peut traduire par "député de base".*

Bien que les débats soient souvent houleux, voire violents, les députés ont l'obligation de maintenir un langage décent. Comme nous le savons, ils ont même l'interdiction de se parler directement, mais doivent s'adresser au **Speaker***, en faisant précéder leur intervention avec* **Mr Speaker** *(ou* **Madam Speaker** *dans le cas d'une présidente).*

Forty-seventh lesson

Oratory

1 – If my opponent is re-elected as prime minister [1] on Thursday, I warn you.
2 I warn you that you will have pain – when [2] healing and relief depend upon payment.
3 I warn you that you will have ignorance – when talents are untended [3] and wits [4] are wasted.
4 I warn you that you will have poverty – when benefits [5] are whittled away [6] by a government that won't [7] pay in an economy that can't pay.
5 I warn you that you will be cold – when fuel [8] charges are used as a tax system that the rich don't notice and the poor can't afford.

Prononciation
*2 … ri-**liif** … 4 … **oui**-tëd …*

Lorsqu'ils évoquent un autre député, ils emploient les tournures **right honorable friend** *ou* **right honourable lady/gentleman** *(leçon 30, note 1). Pour autant, les insultes fusent – fût-ce à fleuret moucheté –, et le Speaker est souvent contraint de rappeler les députés à l'ordre, en criant* **Order, order!** *(toujours deux fois). Autrefois, cette tradition de ferrailler avec son adversaire ne s'arrêtait pas aux mots. Ainsi, juste devant chacune des deux rangées de bancs se trouve une ligne peinte à même le sol : la distance entre ces deux traits équivaut à la longueur de deux épées tenues à bout de bras sans que les lames se croisent. Les députés doivent rester derrière ces marques. Du temps où ils portaient un sabre, cette règle empêchait une effusion de sang, et si un député sortait des rangs, le Speaker lui ordonnait de* **toe the line** *(mettre son pied derrière la ligne). Aujourd'hui, ils restent à l'intérieur de ces* **sword lines** *par politesse.*

Grâce aux moyens modernes de communication, vous pouvez facilement suivre un débat parlementaire (même en partie) : vous serez peut être étonné par son caractère animé et parfois bruyant !

Quarante-septième leçon

L'art oratoire

1 – Si mon adversaire est réélu Premier ministre jeudi, je vous préviens.
2   Je vous préviens : vous souffrirez – lorsque les soins et l'aide seront payants.
3   Je vous préviens : vous connaîtrez l'ignorance – lorsque le talent sera négligé et l'intelligence gaspillée.
4   Je vous préviens : vous connaîtrez la pauvreté – lorsque les prestations sociales seront sévèrement réduites par un gouvernement refusant de payer et une situation économique rendant la chose impossible.
5   Je vous préviens : vous aurez froid – lorsque le prix du combustible servira à imposer une taxation, que les riches ne remarqueront pas et que les pauvres ne pourront pas supporter.

47 / Forty-seventh lesson

6 I warn you that you must not expect work – when many cannot spend, more will not be able to earn.

7 When they don't earn, they don't spend. When they don't spend, work dies.

8 I warn you not to go into the streets alone after dark or into the streets in large crowds of protest in the light.

9 I warn you that you will be quiet – when the curfew [9] of fear and the gibbet [10] of unemployment make you obedient.

10 I warn you that you will be home-bound [11] – when fares and transport bills kill leisure and lock you up.

11 I warn you that you will borrow less – when credit, loans, mortgages and easy payments are refused to people on your melting income.

12 If my opponent wins on Thursday [12], I warn you not to be ordinary. I warn you not to be young.

13 I warn you not to fall ill. I warn you not to get old.

14 – Let us learn our lessons. Never, never, never believe any war will be smooth and easy,

15 or that anyone who embarks on that strange voyage can measure the tides and hurricanes he will encounter.

16 The Statesman who yields [13] to war fever must realise that once the signal is given, he is no longer the master of policy

Quarante-septième leçon / 47

6 Je vous préviens : vous ne devez pas vous attendre à avoir du travail – quand de nombreuses personnes ne pourront pas dépenser d'argent, plus encore seront dans l'impossibilité d'en gagner.

7 Quand on ne gagne pas d'argent, on n'en dépense pas. Quand on n'en dépense pas, le travail périclite.

8 Je vous préviens : vous ne devrez pas sortir seul dans la rue après la tombée de la nuit, ni le jour si vous voulez manifester en nombre.

9 Je vous préviens : vous vous tiendrez tranquilles – lorsque le couvre-feu de la peur et le gibet du chômage vous auront rendus dociles.

10 Je vous préviens : vous resterez chez vous – quand les prix des transports auront tué les loisirs et vous auront enfermés.

11 Je vous préviens : vous emprunterez moins – quand le crédit, les prêts, les emprunts immobiliers et les facilités de paiement seront refusés aux gens qui, comme vous, verront leurs revenus fondre.

12 Si mon adversaire l'emporte, jeudi, je vous préviens : ne soyez pas quelqu'un d'ordinaire. Je vous préviens : ne soyez pas jeunes.

13 Je vous préviens : ne tombez pas malade. Je vous préviens : ne vieillissez pas.

14 – Sachons tirer les leçons du passé. Ne croyez jamais, jamais, jamais qu'une guerre, quelle qu'elle soit, puisse se faire en douceur et sans peine,

15 ni que quiconque s'embarque pour cet étrange voyage soit capable de mesurer les marées et les ouragans qu'il rencontrera.

16 L'homme d'État qui cède à la fièvre de la guerre doit savoir que, une fois le signal donné, il n'est plus le maître de la politique,

47 / Forty-seventh lesson

17 but the slave of unforseeable and uncontrollable events.
18 Weak, incompetent or arrogant commanders, untrustworthy [14] allies, hostile neutrals, malignant fortune, ugly surprises, awful miscalculations:
19 all take their seat at the Council Board [15] on the morrow [16] of a declaration of war.
20 Always remember, however [17] sure you are that you can easily win,
21 that there would not be a war if the other man did not think that he also had a chance.

Notes

1 Voir leçon 43, note 11. **Prime Minister Tony Blair was born in 1953**, mais **Tony Blair was the youngest prime minister since 1812**. Ou encore **The youngest queen of Britain was Queen Victoria**.

2 Rappelons que l'on n'utilise jamais le temps futur avec **when** dans une subordonnée temporelle : **I will get back to you when I have an answer**, *Je vous recontacterai quand j'aurai une réponse*. Dans ce type de tournure, **when** est une conjonction. La règle ne s'applique pas si **when** est le mot-clé d'une phrase interrogative, par exemple : **When will you get back to me?**, *Quand me rappellerez-vous ?*

3 **to tend to** est un verbe inséparable et transitif qui signifie *s'occuper de* : **Having retired, he now tends to his garden all day**, *Étant à la retraite, il s'occupe maintenant de son jardin toute la journée*. À partir du verbe, on forme les adjectifs **well tended** (ou **carefully tended**), *bien soigné*, et **untended**, *mal entretenu*. Cependant, **to tend to** a aussi une forme intransitive qui signifie *avoir tendance à* : **He tends to get angry if he loses an argument**, *Il a tendance à se fâcher s'il a le dessous dans une dispute*. Mais vous ferez facilement la différence entre les deux utilisations, selon le contexte et la structure de la locution.

4 Nous avons déjà rencontré **wit** dans le sens de *humour* (leçon 18, phrase 20) et de *bon sens* (leçon 1, note 12). Avec un **-s**, **wits** est un nom collectif

Quarante-septième leçon / 47

17   mais l'esclave d'événements imprévisibles et incontrôlables.
18   Responsables militaires faibles, incompétents ou arrogants, alliés sur qui on ne peut guère compter, parties neutres hostiles, sort capricieux, vilaines surprises, terribles erreurs de calcul :
19   tous prennent leur place à la table du Conseil, dès le lendemain d'une déclaration de guerre.
20   N'oubliez jamais : pour certain que vous soyez de pouvoir aisément l'emporter,
21   il n'y aurait pas de guerre si l'autre ne pensait pas avoir lui aussi une chance.

qui englobe les notions d'intelligence, de présence d'esprit ou encore de vigilance. Dans la langue courante, on l'emploie dans des expressions comme **to keep one's wits about one**, *garder ses esprits*, **to be at one's wits' end**, *ne plus savoir que faire* (c'est-à-dire "plus rien ne vous vient à l'esprit"), ou encore **to be scared out of one's wits**, *être mort de peur*. Faites donc très attention au contexte pour bien saisir la nuance. (Dans notre texte, écrit dans un style soutenu, **wits** signifie *l'intelligence*.)

5   Nous savons que **benefits** a le sens de *avantages* (leçon 8, note 16). Et nous l'avons aussi vu récemment (leçon 36, phrase 14) dans le sens où il est employé aujourd'hui : *les allocations* au sens large. Pour décrire une personne qui en est bénéficiaire, on peut dire **he's** ou **she's on benefits**. Il est aussi possible de préciser : **My brother-in-law's on unemployment** ou **sickness benefit**, *Mon beau-frère reçoit l'allocation chômage/maladie*.

6   Le sens littéral de **to whittle** est "tailler avec un couteau", donc *réduire la taille d'un morceau de bois*, etc. Mais le verbe est employé plus fréquemment au sens idiomatique, avec deux prépositions en particulier : **to whittle down**, *faire une sélection en réduisant le nombre d'éléments* : **We've whittled the applicants down to three**, *Nous avons réduit le nombre de candidats à trois*, et **to whittle away**, *réduire quelque chose lentement, morceau par morceau* : **Our fundamental freedoms have been whittled away by this government**, *Nos libertés fondamentales ont été réduites petit à petit par ce gouvernement*. Lorsque l'on emploie la forme transitive, on ajoute **at** : **This government has whittled away at our fundamental freedoms**.

three hundred and seventy-six • 376

7 Rappelons que **will not** n'est pas seulement la forme négative de l'auxiliaire du futur ; il a aussi le sens de *refuser* : **I will not pay!**, *Je refuse de payer !*

8 Voici un faux-ami qui peut, en Grande-Bretagne, coûter cher à l'automobiliste étranger qui ne maîtrise pas la langue ! **Fuel** signifie *combustible* au sens large. Dans le langage courant, le mot se réfère normalement aux carburants (l'essence et le gasoil) : **Fuel prices have risen by eight per cent this quarter**, *Le prix des carburants a augmenté de 8 % ce trimestre*. Pour être complet, sachez que **fuel oil** est *le mazout* (ou *fioul*, déformation du mot anglais) et que *le gasoil* se dit **diesel *[dii-zël]***.

9 Voici une déformation d'un mot français : **a curfew** vient tout droit de *couvre-feu* et garde le même sens.

10 Cette fois-ci, la déformation se trouve au niveau de la double consonne : **gibbet**, *le gibet*. Contrairement à **curfew** ci-dessus, **gibbet** n'est pas un mot courant (on dit plutôt **scaffold**) : l'auteur a choisi exprès un vocabulaire et des tournures plutôt littéraires – parfois presque victoriennes – pour renforcer son message. Pourtant le discours a été prononcé dans les années 1980.

11 **bound** est le participe passé de **to bind**, *ligoter*, ou par extension *contraindre*. C'est dans ce sens qu'on l'emploie dans certains adjectifs composés : par exemple **The ship was icebound** (ou **ice-bound**), *Le navire était pris par les glaces* ou, plus imagé, **The ferry was strikebound**, *Le ferry a été bloqué par les grèves*. Une personne qui est contrainte de rester, ou "d'être clouée", à la maison est **homebound** (ou **housebound**). Mais il faut faire très attention car **-bound** peut aussi signifier *en direction de* : **Southbound traffic is blocked by a car crash**, *La circulation en direction du sud est bloquée par un accident*. De ce fait, **homebound** peut aussi signifier *en route pour la maison* – exactement le contraire ! Alors, immobilité ou mouvement ? C'est le contexte qui vous l'indiquera.

12 Depuis les années 1930, les élections législatives en Grande-Bretagne sont toujours organisées le jeudi. La raison est obscure, mais à l'origine, l'idée était probablement de perturber le moins possible la semaine de travail.

13 **to yield** signifie, entre autres, *céder* (au combat, etc.). Dans ce contexte, on le retrouve (avec la postposition **to**) dans des expressions comme **to yield to temptation**, *céder à la tentation* (ou simplement sur un panneau routier : **Yield**, *Cédez le passage*). Mais, à l'origine, **to yield** voulait dire *payer*, et c'est dans ce sens que nous le rencontrerons plus tard.

Quarante-septième leçon / 47

14 L'adjectif **worthy**, *digne*, est utilisé pour créer des adjectifs composés, très commodes, pour décrire quelque chose de méritant ou qui demande un effort : **Nothing newsworthy has happened this week**, *Rien qui ferait la une des journaux ("qui vaille la peine d'être publié") ne s'est passé cette semaine* ou encore **The ferry was not seaworthy**, *Le ferry n'était pas en état de naviguer* ("ne méritait pas de prendre la mer"). Le contraire se forme avec **un-** : **unseaworthy, unnewsworthy, untrustworthy**, etc.

15 Rappelons que **a board** est *un conseil d'administration*. (Le **council** en question est le **council of war**, *conseil de guerre*.)

16 the morrow est un vieux mot qui signifie à la fois *le matin*, mais aussi, et surtout, *le lendemain*. (D'ailleurs, pour éviter toute ambiguïté, on a ajouté il y a quelques siècles le suffixe **-ing** au premier, **morning**, et le préfixe **to-** au second, **tomorrow**.) Le mot ne s'emploie que dans la littérature : **The prince agreed to flee with his love on the morrow**, *Le prince accepta de s'enfuir avec sa belle le lendemain*. (Le même type de phénomène se retrouve avec **the eve**, *la veille*, et **the evening**, *la soirée*.)

17 Certes, **however** signifie *cependant* (leçon 24, phrase 2) mais il fait aussi partie de ces mots formés en rajoutant **-ever** à un adverbe (**when**, **where**, etc., sur lesquels nous reviendrons à la fin de la semaine). Dans ce cadre, **however** peut exprimer la manière et correspond à une tournure avec subjonctif : **However you choose to contact us, we'll give you a quick response**, *Nous vous assurons une réponse rapide, quelle que soit votre façon de nous contacter*. Ou encore, suivi d'un adjectif, **however** exprime la notion de *peu importe* : **A profit is a profit, however small**, *Un profit est un profit, aussi petit soit-il*. En fait, il n'y a pas une seule traduction simple de **however** : il faut voir chaque phrase dans son contexte. Par exemple : **However hard I try, I can't forget her**, *Même en faisant un gros effort, je n'arrive pas à l'oublier*.

I FINALLY YIELDED TO REASON AND GAVE UP SKIING.

three hundred and seventy-eight • 378

47 / Forty-seventh lesson

Exercise 1 – Translate
❶ She hasn't heard from her son for a month and she's at her wits' end. ❷ I finally yielded to reason and gave up skiing. ❸ However you choose to contact them, they'll give you a quick response. ❹ I can't pay and I won't pay! I'm on sickness benefit. ❺ When will you get back to me? – When I have the information.

***

Exercise 2 – Fill in the missing words
❶ Il n'y aurait pas de guerre si l'autre ne pensait pas avoir lui aussi une chance.
   .... a war if the other side ... ...
   ....[1] also had a chance.

❷ Il est important de rester vigilant lorsqu'on travaille pour un organisme humanitaire.
   It's important .. .. when you are
   . ..... worker.

❸ Nos libertés fondamentales sont en train d'être réduites petit à petit par ce gouvernement.
   Our fundamental freedoms ... . by this government.

❹ Le prix des carburants monte : l'essence et le gasoil sont en hausse de 10 %, mais c'est le fioul qui a augmenté le plus.
   .... are rising: ..... and ..... are up by ten per cent but .... has ....

❺ Rien qui soit digne des journaux ne s'est passé cette semaine, à part le naufrage d'un ferry qui n'était pas en état de prendre la mer.
   .... this week, apart from
   the sinking of an .... ferry.

[1] *Rappelons que nous pouvons omettre le relatif dans ce type de construction.*

Quarante-septième leçon / 47

Corrigé de l'exercice 1

❶ Elle n'a pas de nouvelles de son fils depuis un mois et elle ne sait plus que faire. ❷ J'ai fini par me rendre à la raison en arrêtant le ski. ❸ Ils vous assureront une réponse rapide, quelle que soit votre façon de les contacter. ❹ Je ne peux pas payer et je refuse de payer ! Je suis en congé maladie. ❺ Quand me rappellerez-vous ? – Quand j'aurai les informations.

***

Corrigé de l'exercice 2

❶ There would not be – did not think they – ❷ – to keep your wits about you – a relief – ❸ – are being whittled away – ❹ Fuel prices – petrol – diesel – fuel oil – risen the most ❺ Nothing newsworthy has happened – unseaworthy –

*Voici deux beaux exemples de l'art oratoire, le premier, extrait d'un discours prononcé par James Callaghan, alors Premier ministre, en 1983, à la veille des élections législatives, et le second, une intervention du grand Winston Churchill, orateur hors pair, en 1930. Malgré le demi-siècle qui les sépare, les deux textes ont beaucoup en commun : la répétition, le choix d'un vocabulaire recherché – parfois même suranné – et les cadences quasi-musicales. (Écoutez les intonations – reconnaissables entre toutes – de Churchill.) Dans son texte, Callaghan emploie des phrases courtes et percutantes, alors que celles de Churchill sont plus longues et élaborées, mais les deux hommes se servent de mots anglo-saxons très évocateurs (**kill**, **whittle**, **gibbet**, **yield**, **untrustworthy**).*

*On prétend que le niveau d'éloquence des débats parlementaires a beaucoup baissé depuis quelques années à cause de l'installation des caméras de télévision dans le palais de Westminster ; les députés chercheraient à placer des **soundbites** plutôt que de faire de beaux discours. Nous vous conseillons d'écouter par vous-même et de vous faire votre propre idée. En tout état de cause, et quelle que soit la beauté de ces deux allocutions, elles n'ont pas convaincu, car Callaghan a perdu l'élection de 1983 contre une certaine Margaret Thatcher, et la Grande-Bretagne est entrée en guerre en 1939 !*

Forty-eighth lesson

On the hustings

1 – I'm the Alternative Party candidate for the borough council elections. May I come in for a chat?
2 – By all means. Go through into the front room and meet my flatmates.
3 – I'm standing [1] so that we can have a say in who runs our city, and your vote really counts.
4   My party, which [2] I joined two years ago, wants to lower taxes and cut back spending on education and healthcare.
5 – Forget it. A policy [3] like that hasn't got a snowball's chance in hell [4] of being adopted.
6 – But the party that [5] I represent will put more money back into your pocket and let you choose how to spend it.
7   You'll have noticed that Tory activists are thin on the ground [6] because they reckon they've got this thing sewn up [7].
8   Borough elections are usually fought on local issues like rubbish collection, street lighting and what have you [8].
9   But, if we do our damnedest [9], we can turn this one into a confidence vote in the whole government.

Prononciation
1 ... beu-rë ... tchat 7 ... so-onup

Quarante-huitième leçon

Une campagne électorale

1 – Je suis le candidat du Parti alternatif aux élections municipales. Puis-je entrer pour discuter avec vous ?
2 – Bien sûr. Passez dans le salon. Je vais vous présenter mes colocataires.
3 – Je me présente [aux élections] pour que nous puissions avoir notre mot à dire quant aux personnes qui dirigent notre ville, et votre voix compte vraiment.
4   Mon parti, auquel j'ai adhéré il y a deux ans, veut baisser les impôts et réduire les dépenses d'éducation et de santé.
5 – Laissez tomber. Un tel programme n'a pas l'ombre d'une chance de passer *(pas plus de chances de passer qu'une boule de neige de résister en enfer)*.
6 – Mais le parti que je représente vous mettra davantage d'argent dans la poche, en vous laissant choisir la manière dont vous voulez le dépenser.
7   Vous aurez remarqué que les militants du Parti conservateur ne sont pas très présents sur le terrain, car ils croient que, pour eux, l'affaire est dans le sac.
8   Les élections locales se jouent généralement sur des questions locales, comme la collecte des ordures ménagères, l'éclairage public et je ne sais quoi encore.
9   Mais, si nous mettons le paquet, nous pouvons transformer celles-ci en un vote de confiance vis-à-vis de l'ensemble du gouvernement.

48 / Forty-eighth lesson

10 And, with a bit of luck, we'll force the prime minister to go to the country [10].

11 Of course, everything will depend on getting a good turnout, which is why I am here.

12 – But your last term of office was – and I mean this in the nicest possible way – a total disaster.

13 – Hang on [11], that's unfair. I assure you we did everything we could to ensure that all went well.

14 But it was the bureaucracy that was our undoing: we got tied up in Westminster red tape [12].

15 – You're missing the point. Your lot [13] had your chance and you blew [14] it. End of story.

16 – If you don't mind my saying so [15], I think you're making a mountain out of a molehill [16].

17 I'll admit we had a few setbacks, but all in all we didn't do too badly.

18 – No offence intended [17], but you're like all politicians: someone who promises to build a bridge even when there's no river.

19 – What ever [18] makes you say such a thing? I think I'd better leave, don't you?

*14 ... biour-**ok**-rëssi ...*

Notes

1 Dans un contexte politique, *to stand*, *être* ou *se mettre debout* signifie se présenter à une élection ou simplement être candidat à un poste : **Dyson stood as candidate for General Secretary of the Workers' Union**, *Dyson s'est porté candidat pour le poste de secrétaire général du syndicat des travailleurs*. (Comme nous l'avons signalé en leçon 44, les Britanniques "se mettent debout" pour être élus, alors que les Américains, eux, y courent ! **Abraham Lincoln first ran for president in 1860**, *Abraham Lincoln s'est porté candidat à la présidence pour la première fois en 1860*. Une différence de mentalités entre les deux pays, peut-être ?)

Quarante-huitième leçon / 48

10 Et, avec un peu de chance, nous obligerons le Premier ministre à appeler le pays aux urnes.
11 Bien sûr, tout dépendra de la participation. C'est pourquoi je suis ici.
12 – Mais votre dernier mandat a été – et je vous le dis de la manière la plus courtoise possible – une véritable catastrophe.
13 – Attendez, c'est injuste. Je vous assure que nous avons fait tout ce que nous pouvions pour que tout se passe bien.
14 Mais c'est la bureaucratie qui a eu raison de nous : nous nous sommes retrouvés empêtrés dans la paperasserie de Westminster.
15 – Vous n'avez pas compris l'essentiel. Vous avez eu votre chance et vous vous êtes plantés. Point barre.
16 – Si je peux me permettre, je pense que vous en faites toute une montagne.
17 Je reconnais que nous avons eu quelques déconvenues, mais, globalement, nous ne nous en sommes pas trop mal sortis.
18 – Ne le prenez pas mal, mais vous êtes comme tous les politiciens : quelqu'un qui promet de [faire] construire un pont même quand il n'y a pas de rivière.
19 – Mais qu'est-ce qui vous fait dire une chose pareille ? Je crois que je ferais mieux de partir, non ?

2 Vous souvenez-vous de notre conseil d'employer **that** comme relatif (leçon 35, § 1) ? Voici pourquoi : dans une construction comme celle de la phrase 4, la proposition **which I joined two years ago** nous apporte une information complémentaire, qui n'est pas indispensable à la phrase. Ces propositions non essentielles sont séparées de la phrase principale par des virgules et commencent par **which** (jamais **that**). Regardez à nouveau la phrase 9 de la leçon 44, puis comparez les deux avec la phrase 6 de la leçon en cours.

3 L'anglais fait une différence entre **politics** (nom indénombrable et singulier malgré le **-s**), c'est-à-dire la politique au sens large, et **policy**, la manière d'exercer le pouvoir : **What interests me most about politics is foreign policy**, *Ce qui m'intéresse le plus en politique, c'est la politique étrangère.*

three hundred and eighty-four • 384

4 Imagé, non ? **He/she/it hasn't got a snowball's chance in hell**, *il /elle n'a absolument aucune chance*, ou, littéralement "autant de chance qu'une boule de neige en enfer" ! Comme beaucoup d'expressions familières en anglais, celle-ci est souvent tronquée : **He doesn't have a snowball's chance of winning the election**, *Il n'a pas la moindre chance de gagner l'élection*.

5 Dans cette construction, **the party that I represent**, la proposition **that I represent** définit en quelque sorte le nom **the party**. Autrement dit, c'est une information essentielle à la phrase (alors qu'à la phrase 4, la proposition **which I joined** est non essentielle). Dans ce premier cas, nous pouvons donc employer **which** ou **that** (ou simplement omettre le relatif, comme nous l'avons expliqué à leçon 35, § 1). Pour éviter toute confusion entre les deux constructions, nous vous recommandons d'employer **that** dans une proposition essentielle. Nous ferons un point complet en leçon de révision.

6 Dans cette expression, idiomatique mais pas familière, **thin** ne signifie pas *mince*, mais *épars* ou *clairsemé*, comme de maigres touffes d'herbe qui arrivent à peine à pousser sur le **sol** (**ground**) : **Honest politicians are thin on the ground**, *Les hommes politiques honnêtes sont bien peu nombreux*.

7 **to sew** *[so-o]* signifie *coudre* (à ne pas confondre avec son homophone **to sow**, verbe irrégulier dont le sens est *semer*). Comme souvent, l'ajout de la postposition **up** indique une action aboutie ou menée à fond : **The doctors cleaned the wound and sewed it up**, *Les médecins ont nettoyé la plaie et l'ont recousue*. Au figuré, **to sew up** signifie *parachever* ou *emporter* quelque chose : **Nixon sewed up the nomination at the party convention**, *Nixon a remporté la nomination au congrès du parti*. Attention : **to sew** fait partie de ces verbes qui sont à la fois réguliers et irréguliers (leçon 21, § 5) : **to sew, sewed, sewed** ou **sewn**.

8 **and what have you** est une petite interjection fort utile : toujours placée en fin de phrase, c'est l'équivalent de notre *et caetera, et caetera* (qui, d'ailleurs, se dit aussi en anglais, prononcé *[èt-sètra èt sètra]*. Il y a une variante que vous connaissez déjà ; il s'agit de **...and whatnot** (leçon 27, note 8).

9 Nous commençons à bien connaître **damn** (leçons 32, note 3, et 34, note 6). Le mot s'emploie souvent non seulement parce qu'il est moins grossier que certains autres explétifs, mais aussi à cause de sa sonorité, avec le **d** initial prononcé fortement. Ainsi, dans **to do one's damnedest** (notez le rajout de la voyelle après le **n**), *se démener*, ce sont les deux **d**

Quarante-huitième leçon / 48

qui donnent de la force à l'expression. Comparez-la avec une expression équivalente **to do one's best**. **I doubt we can find tickets, but I'll do my damnedest**, *Je doute qu'on trouve des places, mais je ferai l'impossible*. Notez que l'expression n'est pas vulgaire.

10 **to go to the country** : voici l'exemple type d'une expression idiomatique, où le sens littéral n'a rien à voir avec la vraie signification. Non, le Premier ministre ne partira pas en villégiature à la campagne : il organisera des élections ! Autrement dit, il demandera l'avis aux citoyens du pays. **Prime Minister Smith still hasn't decided whether he will go to the country next June**, *Le Premier ministre M. Smith n'a toujours pas décidé s'il organisera des élections en juin prochain*.

11 L'interjection **Hang on!**, toujours en début de phrase, signifie *Attendez !* **Hang on! Those figures have been doctored**, *Une minute ! Ces chiffres ont été maquillés*. En baissant le ton, et en enlevant le point d'exclamation, **hang on** peut être employé dans une conversation courante, notamment au téléphone : **Hang on a minute, I'll get him for you**, *Attendez une minute, je vais vous le chercher*.

12 **red tape**, *du ruban rouge*, est une expression inventée par le grand écrivain Charles Dickens pour décrire la paperasserie et, partant, la bureaucratie. Elle est née du fait que les fonctionnaires de son époque attachaient leurs liasses de papiers avec force ruban rouge… avant de les mettre au placard ! **The local council wants to reduce the red tape involved in starting a business**, *Le conseil municipal veut réduire la paperasserie générée par la création d'une entreprise*.

13 **a lot** a le même sens qu'en français, s'agissant d'un lot ou un groupe d'éléments. **The two lots of figures are different**, *Les deux jeux de chiffres sont différents*. Dans un registre familier, il peut s'appliquer à un groupe de personnes : **Your team is terrible but our lot isn't much better**, *Votre équipe est nulle, mais nous autres, on n'est pas beaucoup mieux*.

14 **to blow**, *souffler*, peut avoir le sens de *gâcher* ou *rater*, surtout avec le mot "chance" : **You blew your only chance**, *Tu as raté ta seule chance*. On retrouve une connotation similaire – la destruction – dans une expression comme **He was driving at 100 miles an hour when he blew a tire**, *Il roulait à 170 km/h quand un pneu a éclaté*.

15 La locution **if you don't mind me saying so**, placée en début ou fin de phrase, est l'équivalent de notre *si je puis me permettre*. Dans notre exemple, le registre est un peu plus soutenu, car on utilise le possessif **my**. Pourquoi ? Parce que le complément d'objet (ici **saying**, *le fait de* *dire quelque chose*) est un nom – ou, plus précisément, un gérondif – plutôt qu'un verbe et peut ainsi être "possédé". On trouve la même logique dans l'interrogatif **Do you mind…? Do you mind my smoking?**, *Cela vous dérange-t-il si je fume ?*, une variante plus élégante de **Do you mind me smoking?**

16 a mole, *une taupe* ; a molehill, *une taupinière*. Nous retrouvons la même notion en français avec l'expression *faire une montagne de quelque chose*, mais, une fois de plus, l'anglais montre sa prédilection pour l'allitération, avec les trois **m-** : **make a mountain out of a molehill**, *faire toute une montagne de quelque chose d'insignifiant*. La construction **to make X out of Y**, *faire quelque chose à partir de quelque chose*, est fort utile, tant au sens propre : **He made a tent out of a sheet and a few sticks**, *Il a fabriqué une tente à partir d'un drap et de quelques bâtons*, qu'au figuré : **This war has made a martyr out of a tyrant**, *Cette guerre a fait d'un tyran un martyr*.

17 an offence a deux sens : *un délit*, ou, comme ici, *une offense*. L'expression **No offence intended**, *Sans vouloir vous froisser*, est une manière polie de contredire quelqu'un ou d'exprimer une opinion qui risque d'offusquer son interlocuteur : **No offence intended but you are useless with computers**, *Je ne veux pas vous offenser, mais vous êtes nul en informa-*

***

Exercise 1 – Translate

❶ The bankers thought that the deal was sewed up, but they were badly mistaken. **❷** I hate expressions like "and what have you" and "etcetera etcetera": they're so vague! **❸** The embarrassingly low levels of voter turnout are a cause of concern. **❹** It's just a minor offence: don't make a mountain out of a molehill. **❺** Forget it: she hasn't got a snowball's chance of being elected president.

Quarante-huitième leçon / 48

tique. Elle s'emploie de la même manière que **if you don't mind me saying so**. Pour rester dans le registre de la politesse, on peut répondre **No offence taken**, *Il n'y a pas de mal*.

18 **ever** peut s'ajouter à une question comme intensifiant : **Why ever did you buy that dress?**, *Mais pourquoi donc as-tu acheté cette robe ?* Placé juste après l'adverbe interrogatif, il n'a pas de sens propre, mais donne la notion d'incompréhension : **Where ever did you find that hat?**, *Mais où as-tu trouvé un chapeau pareil ?*

***

Corrigé de l'exercice 1
❶ Les banquiers pensaient que l'affaire était dans le sac, mais ils se sont complètement trompés. ❷ Je déteste les expressions comme "et tout et tout" et "et cetera et cetera" : elles sont tellement imprécises ! ❸ Les bas niveaux de participation aux élections sont tellement embarrassants qu'ils en sont inquiétants. ❹ Ce n'est qu'un délit mineur : n'en fais pas tout un fromage. ❺ Laissez tomber : elle n'a aucune chance d'être élue à la présidence.

Exercise 2 – Fill in the missing words

❶ La politique est l'art de développer et de mettre en œuvre des politiques efficaces.

.... of .... and implementing effective ....

❷ Ne le prenez pas mal, mais vos supporters ne sont pas très présents sur le terrain, n'est-ce pas ?

.... but your supporters are ...., aren't they.

❸ Si je puis me permettre, on ne peut pas obliger le Premier ministre à organiser des élections.

....[1], you can't force the prime minister to ....

❹ Le parti qu'elle représente contestera l'élection sur des questions locales.

The .... she .... will fight the election on ....

❺ Le parti, auquel j'ai adhéré l'année dernière, ne réduira pas les dépense de santé ni d'éducation.

The party, ... last year, will not .... on healthcare and education.

[1] **me** *est correct aussi, mais un peu moins élégant que* **my**.

Forty-ninth lesson

Revision – Révision

1 *which* et *that* (suite)

En règle générale, il y a deux sortes de propositions relatives : celles dites "restrictives", qui sont indispensables à la phrase principale et qui ne peuvent être séparées de leur antécédent, et celles dont la contribution n'est pas indispensable et qui peuvent donc être séparées (dites "non-restrictives"). Deux exemples suffisent pour illustrer ce mécanisme :

Corrigé de l'exercice 2

❶ Politics is the art – developing – policies ❷ No offence intended – thin on the ground – ❸ If you don't mind my saying so – go to the country ❹ – party that – represents – local issues ❺ – which I joined – cut back spending –

Aujourd'hui nous avons appris un certain nombre de possibilités pour contredire ou contester le point de vue de votre adversaire poliment. C'est le maniement de ce type de tournures figées, et surtout le fait de reconnaître le registre de langage qu'elles véhiculent, qui constituent le perfectionnement.

L'une des autres difficultés à ce niveau de maîtrise de la langue est la multiplicité de significations que peuvent avoir des mots très courants, surtout les verbes à particule. Notre but est de vous les présenter dans des situations où, nous l'espérons, le sens idiomatique devient plus clair. Nous ne saurions trop insister sur l'importance de vous familiariser avec les constructions courantes, afin de pouvoir déceler toute subtilité ou tout emploi inhabituel. Nous vous conseillons de vous créer un "carnet de lecture" dans lequel vous noterez les trouvailles que vous faites en lisant et écoutant l'anglais. Car le but de ce livre est de vous inciter à vous plonger dans un véritable bain linguistique (livres, journaux, blogs, films, etc.). Enfin, rappelons que la pratique d'une langue a deux choses en commun avec celle d'un sport : il faut un entraînement régulier – et il est indispensable d'y prendre plaisir !

Quarante-neuvième leçon

The party that I joined in 2002 has changed radically, *Le parti auquel j'ai adhéré en 2002 a changé de façon radicale.*

Sans la précision **that I joined**, on ne saurait pas de quel parti il s'agit, donc cette proposition ne peux pas être séparée de **the party**. En revanche :
The Liberal Party, which I joined in 2002, has won three consecutive elections, *Le parti libéral, auquel j'ai adhéré en 2002, a gagné trois élections de suite.*
Dans ce deuxième exemple, l'information essentielle est **The**

49 / Forty-ninth lesson

Liberal Party has won three consecutive elections, et la proposition **which I joined in 2002** y apporte simplement une précision supplémentaire : on pourrait l'enlever sans que cela modifie en rien le sens, ce qui n'est pas le cas avec la première phrase.

En anglais, pour faire la différence entre les propositions restrictives et non-restrictives, on met ces dernières entre virgules et on utilise le pronom relatif **which**. On ne peut ni omettre ni changer ce pronom ; en revanche, on pourrait supprimer la proposition subordonnée.
En ce qui concerne les propositions restrictives, on peut employer **that** ou **which** sans changer le sens :
The party that/which I joined in 2002 has changed radically.
Cependant, pour éviter tout risque de confusion, nous vous recommandons d'employer **that** pour le restrictif (vous ne pouvez qu'utiliser **which** pour le non restrictif).
Enfin, comme nous vous avons expliqué à la leçon 35, § 1, lorsque **that** (ainsi que **which** et **who**) sont employés comme pronoms relatifs compléments, ils peuvent être omis : **The party I joined in 2002 has changed radically.**
On ne peut jamais supprimer **which** dans une proposition non restrictive.

2 Singulier ou pluriel

Nous avons appris qu'un certain nombre de mots qui se terminent en **-s** sont singuliers. Il s'agit surtout de :
– disciplines intellectuelles : **politics, economics, mathematics, physics, statistics** (mais aussi **athletics** et **gymnastics**) ;
– jeux : **billiards, dominoes, darts,** *fléchettes* ;
– pays précédés d'un article définis : **the Netherlands, the United States, the Philippines** ;
– des mots "traîtres" : **news**, *les informations* ; **series**, *une série* ; **species**, *une espèce*...
Un bon moyen de se rappeler des ces "faux pluriels" est de fabriquer des phrases mnémotechniques. Par exemple : **The news is bad. A series of disasters has struck the United States and the Netherlands.**

En revanche, il est plus difficile de donner des règles pour les noms collectifs, tels **government**, **team** ou encore **staff**, *le personnel*.

Doit-on dire **the government is** ou **the government are** ? Sachez qu'il n'y a pas de règle absolue et que le verbe peut changer selon que le nom est pris dans le sens d'une entité ou des membres qui la composent. Ainsi nous pouvons dire **The government is determined to win the election** (le gouvernement pris solidairement) mais **The government disagree on policy** : les membres du gouvernent (pris individuellement) sont en désaccord. Ou, pour rester dans le domaine politique **The council has voted to support the plan**, mais **The council are undecided about the plan**.
Sachez qu'il s'agit d'un usage et non d'une règle normative.

Étant donné ce "flou artistique", il est important de suivre ses instincts. Par exemple **A series of disasters has struck the United States** est grammaticalement correct, mais la juxtaposition d'un nom pluriel **disasters** et d'un verbe singulier (**has**) peut choquer l'oreille de certains anglophones, qui diront **A series of disasters have struck** sans complexes – et ne seront corrigés que par des puristes. Un autre exemple : on devrait dire **The couple has had another baby**, *Le couple a eu un autre enfant*, mais comme il faut deux personnes pour faire un couple, la plupart des anglophones diront **The couple have had another baby**.

Ainsi, ne vous attachez pas à mettre un verbe singulier avec un nom collectif à tout prix : laissez-vous guider par l'usage (et soyez prêt à être grondé par les adeptes d'une pureté de langage inutile !).

3 *quite*

Cet adverbe mérite un œil attentif car il peut poser quelques problèmes (ne serait-ce que parce que les Britanniques et les Américains ne l'utilisent pas toujours de la même manière). En Grande-Bretagne, **quite** peut renforcer ou affaiblir une phrase : il signifie *plutôt* ou *tout à fait*, et le sens dépendra de l'adjectif ou du verbe qui le suit :
It's quite cold for this time of year, *Il fait plutôt frais pour cette période de l'année*.
I quite like her novels, *J'aime assez ses romans*.
Mais avec des adjectifs comme **finished**, **determined**, **right**, il signifie *absolument*, *complètement* :
He's quite mad, *Il est complètement fou*.
I quite agree with you, *Je suis tout à fait d'accord avec vous*.

Comment faire la différence ? Tout d'abord, le contexte. Si on insiste sur la complétude, **quite** signifie *tout à fait* : **I've quite finished. You can take away my plate,** *J'ai tout à fait terminé. Vous pouvez enlever mon assiette.* (Par ailleurs, si vous êtes tout à fait de l'avis de quelqu'un vous pouvez dire **quite!** tout seul.)

En revanche, si on émet une réserve, **quite** veut dire *plutôt* : **The documentary was quite interesting, but I've seen better,** *Le documentaire était relativement intéressant mais j'en ai vu des meilleurs.* Ensuite, à l'oreille, moins on accentue **quite**, plus on met en valeur le mot qui suit. Par exemple, dans l'énoncé **It's quite good**, si **quite** et **good** sont prononcés avec la même force, la chose dont on parle n'est pas mal, mais si on prononce la phrase en mettant l'accent sur **quite** (**It's QUITE good**), on est moins enthousiaste. Par ailleurs, sans le sens de *assez*, **quite** est souvent suivi d'un article indéfini : **It's quite an interesting documentary**. (Sachez que les Américains n'utilisent que rarement **quite** dans le sens de *plutôt*). Enfin, on peut utiliser **quite** pour exprimer l'admiration ou se rendre compte d'une réalité , comme nous avons vu à la leçon 44, note 14. Mais, à la différence de l'exemple donné dans cette leçon, on utilise l'article indéfini plutôt que le défini, plus littéraire :
She's quite a singer!, *C'est une sacrée chanteuse !*
That's quite a bruise you've got !, *Vous avez un sacré bleu !*

En conclusion :
The word "quite" is quite difficult to use properly, and I'm afraid this explanation is quite finished, *Le mot "quite" est très difficile à utiliser, et de toute façon, cette explication est bel et bien terminée.*

4 *ever*

Nous pouvons ajouter **ever** comme suffixe à un certain nombre d'adverbes pour former des composés dont nous n'avons pas d'équivalent direct.
Le sens général, celui des possibilités sans limites, est rendu en français par une tournure comme *peu importe…* ou *quoi que…* avec un subjonctif. Mais la signification précise dépendra du contexte :
Whoever wins the nomination, the party as a whole will have suffered, *Peu importe qui remporte la nomination, c'est le parti tout entier qui aura souffert.*

The police will hunt him down, wherever he hides, *La police le traquera, où qu'il se cache.*
Whatever you make for dinner, I'm sure they'll like it, *Quoi que vous prépariez pour le dîner, je suis sûr qu'ils aimeront ça.*
Call me whenever you're in town, *Appelle-moi si jamais tu es en ville.*
Mais il faut bien regarder le contexte. Par exemple,
Whoever gets home first puts the kettle on, *Le premier qui rentre met de l'eau à chauffer.*

Enfin, **however**, dont nous avons parlé à la leçon 47, note 17, est surtout un adjectif de degré :
I want a job, however boring, *Je veux un emploi, aussi ennuyeux soit-il.*
Nous pouvons renforcer cette notion de possibilité, obtenue avec le subjonctif en français, en utilisant **may** :
However intelligent he may be, he's not a specialist, *Si intelligent soit-il, il n'est pas spécialiste.*

Terminons par une mise en garde : nous savons (leçon 48, note 18) qu'on peut employer **ever** comme un intensif dans une question, placé après l'adverbe interrogatif. Dans ce cas, les deux mots sont séparés. Ne confondez pas, par exemple, **however** avec **how ever...?**
However much you earn, you'll never be satisfied, *Quoi que vous gagniez, vous ne serez jamais satisfait.*
How ever did you find me?, *Mais comment avez-vous fait pour me trouver ?*
Il en va de même pour **whatever** et **what ever...?**, **wherever** et **where ever...?**, etc. Le secret ? Cherchez le point d'interrogation.

5 D'autres suffixes

Au-delà de **ever**, nous avons rencontré cette semaine un certain nombre de suffixes qui nous permettent de modifier la forme grammaticale d'un nom, la plupart du temps en créant un adjectif à partir d'un nom :

• *-ful* et *-less*

Pensez au sens propre de **full**, *plein*, et **less**, *moins*. Ainsi **beautiful** signifie littéralement "plein de beauté", donc *beau*. Notez tout de même que le suffixe ne prend qu'un seul "l". De même, **penniless**

49 / Forty-ninth lesson

signifie "moins de penny" – en fait, pas de penny du tout, donc "fauché". Prenons quelques d'exemples :
I'm hopeful that they'll publish my novel, *J'ai bon espoir qu'on publie mon roman.*
It's a hopeless case, *C'est un cas désespéré.*
Par ailleurs, **-ful** peut indiquer une quantité : **a mouthful**, *une bouchée* ; **a handful**, *une poignée*, etc.

Nous pouvons aussi former des noms abstraits à partir de noms concrets. Pour cela, nous avons plusieurs choix :

• *-ship, -hood* et *-dom*

a leader, *un leader* → **leadership**, *le leadership* – avec nos excuses !
a brother, *un frère* → **brotherhood**, *la fraternité*
a king, *un roi* → **kingdom**, *le royaume.*

Mais attention, **-dom** et **-hood** peuvent être ajoutés à certains adjectifs :
free, *libre* → **freedom**, *la liberté* ; **wise**, *sage* → **wisdom**, *la sagesse* ; **false**, *faux* → **falsehood**, *fausseté, mensonge* ; **likely**, *probable* → **likelihood**, *probabilité.*
Dans tous les cas, ces trois suffixes décrivent l'état ou la condition du mot auquel ils sont rattachés.

Nous pouvons aussi créer des noms abstraits à partir des adjectifs en y ajoutant **-ness**
ugly, *laid* → **ugliness**, *la laideur* ; **sick**, *malade* → **sickness**, *maladie*, etc.

Ces formes "conventionnelles" mises à part, nous pouvons employer d'autres suffixes un peu moins courants. Ainsi, **worthy** (leçon 47, note 14) contient la notion de *digne de* (**praiseworthy**, *louable*) ou, par extension, dans l'état nécessaire : **roadworthy**, *être en état de rouler sur une route.*

De même, **-like** signifie *à la manière de*. On l'utilise avec des noms propres (**cat-like**, vu à la leçon 45, note 12) ou carrément le nom d'une personne : **His paintings have a Dali-like quality**, *Ces tableaux ont quelque chose de Dali.*
Enfin, rappelons le double sens de **-bound** : *attaché à* (**housebound**, *cloué à la maison*) et *en direction de* (**southbound**, *vers le sud*). Voir nos exemples à la leçon 47, note 11.

Quarante-neuvième leçon / 49

Il y a encore d'autres suffixes, mais nous ne voulons pas allonger cette liste inutilement. Maintenant, vous avez compris le mécanisme.

Revision exercise

Remplacez le verbe ou la tournure en vert par un verbe à particule ou une expression idiomatique.

The job was available but Wilson's supporters were not very numerous. His usual arguments had no impact on the voters so he decided to address the facts. But he had been refusing to take decisions too long. By refusing to follow the party's policies, he harmed his own interest. He should have treated his colleagues delicately but he ignored the whips' advice. It was only a minor mistake but they made it seem very important, so Wilson returned to the wilderness of the back benches, where he quickly became exasperated with politics.

Corrigé de l'exercice

1 The job was up for grabs but Wilson's supporters were thin on the ground. 2 His usual arguments cut no ice with the voters so he decided to get down to brass tacks. 3 But he had been sitting on the fence too long. 4 By refusing to toe the party line, he scored an own goal. 5 He should have handled the whips with kid gloves but he ignored their advice. 6 It was only a minor mistake but they made a mountain out of a molehill, 7 so Wilson returned to the wilderness of the back benches, where he quickly became sick to the back teeth with politics.

Traduction

1 Le poste était à pourvoir, mais les supporters de Wilson n'étaient pas très nombreux. 2 Ses argumentaires habituels n'ayant guère impressionné l'électorat, il a décidé d'aller à l'essentiel. 3 Mais cela faisait trop longtemps qu'il essayait de ménager la chèvre et le chou. 4 En se refusant à suivre la position du parti, il s'est fait tort à lui-même. Il aurait dû prendre les responsables du groupe parlementaire avec des pincettes, mais il a négligé leurs conseils. 6 Ce n'était qu'un petit faux pas, mais ils en ont fait toute une histoire, 7 alors Wilson est redevenu un député de base et en a vite eu marre de la politique.

Lorsqu'on traduit des expressions idiomatiques, il est rare qu'on trouve un équivalent exact. Et bien que l'anglais et le français aient bien des expressions en commun, il y a souvent des petites différences ou des nuances (ou encore des glissements de sens : pensez à **to pull strings**, *par exemple.) C'est pourquoi nous ne traduisons pas toujours une expression de la même manière d'une leçon à l'autre : il y a souvent plusieurs manières de dire la même chose, ou le sens*

Fiftieth lesson

Art versus sport

(From our Arts Correspondent)

1 When my column on the art-versus-sport debate got out into the blogosphere last week, I was accused of jumping on the culture bandwagon [1].
2 Well, guess what, guys? I'm going to climb right back up there with this week's rant.
3 Get this [2]: the Department for Culture and Sport is building fifteen – that's right, fifteen – new football stadia [3] over the next decade,
4 while funding [4] for the "Passers-By" street theatre projects, amateur arts groups and even the new Shakespeare theatre has dried up.
5 So what? you might ask. The Beautiful Game [5] earns billions for the nation in ticket sales, rights sales, and sundry [6] other sales.
6 And you've got a point [7]. There's no getting away from it: soccer is a serious money-spinner.

Prononciation
*3 ... **stéé**-di-a ...*

d'une locution peut changer selon le contexte, et nous voulons vous donner cette liberté de traduction qui s'impose au niveau du perfectionnement.
Enfin, c'est à travers la culture d'un pays que l'on appréhende vraiment les subtilités de sa langue. Nous espérons que notre approche thématique vous permet de mieux maîtriser l'anglais, mais aussi qu'elle vous donne envie de poursuivre vos recherches vous-même.

Cinquantième leçon

Art contre sport

(De notre correspondant culturel)

1 Lorsque ma chronique sur l'opposition entre l'art et le sport est sortie sur la blogosphère, la semaine dernière, on m'a accusé de prendre le train de la culture en marche.

2 Eh bien, vous savez quoi ? Je vais en remettre une couche avec mon billet d'humeur *(diatribe)* de cette semaine.

3 Écoutez bien : le ministère de la Culture et des Sports va construire quinze – j'ai bien dit quinze – nouveaux stades de football au cours des dix prochaines années,

4 alors que l'on coupe les subventions pour "Les Passants", le projet de théâtre de rue, pour les groupes d'art amateurs et même pour le nouveau théâtre Shakespeare.

5 Et alors ? me direz-vous. Le ballon rond rapporte des milliards à l'économie nationale en termes de ventes de billets, de ventes de droits, et de ventes d'articles de toutes sortes.

6 Et vous n'avez pas tort. Il est indéniable que le football est une énorme machine à fric.

50 / Fiftieth lesson

7 But, hey, the Bard [8] earns us big bucks [9], too. Megabucks, in fact.

8 The turnover of the Shakespeare industry is a cool twenty-billion a year. Not to be sneezed at, eh? [10]

9 What I'm getting at is that this blessed [11] plot of earth needs bandstands [12] just as much as it needs grandstands – if not more so.

10 I'm not going to get into a debate about whether art is more necessary than sport. Heaven forbid.

11 The argument I'm trying to get across is that, through short-sightedness and sheer bloody-mindedness [13],

12 our beloved Arts Secretary is getting us into a situation where we may have to choose between one or the other.

13 When the going gets tough, she repeats the mantra about "getting value for the taxpayer's money".

14 Obviously, we can get by [14] without another orchestra, another dance troupe or even another rock band

15 (anyway, most of today's top bands are billion-dollar multinational companies).

16 But that's neither here nor there [15]: a healthy society needs to strike a balance between the two cultures.

17 It's not as if half the country likes soccer, the other half likes the Proms [16] and never the twain shall meet.

18 The big problem, truth be told [17], is getting the money to the right place at the right time.

11 ... chii-ë ...

Cinquantième leçon / 50

7 Mais, attention : notre grand barde national nous rapporte pas mal aussi. Des méga-dollars, en fait :

8 Shakespeare représente un joli petit chiffre d'affaires annuel de vingt milliards. Ce n'est pas négligeable, hein ?

9 Mais là où je veux en venir, c'est que ce sacré lopin de terre a autant besoin de kiosques à musique que de tribunes pour supporters – si ce n'est davantage.

10 Je ne vais pas m'engager dans un débat sur la question de savoir si l'art est plus nécessaire que le sport. Grands dieux, non !

11 Ce que j'essaie de faire comprendre, c'est que, par sa vision à court terme et sa propension à embêter le monde,

12 notre bien-aimée secrétaire d'État chargée de la Culture est en train de nous mettre dans une situation où nous risquons d'avoir à choisir l'un ou l'autre.

13 Quand les choses deviennent difficiles, elle répète comme un mantra que "le contribuable doit en avoir pour son argent".

14 Il est évident que nous pouvons nous passer d'un orchestre de plus, d'une compagnie de danse de plus, voire d'un groupe de rock de plus

15 (de toute manière, la plupart des grands groupes actuels sont des multinationales qui rapportent des milliards de dollars).

16 Mais là n'est pas la question : une société en bonne santé a besoin de trouver un équilibre entre les deux cultures.

17 Ce n'est pas comme si la moitié du pays aimait le football, l'autre moitié, les concerts classiques, et que jamais ils ne se rencontreront.

18 Le gros problème, à dire vrai, c'est de mettre l'argent là où il faut, quand il faut.

19 As the old saying goes: "art for art's sake but money for heavens' sake [18]!"

Notes

1 **A bandwagon** est une sorte de camion ouvert transportant l'*orchestre*, **band**, qui accompagnait les cirques au XIXe siècle aux États-Unis. La musique attirait une foule de badauds, qui suivaient le camion et parfois montaient à bord. De nos jours, le mot n'est utilisé que dans cette expression, qui peut se construire avec d'autres verbes de mouvement : **to climb**, *grimper* ; **to hop**, *sautiller*, etc. **Politicians from all parties are climbing on the environmental bandwagon**, *Les hommes politiques, quel que soit leur parti, suivent la tendance écologique*.

2 Aujourd'hui nous allons voir le verbe **to get** sous de multiples coutures, que nous ne commenterons pas systématiquement, car ce verbe est protéiforme, et nous voudrions que vous l'assimiliez naturellement dans son contexte. Cependant, **Get this!** mérite une explication. Il s'agit d'une interjection, plus ou moins familière, qu'on emploie pour attirer l'attention de son interlocuteur sur un fait ou une situation. On peut le traduire, selon le contexte, par *Écoute ça !* ou *Vise un peu !* On trouve une variante, plus argotique, qui est **Get a load of this!**

3 Certains noms, souvent d'origine latine ou grecque, peuvent former leur pluriel de manière irrégulière. Nous vous en parlerons dans la prochaine leçon de révision.

4 Il y a des différences techniques entre **funding** et **financing**, bien que tous deux se traduisent par *financement*. Schématiquement, **funding** concerne le *financement* sur fonds publics, qui n'est pas remboursable alors que, avec **financing**, les capitaux sont d'origine privée. On parle ainsi de **funding of the arts**, qui signifie *financement public de la culture*.

5 **The Beautiful Game**, "le jeu magnifique", est l'autre nom du football. Inventée par un joueur brésilien, cette expression s'emploie surtout dans la presse. Il y a un autre nom pour ce jeu – si populaire en Grande-Bretagne – qui est **soccer** (phrase 6), une ellipse de **association football**, le titre officiel du sport. (Notons qu'aux États-Unis, on emploie **soccer** pour distinguer ce jeu de **football**, qui désigne toujours le football américain.)

Cinquantième leçon / 50

19 Comme le dit le vieux dicton : "L'art pour l'art, d'accord, mais de l'argent, d'abord !"

6 L'adjectif **sundry** signifie *divers*. On l'emploie dans un registre formel (littéraire, juridique, etc.) : **Personal care and sundry items can be purchased from our website**, *On peut acheter de la parapharmacie et autres articles sur notre site Internet*, ou encore dans l'expression **all and sundry**, *tout un chacun* : **The author specifically grants the right to distribute the software, either to all and sundry or to a specific group**, *L'auteur accorde spécifiquement le droit de distribuer le logiciel à tout le monde ou à un groupe spécifique*. En dehors de ces contextes formels, le mot est utilisé pour créer un effet de style.

7 Nous connaissons l'expression **You have a point**, *Je vois ce que vous voulez dire* (leçon 34, note 17). Remarquez l'utilisation de **get** après la contraction de **to have** dans ce type de tournure. En effet, avec la contraction **You've a point**, le possessif serait à peine audible, aussi ajoute-t-on **get**, avec ce g guttural : **You've got a point**. (Cela peut paraître illogique de raccourcir un mot tout en en ajoutant un autre, mais qui dit qu'une langue doit être logique ?) Ce mécanisme est propre à la langue parlée, mais on peut l'utiliser pour donner un ton plus familier à un texte.

8 **a bard**, *un barde*. Mais en anglais, il n'y en a qu'un seul : **the Bard of Avon**, ou tout simplement **the Bard** : William Shakespeare, né à Stratford-upon-Avon. Un autre surnom du grand Bill, que l'on doit à un poète presque aussi formidable, Ben Jonson (1573 - 1637), est **the Swan**, *le cygne*, **of Avon**.

9 Au sens propre, **a buck** signifie *un animal mâle*, notamment *un cerf*. Mais c'est aussi le mot argotique pour le dollar américain (*les peaux de cerf*, **buckskins**, servaient de monnaie d'échange entre Européens et Indiens dans l'Amérique du Nord du XVIIe siècle). L'anglais britannique a adopté le mot surtout dans des expressions idiomatiques comme **big bucks** ou encore **megabucks**, *des gros sous*. (Notons que **a buck** peut prendre le pluriel, **ten bucks**, alors que le mot équivalent britannique, **a quid**, est invariable – leçon 30, note 15.)

10 **to sneeze**, *éternuer*. L'expression idiomatique (toujours à la forme négative) **It's not to be sneezed at** nous rappelle l'expression française "il ne faut pas cracher dessus", mais en moins vulgaire : **Two hundred quid is not to be sneezed at**, *200 £, ce n'est pas rien*.

50 / Fiftieth lesson

11 Un certain nombre de participes passés s'emploient aussi comme adjectifs. Lorsqu'il s'agit de verbes réguliers se terminant en **-ed**, il peut y avoir risque de confusion entre les deux formes. Pour pallier cet inconvénient, on prononce la dernière syllabe *[-èd]*. Les mots les plus courants sont **blessed**, **beloved** et **learned** *(instruit)*. Écoutez bien la phrase 1 de l'exercice, mais sachez que ces prononciations peuvent varier d'une région à une autre.

12 Encore un exemple de cette prédilection pour la rime et l'assonance qui caractérisent l'anglais : **a bandstand** (litt. "un support à orchestre"), *un kiosque à musique* ; alors que **a grandstand** est une tribune dans un stade (à l'origine **the grand stand** signifiait *la tribune d'honneur*). Bien sûr, le journaliste emploie les deux mots comme synonymes respectifs de "musique" et "sport".

13 **bloody-minded** (litt. "esprit ensanglanté") décrit une personne qui fait toujours des difficultés, un "empêcheur de tourner en rond". **He refused to help us; he was being really bloody-minded**, *Il a refusé de nous aider ; il voulait vraiment embêter le monde*. Sur le même modèle que **short-sighted → short-sightedness** (leçon 35, § 3), on peut transformer cet adjectif composé en substantif.

14 Beaucoup de verbes à particule ont un sens figuré qui s'éloigne sensiblement de la signification littérale. Par exemple, **to get by** signifie *passer* ou *se faire un chemin* : **I can't get by because that white van is badly parked**, *Je n'arrive pas à passer car cette camionnette blanche est mal garée*. Mais au figuré, le verbe signifie *se débrouiller*, *s'en sortir* : **He gets by on just two hundred quid a month**, *Il se débrouille avec seulement 200 £ par mois*. C'est pourquoi il faut toujours apprendre le sens propre de ces verbes en situation (nous en verrons d'autres demain).

***

Exercise 1 – Translate

❶ The students all shouted: "Blessed be our beloved and learned professor!". **❷** I want you to make up your mind right now. **❸** God forbid that anything should happen to them while I'm away. **❹** Get this: he gets by on just three hundred quid a month. – So what? **❺** The funding has dried up but, truth be told, I really don't care!

Cinquantième leçon / 50

15 L'expression invariable **It's** (ou **That's**) **neither here nor there** s'emploie pour réfuter un argument, une revendication, etc. **I'm sorry I sold your camera. I didn't realise how valuable it was – That's neither here nor there; you should have asked first**, *Je suis désolé d'avoir vendu votre appareil-photo. Je ne me rendais pas compte de sa valeur. – Ce n'est pas la question ; vous auriez dû (me) demander avant.* (Rappelons en passant que, pour traduire la construction *ni… ni*, nous employons **either… or** si la phrase est affirmative et **neither… nor** si elle est négative.)

16 Voir la note culturelle de la leçon 24.

17 Encore un subjonctif : dans l'expression **if truth were told**, *à vrai dire*, on peut remplacer **were** par **be** : **if truth be told** ou, plus percutant, **truth be told**.

18 Voir la note culturelle de la leçon 34.

***
***

Corrigé de l'exercice 1

❶ Tous les étudiants ont crié : "Béni soit notre professeur bien-aimé et érudit !" ❷ Je veux que vous vous décidiez tout de suite. ❸ Pourvu que rien ne leur arrive pendant mon absence. ❹ Écoute bien : il se débrouille avec moins de 300 £ par mois. – Et alors ? ❺ Le financement s'est tari, mais, à vrai dire, je m'en fiche complètement !

Exercise 2 – Fill in the missing words

❶ J'aime le foot autant que le théâtre, sinon plus.
I like .... the theatre, ...

❷ Ce n'est peut-être pas le pactole, mais ce n'est pas négligeable tout de même.
It may not be .... but it's .... all the same.

❸ L'auteur accorde le droit de distribuer les logiciels à tout le monde.
The author .... the .... to distribute the .... to ....

❹ Là n'est pas la question. Vous n'auriez pas dû vendre son appareil-photo.
That's ....; you .... her camera.

❺ Ce que j'essaie de faire comprendre est que l'art est plus important que l'argent et que jamais ils ne se rencontreront.
What I'm trying .... is that art is more important than money, and ....

Fifty-first lesson

Hants v. Lancs [1]

1 – The two teams are coming out onto the pitch for this gripping match between the top two county sides.
2 – The captains are tossing to decide who will bat and who will bowl, and the umpire is picking up the coin.
3 – It's going to be a great game. Even the weather's picking up [2].
4 – Murray steps up to the wicket, takes the first ball. And he's out [3]!

Corrigé de l'exercice 2

❶ – soccer as much as – if not more so ❷ – megabucks – not to be sneezed at – ❸ – grants – right – software – all and sundry ❹ – neither here nor there – shouldn't have sold – ❺ – to get across – never the twain shall meet

Dans la note culturelle de la leçon 24, nous vous expliquions l'importance de saisir les références culturelles courantes, tout en soulignant la difficulté pour un étranger de les reconnaître. Un tuyau utile : parmi les auteurs les plus cités figurent William Shakespeare, bien sûr, mais aussi deux grands poètes : Alexander Pope et Rudyard Kipling (1865 – 1936). Dans ce texte, nous retrouvons encore une citation du même monologue de Richard II *de Shakespeare (leçon 16, note 1), ainsi qu'une phrase, souvent citée, de Kipling concernant les mondes oriental et occidental :* **East is East and West is West / And never the twain shall meet**, *"L'est est à l'est et l'ouest est à l'ouest, et jamais les deux ne se rencontreront". Mais soyez rassuré : beaucoup d'anglophones utilisent de telles expressions sans en connaître l'origine, comme cet homme qui, assistant à une représentation de* Hamlet *pour la première fois, s'est plaint du texte, parce qu'il était "truffé de citations" ! Nous y reviendrons en leçon 57.*

Cinquante et unième leçon

Hampshire contre Lancashire

1 – Les deux équipes pénètrent sur le terrain, pour cette rencontre palpitante entre les deux meilleures équipes de comté.
2 – Les capitaines tirent à pile ou face, pour décider qui maniera la batte et qui lancera la balle, et l'arbitre ramasse la pièce.
3 – Cela va être une superbe partie. Même la météo s'améliore.
4 – Murray s'avance jusqu'au guichet, prend la première balle. Et il est éliminé !

51 / Fifty-first lesson

5 – They'll certainly have to step up [4] the pace if they want to win this match, Jim.
6 – Murray goes back into the pavilion and out comes [5] the next player, the young superstar Sean O'Hagen.
7 – The captain's obviously gone back [6] on his word: he said that O'Hagen wouldn't be playing today.
8 – The bowler's put his sweater [7] down on the pitch: he's obviously getting ready for some fast action.
9 – He's played very badly in the last three matches. I'm sure you can put it down [8] to a lack of experience.
10 – O'Hagen's signalling to the umpire. I think he wants someone to put up a sightscreen [9] at the pavilion end.
11 – I know the guy's a brilliant player, but he's so demanding. I wonder why the umpires put up [10] with it.
12 – Here comes Kamram. He's going around the wicket… and he bowls O'Hagen out for a duck [11].
13 – The coach [12] must take the blame for this disappointing performance: there's certainly enough to go around.
14 – Too right, but all the players in the team really look up [13] to him, so no one dares [14] criticise him.
15 – Meanwhile, look up there at that big black cloud! It's starting to rain. On go the covers.
(Twenty minutes later.)

Prononciation
*6 … pë-**vil**-ionn … 8 … sou-**èt**-ë …*

5 – Il va vraiment falloir qu'ils accélèrent le rythme s'ils veulent gagner ce match, Jim.
6 – Murray rentre dans les vestiaires et un nouveau joueur entre en piste, le jeune Sean O'Hagen, l'une des grandes vedettes du moment.
7 – Le capitaine est manifestement revenu sur sa déclaration : il avait dit que O'Hagen ne jouerait pas aujourd'hui.
8 – Le lanceur a posé son pull sur le terrain : il s'apprête de toute évidence à lancer une action rapide.
9 – Il a très mal joué au cours des trois dernières rencontres. Je suis sûr que l'on peut attribuer cela à un manque d'expérience.
10 – O'Hagen fait signe à l'arbitre. Je pense qu'il veut qu'on mette un pare-soleil du côté des vestiaires.
11 – Je sais que ce type est un joueur remarquable, mais il est tellement exigeant. Je me demande pourquoi les arbitres tolèrent ça.
12 – Et voici Kamram. Il passe autour du guichet… et il sort O'Hagen, sans que celui-ci ait marqué un seul point.
13 – L'entraîneur est forcément responsable de cette performance décevante : il est certain que chacun a sa part de responsabilité.
14 – C'est sûr, mais les joueurs de l'équipe le vénèrent tous, alors personne n'ose le critiquer.
15 – En attendant, regardez ce gros nuage noir ! Il commence à pleuvoir. Ça y est, on met les protections de sol. *(Vingt minutes plus tard.)*

16 – The groundsmen are pulling off the covers and play can resume. But it looks as if Hampshire are in dire trouble.

17 – You never know, they might be able to pull off [15] a miracle. They've done it before.

18 – You're dead [16] right. Anyway, it's another hour or so before they go in for tea. Who do you reckon [17] will win?

19 – You know I don't go in for [18] forecasts. But given the way the match is going, I'd put my money on Lancashire.

16 ... daï-ë ...

Notes

1. Nous savons que la plupart des noms des comtés britanniques se terminent en **-shire** (leçon 15, note 13). De ce fait, ils sont souvent abrégés, notamment pour les adresses (un peu comme en France nous mettons le numéro du département avant le nom d'une ville). Mais ce sont également les équipes de cricket (voir la note culturelle à la fin de la leçon). Ici, il s'agit, bien sûr, du **Hampshire** et du **Lancashire**. Par ailleurs, pour les événements sportifs, le mot **versus** est abrégé en **v** *[vi-i]*.

2. **to pick up** signifie à la fois *ramasser* et *s'améliorer*. Sachant cela, on peut étendre encore un petit peu son champ d'application : **I'll pick you up in front of the office at nine**, *Je vous prends devant le bureau à 9 heures* (pensez au "ramassage scolaire") ; ou encore **Once on the motorway, the car picked up speed**, *Une fois sur l'autoroute, la voiture prit de la vitesse*.

3. **out**, *en dehors*, s'emploie souvent dans un contexte sportif, en tennis (**The ball is out**, *La balle est dehors*) mais aussi en cricket, lorsqu'un joueur est éliminé. **Kamran was out for a century**, *Kamran fut éliminé après avoir marqué 100 points*. (Au cricket, un score de 100 **runs**, ou *points*, s'appelle **a century** (litt. "un siècle"), dont la moitié est **a half-century**.)

4. Comme **to pick up**, **to step up** peut signifier *accélérer* ou *intensifier*, mais alors que le premier est intransitif, le second peut prendre un

Cinquante et unième leçon / 51

16 – Les gardiens du stade retirent les protections et le jeu peut reprendre. Mais on dirait bien que le Hampshire a du souci à se faire.

17 – On ne sait jamais. Ils sont peut-être capables d'un miracle. Ils l'ont déjà fait.

18 – Vous avez tout à fait raison. De toute façon, il reste encore à peu près une heure à jouer avant l'heure du thé. Qui va gagner, à votre avis ?

19 – Vous savez que je n'aime pas beaucoup faire de pronostics, mais vu la façon dont la rencontre se déroule, je parierais sur le Lancashire.

---

complément d'objet : **We'd better step up our efforts or we may lose the contract**, *Nous devrions intensifier nos efforts ; sinon nous risquons de perdre le marché*.

5 Dans une construction normale, la phrase *Le joueur suivant sort* se traduit, bien sûr, par *The next player comes out*. Mais un commentateur sportif (ou un journaliste commentant un événement en direct) peut intervertir l'ordre des mots avec des verbes de mouvement, tels **to come** ou **to go** (phrase 15), pour rendre l'action plus vivante : **Up goes the balloon**, *Et voilà le ballon qui monte*.

6 Comme en français, on peut revenir sur sa promesse. **You promised! You can't go back on it now**, *Tu as promis ! Tu ne peux pas revenir sur ta parole maintenant*. Si on ne fait pas appel à un verbe à particule, on emploie **to break** : **You can't break your promise/word now**.

7 Ne confondez pas **a sweater** avec **a sweatshirt** : le premier signifie *un pull* et il est synonyme de **a pullover** ; le second est ce que nous appelons en français *un sweat*. Dans les deux cas, la double voyelle est courte : *[souèt]* (**to sweat**, *transpirer*).

8 Nous savons que **to put something down** signifie *poser quelque chose*. L'expression idiomatique **to put something down to** a le sens d'*attribuer* ou de *trouver une raison à quelque chose*. Elle se traduit par une tournure similaire : *mettre sur le compte de*, *imputer à* : **The police put the incident down to stress**, *La police a mis l'incident sur le compte du stress*.

51 / Fifty-first lesson

9 **a sightscreen** est un grand panneau blanc qu'on peut installer à l'extrémité du terrain de cricket pour éviter que les joueurs ne soient éblouis par le soleil.

10 Ce verbe mérite un commentaire pour éviter tout malentendu ! Employé seul, **to put up** signifie *ériger* ou *installer* (comme à la phrase 10). Il a aussi le sens d'*héberger quelqu'un* : **Can you put me up for a couple of days?**, *Peux-tu m'héberger quelques jours ?* Mais avec **with**, le verbe signifie *tolérer* ou *supporter* : **I can't put up with him for more than a day**, *Je ne peux pas le supporter plus d'une journée*. Faites donc attention, si vous voulez offrir l'hospitalité à quelqu'un, de ne pas dire que vous ne pouvez pas le supporter !

11 Au cricket, **a duck** signifie *un score nul*. Pourquoi ? Il faut déjà savoir que, bien qu'on traduise couramment **a duck** par *un canard*, le mot est techniquement féminin, *une cane* (*un canard* se dit **a drake**). Étant de forme ovale, le zéro ressemble à un œuf de cane (et non pas de canard, bien sûr !), **a duck's egg**. D'où son emploi dans le domaine sportif : **He was out for a duck**, *Il a été éliminé sans avoir marqué un seul point*. (Nous verrons dans la leçon suivante ce qu'est devenu l'œuf !)

12 **a coach** signifie *un car*, mais aussi *un entraîneur*. Logiquement, le verbe **to coach** veut dire *entraîner*. Mais son emploi n'est pas réservé aux sports ; il est courant également dans le domaine de l'entreprise (et repris dans ce sens en français) : **Management coaches teach executives how to do their job**, *Les coachs de gestion forment les cadres*.

13 **to look up to someone**, *respecter* ou *admirer quelqu'un* (comme si la personne était sur un piédestal). Le verbe est inséparable : **I really look**

***

Exercise 1 – Translate

❶ A typical British summer: down comes the rain and up go the umbrellas! ❷ He's trying for the world record. Do you think he can pull it off? ❸ How much do you reckon those golf clubs cost? ❹ We've got nowhere to go. Could you put us up for a few days? ❺ You promised! You can't go back on your word now.

Cinquante et unième leçon / 51

up to my economics professor, *J'ai vraiment beaucoup de respect pour mon professeur d'économie*.

14 Voir leçon 27, note 17.

15 Au sens figuré, le verbe à particule **to pull off** signifie "réussir", normalement en surmontant des difficultés : **The team pulled off a surprise win**, *L'équipe a réussi une victoire surprise*.

16 L'adjectif **dead** ne se rapporte pas toujours à la mort ! Il a aussi le sens de *complètement*. Dans ce contexte, on l'emploie dans un registre technique : **Here is an easy method for accurately determining the top dead centre position of a piston**, *Voici un procédé simple pour déterminer la position du point mort haut d'un piston* (c'est-à-dire en plein milieu du carter), mais aussi – et surtout – dans un registre assez familier. **Are you dead certain that she'll come?**, *Es-tu sûr à 100 % qu'elle viendra ?* En bref, **dead** se traduit par *absolument, tout à fait*, etc.

17 Comme **dead** (note 16), **to reckon** s'emploie dans des contextes formels et informels, ces derniers étant plus courants. Le sens premier est *calculer* ou *estimer* : **In ancient Britain, small clay chips were used to reckon the quantities of various goods**, *Dans la Grande-Bretagne antique, on se servait de petits jetons en argile pour calculer les quantités de diverses marchandises*.

18 Au sens figuré, **to go in for** décrit les goûts, mais aussi les habitudes de quelqu'un : **Today's young architects go in for wood**, *Les jeunes architectes d'aujourd'hui affectionnent le bois*. Notons que ce verbe à particule est inséparable.

***

Corrigé de l'exercice 1

❶ Un été typiquement britannique : voilà que la pluie tombe et que les parapluies s'ouvrent ! ❷ Il essaie d'établir le record du monde. Pensez-vous qu'il puisse réussir son coup ? ❸ Ces clubs de golf coûtent combien, à ton avis ? ❹ Nous n'avons nulle part où aller. Pourriez-vous nous héberger quelques jours ? ❺ Tu as promis ! Tu ne peux pas revenir sur ta parole maintenant.

51 / Fifty-first lesson

Exercise 2 – Fill in the missing words

❶ Je ne pourrais pas les supporter *(pendant)* plus d'une journée.
I .... for more than a day.

❷ Je ne suis pas sûr de ce qui a provoqué la dispute, mais je mettrai ça sur le compte du stress.
I'm not sure what caused the argument but .... stress.

❸ Invite-les à dîner ; il y a assez de nourriture pour tout le monde.
.... to dinner; there's .... food ....

❹ Il m'a pris à 9 heures. Nous avons roulé doucement au début, mais nous avons pris de la vitesse sur l'autoroute.
He .... at 9 o'clock. We drove slowly at first but .... on the motorway.

❺ Elle n'aime pas beaucoup faire des prévisions en temps normal, mais elle mise sur le Lancashire.
She doesn't usually ... ... forecasts but she's .... Lancashire.

***

Il est évident que, à moins de doubler le nombre de pages de ce livre, nous ne pourrons pas vous expliquer in extenso *les règles du* **cricket** *– ce jeu aussi fascinant qu'agaçant, avec des parties qui peuvent durer cinq jours et se terminer néanmoins en match nul ! En revanche, nous ne pouvons faire l'économie de quelques précisions, tant ce sport est important pour la culture anglo-saxonne et la langue anglaise (bien que le mot* **cricket** *lui-même vienne du français "criquet", qui signifie* bâton*).*
Le cricket se pratique, avec des battes de bois et une balle, par deux équipes de 11 joueurs qui s'affrontent sur un terrain gazonné au centre duquel se trouve le **pitch***, un rectangle d'une vingtaine de mètres de long. Très schématiquement, un match se joue en plusieurs manches, ou* **innings***, au cours desquelles l'une des deux équipes est à la batte,* **batting***, et l'autre au lancer,* **bowling***. À chaque extrémité du* **pitch** *se trouve un ensemble composé de trois piquets de bois*

Cinquante et unième leçon / 51

Corrigé de l'exercice 2
❶ – couldn't put up with them – ❷ – I'll put it down to – ❸ Invite them – plenty of – to go around ❹ – picked me up – picked up speed – ❺ – go in for – putting her money on –

***

*(**stumps**) surmonté de deux autres petites pièces de bois (**bails**), l'ensemble formant le guichet, ou **wicket**; que protègent deux batteurs (**batsmen**). Ceux-ci marquent des points (**runs**) en courant entre les deux guichets, alors que les lanceurs (**bowlers**) tentent d'abattre les guichets pour éliminer leurs adversaires. Lorsque dix des onze batteurs ont été éliminés, l'équipe qui était au lancer passe à la batte, et vice versa. En règle générale, le match est gagné par l'équipe qui marque le plus de **runs**.*

*Mais au-delà des règles, c'est surtout l'esprit du jeu – le fair play – qui est important. À telle enseigne que l'expression **It's** (ou **That's**) **not cricket!** signifie Cela ne se fait pas ! L'ensemble des principes du **spirit of cricket** est codifié et figure en préambule aux règles officielles.*

En effet, ce sport très subtil exige beaucoup de qualités – l'adresse, la maîtrise de soi, la ruse, la patience, et, bien sûr le flegme – qui, pour certains, caractérisent les Anglais. (Certes, les Écossais, les Irlandais et autres Gallois possèdent ces mêmes qualités, mais ils les expriment autrement et dans d'autres jeux.) De ce fait, un bon nombre d'expressions techniques liées au cricket sont passées comme métaphores dans la langue courante. Nous en verrons certaines dans la leçon suivante.

Contrairement au football, la plupart des équipes de cricket professionnelles en Angleterre représentent non pas des villes, mais des comtés. Toutefois il est intéressant de noter que ce sport, typiquement anglais à l'origine, s'étend et se popularise au-delà de la communauté qui l'a vue naître : les pays du Commonwealth. Ainsi, aux États-Unis, les immigrés venus de l'Inde, du Sri Lanka, du Bangladesh, etc. ont amené leur passe-temps favori avec eux, et on voit des terrains de cricket improvisés pousser comme des champignons dans beaucoup de grandes villes. D'ici à ce que les métaphores "cricketisantes" remplacent celles venues du baseball, il n'y a peut-être qu'un pas !

Fifty-second lesson

It's not cricket!

1 – The broadcasting rights to the World Cup are up for renegotiation, and Soccer TV wants to hold onto them.
2 But it's not going to be plain sailing all the way...
3 – We got off to a flying start [1]: we can't just throw in the towel [2] now. We'd be a laughing-stock.
4 But we're on a sticky wicket [3]. We're up against Media Group, and they're heavy hitters [4].
5 They threw their hat into the ring [5] only last week and they're already firm favourites.
6 – I must admit I was caught out [6] by their announcement. It really did come out of left field [7].
7 But we mustn't let them queer our pitch [8]. I'm sure we can hit them for six [9] because we've got the best offer.
8 – Maybe so, but have you read their brief? It's really below the belt [10]:
9 They say we've had a good innings [11] but that it's time to make way for a company with new ideas.
10 – Why did they have to stick their oar in [12]? Everything was going swimmingly before they came along.
11 – Whatever, we can't take this lying down. We've got to come out fighting, to hit them where it hurts.

Prononciation
*1 ... **rii**-nĕgoo-chi-**éé**-chĕn ... 10 ... oor ...*

Cinquante-deuxième leçon

Ce n'est pas fair play !

1 – Les droits de diffusion de la Coupe du Monde doivent être renégociés et Foot TV entend bien les conserver.
2   Mais ce ne sera pas une simple promenade de santé…
3 – Nous avons pris un excellent départ : nous ne pouvons pas simplement jeter l'éponge maintenant. Nous serions la risée de tous.
4   Mais nous sommes dans une situation très difficile. Nous avons Media Group en face de nous, et ils ont beaucoup d'influence.
5   Ils ne sont entrés dans la course que la semaine dernière et ils font déjà figure de grand favori.
6 – J'avoue que j'ai été pris de court par leur annonce. Je n'ai vraiment pas vu le coup arriver.
7   Mais nous ne devons pas les laisser nous gâcher la partie. Je suis sûr que nous pouvons les étendre, notre offre est la meilleure.
8 – Peut-être, mais tu as vu leur argumentaire ? Ils frappent vraiment sous la ceinture.
9   Ils disent que nous en avons bien profité, mais qu'il est temps de laisser la place à une entreprise aux idées neuves.
10 – Pourquoi avaient-ils besoin de venir mettre leur nez là-dedans ? Tout baignait dans l'huile avant qu'ils ne s'en mêlent.
11 – En tout cas, nous ne pouvons pas rester les bras croisés. Nous devons nous battre, en frappant là où ça fait mal.

12 – Let's not jump the gun [13]. We need to think things over carefully and, if necessary, start again from scratch [14].

13 – The gloves are off and it's no holds barred [15]. I'm going to get the ball rolling straight away.

14 But we're out of our league. Media Group can outspend us three to one. We don't make the cut [16].

15 So what should we do? Just roll over and let them walk over us?

16 – Actually, I'm stumped [17] but I'll come up with something soon. We're not out for the count just yet.

17 Don't forget that Media has moved the goalposts [18] and we're no longer on a level playing field [19].

18 – I know. It's going to be a close-run race, but I reckon we can win by a nose, if not hands down [20].

19 You see, my wife heads the selection committee. Game, set and match!

16 … steumpt …

Notes

1 flying start, *départ lancé*. L'expression **to get** (parfois **to be**) **off to a flying start** signifie *prendre un excellent départ* – comme si on s'envolait !

2 Nous avons presque la même expression (qui vient de la boxe) en français, mais au lieu d'une serviette, on jette l'éponge : **Investors have thrown in the towel on tech stocks**, *Les investisseurs ont jeté l'éponge sur les valeurs technologiques*.

3 L'une des nombreuses expressions venues du cricket, **to be on a sticky wicket** (ou, plus précisément – mais moins couramment **to bat on a sticky wicket**) signifie *être dans le pétrin* : lorsqu'il pleut, le terrain de jeu devient boueux, donc "poisseux", rendant la vie très difficile aux batteurs. **This is a sticky wicket for the company because it has to**

Cinquante-deuxième leçon / 52

12 – N'allons pas trop vite. Nous devons bien réfléchir à la situation et, si besoin est, tout reprendre à zéro.
13 – On ne met plus de gants et tous les coups sont permis. Je vais tout de suite lancer l'offensive.
14 Mais nous ne jouons plus dans notre catégorie. Media Group a des moyens financiers trois fois plus importants que les nôtres. Nous ne faisons pas le poids.
15 Que devons-nous faire, dans ce cas ? Courber l'échine en attendant qu'ils attaquent ?
16 – À vrai dire, je sèche, mais je trouverai bientôt quelque chose. Nous ne sommes pas encore au tapis.
17 N'oublie pas que Media a changé les règles du jeu et que nous ne jouons plus à armes égales.
18 – Je sais. La course va être serrée, mais je pense que nous pouvons gagner, sinon haut la main, du moins d'une courte tête.
19 Pour tout te dire, ma femme préside le comité de sélection. Jeu, set et match !

cut costs without firing anyone, *C'est une situation épineuse pour la société, qui doit réduire les coûts sans licencier.* (Si la situation est vouée à l'échec, on peut dire **to be on a losing wicket**.)

4 Venu du baseball, le terme **a heavy hitter** ("celui qui frappe la balle très fort") est maintenant courant en anglais britannique. Il désigne quelqu'un de très influent ou détenteur d'un pouvoir important.

5 À ne pas confondre avec **to throw in the towel** (note 2), l'expression **to throw one's hat into the ring** vient aussi de la boxe. Jadis, le ring n'était qu'un espace entouré de spectateurs, et tout le monde pouvait tenter sa chance en essayant de battre le champion. Pour lancer un défi, on jetait son chapeau dans cette arène rudimentaire. De nos jours, l'expression signifie *se lancer dans la bataille*, et on la retrouve souvent dans le contexte des affaires ou de la politique : **Kennedy has thrown his hat into the ring and will challenge the Conservative candidate at the next election**, *Kennedy s'est lancé dans la course et va s'opposer au candidat conservateur aux prochaines élections.*

6 Au cricket, l'une des manières d'éliminer un batteur est d'*attraper*, **catch**, la balle, précédemment frappée par la batte, avant qu'elle ne

touche le sol. Le joueur est donc **caught out**. Au figuré, l'expression signifie plutôt "être pris en défaut" ou "par surprise" – ou tout simplement "découvert" : **The bigamist was caught out when he invited the same guest to both of his weddings!**, *Sa bigamie a été découverte alors qu'il avait invité une même personne à ses deux mariages !*

7 Voici un autre terme de baseball adopté par les Britanniques : **to come out of left field** (sans article défini) : *être totalement imprévu*. **The announcement came way out of left field**, *L'annonce était absolument inattendue*. (L'étymologie de l'expression est contestée, mais il s'agirait d'une référence à la construction d'un asile psychiatrique sur la partie gauche de l'ancien stade d'une équipe de baseball. Ainsi, tout comportement bizarre, excentrique ou étonnant, était décrit comme étant **in left field**, mais avec le temps, le sens – ainsi que la préposition – ont changé pour laisser place à la seule notion de surprise.)

8 **queer**, *bizarre*. En vieil anglais, **to queer** signifiait *gâcher* ou *gâter* ; toutefois le **pitch** en question n'est pas – une fois n'est pas coutume – un terrain de sport, mais l'emplacement d'un commerçant itinérant (cette acception perdure aujourd'hui). Un forain peu scrupuleux pouvait souiller l'emplacement d'un concurrent afin de le gêner, donc **to queer his pitch**. Aujourd'hui le sens est plutôt *couper l'herbe sous le pied de quelqu'un*.

9 Au cricket, si le batteur envoie la balle en-dehors du terrain sans qu'elle touche le sol, il marque six **runs**, *points*. On dit alors que la balle est **hit for six**. Au figuré, **to hit** (ou **knock**) **someone for six** signifie *envoyer valdinguer quelqu'un*. Mais l'expression peut aussi signifier *être très surpris* ou *sonné* : **We were knocked for six when Bill died suddenly**, *Nous avons été complètement abasourdis par la mort soudaine de Bill*.

10 Malgré la ressemblance avec le français ("au-dessous de la ceinture"), cette expression vient de la boxe et n'a rien à voir avec la pudeur : il s'agit d'un coup bas aux sens propre et figuré. On peut l'employer comme adjectif : **That was a below-the-belt remark**, *C'était une remarque vacharde*. Il faut faire attention car il y une tournure idiomatique similaire, qui n'a rien à voir : **to have something under one's belt**, *avoir quelque chose à son actif* : **She has ten years' experience under her belt**, *Elle a 10 ans d'expérience à son actif.*

11 Comme on le sait, un match de cricket est divisé en plusieurs **innings**, ou "tours de batte". L'expression **to have a good innings** veut dire *avoir une vie longue et heureuse*. Elle s'emploie habituellement lorsqu'une personne vient de tirer sa révérence. **Sally was ninety when she died. She had a good innings**, *Sally est morte à 90 ans. Elle a bien profité de la vie*. (Remarquons qu'en anglais britannique, **innnings** est invariable, alors qu'en américain, un seul tour de batte au baseball est (logiquement) **an inning**.)

12 **an oar**, *une rame* (d'aviron). En langage familier, **to stick one's oar in** signifie *mettre son grain de sel*. On peut employer d'autres verbes à la place de **to stick** : **He's always shoving his oar in**, *Il veut constamment se mêler de tout*. La préposition **in** se place toujours à la fin de la locution.

13 *Le fusil*, **the gun** en question est le **starting gun**, *le pistolet du starter*. En athlétisme, **to jump the gun** signifie *partir avant le départ*, et, au figuré, *réagir prématurément* : **I jumped the gun and installed the printer without reading the manual first**, *Je suis allé trop vite, j'ai installé l'imprimante sans avoir lu le mode d'emploi d'abord*.

14 **to scratch**, *griffer, rayer*. On revient ici aux combats de boxe d'antan, où l'on traçait (ou griffait) deux traits au sol pour indiquer la position de départ de chaque pugiliste, à laquelle ils devaient revenir au début de chaque round. D'où l'expression **to start (again) from scratch**, *(re)partir du début*, *à zéro*. (Les amateurs de golf connaissent le terme *joueur scratch*, celui qui part avec un handicap de zéro.)

15 Dans cette expression, qui vient de la lutte, **a hold** est *une prise*. Le verbe **to bar** signifie *interdire* : **Two athletes have been barred from the Olympics after testing positive for drugs**, *Deux athlètes ont été interdits de Jeux olympiques après avoir été contrôlés positifs aux stupéfiants*. Ainsi, dans un combat où **no holds are barred**, tous les coups sont donc permis.

16 Cette expression vient du golf où, **the cut** (*le cut* en français…) désigne le groupe de joueurs se qualifiant pour la partie finale d'un tournoi. Ainsi, **to make the cut** signifie littéralement "se qualifier pour la finale", mais surtout, au figuré, *être à la hauteur d'une tâche*. **To make the grade** est un synonyme qui ne vient pas du sport : **He'll never make the grade as a journalist**, *Il n'arrivera jamais à être un bon journaliste*.

17 Mis à part le **catch** (note 6), un autre moyen d'éliminer un batteur est de détruire le guichet qu'il est censé protéger, composé de trois piquets de bois (**stumps**, note culturelle de la leçon 51). On dit alors que ce joueur est **stumped**. Dans le langage courant, **to be stumped** signifie *buter sur un problème* : **I can't access the network and I'm completely**

stumped, *Je n'arrive pas à accéder au réseau et je ne comprends pas pourquoi.* (L'expression **completely stumped** s'emploie couramment sur les forums en ligne où les internautes cherchent une aide technique.)

18 Le sens littéral de **to move the goalposts** est "déplacer les poteaux des buts", mais l'expression s'utilise toujours au figuré pour décrire un changement inopiné des règles du jeu. **To move** peut être remplacé par

***

Exercise 1 – Translate

❶ The conference is off to a flying start, so let's keep the ball rolling. ❷ I know I'm on a losing wicket but I'm going to try anyway. ❸ We were knocked for six when we heard the news about Bill. ❹ I know he's had a good innings but that was a below-the-belt remark. ❺ Don't jump the gun. Read the instruction manual first.

***

Exercise 2 – Fill in the missing words

❶ Mike est devenu la risée du service parce qu'il a encaissé l'insulte sans broncher.
Mike became the .... the department because he .... the insult ....

❷ Tu ne peux pas la prendre en défaut ; elle a dix années d'expérience à son actif.
You can't ....; she has ten years' experience ....

❸ Il ne savait absolument pas quoi faire, car il n'arrivait pas à accéder au réseau.
He was .... because he couldn't ....

❹ Dorénavant, ça va marcher comme sur des roulettes car les conditions de concurrence sont égales.
From now on .... because we're all competing .. ..

❺ Si nous jetons l'éponge maintenant, il faudra repartir à zéro.
If we .... now, we'll have to ..... again ....

to shift: **The country will never qualify for accession because Europe keeps shifting the goalposts**, *Le pays ne sera jamais apte à l'adhésion, car l'Europe de cesse de changer les règles du jeux*.

19 L'expression **a level playing field**, *un terrain de jeu plan*, fait partie du vocabulaire politico-économique des grandes organisations internationales, notamment l'Union européenne. Elle désigne des conditions de concurrence égales. Au sens plus large, le mot signifie *équitable* : **We're all competing on a level playing field**, *Nous sommes tous sur un pied d'égalité*.

20 Après nos histoires de serviette et d'éponge (note 2), voici une autre expression qui ressemble à son homologue française, à un détail près : **to win hands-down**, *gagner haut la main*. Pourquoi **down** ? Parce que lorsqu'un jockey est sûr de gagner une course, il peut lâcher les rênes, mettre ses bras le long du corps (donc ses mains vers le bas) et franchir la ligne d'arrivée tranquillement.

***

Corrigé de l'exercice 1

❶ La conférence a bien démarré, alors maintenons le rythme. **❷** Je sais que je suis sur un terrain glissant, mais je vais essayer quand même. **❸** Nous avons été abasourdis lorsque nous avons appris la nouvelle concernant Bill. **❹** Je sais qu'il a bien profité de la vie, mais c'était quand même vache comme réflexion. **❺** Ne brûlez pas les étapes. Lisez le mode d'emploi d'abord.

***

Corrigé de l'exercice 2

❶ – laughing-stock of – took – lying down **❷** – catch her out – under her belt **❸** – completely stumped – access the network **❹** – it's plain sailing – on a level playing field **❺** – throw in the towel – start – from scratch

53 / Fifty-third lesson

*Les Britanniques aiment les sports. Ils y participent, en suivent assidûment l'actualité, et parient sur toutes sortes de rencontres sportives (des équipes du **Premier League** de football jusqu'aux courses de lévriers) – mais surtout ils en parlent. Très souvent, la terminologie propre à un sport passe dans la langue courante et se décline en expressions idiomatiques. Celles-ci sont propagées par les médias car elles sont souvent très imagées (et, de surcroît, beaucoup de journalistes préfèrent employer des expressions toutes faites plutôt que d'innover linguistiquement).*

Fifty-third lesson

"Sports Round-Up"

(Hosted by Stella Davis)

1 – Here to discuss the day's sporting events are Rod Mottram, the former Chelsea United striker, and one-time Welsh champion boxer David Jones.
2 – Evening [1] lads [2]. Let's start with the tennis and that straight-sets [3] victory by Ivovna, the number-ten seed [4], in the women's semi-final. Rod?
3 – Magic. A walkover [5], wasn't it [6]? Her poor opponent never knew what hit her. She tried hard, but at the end of the day [7], Ivovna outclassed her.
4 – Why's that, do you think? Better training? Tougher nerves? I mean [8], she took the first five games forty-love [9].
5 – Two reasons: a. she's as cool as a cucumber under pressure and b. [10] she's more at home on grass than on clay.

Bien que certaines de ces tournures soient faciles à comprendre – car elles se rapportent à des sports universels (nous connaissons déjà **to score an own goal**, *par exemple) –, d'autres le sont moins, notamment celles qui viennent du cricket (nous savons tout de même que* **It's not cricket** *signifie "Ce n'est pas correct") ou le* **snooker**, *jeu de billard. Qu'on aime ou déteste le sport, quiconque voudrait lire la presse ou simplement suivre une conversation quotidienne en anglais se doit d'avoir une bonne connaissance de ces expressions idiomatiques sportives.*

Cinquante-troisième leçon

"Résumé de l'actualité sportive"

(Animé par Stella Davis)

1 – Avec nous, pour commenter l'actualité sportive de la journée : Rod Mottram, ancien buteur du Chelsea United, et Dave Allen, ex-champion de boxe gallois.

2 Bonsoir, les gars. Commençons par le tennis et la victoire en deux sets d'Ivovna, la numéro 10 mondiale, dans la demi-finale femmes. Rod ?

3 – Magique. Elle s'est baladée, non ? Son adversaire, la pauvre, n'a pas eu le temps de comprendre ce qui lui arrivait. Elle a fait tout ce qu'elle a pu, mais, au bout du compte, Ivovna était une classe au-dessus.

4 – Pourquoi, à votre avis ? Une meilleure préparation ? Des nerfs plus solides ? Elle a quand même remporté les cinq premiers jeux quarante à zéro.

5 – Deux raisons : primo, elle garde un calme olympien sous la pression, et deuzio, elle est plus à l'aise sur gazon que sur terre battue.

Prononciation
3 … ouoznit …

53 / Fifty-third lesson

6 – Anyway [11], she took out the world's top-seeded player without batting an eyelid or dropping a game. Hats off to her.

7 – Today was full of upsets. In football, European champions Rangers were knocked out of the FA Cup in the quarter-finals.

8 – It was sort of [12] embarrassing, really. They played spectacularly right up the last ten minutes, then their captain was sent off.

9 After that, they ran around like chickens with their heads cut off [13]. Awful, they were [14].

10 They only lost one-nil [15], but the goal difference should have been a lot more.

11 – It was, you know, like they'd given up and gone home. I've never seen such an eleventh-hour collapse.

12 Their coach claims never to listen to this programme. Shame, because he'll have missed some good advice:

13 Your boys shouldn't have fallen to pieces like that. They should have kept their cool and played on.

14 – Let's move on to rugby union and the test match – or should I say whitewash [16]? – between Wales and Australia. Dave [17]?

15 – What are you looking at me like that for? We got hammered. The Aussies outplayed us.

16 That's all there is to it. I can't even blame the referee; he reffed [18] a good game.

17 Actually I mustn't grumble [19] because England fared even worse against New Zealand.

Cinquante-troisième leçon / 53

6 – En tout cas, elle a battu la numéro un mondiale sans sourciller et sans perdre un seul jeu. Chapeau !
7 – En foot, la journée a été marquée par des surprises. Les Rangers, champions d'Europe en titre, se sont fait sortir de la Coupe de la FA en quart de finale.
8 – C'était un peu la honte, en fait. Ils ont pratiqué un jeu spectaculaire jusqu'à dix minutes de la fin, moment où leur capitaine a été exclu.
9   Après cela, ils ont couru dans tous les sens *(comme des poulets décapités)*. Ils étaient lamentables.
10   Ils n'ont perdu que un à zéro, mais le score final aurait dû être beaucoup plus lourd.
11 – Vous savez, on aurait dit qu'ils avaient renoncé à jouer et qu'ils étaient déjà rentrés chez eux. Je n'ai jamais assisté à un tel effondrement en fin de match.
12   Leur entraîneur affirme qu'il n'écoute jamais cette émission. Dommage, car il aura raté quelques bons conseils :
13   Vos petits gars n'auraient pas dû s'effondrer comme ça. Ils auraient dû garder leur sang-froid et continuer à jouer.
14 – Passons au rugby et au test match – mais je devrais peut-être parler de déculottée – qui a opposé le pays de Galles à l'Australie. Dave ?
15 – Pourquoi tu me regardes comme ça ? On a pris une volée. Les Australiens étaient plus forts que nous.
16   Il n'y a rien d'autre à dire. Je ne peux même pas accuser l'arbitre ; il a parfaitement arbitré cette rencontre.
17   En fait, je devrais m'estimer heureux, car ça a été encore pire pour l'Angleterre face à la Nouvelle-Zélande.

16 … reft …

53 / Fifty-third lesson

18 – It just goes to show that the old saying holds true: the English teach other nations how to play games,
19 and then they get beaten hands-down by them for the next hundred years. □

Notes

1 Dans cette leçon, vous lirez et entendrez un registre très décontracté – presque populaire – qui est très courant dans les émissions sportives. Il n'est nullement vulgaire, simplement très naturel. Vous constaterez que, dans ce jargon, on escamote souvent des "petits" mots en début de phrase. Par exemple, **Evening** se dit à la place de **Good evening** (de même, **Morning** et **Night** remplacent respectivement **Good morning** et **Good night**). À l'écrit, on peut mettre une apostrophe ('**Evening**) pour indiquer cette élision.

2 Voir leçon 20, note 16.

3 Nous avons rencontré **straight** à plusieurs reprises, toujours dans le sens de *droit* ou de *direct*. Ici, il s'emploie comme adjectif et/ou adverbe dans le sens de *consécutif/consécutivement* : **Their new album has topped the charts for five straight weeks**, *Leur nouvel album domine le hit-parade depuis cinq semaines consécutives*, ou bien **for five weeks straight** (le sens est identique). En tennis, le terme **in straight sets** signifie remporter deux ou trois sets de suite (selon que l'on en joue trois ou cinq).

4 **a seed**, *une graine*. Dans le monde du tennis, **a seed** (ou **seeded player**) est une tête de série. Pourquoi ? Parce que, dans les premières compétitions professionnelles, on "éparpillait" (comme on sème les graines) les joueurs expérimentés pour être certain qu'ils ne se retrouveraient pas les uns en face des autres dans les premières manches. **Garcia is the number-three seed** (ou **Garcia is the third-seeded player**) : *Garcia est la tête de série numéro 3*. (Ainsi, on trouve parfois **seeded** dans le sens de *expérimenté*.)

5 Si, dans une course hippique, un cheval se retrouve seul suite à la défection de ses compétiteurs, il a le droit de traverser la ligne d'arrivée en marchant (**to walk over**). Le verbe est donc synonyme d'une victoire facile, **Portsmouth walked over Chelsea**, *Portsmouth a battu Chelsea à plate couture*. Le substantif est **a walkover**, toujours en un seul mot.

Cinquante-troisième leçon / 53

18 – Cela montre juste que le vieux dicton reste vrai :
"Les Anglais apprennent aux autres nations à pratiquer certains sports,
19 puis se font battre par elles à plate couture pendant les cent années qui suivent."

6 Dans ce registre familier, on escamote non seulement des mots (note 1), mais aussi des syllabes. Ainsi, **wasn't it** se prononce *[ouoznit]*. Dans cette leçon, vous entendrez aussi deux autres phénomènes typiques de ce registre : la non-prononciation de la lettre **h** en début de mot, et l'élision du **t** final (dans **hit**, par exemple). Nous en reparlerons vers la fin de ce livre. (Écoutez bien l'enregistrement.)

7 Nous allons apprendre aujourd'hui une série d'expressions et de tournures parlées (ou "marqueurs") dont le but est de structurer le dialogue et d'indiquer à l'interlocuteur que l'on termine une phrase, cède la parole, organise sa pensée, etc. Ici, **at the end of the day** signifie *somme toute, en fin de compte* : **At the end of the day, free downloads are probably not a good thing**, *En fin de compte, les téléchargements gratuits ne sont peut-être pas une bonne chose.*

8 **to mean**, *signifier*. Mais c'est surtout l'un des marqueurs les plus courants en anglais. On le place normalement au début de la locution ou après une conjonction – un peu comme *enfin* en français : **The hotel is dirty, but I mean what do you expect for ten pounds a night**, *L'hôtel est sale, mais enfin, à 10 £ la nuit, est-ce qu'on peut s'attendre à autre chose ?* Souvent, donc, **mean** ne signifie rien !

9 Rien à voir avec l'amour ! Nous savons qu'un score de zéro au cricket se dit **a duck** à cause de l'œuf de cane (leçon 51, note 11). Voici son pendant : dans le contexte du tennis, **love** est une déformation de … l'œuf ! Zéro pointé.

10 Voici une habitude très courante en anglais parlé : lorsqu'il y a deux éléments à mettre en avant, on les désigne par les lettres **a** et **b** (un peu comme on pourrait dire *petit un* et *petit deux* en français). **I don't want the new Xphone: a. it's expensive and b. it's complicated to use**, *Je ne veux pas du nouveau Xphone. D'abord il est cher, et ensuite il est difficile à manier.* En principe, on peut continuer jusqu'à la lettre **z** ! Mais bien qu'elle s'emploie fréquemment, cette tournure, empruntée aux raisonnements scientifiques, est déconseillée.

53 / Fifty-third lesson

11 Un autre marqueur très courant est **anyway**. Placé le plus souvent en début de phrase, il permet de résumer le discours ou de changer de sujet. **Anyway, that's enough about me. What about you?**, *Bref, assez parlé de moi. Parle-moi de toi*. **Anyhow** en est le synonyme.

12 **a sort of** signifie, comme en français, *une sorte de*. Mais **sort of** tout court, dans un registre familier, est un marqueur qui permet d'atténuer une déclaration, comme si on ajoutait "un peu" à une phrase française : **It's sort of interesting**, *C'est assez intéressant*. Lorsqu'on essaie de comparer deux choses sans faire un parallèle exact, on peut rajouter **like** : **It's sort of like snowboarding, but not quite**, *C'est un peu comme le surf des neiges, mais ce n'est pas tout à fait ça*. Inutile de dire qu'il ne s'agit pas d'un registre soutenu !

13 Il paraît que si on décapite un poulet, il continue à courir partout avant de mourir, d'où l'expression figurée **to run around like a chicken with its head cut off**, *courir dans tous les sens, comme si on avait perdu la tête*. On a donc la notion d'agitation et de manque d'objectif. Il existe une version un peu plus élégante, qui est **to run around like a headless chicken**. (Dans notre phrase, **chicken** et **head** sont au pluriel car il s'agit de plusieurs personnes.)

14 Nous avons déjà étudié le phénomène d'inversion (leçons 22, 28, etc.), et notamment le fait de commencer une phrase par un adjectif pour l'accentuer davantage (leçon 26, note 19). C'est une habitude courante dans la langue parlée, surtout au pays de Galles, cette structure étant un calque de celle en langue galloise (n'oublions pas que **Jones** est un nom de famille très courant dans ce beau pays).

15 Si **a duck** et **love** signifient tous les deux "zéro", ils ne s'emploient qu'au cricket et au tennis respectivement. Dans presque tous les autres sports, surtout le football et le rugby, on utilise **nil**. On peut aussi employer **nil** à la place de **zero** dans une locution où l'on veut insister sur l'absence totale de quelque chose : **Your chances of survival are nil**, *Vos chances de survie sont nulles*.

***

Exercise 1 – Translate

❶ Her new album has topped the charts for four weeks straight. **❷** Morning. Great match, wasn't it? – Brilliant it was. **❸** I mean, our chances of winning were nil, but at the end of the day, you mustn't grumble. **❹** The Aussies outplayed us. That's all there is to it. **❺** Don't buy the new Xphone: a. it's expensive and b. it's complicated to use.

Cinquante-troisième leçon / 53

16 **whitewash**, *le blanc de chaux*. Au figuré, on emploie le verbe **to whitewash**, *chauler*, dans le sens d'étouffer une affaire ou de la "blanchir" : **The régime is trying to whitewash its actions in the Balkans**, *Le régime essaie d'étouffer ses actions dans les Balkans*. En sport, **to whitewash** signifie *écraser son adversaire*.

17 Du fait qu'il manque de tutoiement, l'anglais trouve d'autres manières d'indiquer la familiarité ou la proximité. Pour ce faire (ce qui est très courant aux États-Unis), on adopte d'emblée la forme écourtée du prénom : **My name's William Ford. – Hi, Bill.** Nous vous déconseillons vivement de vous y aventurer (sans y avoir été invité : **Hello Anthony, – Call me Tony**), car vous risquez d'énerver votre interlocuteur qui, lui, tient à son prénom en entier ! (Dans le cadre de notre texte d'aujourd'hui, on part du principe que les deux personnes se connaissent déjà.) Nous reviendrons plus longuement la semaine prochaine sur les mécanismes qui se substituent au tutoiement.

18 L'anglais "néologise" très facilement, surtout dans la langue parlée. Ici, par exemple, l'arbitre se dit **the referee**, et le verbe *arbitrer*, **to referee**. Mais comme le petit nom de l'arbitre est **the ref**, on peut fabriquer le verbe **to ref** ! Il n'y a pas de règles pour ce type de néologisme, et les mots ainsi créés ne rentrent pas nécessairement dans la langue courante, mais soyez attentif. (Bien évidemment, nous vous demandons instamment d'éviter toute forme de créativité lexicale jusqu'à ce que vous soyez vraiment bilingue !)

19 **to grumble**, *maugréer, grogner, ronchonner*. L'expression figée **I mustn't grumble** (ou très souvent simplement **Mustn't grumble**) est similaire à notre *Faut pas se plaindre*. **How have you been? – Mustn't grumble**, *Comment ça va depuis la dernière fois ? – J'ai pas à me plaindre*.

***

Corrigé de l'exercice 1

❶ Son nouvel album domine le hit-parade depuis quatre semaines consécutives. ❷ Bonjour. Super match, hein ? – Génial. ❸ C'est que nous n'avions aucune chance de gagner mais, en fin de compte, il ne faut pas se plaindre. ❹ Les Australiens ont mieux joué que nous ; un point, c'est tout. ❺ N'achète pas le nouveau Xphone. D'abord il est cher et ensuite, son maniement est complexe.

four hundred and thirty • 430

Exercise 2 – Fill in the missing words

❶ Elle a gardé un calme olympien, en le battant sans sourciller.
She was as .... as a .... and beat him .... an ....

❷ Il aurait dû garder son sang-froid plutôt que de courir dans tous les sens.
He .... his .... instead of .... a ....

❸ En fait, le surf des neiges, c'est un peu comme le ski, mais pas tout à fait.
........, snowboarding is .... skiing, ...

❹ Il a éliminé le numéro un mondial sur terre battue. – Chapeau.
He .... the world's ... . player on clay. – ....[1].

❺ Il affirme ne pas regarder la télévision. Dommage, car il aura raté une bonne émission.
He .... watch television. ....., because he .... a good programme.

[1] *L'expression emploie toujours le pluriel* (**hats**), *contrairement au français.*

Fifty-fourth lesson

The critics

"The Heist", directed by Sidney Winter

1 – This riveting thriller helmed [1] by Sidney Winter proves that the seventy-year-old is at the top of his game.
2 Two brothers are plotting a heist but their failsafe plan goes wrong from the outset,
3 and they wind up [2] fleeing not only the cops but also their irate partners.

Corrigé de l'exercice 2

❶ – cool – cucumber – without batting – eyelid ❷ – should have kept – cool – running around like – headless chicken ❸ Actually – sort of like – but not quite ❹ – took out – top-seeded – Hats off to him ❺ – claims not to – Shame – will have missed –

Nous avons vu aujourd'hui un certain nombre d'expressions et de tournures (dites "marqueurs discursifs") qui ne sont pas nécessairement du "bon anglais" dans le sens grammatical du terme, mais qui sont employées tous les jours par des millions de personnes – y compris dans les médias – dans le discours courant. Ils existent aussi en français ("Alors", "Bon", "Enfin…") et permettent de lier une conversation. Dans plusieurs cas, nous vous avons conseillé de ne pas imiter la tournure en question (et surtout de ne pas inventer de nouveaux mots). Pourquoi, alors, les inclure ? Parce que vous les entendrez quotidiennement, et il est donc important de les reconnaître pour ce qu'elles sont plutôt que de chercher le sens littéral d'un "I mean" ou d'un "actually". C'est ainsi que vous perfectionnerez votre anglais.

Cinquante-quatrième leçon

Les critiques

Le Casse, *réalisé par Sidney Winter*

1 – Ce thriller fascinant signé Sidney Winter prouve que, à soixante-dix ans, ce dernier est au sommet de son art.
2 Deux frères préparent un casse, mais leur plan infaillible tourne mal dès le départ,
3 et ils se retrouvent finalement contraints de fuir non seulement les flics, mais également leurs complices furieux.

Prononciation
2 … Haïst …

4 The final shoot-out in a disused warehouse in downtown LA is a real nail-biter [3].

5 If you want a quality crime caper, then this one's for you. Highly recommended.

6 – Sid Winter should retire once and for all from movie-making if his latest flick [4] is anything to go by.

7 Poorly plotted [5], hammily [6] acted and just plain boring, the veteran director has clearly lost his edge [7].

8 The actors do their best with a feeble [8] script but Dan Dare is woefully miscast [9] as the coke-snorting elder brother.

9 "The Heist" can't hold a candle to [10] the rest of Winter's work. A film for a wet afternoon only.

"Get a life", directed by Sally Gallagher

10 – A romantic comedy that's also shrewd and funny is a rare animal indeed in today's blockbuster-oriented movie industry.

11 But "Get a Life" is just that. It is also a triumphant return to form for Gallagher after a string of flops,

12 and proves that she's no slouch [11] when it comes to directing comedy, even slapstick.

13 Heading the all-star cast is Mary Angel, surely one of the most talented actors [12] in the business.

14 In her role as a wisecracking [13] private eye [14], she's being hotly tipped [15] for an Academy Award.

15 The sleeper [16] of the year, "Get a Life" has already taken fifty million at the American box office. See it.

Cinquante-quatrième leçon / 54

4 La fusillade finale, dans un entrepôt désaffecté du centre de Los Angeles, est d'une rare intensité dramatique.

5 Si vous avez envie de voir un polar de qualité, ce film est pour vous. Vivement recommandé.

6 – Sid Winter devrait prendre sa retraite de réalisateur une bonne fois pour toutes, à en juger par son dernier film.

7 Dotée d'une intrigue médiocre, jouée de manière outrancière et franchement rasoir : le vieux briscard du cinéma a perdu de sa verve.

8 Les acteurs font de leur mieux vu la faiblesse du scénario, mais Dan Dare n'est absolument pas crédible dans le rôle du frère aîné sniffeur de coke.

9 *Le Casse* n'arrive pas à la cheville des films précédents de Winter. Un film à réserver aux après-midi pluvieux.

Faire sa vie, *réalisé par Sally Gallagher*

10 – Il faut bien dire qu'une comédie romantique qui soit également intelligente et drôle est un oiseau rare dans le paysage cinématographique actuel, dominé par les superproductions.

11 Or, *Faire sa vie*, c'est tout à fait ça. Ce film marque en outre le retour en force d'une Gallagher en pleine forme, après une série de bides,

12 et prouve qu'elle est parfaitement à son affaire quand il s'agit de réaliser une comédie, voire un vaudeville.

13 À la tête d'une distribution prestigieuse [on retrouve] Mary Angel, sans aucun doute l'une des actrices les plus talentueuses du cinéma actuel.

14 Dans la peau d'une détective privée jamais en mal de bons mots, elle serait fortement pressentie pour l'Oscar.

15 Événement inattendu de l'année, *Faire sa vie* a d'ores et déjà rapporté cinquante millions de dollars, uniquement en entrées dans les salles américaines. À voir.

54 / Fifty-fourth lesson

16 – This excruciatingly unfunny film is so dismal that it makes the director's previous films look like masterpieces.

17 To add insult to injury, the actual film runs for only one hour, with ten minutes of credits at the end.

18 But for [17] a scene-stealing cameo [18] from Liv Allman as a clumsy maître d' [19], the cast is wooden and lifeless.

19 Even the photography is substandard: the movie looks as though it has been shot through a greasy lens.

20 This is the kind of film that gives the genre a bad name. And me a bad headache. ☐

*18 … méétrë-dii … 20 … **hèd**-éék*

Notes

1 Beaucoup des mots et expressions que nous verrons aujourd'hui sont d'origine américaine, mais parfaitement assimilés en anglais britannique. Ce phénomène est assez fréquent dans le domaine des médias. Ainsi, **the helm** signifie *la barre* (d'un bateau). L'expression **to be at the helm**, *tenir la barre*, s'emploie au sens propre (navire) comme au sens figuré (entreprise), mais l'américain en a tout simplement fait un verbe : **to helm** – **Grendel is a socially responsible company helmed by its founder Lilly Tatler**, *Grendel est une entreprise socialement responsable dirigée par sa fondatrice Lilly Tatler*. Par extension, on applique **to helm** au cinéma pour parler du travail de metteur en scène.

2 Dans un registre familier, **to wind up** est synonyme de **to end up** (leçon 3, note 10).

3 **a nail-biter**, substantif de **nail-biting** (leçon 17, note 2), est le nom donné à un film, feuilleton, etc. à suspense.

4 Appliqué à la lumière, le verbe **to flicker** signifie *vaciller*. La qualité des tout premiers films muets n'étant pas excellente – l'image avait tendance à sauter ou trembler – on leur donna le petit nom de **flicks**.

435 • **four hundred and thirty-five**

Cinquante-quatrième leçon / 54

16 – Ce film sans humour aucun est tellement affligeant que, par comparaison, les œuvres précédentes de la réalisatrice font figure de chefs-d'œuvre.
17 Pour couronner le tout, le film proprement dit ne dure qu'une heure, pour dix minutes de générique de fin.
18 À l'exception d'une brève apparition de Liv Allman en maître d'hôtel maladroit, les acteurs semblent pétrifiés et atones.
19 Même la prise de vues est mauvaise : on a l'impression que le film a été tourné avec un objectif graisseux.
20 C'est le type de film qui discrédite le genre [cinématographique auquel il est censé appartenir]. Et qui me donne une terrible migraine.

Pendant longtemps, l'expression familière **to go to the flicks** signifiait *aller au cinoche*, mais elle est tombée en désuétude. En revanche, le mot **a flick** pour **a film** est toujours utilisé.

5 Nous avons vu en phrase 2 que **to plot** signifie *comploter*. Mais **a plot** est aussi un mot très important dans le domaine de l'art dramatique dans le sens de *l'intrigue* ou *l'action* d'une pièce, d'un roman, etc. Ainsi, dire qu'un film est **poorly plotted** (ou, au contraire, **well plotted**) signifie que l'intrigue est mal (ou bien) ficelée. Si on perd le fil de l'action, on dit **to lose the plot**, d'où l'expression familière **He's lost the plot**, qui signifie *Il ne sait plus où il en est*.

6 ham, *le jambon*. Dans le monde du théâtre, cependant, **a ham** (ou, plus rarement, **a ham actor**) est *un cabotin*. L'origine du mot est obscure (on pense qu'il vient de **hamfat**, *le lard* ou *gras du jambon*, qu'utilisaient au XVIIe les acteurs amateurs pour enlever leur maquillage). Toujours est-il que **ham** se décline en adjectif (**hammy**), adverbe (**hammily**) et en verbe avec **up** : **He really hammed up his role as a gunman in his latest flick**, *Dans son dernier film, il a vraiment surjoué son rôle de bandit*.

7 Nous avons rencontré **edge**, *le bord*, en leçon 36, note 12. On l'utilise dans un certain nombre d'expressions avec cette même notion de *tranchant* ou *d'avance* : **We have an edge over our competitors in terms of delivery times**, *Nous avons l'avantage sur nos concurrents*

four hundred and thirty-six • 436

54 / Fifty-fourth lesson

en termes de délais de livraison. Ainsi, si on dit que quelqu'un **loses his edge**, on indique qu'il a perdu cet avantage ou, selon le contexte, qu'il n'est plus aussi vif, tranchant, etc. qu'auparavant. On peut aussi être plus précis : **He's lost his creative edge**, *Il a perdu de sa créativité.*

8 Un autre exemple du fameux double vocabulaire, **feeble**, vient, bien sûr, du français *faible*, dont il partage le sens. Le mot saxon est **weak**. Ils sont souvent synonymes, mais au sens propre, **feeble** a plus une connotation de faiblesse due à l'âge ou la maladie. **I've recovered from the flu but I still feel a bit feeble**, *J'ai récupéré de la grippe, mais je me sens encore un peu faible.* Par extension, **feeble** possède le sens de *médiocre* : **What a feeble excuse!**, *Quelle piètre excuse !*

9 **a cast**, *une distribution* (théâtre, cinéma). Le mot s'applique souvent à l'ensemble des acteurs : **The cast were brilliant** (remarquez la forme plurielle) : *Les acteurs étaient formidables.* Mais le verbe **to cast** est un exemple typique d'un mot pour lequel la traduction doit varier selon la structure de la phrase. À la base, il signifie *sélectionner quelqu'un pour jouer un rôle* : **She was cast as a nun**, *Elle a été choisie pour jouer le rôle d'une religieuse.* Le préfixe **mis-** (*mé-*) nous indique que l'acteur en question est mal choisi pour son rôle : **She was miscast as a nun**, *On n'aurait pas dû lui attribuer le rôle d'une religieuse.* Moralité ? Si vous pensez reconnaître la racine d'un mot, regardez bien son préfixe ou encore son suffixe (leçon 49, § 5) pour plus d'informations.

10 **a candle** traduit à la fois *une chandelle*, *une bougie* et *un cierge*. L'expression **to hold a candle to** s'emploie toujours avec une connotation négative et signifie *ne pas arriver à la cheville de quelqu'un*. (Jadis, un apprenti débutant n'avait le droit que de tenir une bougie pour éclairer l'artisan qui, lui, travaillait. Si le jeune n'était même pas capable de faire cela, il était vraiment bon à rien.) Normalement, le verbe **can** est à la forme négative : **She's pretty but she can't hold a candle to her sister**, *Elle est jolie, mais sans comparaison avec sa sœur.* Toutefois on peut employer un autre verbe qui donne le même sens : **The film fails to hold a candle to the stage play**, *Le film n'arrive pas à la cheville de la pièce.*

11 **to slouch**, *ne pas se tenir droit*, *s'avachir*. Au sens littéral, **to slouch** est similaire à **to sprawl** (leçon 24, note 14), **He was slouched in the armchair**. Mais si dans le second cas on est affalé, dans le premier, on est avachi. Donc l'expression idiomatique **He's/She's no slouch** signifie, au contraire, que la personne n'est pas "manchote".

Cinquante-quatrième leçon / 54

12 La forme féminine de **actor** est **actress**, mais depuis un certain temps, la "correction politique" étant ce qu'elle est, le masculin peut s'appliquer aux deux sexes – usage souvent réclamé par les comédiennes elles-mêmes. (Rappelons que **actor/actress** traduit à la fois *acteur/actrice* et *comédien(ne)* et que **a comedian** est *un(e) humoriste*.)

13 **wise**, *sage*. En langage familier (surtout en américain), **wise** peut aussi avoir le sens de *malin*. Par ailleurs, le verbe **to crack**, *craquer*, peut s'employer avec **a joke** dans le sens de *raconter une blague*. Ainsi, **a wisecrack** est *une vanne* ou *une boutade* (souvent cinglante), et **wisecracking** en est l'adjectif.

14 L'une des premières agences de détectives privées américaines avait pour logo un œil ouvert, accompagné du slogan **We never sleep**, *Nous ne fermons jamais l'œil*. Ainsi **a private eye** est devenu le terme familier pour **a private investigator**, *un détective privé*.

15 Nous savons que **a tip** est *un tuyau* (leçon 5, note 14). (Le verbe *tuyauter* se traduit par **to tip off** : **Tipped off by an anonymous caller, the police arrested three drug smugglers**, *Prévenue par un correspondant anonyme, la police a arrêté trois narcotrafiquants*.) Dans le monde des courses hippiques, mais aussi au-delà, les *pronostiqueurs*, **tipsters**, signalent les chevaux qui sont susceptibles de gagner. Ainsi, **He's tipped to win** peut se traduire par *D'après les pronostiqueurs, il pourrait gagner*. Encore un mot dont la traduction varie selon la structure de la phrase.

16 **a sleeper**, *un dormeur*. Dans le jargon des médias, **a sleeper** est une œuvre (ou même un acteur ou un sportif) qui se révèle soudainement comme une grande réussite, comme si auparavant elle était endormie ou ignorée.

17 Nous avons déjà vu la construction **but for** (leçon 45, phrase 5) qui, placée en début ou en fin de phrase, signifie *sans* ou *à part*. Dans une phrase conditionnelle, il s'agit d'une tournure assez soutenue : **But for the scandals, politics would arouse even less interest than it does**, *S'il n'y avait pas les scandales, la politique susciterait encore moins d'intérêt qu'actuellement*. Ici, elle remplace la proposition conditionnelle **If it was not for...** On peut employer aussi **but for** avec une phrase affirmative : **But for the prices, it's a great restaurant**, *Mis à part les prix, c'est un excellent restaurant*.

18 **a cameo**, *un camée*. La notion de relief, inhérente à ce type de pierre, se retrouve dans le sens cinématographique, où **a cameo** est une brève apparition dans un film ou une pièce, souvent d'une vedette, qui "se distingue" des autres comédiens.

19 Eh oui, il s'agit du terme français **maître d'hôtel**, revu et "corrigé" par les Américains, qui le prononcent *[méétrë-dii]* (la notion d'*hôtel* ayant disparu !).

54 / Fifty-fourth lesson

Exercise 1 – Translate

❶ What I like about Sidney is that he's always cracking jokes. ❷ The film was brilliantly plotted and all the actors were well cast. ❸ The company has a real edge over its competitors in terms of price. ❹ The movie's good but it fails to hold a candle to the rest of her work. ❺ He's tipped to win an Academy Award for his riveting performance as a veteran cop.

***

Exercise 2 – Fill in the missing words

❶ À part une brève apparition de Dan Dare, le reste du film manque d'humour au point d'être affligeant.
 .... a ..... from Dan Dare, the rest of the film is ....

❷ Leur plan infaillible a tourné court dès le début et ils se sont retrouvés contraints de fuir Los Angeles.
 Their .... plan .... from the start and they .... LA.

❸ Il est parfaitement à son affaire quand il faut tourner des films intelligents à l'humour ironique.
 He ... ... when it .... shrewd films with ... humour.

❹ "Quelle piètre excuse !", grogna-t-il. "Vous ne faites qu'aggraver une situation déjà mauvaise !"
 "... .... excuse!" he .... "You're .... to ......!"

❺ Hollywood est un endroit où l'on tourne trop de films mais où l'on n'abat pas suffisamment de comédiens.
 Hollywood .. .. films and ... . actors.

Cinquante-quatrième leçon / 54

Corrigé de l'exercice 1

❶ Ce que j'aime chez Sidney, c'est qu'il raconte toujours des blagues. ❷ L'intrigue du film était brillante et la distribution des rôles était bonne. ❸ La société possède un réel avantage en termes de prix vis-à-vis de ses concurrents. ❹ Le film est bon, mais il n'est vraiment pas à la hauteur du reste de son œuvre. ❺ Selon les pronostics, il pourrait remporter un Oscar pour son interprétation saisissante de flic chevronné.

***

Corrigé de l'exercice 2

❶ But for – cameo – excruciatingly unfunny ❷ – failsafe – went wrong – wound up fleeing – ❸ – is no slouch – comes to making – wry – ❹ What a feeble – snorted – adding insult – injury ❺ – is where they shoot too many – not enough –

Le cinéma – en tant qu'art et industrie – a donné naissance à un langage et à un vocabulaire particuliers qui sont véhiculés par les autres médias et, de ce fait, font partie de la langue quotidienne. Pour s'en rendre compte, il suffit de lire les critiques, tant professionnelles qu'amateurs, qui foisonnent dans la presse, à la télévision et sur la Toile chaque fois qu'un nouveau film sort. Bien sûr, à cause de l'influence d'Hollywood, beaucoup de ces mots et expressions sont d'origine américaine, mais ils sont repris et employés couramment par les anglophones partout dans le monde.

Même le mot qui désigne le produit lui-même, le film, subit l'influence américaine. À l'origine, les Britanniques parlaient de **a film** *et les Américains de* **a movie** *(de* **moving picture***). Mais c'est ce dernier mot qui tend à s'imposer de plus en plus. Aux États-Unis, cependant, certains emploient* **film** *plutôt que* **movie** *pour faire la distinction entre l'art et le commerce. Par ailleurs, le nom indénombrable* **film** *s'emploie dans les deux langues dans le sens abstrait de cinéma :* **He's studying film at Yale**, *Il étudie le cinéma à l'université de Yale. (Il y a une différence qui persiste, néanmoins : c'est le terme pour l'endroit où les films sont projetés :* **a cinema** *pour les Britanniques, mais* **a movie theater** *outre-Atlantique).*

LE produit hollywoodien par excellence est sans doute le **blockbuster**, *ce film à gros budget et aux effets spéciaux spectaculaires. À l'autre extrémité, on trouve des films d'art et d'essai, les* **indies** *(c'est-à-dire financés indépendamment des grands studios). Quant aux différents genres (le mot est employé en anglais, comme nous l'avons vu), les*

Fifty-fifth lesson

"Frankly, I Don't Give a Damn"

1 – We said we'd go and see a film this evening. Toss me the listings guide [1] and let's see what's on.

2 – Do we really have to go out? I could do with [2] a bit of peace and quiet [3].

3 – The multiplex round the corner is showing two movies I really want to see: "The Heist" and "Get a Life".

*catégories classiques (**action**, **crime**, **western**, **war**, guerre, **horror**, horreur, **musical**, comédie musicale, **animated feature**, dessin animé), notons en passant que le sens du mot anglais **animation** est beaucoup plus restreint que son homonyme français – sont décomposées en autant de "sous-genres". Parmi ceux-ci, notons :*

- **biopic** : *contraction de* **biographical picture**, *film biographique*,
- **heist movie** : *film sur un hold-up, ou* **heist** *en argot*,
- **oddball comedy** : *comédie déjantée*
- **romcom** *ou* **romantic comedy** : *comédie romantique*,
- **sci-fi** *[saï-faï]* : *science fiction*,
- **slasher** : *film d'horreur très violent (***to slash** *signifie* taillader*)*,
- **swashbuckler** : *film de cape et d'épée ; le mot lui-même veut dire "fier-à-bras"*,
- **sword and sandals** : *"épée et sandales", péplum*,
- **weepy** *ou* **weeper** : *mélo larmoyant, de* **to weep**, *pleurer*

… sans oublier **the film noir**, *terme que l'on doit au critique français Nino Frank.*

Ces sous-genres peuvent se décliner eux-mêmes en "sous-sous-genres" ! En bref, vous aurez compris que le vocabulaire cinématographique est non seulement très riche, mais aussi évolutif.

Il va de soi qu'un des meilleurs moyens de perfectionner votre anglais est d'aller voir des films en VO. Mais il y a mieux encore : on trouve facilement des DVD avec des sous-titres anglais destinés aux malentendants. Nous vous conseillons vivement de vous en servir, dans le but ultime de visionner votre film sans sous-titres du tout !

Cinquante-cinquième leçon

"Franchement, je m'en fiche"

1 – On avait dit qu'on irait au cinéma, ce soir. Passe-moi le guide des spectacles, qu'on voie ce qui se joue.
2 – Est-ce qu'il faut vraiment qu'on sorte ? Personnellement, j'aimerais autant un peu de calme et de tranquillité.
3 – Le multiplexe du coin passe deux films que j'ai vraiment envie de voir : *Le Casse* et *Faire sa vie*.

55 / Fifty-fifth lesson

4 Which would you prefer: a gangster picture or something more light-hearted?

5 – I really don't care one way or the other [4]. Either is fine with me.

6 – I heard them both reviewed on "The Critics": Philip Gaul said the new Sidney Winter was gripping and he really recommended it.

7 It's got an all-star cast, with that up-and-coming Indian actor. The one who was in that cops and robbers [5] show on TV.

8 – He's appalling! He's got two expressions: puzzled and indigestion. Who else is in it?

9 Did you hear me? I asked who else is in it.

10 – You're like a bear with a sore head [6]. Would you rather we didn't go out?

11 – I really couldn't care less [7]. What did Gaul say about the other film?

12 – He said that it's shrewd and funny. But I know you're not into [8] romcoms. There's always the new Torrentino.

13 – I heard it was nothing to write home about [9]. He's become bitter and twisted [10] in his old age.

14 – That new documentary [11] has got rave [12] reviews: its about the breakdown of law and order and the pros and cons [13] of private militias.

15 – I've told you time and again that I'm sick and tired of these doom-and-gloom [14] stories.

16 I wouldn't go and see that kind of thing, come hell or high water [15].

 Prononciation
14 ... pro-oz en konz ...

Cinquante-cinquième leçon / 55

4 Qu'est-ce que tu préfères : un film policier ou quelque chose de plus léger ?
5 – Ça m'est complètement égal. L'un ou l'autre.
6 – Ils ont parlé des deux dans l'émission *Les Critiques*. Philip Gaul a dit que le nouveau Sidney Winter était poignant et il l'a vivement recommandé.
7 La distribution est prestigieuse, avec notamment cet acteur indien qui est très en vue en ce moment. Celui qui jouait dans cette série policière qui passait à la télé.
8 – Il est affligeant. Il ne sait exprimer que deux sentiments : la perplexité et l'indigestion. Qui d'autre joue dedans ?
9 Tu m'as entendu ? Je t'ai demandé qui d'autre jouait dedans.
10 – Tu es d'une humeur massacrante ! Tu préfères qu'on ne sorte pas ?
11 – Je m'en fiche complètement. Que disait Gaul de l'autre film ?
12 – Il disait que c'était sensible et drôle. Mais je sais que les comédies romantiques, ce n'est pas ton truc. Il y a toujours le nouveau Torrentino.
13 – Il paraît que ça ne casse pas des briques. Il s'est aigri en vieillissant.
14 – Il y a ce nouveau documentaire, qui a eu droit à des critiques dithyrambiques : ça parle de l'effondrement de l'État de droit et des avantages et des inconvénients des milices privées.
15 – Je t'ai dit cent fois que j'en avais par-dessus la tête des histoires glauques de ce genre.
16 Je n'irais pas voir un truc pareil pour tout l'or du monde.

17 It's the kind of film they show on planes and prisons, because the audience can't get out.
18 – I get the message loud and clear. Every time I suggest a film, you rant ⁱ⁶ and rave.
19 When it comes to the movies, we're like chalk and cheese ⁱ⁷.

Notes

1 Nous savons que **listed** peut signifier *classé* ou encore *coté en Bourse* (leçon 37, note 3). Dans cette seconde acception, *la cotation* se dit **a listing**. Au pluriel, comme aujourd'hui, les listes en question sont celles des programmes de télévision ou de radio de la semaine (**TV** ou **radio listings**), ou encore des films et autres manifestations culturelles, publiées dans des magazines ou sur des sites Internet (**listings guide**). Beaucoup de ces dernières publications ont pour titre **What's On**, souvent avec le nom de la ville à laquelle elles se réfèrent (**What's On in Manchester**).

2 L'expression **could do with** est très utile pour exprimer un souhait ou un besoin. Elle peut être impersonnelle – **Our bedroom could do with a lick of paint**, *Notre chambre aurait bien besoin d'un petit coup* (litt. "un coup de langue") *de peinture* – ou encore exprimer un désir personnel : **I could do with a holiday**, *Je prendrais bien des vacances*.

3 Nous avons parlé à plusieurs reprises du phénomène de "binômes" (par exemple, leçon 46, note 1), et aujourd'hui nous allons l'explorer plus en détail. Voici un exemple où l'on "souligne" le sens du premier mot en y ajoutant un synonyme : **peace**, *la paix*, mais surtout, dans cette acception, *la tranquillité* et **quiet**, *le silence*, *le calme*. Une règle fondamentale des binômes est qu'il faut respecter strictement l'ordre des mots : **I could do with some peace and quiet**, et non **I could do with some quiet and peace**.

4 Nous avons déjà rencontré la tournure **I don't care**, *Ça m'est égal* (leçon 44, phrase 3). Lorsqu'on vous propose plusieurs options, vous pouvez rajouter **one way or the other** pour souligner votre détachement. **They offered me a choice of three starters, but I didn't care one way or the other**, *Ils m'ont proposé de choisir entre trois entrées, mais cela m'était tout à fait égal*. Nous allons voir aujourd'hui plusieurs façons d'exprimer l'indifférence ou un manque de préférence.

17 C'est le genre de film qu'on vous passe en avion ou en prison, parce que le public ne peut pas sortir.

18 – Je te reçois cinq sur cinq. À chaque fois que je te suggère un film, tu râles.

19 En matière de cinéma, toi et moi, on est comme chien et chat.

---

5 Nous savons que **a cop** est *un flic*. Il s'agit d'une apocope de **copper** (ce mot étant employé dans le même sens), qui signifie *le cuivre*. D'après la légende, les premiers policiers anglais portaient des uniformes ornés de boutons de cuivre, mais la vérité est plus prosaïque : le vieux verbe **to cop** (qui vient du latin ***capere***, *prendre*, et nous donne *capter* et *capture*) signifie *attraper*. Ainsi, **a copper** est celui qui "capte" les malfrats. Nous marions le mot avec **robbers**, *voleurs* (toujours au pluriel) pour créer un binôme équivalent à notre *gendarmes et voleurs*. Le terme s'emploie pour décrire une série ou un film policier. (Tout comme *flic* ou *poulet* en français, il est fortement déconseillé d'employer le mot **cop** lorsqu'on a affaire aux forces de l'ordre…)

6 **a bear with a sore head** ressemble à l'expression française *un ours mal léché*, mais n'en est pas l'équivalent. Cette expression imagée – on peut bien imaginer à quoi ressemble un ours qui a la migraine ! – décrit une personne qui est de très mauvaise humeur, mais souvent de façon passagère. On l'emploie normalement comme une comparaison : **He's like a bear with a sore head this morning**, *Il est à prendre avec des pincettes ce matin*. (Il n'y a pas d'équivalent direct à *un ours mal léché* ; on emploie une périphrase comme **He's a very uncouth person**.)

7 **I couldn't care less** (toujours avec le conditionnel **could**) est une façon assez catégorique d'exprimer son indifférence : *Je m'en fiche complètement*. Cependant, elle est moins affirmative que l'expression utilisée pour le titre de cette leçon : **I don't give a damn!**, *Je n'en ai rien à cirer !* Celle-ci est à manier avec précaution à cause du mot **damn** (leçon 34, note 6), mais nous l'avons inclus aujourd'hui comme un clin d'œil au septième art car il s'agit de la dernière réplique de Rhett Butler à Scarlett O'Hara dans *Autant en emporte le vent* devenue l'une des citations les plus connues du cinéma américain.

Enfin, ne confondez pas **care less** (litt. "se soucier moins") avec l'adjectif **careless**, *insouciant*.

55 / Fifty-fifth lesson

8 L'expression idiomatique **to be into** exprime la notion de s'intéresser à ou affectionner quelque chose. On peut la rapprocher de notre expression *être son truc* : **Raja is heavily into natural medicine**, *Raja, la médecine douce c'est vraiment son truc*.

9 Pendant la première guerre mondiale, les soldats avaient pour la première fois la possibilité d'écrire régulièrement à leur famille. Chaque grand événement fut donc l'occasion d'une lettre. Ainsi, dire que quelque chose est **nothing to write home about** signifie qu'elle n'est pas vraiment digne d'intérêt. On emploie l'expression surtout lorsque la chose en question a fait l'objet d'un grand battage. **I saw *Cats*, but it was nothing to write home about**, *J'ai vu Cats, mais ça ne casse pas des briques*. Notez que la préposition **about** vient toujours à la fin de la locution.

10 **bitter**, *amer* ; **twisted**, *tordu*. Le binôme **to be/become bitter and twisted** signifie *être/devenir aigri*. Pris littéralement, les deux mots ne vont pas nécessairement ensemble, mais il s'agit d'une expression figée, chaque élément ayant deux syllabes.

11 Le mot **a documentary**, *un film documentaire*, fait l'objet de plusieurs déclinaisons assez créatives. Ainsi nous trouvons **a mockumentary** (de **mock**, *faux*), *un canular en forme de faux documentaire*, **a shockumentary**, *un documentaire "coup de poing"*, ou encore **a rockumentary**, qui raconte la vie d'un groupe de rock. Ce type de néologisme se crée tous les jours, mais seuls certains des nouveaux mots perdurent. Équipez-vous d'un bon dictionnaire, et, si vous n'y trouvez pas le mot qui vous interpelle, cherchez sur Internet. Cependant, si l'on connaît le contexte et qu'on maîtrise le vocabulaire de base, ces mots inventés ne sont pas très difficiles à décortiquer.

12 **to rave**, *délirer*. (Le mot est d'origine française et s'apparente à *rêverie*.) **The old man was raving about his lost fortune**, *Le vieil homme délirait à propos de sa fortune perdue*. Mais on peut aussi "délirer" de façon positive ! Ainsi, **to rave** a aussi le sens de *s'extasier* : **He was raving about that new band**, *Il était très enthousiaste à propos de ce nouveau groupe*. **A rave review**, *une critique dithyrambique*. (C'est cette notion de "délire enthousiaste" qui a donné naissance à la **rave party** – et, par ce biais, le mot a fait son retour à la langue française !)

13 Les deux mots **pros** et **cons** viennent du latin (*pour* et *contre*), mais dans cette expression ils sont toujours ensemble, au pluriel et inséparables. Il s'agit des avantages et des inconvénients de quelque chose. **I'll have to weigh up the pros and cons**, *Je devrai peser le pour et le contre*. Néanmoins, on peut employer **pro** comme préposition ou comme adjectif. Par exemple, aux États-Unis, dans le contexte de l'avortement, on parle des mouvements **pro-life** ("pour la vie", donc contre l'IVG) et **pro-choice** ("pour le choix" : il revient à la femme de décider).

14 Certains binômes jouent sur la rime plutôt que le sens propre des mots qui les composent (note 3). Ainsi, **doom**, *la ruine* ou *le mauvais destin*, est accouplé à **gloom**, *la mélancolie*, *les ténèbres*, pour former une locution qui décrit un grand pessimisme : **Everyone is full of doom and gloom because of falling house prices**, *Tout le monde est très pessimiste en raison de la chute des prix immobiliers*. Il est aussi possible d'en faire un adjectif épithète, auquel cas il est usuel d'employer des traits d'union : **He painted a doom-and-gloom picture of the economy**, *Il a dressé un portrait assez sombre de l'économie*.

15 Un autre type de binôme est celui basé sur l'allitération. Dans notre exemple, **come hell or high water**, les deux **h-** initiaux sont plus importants que le sens inhérent des composantes (*l'enfer*, *la marée haute*). D'ailleurs, l'origine de l'expression est obscure, laissant penser que sa force et sa pérennité résident dans sa sonorité. Notons que **come** est un subjonctif : **I will marry him, come hell or high water!**, *Je l'épouserai, envers et contre tout*.

16 En leçon 50, phrase 2, nous avons rencontré le mot **a rant**, *une diatribe*, du verbe **to rant**, *déblatérer*. **He's always ranting about government interference in our everyday lives**, *Il déblatère toujours sur l'intervention du gouvernement dans notre vie quotidienne*. Dans l'expression **to rant and rave**, on combine deux types de binômes : les synonymes (note 3) et l'allitération (note 15) pour traduire la notion de *fulminer*, *pester* : **The Conservatives have continued to rant and rave about a supposed ten per cent increase in income tax**, *Le parti conservateur ne cesse de tempêter à propos de la prétendue augmentation de 10 % de l'impôt sur le revenu*.

17 C'est plutôt l'allitération que le sens propre qui rend cette expression plaisante : le synonyme **They're like day and night**, *Ils sont comme le jour et la nuit*, est plus banal.

Exercise 1 – Translate

❶ You'd better weigh up the pros and cons before making a decision. ❷ We saw the show, but it was nothing to write home about. ❸ What's up with Ali? He's like a bear with a sore head this morning. ❹ Some of the buildings on the street could really do with a lick of paint. ❺ I don't care one way or the other. Either will do.

***

Exercise 2 – Fill in the missing words

❶ J'en ai vraiment marre de tous ces films pessimistes sur le réchauffement climatique.
I'm .... of all these .... movies about global warming.

❷ Je suis perplexe. Pourquoi deviens-tu si insouciant ? – Je m'en fiche vraiment.
I'm .... Why are you getting so careless? – I ....

❸ Il fut un temps, c'était un acteur prometteur. Maintenant, c'est un metteur en scène aigri.
He was .... an .... actor. Now he's a .... director.

❹ L'un des films est une comédie romantique, l'autre est un faux documentaire. Ils sont vraiment dissemblables.
One film's a ...... and the other's a .... They're like ....

❺ Pourquoi déblatères-tu ? – Parce que j'aurais besoin d'un peu de calme.
Why are you ....? – Because I .... some ....

Cinquante-cinquième leçon / 55

Corrigé de l'exercice 1

❶ Vous devriez peser le pour et le contre avant de prendre une décision. ❷ Nous avons vu le spectacle, mais il n'y avait pas de quoi se relever la nuit. ❸ Qu'est-ce qu'il a, Ali ? Il n'est pas à prendre avec des pincettes ce matin. ❹ Certains des bâtiments de notre rue auraient franchement besoin d'un coup de peinture. ❺ Peu m'importe lequel. L'un ou l'autre fera l'affaire.

Corrigé de l'exercice 2

❶ – sick and tired – doom-and-gloom – ❷ – puzzled – couldn't care less ❸ – once – up-and-coming – bitter and twisted – ❹ – romcom – mockumentary – chalk and cheese ❺ – ranting and raving – could do with – peace and quiet

Vous arrivez maintenant à un stade où vous n'êtes plus obligé de chercher le sens de chaque mot ou expression. Mieux encore, à partir du sens propre d'un mot, par exemple to cast *(leçon 54), vous êtes capable de le comprendre, ainsi que les mots qui en sont dérivés (*miscast*), dans différents contextes, sans devoir traduire systématiquement. Ceci est très important, car il ne faut pas que les quelques mots dont vous ignorez le sens précis vous empêchent de comprendre l'ensemble d'un texte ou d'une conversation. C'est pour cette raison que nous vous avons fait étudier cette semaine certains marqueurs discursifs, ou encore des verbes à particule avec plusieurs significations. Certes, vous ferez encore quelques fautes, mais ce sont là autant d'occasions d'apprendre ! Surtout, prenez du plaisir à cette méthode. Bon, maintenant, allez regarder un film en VO !*

four hundred and fifty • 450

Fifty-sixth lesson

Revision – Révision

1 Les "binômes"

Nous employons ce terme – il y en a d'autres, plus savants – pour décrire le phénomène qui consiste à créer des expressions idiomatiques à partir d'un ensemble de mots (normalement deux noms ou adjectifs reliés par une conjonction) dont l'ordre est invariable. Le sens de l'expression ainsi créée – verbe, adjectif ou adverbe – peut souvent être deviné à partir du premier mot, le deuxième (ou troisième) étant ajouté(s) pour l'équilibre, l'euphonie ou l'accentuation.

Il n'y a pas de règles pour la création de ces binômes, aussi faut-il les apprendre par cœur. Cependant, nous pouvons les regrouper en plusieurs catégories, ce qui vous aidera à les assimiler plus facilement (nous verrons que certaines expressions répondent aux critères de deux catégories).

1.1 Binômes composés de synonymes

Dans cette catégorie, le deuxième mot de la paire est ajouté pour accentuer le sens du premier :
neat and tidy, *bien rangé*
peace and quiet, *le calme*
(to) pick and choose, *choisir*
prim and proper, *collet monté* (voir aussi "Binômes allitératifs")
(to) rant and rave, *déblatérer*
(to be) sick and tired, *(en avoir) ras le bol*
(to) wine and dine, *inviter à dîner* (voir aussi "Binômes qui riment").

1.2 Binômes composés d'antonymes

Dans cette catégorie, nous trouverons certaines expressions qui ont des similarités avec le français :
comings and goings, *allées et venues*
dawn till dusk, *du matin au soir* (voir aussi "Binômes allitératifs")
give and take, *donnant donnant*

Cinquante-sixième leçon

(to play) hide and seek, *jouer à cache-cache*
pros and cons, *avantages et inconvénients* *("le pour et le contre")*.

1.3 Binômes allitératifs
On trouve, bien sûr, des binômes dans d'autres langues, y compris le français (*bec et ongles*, etc.). Mais cette catégorie, avec la suivante, est sans doute la plus importante, la plus euphonique et souvent la plus créative – en bref, la plus "anglaise" :
black and blue, *couvert de bleus*
cash and carry, *libre service de gros*
chalk and cheese, *dissemblable* (voir aussi "Binômes composés d'antonymes")
part and parcel, *partie intégrante*
spick and span, *impeccablement propre*.

1.4 Binômes qui riment
Cette catégorie inclut la demi-rime :
hustle and bustle, *bousculade*, *animation*
hither and thither, *ça et là*
(to) meet and greet, *saluer*, *accueillir*
(to be) out and about, *sortir*, *être remis d'une maladie*
wear and tear, *l'usure*, *la dégradation* (**to tear** *[tèr]*, *déchirer*).

1.5 "Trinômes"
Les expressions dans cette catégorie sont certes moins nombreuses que les binômes, mais reprennent les mêmes mécanismes :
cool, calm and collected, *imperturbable* (allitération)
here, there and everywhere, *partout* (synonymes)
lock, stock and barrel, *tout entier*, *tout le toutim* (rime).

Bien entendu, nous n'allons pas lister l'ensemble de ces expressions, ce qui serait à l'encontre de la méthodologie d'Assimil. Nous essayons, en revanche, de vous démontrer les mécanismes employés dans la création de binômes (et trinômes) pour vous aider à mieux les retenir, sachant que, malheureusement, il faut les apprendre par cœur. Cette analyse par catégories, ainsi que le petit dialogue à la fin de cette leçon, sont destinés à vous faciliter la tâche.

Ce travail de compréhension est d'autant plus important que les journalistes, écrivains et autres bloggeurs sont très friands de ces formulations et en créent tous les jours, surtout dans les catégories 1.3 et 1.4. Par exemple, lorsque la presse veut faire connaître au grand public l'identité d'un malfaiteur, on publie son nom afin de l'humilier. On dit alors, par exemple, que **Robins was named and shamed by the *Daily Tribune***, *Robins fût montré du doigt (nommément) par le* Daily Tribune. Ou encore, certains analystes financiers peu scrupuleux présentent une action ordinaire comme une bonne affaire en "gonflant" (**to pump**) ses qualités pour faire monter le prix et ensuite revendre ce titre au prix fort (**to dump**). On appelle cette pratique illégale **to pump and dump**.

En bref, toute la souplesse et la créativité de la langue anglaise sont cristallisées dans ce phénomène de binômes.

2 *To get*

Ce petit verbe omniprésent mériterait un livre à lui tout seul (on dit, presque en plaisantant, que l'on peut parler anglais avec trois mots : **yes**, **no** et **get**…). Mais ici nous nous cantonnerons à quelques explications structurées, faisant suite à la leçon 50, pour vous aider à comprendre le fonctionnement de **to get**. Notons, en passant, que ce verbe est parfois évité dans un style soutenu (on apprenait autrefois aux écoliers britanniques d'éviter **to get**, **a lot of** et **nice**, des mots "paresseux"), mais qu'il est tout a fait correct et courant.

2.1 Significations propres de *to get*

Il a plusieurs significations propres, où il se substitue à d'autres verbes :

• **obtenir, recevoir, se procurer**
Get peut remplacer des verbes comme **to obtain**, **receive**, **fetch**, etc.
(Fetch) Get me another ream of paper, please, *Apportez-moi une nouvelle rame de papier, s'il vous plaît*.
I (received) got three e-mails from my bank yesterday, *J'ai reçu trois courriels de ma banque hier*.
We want to (obtain) get value for money, *Nous voulons en avoir pour notre argent*.

We (buy) get our meat from the local butcher, *Nous achetons notre viande chez le boucher du coin*.

- **devenir**

Get remplace **to become**, **to grow**, etc.

It's (growing) getting dark; we should leave, *Il commence à faire nuit ; nous devrions partir*.

She's (becoming) getting forgetful in her old age, *Elle devient distraite en vieillissant*.

- **se déplacer, se mouvoir**

Avec une postposition, **get** se substitue à des verbes de mouvement :

(Come) Get into the car; I'm leaving, *Monte dans la voiture ; je m'en vais*.

(Alight from) Get off the Tube at Oxford Circus, *Descendez du métro à Oxford Circus*.

He (returned) got back after midnight, *Il est rentré après minuit.*

Dans tous les exemples ci-dessus, notamment les trois derniers, le verbe "formel" (**return**, **alight**…) manquerait de naturel dans la langue parlée. Ainsi, une annonce officielle à la gare vous inviterait à **alight from the train**, alors qu'un voyageur vous dirait **get off the train**.

2.2 *To get* participe passé dans des verbes pronominaux

À titre d'exemple, retenez celui-ci :

On the day he got married, he got up, got showered and got dressed, *Le jour de son mariage [où il s'est marié], il s'est levé, s'est douché et s'est habillé*.

En revanche, dans un style formel, on écrirait :

On the day of his wedding, he rose, showered and dressed.

Dans ce type de construction, on ajoute **to get** comme indicateur pronominal, bien qu'il n'ait pas de sens propre. Ainsi, il y a une différence entre **he got dressed**, *il s'est habillé*, et **he was dressed**, *il était habillé*.

2.3 *To get* en remplacement de *to be*

Dans la langue parlée ou informelle, **to get** peut remplacer **to be** dans des tournures passives. Dans cette construction (le "get-passive"), l'action est souvent inattendue ou fortuite :

I (was) got hit on the head by a cricket ball, *J'ai été frappé à la tête par une balle de cricket*.

Dave (was) got fired for losing his laptop, *Dave s'est fait virer pour avoir perdu son ordinateur portable*.

2.4 *To get* + COD + infinitif

Avec un complément d'objet direct et un infinitif, **get** traduit la notion de *réussir à faire* ou *faire faire* :
I got him to tell me the truth, *J'ai réussi à lui faire dire la vérité*.
He got the door to open with a knife, *Il a réussi à ouvrir la porte avec un couteau*.
On retrouve cette même notion dans une autre construction avec un COD et un participe passé :
I got my computer fixed and I'm back online, *J'ai fait réparer mon ordinateur et je suis à nouveau en ligne*.
Remember to get the loan papers signed, *N'oubliez pas de faire signer les documents pour le prêt*.

2.5 Autres emplois de *to get*

Enfin, et peut-être le plus difficile à assimiler, **to get** joue un rôle "sonore". Par exemple, **got** peut s'insérer dans une phrase après la contraction du verbe **to have** pour signaler cette élision (leçon 50, note 7) :
I have a problem → **I've got a problem**, *J'ai un problème*.

Notons que cet usage s'applique surtout au temps présent (**I had a problem** et non **I got a problem**).
De la même manière, **get** s'emploie à la forme impérative dans des exclamations ou des explétifs à cause du son guttural. Par exemple, **Get out!**, *Partez !*, est plus fort que **Leave!** Pour sentir la différence, dites les deux à haute voix.
Il est impossible, en quelques pages, d'expliquer tous les sens de **to get** (nous n'avons même pas abordé les verbes à particule !), et là n'est pas notre but. Nous espérons plutôt que cette analyse sommaire vous permettra d'assimiler plus naturellement l'emploi de ce verbe si utile, qui échappe très souvent à des règles formelles :
You've got to get used to "to get", *Il faut s'habituer à "to get"*.

3 Les pluriels irréguliers

Nous connaissons, bien sûr, des pluriels irréguliers courants comme **man** → **men** ou **child** → **children**. Mais il y a aussi un ensemble de mots, notamment d'origine grecque ou latine, dont le pluriel est irrégulier – en règle générale, la forme de la langue d'origine – mais qui permet, en certains cas, une forme régulière aussi.
Par exemple, à la leçon 50, le pluriel de **a stadium**, *un stade*, peut être **stadiums** ou **stadia**.
Voici quatre "familles" de noms :

3.1 Noms terminés en *-us*
fungus, *mycose* : **fungi** ou **funguses**
octopus, *poulpe* : **octopi** ou **octupuses**
syllabus, *programme scolaire* : **syllabus** ou **syllabuses**
En revanche, les noms suivants n'ont qu'une forme irrégulière :
alumnus, *ancien élève*, **alumni**
nucleus, *noyau*, **nuclei**
stimulus, *stimulus*, **stimuli**.

3.2 Noms terminés en *-um*
Ils forment leur pluriel avec **-a**. Les plus courants sont :
addendum, *addendum*, **addenda**
erratum, *erratum*, **errata**
stratum, *strate*, **strata**.
(Ce groupe comprend deux noms dont le pluriel est la forme la plus courante : **media** (**medium**), *les média* et **data** (**datum**), *les données*.)

3.3 Noms terminés en *-a*
Ceux-ci forment leur pluriel soit en **-ae** soit de façon régulière.
antenna, *antenne*, **antennae** ou **antennas**
formula, *formule*, **formulae** ou **formulas**.

3.4 Noms terminés en *-is*
La terminaison plurielle est **-es**. Cette catégorie, la plus importante, n'a pas de forme régulière. Les mots les plus courants sont :
analysis, *analyse*, **analyses**
basis, *base*, **bases**
crisis, *crise*, **crises**

diagnosis, *diagnostic*, **diagnoses**
hypothesis, *hypothèse*, **hypotheses**
oasis, *oasis*, **oases**
parenthesis, *parenthèse*, **parentheses**.

Enfin, signalons deux mots d'origine grecque qui posent souvent un problème aux francophones :
a criterion, *un critère*, **criteria**
a phenomenon, *un phénomène*, **phenomena**.
On peut dire, en conclusion, que, à l'exception des noms dans la catégorie 3.4, pour laquelle il n'y a qu'une forme en **-es** (sans oublier **criterion** et **phenomenon**), on tolère la forme régulière. Mais, puisque nous sommes quand même au niveau du perfectionnement, il serait préférable d'employer le mot juste !

4 Comment dit-on "zéro" ?

Cela devrait être simple, d'autant plus que le mot **zero** existe en anglais. Mais tout dépend du contexte...

4.1 Numéros de téléphone, de compte bancaire, etc.

Zéro se dit **oh** *[o-o]* : 3076 = **three oh seven six**.
007 : **double oh seven**

4.2 Mathématiques

Zéro se dit **nought** *[nort]* : 0.6 = **nought point six**.

4.3 Science, températures

Zéro se dit... **zero**. **Water freezes at zero degrees**, *L'eau gèle à 0°C*. (Notez que le nom qui suit **zero** est au pluriel.)

4.4 Sports

Zéro se dit **nil** (ou parfois **nothing**) : **We won three-nil/three nothing**, *Nous avons gagné trois à zéro*.

Enfin, nous avons appris deux autres mots pour *zéro points* : **a duck** (au cricket) et **love** (au tennis).
Si vous y perdez votre latin, un conseil : le mot **zero** sera toujours compris ! (D'ailleurs, il est beaucoup plus courant en anglais américain.)

Cinquante-sixième leçon / 56

Revision dialogue

1 – I'm sick and tired of the hustle and bustle of London. I need some peace and quiet. All those comings and goings, with people rushing hither and thither from dawn to dusk.
2 – Why are you ranting and raving? That's part and parcel of city life!
3 – I want a neat and tidy house in the country where everything is spick and span.
4 – But in a city, you can pick and choose where you want to eat. You can wine and dine your girlfriend at any time.
5 – But I can't stand the wear and tear on my nerves. And city people are so rude!
6 – Don't be so prim and proper! Cities are fun. I agree that there are pros and cons.
7 – Too right! After a day on the Underground I'm black and blue all over. How can you remain so cool, calm and collected? You and I are like chalk and cheese.
8 – It's a question of give and take. I love London, lock, stock and barrel – and London loves me.

Traduction

1 J'en ai ras le bol du tohu-bohu de Londres. J'ai besoin de calme. Toutes ces allées et venues, ces gens qui courent à droite et à gauche du matin au soir. **2** Pourquoi tu râles tant ? Cela fait partie intégrante de la vie urbaine ! **3** Je veux une petite maison à la campagne où tout serait nickel. **4** Mais à la ville, tu peux choisir où tu veux manger. Tu peux inviter ton amie à dîner à n'importe quelle heure. **5** Mais je ne supporte pas d'être sur les nerfs. Et les citadins sont tellement grossiers ! **6** Ne sois pas si collet monté ! La ville, c'est sympa. J'admets qu'il y a du pour et du contre. **7** Tu l'as dit ! Après une journée dans le métro, je suis couverte de bleus. Comment peux-tu rester aussi détendu, calme et imperturbable ? Toi et moi, on est très différents. **8** C'est donnant-donnant. J'adore Londres en bloc – et Londres m'adore.

57
Fifty-seventh lesson

Vous avez peut-être l'impression d'avoir étudié beaucoup de choses cette semaine, surtout aujourd'hui. Notre but est de vous expliquer les mécanismes sous-jacents de certaines structures ou tournures idiomatiques, et ainsi de vous montrer le chemin pour

The Upstart Crow

Nous n'avons pas la place ici de commenter toutes les expressions shakespeariennes de ce texte. Celles qui sont marquées d'un astérisque sont les plus faciles à comprendre intuitivement (et peuvent être vérifiées dans un bon dictionnaire).

1 – I didn't sleep a wink ¹ last night worrying about Ethan. I haven't seen him for ages.
2 What the dickens ² has happened to him? He seems to have melted into thin air ³.
3 – It seems he had an argument with his wife and she sent him packing ⁴.
4 More in sorrow than in anger*, mind you*, but what's done is done*.
5 Ethan used to think the world was his oyster ⁵: A brave new world ⁶, he once said.
6 He'd go off on a wild goose chase ⁷ then come back and eat her out of house and home ⁸.
7 But he was living in a fool's paradise ⁹ and it was high time* he lived up to his responsibilities.
8 – What about his girlfriend, Leila? She was a tower of strength ¹⁰ to him. What's become of her?

Prononciation
1 … i-i-Thën … 5 … bréév …

Cinquante-septième leçon

faire vous-même de nouvelles découvertes tant au cinéma et à la télévision que dans les livres et les journaux. D'ailleurs, en parlant de livres, nous allons aborder le thème de la littérature la semaine prochaine.

Le Corbeau parvenu

1 – Je n'ai pas fermé l'œil de la nuit en pensant à Ethan. Cela fait des siècles que je ne l'ai pas vu.
2 Que diable lui est-il arrivé ? Il semble s'être volatilisé.
3 – Apparemment, il s'est disputé avec sa femme et elle l'a envoyé promener.
4 Plus par chagrin que par colère, remarque, mais ce qui est fait est fait.
5 Ethan pensait que le monde lui appartenait : le meilleur des mondes, a-t-il dit un jour.
6 Il courait à droite et à gauche inutilement, et lorsqu'il rentrait, il la ruinait en nourriture.
7 Mais il vivait dans un monde d'illusions et il était grand temps qu'il assume ses responsabilités.
8 – Et son amie Leila ? Elle, c'était quelqu'un de solide sur qui il pouvait compter. Qu'est-elle devenue ?

57 / Fifty-seventh lesson

9 – She broke off with him. He'd been playing fast and loose [11] and she had had enough.

10 Ethan begged her to take him back, told her what a hard life he'd had. He laid it on with a trowel [12].

11 But she wouldn't budge an inch*. "Good riddance*", she said.

12 That left him in a pickle [13], I can tell you.

13 At one fell swoop [14], Ethan's whole world fell apart at the seams.

14 – The poor thing! I think he's more sinned against than sinning*.

15 Anyway, true love never runs smooth*, does it?

16 – You believe that? More fool you [15]! For goodness' sake* don't feel sorry for him.

17 The long and the short of it* is that Ethan got what he deserved.

18 He wanted to live with his wife but fool around at the same time, so he got hoist by his own petard [16].

19 – And both women got their pound of flesh [17]. So much for the milk of human kindness!

20 – Anyway, Ethan's come full circle [18]. He started out alone and now he's alone again.

21 Now he can fool around to his heart's content [19]. All's well that ends well!*

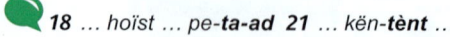
*18 ... hoïst ... pe-**ta**-ad 21 ... kën-**tènt** ...*

Notes

1 **to wink,** *faire un clin d'œil* ou *cligner des yeux.* L'expression idiomatique **not to sleep a wink** se traduit par *ne pas fermer l'œil de la nuit* ; elle est toujours à la forme passée négative. Shakespeare l'employa dans

Cinquante-septième leçon / 57

9 – Elle a rompu avec lui. Il la trompait allègrement et elle en avait assez.
10 Ethan l'a suppliée de le reprendre, en lui disant qu'il n'avait vraiment pas eu la vie facile. Il n'y est pas allé avec le dos de la cuillère.
11 Mais elle n'a pas cédé d'un pouce. "Bon débarras", a-t-elle dit.
12 Laisse-moi te dire que ça l'a mis dans le pétrin.
13 D'un seul coup, le monde d'Ethan s'est effondré.
14 – Le pauvre ! Je pense qu'il est plus victime que coupable.
15 De toute façon, l'amour, le vrai, n'est jamais un long fleuve tranquille, n'est-ce pas ?
16 – Tu penses vraiment ça ? Je ne te croyais pas si bête ! Pour l'amour de Dieu, ne le plains pas.
17 En un mot comme en cent, Ethan n'a eu que ce qu'il méritait.
18 Il voulait vivre avec sa femme tout en batifolant à droite et à gauche… eh bien il a été pris à son propre piège !
19 – Et les deux femmes ont eu leur vengeance impitoyable. Tant pis pour *(le lait de)* la tendresse humaine !
20 – En tout cas, Ethan a bouclé la boucle. Il était seul au départ et le voilà de nouveau seul.
21 Maintenant, il peut batifoler tout son soûl. Tout est bien qui finit bien !

---

la pièce *Cymbeline* (1610). Il existe une variante, qui a exactement le même sens : **not to get a wink of sleep**.

2 Rien à voir avec le grand Charles Dickens, dont nous parlerons en leçon 58 : **dickens** est un euphémisme qui remplace le mot **devil** – considéré comme blasphématoire du temps de Shakespeare – tout en en gardant la première lettre. (Nous avons vu le même type de substitution avec **heck** et **hell**, leçon 40, note 10.) **Dickens** s'emploie tantôt dans une exclamation – **What the dickens are you doing?**, *Mais qu'est-ce vous fabriquez ?* –, tantôt dans une locution figée : **The engine was making a dickens of a noise**, *Le moteur faisait un bruit d'enfer*.

57 / Fifty-seventh lesson

3 Nous connaissons l'adjectif **thin** dans le sens de *mince*, mais il s'applique aussi de manière figurée à tout ce qui est léger, négligeable, etc. : **Labour's argument is a bit thin: they don't even have any figures**, *L'argument du Parti travailliste est un peu court : ils n'ont même pas d'éléments chiffrés*. Ou encore, à quelque chose qui se fait rare : **The air is very thin at 30,000 feet**, *À 10 000 mètres, l'air se raréfie*. L'expression **to disappear** ou encore **to vanish into thin air** signifie *disparaître totalement, se volatiliser*. On la retrouve dans ***The Tempest***, *La Tempête* (1611).

4 **to pack**, *empaqueter, mettre dans une valise*. Si, en français, on envoie quelqu'un se promener ou paître, en anglais, on l'expédie pour qu'il fasse ses bagages. L'expression, employée dans *Henri IV, première partie* (1597), est toujours utilisée : **He asked me for a loan but I sent him packing**, *Il m'a demandé un prêt, mais je l'ai envoyé promener*.

5 **an oyster**, *une huître*. Dans l'expression **the world is one's oyster**, ce n'est pas le côté hermétique du bivalve auquel on fait allusion, mais, au contraire, la possibilité de l'ouvrir et peut-être d'y trouver une perle. On peut traduire par *le monde lui appartient*. **Rajiv's just graduated from Cambridge and the world is his oyster**, *Rajiv vient d'obtenir son diplôme de Cambridge, du coup le monde est à lui*.

6 **brave**, *courageux*. Dans le contexte original (*La Tempête*) **brave** signifiait *beau, magnifique*. En 1931, le romancier Aldous Huxley reprit l'expression **brave new world** pour le titre de son roman contre-utopique, *Le Meilleur des mondes*.

7 **a goose**, *une oie* (rappelons que le pluriel est irrégulier : **geese**). Le verbe **to chase**, qui vient du français *chasser*, signifie *poursuivre* ou *courir après* : **The police chased football fans through the streets of Manchester last night**, *La police a poursuivi des supporters de foot à travers les rues de Manchester hier soir*. Courir après des oies sauvages est une perte de temps, celles-ci étant impossibles à rattraper. L'expression **a wild goose chase** signifie donc une poursuite sans espoir ou une agitation futile – comme dans notre texte, où Ethan court à droite et à gauche sans savoir ce qu'il recherche. La traduction change, bien sûr selon le contexte, notamment lorsque la locution est employée avec le verbe **to send** : **The hotel receptionist sent us off on a wild goose chase to look for a store that no longer existed**, *Le réceptionniste de l'hôtel nous a fait courir inutilement à la recherche d'un magasin qui n'existait plus*.

463 • **four hundred and sixty-three**

Cinquante-septième leçon / 57

8 Nous savons que **to eat out** signifie *manger au restaurant* (leçon 23, phrase 6). Dans l'expression **to eat someone out of house and home**, utilisée dans *Henri IV*, il s'agit d'un verbe transitif, litt. "expulser quelqu'un de sa maison en mangeant toute sa nourriture". **Every time he comes back for the holidays, he eats us out of house and home**, *Chaque fois qu'il rentre à la maison pour les vacances, il nous ruine en nourriture*.

9 **to live in a fool's paradise** (litt. "vivre dans le paradis d'un sot") signifie *se bercer d'illusions ou de faux espoirs*. **We can't live in a fool's paradise: our country needs radical economic changes**, *Nous ne pouvons pas nous bercer d'illusions : notre pays a besoin de profonds changements économiques*. L'expression vient de ***Romeo and Juliet***, *Roméo et Juliette* (1593). (Rappelons que **paradise** est le synonyme latin de **heaven** : leçon 35, § 3.)

10 **to be a tower of strength**, *être quelqu'un de solide, sur qui on peut compter*. Ne confondez pas cette acception avec l'expression **tour de force** utilisée pour désigner un *chef d'œuvre* : **Ford's last movie was a tour de force**, *Le dernier film de Ford était un chef-d'œuvre*.

11 Si Shakespeare n'a pas inventé l'expression **to play fast and loose** (il fait référence à un jeu d'illusion dont le but était de duper le chaland), c'est bien lui qui l'a popularisée : elle signifie *traiter quelqu'un* ou *quelque chose à la légère*, ou, dans le cas des relations personnelles (comme dans notre exemple), *tromper quelqu'un*. **The judge criticised the defence lawyer for playing fast and loose with the truth**, *Le juge a critiqué l'avocat de la défense pour avoir été un peu léger avec la vérité*.

12 **a trowel** vient tout droit du français *truelle*. L'expression **to lay it on with a trowel**, utilisée pour la première fois dans **As You Like It**, *Comme il vous plaira* (1600), signifie *en rajouter*. L'objet direct remplacé par **it** (excuses, flatterie, etc.) est défini par le contexte, mais on peut aussi le préciser : **He laid on the flattery with a trowel**, *Il en a fait des tonnes côté flatterie*. (Expression équivalente : **to lay it on thick**.)

13 Le nom indénombrable **pickle** signifie *saumure* ou *marinade de vinaigre*, et les **pickles** sont les légumes ou fruits conservés de cette façon. Mais le sens de **to be** – ou **to put someone** – **in a pickle** veut dire *être* (ou *mettre quelqu'un*) *dans le pétrin* ; c'est sans doute une référence au désagrément que l'on ressentirait si on était noyé dans du vinaigre !

four hundred and sixty-four • 464

57 / Fifty-seventh lesson

14 **to swoop**, *descendre en piqué*, comme un oiseau de proie. Le verbe est souvent employé dans les titres de journaux, car il est court et dramatique : **Armed police swooped on several houses in Fratton before dawn**, *Des policiers armés ont fait une descente éclair dans plusieurs maisons à Fratton avant l'aube*. L'expression **at** ou **in one fell swoop** signifie *d'un seul coup* : **Winning the lottery would solve our money problems in one fell swoop**, *Gagner à la loterie résoudrait nos problèmes d'argent illico*.

Nous savons que **fell** est le passé de **to fall**. Mais dans l'expression d'origine, telle qu'on la trouve dans *Macbeth*, le sens était plutôt *féroce* (du vieux français *fel*, ou *cruel*) et l'image était celle d'un rapace qui attaque sa proie soudainement et avec férocité. De nos jours, cette acception n'existe que dans **at/in one fell swoop**, et l'on n'en a gardé que la notion de rapidité.

15 **More fool you** est une ellipse de **You are more of a fool than I thought**, *Vous êtes plus bête que je ne pensais*. Elle est employée le plus souvent comme interjection (voir *The Taming of the Shrew*, *La Mégère apprivoisée* (1596)), mais on peut aussi y ajouter un complément, précédé de **for** : **More fool you for believing his lies**, *Tu es vraiment bête d'avoir cru à ses mensonges*.

16 On reconnaît la racine française de **a petard**, qui autrefois signifiait un engin explosif ou une bombe. De nos jours, le mot n'existe que dans l'expression **to be hoist by** (ou parfois **with**) **one's own petard**, *être pris à son propre piège*, employée par Hamlet lui-même. Le verbe **to hoist** – régulier aujourd'hui, mais irrégulier au XVIe siècle – signifie *hisser* : ainsi le poseur de bombe était littéralement soulevé par l'explosion de son propre engin.

***

Exercise 1 – Translate

❶ I didn't get a wink of sleep all night because of the noise.
❷ Why the hell are you sending me on a wild goose chase?
❸ I can't find him anywhere. He's vanished into thin air.
❹ She eats us out of house and home every time she comes back for the holidays.
❺ Their last album was a real tour de force and received rave reviews.

Cinquante-septième leçon / 57

17 Cette expression vient de **The Merchant of Venice**, *Le Marchand de Venise* (1595) : l'usurier Shylock prête de l'argent à son ennemi Antonio, sans intérêts, mais à condition que, le prêt n'étant pas remboursé à temps, le prêteur soit en droit de prélever une livre de chair sur le corps de son débiteur. Ainsi, **a pound of flesh** est une chose due, mais exigée impitoyablement : **He could have dropped the law suit but he insisted on getting his pound of flesh**, *Il aurait pu laisser tomber le procès, mais il a exigé son dû sans pitié.*

18 **to come full circle**, *boucler la boucle*. Le texte d'origine (de **King Lear**, *Le Roi Lear* (1605) dit : **The wheel is come full circle**. Vous remarquerez que l'auxiliaire du passé est **to be** au lieu de **to have** (aujourd'hui nous disons **the wheel has come full circle**). Jadis, certains verbes de mouvement se conjuguaient ainsi, sans doute sous l'influence du français.

19 Précédé d'un verbe, **to one's heart's content** (litt. "jusqu'à ce que le cœur soit content") signifie *à satiété, tout son soûl* : **The golf course is open seven days a week so you can play to your heart's content**, *Le golf est ouvert 7 jours sur 7 ; vous pouvez donc jouer autant que vous voulez*. Il existe un synonyme : **as much as you want**. (Notez que l'accent tonique tombe sur la deuxième syllabe de **content**.)

***

Corrigé de l'exercice 1

❶ Je n'ai pas fermé l'œil de la nuit à cause du bruit. **❷** Qu'est-ce qui t'a pris de me faire courir à droite et à gauche inutilement ? **❸** Je ne le trouve nulle part. Il a complètement disparu. **❹** Elle nous ruine en nourriture chaque fois qu'elle revient pour les vacances. **❺** Leur dernier album était un vrai chef-d'œuvre, encensé par la critique.

57 / Fifty-seventh lesson

Exercise 2 – Fill in the missing words

❶ Le plan a échoué et il a été pris à son propre piège.
The plan failed and he ... ...

❷ Il en a trop fait et elle l'a envoyé paître.
He ... . too ..... and she ... ...

❸ S'ils gagnaient à la loterie, leur problèmes d'argent seraient résolus du jour au lendemain.
.... the lottery would solve their money problems
.. ..

❹ Si tu le crois, tu es encore plus bête que je ne pensais.
If you believe him, then you're ... . a I
....

❺ Elle aurait pu lui pardonner, mais elle a vraiment insisté pour obtenir son dû.
She .... forgiven him but she insisted on
....

***

Nous n'avons pas la prétention ici d'analyser ni la vie ni l'œuvre de William Shakespeare (1564-1616). Ce qui nous intéresse, dans le cadre de ce livre, c'est l'extraordinaire créativité et la vivacité de sa langue, et surtout le fait que de très nombreuses expressions, qui sont utilisées couramment en anglais contemporain – et que nous étudions pour certaines, aujourd'hui –, ont été inventées ou popularisées par celui que l'on nomme **The Swan of Avon, The Bard of Avon** *– ou, tout simplement* **The Bard** *(leçon 50, note 8).*
(Il faut aussi reconnaître que, en ce qui concerne l'intrigue de ses 37 pièces, Shakespeare n'hésitait pas à emprunter aux historiens, poètes et autres écrivains, ce qui lui a valu une certaine animosité et le surnom de **the upstart crow***, ce "corbeau parvenu" qui se paraît des plumes des grands esprits de son temps.)*
Mais ce qui marque avant tout la langue du grand Will, c'est sa richesse et sa souplesse époustouflantes. Il arrive à capter toutes les

Cinquante-septième leçon / 57

Corrigé de l'exercice 2
❶ – was hoist by his own petard ❷ – laid it on – thick – sent him packing ❸ Winning – in/at one fell swoop ❹ – more of – fool than – thought ❺ – could have – getting her pound of flesh

***

émotions de ses personnages, qu'ils soient cabaretiers, comtes ou curés, et ce dans une variété de registres qui nous parlent toujours aujourd'hui. De plus, homme de théâtre, Shakespeare devait faire rire le peuple tout en distrayant la noblesse. On trouve ainsi une poésie majestueuse côtoyant des calembours, des boutades et des jeux de mots parfois douteux. Comme disait Victor Hugo : "Il est de l'olympe et du théâtre de la foire. Aucune possibilité ne lui manque." Bien sûr, on connaît les citations extrêmement célèbres : **To be or not to be** *("Être ou ne pas être"),* **Romeo, Romeo, wherefore art thou Romeo?** *("Roméo, Roméo, pourquoi es-tu donc Roméo ?"),* **Something is rotten in the state of Denmark** *("Il y a quelque chose de pourri au royaume de Danemark"). Mais il y a aussi ces centaines d'expressions courantes qu'on emploie sans nécessairement en connaître l'origine (par exemple,* **to hold a candle to***, vue à la leçon 54, note 10, vient tout droit du Marchand de Venise). Sans parler des mots – bien plus de 2 000, selon certains spécialistes – qui sont apparus pour la première fois dans l'œuvre de Shakespeare (dont les très contemporains* **lacklustre***, terne ;* **barefaced***, éhonté,* **misquote***, citer faussement, et* **zany***, loufoque).*

Par ailleurs, Shakespeare avait l'oreille parfaite : il transcrivait – et se moquait gaiement – des accents régionaux, dans Henri IV, Henri V *(1599), etc. (et même de l'accent français, dans les* Joyeuses Commères de Windsor, **The Merry Wives of Windsor** *(1599)…), nous léguant, ainsi qu'une forte propension à la raillerie, un véritable trésor linguistique (leçon 18) !*

En somme, ce grand écrivain est un homme universel et sa langue, d'une étonnante modernité.

Comme disait de lui son contemporain, le poète et dramaturge Ben Jonson, **He was not for an age, but for all time**, *("Il n'appartenait pas à une époque, mais à tous les temps"). Nous ne pouvons trop vous conseiller de lire Shakespeare dans le texte – quitte à prendre une édition bilingue – pour ressentir le plaisir immense de découvrir son monde… et sa langue.*

Fifty-eighth lesson

Famous opening lines

From "A Christmas Carol", by Charles Dickens

1. Marley was dead: to begin with. There is no doubt whatever about that.
2. The register of his burial was signed by the clergyman, the clerk, the undertaker [1], and the chief mourner.
3. Scrooge signed it: and Scrooge's name was good upon 'Change [2] for anything he chose to put his hand to [3].
4. Old Marley was as dead as a door-nail [4].
5. Mind! I don't mean to say that I know, of my own knowledge, what there is particularly dead about a door-nail.
6. I might have been inclined, myself, to regard a coffin-nail as the deadest piece of ironmongery [5] in the trade [6].
7. But the wisdom of our ancestors is in the simile; and my unhallowed [7] hands shall [8] not disturb it, or the Country's done for [9].
8. You will therefore permit me to repeat, emphatically, that Marley was as dead as a door-nail.
9. Scrooge knew he was dead? Of course he did. How could it be otherwise? [...]
10. Oh! But he was a tight-fisted [10] hand at the grindstone [11], Scrooge!

Cinquante-huitième leçon

Premières lignes célèbres

De Un Chant de Noël*, de Charles Dickens*

1. Tout d'abord, Marley était mort. Là-dessus, pas l'ombre d'un doute.
2. Le registre mortuaire était signé par le prêtre, le clerc, l'entrepreneur des pompes funèbres et celui qui avait mené le deuil.
3. Scrooge l'avait signé, et le nom de Scrooge était bon à la Bourse, quel que fût le papier sur lequel il lui plût d'apposer sa signature.
4. Le vieux Marley était on ne peut plus mort *(aussi mort qu'un clou de porte)*.
5. Attention! Je ne veux pas dire que je sache moi-même ce qu'il y a de particulièrement mort dans un clou de porte.
6. J'aurais pu, quant à moi, me sentir davantage enclin à regarder un clou de cercueil comme le morceau de fer le plus mort qui soit dans le commerce ;
7. mais la sagesse de nos ancêtres éclate dans les similitudes, et mes mains profanes n'iront pas toucher à l'arche sainte, sinon le pays est perdu.
8. Vous me permettrez donc de répéter avec énergie que Marley était aussi mort qu'un clou de porte.
9. Scrooge savait-il qu'il était mort ? – Sans contredit. Comment aurait-il pu en être autrement ? […]
10. Oh ! il tenait bien le poing fermé sur la meule, le bonhomme Scrooge !

Prononciation
2 … klaak … 6 … **aï-ën**-meun-gë-rii *… 7 …* **si**-më-li-i *…*

11 A squeezing, wrenching, grasping, scraping, clutching, covetous [12] old sinner!

12 Hard and sharp as flint, from which no steel had ever struck out generous fire; secret, and self-contained, and solitary as an oyster [13].

From "1984", by George Orwell

13 It was a bright cold day in April and the clocks were striking thirteen [14].

14 Winston Smith, his chin nuzzled into his breast [15] in an effort to escape the vile wind, slipped quickly through the glass doors of Victory Mansions,

15 though not quickly enough to prevent a swirl of gritty dust from entering along with him.

16 The hallway smelt [16] of boiled cabbage and old rag mats. At one end of it a coloured poster, too large for indoor display, had been tacked to the wall.

17 It depicted simply an enormous face, more than a metre wide:

18 the face of a man of about forty-five, with a heavy black moustache and ruggedly handsome features. […]

19 On each landing, opposite the lift-shaft, the poster with the enormous face gazed from the wall.

20 It was one of those pictures which are so contrived [17] that the eyes follow you about when you move.

21 BIG BROTHER IS WATCHING YOU, the caption beneath it ran [18].

Cinquante-huitième leçon / 58

11 Le vieux pécheur était un avare qui savait saisir fortement, arracher, tordre, pressurer, gratter, ne point lâcher surtout !

12 Dur et tranchant comme une pierre à fusil dont jamais l'acier n'a fait jaillir une étincelle généreuse, secret, renfermé et solitaire comme une huître.

De 1984 *de George Orwell*

13 C'était une journée froide et claire d'avril et les horloges sonnaient treize heures.

14 Winston Smith, le menton enfoui dans la poitrine pour tenter d'échapper au vent cinglant, franchit rapidement les portes vitrées de Victory Mansions,

15 pas assez rapidement, toutefois, pour empêcher un tourbillon de poussière granuleuse d'entrer avec lui.

16 Le hall d'entrée sentait le chou bouilli et le vieux chiffon. Au fond, une affiche en couleurs, trop grande pour être exposée à l'intérieur, avait été punaisée au mur.

17 Elle représentait simplement un énorme visage, de plus d'un mètre de large :

18 le visage d'un homme d'environ quarante-cinq ans, avec une épaisse moustache brune et des traits d'une beauté brute. [...]

19 Sur chaque palier, en face de la cage de l'ascenseur, l'affiche au visage énorme regardait fixement depuis le mur.

20 C'était une de ces images qui sont délibérément conçues de telle façon que les yeux vous suivent lorsque vous bougez.

21 LE GRAND FRÈRE VOUS REGARDE, disait la légende inscrite au-dessous.

11 keu-ve-tëss ... 14 ... vaïl ...

58 / Fifty-eighth lesson

Notes

1 Méfiez-vous d'une traduction littérale : **an undertaker** est bel est bien un entrepreneur… mais celui qui organise les pompes funèbres, autrement dit, *un croque-mort* ! Jadis il s'agissait d'un euphémisme (il fallait éviter le mot **funeral**), mais maintenant, **undertaker** n'a qu'une seule signification dans le langage courant, même si les professionnels eux-mêmes préfèrent l'appellation de **funeral director**.

2 **'Change** est une apocope de **Exchange**, *la Bourse du commerce*. Ainsi, le nom de Scrooge suffisait pour nantir tout effet de commerce. Ce terme, aujourd'hui abandonné, a été remplacé par **commodity exchange**.

3 Dans un registre soutenu, **hand** peut prendre le sens de *écriture* : **He has a very neat hand**, *Il a une écriture très nette*. (Dans le langage courant, cependant, le mot **handwriting** est plus usité.) Au temps de Dickens, **hand** était aussi synonyme de **signature** ; ainsi le sens de **to put one's hand to** était *apposer sa signature*. L'expression **to put one's hand to** ou, plus couramment, **to turn one's hand to** signifie *se mettre à faire quelque chose* : **Helen turned her hand to painting when she retired**, *Helen s'est mise à la peinture quand elle a pris sa retraite*.

4 **a doornail** (écrit en un seul mot en anglais moderne), *un clou de porte*. **To be as dead as a doornail**, *être tout ce qu'il y a de plus mort*. Comme le fait remarquer le narrateur, ce type de clou n'est pas plus "mort" qu'un autre, mais c'est l'allitération qui est importante. (Notons en passant que cette expression, utilisée couramment aujourd'hui, vient de notre vieil ami Shakespeare…) On trouve une variante de **dead as a doornail**, qui garde l'allitération, dans l'expression **to be as dead as a dodo** (**the dodo**, *le dronte*, est une espèce d'oiseau qui a été exterminée par l'homme).

5 Voir la leçon 9, note 4. Dans ce contexte, **an ironmongery** est *une quincaillerie*. Mais ici, il s'agit du matériel, et non du magasin.

6 Nous savons que **trade** signifie le *commerce* (leçon 1, note 3), mais il a aussi le sens de *métier*. L'expression, ou plutôt la tournure **in the trade** veut donc dire *du/dans le métier*. **This tool is known in the trade as a dongle**, *Dans le métier, cet outil s'appelle une clé de sécurité*.

7 **unhallowed**, *profane*. Ce mot, très littéraire, est le contraire de **hallowed**, qui signifie littéralement "consacré", "béni" : **Having sinned, he was not buried in hallowed ground**, *Ayant péché, il ne fut pas enterré en terre sacrée*. Vous connaissiez peut-être le mot sans le savoir : la fête d'Halloween (ou **Hallowe'en**) a lieu la veille de la Toussaint : c'est l'**evening**, contracté en **e'en**, avant **All Hallows Day**, l'ancienne appellation de **All Saints Day**.

8 Signalons que, à proprement parler, l'auxiliaire du futur est **shall** aux premières personnes du singulier et du pluriel, et **will** pour les autres personnes (**we shall, they will**, etc.). En anglais courant, **will** est employé partout (il est vrai que, avec la contraction **-'ll**, la distinction est impossible), mais n'oublions pas que ce texte fut écrit en 1843.

9 On est souvent étonné par la modernité de la langue de Dickens : le fait est que dans les mots et expressions qu'il utilise – par exemple, **automaton**, *automate* ; **fortnight**, *quinzaine* ; **jingle**, *sonal* – beaucoup s'emploient encore aujourd'hui. Ainsi, **to be done for** signifie *être fichu*, *perdu*. **We really have to win Saturday's match, otherwise we're done for**, *Il faut absolument qu'on gagne le match de samedi, sinon on est fichus*. Notez que la phrase se termine toujours par la préposition.

10 **tight-fisted** est toujours synonyme de *pingre* – car la personne serre son argent très fort dans son poing. En argot, on se contente parfois simplement de **tight**.

11 Le verbe irrégulier **to grind** (le passé simple et le participe passé sont **ground**) signifie *moudre*, mais aussi *aiguiser*. Ainsi **a grindstone** est *une meule à aiguiser*. L'expression **to keep someone's nose to the grindstone** signifie *faire travailler quelqu'un sans relâche*. **The supervisor kept our noses to the grindstone to make sure we didn't waste time**, *Le surveillant nous a fait travailler sans relâche pour s'assurer que nous ne perdions pas de temps*. Dans la phrase 10, Dickens mélange les deux notions de pingrerie et de travail forcé. (Voir aussi la première phrase de l'exercice de traduction, ou l'expression est employée de manière intransitive.)

12 Admirez cette série d'adjectifs qui va en crescendo : les cinq premiers mots sont anglo-saxons et décrivent des actions plutôt agressives (**squeeze**, *presser* ; **wrench**, *arracher* ; **grasp**, *saisir fortement* ; **scrape**, *gratter* ; **clutch**, *empoigner*) ; mais le dernier, **covetous**, d'origine latine (*avide* ou *avare*, du français *convoiter*), décrit un concept abstrait. Notez encore une fois comment le fameux double vocabulaire de l'anglais enrichit considérablement la palette expressive d'un auteur.

13 Il ne s'agit pas d'une expression figée : Dickens termine sa litanie d'adjectifs avec une comparaison assez drôle, mais très parlante. (La seule locution consacrée qui emploie le mot **oyster** est **the world is one's oyster**, que nous avons vue dans la dernière leçon.)

14 Même aujourd'hui, cette phrase – le début du roman *1984* de George Orwell – plonge le lecteur dans un univers bizarre. Le début de la première phrase est une simple description narrative, mais la suite crée immédiatement une ambiance insolite. Les Britanniques n'emploient pas couramment l'horloge de 24 heures – encore moins en 1948, lorsque le roman est sorti. Ainsi, le fait que l'horloge sonne 13 coups nous annonce un monde hors norme. (Cet effet est renforcé par l'emploi de **metre** à la phrase 17.)

Ensuite, le protagoniste porte le prénom du vaillant leader politique, le "vainqueur" de la deuxième guerre mondiale, mais aussi le nom de famille le plus courant et le plus banal qui soit dans le monde anglo-saxon : **Smith**. Ainsi nous savons d'emblée que le personnage est un homme ordinaire, un Monsieur Tout-le-monde, qui pourrait peut-être devenir un héros.

***

Exercise 1 – Translate

❶ We kept our noses to the grindstone and our mouths shut. ❷ They really have to win this match, otherwise they're done for. ❸ Rajiv has just graduated from university and the world is his oyster. ❹ After much hesitation, the editor finally ran the story about police corruption. ❺ She's so talented that she can turn her hand to anything she wants.

Cinquante-huitième leçon / 58

15 **breast**, *la poitrine*. Nous sommes ici dans un registre littéraire : dans le langage courant, on emploie plutôt **chest**, le mot **breast** ayant le sens de *sein*.

16 Rappelons que **to smell**, *sentir*, fait partie de ces verbes qui sont à la fois réguliers et irréguliers (leçon 21, § 5).

17 Dans le langage courant, **to contrive** signifie *inventer* : **Scientists have contrived a method for making ice in the desert**, *Les scientifiques ont inventé une méthode pour fabriquer de la glace dans le désert*. Mais dans un registre plus soutenu, comme dans notre exemple, le mot se rapproche de ses origines françaises (*controuver*, c'est-à-dire inventer un moyen pour nuire à quelqu'un), en exprimant la notion d'artifice. Par exemple : **The company contrived to lose money in order to file for bankruptcy**, *La société s'est arrangée pour perdre de l'argent afin de déposer le bilan*. Ainsi, dans notre texte, l'affiche a été conçue exprès pour que les yeux de Big Brother suivent toujours celui qui la regarde.

18 **to run**, *courir*, peut aussi signifier *plublier* ou faire référence à l'agencement des mots dans un texte (poème, slogan, titre de journal…). Il n'y a pas de traduction spécifique en français : **How does the first line of "1984" run?**, *Quel est le texte de la première ligne de 1984 ?* Dans cette acception, le verbe est à la forme intransitive.

***

Corrigé de l'exercice 1

❶ Nous avons travaillé sans relâche sans rien dire. ❷ Ils doivent absolument gagner ce match, sinon ils sont fichus. ❸ Rajiv vient de recevoir son diplôme universitaire, et maintenant le monde est à lui. ❹ Après beaucoup d'hésitation, le rédacteur a enfin publié l'article sur la corruption policière. ❺ Elle a tellement de talent qu'elle peut entreprendre tout ce qu'elle veut.

Exercise 2 – Fill in the missing words

❶ J'ai bien peur que la machine à écrire soit morte et enterrée.
   I'm afraid that the typewriter is . . . .

❷ Dans le métier, cet outil s'appelle une clé à pipe. On le trouve chez le quincaillier.
   . . . . this tool is . . . . a pipe spanner. You can find it . . . .

❸ La société était en bonne santé, mais elle s'est arrangée pour perdre de l'argent afin de déposer le bilan.
   The company was in good health but it . . . . money in order to . . . .

❹ Bien sûr, il savait que son associé était mort. Comment aurait-il pu en être autrement ?
   Of course he knew . . . . was dead. . . . . it . . . . ?

❺ Messieurs, vous n'avez pas le choix : je parlerai et vous m'écouterez.
   Gentlemen, you have no choice: I . . . . and you . . . . me.

Aujourd'hui nous (re)découvrons deux monuments de la littérature britannique des 150 dernières années : Charles Dickens (1812-1870) et George Orwell (1903-1950, de son vrai nom Eric Arthur Blair). Bien que plusieurs générations les séparent, ils sont classés tous les deux parmi les plus éminents critiques de la société anglaise et de ses injustices (d'ailleurs, Orwell considérait Dickens comme une sorte de maître à penser). Mais si Dickens fustigeait la société victorienne – sa cupidité, sa croyance aveugle en l'industrialisation au détriment de l'homme – Orwell, lui, mettait en garde contre les systèmes totalitaires, qu'il satirisa dans deux romans célèbres : **Animal Farm** *(La Ferme des Animaux) et* **1984**.
Dickens nous a laissé un panthéon de personnages, dont certains sont devenus l'incarnation de qualités ou de défauts (Scrooge, le grippe-sou, est notre Harpagon ; Mr Pickwick est l'éternel optimiste, notre Pangloss, etc.). Et si la langue de Dickens est haute en couleur et riche en procédés littéraires, celle d'Orwell est d'une précision et une clarté impressionnantes. Tous deux figurent parmi les gloires de la littérature anglaise

Cinquante-huitième leçon / 58

Corrigé de l'exercice 2
❶ – as dead as a dodo ❷ In the trade – known as – at an ironmongery ❸ – contrived to lose – file for bankruptcy ❹ – his partner – How could – be otherwise ❺ – shall speak – will listen to –

Au fait, doit-on parler de littérature anglaise, britannique – ou anglophone ? Même en faisant abstraction de l'Amérique du Nord, nous n'aurions pas la place ici pour aborder la très vaste littérature d'autres pays anglophones comme l'Australie ou la Nouvelle-Zélande, ou encore de régions comme les Caraïbes (avec le poète Derek Walcott, prix Nobel de littérature en 1992), de certains pays africains (le Nigérian Wole Soyinka, prix Nobel en 1986) ou du sous-continent indien (Rabindranath Tagore, prix Nobel en… 1913 !). La production littéraire de ces territoires est parfois connue sous le nom de **Commonwealth literature**, *et un prix, le* **Commonwealth Writer's Prize**, *est décerné chaque année depuis le milieu des années 1980 à un romancier écrivant en langue anglaise.*
Il y a aussi un phénomène qui mérite une attention particulière : il existe des écrivains britanniques issus de l'immigration. En effet, depuis la deuxième moitié du siècle dernier, la Grande-Bretagne, qui a toujours été une terre d'accueil, est devenue une véritable société multiculturelle, avec des vagues successives d'immigration commençant par les Jamaïcains au début des années 1950, en passant par les Indiens, Pakistanais et Bangladais dans les années 1960, ou encore des "Asiatiques" de l'Ouganda au début des années 1970 (les **Ugandan Asians** *étaient d'origine indienne, mais dans ce contexte le mot anglais* **Asian** *couvre aussi le sous-continent).*
Le résultat des ces flux migratoires est un groupe d'écrivains nés en Grande-Bretagne, mais porteurs de l'expérience de l'immigration. Alors que les premières œuvres écrites par ces migrants parlaient de l'intégration d'un étranger dans son pays d'accueil, les nouvelles générations, elles, traitent de l'identité des personnes nées sur le sol britannique, avec la nationalité britannique, mais une identité parfois incertaine. Par exemple, l'un des plus célèbres de ces écrivains, Hanif Kureishi, commence son roman **The Buddha of Surburbia** *(Le Bouddha de banlieue) par une phrase qui donne le ton :* **"My name is Karim Amir and I am an Englishman born and bred, almost."** *("Je m'appelle Karim Amir et je suis anglais de souche, enfin presque."). Si Kureishi, V.S. Naipal et autre Salman Rushdie sont les fers de lance de ce mouvement littéraire, les "jeunes" comme Zadie Smith, Hari Kunzru ou encore Monica Ali sont aussi talentueux et ont un point de vue différent : celui de la génération suivante, qui évoque leur diversité d'origines, en employant une langue riche et bigarrée.*
Ainsi, pour comprendre la société anglaise contemporaine, nous vous encourageons à lire non seulement les "monstres sacrés" de la littérature, mais aussi ces auteurs qui parlent d'une autre manière d'être Britannique.

Fifty-ninth lesson

"Best Words in the Best Order"

"The Sun Rising", by John Donne

1. Busy old fool, unruly [1] Sun, Why dost [2] thou [3] thus,
2. Through windows, and through curtains, call on us?
3. Must to thy [4] motions lovers' seasons run [5]? […]
4. Love, all alike, no season knows nor clime [6], Nor hours, days, months, which are the rags of time.
5. Thy beams so reverend [7], and strong Why shouldst thou think?
6. I could eclipse and cloud them with a wink, But that I would not lose her sight [8] so long. If her eyes have not blinded thine [9],
7. Look, and to-morrow late tell me, Whether both th' Indias of spice and mine [10] Be where thou left'st them, or lie here with me.
8. Ask for those kings whom thou saw'st yesterday, And thou shalt hear, "All here in one bed lay."
9. She's all states, and all princes I [11]; Nothing else is;
10. Princes do but [12] play us; compared to this,
11. All honour's mimic, all wealth alchemy.
12. Thou, Sun, art [13] half as happy as we, In that the world's contracted thus;
13. Thine age asks ease [14], and since thy duties be To warm the world, that's done in warming us.

Prononciation
*1 … un-**rou**-li … deust DHaou … 3 … DHäi … 11 … **al**-kë-mi-i*

Cinquante-neuvième leçon

"Les meilleurs mots dans le meilleur ordre"

Le lever du soleil, *de John Donne*

1 Vieux bouffon agité, Soleil indiscipliné, Pourquoi viens-tu céans,

2 À travers fenêtres et rideaux, éveiller l'habitant ?

3 Tes mouvements doivent-ils donc rythmer des amoureux l'année ? [...]

4 L'amour s'en moque et ne connaît ni climat ni saison, Ni heures, ni jours ni mois, qui du temps sont les simples haillons. [...]

5 Tes rayons si vénérables et forts Pourquoi aurais-tu besoin de réfléchir ?

6 En un instant, si je veux, je les éclipse, les obstrue, Mais je devrais alors la perdre de vue trop longtemps. Si ses yeux n'ont pas aveuglé les tiens,

7 Regarde et, tard demain, dis-moi, Si les Indes, celles d'épice et celles d'or souverain Sont où tu les as laissées ou couchées avec moi.

8 Demande où sont les rois qu'hier tu vis, Et on te répondra : "Tous gisent ici dans un même lit."

9 Elle est tous les États et moi tous les princes ; Rien d'autre, nulle part ;

10 Les princes ne font que nous parodier ; si l'on compare,

11 Tout honneur est feint, toute richesse bien mince.

12 Soleil, tu es moitié moins heureux que nous, En ce sens que le monde s'est ainsi rétréci ;

13 Ton âge réclame le repos, et puisque ton devoir Est de réchauffer le monde, tu le fais en nous réchauffant, nous.

14 Shine here to us, and thou art everywhere; This bed thy centre is [15], these walls thy sphere.

"Comeclose and Sleepnow", by Roger McGough

15 comeclose and sleepnow [16]
16 it is afterwards
and you talk on tiptoe [17]
17 happy to be part
of the darkness
18 lips becoming limp
a prelude to tiredness.
19 Comeclose and Sleepnow
for in the morning
20 when a policeman
disguised as the sun
creeps into the room
21 and your mother
disguised as birds
calls from the trees
22 you will put on a dress of guilt [18]
and shoes with broken high ideals [19]
23 and refusing coffee
run
alltheway
home

20 ... diss-**gaïzd** ... *22* ... gilt ...

Notes

1 L'adjectif **unruly** signifie littéralement "sans règles". On l'utilise encore aujourd'hui dans le sens voulu par Donne : *indiscipliné* ou *turbulent*. **Unruly passengers are an increasing problem in the airline industry**, *Le problème posé par les passagers indisciplinés est en augmentation dans l'industrie aéronautique*. Plus un texte est ancien, plus la langue risque d'avoir évolué. Si vous souhaitez lire un poète comme Donne dans le texte, il est utile de se procurer un recueil annoté.

Cinquante-neuvième leçon / 59

14 Brille donc ici pour nous, et tu seras partout ; [Car] ce lit est ton centre et ces murs ta sphère.

"Viens-plus-près et Endors-toi", de Roger McGough

15 viens-plus-près et endors-toi
16 c'est l'après
et tu parles sur la pointe des pieds
17 heureuse d'appartenir
à l'obscurité
18 tes lèvres se relâchent
prélude à la fatigue.
19 Viens-plus-près et Endors-toi
car au matin
20 quand un policier travesti en soleil
se glissera dans la pièce
21 et que ta mère
déguisée en oiseaux
appellera depuis les arbres
22 tu enfileras une robe de culpabilité
et des chaussures de hauts idéaux brisés
23 et refusant le café
fileras en courant
jusqu'à
chez-toi

---

2 Donne tutoie le soleil ! **Dost**, qui se prononce exactement comme **dust** *[deust], la poussière*, est la deuxième personne du singulier du verbe **to do** – autrement dit, la forme familière. Bien entendu, ce "tutoiement" n'existe plus en anglais contemporain. Nous vous donnerons plus de détails sur ces formes anciennes dans la prochaine leçon de révision.

3 **thou** est le pronom de deuxième personne du singulier, notre *tu*. Entraînez-vous à dire **dost thou thus** à haute voix !

4 **thy** est la forme possessive de **thou**.

5 Comme en français, on peut inverser l'ordre normal des mots afin de créer un effet poétique, une rime, etc. Ainsi, Donne utilise cette tournure plutôt que **Must lovers' seasons run to thy motions?**, *Les saisons des amants doivent-elles obéir à tes mouvements ?*

four hundred and eighty two • 482

59 / Fifty-ninth lesson

6 **clime** est un mot littéraire pour **climate**, *climat*. On l'utilise toujours aujourd'hui, dans un registre soutenu, pour traduire *contrée* ou, au pluriel, *cieux* : **Half of England heads for warmer climes in the winter**, *La moitié de l'Angleterre s'envole pour des cieux plus cléments en hiver*.

7 **Reverend**, dérivé bien sûr du français *révérer*, signifie *vénérable*. Dans l'église anglicane, il s'agit d'un titre honorifique pour un prêtre – **the Reverend Thomas Keane** – ou, avec **Very**, pour des grades supérieurs (diacre, etc.). On l'abrège en **Rev**.

8 Voici un exemple d'une tournure dont le sens a évolué. En anglais moderne, **to lose one's sight** signifie *perdre la vue*. Ce que veut dire le poète – "la perdre <u>de</u> vue" – s'exprime de la manière suivante aujourd'hui : **to lose her from (my) sight.**

9 **thine** est l'ancien pronom possessif familier : *le(s) tien(s)*.

10 Les deux régions en question sont les *Indes orientales* (**East Indies**), réputées à l'époque pour leurs épices, et les *Indes occidentales* (**West Indies**), célèbres pour leurs mines d'or. De nos jours, **the West Indies** signifie *les Antilles*. (Notez aussi comment, pour maintenir le rythme, le poète escamote la voyelle de **the**.)

11 Au lieu de **She's all states, and I am all princes**. Cette élision permet d'éviter la répétition du verbe **to be**. Remarquez en passant que les contractions s'employaient déjà au XVIIe siècle.

12 Nous connaissons le sens du conditionnel exprimé par **but for** (leçon 54, note 17). Dans un registre soutenu, **but** tout seul peut remplacer **only**, *seulement*, souvent avec le verbe **can** : **As a parent I can but try to explain complex ideas to my children**, *En tant que parent, je ne puis qu'essayer d'expliquer des notions complexes à mes enfants*. En littérature ancienne, ce même effet est obtenu avec **but** précédé d'un auxiliaire (**do, will, have**, etc.) : **He does but think he is the king**, *Il ne fait que rêver d'être roi*. Dans la langue courante ou moderne, on emploie **only**, tout simplement : **He only thinks he is the king**.

13 **art** est la troisième personne du singulier de **to be**, c'est-à-dire **is**.

14 Ce genre de raccourci est typique de la poésie de John Donne. Le narrateur explique au soleil qu'il est très vieux, et devrait donc se reposer. En anglais moderne, on dirait **You should/ought to take it easy at your age**, *À ton âge, tu devrais te la couler douce*.

Cinquante-neuvième leçon / 59

15 Au lieu de **This bed is thy centre and these walls are thy sphere**. On retrouve donc la même construction qu'à la phrase 9 (note 11).

16 Beaucoup de poètes modernes se permettent de prendre des libertés, non seulement avec la grammaire, mais aussi avec la ponctuation et la typographie, à l'instar de E.E. Cummings (ou e.e. cummings, 1894-1962), qui a beaucoup influencé des générations d'écrivains. Roger McGough suit l'exemple de Cummings dans ce poème, avec l'absence de majuscules et l'utilisation de mots fusionnés pour dynamiser le rythme. Ainsi, en anglais "conventionnel", cette œuvre s'appellerait **Come Close and Sleep Now**.

17 **tip**, *le bout* ; **toe**, *l'orteil*. Donc **on tiptoe** signifie *sur la pointe des pieds*. La forme normale est **to walk on tiptoe**, *marcher sur la pointe des pieds*, mais le poète fait un jeu de mot, **to talk on tiptoe**, suggérant que la personne parle avec réticence ou discrétion. Notons, toutefois, que **to tiptoe around** s'emploie au figuré dans le sens de *éviter un sujet qui fâche*. **Both candidates are tiptoeing around the issue of higher taxes**, *Les deux candidats éludent la question sur l'augmentation de la fiscalité*.

18 **guilt**, *la culpabilité*. Mais l'homophone **gilt**, utilisé comme adjectif, signifie *doré*. En d'autres termes, le poète constate que son amante va être empreinte de culpabilité, mais en même temps il joue sur la notion de *mettre une robe dorée*.

19 Les jeux de mots continuent dans la seconde partie de cette phrase : **high-heeled shoes** (ou, tout simplement **high heels**), *les chaussures à talons hauts*. La jeune fille met des chaussures dont les talons hauts sont cassés… et elle doit en même temps assumer le fait que ses grands idéaux ont été trahis.

59 / Fifty-ninth lesson

▶ Exercise 1 – Translate
① Airlines have started to fine unruly passengers.
② Hundreds of thousands of Britons have left the country in search of a warmer climate. ③ She lost her sight at a tragically early age. ④ I doubt we'll win: we can but hope.
⑤ At your age you really ought to take it easy.

***

Exercise 2 – Fill in the missing words
① Tous les candidats évitent le sujet de l'immigration.
All the candidates ... ... the ..... of immigration.

② Quoi que vous fassiez, ne la perdez pas de vue.
Whatever you do, ...

③ Personne ne peut l'aider car il est lui-même son pire ennemi.
No one can help him ... ... worst enemy.

④ Il n'est pas vraiment le patron. Simplement, il pense qu'il l'est.
He's not really the boss. .. ..

⑤ Lorsque le matin arriva, elle mit ses chaussures à talons et courut jusqu'à la maison.
When morning came, she ... . and ... ...

Il est évidemment impossible de rendre compte, en une petite vingtaine de lignes, de toute la richesse de la poésie en langue anglaise. Alors, plutôt que de nous lancer dans un cours didactique, nous avons tenté d'illustrer deux styles, deux registres radicalement différents, mais qui traitent d'un sujet similaire – avec quelque 400 ans d'écart. Les deux auteurs sont, chacun à leur manière, non-conformistes, avec une démarche bien particulière.
Le premier extrait est de John Donne (1572-1631), dandy et poète romantique dans sa jeunesse, prêtre et écrivain religieux plus tard. Donne était le chef de file des poètes dits métaphysiques, qui employaient un procédé littéraire bien particulier, le **conceit** *("argumentaire"), sorte de métaphore audacieuse par laquelle l'auteur*

Cinquante-neuvième leçon / 59

Corrigé de l'exercice 1

❶ Les compagnies aériennes ont commencé à infliger des amendes aux passagers indisciplinés. ❷ Des centaines de milliers de Britanniques ont quitté le pays à la recherche d'un climat plus chaud. ❸ Elle était tragiquement jeune lorsqu'elle a perdu la vue. ❹ Je doute que nous gagnions : nous ne pouvons qu'espérer. ❺ Tu devrais vraiment te ménager à ton âge.

***

Corrigé de l'exercice 2

❶ – are tiptoeing around – issue – ❷ – don't lose her from your sight ❸ – for he is his own – ❹ – He only thinks he is ❺ – put on her high heels – ran all the way home

rapproche des mots ou des images incongrus afin de surprendre ou dérouter le lecteur. Dans son poème **"The Sun Rising"**, *le poète commence par admonester le soleil pour les avoir réveillés, lui et sa belle, mais argumente ensuite que, en ayant illuminé les amants de ses rayons, l'astre a fait son travail car eux deux sont en effet le centre du monde. Admirez la beauté formelle de la langue de Donne, agrémentée d'une touche d'humour.*
Notre deuxième auteur, Roger McGough, est lui aussi un poète qui a marqué son temps. Né en 1937, il a été l'un des trois **Liverpool poets** *qui, avec leur recueil* **The Mersey Sound**, *incarnaient cette période bouillonnante de créativité artistique des années 1960, dont le groupe de rock* **The Beatles** *a été le fleuron. Avec ses procédés avant-gardistes (remarquez l'utilisation des majuscules et minuscules, les mots fusionnés) et son humour ironique, McGough a marqué plusieurs générations de poètes anglophones. Dans le poème vu dans cette leçon, il emploie aussi des jeux de mots, autre trait caractéristique de cette "école".*
Nombreux sont ceux, lorsqu'ils apprennent une langue étrangère – ou même qu'ils la maîtrisent assez bien – pensent que la poésie est "trop difficile". Il est vrai que certains poètes peuvent être assez abscons, mais dans la plupart des cas, on peut aborder la poésie anglaise avec confiance et bonheur en perspective car, pour reprendre la définition de Samuel Coleridge, qui a servi de titre à cette leçon : **Prose consists of words in the best order; poetry consists of the best words in the best order** *(*"La prose, ce sont des mots dans leur meilleur ordre ; la poésie, ce sont les meilleurs mots dans leur meilleur ordre"*).*

four hundred and eighty-six • 486

Sixtieth lesson

The real thing?

From "England, England", by Julian Barnes
Sir Jack Pitman wants to build a miniature England as a theme park.
A consultant explains the marketing concept.

1 – I bow [1] to no one in my love of this country. It's a question of placing the product correctly, that's all. [...]
2 England – my client [2] – is a nation of great age, great history, great accumulated wisdom.
3 Social and cultural history – stacks of it, reams [3] of it – eminently marketable, never more so than in the current climate.
4 Shakespeare, Queen Victoria, Industrial Revolution, gardening, that sort of thing.
5 If I may coin [4], no, copyright [5], a phrase, "We are already what others hope to become".
6 This isn't self-pity, this is the strength of our position, our glory, our product placement.
7 We are the new pioneers. We must sell our past to other nations as their future.
(Several months later; the park is open.)
8 – It's a classic springtime day outside Buckingham Palace.
9 The clouds are high and fleecy, William Wordsworth's daffodils [6] are blowin' [7] in the wind,
10 and guardsmen in their traditional busbies [...] are standing to attention in front of their sentry boxes.

Prononciation
*1 ... baou ... 7 ... **paï**-ë-**nii**-ëz ...*

Soixantième leçon

Est-ce vrai ?

Extrait de England, England, *de Julian Barnes*
Sir Jack Pitman veut construire une Angleterre en miniature pour en faire un parc à thème. Un consultant en marketing lui explique le concept commercial.

1 – Personne n'aime ce pays plus que moi. La question est de bien positionner le produit, c'est tout. […]
2 L'Angleterre – ma cliente – est une nation d'un âge vénérable, avec derrière elle une histoire prestigieuse et un capital sagesse considérable.
3 Son histoire sociale et culturelle – il y en a des piles, des rames entières – est éminemment commercialisable, surtout dans le climat actuel.
4 Shakespeare, la reine Victoria, la révolution industrielle, le jardinage, ce genre de choses.
5 Si vous me permettez de suggérer une formule – que je m'empresse de déposer –, [je dirais que] "Nous sommes déjà ce que les autres rêvent de devenir".
6 Nous ne nous apitoyons pas sur notre sort, c'est toute la force de notre position, notre gloire, notre positionnement du produit.
7 Nous sommes les nouveaux pionniers. Nous devons vendre notre passé aux autres nations comme étant leur avenir.
(Plusieurs mois plus tard, le parc est ouvert.)
8 – C'est une journée de printemps typique devant le palais de Buckingham.
9 Les nuages sont hauts et floconneux, les jonquilles de *(chères à)* William Wordsworth ondulent au vent
10 et les gardes, avec leurs bonnets à poil traditionnels […] sont au garde-à-vous devant leurs guérites.

11 Eager crowds press their noses to the railings for a glimpse of the British Royal Family.
12 Promptly at eleven o'clock, the tall double windows behind the balcony open.
13 The ever-popular King and Queen appear, waving and smiling. A ten-gun salute splits the air.
14 The guardsmen present arms and cameras click like old-fashioned turnstiles.
15 A quarter of an hour later [...], the tall windows close again until the following day.
16 All, however, is not as it seems.
17 The crowds and cameras are for real [8]; so are the clouds.
18 But the guardsmen are actors, Buckingham Palace is a half-sized replica, and the gun salute electronically produced.
19 Gossip has it [9] that the King and Queen themselves are not real
20 and that the contract they signed two years ago with Sir Jack Pitman [...] excuses them from this daily ritual.
21 Insiders [10] confirm that an opt-out [11] clause does [12] exist in the royal contract,
22 but that Their Majesties appreciate the cash fee [13] that accompanies each balcony appearance.

*10 ... **gaadz**-mën ...*

Notes

1 to bow, *s'incliner* (pour saluer). Comme en français, le verbe a le sens figuratif de *se soumettre* : **We had to bow to the inevitable**, *Nous avons dû nous incliner devant l'inévitable*.

Soixantième leçon / 60

11 Une foule avide presse le nez contre les grilles pour apercevoir la famille royale britannique.
12 À 11 heures précises, les grandes doubles fenêtres donnant sur le balcon s'ouvrent.
13 Toujours aussi populaires, le Roi et la Reine apparaissent, saluant [la foule] en souriant. Une salve tirée par dix canons les salue en déchirant l'air.
14 La garde présente les armes et les appareils photo cliquètent comme des tourniquets à l'ancienne.
15 Un quart d'heure plus tard […], les hautes fenêtres se referment jusqu'au lendemain.
16 Il ne faut cependant pas se fier aux apparences.
17 La foule et les appareils photo sont bien réels, de même que les nuages.
18 Mais les gardes sont des acteurs, le palais de Buckingham est une réplique de l'original réduit de moitié et le son des canons est produit électroniquement.
19 Certains disent que le Roi et la Reine eux-mêmes ne sont pas les vrais
20 et que le contrat qu'ils ont signé il y a deux ans avec Sir Jack Pitman […] les dispense de ce rituel quotidien.
21 De source bien informée, on confirme qu'il existe effectivement une clause dérogatoire dans le contrat royal,
22 mais que leurs majestés apprécient la rémunération en espèces qui accompagne chacune de leurs apparitions au balcon.

Les mots monosyllabiques se terminant en **-ow** peuvent poser un petit problème de prononciation. Dans l'ensemble, ce son est une diphtongue : *[aou]*. Mais il y a quelques exceptions (bien sûr !) : le verbe **to mow**, *tondre le gazon*, se prononce *[mo-o]* alors que **to row** et **to bow** ont chacun deux prononciations selon le sens : **to row** se prononce *[raou]* dans le sens de *se disputer* mais *[ro-o]* quand il s'agit de *ramer*. De même, **to bow** se prononce *[baou]* pour *s'incliner* mais *[boo]* pour

60 / Sixtieth lesson

manier un archet. Évidemment, c'est le contexte qui vous donnera le sens du mot, mais faites attention à votre prononciation (et écoutez attentivement les exercices).

2 Nous avons vu à la leçon 12 (phrase 7) que l'anglais possède deux mots pour *un client* : **a client** et **a customer**. Schématiquement, le premier se dit d'une personne qui achète des services ou des prestations complexes, alors que le second s'applique aux biens de consommation. Ainsi, une banque d'affaires aura des **clients**, mais une librairie aura des **customers**. Cela dit, beaucoup de prestataires de services parlent de leurs **customers** pour se rendre plus populaires, alors que certains magasins "se la jouent" en parlant de **clients** ! Notre avis ? Gardez la bonne vieille distinction. (Sachez, cependant, que le mot **clientele** s'emploie dans les deux cas.)

3 **a ream**, *une rame* (de papier). Au figuré, **reams of** signifie *de grandes quantités*, et s'applique à de l'information ou de l'écriture. **The new software transforms reams of geographical data into a single map**, *Le nouveau logiciel convertit de grandes quantités de données géographiques en une seule carte*.

4 Voir leçon 25, note 3.

5 **copyright** (litt. "le droit de copier") signifie *le(s) droit(s) d'auteur*. Il s'emploie à la fois comme nom – **Who owns the copyright to** (ou **in**) **this article?**, *Qui détient les droits d'auteur pour cet article ?* – mais aussi comme verbe : **To reproduce work that has been copyrighted, you need the permission of the copyright holder**, *Pour reproduire des œuvres dont les droits d'auteur ont été déposés, vous avez besoin de l'accord du détenteur de ces droits*. Dans notre texte, l'expert en marketing ne crée pas une phrase, il en dépose le droit d'auteur !

6 William Wordsworth (1770-1850) est l'un des plus grands poètes romantiques britanniques. Son poème le plus célèbre s'intitule ***The Daffodils***, *Les Jonquilles*. Par ailleurs, Wordsworth était fasciné par la France révolutionnaire et, dans un poème magnifique, chanta les louanges de ce vent de liberté qui soufflait sur l'Europe continentale à la fin du XVIIIe siècle.

7 On passe du XVIIIe au XXe dans la même phrase, avec le titre d'une des chansons les plus célèbres de Bob Dylan : ***Blowin' in the Wind***. L'apostrophe remplace le **g** de **blowing**, imitant ainsi la prononciation populaire. Nous verrons cette semaine d'autres exemples de cet anglais "non standard", employé fréquemment en musique, littérature, etc.

Soixantième leçon / 60

8 **real**, *réel*, *véridique*. Dans la tournure idiomatique **for real**, le **for** est superflu : on aurait pu dire **The King and Queen are real**. Mais l'emploi de cette idiotisme rend la phrase plus familière, car il s'agit d'un emprunt à la langue parlée, où **for real** est synonyme de *sincère* ou *vrai* : **Is he for real or is he just playing games?**, *Est-il sincère ou est-ce qu'il s'amuse ?*

9 Cette tournure avec le verbe **to have** est assez particulière : **to have it that**, précédée toujours d'un nom propre, signifie *d'après*, *selon*, etc. **Rumour has it that Paul is leaving the firm**, *D'après les rumeurs, Paul quitte la société*. Dans un registre plus soutenu, et à la forme future, **will have it that** signifie *admettre*, *soutenir que* : **I am not superstitious, although some people will have it that I am**, *Je ne suis pas superstitieux, bien que certains soutiennent que je le sois*. Sachez que cette acception n'est pas très usitée dans le langage courant.

10 Voir leçon 12, phrase 4. **Inside**, *à l'intérieur*. **An insider** est donc quelqu'un "du sérail", qui connaît les choses de l'intérieur. Le mot peut s'employer comme adjectif, notamment dans l'expression **insider dealing** (ou **trading**), *le délit d'initié*.

11 **to opt for**, *opter pour*. On peut aussi employer les prépositions **in** et **out** pour communiquer l'idée de choisir (ou non) de participer à quelque chose : **Britain opted out of EMU**, *La Grande-Bretagne a choisi de ne pas participer à l'UEM*. On forme ainsi les adjectifs **opt-in** et **opt-out**. Dans le jargon socio-économique britannique, ces termes s'appliquent à des régimes de retraite, des systèmes de soins, d'éducation, etc., où le citoyen peut choisir entre un dispositif privé ou public. Il faut bien identifier le contexte. Par exemple **The school has adopted opt-out status and is self-governing** peut se traduire par *Cette école est autonome, ayant choisi de s'affranchir de la tutelle des autorités locales*. Ainsi, dans un contrat, **an opt-out clause** est un article qui permet de ne pas adhérer à certaines conditions.

12 Rappelons que les auxiliaires accentuent ou renforcent un verbe (leçon 35, § 2). Employé dans une tournure avec **but**, l'auxiliaire permet d'accepter une affirmation, et ensuite de la qualifier : **Education is vital. – It does help, but it is not enough**, *L'éducation est déterminante. – C'est vrai que c'est utile, mais ce n'est pas suffisant*. Ce mécanisme marche avec tous les auxiliaires : **Will he help? – He says he will but you can never be sure**, *Va-t-il nous aider ? – Il dit que oui, mais on n'est jamais sûr*.

13 **a fee** vient du même mot qui nous a donné *fief* en français, et, dans le langage courant, signifie une somme d'argent à payer, souvent pour des services ou prestations professionnelles. Mais le sens précis varie selon le contexte et va au-delà de la simple notion d'honoraires ou d'appointe-

***

Exercise 1 – Translate

❶ They had a terrible row after Brian claimed he had to bow to the inevitable. ❷ She watched through the bow window as he mowed the lawn. ❸ Three City traders have been arrested for insider dealing. ❹ He seems too nice to be true. Is he for real? ❺ My school has opted out of local authority control.

***

Exercise 2 – Fill in the missing words

❶ L'éducation n'est-elle pas fondamentale ? – C'est vrai que ça aide, mais ce n'est pas suffisant.

..... education vital? – ...., but it is not enough.

❷ On décourage les jeunes d'aller à l'université par des frais de scolarité élevés.

Young people ... . going to university by ....

❸ D'après certains, il a des points de vue très conservateurs.

.... people .... that he holds very conservative views.

❹ Il ne faut pas se fier aux apparences. Les gardes sont des acteurs, au même titre que les policiers.

.... The guardsmen are actors ... . the policemen.

❺ Il a déposé le slogan "Le roi et la reine, toujours aimés du peuple".

He .... the slogan "The .... king and queen".

Soixantième leçon / 60

ments. Il peut s'agir, par exemple, d'un droit d'entrée – **Museums and galeries no longer charge entrance fees**, *Les musées ne perçoivent plus de droits d'entrée* –, ou encore de frais de scolarité : **High tuition fees are discouraging young people from going to university**, *Les frais de scolarité élevés découragent les jeunes de faire des études universitaires*.

***

Corrigé de l'exercice 1
❶ Ils se sont disputés violemment après que Brian ait dit qu'il était obligé de se soumettre *(s'incliner)* face à l'inévitable. ❷ Elle regardait par le bow-window pendant qu'il tondait le gazon. ❸ Trois opérateurs de la City ont été arrêtés pour délit d'initié. ❹ Sa gentillesse, c'est trop beau pour être vrai. Est-il sincère ? ❺ Mon école a choisi de s'affranchir de la tutelle de l'administration locale.

***

Corrigé de l'exercice 2
❶ Isn't – It does help – ❷ – are being discouraged from – high tuition fees ❸ Some – will have it – ❹ All is not as it seems – and so are – ❺ – copyrighted – ever-popular –

Le texte de cette leçon est extrait d'un roman de Julian Barnes, l'un des plus grands hommes de lettres britanniques contemporains. Né à Leicester en 1946, Barnes est à la fois romancier, satiriste, journaliste et essayiste. Il a gagné de nombreux prix littéraires prestigieux (dont le prix Médicis et le prix Femina français – seul écrivain étranger à réussir cet exploit).

Le roman satirique England, England *raconte l'histoire d'un industriel patriotique, Sir Jack Pitman, qui fait construire une Angleterre miniature comme parc d'attractions sur l'île de Wight. Dans les lignes 1 à 7 de la leçon, le conseiller en marketing de Sir Jack lui explique comment "positionner" l'Angleterre comme un produit. Remarquez le jargon employé par ce consultant – ainsi que son sens commercial très développé (***"If I may coin, no, copyright, a phrase"***). Pitman apprend, en lisant des études de marketing, que lorsqu'un touriste visite un pays étranger et ses monuments culturels, il préfère très sou-*

Sixty-first lesson

A budding writer

1 – Hiya, Dave. Long time no see [1]. What are you up to these days?

2 – Believe it or not, I'm giving up my job to become a full-time writer.

3 I've been thinking about it for ages, so I finally decided to take the plunge [2].

4 – Giving your job up? But you've only just started! You [3] want to starve, or what?

5 – Don't be so cynical: a cynic is a man who knows the price of everything and the value of nothing.

6 – Hey, that's not bad! Did you make that up [4] yourself? Tell the simple truth!

7 – You know how it is, the truth is rarely pure and never simple.

8 – Come clean [5]: you're copying from someone. You've got no experience as a writer.

vent une imitation ou une version idéalisée à l'original ! Par ailleurs, si l'on regroupe tous les monuments principaux dans un seul endroit de dimensions réduites, on rend les déplacements plus faciles – et en multipliant le nombre de boutiques et autres équipements payants, on permet aux visiteurs de dépenser un maximum d'argent.

Une journaliste américaine visite le parc d'attractions, qu'elle décrit dans un article (lignes 8 à 22 de la leçon). Remarquez les phrases courtes et les détails révélateurs – ainsi que l'ironie de la dernière phrase.

Admirez ainsi la manière dont Barnes imite deux styles très différents par ses choix lexicaux et syntaxiques. Le roman explore avec beaucoup d'humour le contraste entre le réel et le factice, la réalité et la fiction, ainsi que la notion de patriotisme et ses stéréotypes. Comment se termine-t-il ? Il faut que vous le lisiez vous-même – dans le texte, bien entendu !

Soixante et unième leçon

Un écrivain en herbe

1 – Salut, Dave. Ça fait un bail qu'on ne s'est pas vus. Qu'est-ce que tu deviens ?

2 – Tu ne vas pas me croire, je laisse tomber mon boulot pour devenir écrivain à plein temps.

3   J'y pense depuis des lustres, alors j'ai finalement décidé de faire le grand saut.

4 – Tu laisses tomber ton boulot ? Mais tu viens à peine de commencer ! Tu veux crever de faim ou quoi ?

5 – Ne sois pas aussi cynique : un cynique, c'est quelqu'un qui connaît le prix de tout et la valeur de rien.

6 – Hé, c'est pas mal ! C'est toi qui as trouvé ça ? Dis-moi la vérité, rien que la vérité !

7 – Tu sais ce qu'il en est : la vérité est rarement pure et elle n'est jamais simple.

8 – Avoue-le : tu empruntes tout ça à quelqu'un d'autre. Tu n'as aucune expérience d'écrivain.

61 / Sixty-first lesson

9 – You know what they say, don't you? Imitation is the truest form of flattery,
10 and experience is the name we give to our mistakes.
11 Anyway, I sent off [6] a sample chapter of my novel to some literary agents, on the off chance [7].
12 Then I called them all up and one called me back. He said he was willing to represent me.
13 A few of the others sent the manuscript back with a rejection slip, but most didn't even bother.
14 – They didn't send it back? Bastards [8]! They'll regret it when your book tops [9] the best-seller list.
15 What kind of novel is it, anyway? And how do you go about [10] writing?
16 – It's a detective thriller. I've been writing down ideas in a notebook for years.
17 All I had to do then was to write them up [11] into a narrative, which was a doddle [12].
18 I've also worked in [13] a couple of quotes from other authors, just to liven up the style.
19 – Liven it up? You mean, to pass other people's work off [14] as your own!
20 – Not at all. Don't you know that mediocre writers borrow but great writers steal [15]?

Prononciation
*11 ... **saam**-pël ... 20 ... mii-di-**oo**-kë ...*

Notes

1 L'anglais est une langue de contact pour le commerce depuis des siècles. De ce fait, certains mots ou phrases ont été adoptés par d'autres peuples et mélangés avec des éléments autochtones (ou tout simplement "plaqués" sur la syntaxe de leur langue). Ce phénomène a donné naissance à ce qu'on appelle le **pidgin English** (**pidgin** étant la déformation du mot **business**, tel que prononcé par des commerçants

Soixante et unième leçon / 61

9 – Tu sais ce qu'on dit, non ? L'imitation est la forme de flatterie la plus sincère,
10 et l'expérience est le nom que nous donnons à nos erreurs.
11 Quoi qu'il en soit, j'ai envoyé un chapitre de mon roman à quelques agents littéraires, à titre d'échantillon, à tout hasard.
12 Ensuite, je les ai appelés et l'un d'eux m'a rappelé. Il m'a dit qu'il était prêt à prendre ma carrière en main.
13 Deux ou trois autres m'ont renvoyé le manuscrit, avec une brève lettre de rejet, mais la plupart ne s'en sont même pas donné la peine.
14 – Ils ne te l'ont pas renvoyé ? Les salauds ! Ils le regretteront, quand ton livre sera en tête des ventes.
15 Qu'est-ce que c'est comme roman, au fait ? Et comment tu fais pour écrire ?
16 – C'est un roman policier. Je note des idées dans un carnet depuis des années.
17 J'ai juste eu à les mettre en forme pour en faire un récit, c'était simple comme bonjour.
18 J'ai également mis dedans deux ou trois citations d'autres auteurs, histoire d'avoir un style un peu plus vivant.
19 – Plus vivant ? Tu veux dire en présentant l'œuvre d'autres auteurs comme la tienne ?
20 – Pas du tout. Tu ne savais pas que les écrivains médiocres font des emprunts, et que les grands, eux, volent ?

---

chinois) – un peu comme le sabir pour le français. Bien que **pidgin** soit un terme technique en linguistique, on dit parfois que quelqu'un parle **pidgin English** lorsqu'il "baragouine" la langue. De manière humoristique, certaines tournures (ou prétendues telles) du **pidgin** ont été reprises en anglais. Ainsi **Long time no see** est une altération de la phrase **I haven't seen you for a long time**. Naturellement, il s'agit d'une facétie et nous vous recommandons de ne pas utiliser ce type de tournure à moins de bien connaître votre interlocuteur.

61 / Sixty-first lesson

2 Voir leçon 3, note 13.

3 Encore un exemple d'anglais "non standard". Dans le langage parlé courant, on escamote très souvent les auxiliaires en début de phrase : **Do you want to come for a drink?** → **Want to come for a drink?**, *Tu veux venir prendre un pot ?* Il ne s'agit pas, bien sûr, d'une règle, mais de l'usage.

4 Nous connaissons **to make up** dans le sens intransitif de *constituer* (leçon 15, note 4). À la forme transitive, ce verbe à particule signifie aussi *inventer* : **The researcher who supposedly discovered the new formula admitted that he had made it up**, *Le chercheur qui avait soi-disant découvert la nouvelle formule a avoué qu'il l'avait inventée.*

5 **clean**, *propre*. Ainsi, **to come clean** – "se rendre propre" – signifie *raconter la vérité*. **He finally came clean about the real reason for leaving the country**, *Il a enfin révélé la vraie raison de son départ du pays.* Sans complément d'objet, le sens est plus large : *se mettre à table*, etc. **He finally came clean**, *Il a enfin lâché le morceau.*

6 Avec certains verbes à particule, le sens de la préposition n'est pas toujours clair. Y a-t-il une différence entre **to send the manuscript** et **to send off the manuscript** ? Dans l'absolu, la réponse est non, mais alors que le verbe **send** signifie *envoyer*, **off** apporte la notion d'éloignement. Par exemple, **to send off** peut signifier *dire au revoir à quelqu'un qui part en voyage* (toujours l'éloignement). **Hundreds of the team's fans gathered at the airport to send them off**, *Des centaines de fans se sont rassemblés à l'aéroport pour dire au revoir à l'équipe.* Dans de tels cas, il faut se concentrer sur le contexte plutôt que sur les mots eux-mêmes : c'est toute la difficulté des verbes à particules.

7 Précédée d'un verbe, l'expression **on the off chance** (ou **off-chance**) traduit la notion de *dans l'espoir de* ou *au cas où* : **He posted the question to the chat room on the off chance that someone could answer it**, *Il a mis la question en ligne dans le forum de discussion dans l'espoir que quelqu'un y réponde*. Si l'expression est suivie d'un deuxième verbe, on emploie **of** + **-ing** : **She came to the meeting on the off chance of talking to the new manager**, *Elle est venue à la réunion dans l'espoir de parler au nouveau directeur*.

8 Attention : gros mot ! En argot, **a bastard** (du français *bâtard*) signifie *un salaud*. Nous nous permettons de vous apprendre ce mot – avec les précautions d'usage – non seulement parce qu'il est assez courant, mais aussi parce qu'il peut également être relativement inoffensif. Ainsi,

499 • **four hundred and ninety-nine**

vous risquez d'entendre des interjections comme **You lucky bastard!**, *Sacré veinard !*, ou, au contraire, **Poor bastard**, *Pauvre malheureux*. Dans tous les cas, le mot est assez fort (et donc à éviter), mais il peut aussi recéler une nuance de commisération.

9 Souplesse oblige, **top** n'est pas seulement un nom, *le haut*, et un adjectif, *du haut*, mais aussi un verbe, *dépasser* : **Contributions to the relief fund topped £10m**, *Les contributions au fonds d'aide ont dépassé dix millions de livres*. S'agissant d'un palmarès, **to top** signifie *caracoler en tête* : **Her book has topped the bestseller list for three months now**, *Ça fait trois mois que son livre est en tête des ventes*.

10 Dans le contexte d'une action à réaliser, **to go about** signifie *s'y prendre* : **How do I go about applying for a driver's licence?**, *Comment dois-je m'y prendre pour une demande de permis de conduire ?*

11 Dans beaucoup de verbes à particule, **up** donne un sens de "complétude". Par exemple, si on l'ajoute au verbe **to eat**, on a le sens de <u>tout</u> manger : **Eat your dinner**, *Mange ton dîner*, mais **He ate up everything on the plate**, *Il a fini son assiette*. **Up** peut aussi intensifier le verbe. L'énoncé **Heat the milk**, *Faire chauffer le lait*, devient plus fort si on ajoute **up** : **Heat up the milk** –, mais il n'y a pas de véritable traduction. **The CEO wrote up his thoughts about why the company was in difficulty**, *Le PDG a consigné par écrit ses réflexions sur les problèmes auxquels la société devait faire face*. Nous avons donc ici la notion de prendre des éléments divers et d'en élaborer un écrit plus complet.

12 **It's a doddle** est une expression familière qui signifie *C'est simple comme bonjour*. L'étymologie de **doddle** est obscure et on ne l'emploie que dans cette expression.

13 **to work in** traduit la notion d'*incorporer* – **Using your fingers, work in the butter and sugar**, *Avec vos doigts, incorporez le beurre et le sucre* – ou d'*introduire* : **The speechwriters managed to work in several references to the candidate's military background**, *Les rédacteurs de discours ont réussi à glisser quelques mentions concernant le passé militaire du candidat*. Comment faire la différence, au niveau de la prononciation, entre le verbe à particule **to work in** et le simple verbe **to work** suivi de la préposition **in** (**He works in London**) ? Dans le premier cas, les deux mots sont accentués avec la même force, alors que dans le second, le **in** est escamoté. (Écoutez les exercices.)

14 **to pass off**, *faire passer*. Puisque ce verbe à particule est séparable, on peut mettre le complément entre les deux mots, même s'il s'agit d'un nom composé. Au lieu de **He tried to pass off someone else's work as**

five hundred • 500

his own, on peut dire **He tried to pass someone else's work off as his own**. Le danger avec ce type de construction, c'est le risque de trop éloigner le verbe de sa particule. Par exemple : **He tried to pass the work that Ed did on Sunday off as his own** n'est pas incorrect, mais la phrase est très difficile à suivre. Préférez **He tried to pass off the work that Ed did on Sunday as his own**. Le bon sens doit primer sur la grammaire !

***

Exercise 1 – Translate

❶ In his CV, he worked in a reference to the fact that he had worked in London. ❷ Let me help you with the exercise. You're going about it the wrong way. ❸ Long time no see! Want to come for a drink? ❹ Eat up your dinner and I'll heat up some coffee. ❺ How do I go about applying for a passport?

***

Exercise 2 – Fill in the missing words

❶ Les dons au fonds ont déjà dépassé trois milliards de livres.
Contributions to the fund .... three .... pounds.

❷ Il été puni pour avoir essayé de présenter le travail de quelqu'un d'autre comme étant le sien.
He was punished for .... work ... as his own.

❸ Je vais à la réunion dans l'espoir de parler au nouveau directeur.
I'm going to the meeting .. .. the new manager.

❹ Dis-moi la vérité : as-tu vraiment trouvé la formule ? – Non, je l'ai inventée.
....: did you really discover the formula? – No, I ....

❺ Lorsqu'il eut terminé le manuscrit, il l'envoya à l'éditeur.
When he .... the manuscript, he ....¹ the publisher.

¹ **sent it off to** *aurait eu le même sens*

15 En fait, Dave a été très économe avec la vérité ! La plupart de "ses" mots d'esprits sont d'Oscar Wilde (phrases 5, 7, 9 et 10), et le dernier, **Mediocre writers borrow; great writers steal**, *Les écrivains médiocres empruntent ; les grands volent carrément* est "emprunté" au grand poète et homme de lettres anglo-américain T.S. Eliot (1888-1965).

***

Corrigé de l'exercice 1
❶ Il a glissé un mot dans son C.V. sur le fait qu'il avait travaillé à Londres. ❷ Laissez-moi vous aider à faire *(avec)* l'exercice. Vous vous y prenez mal. ❸ Ça fait un bail qu'on ne s'est vus ! Tu viens boire un verre ? ❹ Finis de dîner, et je te ferai réchauffer du café. ❺ Comment dois-je m'y prendre pour demander un passeport ?

***

Corrigé de l'exercice 2
❶ – have already topped – billion – ❷ – trying to pass someone else's – off – ❸ – on the off chance of talking to – ❹ Come clean – made it up ❺ – had finished – sent it to –

Il est vrai que, à ce niveau d'apprentissage, les verbes à particule peuvent parfois sembler insaisissables, tellement il existe de nuances. Ne vous découragez pas , car, en réalité, on retombe très souvent sur les mêmes locutions, quel que soit le texte, et le sens de beaucoup d'entre elles est clair en fonction du seul contexte. Il est donc inutile d'apprendre des listes entières de ces verbes, car les nuances s'apprennent "sur le tas". Voici quelques règles simples : (1) munissez-vous d'un bon dictionnaire anglais-anglais ; (2) apprenez toujours un verbe dans son contexte ; (3) apprenez aussi les principales acceptions des prépositions/particules ; (4) en lisant un livre, en regardant un film, etc., soyez très attentif à la manière dont les verbes à particule sont employés ; et enfin (5) constituez-vous un glossaire bien à vous, en notant consciencieusement le sens et le contexte. Nous vous donnerons aussi quelques règles de base dans les deux prochaines leçons de révision.

Sixty-second lesson

The stakeout

1 It was late. A washed-out moon cast a sickly yellowish ¹ pall over the oily rooftops and the mean, rain-slicked streets.

2 God must have made this city when he was in a bad mood. It had all the charm of a train wreck.

3 I'd been watching Chandler's apartment for three, maybe four hours. No one had gone in or come out.

4 I needed a drink. I needed a cigarette. I needed a holiday. What I had was a pair of binoculars and a long wait ahead ².

5 Suddenly the curtains twitched ³ open and a face appeared at the window for a split ⁴ second.

6 It was a woman: the kinda ⁵ woman who could melt a heart of stone at twenty-paces.

7 So he *was* there after all. I shifted in my seat and fumbled for my .357 Magnum.

8 I jumped as someone rapped sharply on the window. There were two of them. Cops. Mutt and Jeff ⁶.

9 – The Chief wanna ⁷ see you. Now, growled Mutt. He had a face that looked like it wouldn't take no for an answer.

Prononciation
1 ... porl ...

Soixante-deuxième leçon

Le guet

1   Il était tard. Une lune délavée projetait une lueur blafarde sur les toits luisants et les rues pouilleuses et mouillées par la pluie.
2   Dieu doit avoir fait cette ville un jour où il était de mauvaise humeur. Elle avait tout le charme d'un accident de train.
3   Je surveillais l'appartement de Chandler depuis trois heures, quatre peut-être. Personne n'était ni entré ni sorti.
4   J'avais besoin de boire un verre. J'avais besoin d'une cigarette. J'avais besoin de vacances. Tout ce que j'avais, c'était une paire de jumelles et une longue attente en persepctive.
5   Soudain, les rideaux s'ouvrirent d'un coup sec et un visage apparut à la fenêtre pendant une fraction de seconde.
6   C'était une femme : le genre de femme à vous faire fondre un cœur de pierre à 20 pas.
7   Il était donc bien là, finalement. Je changeai de position sur mon siège, cherchant à tâtons mon .357 Magnum.
8   Je sursautai en entendant quelqu'un frapper sur la vitre. Ils étaient deux. Des flics. Mutt et Jeff.
9 – Le Chef veut te voir. Maintenant, grogna Mutt. Il avait une tête qui semblait exclure tout refus.

10 – Yeah. Right now, echoed Jeff. You'd better come quietly, or else…

11 – Or else what? Do you guys rehearse [8] this stuff or does it come naturally?, I smiled.

12 I certainly didn't hold it against [9] them. After all, they were cops:

13 the unwilling, led by the unqualified, doing the unpleasant for the ungrateful.

14 That's why I was a private eye. I could set my own rules. Live by my own code, with no false hopes.

15 I know the law isn't justice. It's a flawed [10] mechanism. Pull the right levers and you might just get a fair deal [11].

16 Crime obviously pays, otherwise there'd be no crime. And someone's got to tackle it. Or else…

17 – Okay, let's play it your way, but I warn you, I'm gonna [12] need coffee and a smoke.

18 – You ain't [13] gonna get nothing [14] but a smack in the mouth unless you move your fat butt [15], yelled Mutt. Or maybe it was Jeff.

19 All of a sudden [16], three shots rent [17] the still night air, followed by a shrill scream.

20 – Saved by the bell, I guess. Let's go, I shouted, sprinting across the road towards the building without a backward glance.

*11 … ri-**heurss** … 15 … floord …*

Notes

1 Rappelons que le suffixe **-ish**, qui nous permet de former des adjectifs à partir de noms (**child** → **childish**, *enfant/infantile*), contient aussi la notion d'approximation. Dans cette acception, il peut être ajouté à un autre adjectif, par exemple un adjectif de couleur (**green**, *vert* ; **greenish**, *verdâtre*, etc.), mais on le retrouve dans d'autres contextes :

Soixante-deuxième leçon / 62

10 – Ouais. Tout de suite, fit Jeff en écho. Tu ferais mieux de venir sans faire d'histoire, sinon…

11 – Sinon quoi ? Vous répétez avant de venir, les gars, ou ça vous vient naturellement, ce genre de trucs ? leur dis-je en souriant.

12 Franchement, je ne leur en voulais pas. C'était des flics, après tout :

13 engagés involontaires, dirigés par des incompétents, ils faisaient un boulot désagréable pour des ingrats.

14 C'était pour ça que j'étais détective privé. Je pouvais définir mes propres règles. Vivre selon mon propre code, sans faux espoirs.

15 Je sais que la loi, ce n'est pas la justice. C'est un mécanisme vicié. En actionnant les bons leviers, on peut juste espérer une issue équitable.

16 De toute évidence, le crime paie, sinon, il n'y aurait pas de criminalité. Et quelqu'un doit s'occuper du problème. Sinon…

17 – D'accord, c'est vous qui menez la danse, mais je vous préviens, je vais avoir besoin d'un café et d'une clope.

18 – Tout ce que tu vas avoir, c'est ma main sur la gueule si tu ne bouges pas ton gros arrière-train, hurla Mutt. Ou peut-être était-ce Jeff.

19 Soudain, sans prévenir, trois coups de feu fendirent le silence de la nuit, suivis par un cri strident.

20 – Sauvé par le gong, je suppose. Allons-y, criai-je, en courant vers l'immeuble, de l'autre côté de la rue, sans même jeter un regard derrière moi.

I'll be there at six-ish, *Je serai là aux alentours de 6/18 heures* ; **He was an oldish man with a pleasant face**, *C'était un homme assez âgé avec un visage agréable*. Pour résumer : **-ish** égale comparaison par approximation.

2 Nous savons que **ahead** signifie *à l'avance*, mais il a aussi un sens de futur très proche : **We'll have to work very hard in the weeks ahead**, *Nous devrons travailler très dur dans les semaines à venir*. Pour ajouter

un complément, on utilise **of** : **I have a long drive ahead of me**, *J'ai beaucoup de route à faire*.

3 Rappelons que **to twitch** fait partie de ces verbes de mouvement que nous avons vus à la leçon 31 (note 19).

4 **to split**, *fendre*, *casser en morceaux*. **Ernest Rutherford was the first person to split the atom**, *Ernest Rutherford fut la première personne à réaliser la fission de l'atome*. **Split** s'emploie dans plusieurs mots composés, toujours avec cette notion de clivage (par exemple, **split peas** sont les *pois cassés*, alors que **a split screen** est *une fenêtre divisée* sur un écran d'ordinateur). Ainsi, **a split second** est *une fraction de seconde*.

5 Encore un exemple de l'anglais non-standard. Dans la langue parlée, la préposition **of** est souvent réduite à une voyelle neutre, ni ouverte ni fermée (un schwa, en termes linguistiques). Ce phénomène peut être reproduit dans une chanson ou un dialogue de fiction, en ajoutant la lettre **a** au mot précédent. Ainsi, **kinda** est une altération de **kind of**.

6 **a mutt** est un vieux mot d'argot signifiant *un corniaud* (une contraction de **muttonhead**, *tête de mouton*). En anglais contemporain, on l'applique parfois à un chien, comme *clébard* en français. **Mutt and Jeff** sont les noms de deux personnages de BD, deux aimables losers, l'un grand et l'autre petit. On emploie encore ce terme pour décrire deux personnes (parfois de taille différente) qui sont inefficaces ou bêtes, un peu comme Laurel et Hardy. (Notons enfin que, en **rhyming slang** – leçon 35, § 4 – **Mutt 'n Jeff** signifie *deaf*, *sourd*.)

7 Tout comme **of** (note 5), la préposition **to** est très souvent escamotée dans la langue parlée, et le même mécanisme s'applique. Donc **wanna** = **want to**.

8 **to rehearse**, *répéter*, vient du monde du théâtre, et **a rehearsal** *[ri-**heur**-ssël]* est *une répétition*. En dehors de ce contexte, le verbe peut se traduire par *préparer* : **We rehearsed what we were going to say to convince him**, *Nous avons préparé ce que nous allions dire pour le convaincre*.

9 **to have something against someone** a le même sens qu'en français : *avoir quelque chose contre quelqu'un*. Mais le verbe à particule **to hold something against someone** signifie plutôt *en vouloir à quelqu'un*. On peut l'employer avec la forme neutre **it**, comme dans la phrase 12, ou avec un complément plus précis : **You mustn't hold her inexperience against her**, *Il ne faut pas lui en vouloir pour son manque d'expérience*.

Soixante-deuxième leçon / 62

10 **a flaw** est *un défaut* ou *une imperfection*, qui peut être physique (**This diamond has a flaw**, *Il y a un crapaud dans ce diamant*) ou morale (**a character flaw**, *un défaut de caractère*). Il existe aussi un verbe transitif, que l'on retrouve le plus souvent au passif : **The peace process was flawed by a lack of consultation**, *Le processus de paix a été entaché par un manque de consultation*.

11 Nous avons déjà rencontré **a deal** dans le sens de *une affaire*, *un marché* (leçon 37, note 7). Dans **a fair deal**, cependant, **deal** prend son sens d'origine : *une donne* ; ainsi l'expression peut se traduire littéralement par *une distribution équitable des cartes*. Dans un sens plus large, il s'agit d'un traitement juste : **Taxpayers can be sure of getting a fair deal under the new system**, *Dans le cadre du nouveau système, les contribuables peuvent être certains d'être traités de manière équitable*.

12 **gonna** = **going to** (note 7).

13 Bien que grammaticalement faux, **ain't** s'avère très utile : c'est une contraction argotique du verbe **to be** à la forme négative, qui s'emploie à toutes les personnes : **I ain't** (au lieu de **I'm not**), **you ain't** (**you aren't**), etc. Naturellement, vous ne devez en aucun cas l'utiliser, mais avouons que c'est pratique !

14 Nous vous avons déjà mis en garde concernant la double négation (leçon 25, note 10). Voilà qu'elle revient : **you're not going to get nothing** devrait, bien sûr, se dire **you're not going to get anything**.

15 Nous avons déjà appris le mot **bum**, *arrière-train* (leçon 41, note 17). Voici un synonyme, plutôt américain, mais qui a déjà fait son entrée en anglais britannique : **a butt**. Bien entendu, il faut appliquer les mêmes règles de précaution que pour **bum**, mais sachez que **butt**, qui vient du français *le bout*, a un sens tout à fait légitime : *la crosse d'un fusil* ou encore *un mégot de cigarette*. Faites donc très attention au contexte !

16 **all of a sudden** est une tournure plutôt littéraire, synonyme de **suddenly**. Elle n'est pas sans rappeler l'expression française *tout à coup*.

17 **rent** n'a rien à voir ici avec *le loyer* ; c'est le passé simple irrégulier de **to rend**, *déchirer*. Le verbe est assez littéraire, mais nous le retrouvons dans l'adjectif composé – couramment utilisé – **heart-rending** (ou **heartrending**), *qui déchire le cœur*. **The book tells a heart-rending story of pain and suffering**, *Le livre raconte une histoire déchirante de douleur et de souffrance*.

five hundred and eight

Exercise 1 – Translate

❶ We'd better leave now because we've got a long drive ahead of us. ❷ I'm not going to hold his lack of experience against him. ❸ Under the new law, taxpayers can be sure of getting a fair deal. ❹ It looks like he won't take no for an answer. ❺ There *is* someone in the flat. I just saw the curtains twitch open.

***

Exercise 2 – Fill in the missing words

❶ Un homme assez âgé avec un visage assez rond – mais des dents jaunâtres – est arrivé vers six/dix-huit heures.
An ...... man with a .... face but .... teeth showed up at ....

❷ Tout d'un coup j'ai entendu un cri déchirant et j'ai traversé la rue en courant.
.... I heard a .... [1]scream so I .... the road.

❸ C'est vous qui menez la danse, mais je vous préviens que le processus tout entier est vicié.
Let's .... but I .... the whole process is ....

❹ C'est une tâche déplaisante et il rechigne à la faire, car il n'est pas qualifié et son patron n'a aucune reconnaissance.
It's an .... task and he's .... to do it because he's .... and his boss is ....

❺ Vous n'obtiendrez rien si vous ne vous attaquez pas aux vrais problèmes.
.... get anything .... the real problems.

[1] *Vous avez la possibilité de mettre* **heartrending** *ou* **heart-rending**.

Soixante-deuxième leçon / 62

Corrigé de l'exercice 1

❶ Nous ferions mieux de partir maintenant, car on a beaucoup de route à faire. ❷ Je ne vais pas lui en vouloir pour son manque d'expérience. ❸ Avec la nouvelle loi, les contribuables peuvent être certains d'être traités de manière équitable. ❹ Il semble qu'il n'acceptera pas une réponse négative. ❺ Il y a bel et bien quelqu'un dans l'appartement. Je viens de voir les rideaux s'entrouvrir.

***

Corrigé de l'exercice 2

❶ – oldish – roundish – yellowish – six-ish ❷ Suddenly – heartrending – sprinted across – ❸ – play it your way – warn you that – flawed ❹ – unpleasant – unwilling – unqualified – ungrateful ❺ You're not going to – unless you tackle –

Un genre de littérature dans lequel les Anglo-Saxons excellent (et qu'ils auraient même inventé) est le **roman policier**, *dont la traduction littérale est* **detective novel**. *Mais ce terme n'est qu'un sous-genre d'une catégorie bien plus large : le* **crime fiction** *("fiction criminelle") ou* **mystery fiction** *("fiction à mystère"). On y associe parfois les* **thrillers**, *ou romans à suspense.*
Dans la catégorie **detective fiction**, *on peut distinguer le polar "classique", dans lequel un policier ou un détective privé tente de résoudre un crime, souvent un meurtre. Ce type de roman s'appelle parfois* **a whodunit** *ou* **whodunnit** *[Hou-**deun**-it], déformation familière de* **who done it?**, *elle-même une altération de* **who did it?**, *qui l'a fait ? On l'associe surtout aux grands auteurs anglais telle Agatha Christie. Une tout autre approche fut celle lancée par certains auteurs américains qui voulaient restituer les crimes crapuleux dans un contexte plus réaliste, plus urbain (et non plus dans "la roseraie du curé" chère au* **whodunit**). *Ils employèrent un style incisif fait de phrases courtes, l'argot de la pègre et des métaphores parfois extravagantes (***He was as inconspicuous as a tarantula on a slice of angel food**, *Il passait aussi inaperçu qu'une tarentule sur un morceau de gâteau). Ce style, auquel nous rendons hommage aujourd'hui, s'appelle* **hardboiled**, *ou "dur à cuire", et ses adeptes s'appellent Raymond Chandler, Mickey Spillane ou, plus récemment, Elmore Leonard et George Pelicanos. Le héros est le plus souvent un "privé" cynique et désabusé, souvent solitaire.*

five hundred and ten • 510

*À l'opposé de cette littérature du **loner**, l'esseulé, on trouve un autre sous-genre, qui remporte un succès grandissant : le **police procedural**, où l'accent est mis sur les méthodes employées par la police pour résoudre des crimes au jour le jour. Il ne s'agit plus du travail d'un homme ou d'une femme seul(e), mais de toute une équipe.*

En bref, si vous cherchez un bon polar en anglais pour vous distraire, il faut bien identifier le genre (ou le type de justicier...) avant de passer commande !

Pourquoi tout cet argot, cet anglais "incorrect", ces mots interdits ? Rendez-vous à la leçon 63 !

Sixty-third lesson

Revision – Révision

1 Verbe + préposition ou particule : séparable ou non séparable ?

Par souci de simplicité, nous avons parlé tout au long de ce livre de "verbe à particule" pour décrire le phénomène d'un verbe suivi d'une préposition qui en modifie le sens. Nous savons aussi que certains de ces verbes sont "séparables" (on peut scinder le verbe et la préposition), alors que d'autres ne le sont pas (dits "inséparables"). Malheureusement, il n'y a pas de règle simple pour distinguer les uns des autres, mais voici quelques précisions qui devraient vous rendre la vie plus facile.

Tout d'abord il faut faire une distinction entre un verbe prépositionnel et un verbe à particule adverbiale. Dans le premier cas, le verbe est suivi d'une préposition qui indique une direction, un mouvement, etc.

He walked into the room, *Il est entré dans la pièce*.
She climbed up the tree, *Elle grimpa dans l'arbre*.

Dans ces deux cas, il s'agit de verbes prépositionnels : le mot qui suit le verbe de base est une préposition, et l'ensemble (**walk + into**, **climb + up**) doit toujours avoir un complément d'objet (**the room, the tree**). Ces ensembles sont formés généralement à partir de verbes d'action ou de mouvement, et <u>ils sont inséparables</u>.

Soixante-troisième leçon

En revanche, avec des verbes à particule, le deuxième mot est une particule adverbiale qui élargit ou modifie le sens du verbe de base. Ils peuvent ne pas avoir de complément. Par exemple, **to sit down**, *s'asseoir* : **He sat down**.

Prenons maintenant le cas de verbes à particule avec un complément – par exemple **to pay back**, *rembourser*, et **to try out**, *essayer*, *tester*. Les deux composants d'un verbe à particule peuvent être séparés si celui-ci est transitif :
He paid back the money ou **He paid the money back**.
She tried out the new car ou **She tried the new car out**.
Il n'y a aucune différence de sens (on peut dire à la rigueur que la deuxième forme s'emploie davantage dans la langue parlée qu'à l'écrit – leçon 21, § 2).
En revanche, si le complément est un pronom (**it**, etc.), il doit absolument se placer entre le verbe et la particule : **He paid it back / She tried it out**. Regardez à nouveau la leçon 61 pour voir cette règle en action.

Comment savoir si le verbe peut être séparé de son appendice dans le cas où il y a un complément ? Le seul moyen est de toujours apprendre un verbe avec sa préposition habituelle, et de la distinguer ainsi d'une particule.

five hundred and twelve • 512

2 L'anglais non standard

Comme nous l'avons déjà indiqué, les autochtones ne respectent pas forcément les règles grammaticales de leur propre langue, et surtout, n'emploient pas toujours un vocabulaire soigné. Par exemple, en prenant un seul numéro d'un journal tabloïd à grand tirage, on peut dénombrer au moins une vingtaine de mots argotiques ou familiers, notamment dans les titres. Ce journal écrit comme parlent ses lecteurs – et il y en a presque 8 millions par jour ! Naturellement, dans les arts – chansons, romans, films, séries TV, etc. – les auteurs, scénaristes et paroliers reprennent, eux aussi, le parler quotidien, tant au niveau du vocabulaire que de la prononciation.

Cela relève, entre autres, du milieu social : les classes moyennes instruites sont censées employer un anglais grammaticalement correct, prononcé avec la **Received Prononciation** (l'accent "classique" du sud-est de l'Angleterre), alors que les personnes d'origine populaire font plus d'entorses à l'anglais standard et s'expriment avec un accent prolétarien. C'est possible, mais il faut savoir que beaucoup de bourgeois aiment adopter le parler des rues, le parler "vrai", pour être acceptés plus facilement par le commun des mortels, et que ce phénomène se répercute donc sur la vie quotidienne. Ainsi, au fil des leçons, nous vous avons présenté de nombreux exemples de cet anglais non standard, auquel vous serez certainement confronté (un homme averti en vaut deux !). Nous allons essayer aujourd'hui de systématiser ce que vous avez appris. (La convention pédagogique consiste à barrer toute forme non standard, mais cela rendrait illisible ce qui suit. Nous avons donc laissé ces éléments en gras, tout en mettant entre parenthèses la forme "correcte".)

Commençons avec quelques exemples. Ici, par exemple, un athlète parle à un journaliste de son rival :

I in't afraid of him. I knows he's faster than me but he don't worry me none. I never raced him before but I'd of beaten him if I had. Anyway, I phones him up and says: "You ain't not going to win the race, mate". And he go: "That ain't what them journalists think. There's lots of other people think I'll win, too". So I says "Yea, they's very pleased with theirselves now, but they'll soon see who's fastest. They don't know nothing, they don't know anything".

Regardons de plus près, en commençant par les distorsions grammaticales :

2.1 Les auxiliaires

– L'auxiliaire négatif **to be** peut devenir **ain't** ou **in't** à toutes les personnes (y compris la première) :
I ain't (pas de contraction en anglais standard), **you ain't** (**aren't**) **he/she/it ain't** (**isn't**), **we ain't** (**aren't**), **they ain't** (**aren't**). Parfois, on ajoute un deuxième **not**, comme s'il fallait souligner le refus : **I ain't not!**
– De même, **to do** devient parfois **don't** à toutes les personnes. Par exemple, **he don't** (**doesn't**) **want to come**.
– **to have** est parfois remplacé par **of** (rappelons que **of** se prononce *[ëv]*, proche de *[Hav]*) : **I would of come** (**I would have come**).

2.2 Les verbes

– Le **-s** qui marque la troisième personne du singulier au présent est souvent omis : **He come into the room** (**He comes into the room**) ou placé à la première personne : **I comes into the room** (**I come into the room**).
– Le présent simple remplace le passé simple (ce qui n'est pas forcément choquant pour un francophone, mais qui est proscrit en anglais standard) : **I phones him and says: Hello** (**I phoned him and said: Hello**).
– Le passé simple peut être remplacé par le present perfect : **I done it** (**I have done it**).
– La même forme de verbe s'emploie à toutes les personnes au passé : **I was, you was** (**you were**), **we was** (**we were**), etc.
– **never** remplace le passé négatif : **I never did it** (**I didn't do it**).

2.3 Les membres de phrase

– Le singulier remplace le pluriel dans la construction **lots of** : **there's lots of people** (**there are lots of people**).
– **them** remplace **those** : **Give me them papers** (**Give me those papers**).
– Les adjectifs possessifs sont utilisés pour former les pronoms personnels : **theirselves** (**themselves**).
– Et, enfin, la double négation, que nous connaissons déjà (leçon 25, note 10) : **I don't know nothing** (**I don't know anything**).

Parlons maintenant de l'orthographe. Les écrivains, quelle que soit leur langue maternelle, tentent de retranscrire les sons réels du parler quotidien (rappelons le fameux "doukipudonktan" de

Raymond Queneau). Nous savons qu'en anglais, les petits mots (**of**, **an**, **to**, etc.), ainsi que certaines lettres, notamment **h** et **t**, ont tendance à être "mangés" lorsqu'on parle assez vite – on encore quand on chante. Regardez le texte de ce blues :
I'm sittin' here thinkin' about my girl
Don' wanna lose her
Ain't gonna lose her
I dunno what I'd do without my girl
I gotta find a way to keep her.
Cuz I love her so, oh yea I love her so.

a) Le **-g** final des participes présents / gérondifs est avalé. Ainsi **sitting** se prononce **sittin**. À l'écrit, cette élision est indiquée par une apostrophe : **sittin'** ;

b) Avec **to**, le **t** est avalé et la voyelle **o** devient muette *[ë]* et s'ajoute au mot précédent. Par exemple, **want to** se prononce *[ouonnë]* et s'écrit **wanna** ;

c) Dans certains mots à deux syllabes, la première est avalée : **because** → *[këz]*, qui s'écrit **cuz** ou **coz**.

Enfin, n'ayant pas de tutoiement (mais voir le § 3 ci-dessous), l'anglais déploie un arsenal de mots familiers pour diluer la formalité de la langue académique. Ainsi, on vous traitera parfois de **duck**, *canard*, **mate**, *copain, pote*, **darling**, *chéri*, ou encore **love**, *amour*, même – ou surtout – sans vous connaître.
How are you, duck?
Can I help you, love?
That's alright mate!

Il faut savoir deux choses. D'abord, il ne s'agit pas d'un vrai tutoiement, simplement d'une manière plus chaleureuse de parler. Ensuite, il ne faut surtout pas traduire littéralement : **Can I help you, love?** n'est pas l'équivalent de "Est-ce que je peux t'aider, mon amour ?" mais plutôt d'une tournure familière comme *Vous cherchez quelque chose ?*

Terminons ce petit tour d'horizon de l'anglais non standard. Et nous n'avons parlé ni de dialectes ni d'accents régionaux ! Rassurez-vous : même un Anglais de pure souche peut avoir du mal

à comprendre certains Gallois ou autres Irlandais (autant peut-être qu'un Marseillais et un Ch'ti).
La différence par rapport aux autres langues est que ces "fautes" de langue se retrouvent plus fréquemment dans la culture populaire à cause de l'influence anglo-saxonne sur les médias. Vous voilà maintenant mieux armé pour comprendre l'anglais de tous les jours *in situ*.

3 Le vieil anglais

Pour lire plus facilement certains romans, poèmes ou pièces de théâtre (dont Shakespeare) écrits avant le XVIIIe siècle, il faut connaître les anciennes formes verbales, qui ont beaucoup évolué depuis lors. (Quelques-unes de ces formulations perdurent dans certains dialectes régionaux parlés en Grande-Bretagne ou ailleurs.)

3.1 La forme familière

L'anglais possédait autrefois une sorte de tutoiement, dont l'utilisation était moins systématique et plus complexe que son équivalent français. Le pronom sujet était **thou**, le pronom objet **thee**, le possessif **thy** ou **thine**, et le pronominal **thyself** (dans tous les cas, le son **th-** est dur : *[DH]*).
Au niveau des auxiliaires, la deuxième personne du singulier au présent de **to be** était **art** (**wert** au passé) et celle de **have** était **hath**. En ce qui concerne les verbes, la deuxième personne du présent des verbes se terminait en **-st** : **thou knowest**, **thou goest**, etc.

3.2 Le *you* pluriel : *ye*

Si **thou** était la deuxième personne du singulier dans un registre familier et **you** le pronom formel, **ye** était la deuxième personne du pluriel. **Oh ye of little faith**, *Vous, gens de peu de foi*.
(Dans certains sites historiques en Grande-Bretagne, vous trouverez peut-être un magasin "à l'ancienne" portant une enseigne du genre **Ye Olde Tea Shoppe**. Ici, **ye** n'a rien à voir avec le pronom pluriel ; il signifie **the**, le **y** étant un ancien caractère d'imprimerie représentant le son *[DH]*.)

3.3 D'autres particularités

Sans entrer dans trop de détails, sachez que les questions se formaient souvent par simple inversion (**What came you here to see?** → **What**

63 / Sixty-third lesson

have you come here to see?) et que **do** s'employait avec tout autre verbe à l'affirmatif (**I do swear that he is my brother → I swear that he is my brother**). Enfin, le subjonctif était beaucoup plus courant qu'il ne l'est aujourd'hui : **If hairs be wires, black wires grow on her head → If hairs are wires, black wires grow on her head**).

À regarder de plus près ces évolutions, qui vont dans le sens de la simplification de la structure de la langue (surtout la suppression du tutoiement et la multiplicité de pronoms), on comprend mieux pourquoi l'anglais possède cette réputation – erronée – d'une langue "facile".

Terminons cette section avec l'un des plus beaux sonnets de Shakespeare, qui illustre certains des points que nous venons de voir :

Shall I compare thee to a Summer's day?
Thou art more lovely and more temperate:
Rough winds do shake the darling buds of May,
And Summer's lease hath all too short a date:
Sometime too hot the eye of heaven shines,
And oft' is his gold complexion dimm'd;
And every fair from fair sometime declines,
By chance or nature's changing course untrimm'd:
But thy eternal Summer shall not fade
Nor lose possession of that fair thou owest;
Nor shall Death brag thou wanderest in his shade,
When in eternal lines to time thou growest:
So long as men can breathe, or eyes can see,
So long lives this, and this gives life to thee.

Dois-je te comparer à une journée d'été ?
Tu es plus charmant(e) et plus tempéré(e) ;[1]
dans leur violence les vents font tomber les bourgeons chéris de mai,
et le bail de l'été est trop court,
l'œil du ciel brille quelquefois avec trop d'éclat ;
souvent son teint doré est brouillé,
et toute beauté perd parfois sa beauté,
dépouillée par le hasard ou par le cours inconstant de la nature ;
Mais toi, ton éternel été ne se fanera point,
tu ne perdras point la beauté que tu possèdes ;
la mort ne se vantera pas de te voir errer dans ses ombres,

lorsque tu vivras dans tous les temps par des vers immortels ;
tant que les hommes respireront, tant que les yeux pourront voir,
autant vivra ceci, autant ceci te donnera vie.

[1] Rappelons que les sonnets sont dédiés à un(e) certain(e) "W.H", dont on ignore l'identité et le sexe.

Revision exercise

Traduisons notre interview et notre chanson idiomatiques en anglais standard.

1. I in't afraid of him. I knows he's faster than me but he don't worry me none.
2. I never raced him before but I'd of beaten him if I had.
3. Anyway, I phones him up and says:
4. "You ain't not going to win the race, mate."
5. And he go: "That ain't what them journalists think.
6. There's lots of other people think I'll win, too".
7. So I says "Yea, they's very pleased with theirselves now,
8. but they'll soon see who's fastest.
9. They don't know nothing, they don't know anything."
10. I'm sittin' here thinkin' about my girl
11. Don' wanna lose her
12. Ain't gonna lose her
13. I dunno what I'd do without my girl
14. I gotta find a way to keep her.
15. Cuz I love her so, oh yea I love her so.

Corrigé de l'exercice

1. I'm not afraid of him. I know he's faster than me but he doesn't worry me at all. **2.** I have not raced him before but I would have beaten him if I had. **3.** Anyway, I phoned him up and said: **4.** "You aren't going to win the race, my friend." **5.** And he said: "That isn't what those journalists think. **6.** There are lots of other people who think I'll win, too." **7.** So I said: "Yes, they are very pleased with themselves now, **8.** but they'll soon see who's fastest. **9.** They don't know anything." **10.** I'm sitting here thinking about my girl **11.** I don't want to lose her **12.** I'm not going to lose her **13.** I don't know what I'd do without my girl **14.** I've got to find a way to keep her. **15.** Because I love her so, oh yes I love her so.

Sixty-fourth lesson

"Day" or "Die"?

1 – "It is impossible for an Englishman to open his mouth without making some other Englishman hate or despise him."
2 So said [1] George Bernard Shaw at the beginning of the last century on the subject of class and accents.
3 Does Shaw's opinion still hold true in today's egalitarian rainbow [2] society?
4 Or are we Brits [3] still classbound and uptight [4] about the way we speak?
5 With me to discuss the question are Peregrine Wade-Smythe from Oxford University and Jimmy Fowler from the University of the Solent.
6 We also have a studio audience of all ages and backgrounds – not to mention accents.
7 Professor [5] Wade-Smythe, is Shaw old hat [6] or does what he said still apply?
8 – One [7] wouldn't wish to sound superior, but I think that old George is still spot-on [8].
9 I have travelled the length and breadth of Britain and I find that regional accents are still very much a symbol of class.
10 – Oh come off it! The [9] Britain you're talking about no longer exists, mate [10].
11 Just watch TV, listen to the radio or even go to the movies: you won't hear a plummy [11] accent nowadays.

Soixante-quatrième leçon

"Aujourd'hui" ou "Aujord'hui" ?

1 – "Un Anglais ne peut ouvrir la bouche sans que cela suscite la haine ou le mépris d'un autre Anglais."
2 C'est ce que déclara George Bernard Shaw au début du siècle dernier, en parlant du rapport entre classe sociale et accents.
3 L'opinion de Shaw est-elle toujours valable dans la société plurielle égalitariste d'aujourd'hui ?
4 Ou sommes-nous, nous autres, Britanniques, toujours attachés aux différences sociales et coincés lorsqu'il s'agit de la manière dont nous parlons ?
5 Avec moi dans ce studio pour parler de cette question : Peregrine Wade-Smythe, de l'université d'Oxford, et Jimmy Fowler, de l'université du Solent.
6 Également avec nous un public de tous âges et de tous horizons – sans parler d'accents.
7 Professeur Wade-Smythe, Shaw est-il passé de mode ou son constat reste-t-il valable ?
8 – Je ne voudrais pas avoir l'air de prendre les choses de haut, mais je pense que notre bon vieux George est toujours dans le coup.
9 J'ai arpenté la Grande-Bretagne en long et en large, et je remarque que les accents régionaux restent encore très emblématiques des classes.
10 – Là, tu y vas fort ! La Grande-Bretagne dont tu parles n'existe plus, mon vieux.
11 Regarde la télé, écoute la radio ou, même, va au cinéma : tu n'entendras plus personne parler avec un accent châtié à l'heure actuelle.

Prononciation
1 … dë-**spaïz** … *4* … **klaass**-baound … *9* … brèdTH …

64 / Sixty-fourth lesson

12 – I know, the country is going to the dogs. We no longer have any industries – the unions have seen to that;

13 now everyone drops their aitches and no one can pronounce the word "day" properly!

14 Most regional accents are hard to understand but the hardest of all is the Liverpudlian one.

15 – Let's see whether the audience has anything to say. You madam, in the striped tee-shirt.

16 – The man's talking rubbish. I'm a Scouser [12] and we're not just a bunch of lower-class yobs [13] what can't talk proper [14].

17 – That rather proves my point, does it not [15]? Britain has a ruling class that doesn't rule, a working class that doesn't work,

18 and a middle class that is not in the middle. No wonder we're confused!

19 – And on that note, I think we'd better call it a day. Or, if you're from "darn sarf" [16], a die.

13 ... *éé-tchëz* ... *16* ... **scaou**-*ssë* ...

Notes

1 La tournure **so** + un verbe d'expression (**to say**, **to write**, etc.) est un effet de style qui relève d'un registre soutenu. Précédée d'une citation, elle permet d'accentuer ce qui vient d'être dit. Par exemple, la phrase "English is not accessible even to Englishmen" as Shaw wrote in the preface to *Pygmalion*, peut également s'exprimer ainsi : **"English is not accessible even to Englishmen". So wrote Shaw in the preface to *Pygmalion*,** *"L'anglais est inaccessible, même aux Anglais." C'est ce qu'écrivait* ("Ainsi écrivait") *Shaw dans la préface de* Pygmalion.

2 Dans certains contextes, le nom **rainbow**, *arc-en-ciel*, s'emploie comme adjectif pour exprimer la diversité, non seulement ethnique – le surnom de l'Afrique du Sud est **the Rainbow Nation** –, mais aussi d'opi-

Soixante-quatrième leçon / 64

12 – Je sais, le pays part à vau-l'eau. Nous n'avons plus d'industrie – les syndicats ont tout fait pour ça.
13 Aujourd'hui, les gens ne prononcent plus les "h" et plus personne ne sait dire le mot "day" correctement !
14 La plupart des accents régionaux sont difficiles à comprendre, mais le pire de tous, c'est celui de Liverpool.
15 – Voyons s'il y a des réactions dans le public. Vous, madame, avec le T-shirt à rayures.
16 – Ce type y dit n'importe quoi. Moi, je suis de Liverpool, et faut pas croire qu'on est juste une bande de prolos qui causent pas correct.
17 – Voilà qui tend à confirmer mon propos, n'est-ce pas ? La Grande-Bretagne est dotée d'une classe dirigeante qui ne dirige pas, d'une classe ouvrière qui ne travaille pas,
18 et d'une classe moyenne qui n'est pas au milieu. Pas étonnant que nous ayons du mal à nous y retrouver !
19 – C'est sur cette réflexion que nous terminerons notre émission d'aujourd'hui. Ou, pour ceux qui viennent de plus au sud, d'aujord'hui.

---

nion : **Some ten parties came together to form a rainbow coalition**, *Une dizaine de partis se sont rassemblés dans une coalition hétéroclite*.

3 **Brit** est une contraction de **Briton**, *(un) Britannique*. C'est un mot informel, qui s'emploie principalement dans les médias. Notons en passant que l'évocation de l'identité nationale (plutôt compliquée en Grande-Bretagne, formée de trois ou quatre pays et habitée par une société de plus en plus multiraciale) est beaucoup moins courante en anglais qu'en français, où il est normal de commencer un discours politique avec les mots *Françaises, Français*, ou d'écrire *Les Français sont plutôt contents*, etc.

4 L'adjectif **uptight** s'emploie dans différents contextes, avec le sens premier de *tendu* ou *inquiet* : **He gets uptight whenever he has to speak in public**, *Il devient nerveux chaque fois qu'il doit parler en public*. Par extension, il peut aussi signifier *refoulé* ou *collet monté*. **He's very uptight**

about sex, *Il est très coincé pour ce qui est du sexe.* Bien que familier à l'origine (les synonymes soutenus sont **nervous** et **uneasy**), le mot est entré dans le langage courant par le truchement des médias.

5 Rappelons que **a professor** est *un professeur d'université*, et qu'*un professeur des écoles* se dit **a teacher**. En annonçant le titre, l'anglais n'utilise pas l'article défini : **Professor Giles**, *Le professeur Giles*.

6 **old hat**, *vieux jeu*. L'origine de l'expression est obscure, mais il semble que cela se réfère à l'aspect usé, fatigué d'un… vieux chapeau ! **Social networking is so old hat nowadays!**, *Le réseautage social fait tellement vieux jeu maintenant !*

7 La forme impersonnelle **one** s'emploie rarement en anglais courant (leçon 24, note 1). Mais dans un registre soutenu, elle peut éventuellement traduire *on* : **One could not hope for a better result**, *On ne pouvait espérer meilleur résultat* (alors que dans le langage courant, on dirait plutôt **You** ou **We couldn't hope**, etc.). Toutefois, dans certains milieux aristocratiques, il est jugé vulgaire de parler de soi à la première personne ; aussi **one** remplace-t-il **I** : **One was delighted to hear of the wedding**, *J'ai été / Nous avons été très heureux d'apprendre la nouvelle du mariage*. Cela fait le même effet que le "nous" de majesté en français (d'ailleurs, c'est ainsi que s'exprime le monarque britannique).

8 **spot-on** est un adjectif ou adverbe d'origine sportive *(dans le mille)* : **Shelley's arguments were always spot-on**, *Les prises de position de Shelley faisaient mouche à chaque fois*. Attention à ne pas confondre **spot-on** avec l'expression **on the spot**, *sur place* ou *sur le terrain* : **The police were on the spot immediately**, *La police arriva sur place immédiatement*.

9 Ici nous utilisons l'article défini, car il y a une précision. Dans la phrase **I have travelled all over Britain**, nous parlons de la Grande-Bretagne en général, alors que **The Britain you're talking about no longer exists** se réfère à quelque chose de bien spécifique : le pays dont il parle en ce moment. Nous ferons un point dans la dernière leçon du livre.

10 **mate**, *copain*, *pote*. En règle générale, ces mots familiers sont plutôt sympathiques (leçon 63, § 2). **Cheers mate!** est une formule de remerciement très informelle *(Merci, mec !)*. Cependant, selon le contexte – et le ton de la voix –, **mate** peut être soit ironique, soit carrément agressif. (Notons que dans un contexte scientifique, **a mate** désigne le mâle d'une espèce vis-à-vis de la femelle, et vice versa.)

Soixante-quatrième leçon / 64

11 On prétend que, pour acquérir un accent "aristocratique" en anglais, avec ses voyelles bien rondes, il faut se mettre une *prune* (**plum**) dans la bouche ! Vraie ou fausse, cette croyance a donné naissance à l'adjectif **plummy**, qui décrit – de manière péjorative – cette façon de parler. (Voir aussi **posh**, leçon 25, note 5.)

12 **a Scouser** est le surnom de **a Liverpudlian**, *un(e) natif(ve) de Liverpool* (voir aussi la note de culturelle de la leçon 17). Le mot vient de **lobscouse**, un ragoût de viande, qui était l'ordinaire des marins au xixe siècle (rappelons que Liverpool est toujours l'un des plus grands ports britanniques). Le nom **Scouser** et l'adjectif **Scouse** sont employés par les natifs de Liverpool eux-mêmes avec une certaine fierté, mais dans la bouche d'un "étranger", ils peuvent être péjoratifs (pensez à *un Parigot* en français).

13 La traduction du mot familier **yob** (**boy** à l'envers) varie selon le contexte, mais il décrit généralement un jeune prolétaire inculte. Il y a une variante, qui est **yobbo**. Bien sûr, l'argot évolue très rapidement, mais **yob** s'emploie couramment depuis plus de cent ans un peu partout en Grande-Bretagne. Il faut savoir que dans le nord-est de l'Angleterre, il existe une dizaine de synonymes, dont **scally**, un mot typique de Liverpool.

14 Encore deux exemples de l'anglais non-standard (leçon 63, § 2). Tout d'abord, le relatif **who** (ou **that**) est parfois remplacé par **what** : **Here's the guy that/who I told you about** → **Here's the guy what I told you about** (litt. "Voici le gars que je t'ai dit"). Ensuite, un adjectif est employé à la place d'un adverbe : **He doesn't talk properly** → **He doesn't talk proper** (litt. "Il ne parle pas correct"). Dans les deux cas, il s'agit d'une faute de grammaire qui dénote un manque d'éducation. Dans notre texte, la personne force le trait en faisant deux fautes d'affilée pour renforcer son propos sarcastique.

15 Dans un registre soutenu, on ne fait pas de contraction dans les "question-tags".

16 La présentatrice imite l'accent populaire du sud-est de l'Angleterre (Londres inclus), où le son *[aou]* (**town**, **down**, etc.) est prononcé *[aahn]* et le **-th** doux devient un *[-f]* (voir la note culturelle).

five hundred and twenty-four • 524

Exercise 1 – Translate

❶ You can tell he's from down south: just listen to that plummy accent! ❷ The fire brigade was on the spot just minutes after the call. ❸ Here are the photos that I told you about. – Cheers, mate. ❹ We really couldn't have hoped for a better result. ❺ "You're not going to die today," said the surgeon. "I hope not," said his patient. "I've got nothing to wear to the funeral".

***

Exercise 2 – Fill in the missing words

❶ Je connais bien l'Angleterre, mais l'Angleterre dont vous parlez n'existe plus.
I .... but ... .
..... no longer exists.

❷ "Ils racontent n'importe quoi !" Sur ce, elle quitta la pièce en trombe.
"They're ....!" .. .. she ....
the room.

❸ Le pays s'en est allé à vau-l'eau il y a des années parce qu'il était empêtré dans un système de classes.
The country .... years ago because it was
.. ..

❹ Je ne voudrais pas avoir l'air de prendre les choses de haut, mais je pense que Shaw est toujours dans le coup.
I don't want to ...., but I think that Shaw is still ....

❺ Il ne regarde pas la télévision, n'écoute pas la radio et ne va pas au cinéma. Pas étonnant qu'il s'ennuie.
He doesn't ...., ..., or ..
.. .. he's bored.

Soixante-quatrième leçon / 64

Corrigé de l'exercice 1

❶ On entend bien qu'il vient du sud : il suffit d'écouter son accent snobinard ! ❷ Les pompiers sont arrivés sur place à peine quelques minutes après l'appel. ❸ Voici les photos dont je t'ai parlé. – Merci, mon vieux. ❹ On n'aurait pas pu souhaiter un meilleur résultat ! ❺ "Vous n'allez pas mourir aujourd'hui", dit le chirurgien. "J'espère que non", répondit son patient, "je n'ai rien à me mettre pour aller à l'enterrement."

***

Corrigé de l'exercice 2

❶ – know England very well – the England you're talking about – ❷ – talking rubbish – So saying – stormed out of – ❸ – went to the dogs – so classbound ❹ – sound superior – spot-on ❺ – watch television, listen to the radio – go to the movies – No wonder –

Nous avons déjà eu (leçon 25, note culturelle) un aperçu de ce phénomène d'accents et de classes sociales qui régit jusqu'à un certain point la société britannique encore aujourd'hui. Ce nouveau texte nous apporte quelques précisions.

Comme nous l'avons expliqué à la leçon 63, § 2, toute personne qui étudie l'anglais britannique – y compris les Anglais eux-mêmes – apprend en règle générale la prononciation classique, appelée **Received Pronunciation** *(car on la "reçoit" de ses professeurs). Cet accent standard porte aussi le nom de* **BBC English** *(autrefois, les présentateurs de cette vénérable institution étaient contraints de parler ainsi[1]) ou encore* **Oxford English** *(à cause de l'accent des professeurs de cette université). Grosso modo, il correspond à l'accent du sud-est de l'Angleterre. Mais à l'origine, la RP était une prononciation "artificielle" destinée à cacher les origines sociales, révélées – pour reprendre Shaw – dès que l'on ouvrait la bouche. De nos jours, la RP s'entend moins dans les médias, et les accents régionaux ont (re)gagné dans une certaine mesure leurs lettres de noblesse : les intonations écossaises ou nordistes seraient ainsi très appréciées par les clients des centres d'appel, car plus "naturelles" et proches du peuple.*

[1] *Aux États-Unis, on appelle* **Network Standard** *la prononciation préférée des présentateurs des réseaux de télévision et de radio nationaux..*

*Il n'empêche que le lien supposé entre classe sociale et accent (même la RP) est toujours présent dans les esprits des Britanniques, beaucoup plus qu'aux États-Unis ou dans d'autres pays anglophones, par exemple. L'accent populaire se reconnaît à plusieurs signes, surtout l'occlusion de certaines consonnes. Par exemple, le **-g** final est soit omis, soit, dans certaines régions, remplacé par le son **k**. Ainsi **nothing** peut se prononcer [neuTH'n] ou [neuTH'nk]. De même, le son **t** au milieu d'un mot est supprimé en fermant momentanément le larynx (le fameux "coup de glotte") : **butter** devient [beu-ë] ! Enfin, le **h-** initial est carrément omis : **hello** devient [allo]. Cette caractéristique, que l'on appelle **dropping one's aitches**, illustre parfaitement l'accent **non RP**. Bien que décriée (par notre Professeur Wade-Smythe, entre autres), elle existe depuis près de mille ans ! Notons en passant que le son **th** (doux et dur) se transforme – très naturellement – en [f] (**nothing** peut donc se prononcer [neu-f'n]). Ainsi, l'accent populaire élude deux des plus grandes difficultés que rencontrent les étrangers qui essaient de maîtriser la prononciation anglaise !*

Sixty-fifth lesson

To err is human

(From "Young Science Magazine")

1 Greg Wood, author of "Bits and Bytes", is renowned for his groundbreaking work on advanced information systems.
2 Greg is not your typical techno geek [1], though. He started out by [2] studying astrophysics,
3 but soon dropped out of [3] university in order to "get away from academia", as he puts [4] it.
4 His parents had already given up on [5] him, thinking he would never amount to anything,
5 and his fiancée broke up with [6] him because, in her words, their relationship was on the rocks.

Mais c'est peut-être au niveau des voyelles que les différents accents se démarquent le plus (et non seulement ceux de la classe ouvrière). Nous n'avons pas la place ici d'expliquer toutes ces spécificités dans le détail ; nous avons donc pris l'exemple le plus marqué : la prononciation du son [éé]. En RP, le mot **day** *se prononce [déé], mais à Londres et dans certaines parties du sud de l'Angleterre, on le fait rimer avec* **die** *: [daï] ! Écoutez attentivement la dernière phrase de l'exercice 1.*
Pour se rendre compte de la différence entre la RP et les différents accents courants en Grande-Bretagne, il suffit d'écouter un bulletin d'information de la BBC et de regarder ensuite un film d'un réalisateur de l'école réaliste, comme Ken Loach (dont certains films ont dû être sous-titrés en anglais avant d'être exportés dans d'autres pays… anglophones !).
Et c'est pour cela que, tout au long de ce livre, nous vous avons présenté, outre la prononciation standard, les différents accents et parlers régionaux, car c'est justement ces subtilités que l'on cherche à appréhender au niveau du perfectionnement.

Soixante-cinquième leçon

L'erreur est humaine

(Extrait du "Young Science Magazine")

1 Greg Wood, l'auteur de "Bits and Bytes", est connu pour ses travaux révolutionnaires en matière de systèmes informatiques avancés.
2 Greg n'est pas un accro de l'ordi au sens où on l'entend. Il a commencé par des études d'astrophysique,
3 mais il n'a pas tardé à laisser tomber la fac, afin "d'échapper au monde académique" pour reprendre ses propres termes.
4 Ses parents avaient perdu tout espoir le concernant, estimant qu'il n'arriverait jamais à rien,
5 et sa fiancée a rompu avec lui, leur couple étant, selon elle, en plein naufrage.

6 Only his brother stood up for him because he knew that Greg had it in [7] him to be a top-notch [8] researcher.

7 Greg set out on a round-the-world trip, dropping in on [9] colleagues in different universities,

8 visiting old friends he hadn't seen for a while and catching up on [10] their news.

9 Everything was going smoothly until he came down with [11] pneumonia [12] in India.

10 Stuck in hospital, he had nothing to do but read so he was able to check up on [13] the latest developments in the scientific world.

11 Greg finally decided that it was time to get back to the real world and start working again.

12 But to do what?

13 At the time, the government was cutting down on [14] research spending

14 and putting more money into areas where Britain needed to catch up with [15] its competitors.

15 Greg decided to go in for IT because, according to him, we need to tell the difference between information, knowledge and wisdom.

16 He got down to work, keeping up with the latest trends and watching out for new ideas.

17 Many of his peers looked down on [16] him and Greg had to put up with a lot of criticism.

18 But he finally came up with [17] what has become known as Gregg's Law, which states:

19 "To err [18] is human; to really mess things up you need a computer".

20 Now THAT's wisdom! ☐

Prononciation

*9 ... niou-**moh**-nië*

Soixante-cinquième leçon / 65

6   Seul son frère l'a soutenu, car il savait que Greg avait l'étoffe d'un chercheur de haut vol.
7   Greg s'est embarqué pour un voyage autour du monde, allant voir des collègues dans différentes universités,
8   et rendant visite à de vieux amis qu'il n'avait pas vus depuis un moment, pour savoir ce qu'ils étaient devenus.
9   Tout allait très bien, jusqu'à ce qu'il attrape une pneumonie en Inde.
10 Cloué sur son lit d'hôpital, il n'avait rien d'autre à faire que lire, ce qui lui a permis de se mettre au courant des derniers progrès réalisés dans le monde scientifique.
11 Greg s'est finalement dit qu'il était temps [pour lui] de retourner dans le monde réel et de se remettre au travail.
12 Mais pour faire quoi ?
13 À l'époque, le gouvernement réduisait les crédits de la recherche
14 et investissait davantage dans les secteurs où la Grande-Bretagne avait besoin de rattraper ses concurrents.
15 Greg a décidé de se lancer dans l'informatique, parce que, selon lui, il est indispensable de connaître la différence entre information, connaissance et sagesse.
16 Il s'est mis au travail, en se tenant au fait des dernières tendances, toujours à l'affût de nouvelles idées.
17 Nombre de ses pairs le considéraient avec condescendance, et Greg a dû supporter de nombreuses critiques.
18 Mais il a finalement réussi à énoncer ce qui est aujourd'hui connu sous le nom de loi de Gregg, qui stipule :
19 "L'erreur est humaine ; mais pour vraiment mettre la pagaille, rien ne vaut un ordinateur."
20 ÇA, c'est de la sagesse !

Notes

1 **a geek** est un mot familier qui décrit une personne maladroite ou faible, voire un crétin. Mais on l'emploie le plus souvent à propos de quelqu'un qui est tellement plongé dans la technologie qu'il préfère parfois la compagnie des ordinateurs à celle des gens ! L'adjectif est **geeky** : **Martin is so geeky that he called his son Web**, *Martin est tellement accro à l'ordi qu'il a baptisé son fils Web* (Toile).

2 **to start** est souvent employé avec **out** pour renforcer la notion de début. Si **to start out** est suivi d'un verbe, on y ajoute **by** et le gérondif : **The guest speaker started out by thanking the delegates for coming**, *L'invité d'honneur a commencé par remercier les congressistes d'être venus*. Dans ce type de construction, on attend toujours une suite : **... and then told a joke**, *... puis il a raconté une blague*.

3 **to drop out**, *laisser tomber* (des études, etc.) ou *abandonner* (une course) : **The champion had to drop out after just ten laps**, *Le champion a dû abandonner après seulement dix tours de piste*. Si on ajoute un complément, celui-ci est précédé de **of** : **He dropped out of society to become a poet**, *Il s'est retiré de la société pour devenir poète*. (Notez que le substantif, **a dropout**, peut signifier *un marginal*.) Nous verrons plusieurs fois au cours de cette leçon la nécessité d'ajouter une deuxième proposition à un verbe à particule lorsque celui-ci est suivi (ou parfois précédé) d'un complément d'objet.

4 **to put**, *mettre*, a aussi le sens de *dire*, et s'applique surtout à la manière de s'exprimer : **To put it bluntly, I loathe you**, *Pour parler franchement, je vous hais*. Il n'est pas toujours facile à traduire : par exemple **Let's put it this way: she's not the brightest person around**, *Disons que ce n'est pas la personne la plus futée qu'on puisse trouver*. Mais rappelons que, dans ce contexte, **to put** exprime à la fois le fait et la manière de dire quelque chose.

5 Nous connaissons **to give up**, *renoncer*, *arrêter*, depuis la leçon 4 (note 9). Avec une deuxième particule, **on**, le verbe prend le sens de *lâcher* ou *perdre espoir en quelqu'un* : **Don't give up on me now!**, *Ne me lâche pas maintenant !*

6 **to break up** signifie *rompre*, surtout dans le cadre d'une relation. Lorsqu'on ajoute le complément, il faut une autre particule, **with** : **She broke up with her husband after ten years of marriage**, *Après 10 ans de mariage, elle a rompu avec son mari*.

Soixante-cinquième leçon / 65

7 Le pronom impersonnel **it** est très utile, car il permet notamment de formuler des phrases dans lesquelles on entend le complément (voir note 4 : **to put**). Ainsi, l'expression **to have it in one** signifie *être capable de faire quelque chose* : **She's got it in her to be a great singer**, *Elle a ce qu'il faut pour être une grande chanteuse*. Dans ce contexte, **it** peut représenter le talent, la détermination, etc., mais n'est jamais explicité.

8 **a notch**, *une entaille*. Autrefois, on mesurait la taille d'une personne en faisant une encoche sur une toise. Bien sûr, plus cette personne était grande, plus la marque était haute : **top-notch** signifie donc *de haut niveau*, *haut de gamme* (leçon 31, phrase 8).

9 **to drop in** n'est pas le contraire de **to drop out** : il signifie *rendre visite*, *faire un saut* : **You're welcome to drop in if you're in the neighbourhood**, *Passez me voir si vous êtes dans les parages ; ça me fera plaisir*. Comme avec plusieurs des verbes que nous avons vus dans cette leçon, il faut une deuxième particule si on ajoute un complément : **He always drops in on his mother when he comes to town on business**, *Il passe voir sa mère chaque fois qu'il est en ville pour affaires*.

10 **to catch up on**, *rattraper* dans le sens de *combler un retard*. **I have a lot of sleep to catch up on**, *J'ai un sérieux retard de sommeil*. Remarquez que le complément peut suivre le verbe (**I have to catch up on a lot of sleep**), mais la deuxième particule est toujours nécessaire.

11 **to come down**, *descendre*. Le sens de **to come down with** est bien spécifique : *tomber/être malade de quelque chose*. On précise toujours la maladie : **Sally came down with a bad cold**, *Sally a attrapé un rhume carabiné*.

12 Rappelons que, dans les mots d'origine grecque commençant par **pn-**, la lettre **p** n'est pas prononcée : **pneumatic** (adj.) *[niou-**ma**-tik]*. Écoutez attentivement les exercices.

13 **to check**, *vérifier*. La particule **up** nous donne la notion de complétude (leçon 15, note 7). Vous connaissez peut-être le terme **a checkup** (ou **check-up**), *un bilan médical*. Avec la deuxième particule, **to check up on** signifie *vérifier des informations*, mais aussi *se renseigner sur quelque chose* (ou *quelqu'un*) : **He had the distinct feeling that someone was checking up on him**, *Il ressentait très clairement que quelqu'un se renseignait sur lui*.

14 En langage courant, **to cut down** signifie *réduire* : **You drink too much. Try and cut down**, *Tu bois trop. Essaie de réduire ta consommation*. Vous remarquerez qu'il n'y a pas de complément. Si on en ajoute un, il faut alors une deuxième particule, **on** : **I'm trying to cut down on drinking**, *J'essaie de boire moins*.

65 / Sixty-fifth lesson

15 Voir leçon 17, note 14. La différence avec **to catch up on** est mince, mais alors que ce dernier verbe exprime la notion d'un retard ou d'un déficit, [**to catch up with** + complément] se réfère à une poursuite ou une compétition : **The police caught up with the suspect and took him into custody**, *La police a rattrapé le suspect et l'a fait placer en garde à vue.*

***

Exercise 1 – Translate

❶ Let me put it this way: he's not the brightest guy around. ❷ Symptoms of pneumatic plague include acute pneumonia accompanied by high fever. ❸ For great family entertainment, the veteran director's latest movie is the tops. ❹ Sean and I have a lot of news to catch up on. ❺ The new software has really messed things up.

***

Exercise 2 – Fill in the missing words

❶ Le champion a dû abandonner la course après seulement vingt tours de piste.
The champion . . . . the race after just twenty- . . . . .

❷ Il m'en veut vraiment, n'est ce pas ? Il vaut mieux que j'y renonce.
He really . . . . me, doesn't he? I might as well . . . . him.

❸ Jim a ce qu'il faut pour devenir un grand écrivain. Ses livres sont super.
Jim has . . . . a really great writer. His books are . . . .

❹ Je lui ai dit qu'il serait le bienvenu chez nous s'il était dans les parages.
I told him . . . . to . . . . . . if he was . . . .

❺ Nous avons laissé le problème à Pat pour voir quelle solution elle propose.
We left the problem with Pat to . . . . she . . . .

Soixante-cinquième leçon / 65

16 À la leçon 51, note 13, nous avons appris **to look up to**, *admirer*. Voici le contraire : **to look down on**, *mépriser* ou, comme en français, *regarder quelqu'un de haut*.

17 **to come up with**, *trouver* ou *proposer une idée, une solution* : **Leave the problem with me and I'll see what I can come up with**, *Laisse-moi faire, je vais voir si je peux trouver une solution à ce problème*.

18 Le verbe **to err** vient du français *errer*, mais a pris le sens de *commettre une faute – une erreur*. On l'emploie habituellement dans un registre soutenu, ou encore dans l'expression figée **to err is human**, *l'erreur est humaine*. (Il s'agit de la première proposition d'une maxime du grand poète Alexander Pope, sur lequel joue l'auteur de ce texte : **To err is human, to forgive divine**, *L'erreur est humaine, le pardon, divin*.)

***

Corrigé de l'exercice 1

❶ Disons que ce n'est pas le gars le plus futé que j'aie rencontré. ❷ Parmi les symptômes de la peste pneumonique, figurent une pneumonie aiguë et une forte température. ❸ Pour un divertissement familial de qualité, le dernier film de ce vieux briscard du cinéma est génial. ❹ Sean et moi avons une tonne de nouvelles à rattraper. ❺ Le nouveau logiciel a mis une sacrée pagaille.

***

Corrigé de l'exercice 2

❶ – had to drop out of – laps ❷ – has it in for – give up on – ❸ – got it in him to be – top-notch ❹ – he was welcome – drop in – in the neighbourhood ❺ – see what – could come up with

Sixty-sixth lesson

I wouldn't use a cliché for all the tea in China [1]

1 – Simon! You're a sight for sore eyes [2]. I'm trying to understand this user manual.
2 "Files with an .rpxl extension make it possible to add tags to websites in native mode."
3 What on earth is that supposed to mean? It's all Greek to me. [3]
4 – I agree, it's as clear as mud [4]. I usually avoid technical manuals like the plague.
5 They're so complicated that you can't make head or tail [5] of them.
6 Let me try and explain. I'm no expert, though, I'm basically a jack of all trades [6],
7 but I've picked up a few tricks here and there, know what I mean [7]?
8 – You're just like your father: a real chip off the old block [8].
9 But you can explain until you're blue in the face [9]: I still won't get it.
10 – We'll cross that bridge when we come to it [10]. First, let's make sure we've not forgotten anything.
11 OK. So far so good. Now, all you have to do is look at this diagram.

Prononciation
4 … pléég

Soixante-sixième leçon

Je n'utiliserais pas une expression toute faite pour tout l'or du monde

1 – Simon ! Ça me fait chaud au cœur de te voir. J'essaie de comprendre ce mode d'emploi.
2 "Les fichiers dotés d'une extension .rpxl permettent d'ajouter des tags sur des sites Internet en mode natif."
3 Qu'est-ce que c'est censé vouloir dire ? Pour moi, c'est du chinois.
4 – Je suis d'accord, c'est clair comme du jus de chique. Je fuis généralement les manuels techniques comme la peste.
5 Ils sont tellement compliqués que je n'y comprends strictement rien.
6 Je vais essayer de t'expliquer. Je n'ai rien d'un spécialiste, mais en fait je suis un peu touche-à-tout.
7 J'ai glané quelques trucs à droite et à gauche, tu vois ce que je veux dire ?
8 – Tu es vraiment le digne fils de ton père : d'ailleurs, on dirait ton père.
9 Mais tu peux te tuer à m'expliquer, je n'y comprendrai rien de toute façon.
10 – Chaque chose en son temps. Assurons-nous d'abord que nous n'avons rien oublié.
11 Bon, pour l'instant, pas de problème. Maintenant, tout ce que tu as à faire, c'est de regarder ce diagramme.

12 A picture is worth a thousand words: it's as simple as falling off a log [11].

13 Just double-click the filename and choose "Save" from the menu options.

14 – Famous last words [12]! Oh well, here we go. Nothing's happening!

15 – Be patient. Everything comes in the fullness of time [13]. A watched pot never boils. [14]

16 – No, something's definitely wrong but I can't quite put my finger on it.

17 Look, this is just a shot in the dark [15], but is the computer plugged in?

18 – Of course, what do you take me for? Some kind of idiot?

19 But I suppose I'd better check. After all, better safe than sorry [16].

20 Well I'll be damned [17]. You were right. Oh well, you live and learn [18].

Notes

1 L'expression **for all the tea in China**, utilisée dans des formulations avec un verbe négatif, indique que l'on ne ferait telle ou telle chose pour rien au monde : **I wouldn't have missed the party for all the tea in China**, *Je n'aurais raté la fête pour rien au monde*. On peut aussi répondre à une question avec simplement : **Not for all the tea in China**, *Pour rien au monde*. (L'expression date du XIXe siècle, quand la Chine était considérée comme le plus grand producteur de thé au monde.)

2 **sore**, *douloureux* (leçon 55, note 6). L'expression **to be a sight for sore eyes**, qui valorise l'allitération des deux **s**, exprime le plaisir de voir quelqu'un (ou quelque chose) arriver souvent à point nommé. On peut même la traduire en français en "déplaçant" la partie du corps concernée : **When I met her again after all these years, she was a sight for sore eyes**, *Quand je l'ai rencontrée à nouveau après tant d'années, cela m'a fait chaud au cœur*.

Soixante-sixième leçon / 66

12 Une illustration vaut mille explications. C'est simple comme bonjour.
13 Tu n'as qu'à double-cliquer sur le nom du fichier et sélectionner "Sauvegarder" dans les options du menu.
14 – On verra bien ! Alors c'est parti. Il ne se passe rien !
15 – Patience. Tout vient avec le temps. Plus on désire une chose, plus elle se fait attendre.
16 – Non, je sais qu'il y a quelque chose qui cloche, mais je n'arrive pas à mettre le doigt dessus.
17 Écoute, je vais sûrement dire une bêtise, mais l'ordinateur est-il branché ?
18 – Bien sûr, pour qui tu me prends ? Un débile ou quoi ?
19 Mais je ferais peut-être mieux de vérifier. Après tout, deux précautions valent mieux qu'une.
20 Nom d'un chien ! Tu avais raison. On en apprend tous les jours.

---

3 **It's all (just) Greek to me/him**, etc. : Si quelque chose est impossible à comprendre, on dit qu'il doit être rédigé dans une langue inconnue. Pour un Français, il s'agit souvent du chinois ou de l'hébreu, mais pour un Britannique, c'est toujours le grec. Pourquoi ? C'est encore une expression qui nous vient de Shakespeare (leçon 57) – plus précisément de **Julius Caesar**, *Jules César*.

4 **mud**, *la boue*. L'expression **to be as clear as mud** est ironique, une reprise inversée de **as clear as day**, *clair comme le jour*.

5 Il faut surtout ne pas confondre cette expression avec *ni queue ni tête* en français, même si elle a dû partager la même origine à un moment donné. *Cette histoire n'a ni queue ni tête*, **The story doesn't make sense**. **Not to make head or** (ou **nor**) **tail of something** signifie *ne rien comprendre à quelque chose*. Elle est habituellement employée avec **cannot**. Faites attention aussi à employer les deux noms au singulier car **heads or tails** signifie *pile ou face*.

66 / Sixty-sixth lesson

6 **jack** est l'un des mots anglais ayant le plus de significations. Notamment, avec **John** (dont il est une variante), **Jack** est le prénom "typique" utilisé dans toute une ribambelle d'expressions figées – comme *Jean* en français. Ainsi, **a jack (ou Jack) of all trades** est *un touche-à-tout*. L'expression peut prendre une connotation franchement péjorative si on y ajoute une deuxième proposition : **a jack of all trades and master of none**, *un touche-à-tout mais propre à rien*.

7 Rappelons que les auxiliaires, les formes interrogatives, etc., sont souvent omis dans la langue parlée : **Do you know what I mean → Know what I mean?**

8 Nous connaissons l'expression **to have a chip on one's shoulder** (leçon 29, note 10). Dans cette nouvelle tournure, **a chip** signifie aussi *un éclat*, s'agissant de celui qui provient d'une sculpture ; le "bloc" en question est le morceau de pierre qui a servi pour sculpter la statue d'un père. Ainsi, un enfant dont le caractère ressemble à celui de son géniteur est considéré comme faisant partie du même bloc : **He's a chip off the old block**, *On dirait son père* (à l'origine, l'expression était **a chip of the same block**).

9 Privé d'oxygène, le visage devient cyanosé, donc bleu. Ainsi, si on fait quelque chose **until one is blue in the face**, on réitère cette action sans succès : **I had been warning them about the danger until I was blue in the face, but no one listened**, *Je m'étais tué à les prévenir du danger, mais ce fut peine perdue*.

10 À la base il y a le proverbe **Don't cross your bridges before** (ou parfois **until**) **you come to them** (litt. "Ne traversez pas vos ponts avant d'y être arrivé"), c'est-à-dire, *Chaque chose en son temps*. L'expression **We'll** ou **Let's cross that bridge when we come** ou **get to it** veut dire *On s'occupera du problème en temps voulu*. (Notez que **bridge** est pluriel dans le proverbe, mais singulier dans l'expression.)

11 **a log**, *un rondin* (mais aussi *une bûche*). Si on s'assoit sur un tronc d'arbre coupé, il est très facile d'en tomber, d'où l'expression **It's as easy as falling off a log**, *C'est simplissime*. Nous avons déjà vu une expression synonyme : **as easy as pie** (leçon 33, phrase 2).

12 **Famous last words!** (litt. "des paroles d'adieu célèbres") est une interjection ironique laissant entendre que ce qui vient d'être dit sera probablement faux. L'expression fait référence à ces gens célèbres qui, sur leur lit de mort, ont prononcé des dernières paroles qui étaient manifestement déconnectées de la réalité – comme l'écrivain H.G Wells, qui renvoya son médecin en disant **Go away, I'm alright**, *Allez-vous-en, je vais bien*. L'expression s'emploie lorsque l'action est imminente : **It**

Soixante-sixième leçon / 66

won't hurt. – Famous last words!, *Vous n'aurez pas mal. – Tu parles !* ; mais aussi lorsqu'on connaît le résultat : **My manager said the record would sell like hot cakes. – Famous last words!**, *Mon manager a dit que le disque se vendrait comme des petits pains. – C'est cela, oui !*

13 **fullness**, *plénitude*, est surtout employé dans un registre littéraire. En effet, l'expression **in the fullness of time** vient de la Bible et signifie *avec le temps*. Son utilisation dans la langue courante est assez ironique ; on l'utilise par exemple quand on essaie de faire patienter quelqu'un qui ne peut pas attendre.

14 **A watched pot never boils** (litt. "Une marmite que l'on surveille ne bout jamais") est un proverbe : *Plus on désire une chose, plus elle se fait attendre*. Il a le même sens que **Everything comes to he who waits**, *Tout vient à point à qui sait attendre*, mais avec, en prime, la notion qu'il est inutile de s'agiter.

15 **the dark**, *l'obscurité*, s'emploie dans deux ou trois expressions au sens de l'incertitude ou de l'ignorance. Ainsi, **to keep someone in the dark** signifie *ne pas informer quelqu'un* : **The head of the intelligence service was kept in the dark by the government about the spy's arrest**, *Le gouvernement n'a donné aucune information au chef des services de renseignements concernant l'arrestation de l'espion*. Par ailleurs, **a shot**, *un coup de feu*, peut aussi signifier *un essai* ou *une tentative*. Ainsi l'expression **a shot in the dark** décrit une tentative au hasard : **How did you know I was an Aries? – Just a shot in the dark**, *Comment savais-tu que j'étais Bélier ? – Je l'ai dit comme ça*.

16 Encore un dicton qui emploie l'allitération : **Better safe than sorry** (litt. "Mieux vaut être sûr que d'avoir des regrets") est peu ou prou l'équivalent du proverbe français *Deux précautions valent mieux qu'une*. (Voir aussi la note 18.)

17 **Well I'll be damned!** (ou **Well I'm damned!**) est une interjection d'étonnement, comme *Ça, c'est trop fort !* Sachant que **damn** peut heurter certains interlocuteurs (leçon 34, note 6), vous trouverez des circonlocutions comme **Well I be blowed** ou encore **Well I'll be a monkey's uncle**, assez humoristique.

18 Encore une allitération : **You live and learn** (ou, plus soutenu, **One lives and learns**) est une expression toute faite : *On en apprend tous les jours*.

five hundred and forty • 540

Exercise 1 – Translate

① Refuse to attend the Olympics? Not for all the tea in China! ② I can't make head nor tail of it. It's all just Greek to me. ③ He's a jack of all trades and master of none. Know what I mean? ④ The engineer had been warning them about the danger until he was blue in the face. ⑤ Just go out there onto the pitch and give it your best shot. – Famous last words!

***

Exercise 2 – Fill in the missing words

① Chaque chose en son temps.
   Don't .... you ....

② Vous savez ce que l'on dit : tout vient à point à qui sait attendre.
   You know what they say: .... to ....

③ Le gouvernement n'a donné aucune information au chef des services de renseignements pendant des mois.
   The government .... the head of the .... service .... for months.

④ Martin est vraiment comme son père : son portrait craché.
   Martin is just like his father: . real ....

⑤ L'histoire s'appelle "Pile ou Face ?", mais elle n'a ni queue ni tête.
   The story is called "............ ...."? but it ....

***

En matière d'expression écrite ou orale, on ne peut pas toujours être créatif. Il est donc utile de disposer de phrases ou d'expressions toutes faites qui permettent de réagir à un événement ou de répondre à un interlocuteur sans chercher ses mots. Ainsi peut-on meubler une conversation ou gagner un peu de temps, en attendant de formuler des phrases plus réfléchies. C'est dans cette optique que nous vous présentons un certain nombre de ces locutions dans cette leçon.

Soixante-sixième leçon / 66

Corrigé de l'exercice 1
❶ Refuser de participer aux Jeux olympiques ? Jamais de la vie ! ❷ Je n'y comprends rien. Pour moi c'est du chinois. ❸ C'est un touche-à-tout et en même temps un bon à rien, si tu vois ce que je veux dire. ❹ L'ingénieur s'était tué à les prévenir du danger. ❺ Il te suffit d'aller sur le terrain et de faire de ton mieux. – C'est toi qui le dis !

***

Corrigé de l'exercice 2
❶ – cross your bridges until – come to them ❷ – everything comes – he who waits ❸ – kept – intelligence – in the dark – ❹ – a – chip off the old block ❺ – Heads or Tails – doesn't make sense

***

L'inconvénient est que ces formules toutes faites peuvent apparaître comme des banalités, privant le discours de sentiments personnels. De ce fait, nous vous recommandons de les employer avec modération, tout en reconnaissant qu'elles peuvent s'avérer très utiles !

Sixty-seventh lesson

LEARNER VOWS TO SOLVE HEADLINE RIDDLE!

1 A newspaper headline gives a brief description of the story [1] it prefaces, so it should be easy to understand, should it not [2]?
2 Would that it were [3] that simple! Sadly, headline writers are a law unto [4] themselves.
3 For a start, they get rid of "small" words like articles and they usually use only three verb tenses.
4 But above all they employ [5] words that are shorter and punchier than those found in everyday English.
5 The aim is to grab the reader's attention and make him or her want to look at the article.
6 For example, "to axe" [6] means "to eliminate": **CITY TO AXE JOBS** (employment will fall in the City of London).
7 Likewise, people do not have disputes: they clash [7]: **EMPLOYERS AND UNIONS CLASH**;
8 no one is criticised: they are slammed: **PM SLAMS BACK BENCHERS**;
9 nobody ever resigns; instead they quit: **REFORM CZAR QUITS**.
10 and all investigations are probes [8]: **POLICE LAUNCH DRUG RING PROBE**.

Prononciation
1 ... prè-fa-sëz ...

Soixante-septième leçon

APPRENANT JURE RÉSOUDRE ÉNIGME UNES (JOURNAUX) !

1 Le titre d'un journal résume brièvement le récit qu'il introduit. Il devrait donc être facile à comprendre, non ?
2 Si c'était aussi simple ! Malheureusement, les rédacteurs de titres n'en font qu'à leur tête.
3 Pour commencer, ils font disparaître tous les "petits" mots, comme les articles, et n'utilisent généralement que trois temps verbaux.
4 Mais surtout, ils emploient des mots plus courts et plus percutants que ceux que l'on trouve dans la langue anglaise de tous les jours.
5 Le but est de capter l'attention du lecteur et de faire en sorte qu'il ait envie de regarder l'article.
6 Le verbe "to axe"[1] signifie par exemple "éliminer" : **LA CITY VA SUPPRIMER DES EMPLOIS** (il faut s'attendre à des licenciements à la City de Londres).
7 De même, les gens ne sont jamais en désaccord, ils s'affrontent : **PATRONS ET SYNDICATS S'AFFRONTENT** ;
8 on ne critique personne, on descend en flammes : **LE PREMIER MINISTRE A DESCENDU EN FLAMMES LES DÉPUTÉS DE LA BASE** ;
9 personne ne démissionne jamais ; les gens préfèrent renoncer : **LA PERSONNE CHARGÉE DES RÉFORMES RENONCE**.
10 et toutes les enquêtes (*policières*) sont des sondes : **LA POLICE OUVRE UNE ENQUÊTE SUR** (*SONDE*) **UN RÉSEAU DE TRAFIQUANTS DE DROGUE**.

---

[1] *Trancher à la hache.*

67 / Sixty-seventh lesson

11 To make matters worse, nouns can be verbs, and vice versa: **POLICE PROBE DRUG RING**!

12 Puns are another headache [9] – and many of them can be excruciating [10].

13 For instance, if severe winter weather makes life tough for drivers, the article will be headlined [11] **SNOW JOKE** [12].

14 Or when people start buying Christmas presents before Christmas, you might read: **XMAS** [13] **SHOPPERS STOCKING** [14] **UP**;

15 Then there are "accidental" puns: **BRIDGE HELD UP** [15] **BY RED TAPE** does not mean that the bridge is falling down,

16 but that construction has been delayed by bureaucracy! Get it [16]?

17 Another problem is how to decipher a string of words. For example: **MOTOR PLANT BOSS IN PAY DEAL ROW**.

18 The secret? Try reading the headline backwards:

19 there is a dispute (**row**) over an agreement (**deal**) concerning the wages (**pay**) of the manager (**boss**) of a factory (**plant**) that makes cars (**motor vehicles**).

20 See? It's easy when you know how. Anyway, most headlines are about crime and punishment…

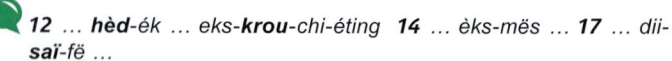

12 … *hèd-ék* … *eks-krou-chi-éting* *14* … *èks-mës* … *17* … *dii-saï-fë* …

Soixante-septième leçon / 67

11 Pour compliquer les choses, les noms peuvent être des verbes, et vice-versa : **LA POLICE ENQUÊTE SUR** *(SONDE)* **UN RÉSEAU DE TRAFIQUANTS DE DROGUE** !

12 Les jeux de mots sont un autre casse-tête – et ils sont souvent terribles.

13 Par exemple, si le temps hivernal rend la vie dure aux automobilistes, l'article sera intitulé **PATINEIGE SUR ROUTE**.

14 Ou, lorsque les gens commencent à acheter des cadeaux, à l'approche de Noël, on peut lire des choses comme : **ACHATS DE NOËL : PLEIN LES BOTTES**.

15 Et puis, il y a les jeux de mots involontaires : **LE PONT EST RETENU PAR DU RUBAN ROUGE/ UN PONT RETARDÉ PAR LES DÉMARCHES ADMINISTRATIVES** ne signifie pas que le pont en question s'écroule,

16 mais que les travaux sont retardés par les lourdeurs bureaucratiques. Pigé ?

17 Autre problème : comment déchiffrer une suite de mots. Par exemple : **LE PATRON DE L'USINE AUTOMOBILE VOIT LES CONDITIONS DE SA RÉMUNÉRATION CONTESTÉES**.

18 La clef ? Essayez de lire le titre à l'envers :

19 il s'agit d'une dispute (**row**) à propos d'un accord (**deal**) concernant la rémunération (**pay**) du directeur (**boss**) d'une usine (**plant**) qui fabrique des véhicules automobiles (**cars**).

20 Vous voyez ? C'est facile quand on sait comment faire. De toute façon, la plupart des titres sont des histoires de "rimes" et de châtiments...

67 / Sixty-seventh lesson

 Notes

1 Dans un contexte journalistique, **a story**, *une histoire*, signifie *un article* ou, plus généralement, *une affaire* : **The burglary story made the front page**, *L'affaire du cambriolage a fait la une*.

2 Rappelons que, dans un registre soutenu, il n'y a pas de contractions dans les "question-tags" (leçon 64, note 15).

3 Cette tournure élégante, qui emploie le subjonctif, exprime un souhait non exaucé, comme *Si seulement…* en français. Rappelons d'abord que le passé du subjonctif de **to be** est **were** à toutes les personnes (leçon 21, § 1). Ainsi, en réponse à une question dont la réponse est négative – par exemple, **Is it true that you won last week's lottery?**, *Est-il vrai que vous avez gagné à la loterie de la semaine dernière ?* – on peut répondre **Would that it were true**, ou, pour éviter la répétition : **Would that it were so** – ou, encore plus simple, **Would that it were**. L'expression figée **Would that it were that simple** ou **easy** signifie *Si seulement c'était aussi simple*.

4 **unto** est un vieux mot qui partage le même sens que **to** ou **until**. En anglais courant, on l'emploie presque uniquement dans l'expression **to be a law unto oneself**, *ne connaître d'autre loi que la sienne*, c'est-à-dire *en faire à sa tête*. Il s'agit d'un registre passablement soutenu.

5 Toujours dans un registre soigné, **to employ**, qui signifie normalement *embaucher* ou *faire travailler*, peut remplacer le verbe **to use**, surtout lorsqu'il est question d'une méthodologie ou d'un processus. **We employ standard industry safety measures in all our plants**, *Nous mettons en œuvre les dispositifs standards de sécurité dans toutes nos usines*.

6 **an axe**, *une hache*. Dans le langage des médias, **to axe** signifie *éliminer*, *supprimer* (dépenses, emplois, etc.). Le verbe français *axer* se traduit, selon le contexte, par **to focus on**, **to centre on** ou encore **to be interested in** : *Ils sont très branchés gastronomie*, **They're very interested in good food**. Avant de traduire, pensez toujours à la situation que vous décrivez !

7 **to clash** est une onomatopée : *s'entrechoquer*, *se tamponner*, etc. – on entend presque le cliquetis des sabres ! Mais cet antagonisme n'est pas nécessairement physique. Il peut s'agir de couleurs : **His pink shirt clashes with his yellow trousers**, *Le rose de sa chemise et le jaune de son pantalon détonnent* ; ou encore de dates : **The conference clashes with the European summit**, *La conférence tombe le même jour que le sommet européen*.

547 • **five hundred and forty-seven**

Soixante-septième leçon / 67

8 a **probe**, *une sonde*. Par extension, le verbe **to probe** signifie *investiguer*, *faire des recherches*. On peut l'employer avec ou sans postposition : **The Commission of Inquiry probed [into] every aspect of the case**, *La Commission d'enquête a examiné l'affaire sous tous ses aspects*.

9 Dans la langue courante, **a headache**, *un mal de tête*, est synonyme de *problème* : **The bribery scandal is causing a huge headache for the CEO**, *Le scandale de la corruption suscite un énorme problème pour le directeur général*.

10 **excruciating**, *insoutenable* (leçon 54, phrase 16) : ce mot courant cache bien ses origines : il s'agit de la douleur de Jésus-Christ sur la croix (***ex crucis***). Malgré sa lourde étymologie, cet adjectif peut aussi décrire, par exemple, une mauvaise plaisanterie : **That was an excruciating pun**, *C'était un jeu de mots lamentable*.

11 Vous vous en seriez douté : le nom **a headline** peut aussi être employé comme verbe, non seulement dans le contexte journalistique, comme ici, mais aussi dans le sens plus large de *tenir la vedette* : **The band headlined the festival for the first time last year**, *Le groupe a été tête d'affiche pour la première fois l'année dernière*.

12 Nous savons que les "petits mots" sont souvent escamotés dans la langue courante (leçon 66, phrase 7). Le premier titre dans cette phrase joue sur l'homophonie de **snow**, *la neige*, et **it's no**, *ce n'est pas*, qui, lorsqu'on parle vite, se prononce *[snoo]* : **It's no joke**, *Ce n'est pas une blague*.

13 **Xmas** s'emploie en anglais écrit et informel – surtout dans un contexte commercial (publicité, magasins, etc.) – comme synonyme de **Christmas** : **Xmas Special**, *Promotion de Noël*. Cet usage, au demeurant très répandu, est souvent critiqué parce que le nom du Christ semble être remplacé par une simple lettre. L'ironie de la chose est que le **X**, qui est toujours en majuscule, représente la lettre grec **χ** du mot ***Kristos*** !

14 Si le titre dans la phrase 13 emploie l'homophonie, celui-ci joue sur la synonymie, le sens des mots. Le verbe **to stock up** signifie *faire des provisions*, et **stocking** est, bien sûr, le présent continu. Mais **a stocking** est aussi *un bas*, grande chaussette que les Britanniques mettent au pied du sapin pour leurs cadeaux de Noël. **If you're good, you'll get a nice present in your Christmas stocking**, *Si tu es sage, tu trouveras un joli cadeau sous le sapin de Noël*.

15 Comme nous le savons, un même verbe à particule peut avoir un sens littéral et une (ou plusieurs) acceptions figuratives. Ainsi, **to hold up** signifie *soutenir*, *étayer* (litt. "maintenir vers le haut") : **The garden shed**

five hundred and forty-eight • 548

was held up by two piles of bricks, *La cabane de jardin était soutenue par deux tas de briques*. Mais, au figuré, le sens est *retarder* : **My plane was held up for three hours by fog**, *Mon avion a eu trois heures de retard à cause du brouillard*. Comme toujours, le contexte est primordial, car le sens n'est pas toujours évident au premier coup d'œil !

***

Exercise 1 – Translate

❶ Is he tall, dark and handsome? – Would that he were! ❷ I just don't get it: why are they axing all those jobs? ❸ The UN conference clashes with this week's European summit. ❹ Our train was held up for four hours by snow. ❺ The divorce created a huge headache for his sister's family.

***

Exercise 2 – Fill in the missing words

❶ Des normes industrielles de sécurité sont en place dans toutes leurs usines.
.... measures ... . in all their ....

❷ La police a enquêté sur tous les aspects de cette affaire de meurtre.
The police .... of the murder .....

❸ L'orchestre tient la tête d'affiche du festival pour la première fois cette année.
The orchestra .. .. the festival ... . this year.

❹ Il peut te rendre la vie très dure. Il n'en fait qu'à sa tête.
He can .... very ..... for you: he's ... .

❺ Ce n'est pas drôle. Les gens font leurs emplettes pour Noël et il ne reste plus rien dans les magasins.
.... People ... . and there's .... in the shops.

16 Parmi les très, très nombreuses significations de **to get** (leçon 56, § 2), celle-ci est particulièrement idiomatique : **Do you get it?**, *Comprenez-vous ?* (Voir aussi la phrase 9 de la leçon 66). Bien sûr, **Get it?** est plus familier : *Tu piges ?*

***

Corrigé de l'exercice 1
❶ Est-il grand, brun et beau ? – Si seulement ! ❷ Je ne comprends vraiment pas : pourquoi suppriment-ils tous ces emplois ? ❸ La conférence de l'ONU tombe le même jour que le sommet européen. ❹ Notre train a été retardé de quatre heures à cause de la neige. ❺ Le divorce a suscité un énorme problème pour la famille de sa sœur.

***

Corrigé de l'exercice 2
❶ Standard industry safety – are employed – plants ❷ – probed into every aspect – case ❸ – is headlining – for the first time – ❹ – make life – tough – a law unto himself ❺ It's no joke – are stocking up for Christmas – nothing left –

Sixty-eighth lesson

Ce texte vous donne un bref aperçu de l'anglais juridique, mais il contient aussi un certain nombre d'homophones (des mots ayant la même prononciation mais une orthographe différente) qui peuvent

The language of the law

1 The minute you read something you can't understand, you can be sure it was written by a lawyer!
2 – This agreement between Newco (hereinafter [1] "the Lessor") and HireMe (hereinafter "the Lessee") applies to the rental or **hire** [2] of a motorised vehicle.
3 It shall [3] not affect other forms of letting or leasing and shall come into effect at the signature date.
4 The vehicle shall be used primarily for personal purposes but may, under certain circumstances, be used commercially.
5 Where [4] the vehicle is used as a taxi, the **fare** structure shall be established under **fair** conditions.
6 The Lessee shall have the right to use the vehicle and must **bear** the associated expenses,
7 but the Lessor shall remain the **bare** [5] owner of said [6] vehicle and may not be dispossessed.
8 The Lessee shall pay for normal **wear** and tear [7] and other incidental expenses
9 and undertakes to park the vehicle in a location **where** it will not incur damage from **weather** or other conditions,

Soixante-huitième leçon

poser un vrai problème – et non seulement pour l'apprenant que vous êtes ! Nous les avons surlignés en gras pour ne pas trop charger les notes.

La langue du droit

1 Dès l'instant où vous lisez quelque chose que vous n'arrivez pas à comprendre, vous pouvez être sûr que cela a été écrit par un avocat *(et/ou juriste)* !
2 – Le présent accord entre Newco (dans la suite des présentes "le Bailleur") et HireMe (dans la suite des présentes "le Preneur") concerne la location ou le louage d'un véhicule motorisé.
3 Il n'affectera en rien d'autres formes de location ou de location-bail et entrera en vigueur à la date de la signature.
4 Le véhicule sera essentiellement utilisé à des fins privées mais pourra, dans certaines circonstances, être utilisé à des fins professionnelles.
5 Lorsque le véhicule sera utilisé comme taxi, les tarifs des courses devront être établis de manière équitable.
6 Le Preneur aura le droit d'utiliser le véhicule et devra prendre à sa charge les frais afférents,
7 mais le Bailleur gardera la nue propriété dudit véhicule et ne pourra en être dépossédé.
8 Le Preneur acquittera les frais dus à l'usure normale et les autres dépenses fortuites
9 et s'engage à stationner le véhicule en un lieu où il n'encourra aucun dommage en raison des conditions climatiques ou autres,

Prononciation
1 … loï-ieu 2 … hië-in-aaf-të …

10 regardless of **whether** such damage is superficial or structural, as set **forth** [8] in the third and **fourth** paragraphs.

11 Further, the Lessee shall be liable [9] for damage to vital components of the vehicle, e.g. [10] engine, steering, **brake** system,

12 and must ensure that the vehicle does not **break** down under normal operating conditions.

13 Both parties agree and intend that the terms of this agreement are governed by the **principle** of good faith

14 and that the **principal** concern for each party is not to hinder the other party's performance of this agreement.

15 This agreement is subject to the English legal system and disputes shall be referred to the commercial tribunal [11].

16 However, should either of the parties **find** that the other party is not fulfilling **some** or all of its obligations hereunder

17 or if a party is caught in breach of the terms hereof it may apply to a **higher** court to have [12] the other party **fined** and seek damages [13].

18 The guilty party must undertake to pay the **sum** determined by the court within thirty business days.

19 In witness whereof [14], the parties hereto have caused [15] their duly authorised officers to execute this agreement as of the above date."

20 – What's even worse is that lawyers call such long, complex documents "briefs" [16]!

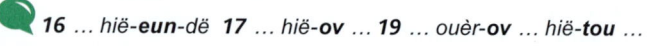

*16 ... hië-**eun**-dë 17 ... hië-**ov** ... 19 ... ouèr-**ov** ... hië-**tou** ...*

553 • five hundred and fifty-three

Soixante-huitième leçon / 68

10 que ce dommage soit superficiel ou structurel, tel que stipulé aux paragraphes trois et quatre.
11 En outre, le Preneur sera responsable de tout dommage aux organes principaux du véhicule, notamment le moteur, la direction ou le système de freinage,
12 et devra veiller à ce que le véhicule ne tombe pas en panne dans des conditions normales d'utilisation.
13 Les deux parties, d'un commun accord, souhaitent que les termes du présent contrat soient régis par le principe de la bonne foi
14 et que la principale préoccupation de chaque partie soit de ne pas empêcher l'autre de remplir ses obligations aux termes dudit contrat.
15 Le présent accord relève du système juridique anglais et tout litige sera soumis au tribunal de commerce.
16 Toutefois, au cas où l'une des parties estimerait que l'autre ne s'acquitte pas d'une fraction ou de la totalité des obligations contractées aux termes du présent accord,
17 ou si l'une des parties est convaincue d'avoir enfreint lesdits termes, celle-ci peut saisir une juridiction supérieure, pour obtenir la condamnation de l'autre partie à une amende et pour demander des dommages et intérêts.
18 La partie reconnue coupable devra s'acquitter du paiement de la somme déterminée par le tribunal dans un délai de trente jours ouvrés.
19 En foi de quoi les parties aux présentes ont instruit leurs représentants dûment autorisés de mettre en œuvre le présent accord, à la date indiquée plus haut."
20 – Le pire, c'est que ce type de documents longs et compliqués, les juristes les appellent "brefs aperçus" !

five hundred and fifty-four • 554

Notes

1. Ce type de formulation adverbiale composée, dont nous trouverons quelques autres exemples dans ce texte, ne s'emploie que dans le langage juridique. Pour les comprendre, il faut les décomposer. Par exemple : **here** + **in** + **after**, c'est-à-dire *ci-après*. Ce type de langage étant assez guindé, les partisans du Plain English (leçon 12, note culturelle) tentent depuis plusieurs décennies – avec plus ou moins de succès – d'imposer des formulations plus claires dans les contrats, notamment ceux avec les consommateurs. Ainsi, au lieu de **hereinafter**, on peut écrire tout simplement les noms des cocontractants entre guillemets : **Newco ("the Lessor")**.

2. Il y a trois verbes qui peuvent tous se traduire par *louer* : **hire**, **rent** et **let**. Cependant, il y a des nuances. Ainsi **to hire** (mis à part le sens d'*embaucher*) signifie *louer pour une occasion spécifique* ou *une courte période*. Par exemple, **We hired a car for the day**, *Nous avons loué une voiture pour la journée*.
En revanche, avec **to rent**, on loue la chose pendant une certaine période, pendant laquelle on paie des sommes régulières (pensez à *une rente* en français) : **We're renting the flat for six months**, *Nous louons l'appartement pour six mois*. Voilà qui paraît simple, sauf que ces règles s'appliquent à l'anglais britannique, qui succombe de plus en plus à l'influence de son cousin américain, qui, lui, emploie **to rent** dans les deux cas. Ainsi, vous trouverez des sociétés de location de voiture qui proposent de **rent a car**.
Enfin, le sens **to let** est très restreint : *donner un bien meuble en location* (leçon 4, note 1).

3. Dans le langage juridique, l'auxiliaire **shall** indique une obligation, qui, en français, se traduit par *devoir* ou, tout simplement, un indicatif : **The agreement shall not affect other forms of rental**, *L'accord n'affecte* (ou *"n'affectera"*) *pas d'autres formes de location*.

4. **where** peut s'employer à la place de **if** dans un contexte juridique ou réglementaire : **Where one party fails to pay, the other party shall send it a registered letter**, *Si l'une des parties ne paye pas, l'autre partie lui enverra une lettre recommandée*.

5. L'adjectif **bare** signifie *nu* ou, par extension, *dénudé* : **The cupboards were bare**, *Il n'y avait rien dans les placards*. Les termes juridiques **bare owner** et **bare ownership** signifient respectivement *nu-propriétaire* et *nue-propriété*.

Soixante-huitième leçon / 68

6 Pour indiquer dans un contrat que l'on se réfère à un même terme, on emploie **the said** ou simplement **said**, comme en français : *ledit/ladite*.

7 Le binôme **wear and tear** signifie *l'usure* dans un contexte technique ou juridique (comme ici). Dans le langage courant, il a la notion de *dégradation*, *amoindrissement*, etc., souvent par rapport au corps humain : **A workout represents a certain amount of wear and tear on the body, so don't overdo things**, *Une séance d'entraînement provoque une certaine usure du corps ; il ne faut donc pas forcer la dose.*

8 Nous avons déjà rencontré **forth** dans l'expression de **so forth** (leçon 41, note 7). Il s'agit d'une forme ancienne de **forward**, et c'est dans ce sens que nous le retrouvons dans des verbes à particule – en général assez littéraires – comme **to venture forth**, *se risquer à sortir* ou, comme ici, **to set forth**, *mentionner*, *préciser* : **Best practice requirements are set forth in this clause**, *Les exigences déontologiques sont précisées dans cet article.* Dans un registre courant, le verbe **to go back and forth (between)** signifie *faire la navette (entre)*.

9 **to be liable for**, *être responsable de*, dans un contexte juridique. Dans le domaine de la responsabilité, l'anglais fait une distinction entre **responsibility** et **liability** *[laï-ë-bil-iti]*. Très schématiquement, le premier s'applique à la notion générale de la responsabilité, alors que le second implique des sanctions administratives ou pénales.

10 L'anglais technique et/ou formel utilise certains termes et tournures venus du latin. Ainsi, **e.g.** est l'abréviation de ***exempla gratia***, ou *par exemple*. Une autre abréviation courante est **i.e.** *[aï-ii]*, **id est**, soit *c'est-à-dire* : **Our registered office is in the capital of Scotland, i.e. Edinburgh**, *Notre siège social se trouve dans la capitale écossaise, c'est-à-dire Édimbourg.* Ces deux termes, ainsi qu'un certain nombre d'autres, ne s'emploient que dans la langue écrite.

11 L'anglais possède deux termes pour traduire *un tribunal* : **a court** et **a tribunal**, ce dernier étant réservé à une enceinte – souvent *ad hoc* – moins formelle qu'une cour de justice, et qui opère notamment dans le domaine arbitral. Ainsi on dit : **the Supreme Court**, *la Cour Suprême*, mais **an administrative tribunal**, *un tribunal administratif*.

12 Voici, à nouveau, le causatif, *faire faire* (leçon 28, § 2). Rappelons la construction : **have** + complément d'objet + participe.

13 Attention : il y a une différence entre **the damage**, *le(s) dégât(s)* ou *dommage(s)*, un nom indénombrable (phrase 11), et le terme technique **damages**, toujours au pluriel, qui signifie *dommages-intérêts*. **The Commission would be liable for damages where it was shown that it acted in bad faith**, *La Commission serait tenue de payer des dommages-*

***

 Exercise 1 – Translate

❶ Torrential rain caused the river to burst its banks. ❷ "Parliamentary ping-pong" is when a bill goes back and forth between the Commons and the Lords. ❸ The presidential spokes person briefed journalists on the outcome of the high-level meeting. ❹ Driving carefully not only saves fuel, but also reduces wear and tear on your car. ❺ If I find you breaking the law, I'll have you fined.

***

Exercise 2 – Fill in the missing words

❶ En principe, peu m'importe s'il fait chaud ou froid. Ce n'est pas mon souci principal.
. . . . I don't care . . . . the weather is hot or cold. That's not my . . . . concern.

❷ L'affaire sera amenée devant une autorité supérieure, par exemple un tribunal administratif.
The case . . . . referred to a higher authority, ... an . . . .

❸ Assurez-vous que les freins fonctionnent et prenez un pneu de rechange au cas où la voiture tomberait en panne.
. . . . the . . . . . . are working, and take a spare tire in case . . . .

❹ J'avais loué une camionnette pour une journée afin de déménager mes meubles dans l'appartement que j'avais loué.
I . . . . . a van for the day to . . . . the flat I had . . . .

❺ Bien que responsable de l'accident, il n'a pas encouru de dommages-intérêts.
. . . . he was . . . . for the accident he was not . . . .

Soixante-huitième leçon / 68

intérêts dans les cas où il serait prouvé qu'elle a agi de mauvaise foi. (Notez que le terme inclut les deux notions : dommages et intérêts.)

14 **whereof**, *de quoi*, *duquel*, etc. Le mot est réservé à des expressions très formelles comme **in witness whereof**, *en foi de quoi*.

15 Il s'agit à nouveau du causatif (note 12), mais avec une formulation juridique, qui emploie **cause** et l'infinitif à la place de **have** et le participe (en langage courant, on dirait **…have had their […] officers sign**, etc.). Dans un registre courant, cependant, cette construction avec [**to cause** + infinitif] signifie *occasionner* ou *causer* : **Torrential rain caused water levels to rise dangerously**, *Des pluies diluviennes ont provoqué une élévation dangereuse des niveaux d'eau.*

16 Et on finit sur une note de légèreté avec ce jeu de mots : l'adjectif **brief** signifie, bien sûr, *bref*, *succinct*. Mais le nom **a brief** est le terme juridique pour *un dossier* (techniquement il s'agit d'une synthèse des faits, d'où la notion de brièveté). **To hold a brief for** signifie *représenter quelqu'un en justice* (litt. "tenir leur dossier"), c'est-à-dire que le prévenu ou la partie civile a instruit (**briefed**) son avocat – notion que nous retrouvons en français avec *un briefing*.

***

Corrigé de l'exercice 1

❶ La rivière a quitté son lit à cause de pluies diluviennes. ❷ On parle de "ping-pong parlementaire" lorsqu'un projet de loi fait la navette entre la Chambre des Communes et la Chambre des Lords. ❸ Le porte-parole présidentiel a informé les journalistes du résultat de la réunion au sommet. ❹ En conduisant prudemment, on économise le carburant tout en réduisant l'usure de la voiture. ❺ Si je vous attrape à enfreindre la loi, je vous mettrai à l'amende.

***

Corrigé de l'exercice 2

❶ In principle – whether – principal – ❷ – shall be – e.g. – administrative tribunal ❸ Make sure – brakes – the car breaks down ❹ – hired – move my furniture into – rented ❺ Although – responsible – liable for damages

*Compte tenu des différences fondamentales entre les systèmes juridiques français et anglo-saxon (c'est-à-dire respectivement entre le droit civil romain et le **common-law**), il est très difficile de traduire d'une langue à l'autre, d'autant que certains concepts présents dans un pays n'existent pas dans l'autre (par exemple, le **habeas corpus** pour la France ou le système des juges d'instruction pour la Grande-Bretagne). Même les gens de loi sont différents : par exemple, l'anglais n'a pas de mot pour "juriste", alors qu'il n'y a pas d'équivalent en français pour **a solicitor** (sorte de notaire).*

Sixty-ninth lesson

Words fail me

1 – What's got into [1] Brian? He seems to be in very high spirits today.
2 – He's on cloud nine [2]. He says he's moving back to York because he can't take the weather down here.
3 If you ask me, he's off his rocker [3]. Go and talk [4] to him: he's next door packing.
4 – What's all this about your moving out?
5 – Why so [5] surprised? I've told you umpteen [6] times that I didn't feel at home here.
6 Chuck me that thingy [7] there next to your foot: I've got room for it in my backpack.
7 – What thingy? Oh, you mean the whatsit. Here: catch.
8 What time are you off? I hope we've got time for a last drink together.
9 – I've booked a taxi to take me to the station. It'll be here at five-ish.

Prononciation
*7 ... **ouot**-sit ...*

Parmi d'autres complications dont il faut tenir compte, citons certaines différences entre les concepts juridiques anglais et américain ou encore le fait que l'Écosse possède son propre système juridique (par exemple, un jury anglais rend un verdict de **innocent** *ou* **guilty**, *coupable, alors que son homologue écossais jouit d'une troisième option :* **not proven**, *ou "non prouvé"). C'est pourquoi un bon dictionnaire juridique monolingue est absolument nécessaire et, en cas de doute, il faut toujours faire appel à un traducteur spécialisé.*

Soixante-neuvième leçon

Les mots me manquent

1 – Qu'est-ce qu'il lui prend, à Brian ? Il a l'air d'excellente humeur aujourd'hui.
2 – Il est aux anges. Il dit qu'il repart à York, parce qu'il ne supporte pas le temps qu'il fait ici.
3 À mon avis, il a perdu la boule. Va lui parler : il est à côté, en train de faire ses cartons.
4 – Qu'est-ce que c'est que cette histoire ? Il paraît que tu déménages ?
5 – Pourquoi cet air surpris ? Je t'ai dit des milliers de fois que je ne me sentais pas chez moi ici.
6 Envoie-moi ce truc qui traîne à côté de ton pied : j'ai encore de la place dans mon sac à dos.
7 – Quel truc ? Ah, tu veux dire ce machin-là. Tiens : attrape.
8 À quelle heure tu pars ? J'espère qu'on a le temps d'un dernier verre.
9 – J'ai réservé un taxi pour m'emmener à la gare. Il sera ici aux alentours de cinq heures.

10 – That gives us two hours, give or take [8] five minutes. Let's have a party.

11 – Actually, I'm partied out [9]! I've been saying my goodbyes for the last two days.

12 And I just had a farewell drink with Leonie and her man, whatsisname.

13 – Oh yeah. What's-his-face. I can never remember his name. So what?

14 – She served cheesecake with lashings [10] of custard and a dollop [11] of cream on top. I'm stuffed.

15 – Alright, let's just have a beer or something. Feel like a beer?

16 – Whatever [12]. I've got to finish packing my things.

17 – What are you going to do for a living?

18 – Dunno. This and that. Freelancing, consulting, stuff like that. I might even get in touch with whatsit,

19 you know, Sammy. He's invented a gizmo for reducing battery consumption on electric cars.

20 He said he might have something for me, or words to that effect [13].

21 – I only hope you know what you're doing. I'll go get a couple whatnames from the thing.

22 – You what [14]? Oh, thanks. Well, goodbye. Take care of yourself.

23 – You too. Keep in touch. Cheers [15]!

12 ... ouout-siz-ném 18 deu-noo ... 21 ... ouot-némz ...

Soixante-neuvième leçon / 69

10 – Ça nous donne deux heures, à cinq minutes près. Allez, on fait la fête.
11 – À vrai dire, côté fêtes, je sature ! J'ai passé les deux derniers jours à dire au revoir à tout le monde.
12 Et je viens de boire un verre d'adieu avec Leonie et son mec, machin-truc.
13 – Ah oui. Machin-chose. Je ne me souviens jamais de son nom. Et alors ?
14 – Elle nous a servi du gâteau au fromage blanc, avec des tonnes de crème anglaise et une bonne cuillerée de crème fraîche sur le tout. Je suis calé.
15 – D'accord, on n'a qu'à juste se prendre une bière, un truc comme ça. Ça te dit, une bière ?
16 – Comme tu veux. Mais il faut que je finisse de faire mes cartons.
17 – Qu'est-ce que tu vas faire pour gagner ta vie ?
18 – Sais pas. Tout et n'importe quoi. Bosser en free-lance, travailler comme consultant, ce genre de trucs. Peut-être même que je contacterai comment il s'appelle ?
19 Tu sais, Sammy. Il a inventé un bidule pour réduire la consommation des batteries des voitures électriques.
20 Il m'a dit qu'il avait peut-être quelque chose pour moi, ou un truc dans le genre.
21 – Eh bien, j'espère que tu sais ce que tu fais. Je vais chercher deux je-ne-sais-quoi dans le machin.
22 – Quoi ? Ah, oui, merci. Alors, au revoir. Prends soin de toi.
23 – Toi aussi. On reste en contact. Salut !

five hundred and sixty-two • 562

69 / Sixty-ninth lesson

 Notes

1 Au figuré, **to get into**, *entrer dans*, peut prendre le sens de *se fourrer*, *s'empêtrer dans* : **How did you get into this situation?**, *Comment vous êtes-vous mis dans une telle situation ?* Mais la forme impersonnelle **to get into someone**, utilisée surtout à la forme interrogative, signifie que quelqu'un est pris, voire possédé, par quelque chose : **What has got into him? I've never seen him act so strangely**, *Qu'est-ce qui lui a pris ? Je ne l'ai jamais vu se comporter aussi bizarrement.*

2 **to be on cloud nine**, *être aux anges*. Pourquoi le neuvième nuage ? Nul ne le sait (peut-être s'agit-il d'une classification météorologique des nuages, le numéro neuf étant le plus haut), mais l'expression en rappelle une autre, que l'anglais partage avec le français : **to be in seventh heaven**, *être au septième ciel*.

3 L'expression familière **off one's rocker** n'a rien à voir avec la musique populaire ! Ici, **a rocker** est un terme technique : *une bascule* (pensez au **rocking chair**). Ainsi, si un élément d'un mécanisme se désolidarise de sa bascule, il devient incontrôlable. Par extension, **to go off one's rocker** signifie *perdre la boule* et **to be off one's rocker**, *être cinglé*.

4 Lorsque **to go** et **to come** (mais aussi **to try** et **to wait**) sont suivis directement d'un autre verbe, celui-ci se met à l'infinitif nu (sans **to**), et les deux sont reliés par **and** : **Go and tell him I've arrived**, *Allez lui dire que je suis arrivé*. Cette formulation est employée couramment avec l'impératif ; rappelez-vous l'interjection **Wait and see**, *On verra bien*.

5 Voici un autre raccourci, où l'on supprime à la fois le verbe et le pronom entre **why** et **so** : **Why are you so angry?**, *Pourquoi es-tu si fâché ?* devient **Why so angry?**. Comme en français, il n'y a pas de règles pour ce type d'élisions (qui par ailleurs sont considérées comme incorrectes), mais vous les entendrez couramment.

6 Cette leçon est consacrée à l'imprécision (voir la note culturelle). Voici donc un mot très utile qui permet d'exprimer une quantité… imprécise. En détournant le suffixe **-teen** (**thirteen**, **fourteen**, etc.), **umpteen** donne la notion d'un très grand nombre (comme nous disons *trente-six* ou *des centaines* en français). On peut même en faire un ordinal : **I asked him for the umpteenth time to fix the radiator**, *Je lui ai demandé pour la énième fois de réparer le radiateur*.

7 Voici un des pantonymes les plus courants : **a thingy**, *un truc*. Nous y reviendrons plus en détail dans la dernière leçon de révision.

8 La locution **give or take**, que nous avons vue tout au début de ce livre (leçon 2, phrase 7), permet "d'arrondir" ou de lisser une quantité, notion que nous rendons en français par *à... près* : **Barama has a huge lead in the polls, give or take ten points**, *Barama est largement en tête des sondages, à une dizaine de points près*. À ne pas confondre avec **give and take**, qui signifie *un échange* ou, plus simplement, *donnant-donnant*. **Negotiation is give and take**, *La négociation, c'est du donnant-donnant*.

9 Nous savons que **up** donne un sens de complétude à un verbe (leçon 61, note 11). Il en va de même pour **out**, qui en intensifie le sens : par exemple, **I'll clean the car**, *Je nettoierai la voiture*, mais **He cleaned out the cupboards**, *Il a nettoyé les placards à fond*. Ajouté à un verbe (ou un nom), **up** peut donner un sens insolite tout en gardant la notion d'exhaustivité : **After working round the clock for a month, the new executive was burned out**, *Le nouveau cadre s'est abîmé la santé après avoir travaillé 24 heures sur 24 pendant un mois*. Donc **to be partied out**, *être complètement éreinté d'avoir fait la fête*.

10 **to lash**, *flageller*, *fouetter*. Ainsi, **a lashing** est *une flagellation* ou, au figuré, une réprimande sévère : **The foreman gave him a lashing for being late**, *Le contremaître lui a remonté les bretelles à cause de son retard*. Imaginez maintenant que vous employez la même énergie en servant de la crème, du lait, etc. Ainsi, **lashings** (toujours au pluriel) signifie *des tonnes de* : **I love hot toast with lashings of butter**, *J'adore le pain grillé chaud avec des tonnes de beurre*. Imagé, n'est-ce pas ?

11 Si **lashings** est toujours au pluriel, **a dollop** peut être singulier ou pluriel selon la quantité : **Serve hot with a dollop of whipped cream**, *Servez chaud avec une bonne cuillerée de crème fouettée*. Mais si **lashings** s'emploie exclusivement dans le domaine de la cuisine, **dollop** peut être utilisé dans d'autres contextes : **Tovey writes about the problems of real life but with a large dollop of humour**, *Tovey écrit sur les problèmes de la vie réelle, mais avec une bonne dose d'humour*.

12 Nous savons que **whatever** signifie *quel que*, *quoi que* (leçon 29, phrase 22), ou encore *pas le moindre...* (leçon 58, phrase 1). C'est aussi une façon générale de faire référence à quelque chose dans une même catégorie : **I'll have tea, coffee, whatever**, *Je prendrai du thé, du café, peu importe*. En anglais contemporain, c'est aussi une manière d'exprimer son désintérêt pour l'opinion de son interlocuteur, surtout si elle est critique: **I've told you before not to leave the monitor on.** – **Whatever**, *Je vous ai déjà dit de ne pas laisser l'écran allumé. – Si vous le dites.*

13 L'expression **words to the** ou **that effect** (litt. "des mots à cet effet") nous permet de rendre compte d'un énoncé sans employer exacte-

***

Exercise 1 – Translate

❶ Conversational speech involves a give and take of questions and answers. ❷ She's not my sister, she's my mother. – You what? ❸ We buy any kind of furniture: chairs, tables, whatever. ❹ Go talk to him. He's gone right off his rocker. ❺ She asked him for the umpteenth time to fix the radiator.

***

Exercise 2 – Fill in the missing words

❶ Sammy m'a dit qu'il m'embaucherait ; en tout cas, c'est ce qu'il m'a laissé entendre.
Sammy . . . . give me a job, or . . . .

❷ Servez le gâteau avec des tonnes de crème anglaise et une bonne cuillerée de confiture.
Serve the cake with . . . . cream and . . . . of jam.

❸ Marcus a nettoyé les écuries de fond en comble. Ça lui a pris trois heures, à cinq minutes près.
Marcus . . . . the stables. It took him three hours, ...

❹ Qu'est-ce que c'est que cette histoire de déménagement ? Ne se sent-il pas à l'aise ici ?
. . . . moving out? . . . . here?

❺ Allez lui dire que je suis arrivé. Et essayez de rester calme ; nous ne pouvons rien faire d'autre qu'attendre.
. . . . arrived. And do . . . . calm; we can only . . . .

Soixante-neuvième leçon / 69

ment les mêmes termes : **He derided the idea using words to the effect that it was stupid**, *Il a décrié l'idée, en la traitant de stupide.* Elle peut servir aussi lorsqu'on ne se souvient pas précisément de ce qui a été dit : **He said he'd hire me, or words to that effect**, *Il m'a dit qu'il allait m'embaucher, ou quelque chose comme ça.*

14 **You what?** est une interrogation familière dont le sens varie selon le ton de la voix. Dans cette phrase, elle remplace *Pardon?* et les deux mots sont prononcés avec la même intensité *[iou ouot]*. Elle est aussi inélégante que *Hein ?*, son équivalent français. En revanche, si on accentue le deuxième au détriment du premier *[iou ouot]*, c'est une expression d'incrédulité : **She not my sister, she's my mother. – You what?!**, *Ce n'est pas ma sœur, c'est ma mère, – Quoi ?!* (ou *C'est pas vrai ?!*). Grammaticalement, bien sûr, le **you** est superflu. (Écoutez bien les exercices.)

15 Nous avons déjà rencontré ce mot polyvalent dans le sens de *Merci !* (leçon 64, note 10). Mais il peut s'employer aussi lorsqu'on trinque avec quelqu'un – À votre santé ! –, ou encore – comme ici – en prenant congé : Salut !

***

Corrigé de l'exercice 1
❶ Le discours conversationnel implique un échange de questions et de réponses. **❷** Ce n'est pas ma sœur ; c'est ma mère. – Quoi ?! **❸** Nous achetons toutes sortes de meubles : des chaises, des tables, et tutti quanti. **❹** Va lui parler. Il a complètement perdu la boule. **❺** Elle lui a demandé pour la énième fois de réparer le radiateur.

***

Corrigé de l'exercice 2
❶ – said he would – words to that effect **❷** – lashing of – a dollop – **❸** – cleaned out – give or take five minutes **❹** What's all this about him – Doesn't he feel at home – **❺** Go and tell him I've – try and keep – wait and see

De même que les expressions figées sont utiles lorsqu'on ne trouve pas ses mots, les pantonymes – ces termes vagues ou très généraux, comme "truc" ou "machin" en français – nous dépannent bien quand on oublie (ou ignore) le mot juste. Comme toutes les langues, l'anglais en possède un bon nombre, dont beaucoup sont formés à partir des deux mots **what** *et* **thing**. *Mais comme dans toutes les langues*

Seventieth lesson

Revision – Révision

1 Les pantonymes

Utiles – très utiles –, mais pas du tout élégants, ces petits mots qui remplacent le terme exact sont pourtant employés à tout bout de champ dans la conversation courante. Alors, vous vous devez de les reconnaître (sauf exception, ils suivent tous à peu près le même modèle), mais de ne les utiliser que lorsque vous "séchez" complètement.

Le mot-clé est **thing**, *chose*. On l'accommode à toutes les sauces :
I saw thing yesterday, *J'ai vu truc hier*.
Pass me that thing, *Passe-moi ce bidule*.
I'm going to thing tonight, *Je vais au machin ce soir*.
Mais, comme s'ils voulaient sortir de ce registre banal, les Britanniques se sont évertués à fabriquer des dérivés : **thingy**, **thingummyjig**, **thingummy**, **thingumabob** sont tous des variantes plus ou moins humoristiques de **thing**.

Pour les personnes, on préfère des formes dérivées de **what** : **whatname** (ou **wossname**), **whatsit**, le couple **whathisname** pour un homme et **whatshername** pour une femme (ou, plus populaire, **what's-his-face / what's-her-face**) qui traduisent tous *trucmuche*, etc.

On compte aussi quelques noms collectifs, comme **stuff** ou **junk**, *affaires*, **whatnot**, *et tout et tout*, ou **gubbins**, *trucs*. Mais il y a aussi tout un arsenal de mots inventés (parfois centenaires) qui *aussi, le manque de précision qu'entraînent les pantonymes peut être mal perçu, notamment quand il s'agit du nom d'une personne. Ainsi nous vous recommandons de les éviter si possible (à l'exception de* **thing**), *mais de les classer dans votre vocabulaire passif afin de pouvoir les reconnaître en cas de besoin.*

Soixante-dixième leçon

remplacent les termes spécifiques ou techniques que l'on ignore (d'ailleurs, le terme linguistique en anglais est **placeholder**, *pantonyme*). Nous connaissons le terme **gadget** : en voici quelques autres, mais sachez que les traductions sont aléatoires, car tout dépend du contexte :

a gizmo, *une machine*, *un appareil*, *quelque chose qui fait quelque chose*
a widget, *un objet*, *souvent manufacturé*
a doohicky, *un objet plutôt complexe*
a dooberry : idem
a hoodad : idem.

Nous avons vu aussi que l'on peut être très vague, mais néanmoins expressif, en ce qui concerne les quantités, avec des mots comme **umpteen** (*des dizaines*, *36 fois*, etc.), **dollop** ou **lashings** (toujours au pluriel). Dans d'autres leçons, nous avons rencontré des expressions de quantité, telles **reams**, **loads of**, **tons** ou encore **bits and bobs**. Il y en a bien d'autres – nous vous épargnerons une longue liste – et dans la langue courante, les Britanniques ne s'en privent pas.

En bref, vous ne saurez peut-être pas précisément ce dont parle votre interlocuteur, mais rassurez-vous : lui non plus !

2 Les titres des journaux

S'il est une chose sur laquelle butent les apprenants, même lorsqu'ils maîtrisent correctement l'anglais, c'est bien les titres des journaux. La difficulté tient à plusieurs facteurs, entre autres parce que les journalistes raffolent des jeux de mots (même le très sérieux *The Economist* s'y adonne !).

Il existe quelques règles de base qui permettent de pallier certains problèmes, mais il faut surtout garder à l'esprit que la finalité d'un titre est d'accrocher le lecteur (dans le jargon, on parle de **hooks**, *crochets*), et de lui donner envie de lire l'article qui suit. Aussi ne faut-il pas s'attendre à ce que tous les titres soient informatifs. De plus, les rédacteurs en chef essaient de "faire court" pour économiser de la place (la longueur maximale étant de six mots), en enlevant tout ce qui est jugé superflu et en employant un vocabulaire spécifique composé de mots courts et parfois inhabituels. Explications :

2.1 Supprimer les "petits" mots
• **Les articles définis et indéfinis sont supprimés :**
MAN BITES DOG, *Un homme a mordu un chien*
PM CALLS ELECTION, *Le Premier ministre a annoncé une élection*

• **Il en est de même pour les auxiliaires du passif :**
CLIMBER KILLED IN FALL, *Un alpiniste est mort dans une chute* (au lieu de **was** ou **has been killed**)
GEMS STOLEN IN RAID, *Des bijoux ont été volés dans un hold-up*

2.2 N'employer que deux formes du verbe
• **Il n'y a pas de forme continue dans les titres :**
SNOW BLOCKS ROADS, *La neige bloque les routes*
MINERS RETRAIN AS GUIDES, *Des mineurs se recyclent en guides touristiques*
Les actions en question sont toujours en cours dans les deux cas, ce qui exigerait normalement la forme continue (**snow is blocking**, **miners are retraining**, etc.).

• **Le présent (simple) sert aussi de passé :**
KING VISITS LAST COAL MINE, *Le roi a visité la dernière mine de charbon*

• **L'infinitif sert de futur :**
BAND TO TOUR JAPAN, *Le groupe fera une tournée au Japon*
MPs TO GET PAY RISE, *Les députés auront une augmentation de salaire*
Dans ces constructions, il est sous-entendu que l'action est imminente. Si l'horizon est plus lointain, on ajoute un précision : **BAND TO TOUR JAPAN NEXT SPRING**

Lorsque vous rencontrez une forme passée, celle-ci est normalement un participe employé dans une construction passive (voir le 2ᵉ point du § 2.1).

2.3 Supprimer le verbe

Dans certains cas, notamment avec plusieurs noms, il est possible de supprimer le verbe. Dans ces cas-là, le lecteur doit se poser la question du contexte :
SIGHTS ON GOLD
PERFECT PITCH PROBLEM
Voici deux exemples typiques du fameux **hook**. Dans le premier cas (litt. "Des vues sur l'or"), il faut savoir que **sights** signifie aussi *le viseur d'un fusil* et que l'expression **to set one's sights on** veut dire *avoir des vues sur*, *viser*. Maintenant, les choses sont plus claires : il s'agit probablement d'un article concernant un(e) athlète qui lorgne une médaille d'or. Le deuxième exemple est plus difficile car, selon le contexte (ou la rubrique du journal), **perfect pitch** est *un terrain de sport parfait* ou bien *l'oreille absolue*… Vous voilà donc "hameçonné" et contraint de lire l'article pour savoir si c'est un musicien ou une équipe de football qui a (ou aura) des problèmes. (Voir aussi le § 2.5.)

2.4 Employer des mots courts et percutants

Les mots clés employés dans les titres ne sont pas toujours très courants. Ils constituent une espèce de "code" que le lecteur doit déchiffrer, en les remplaçant par des termes plus usuels (par exemple, **to axe** = **to eliminate** – leçon 67). Complication supplémentaire : certains mots peuvent être à la fois noms et verbes[1]. En voici quelques exemples, avec leurs traductions :
back (v.) = **to support**, *soutenir*
ban (v. et n.) = **to prohibit**, **a prohibition**, *interdire*, *une interdiction*
bid (v. et n.) = **to attempt**, **an attempt**, *essayer*, *une tentative*
blast (n.) = **an explosion**, *une explosion*
blaze (n.) = **a fire**, *un incendie*
crook (n.) = **a criminal**, *un criminel*
curb (v. et n.) = **to restrict**, **a restriction**, *restreindre*, *une restriction*

---

[1] Certains mots signalés uniquement comme verbes dans cette liste peuvent aussi être des noms, et vice versa, mais nous avons pris l'acception la plus courante.

five hundred and seventy

dash (n.) = **quick journey**, *voyage éclair*
envoy (n.) = **ambassador, emissary**, *émissaire*
flee (v.) = **to escape**, *fuir*
gunman (n.) = **armed man/killer**, *bandit armé, tueur*
hail (v.) = **to welcome**, *se féliciter, accueillir*
jail (v. et n.) = **to emprison, a prison**, *emprisonner, une prison*
jet (v.) = **to travel by plane**, *voyager en avion*
oust (v.) = **to remove from office**, *évincer*
probe (v. et n.) = **to investigate, an investigation**, *enquêter, une enquête*
riddle (n.) = **a mystery**, *un mystère*
row (v. et n.) = **to argue, an argument**, *disputer, une dispute*
slay (v.) = **to kill**, *tuer*
snub (v. et n.) = **to insult, to reject, an insult, a rejection**, *repousser, une rebuffade*
up (v.) = **to increase**, *augmenter* (forme transitive)
urge (v.) = **to insist, to recommend strongly**, *insister, recommander vivement*
vow (v.) = **to promise**, *promettre*
wed (v.) = **to marry**, *épouser*

Et voici quelques exemples de gros titres :
EMPs BACK ATOM TEST BAN
Members of the European parliament are supporting a plan for the prohibition of atomic testing.
Les députés européens soutiennent un projet d'interdiction des essais nucléaires.
TV STAR VOWS TO WED CROOK IN JAIL
A television star promises that he/she will marry a criminal in prison.
Une vedette de la télévision fait vœu d'épouser un criminel en prison.
GUNMAN SLAYS THREE IN BLAZE RIDDLE
An armed man kills three people in a mysterious fire.
Un bandit armé a tué trois personnes lors d'un incendie mystérieux.
Comme vous l'avez sans doute remarqué, ce sont (presque) tous des mots monosyllabiques, donc dynamiques et percutants.

2.5 Composer un groupe de mots sans mots de liaison

Ce sont sans doute les constructions les plus difficiles à comprendre : des enchaînements de noms, sans rien qui indique la relation grammaticale entre eux.

Par exemple :
SHIPPING UNION PAY DEAL SNUB
CHILD CARE SPENDING CURBS
Comme nous vous l'avons indiqué à la leçon 67, la façon la plus facile de décrypter ces énoncés sibyllins est de les lire à l'envers. Ainsi, dans le premier titre, il s'agit d'une *rebuffade* (**snub**) à l'encontre d'un *accord* (**deal**) concernant la *rémunération* (**pay**) par OU pour un *syndicat* (**union**) de la *navigation* (**shipping**). Ouf ! Vous remarquerez qu'on ne sait pas avec certitude si c'est le syndicat qui a rejeté l'accord, ou si c'est son accord qui a été repoussé. Il faut donc lire l'article !
Quant au deuxième titre, nous vous donnons rendez-vous à la fin de la leçon pour les exercices.

3 L'article défini

Le bon emploi de l'article défini **the** figure parmi les plus grandes difficultés de la langue anglaise. Si les règles de base sont simples (omettre **the** avec des généralisations, des titres, etc.), il y a quelques subtilités qu'il faut connaître, et dont nous avons eu un aperçu à la leçon 64). Par exemple, nous n'utilisons jamais **the** avec des noms de pays, sauf ceux au pluriel : **the United States** (et donc **the USA**), **the Netherlands**, *les Pays-Bas*, etc., ou contenant un nom commun : **the United Kingdom**, *le Royaume-Uni*.
Mais dans la phrase 10 de la leçon 64, nous écrivons **the Britain** car il s'agit d'une signification spécifique : la Grande-Bretagne telle qu'elle est perçue par la personne qui parle. Il faut faire bien attention car un adjectif ne suffit pas à justifier un article défini : **Stone Age Britain**, *La Grande-Bretagne de l'Âge de pierre*.

De même, en parlant des monuments ou des bâtiments publics d'une ville, on omet **the** (**Oxford University**) sauf si l'endroit en question prend l'article défini : **the University of the Solent**. Il y a aussi certaines exceptions : **the Tower of London** (*La tour de Londres*) que vous découvrirez certainement avec le temps.

Enfin, il existe des petites particularités qu'il faut tout simplement mémoriser. Par exemple, on dit **on the radio**, *à la radio*, **at the cinema/movies**, *au cinéma*, et **on the Internet**, *sur Internet*, mais **on television**. Cependant, en parlant du cinéma et de la radio comme de moyens d'expression artistique, on ne met pas d'article : **Radio is a great medium**, *La radio est un média formidable*.

Seventieth lesson

Pour vraiment connaître toutes les subtilités de l'emploi de l'article défini, il faut se procurer un bon livre de grammaire. Mais vous pouvez aussi consacrer, disons, dix minutes par jour pendant une semaine, à reprendre certains passages de ce livre (ou n'importe quel article dans un journal, sur Internet, etc.) et pointer chaque utilisation de **the**, ou encore à identifier les cas où vous l'auriez utilisé, tout en vous demandant pourquoi il est employé ou omis.

▶ Revision exercise

Essayez de traduire les titres ci-dessous en anglais courant et ensuite en français.
1. MAN HELD OVER BLAZE
2. WHITE XMAS ON THE CARDS
3. MoD UPS ARMS SPENDING
4. STEELMAKER SNUBS AID OFFER
5. UN ENVOY HAILS QUAKE RESPONSE
6. BRITS JET AWAY TO SUNNY CLIMES
7. HIGH COURT BACKS CURBS ON TEEN MODELS
8. OUSTED PRESS CHIEF BIDS FOR TOP JOB
9. AMBULANCE IN MERCY DASH RUNS OVER MAN
10. SPY PROBE FOR SECRETS LEAK ROW

Version anglaise
(Vous le savez désormais, la richesse de la langue est telle que d'autres formulations sont parfois possibles !)
1. A man has been detained by the police in connection with a fire.
2. It is likely to snow this Christmas.
3. The Ministry of Defence has increased its expenditure on weapons.
4. A steel manufacturer has rejected an offer to assist it financially.
5. An emissary from the United Nations has welcomed the public response to an earthquake.
6. Britons are flying off to warmer countries.
7. The High Court is in favour of restrictions on teenage fashion models.
8. The head of a press organisation / A chief editor who had been dismissed is now trying to obtain a high-level position.
9. An ambulance responding to an emergency call has hit a male pedestrian.
10. A noisy disagreement about the disclosure of secrets has led to an investigation into spying.

Soixante-dixième leçon / 70

Traduction de l'exercice
1. Un homme est détenu par la police dans le cadre d'un incendie. **2.** Il va probablement neiger à Noël (jeux de mots avec **Xmas cards**, *les cartes de Noël*). **3.** Le ministère de la Défense a augmenté ses dépenses d'armement. **4.** Une société sidérurgique a refusé une offre publique d'achat. **5.** Un émissaire des Nations Unies a salué la réaction du public après un tremblement de terre. **6.** Les Britanniques s'envolent vers des pays plus chauds. **7.** La Haute Cour soutient des restrictions concernant les mannequins adolescents. **8.** Le responsable d'un organisme de presse / Le rédacteur en chef qui a été licencié brigue un poste de haut niveau. **9.** Une ambulance qui répondait à un appel de secours a écrasé un piéton. **10.** Une dispute retentissante concernant une fuite de secrets a donné lieu à une investigation d'espionnage.

Et maintenant ?
Vous êtes arrivé à la fin de ce livre, de ce voyage dans les méandres de la langue anglaise. Mais vous n'avez pas terminé votre apprentissage pour autant, car une langue est un être vivant, qui évolue et change presque chaque jour. Avec les ressources dont nous disposons aujourd'hui, tant avec les supports écrits traditionnels qu'avec les nouveaux médias, vous pouvez suivre cette évolution en temps réel ou presque. Il est donc important que vous poursuiviez ce périple, bien sûr avec ce livre – en relisant ou réécoutant un chapitre ou exercice par-ci, par-là (voir Introduction) –, mais aussi et surtout avec des romans, des films, des essais, des chansons, des poèmes, des blogs : en bref, cette multitude de vecteurs par lesquels l'anglais voyage à travers le monde.
Rappelons aussi, comme nous vous l'avons dit tout au début de notre aventure, que si l'anglais est devenu aujourd'hui une, voire LA langue véhiculaire dans beaucoup de domaines, c'est aussi l'expression d'une culture, qu'elle soit britannique, américaine, australienne ou encore jamaïcaine. Alors nous vous recommandons vivement de pousser les frontières et d'explorer d'autres littératures et modes d'expression anglophones.
Surtout, gardez à l'esprit qu'il ne s'agit pas d'un travail, mais d'un plaisir. Nous espérons sincèrement que, ayant pris le temps de perfectionner votre anglais avec nous, vous puissiez maintenant en profiter pleinement.

Bibliographie

Pour compléter et/ou poursuivre votre apprentissage et apprendre davantage sur la langue anglaise et la civilisation britannique, voici une brève liste de suggestions.

Dictionnaires, grammaires et manuels de référence

• *Collins Cobuild Advanced Dictionary*, 6th Edition, HarperCollins, 2006.
Pour apprenants de niveau avancé.

• Larreya (P.), Rivière (C.), *Grammaire explicative de l'anglais*, 3e éd., Pearson/Longman, 2005.
Bon ouvrage de référence.

• *Robert et Collins Senior*, 6th Edition, 2002.
Dictionnaire bilingue très complet.

• Roget (M.P), *Roget's Thesaurus of English Words and Phrases*, Penguin, 2006.
LE dictionnaire des synonymes depuis plus de 150 ans.

• Swan (M.), *Practical English Usage*, 3rd Edition, Oxford, 2005.
Manuel très détaillé de l'anglais contemporain en pratique.

Histoire et évolution de la langue anglaise

• Bragg (M.), *The Adventure of English*, Sceptre, 2003.
Une "biographie" de l'anglais.

• Crystal (D.), *The Stories of English*, Penguin, 2004.
Un linguiste célèbre analyse l'évolution de la langue.

Informations touristiques et statistiques

Le site Internet de l'office de tourisme national, *Visit Britain*, fournit des informations pratiques ainsi que des idées de séjour : www.visitbritain.com. Il est aussi disponible en français www.visitbritain.fr si vous voulez vérifier la traduction…

Sur le site du *Office for National Statistics*, vous trouverez des informations détaillées sur la vie économique, politique et sociale au Royaume-Uni : www.ons.gov.uk/.

Littérature, cinéma

• CARTER (R.), MCRAE (J.), *The Penguin Guide to Literature in English: Britain and Ireland*, Penguin, 2001.

• DRABBLE (M.), *The Oxford Companion to English Literature*, 6th Edition, Oxford, 2000.
Ces deux ouvrages guideront votre lecture et vous fourniront des informations sur les auteurs et leur œuvre.

• *"Time Out Film Guide"*, Time Out Publishing.
Informations complètes et critiques concernant plus de 18 000 films en langue anglaise (mis à jour chaque année).

Pour découvrir les auteurs contemporains, ne manquez pas les principaux prix littéraires décernés chaque année. Le plus prestigieux est le Man Booker, dont les romanciers présélectionnés sont annoncés en juillet et le gagnant en octobre. Parmi les autres distinctions, citons le *Orange Prize for Fiction* et les *Costa Book Awards*.

Lexique anglais-français

A

aboard	à bord 1
accommodation	logement 3
ad	annonce *(fam.)* 4
add insult to injury (to ~)	couronner le tout 54
affluence	prospérité (richesse) 24
affluent *(adj.)*	riche 20
afford (to ~)	avoir les moyens 3
afterwards	par la suite 8
ahead	à l'avance 62
airy	aéré 6
alas	hélas 26
all mod cons	tout confort 4
amenities	équipements locaux 4 ; confort 24
amid	à cause de 38
and so forth	et ainsi de suite 41
apple of s.o's eye	prunelle des yeux de qqn 33
appliance	appareil 5
application	candidature 10
arguably	sans doute 18
arouse (to ~)	susciter 45
as clear as mud	clair comme du jus de chique 66
assent	consentement 43
at one's wits end (to be ~)	ne plus savoir que faire 47
at/in one fell swoop	d'un seul coup 57
award-winning	primé 19
axe (to ~)	supprimer 41 ; éliminer 67

B

back and forth (to go ~)	faire la navette 68
back bencher	député de base 46
backbite (to ~)	critiquer par derrière 46
backbiting	médisance 46
backbone	épine dorsale 15 ; fondement 36
back-breaking	éreintant 24
backstab (to ~)	poignarder qqn dans le dos 46
backstabbing	coups bas 46
bad apple	brebis galeuse 33
bad faith (in ~)	de mauvaise foi 68
bags of *(fam.)*	énormément de 6
bandstand	kiosque à musique 50
bandwagon (to jump on ~)	suivre une tendance 50
bangers and mash	saucisses-purée 29
Bard (the ~)	le barde (Shakespeare) 50
bargain	bonne affaire 5
bastard	salaud 61

577 • five hundred and seventy-seven

bat (to ~)	manier la batte 51
bear with a sore head (like a ~)	d'humeur massacrante 55
bearable	supportable 18
bearish	baissier (Bourse) 38
beast of burden	bête de somme 26
beat about the bush (to ~)	tourner autour du pot 41
Beautiful Game	ballon rond 50
bedsit	chambre meublée 3
beforehand	au préalable 11
beggars can't be choosers *(expression)*	nécessité fait loi 41
bid (to ~)	lancer une offre 37
big-headed	crâneur 10
bill	projet de loi 43
bill of fare	menu 34
billion	milliard 1
binoculars	jumelles (oculaires) 62
biopic	film biographique 54
bite off more than you can chew (to ~)	avoir les yeux plus gros que le ventre 37
blimey!	merde, alors ! 34
blind (to ~)	aveugler 59
blockbuster	superproduction 54
bloody *(vulg.)*	foutu 20
bloody-mindedness	propension à embêter le monde 50
blow (to ~)	gâcher, rater, souffler 48
blue-chip	action de père de famille 38
bluntly	franchement 65
bluntness	franc-parler 39
boast (to ~)	être doté de 16
body language	expression corporelle 11
boggle the mind (to ~)	époustoufler 32
bone up (to ~)	potasser 11
booking	réservation 19
bore *(n.)*	casse-pieds 34
born and bred	de souche 6
born with a silver spoon in one's mouth (to be ~)	être né coiffé 40
bother (to ~)	embêter 1
bound to (to be ~)	ne pas manquer de 11
boutique hotel	hôtel de charme 19
bow (to ~)	s'incliner 60
bowl (to ~)	lancer la balle 51
brake	frein(age) 68
brand	marque 22
brand new	flambant neuf 5
brave new world	meilleur des mondes 57
bread-and-butter	prosaïque 22
break down (to ~)	tomber en panne 68
break up with (to ~)	rompre avec 65
breast	sein 58

breast *(litt.)*	poitrine 58
breathtaking *(adj.)*	époustouflant 16
brief *(n.)*	dossier 68
bring home the bacon (to ~)	faire bouillir la marmite (mettre du beurre dans les épinards) 33
Brit (contraction de Briton)	Britannique *(fam.)* 18
broadcasting	diffusion 52
brotherhood	fraternité 45
Brummie	habitant de Birmingham 17
buck	dollar *(fam.)* 50
budge (to ~)	céder 57
building society	société de crédit immobilier 38
bum	arrière-train 41
bungee jumping	saut à l'élastique 29
burned out (to be ~)	s'être abîmé la santé 69
busbee	bonnet à poils en peau d'ours 60
bustle *(fam.)*	agitation 23
bustling *(adj.)*	bourdonnant d'activités 16
butt *(argot)*	arrière-train 62
butter wouldn't melt in his/her mouth	on (lui) donnerait le bon dieu sans confession 33
buzzer	bouton 17
bypass	deviation 32

C

cameo *(n.)*	brève apparition d'une vedette dans un film ou une pièce, camée 54
cast	distribution 54
catch (to ~)	surprendre 13
catch (to ~) someone's eye	s'adresser à qqn (en attirant son attention) 43
catch (to ~) up on	combler un retard 65
catch a glimpse of (to ~)	apercevoir 25
catch up (with) (to ~)	rattraper 17
catering	restauration 36
century	score de 100 points (au cricket) 51
chalk and cheese (like ~)	comme le jour et la nuit 33
Chancellor of the Exchequer	ministre des Finances 38
check out (to ~)	aller voir 19
check up (to ~) on	se mettre au courant de, vérifier des informations sur 65
checkup	bilan médical 65
cheeky	insolent 32
cheers	merci *(fam.)* 64
cheese (big ~)	grosse légume (gros bonnet) 33
chill out (to ~) *(fam.)*	se relaxer 19
chip off the old block	portrait craché d'un parent 66
chips *(n. britann.)*	frites 30
city dweller	citadin 24

claim (to ~)	affirmer 53
clash (to ~)	s'affronter 67
clatter (to ~)	résonner 31
clean out (to ~)	nettoyer à fond 69
clerk	clerc 58
clever clogs	monsieur je-sais-tout 43
client	client (d'une prestation) 60
clientele	clientèle 60
clime *(litt.)*	climat 59
clout	influence, pouvoir 22
clue (not to have a ~)	n'avoir aucune idée 17
coach	entraîneur 51
coaching inn	relais de poste 19
coastal plain	plaine côtière 15
cobbled	pavé *(adj.)* 19
cock up (to ~)	foirer, se planter 13
Cockney	habitant de Londres 17
coin (to ~)	suggérer (créer) 60
coin a phrase (to ~)	créer une nouvelle expression 25
come down with (to ~)	tomber malade de 65
come full circle (to ~)	boucler la boucle 57
come off it!	tu y vas fort ! / arrête ton char ! 64
come out of left field (to ~)	être totalement imprévu 52
come up with (to ~)	proposer une idée 65
comedian	humoriste 30
commerce	commerce 1
commodity exchange	Bourse du commerce 58
commoner	roturier 43
computer literate (to be ~)	avoir des connaissances/compétences en informatique 9
congestion	embouteillages 26
contrive (to ~)	concevoir, inventer 58
cope (to ~)	faire face 13
copyright (to ~)	déposer un droit d'auteur 60
cosy	intime 19
court	cour de justice 68
covetous	avare 58
crabby	grincheux 34
craggy	escarpé 16
criss-cross (to ~)	sillonner 16
cry over spilt milk (to ~)	se lamenter sur ce qui est fait 33
cull (to ~)	sélectionner 46
culture vulture	fana de culture 19
cuppa *(fam.)*	tasse de thé 31
curfew	couvre-feu 47
curry favour (to ~)	chercher à gagner la faveur de qqn 30
customer	client (d'un bien de consommation) 60
customer relationship officer	chargé de relations avec la clientèle 10
cut and thrust	estocades 46

cut back (to ~)	diminuer 40 ; réduire 48
cut down on (to ~)	réduire 65
cut no ice (to ~)	ne pas impressionner 44
cute	mignon 19
cutting-edge	de pointe 36

D

damage	dégât(s), dommage(s) 68
damages *(pl.)*	dommages et intérêts 68
damning	accablant 32
dart in (to ~)	faire irruption 31
dead *(adv., fam.)*	complètement 51
dead as a dodo (as ~)	tout ce qu'il y a de plus mort 58
dead as a door-nail (as ~)	on ne peut plus mort 58
deal *(n.)*	donne 62
decade	décennie 8
decipher (to ~)	déchiffrer 67
delightful	charmant 17
desert (to ~)	abandonner 1
despise (to ~)	mépriser 64
dessert	dessert 1
dickens (the ~)	diable (juron) 57
die for (to ~)	mourir d'envie de 34
diet	régime 30
dimwit	crétin 30
dire	infect 18
dishwasher	lave-vaisselle 5
disloyalty	infidélité 43
do one's damnedest (to ~)	se démener 48
doddle (a ~)	simple comme bonjour 61
dollop	cuillerée, dose 69
donkey's years (for ~)	depuis une éternité 6
down (to ~)	descendre (une boisson) 16
down in the dumps	déprimé 41
downgrade *(n.)*	révision à la baisse 38
downsize (to ~)	restructurer (une entreprise) 12
downtown	centre-ville 9
draw in (to ~)	attirer 22
dressing down (to give s.o. a ~)	passer un savon à qqun 33
dribble (to ~)	baver, couler goutte à goutte 45
drivel *(nom coll.)*	bêtises 45
drizzle (to ~)	assaisonner 34
drop (to ~) ones' aitches	ne pas prononcer la lettre "h" 64
drop in on (to ~)	faire un saut chez, rendre visite à 65
dropout	marginal 65
dry-stone *(adj.)*	en pierre sèche 16
dumb	nul, stupide 23
dump (to ~)	plaquer (larguer) 41
dwindle (to ~)	s'amenuiser 22

E

e.g.	par exemple 68
easy as pie	c'est du gâteau / c'est simple comme bonjour 33
eat humble pie (to ~)	faire amende honorable 33
egg on (to ~)	pousser (inciter) 33
egg on one's face (to have ~)	se couvrir de ridicule 33
e-government	cyberadministration 22
electrical appliance	électroménager 5
elephant in the living room (the)	le vrai problème (dont personne ne veut parler) 44
employment	emploi (nom abstrait) 8
enchanting	enchanteur 16
end up (to ~)	finir par 3 ; se retrouver 11
endearing	attachant 18
engulf (to ~)	engloutir 24
err (to ~)	commettre une erreur 65
estate agent	agent immobilier 10
excruciating	insoutenable, terrible 67
executive *(n.)*	responsable *(n.)* 9
eye-popping	à faire sortir les yeux de la tête 18

F

facilities	prestations 19
facility	lieu 22
failsafe	infaillible 54
fair	équitable 68
fair deal	traitement équitable 62
fall over each other (to ~)	se mettre en quatre 39
falsehood	faux *(n.)* 45
famous last words!	on verra bien !, tu parles ! 66
fare *(n.)*	tarif 34
far-fetched	tiré par les cheveux 26
fear	peur 47
fee	rémunération 60
feeble	médiocre 54
feed (to ~)	nourrir 26
fence	clôture 2
file for bankruptcy (to ~)	déposer le bilan 58
filibuster	obstruction parlementaire 44
fine (to ~)	condamner à une amende 68
fire s.o. (to ~)	virer 41
fired (to get ~)	se faire virer 41
fishmonger	poissonnier 9
fishy	louche (qui "sent mauvais") 33
fixed-term employee	personne en contrat à durée déterminée 8
flat *(n.)*	appartement 3
flat cap	casquette 20

flatmate	colocataire 3
flatshare	colocation en appartement 3
flawed (to be ~)	être entaché de, être vicié 62
fleecy	floconneux 60
flick	film 54
flicker (to ~)	vaciller 54
flight attendant	hôtesse de l'air/steward 9
flint	pierre à fusil 58
fluke	hasard 31
flying start	départ lancé 52
foible	défaut 18
folk	les gens 20
foodie	passionné de cuisine 18
fool around (to ~)	batifoler 57
fool's paradise (to live in a ~)	se bercer d'illusions / de faux espoirs 57
for all the tea in China	pour tout l'or du monde 66
for donkey's years	depuis des lustres 27
for the umpteenth time	pour la énième fois 69
forever	constamment 46
fortnight (a ~)	une quinzaine de jours 38
freelance (to ~)	en free-lance 69
freeze-dried	lyophilisé 35
french fries	frites *(n. américain)* 29
fret (to ~)	s'inquiéter 18
fringe benefit	avantage en nature 8
fuel	combustible 26
fullness of time (in the ~)	avec le temps 66
fumble for (to ~)	chercher à tâtons 62
funding	financement 50

G

gab (to ~)	papoter 44
gape (to ~)	regarder bouche bée / les yeux écarquillés 31
gastro-pub	pub gastronomique 19
gaze (to ~)	regarder fixement 19
geek	accro de l'ordinateur / des technologies, personne maladroite 65
gem	bijou 19
genteel	raffiné 19
gents	messieurs 25
Geordie	habitant de Newcastle 17
gerrymander (to ~)	modifier des circonscriptions électorales afin d'avantager un parti 44
get away from (to ~)	échapper à 65
get cracking (to ~)	se mettre en route/au travail 17
get down to brass tacks (to ~)	en venir aux choses sérieuses 46
get hold of (to ~)	se procurer 11
get off one's bum (to ~)	se magner le train 41

get off the beaten track (to ~)	sortir des sentiers battus 19
get one's skates on (to ~)	se remuer 5
get out of (to ~)	sortir de 27
get to (to ~)	aller à 27
give a dog a bad name...	qui veut noyer son chien... 44
give up (to ~)	renoncer (à) 43
give up on s.o. (to ~)	perdre/abandonner tout espoir concernant qqn 65
gizmo	bidule 69
glimpse	aperçu 25
go about (to ~)	s'y prendre 61
go back on one's word (to ~)	revenir sur (une déclaration, une promesse) 51
go bankrupt (to ~)	faire faillite 36
go crazy (to ~)	s'emballer 3
go in for (to ~)	affectionner 51
go on a diet (to ~)	se mettre au régime 30
go swimmingly (to ~)	baigner dans l'huile *(fam.)* 52
go through (to ~)	passer dans (entrer) 48
go through the roof (to ~)	exploser *(fig.)* 3
go to the country (to ~)	organiser des élections 48
go to the dogs (to ~)	partir à vau-l'eau 64
gobble up (to ~)	engloutir 22
godliness	sainteté 3
gossip	rumeur 60
grab (to ~)	saisir/empoigner rapidement 44 ; capter 67
grandstand	tribune dans un stade 50
grasp (to ~)	saisir fortement 58
grass-roots	de terrain 44
gravy train (to get on the ~)	trouver une vache à lait / le bon filon 33
grindstone	meule à aiguiser 58
gross	brut 8
gross domestic product	produit intérieur brut 36
groundbreaking	révolutionnaire 65
growl (to ~)	grogner 62
grub *(n., fam.)*	bouffe 19
grumble (to ~)	grogner, maugréer, ronchonner 53
guardsman	garde 60
guest	invité 2
guest bedroom	chambre d'amis 2
guilt	culpabilité 59
gut	tripes 29
gut reaction	réaction instinctive 29
gut-churning	qui secoue les tripes 32

H

hail from (to ~)	être originaire de 17
half-baked idea	idée qui ne tient pas debout 33

half-timbered	à colombages 16
ham *(n.)*	cabotin 54
hammily	outrancier 54
handle (to ~)	assumer 13
handle someone with kid gloves (to ~)	prendre des gants avec qqn 46
hang out (to ~)	fréquenter 18
hang up (to ~)	raccrocher 4
hardy	résistant 1
have a chip on one's shoulder (to ~)	avoir un complexe d'infériorité 29
have had a good innings (to ~)	avoir bien profité de la vie 52
have it in one (to ~)	avoir l'étoffe de, être capable de faire qqch. 65
have ones' cake and eat it (to ~)	vouloir le beurre et l'argent du beurre 33
have the gift of the gab (to ~)	avoir du bagout 44
head (to ~)	se diriger 31
headache	casse-tête 67
heart-rending	déchirant 62
hearty	qui réchauffe (chaleureux) 34
heather	bruyère 16
heaven	paradis 16
heavy hitter	personne influente 52
heist	casse *(m.)* 54
helm (to ~ / to be at the helm)	tenir la barre *(fig.)* 54
herd	troupeau 26
hereinafter	dans la suite des présentes 68
hereto	aux présentes 68
hereunder	aux termes de l'accord 68
hideaway *(n.)*	cachette 19
high heels	chaussures à talons hauts 59
high spirits (to be in ~)	être d'excellente humeur 69
High Street	centre-ville 18
highways and byways	méandres 1
hike (to ~)	augmenter 38
hinder (to ~)	empêcher 68
hire *(n.)*	louage 68
hit s.o. for six (to ~)	envoyer valdinguer qqn 52
hit the sauce (to ~)	se réfugier dans l'alcool 33
hog (to ~)	s'accaparer, monopoliser 3
hoist by one's own petard (to be ~)	être pris à son propre piège 57
hold a candle (not to ~)	ne pas arriver à la cheville de 54
hold sthg against (to ~)	en vouloir à 62
household	ménage (couple) 8
houseshare	colocation dans une maison 4
hub	nœud (carrefour) 22
huge	colossal 5
hurl (to ~)	jeter violemment 31

I

i.e.	c'est-à-dire 68
icebound	pris par les glaces 47

in seventh heaven (to be ~)	être au septième ciel 69
in witness whereof	en foi de quoi 68
inch open (to ~)	s'entrouvrir 31
inhabited	habité 15
inkling	vague idée 32
insider	membre du sérail 60
insider *(n.)*	initié *(n.)* 12
insider dealing	délit d'initié 60
ironmongery	article de quincaillerie 58
island	île 15
isle	île 15
issue	question 22
IT (information technology) *(adj.)*	informatique 1
it's all Greek to me/him, etc.	c'est du chinois (de l'hébreu) 66

J

jack of all trades	touche-à-tout 66
jingle	sonal 58
joblessness	chômage 20
jump out of the frying pan into the fire (to ~)	tomber de Charybde en Scylla 33
jump the gun (to ~)	aller trop vite *(fig.)* / partir avant le départ *(concr.)* 52
junk food	malbouffe 30

K

keep a finger in many pies (to ~)	manger à tous les râteliers 33
keep a lookout (to ~)	regarder attentivement (guetter) 25
keep one's wits about one (to ~)	garder ses esprits 47
keep up with (to ~)	se tenir au fait de 65
keep up with the Joneses (to ~)	faire aussi bien que son voisin 29
kick (to ~) into one's own goal	se faire tort à soi-même / se tirer une balle dans le pied 45
kick (to ~) off	commencer (par) 32
kid s.o. (to ~)	faire marcher qqn 2
kingly	royal 35
knock off (to ~)	faire des rabais 5

L

lager	bière blonde 30
laid-back *(adj.)*	décontracté 20
landing	palier 6
land-mass	territoire 15
landslide victory	victoire écrasante 44
lap	tour de piste 65
lashings (of) *(pl.)*	des tonnes de 69
last straw (the ~)	la goutte d'eau qui fait déborder le vase 13
laughing-stock (to be a ~)	être la risée de tout le monde 52
lawyer	avocat/juriste 68

lay it on with a trowel (to ~)	en rajouter à la pelle 57
leading light	étoile (personnage important) 31
leisure time	temps libre 8
let s.o. go (to ~)	remercier qqn (laisser partir qqn) 41
leverage (to ~)	mobiliser 22
liability	responsabilité (administrative ou pénale) 68
liable (for)	responsable (de) 68
libel	diffamation écrite 32
lifespan	durée de vie 26
light-hearted	léger *(fig.)* 55
likewise	de même 67
limestone *(adj.)*	en pierre blanche 16
line-caught	pêché à la ligne 34
linesman	juge de touche 45
lip-smacking	délicieux 39
listings guide	guide des spectacles 55
literature	documentation (commerciale) 11
liven up (to ~)	rendre plus vivant 61
Liverpudlian	de Liverpool 64
loads of	des tas de 37
loathe (to ~)	détester 18
loch	lac (écossais) 16
long-winded	interminable 11
loo *(fam.)*	petit coin 6
look down on (to ~)	considérer avec condescendance 65
look up to s.o. (to ~)	admirer/respecter qqn 51
lounge around (to ~)	traîner (glander) 30
love	zéro (au tennis) 53

M

magnet	aimant 16
mainland	territoire 5
mainstay	pilier (soutien) 31
maître d'	maître d'hôtel 54
make a beeline (to ~)	foncer directement sur 5
make a mountain out of a molehill (to ~)	faire une montagne de qqch. d'insignifiant 48
make head or tail (not to be able to ~)	ne rien comprendre 66
make out (to ~)	distinguer 25
make sthg up (to ~)	inventer qqch. 61
make the cut (to ~)	être à la hauteur 52
market town	bourg 16
master *(adj.)*	principal 2
mate	mon vieux (pote) 64
McJob	petit boulot 41
mean *(adj.)*	moyen *(adj.)* 15
meander (to ~)	flâner 16

meat and two veg veg(etable)	cuisine archi-traditionnelle (litt : viande et deux légumes) 31
memo	note 43
mere	simple 43
microwave	micro-ondes 5
mild	doux 15
milk of human kindness	lait de la tendresse humaine 57
minutes	procès-verbal 46
mist	brume 16
money-spinner	machine à fric 50
monitor	écran 69
mood	ambiance, humeur 19
moor	lande 16
moreish (to be ~)	avoir un goût de revenez-y 34
morrow (vieux)	lendemain 47
mortgage	emprunt hypothécaire, prêt immobilier 3
motion	proposition 46
motorway	autoroute 2
mourner (chief ~)	celui qui mène le deuil 58
mouthwatering *(adj.)*	succulent 19
move (to ~)	déménager 4
mow (to ~)	tondre 60
mugger	agresseur 23
mushroom (to ~)	pousser comme des champignons 24
must-see *(adj.)*	à voir absolument 16

N

nail-biter	d'une rare intensité dramatique (à suspense) 54
nail-biting *(adj.)*	palpitant 17
native *(adj.)*	de souche 1
network (to ~)	faire jouer son réseau de connaissances 41
nickname	surnom 17
nil	zéro 53
nodding acquaintance	vague connaissance 32
no-no	chose ou action à proscrire 11
nonsense *(n.)*	absurde *(n.)* 18
nought	zéro 40
nuke (to ~) *(fam.)*	faire cuire qqch. au micro-ondes 29
numerate (to be ~)	avoir des connaissances en mathématiques 9
nutter	fou furieux 31
nutty as a fruit cake	siphoné (dingue) 33

O

oddball comedy	comédie déjantée 54
off chance (on the ~)	à tout hasard 61
off one's rocker (to be ~)	perdre la boule 69
offence	délit, offense 48

official data	données officielles 8
old hat	vieux jeu 64
Olde England	vieille Angleterre 19
oldish	assez âgé 62
on cloud nine (to be ~)	être aux anges 69
on the dole (to be ~)	être au chômage 12
on the lookout (to be ~)	être à la recherche 22
on the rocks (to be ~)	en plein naufrage / en pleine débâcle 65
on tiptoe	sur la pointe des pieds 59
on-the-job training	formation sur le tas 43
ooze (to ~)	exhaler 19
opening	poste vacant 9
opt-in	clause élective de participation 60
opt-out clause	clause dérogatoire 60
otherwise	également 15
out for the count (to be ~)	être au tapis (avoir son compte) 52
out of the blue	sans prévenir 41
outgoing	extraverti 9
overdo (to ~)	forcer la dose (exagérer) 68
overlook (to ~)	ignorer 46
overseas	à l'étranger 39
overtime	heures supplémentaires 9
oyster (the world is his/her ~)	le monde est à ses pieds 57

P

PA (public address) system	micro 18
package	ensemble *(n.)* 9
package tour	voyage organisé 19
palaver	agitation inutile 29
pamper (to ~)	dorloter 19
pan-fried	poêlé 34
partied out (to be ~)	être éreinté d'avoir fait la fête 69
pass sthg off as (to ~)	faire passer qqch. pour 61
passer-by *(n.)*	passant 50
pattern	habitude, mode *(nom m.*, tendance) 8
pay off (to ~)	rembourser 3
pear-shaped (to go ~)	tourner mal / tourner au vinaigre 33
peek *(n.)*	coup d'œil 6
peep out (to ~)	apparaître (émerger brièvement) 31
peer *(n.)*	pair *(n.)* 65
peeve (pet ~)	bête noire 34
peevish	grincheux 34
pension	retraite 8
pet	animal de compagnie 4
phone-in programme	émission avec participation téléphonique de l'audience 23
photo op(portunity)	séance de photos organisée pour la presse 46
phrase (to ~)	formuler 11

pickle (to be in a ~)	être dans le pétrin 57
picture postcard	carte postale (n. et adj.) 16
pidgin	sabir 61
pie in the sky	belles promesses 44
pitch	terrain 51
pitfall	écueil 11
pithy	concis 18
plain	clair 12
plain sailing (to be ~)	promenade de santé (action réalisée sans complication) 52
play fast and loose (to ~)	traiter à la légère, tromper qqn (être infidèle) 57
plonk (to ~)	poser bruyamment 32
plonk (n., fam.)	pinard 34
plot (to ~)	comploter 54
plot (n.)	intrigue 54
plucky	qui a du cran 39
plumbing (n.)	plomberie 2
plummy	châtié 64
plump for (to ~)	choisir 32
podcast (to ~)	baladodiffuser 29
point (to have a ~)	ne pas avoir tort 50
poke fun at (to ~)	se moquer 18
politics	politique (n.) 48
pop out of (to ~)	sortir rapidement de 31
potter around (to ~)	flâner 27
pound of flesh	chose due et réclamée impitoyablement 57
PR (public relations)	relations publiques 9
preface (to ~)	introduire 67
pregnant	enceinte (adj.) 9
press the flesh (to ~)	prendre un bain de foule 44
pretend (to ~)	faire semblant de 45
private eye	détective privé (fam.) 54
probe	sonde 67
probe (to ~)	investiguer 67
professor	professeur d'université 64
public school	école privée 45
public transport	transports publics 20
pull (to ~ strings)	utiliser son influence 44
pull off (to ~)	réussir (fig.) 51
pull s.o.'s leg (to ~)	faire marcher (taquiner) qqn 30
pun	jeu de mots 67
pundit	expert 44
punt	barque à fond plat 16
punt (to ~)	canoter 16
push the envelope (to ~)	aller au-delà de ses limites 12
put all one's eggs in the same basket (not to ~)	ne pas mettre tous ses œufs dans le même panier 33

put back on the map (to ~)	relancer (redorer le blason de) 31
put in (to ~)	installer 2
put on one's thinking cap (to ~)	se creuser les méninges 43
put one's foot in it (to ~)	mettre les pieds dans le plat 13
put one's hand to (to ~)	se mettre à quelque chose 58
put sthg down to (to ~)	attribuer, imputer à, mettre sur le compte de 51
put up with (to ~)	supporter 65
put up with sthg (to ~)	tolérer 51
putdown *(n.)*	remarque cinglante 18

Q

quaint	au charme désuet (pittoresque) 19
queer s.o.'s pitch (to ~)	couper l'herbe sous le pied de qqn 52
quid (argot)	livre (sterling) 40
quit (to ~)	renoncer 67
quote *(n.)*	devis 19

R

rack ones' brains (to ~)	se creuser la cervelle 27
railing	grille 60
rainbow *(adj.)*	pluriel/le (hétéroclite) 64
rainfall	précipitations 15
ramble (to ~)	faire de la randonnée 16
rant *(n.)*	diatribe 50
raw	sauvage 16
real ale	bière traditionnelle 19
ream	rame de papier 60
reams of	de grandes quantités de 60
recharge one's batteries (to ~)	recharger ses batteries 19
reckless driver	chauffard 23
reckon (to ~)	penser 2 ; être d'avis que 37 ; calculer, estimer 51
red tape	paperasserie, bureaucratie 48
redundancy	mise en chômage 48
ref (to ~)	arbitrer *(fam.)* 53
referee	arbitre 45
regeneration	renaissance 20
registered letter	lettre recommandée 68
rehearsal	répétition 62
rehearse (to ~)	répéter (spectacle) 62
rein	rêne 31
rekindling	regain 29
relief	aide 47
relief fund	fonds d'aide 61
relocate (to ~)	s'installer ailleurs 10
rend (to ~)	déchirer 62
renowned	célèbre 16
rent (to ~)	louer 3
rental	location 68

retail (trade)	commerce de détail 36
retailing	commerce (de détail) 5
return on equity	rentabilité des fonds propres 40
reverend	vénérable (relig.) 59
riddle	énigme 67
rife	abondant 24
rivalry	rivalité 18
rolling	vallonné 16
romcom	comédie romantique 54
root-and-branch reform	réforme radicale 44
rotten *(fig.)*	nul 30
row (to ~)	se disputer, ramer 60
rugged *(adj.)*	farouche 16
run amok (to ~)	être pris de folie 26

S

salary	salaire 9
sales	soldes 5
salt away (to ~)	mettre de l'argent de côté 33
sample	échantillon 61
scared out of one's wits (to be ~)	être mort de peur 47
scheme	système 9
sci-fi	science fiction 54
score an own goal (to ~)	se faire tort à soi-même / se tirer une balle dans le pied 45
Scouser	natif de Liverpool *(fam.)* 64
seashore	côte (maritime) 16
seed	tête de série (au tennis) 53
self-contained	indépendant 4
self-indulgence	luxe 19
self-starter	personne motivée 10
sell like hot cakes (to ~)	se vendre comme des petits pains 33
sell out (to ~)	être en rupture de stock 5
send s.o. off (to ~)	dire au revoir à qqn 61
send s.o. packing (to ~)	envoyer qqn promener 57
set forth (to be ~)	stipuler 68
set the cat among the pigeons (to ~)	jeter un pavé dans la mare 39
setback	déconvenue 48
sew up (to ~)	emporter, parachever 48
shadow cabinet	cabinet fantôme 46
shed (to ~)	perdre 30
shimmer (to ~)	miroiter 16
shit	merde 34
shoot-out	fusillade, règlement de comptes 54
shopaholic	accro du shopping 27
shortcoming	défaut 11
shot in the dark (a ~)	une tentative au hasard 66
show off (to ~)	frimer 26
shrewd	intelligent 54

shrug off (to ~)	faire fi de 38
sick pay	indemnité d'arrêt maladie 8
sick to the back teeth (to be ~)	en avoir ras le bol 44
sickly	blafard (maladif) 62
side order	garniture (alimentaire) 32
sidle (to ~)	entrer furtivement 31
sight for sore eyes (to be a ~)	faire chaud au cœur 66
sightscreen	pare-soleil 51
singular	remarquable 45
sit on the fence (to ~)	s'abstenir de prendre une position 46
sizeable	considérable 19
skill	qualification 9
slam (to ~)	claquer 43 ; descendre en flammes 67
slander	diffamation verbale 32
slasher	film d'horreur très violent 54
sleaze	corruption 44
sleep a wink (not to ~)	ne pas fermer l'œil de la nuit 57
sleeper	film (ou livre) à succès retardé 54
sloppy	négligé *(adj.)* 11
slouch (to be no ~)	ne pas être manchot 54
smart	intelligent 22
smell sthg fishy (to ~)	sentir qu'il y a anguille sous roche 33
snide	narquois 46
snooty	snob 18
snowball's chance in hell	n'avoir absolument aucune chance 48
snowboarding	surf des neiges 53
solicitor	sorte d'avocat (juriste) 9
sound *(adj.)*	sensé 46
sound-bite	petite phrase médiatisée 46
spa	espace fitness 19
spell	durée 10
spill (to ~) the beans	vendre la mèche 33
spin doctor	expert en communication 44
spot (to ~)	repérer 4
spot-on (to be ~)	dans le coup 64
sprawl	étalement 24
spread like wildfire (to ~)	se répandre très rapidement 24
stack	pile de choses 60
staggeringly	incroyablement 5
stakeholder	partie prenante 22
stalking horse	cheval de traque (opposant factice) 44
stand for (to ~)	être candidat à un poste 48
start from scratch (to ~)	reprendre/repartir à zéro 52
stately home	manoir 16
state-owned	nationalisé 36
status symbol	symbole de prestige 26
statutory	garanti par la loi 8
stem from (to ~)	découler de 45
step down (to ~)	démissionner 44

step up (to ~)	accélérer 51
stewardship	intendance 43
stick one's oar in (to ~)	mettre son nez / son grain de sel dans 52
sticks (to up ~)	plier bagage 23
stock up (to ~)	faire des provisions 67
story	article (de journal) 67
straightforward	simple 29
strikebound	bloqué par les grèves 47
striker	buteur 53
striking *(adj.)*	marquant 8
stuck for sthg (to be ~)	être à court de qqch. 19
studio flat	studio 4
stuffed (to be ~)	être calé (estomac) 69
stunning	fantastique 5
sturdy	robuste 16
subsidise (to ~)	subventionner 8
sue (to ~)	poursuivre en justice 32
sundry	articles divers 50
supply chain	chaîne d'approvisionnement 9
swarm	essaim 18
swashbuckler	film de cape et d'épée 54

T

tack (to ~)	punaiser 58
tailor-made	sur mesure 19
take it for granted (to ~)	considérer comme une vérité immuable / prendre pour acquis 24
take one's pick (to ~)	faire son choix 41
take the plunge (to ~)	se jeter à l'eau, sauter le pas 3 ; faire le grand saut 61
temperate	tempéré 15
tend (to ~) to	s'occuper de 47
terrible!	l'horreur ! 13
thatch	chaume 16
thin on the ground (to be ~)	être bien peu nombreux 48
thine	les tiens (ancien) 59
thingy	truc 69
think out of the box (to ~)	sortir des sentiers battus 12
thou	tu (ancien) 59
thriving *(adj.)*	florissant 16
throw in the towel (to ~)	jeter l'éponge 52
thus	ainsi 26
thy	ton/ta/tes *(m.* et *f.* ancien*)* 59
tight	rare 40
tighten one's belts (to ~)	se serrer la ceinture 40
tight-fisted	pingre 58
tip	pourboire 11 ; bout 15
tip (to ~) off	tuyauter 54
tipped (to be ~)	être pressenti pour 54

tiptoe around (to ~)	éviter un sujet qui fâche 59
toe the line (to ~)	se mettre au pas 46
tongue in cheek	ironique(ment) 18
toothsome	savoureux 34
top (to ~)	caracoler en tête 61
top-flight	de haut vol 9
top-notch	de haut niveau, haut de gamme 65
torrential	diluvien 68
toss (to ~)	passer (donner) 55
tough cookie	dur à cuire (n.) 33
tower of strength to s.o. (to be a ~)	être qqn sur qui on peut compter 57
townie (fam.)	rat des villes (citadin) 23
track record	expérience 9
trade union	syndicat 46
trait	trait de caractère 18
tranquil	paisible 19
trendy	tendance *(adj.)* 18
tribunal	enceinte de justice 68
tumble (to ~)	chuter 38
turn s.o. down (to ~)	refuser qqch. à qqn 40
turn the tables (to ~)	retourner une situation à son avantage 37
turnover	chiffre d'affaires 40
twain (vieux)	les deux 50
twee	mièvre 32
twist someone's arm (to ~)	contraindre qqn 44
twitch into a smile (to ~)	esquisser un sourire 31

U

umpire	arbitre (cricket, tennis) 51
umpteen	des milliers de 69
understatement	litote 18
undertaker	entrepreneur des pompes funèbres 58
uneasy	coincé 64
unfair	injuste 48
unforseeable	imprévisible 47
unfussy	sans prétention 34
ungrateful *(n.)*	ingrat 62
unhallowed *(adj.)*	profane 58
uni (university)	la fac (université) 41
unruly	indiscipliné 59
unspoilt	préservé 16
unveil (to ~)	dévoiler 39
unwilling	involontaire 62
unwind (to ~)	décompresser 19
up-and-coming	très en vue / plein d'avenir 55
upkeep	entretien 26
upset the apple cart (to ~)	bouleverser les projets de qqn 33
uptight	coincé 64
utmost (to try one's ~)	faire tout son possible 18
utter *(adj.)*	complet (complètement) 13

V

vein	filon 18
venture forth (to ~)	se risquer à sortir 68
village green	pré communal 16
vision statement	vision entrepreneuriale 12

W

wait tables (to ~)	travailler comme serveur 31
walk on tiptoe (to ~)	marcher sur la pointe des pieds 59
walkover	victoire facile 53
warm (to be ~)	brûler (s'approcher de la bonne réponse) 17
warranty	garantie 5
washed-out	délavé 62
watch out for (to ~)	être à l'affût de 65
watch paint dry (to ~)	regarder sécher la peinture (s'ennuyer, en langage familier) 34
wear and tear	usure 68
weepy	film larmoyant, mélo 54
wellbeing	bien-être 22
what's-his-face	machin-chose 69
whatever	peu importe 69
whatname	je-ne-sais-quoi 69
whatnot	truc 27
whatshisname	machin-truc 69
whatsit	comment il s'appelle ?, machin 69
whence	d'où 24
whereof	de quoi/duquel 68
whip	whip (parlementaire) 43
whitewash	déculottée *(n.)* 53
whittle away (to ~)	réduire qqch. lentement 47
whittle down (to ~)	réduire le nombre d'éléments 47
wholesale (trade)	commerce de gros 36
wicket	guichet (au cricket) 51
wild *(adj.)*	sauvage 16
wild goose chase	agitation futile 57
wilderness	désert 44
wilds (in the ~)	au fin fond de (région sauvage) 23
wisecrack	boutade, vanne 54
wolf in sheep's clothing	loup déguisé en agneau 46
wording	formulation 17
work in (to ~)	mettre dedans (incorporer) 61
workless	sans emploi 8
worship (to ~)	vénérer 26
write off (to ~)	faire une croix sur 44

Y

yield (to ~)	céder 47
yob	prolo 64
yummy	délicieux 16

L'anglais
chez Assimil, c'est également :

L'Anglais*
L'anglais d'Amérique*
L'anglais des affaires
L'anglais du travail

Apprendre l'Anglais - niveau A2

Guide de conversation Anglais
Guide de conversation Anglais américain
Anglais ou américain ? Les différences à connaître

Cahiers d'exercices Anglais (3 niveaux)
Cahiers d'exercices Collège : 6e, 5e, 4e et 3e

Méthodes Anglais jeunesse 11+, 13+

Cahiers d'exercices : TOEIC Reading test et Listening test

QCM : 300 tests d'anglais
QCM : 200 tests de conjugaison anglaise

* existent aussi en e-méthode (version numérique)

N° édition 4433 : Perfectionnement anglais
Imprimé en France - mars 2025
501249